AUTOCAD

최신 AutoCAD를 활용한

CAD실습

김기주 · 김태국 공저

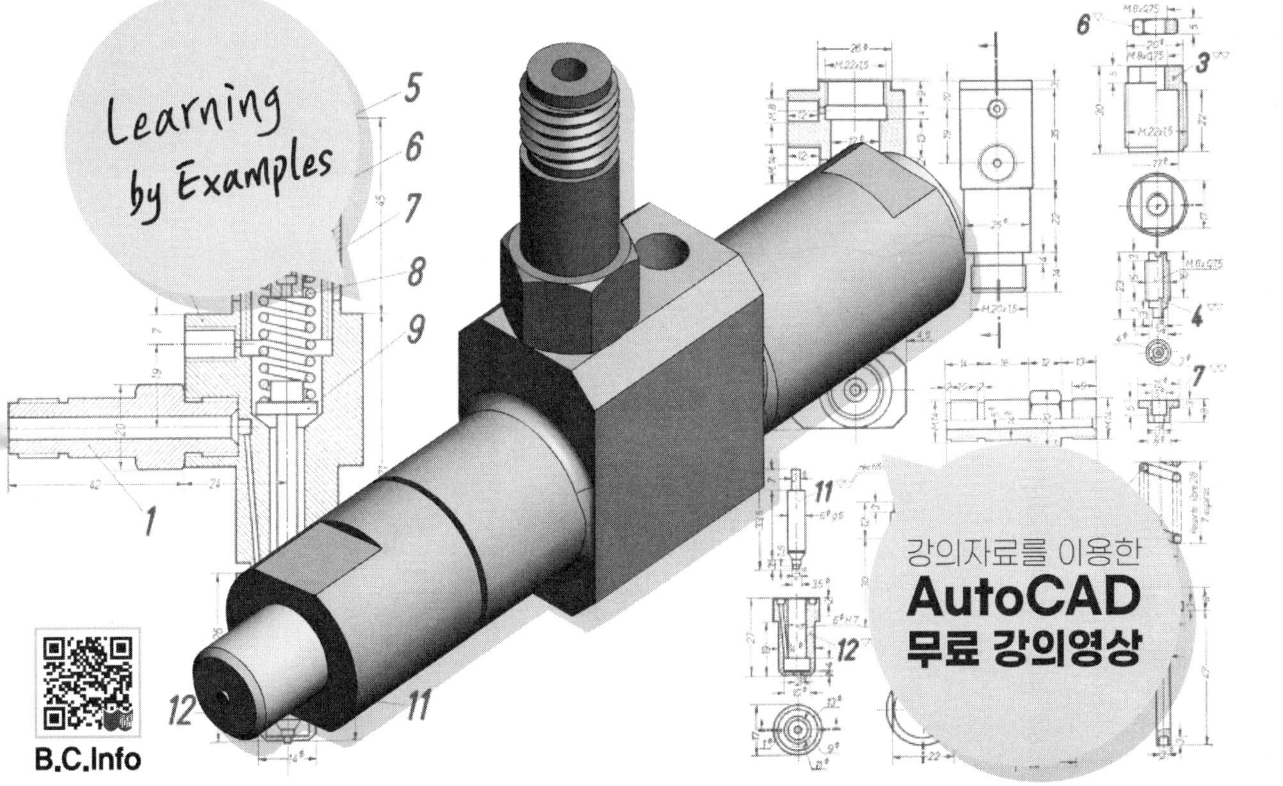

B.C.Info

PRACTICE

머리말

1886년 독일의 칼 벤츠와 다임러에 의해 개발된 자동차는 120여 년의 짧은 역사에도 불구하고, 비약적인 발전을 거듭하여 인간 삶의 패러다임을 변화시켰다. 이렇듯 최근에 이르러 과학기술은 놀랄 만큼 급속도로 발전을 거듭하고 있으며, 급속한 발전에 그치는 것이 아니라 그 내용에 있어서 질적인 변화도 빠르다. 우주개발의 기술이나 해양기술, 로봇기술, 자동차설계기술 등 과거에는 꿈에도 생각하지 못했던 여러 가지 기술이 눈앞의 현실로 전개되고 있는데, 그 실행과 저변에 바로 컴퓨터응용설계(CAD, Computer Aided Engineering)가 활용되고 있다.

CAD는 과거 순수한 공학의 대상으로 삼아온 정의를 벗어나 자동차, 로봇, 조선해양, 금속, 전기, 화학, 건설 분야 등 모든 산업에 있어서 이용되고 있다. 또한 물품의 제작이 거의 현실적으로 대부분 CAD에 의해서 이루어지고 있다는 점에서, CAD는 과학기술의 발전과 더불어 진화되는 생명력을 지니고 있다.

본 도서는 CAD의 주요 프로그램 중 하나인 AutoCAD의 기본을 단시간에 익힐 모든 분들에게 가장 적절한 교과서가 될 것으로 생각한다. 뿐만 아니라 미리 CAD 전반의 활용법을 알고자 하는 공학도에게는 안내서로서, 관련 계통에 종사하는 현장기술자에게는 AutoCAD의 입문 및 참고지침서로서 적절하리라 생각한다. 광범위한 CAD 프로그램 중 AutoCAD의 내용을 한정된 지면에 축소하여 기술한 만큼, 보다 깊은 내용은 각각의 장에 제시되어 있는 다양한 예제 도면들을 참고하여 직접 그려보면서 익혀보기 바란다.

끝으로 본 도서가 컴퓨터응용설계 기술의 발전에 다소나마 기여할 수 있기를 기원하면서, 뜻하지 않은 오류가 있다면 독자 여러분들의 기탄없는 질책과 조언을 받아 수정해 나갈 것을 약속드린다. 아울러 본 도서의 출간 및 편집을 위해 수고해주신 복두출판사 임직원 여러분께 감사드린다.

2021년 1월 8일

저자 일동 씀

목차

Chapter 01 CAD 소개

Chapter 02 기본 선 그리기

Chapter 03 기초 제도

Chapter 04 곡선 그리기

Chapter 05 편집

Chapter 06 도면층

Chapter 07 해치, 블록

Chapter 08 치수

Chapter 09 조회 명령 및 유틸리티

Chapter 10 도면 출력하기

CHAPTER 1

CAD 소개

1.1 AutoCAD 소개

1.1.1 CAD란?

최근에는 컴퓨터 전공자나 설계 업무와는 관계없는 사람들도 캐드(CAD)라는 단어를 알고 있는 경우가 많다. 이는 그만큼 CAD가 일반화되었다는 사실을 뜻한다. 그러나 막상 “CAD는 무엇인가요?” 혹은 “CAD가 무엇인지 정의해보세요.”라는 질문을 받으면 다들 머뭇거린다. 어렴풋이 도면을 그리는 도구라고 알고 있지만 명확히 정의를 답하지 못하는 학생도 많다.

CAD는 Computer Aided Design/Drafting의 약자로, ‘컴퓨터응용설계(디자인) 또는 제도’를 뜻한다. 즉, 컴퓨터를 활용한 설계 및 설계 관련 작업이다. 좀 더 구체적으로 표현하면 ‘실제 또는 가상의 대상물에 대해 도면을 작성하고, 설계대상에 대한 가상공간의 구현 및 시뮬레이션 등을 컴퓨터의 자동화된 수단으로 실시하는 제반 설계업무’를 일컫는다.

CAD는 다양한 분야에서 활용되고 있으며 사용분야에 따라 여러 종류가 있다. 특별히 사용분야를 국한하지 않고 사용할 수 있는 범용 CAD에서부터 철도 · 항만 · 도로 · 조경설계를 위한 토목용 CAD, 건축 및 인테리어 설계를 위한 건축용 CAD, 애니메이션이나 게임 · 영화 제작을 위한 동영상 전문 CAD 등 다양한 종류의 CAD 소프트웨어가 존재한다. 우리가 많이 사용하는 포토샵(Photoshop) 같은 그래픽 소프트웨어도 CAD의 한 종류라 할 수 있다. 이처럼 CAD는 우리 산업 각 분야에 사용되지 않는 곳이 없다고 할 정도로 다양한 분야에서 사용되고 있다. 우리가 통학 또는 출퇴근 시에 타는 자동차와 전철, 그 자동차와 전철이 달리는 도로나 철도, 아파트나 주택, 산책로나 등산로, 장난감, 심지어 CAD 작업을 위해 사용하는 마우스, 사무기기, 생활도구 등 우리가 실생활에서 쉽게 접하는 모든 것들이 CAD를 이용한 설계과정을 거쳐 만들어졌다. 이런 점을 생각하면 CAD를 공부한다는 것에 대해 보다 가치를 부여할 수 있으며, 이 가치를 생각하면서 학습한다면 더 흥미로운 학습이 될 것이다.

1.1.2 AutoCAD란?

AutoCAD는 미국의 Autodesk사에서 개발한 컴퓨터 응용프로그램으로, 사용자에 의해서 Engineering 응용 분야에 알맞게 규격화 및 표준화(Standardization), 사용화(Customizing)해서 편리하게 사용할 수 있는 2D 디자인/드로잉 도구이다. 따라서 Auto CAD는 도면의 작성,

보관 및 이용이 용이하고, 도면 데이터 호환성(Data Compatibility)도 매우 높아 전 세계의 산업 표준화의 역할을 담당한다.

AutoCAD는 전통 수작업 제도 방식에 비해 매우 빠르고 정밀 · 정확한 도면을 보다 쉽게 작성할 수 있으며, 작성한 도면을 데이터 파일로 저장하기 때문에 필요할 때마다 호출해서 편집, 재사용 혹은 플롯할 수도 있다. 또한 산업 전반(기계, 항공, 조선, 건축, 토목, 전자 등)에 걸쳐 사용하는 툴이다. 세계 각국의 언어로 번역되어 모든 국가에서 판매되고 있으며 전 세계적으로 시장을 확보하고 있는 CAD 소프트웨어이다.

1.2 AutoCAD를 실행하기 전 기본적으로 알아둘 내용

1.2.1 AutoCAD에서의 enter 키

AutoCAD는 다른 프로그램보다 enter 키를 많이 사용하는 프로그램이다. AutoCAD는 세 가지 기능이 있다. 첫 번째는 자판에 있는 enter키, 두 번째는 space bar, 세 번째는 마우스 오른쪽 버튼이다. 셋 중 어느 것을 사용해도 상관이 없으므로 사용자가 가장 편한 방법을 사용하면 되겠다.

1.2.2 AutoCAD 화면색상 변경하기

AutoCAD 화면을 열기하면 처음 색상은 배경이 검정색으로 나타난다. 이 색상을 white 색상으로 변경시켜주는 방법을 해보자. 이를 바꾸어주는 이유는 배경색이 검정색이면 학생들이 따라하기에 불편한 점이 있을 수 있어 편의상 변경하는 것이다. 우선 화면의 빈 공간에 마우스를 갖다 놓고 우측버튼을 클릭하면 다음과 같은 메뉴를 볼 수 있다.

→

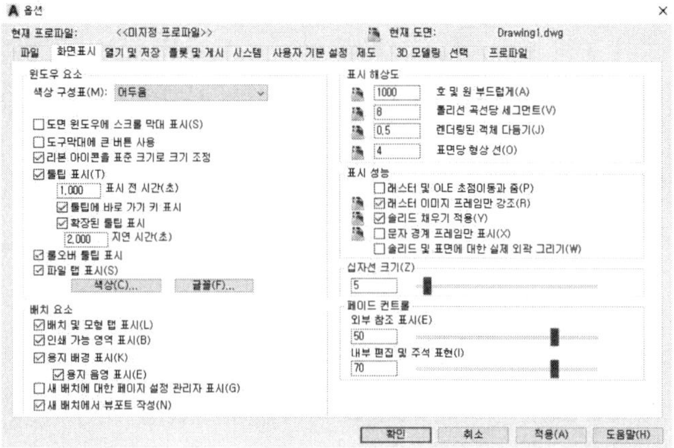

위의 메뉴에서 최하단에 있는 옵션(O) 버튼을 선택하면 다음과 같은 대화창이 나타나는데 이 화면표시 탭을 선택한다. 위의 그림에서 색상 버튼을 선택하면 색상 지정 상자가 나타난다. 여기서 색상을 선택하고, 적용 및 닫기(A)버튼을 클릭하고 화면으로 돌아오면 화면 색상이 변경된다.

1.2.3. 오토캐드 2019 화면 구성 학습하기

오토캐드 2019 화면을 구성하고 있는 각 부분의 명칭과 기능에 대해 알아보자. 화면구성에는 1) 신속접근 도구막대, 2) 응용프로그램, 3) 리본 메뉴, 4) 뷰포트 컨트롤, 5) UCS 아이콘, 6) 명령어 입력창, 7) 상태표시 막대, 8) 탐색 막대, 9) 뷰큐브, 10) 메뉴막대가 있다.

가. 신속접근 도구막대 

신속접근 도구막대는 자주 사용하는 명령을 쉽게 사용할 수 있도록 모아놓은 막대이다. 신속접근 도구막대는 일반적으로 자주 사용하는 [새로만들기], [열기], [저장], [다른이름으로 저장], [웹 및 모바일에서 열기], [웹 및 모바일에 저장], [플롯], [명령취소], [명령복구] 등으로 구성된다. 또한 사용자가 다른 명령을 추가하거나 자주 사용하지 않는 명령을 제거할 수도 있다.

신속접근 도구막대 오른쪽의 내림 단추( )를 클릭하면 신속접근 도구막대에 다른 명령을 추가할 수도 있고 메뉴 막대를 숨기거나 표시할 수도 있다.

나. 응용프로그램

응용프로그램은 도면 파일을 효율적으로 관리하기 편리한 도구이다. 응용프로그램은 [새로만들기], [열기], [저장], [다른 이름으로 자장], [가져오기], [내보내기], [게시], [인쇄], [도면 유틸리티], [닫기], [옵션], [Auto-desk AutoCAD 2019 종료]로 구성되어 있다.

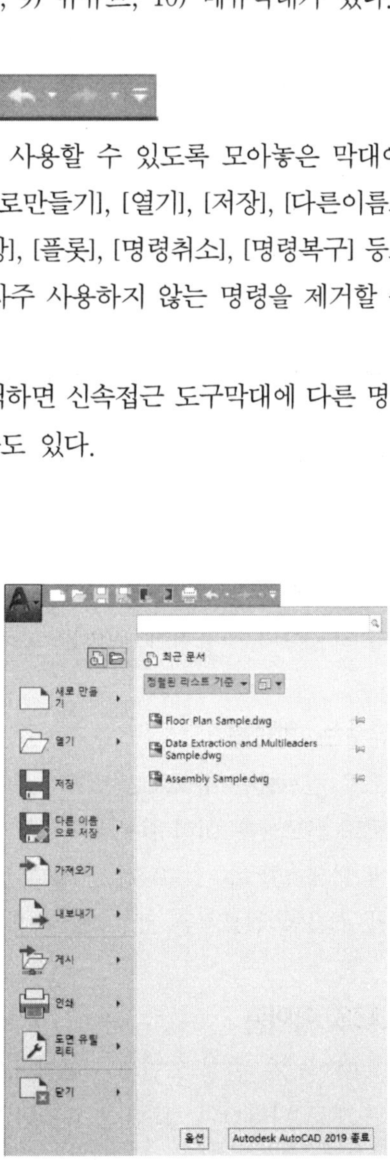

다. 리본 메뉴

리본 메뉴는 도면을 작성하거나 수정할 때 사용하는 중요한 메뉴이다. 사용하고자 하는 명령에 마우스를 올려놓으면 명령에 대한 간단한 설명과 사용방법이 나타난다. 리본 메뉴는 리본탭, 리본 패널, 리본 패널 제목줄로 구성되어 있는 가운데, [작업공간]이 [제도 및 주석]인 경우, 리본 탭은 [홈], [삽입], [주석], [파라메트릭], [3D 도구], [시각화], [뷰], [관리], [출력], [에드인], [공동작업], [주요 응용프로그램]으로 구성되어 있다. 또한 [작업공간]이 [3D 기본사항]인 경우에는 리본 탭은 [홈], [시각화], [삽입], [뷰], [관리], [출력], [에드인], [공동작업], [주요응용프로그램]으로 구성되어 있으며, [작업공간]이 [3D 모델링]인 경우, 리본 탭은 [홈], [솔리드], [표면], [메쉬], [시각화], [파라메트릭], [삽입], [주석], [뷰], [관리], [출력], [에드인], [공동작업], [주요 응용프로그램]으로 구성되어 있다.

리본 패널에는 리본 탭 각 메뉴의 하위명령이 나타나 있으며 리본 패널 제목줄에는 리본 패널에 나타나지 않은 다른 명령들로 구성되어 있다.

리본 패널 제목줄에는 패널 확장 아이콘이 있어서 클릭하면 숨겨진 리본 패널을 확장할 수 있으며, 확장한 리본 패널은 압정 아이콘을 사용하여 화면상에서 사라지지 않게 고정할 수 있다.

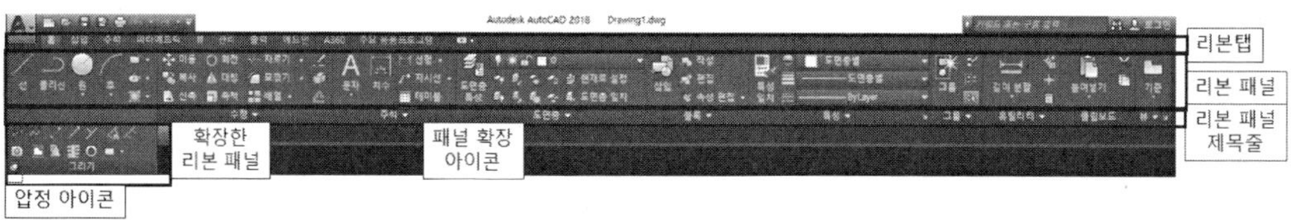

리본 탭에서 [패널 버튼으로 최소화] 단추( )를 클릭하면 리본 메뉴를 원하는 형태로 변경이 가능하며 사용자가 원하는 형태를 선택하여 자율적으로 작업할 수 있다.

라. 뷰포트 컨트롤

뷰포트 컨트롤은 뷰포트 컨트롤, 뷰 조정, 비주얼 스타일 컨트롤을 설정할 수 있다.

뷰포트 컨트롤은 여러 뷰포트 구성, 다양한 뷰포트 도구 및 배치에서 현재 뷰포트의 표시 옵션에 액세스할 수 있고, 뷰 조정은 표준 및 사용자 뷰와 3D투영에 액세스할 수 있으며, 비주얼 스타일 컨트롤은 표준 및 사용자 비주얼 스타일에 액세스할 수 있다.

마. UCS 아이콘

UCS 아이콘은 현재 도면의 좌표계 상태를 표시하는 아이콘으로, 2D와 3D에 따라서 여러 가지 형태로 나타난다. 또한 2D 도면과 3D 모델링 작업의 기준점으로서의 역할을 한다.

바. 명령어 입력창

명령어 입력창은 명령어와 설정값을 입력할 수 있으며, 명령 실행과정, 시스템 변수, 옵션 및 메시지 등이 표시된다. 'Ctrl+9'를 함께 클릭하면 [명령어-윈도우 닫기] 대화상자가 표시된다. [예]를 클릭하면 명령어 입력창이 사라지고 다시 한번 'Ctrl+9'를 함께 클릭하면 명령어 입력창이 나타난다. 명령어 입력창 내 [최근명령] 단추( )를 클릭하면 현재까지 사용하였던 명령어가 표시된다.

사. 상태표시 막대

상태표시 막대는 도면을 효율적으로 작성하는 데 필요한 여러 가지 기능을 설정하거나 현재 도면 설정 상태를 나타낸다. 상태표시 막대는 [도면좌표], [모형 공간 또는 도면 공간], [도면 그리드 표시], [스냅 모드], [구속 조건 추정], [커서를 직교로 제한], [커서를 지정된 각도로 제한], [등각 투영 제도], [스냅 참조선 표시]. [2D 참조점으로 커서 스냅], [작업공간 전환], [사용자화] 등으로 구성되어 있다. 또한 [사용자화] 아이콘을 클릭하면 상태 표시 막대에 표시할 세부 항목이 나타난다.

아. 탐색막대와 뷰 큐브

탐색막대는 [전체 탐색 휠], [초점 이동], [줌 범위], [궤도], [Show Motion]으로 구성되어 있다.

자. 뷰 큐브

뷰 큐브는 2D 모형공간이나 3D 비주얼 스타일에서 작업하는 동안 뷰를 변환할 수 있다.

〈탐색막대〉

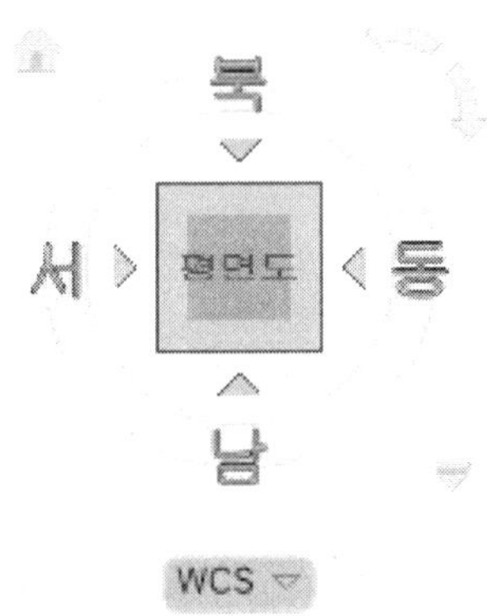

〈뷰 큐브〉

차. 메뉴막대

메뉴막대를 보이게 하기 위해 신속 접근 도구 막대의 오른쪽에 있는 단추(▼)를 클릭하고 [메뉴막대표시]를 클릭한다. 메뉴막대는 [파일], [편집], [뷰], [삽입], [형식], [도구], [그리기], [치수], [수정], [파라메트릭], [윈도우], [도움말]로 구성되어 있다.

카. AutoCAD에서 명령어 입력 방법

AutoCAD에서 명령어를 입력하는 방법은 명령어 입력창에 직접 입력하거나 메뉴막대 또는 리본 메뉴를 사용하여 입력할 수 있다. 이 중 명령어 입력창에 입력하여 선을 작성하고자 할 때 명령어인 [Line] 전체를 다 입력하지 않고 단축 명령어인 [L]만 입력해도 무방하다.

1.3 명령호출 및 실행 방법

1.3.1 리본메뉴에서 클릭

리본패널 제목줄에서 예를 들어 다음과 같이 [그리기] 명령을 선택하면 그리기 명령을 실행할 수 있다. 아울러 [수정], [주석], [도면층], [블록], [특성]. [그룹], [유틸리티], [클립보드], [뷰] 명령도 선택하여 실행시킬 수 있다.

1.3.2 명령행에서 입력 호출

다음과 같이 명령행에서 직접 키보드로 명령어를 입력하여 원을 그릴 수도 있다. 아래의 예는 명령어에 [Circle]을 타이핑해주면 나타나는 명령어이다.

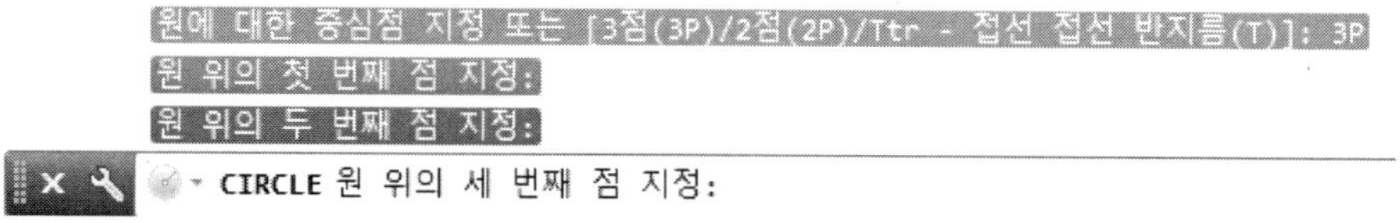

그 밖에 다양한 단축키가 있는데, [BR]은 Break(선 끊기)의 약어이고, [CHA]는 Chamfer(모따기)의 약어 명령어이다. 또한 [REINIT] 명령어를 입력하면 단축명령어를 직접 설정할 수 있다. 많이 사용하는 약어에는 [E] : Erase, [EL] : Ellipse, [EX] : Extend, [F] : Fillet, [G] : Group,

[H] : Hatch, [HI] : Hide, [I] : Insert, [J] : Join 등이 있다.

물론 각종 메뉴를 리본탭에서 선택하기도 하지만 다음과 같은 Full down Menu에서도 선택하여 상세 메뉴로 접근할 수 있다.

1.4 마우스 및 키보드 사용법

1.4.1 마우스 사용법

마우스는 컴퓨터를 사용하면서 가장 일반적으로 사용하는 입력도구이며, AutoCAD를 조작할 때도 마우스 없이는 작업을 수행할 수 없을 정도로 필수적인 도구이다.

마우스의 용도는 1) 명령 아이콘의 선택, 2) 대화상자의 항목선택 및 슬라이드바 조정, 3) 좌표의 지정, 4) 줌 및 초점이동, 5) 객체의 선택 등이다.

가. 마우스 왼쪽 버튼

여러 가지 모양들을 선택하는 버튼이며, 명령어, 각종 메뉴 및 대화상자선택사항, 객체 지정 등을 하는데 사용한다. 즉, 명령아이콘의 지시, 특정좌표 또는 객체를 선택한다.

나. 마우스 휠 버튼

줌(Zoom)의 범위 기능과 초점 이동, 휠을 돌려서 원하는 화면으로 초점을 이동한다.

다. 마우스 오른쪽 버튼

Enter 또는 마우스 오른쪽 메뉴 표시 - Enter와 같은 기능을 하거나 바로가기 메뉴(마우스 오른쪽 메뉴)를 표시한다.

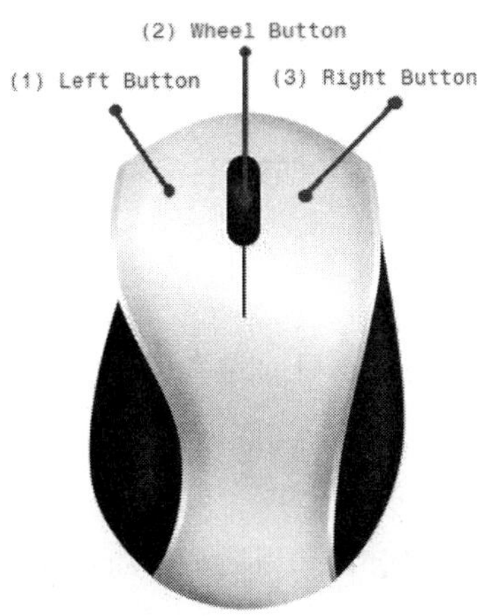

라. 조작 용어와 표시방법

AutoCAD로 도면을 작성하는 과정에는 다양한 조작이 이루어진다. 키보드 조작에서부터 마우스 조작, 마우스 조작에서도 다양한 동작을 통해 도면을 작성해나간다. 이번에는 이 책에서 표기하는 메시지의 설명, 자주 사용하는 조작 용어와 조작방법에 대해 설명하도록 하겠다.

① 클릭 : 마우스의 왼쪽 버튼을 가볍게 한 번 누르는 동작을 말한다. 명령을 실행하고자 할 때의 명령 아이콘 선택, 마우스에 의해 좌표를 지정하고자 할 때, 객체의 편집을 위해 객체를 선택할 때, 대화상자에서 버튼의 선택 등에 사용된다.

② 더블 클릭 : 마우스의 왼쪽 버튼을 연속해서 두 번 누르는 동작을 말한다. 재빠르게 두 번 눌러야 한다. 커서를 객체 위에 두고 더블 클릭하면 객체의 특성 대화상자가 표시된다.

③ 드래그(Drag) : 마우스 왼쪽 버튼을 누른 채로 원하는 위치로 끌고 가는 것을 말한다. 맞물림(그립)으로 이동이나 회전 등을 할 때 많이 사용된다.

④ 드래그 앤 드롭(Drag & Drop) : 마우스 왼쪽 버튼을 누른 채로 원하는 위치로 끌고 가서 왼쪽 버튼을 놓는 것을 말한다. 도구 팔레트의 블록을 작업 영역으로 끌어올 때 사용된다.

⑤ {첫 번째 점 저장} : {......} 안에 표시되는 메시지는 명령을 실행했을 때 명령행에 표시되는 메시지를 나타낸다. 이때 나타나는 메시지에 따라 다음과 같이 조작한다.

・ 좌표의 지정 : {첫 번째 점 지정: }과 같이 좌표를 묻는 메시지에서는 '100,100'과 같이 키보드에서 직접 좌표를 입력할 수도 있으며, 마우스를 이동하여 지정하고자 하는 위치에서 마우스 왼쪽 버튼을 누른다(클릭).

・ 객체의 선택 : 객체를 복사하거나 지우는 명령과 같이 편집명령을 실행하면 {객체 선택}과 같이 객체를 선택하라는 메시지가 표시되면서 작은 사각형(선택상자)이 나타난다. 이때는 선택하고자 하는 객체를 선택하고 선택이 끝나면 [Enter]를 클릭한다.

⑥ 바로가기 메뉴 : 마우스 오른쪽 버튼을 눌러 표시되는 메뉴를 말한다. 이때 나열된 항목에서 하나를 선택하여 실행한다.

⑦ '300, 300' : '...'와 같이 따옴표로 표시된 내용은 사용자가 키보드를 통해 입력하는 숫자나 문자를 나타낸다.

⑧ 명령 실행 표시방법 및 형식 : 명령어 입력부에서 Line (또는 단축키 : L)을 치거나 풀다운

메뉴에서 그리기 - 선으로 들어가거나 아이콘 버튼 중( ) 아이콘을 선택해서 선을 그릴 수 있다. 즉, 1) 명령어 입력, 2) 풀다운 메뉴로 선 그리기 찾기, 3) 아이콘 버튼을 리본패널 등에서 찾아서 실행시키기 등 3가지 방법이 있다.

1.4.2 키보드 사용

도면 작업을 위해 작도 및 편집명령을 실행해야 한다. 이러한 명령을 실행하기 위해 AutoCAD는 몇 가지 방법을 제공하고 있다. 여기에서는 도면을 작도하기 위한 명령 실행방법에 대해 알아보겠다. 제시하는 방법 중에서 사용자 여러분에게 맞는 방법을 선택하여 실행하기 바란다.

가. 키보드에서 명령어 및 단축키 입력

명령행에서 원하는 명령어 또는 단축 명령어를 키보드를 통해 입력하여 명령을 실행시킬 수 있다. 예를 들어 선을 작도하고자 할 경우는 'Line' 또는 'L'을 입력하여 실행한다. 여기에서 'Line'은 실제 명령어의 명칭(철자)이며 'L'은 단축 명령어이다. 단축 명령어는 단어의 수가 한 글자 또는 두 글자가 대부분이다. 이 단축 명령어는 사용자가 임의로 지정할 수도 있다.

나. 도구막대에서 명령 아이콘 선택하기

명령을 실행하는 간단한 방법으로, 도구막대에서 해당 명령의 버튼을 선택하는 방법이다. 화면에 나타난 도구막대에서 선분, 다각형 등의 아이콘을 클릭하면 바로 명령어 실행이 된다. 선분의 경우, 그리기 도구막대의 선분 아이콘을 클릭한다.

다. 풀다운 메뉴에서 선택

메뉴 검색기( )를 눌러 펼쳐지는 풀다운 메뉴에서 해당 명령을 선택한다. 선 명령의 경우, 펼쳐진 풀다운 메뉴에서 일곱 번째에 있는 [그리기(D)]의 여러 옵션 중에 [선(L)]을 선택한다.

라. 리본의 패널에서 선택

AutoCAD에서 제공되는 리본에서 해당 패널의 명령 컨트롤(아이콘)을 선택하여 실행한다. 선 명령의 경우, '그리기' 패널에서 '선( )'을 선택하여 실행한다.

마. 바로가기 메뉴의 선택

마우스 오른쪽 버튼을 클릭하면 최근 입력한 명령 및 사용메뉴가 표시되는 바로가기 메뉴가 나타난다. 이때 실행하려는 메뉴를 선택한다. 이 기능은 이전에 사용했던 명령을 반복 사용하거나 취소할 때 유용하다. 또, 명령실행 중 '줌(Zoom)'이나 '초점이동(Pan)'과 같이 화면을 조작할 때 유용하게 사용할 수 있다.

바. 동일 명령의 반복 및 명령 중지

실행했던 명령을 다시 한 번 실행하고자 할 때는 [Enter] 또는 [Space Bar]를 클릭하면 된다. 즉, 선 명령을 실행하고 나서 다시 선 명령을 실행하고자 할 경우는 [Enter] 또는 [Space Bar]를 누르면 된다. 또한 실행중인 명령을 중지하고자 할 때는 [Esc] 키를 클릭한다. 앞으로 명령의 재실행은 [Space Bar]를 클릭하는 것으로 통일하겠다.

1.5 새 도면파일 만들기

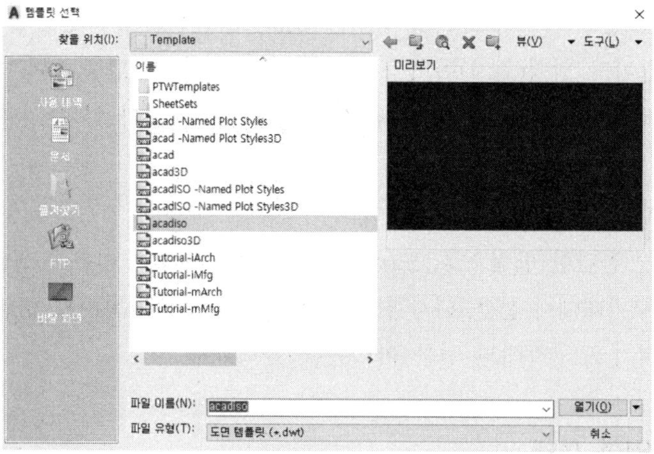

도면의 파일 유형은 도면파일(DWG), 도면 표준(DWS), 도면 템플릿(DWT), 도면교환파일(DXF), 도면 교환이진(DXB)파일 등이 있으며, 주로 DWG File과 DWT File을 많이 사용한다.

1.6 저장 및 종료하기

가. 저장명령(Save)

작성한 도면을 저장하는데 신규로 작업한 도면은 Save를 사용하여 저장할 경우에 바로 다음에 설명할 Save As와 같은 방식(파일이름, 유형, 저장위치 선택)으로 실행된다. 기존에 작업한 도면을 불러와 수정, 보완한 뒤 기존 제목과 파일 포맷을 변경 없이 그대로 사용할 때 저장명령(Save)을 사용한다.

나. 다른 이름으로 저장 명령

저장(Save) 명령과 마찬가지로 파일을 저장하는 방법인데 Save As의 경우 새로운 도면을 열어서 작성한 파일을 저장할 때 사용한다. 또한 기존에 그렸던 도면을 다시 불러와서 수정하거나 첨삭한 후 새로운 이름을 부여해서 저장할 때 사용하는 명령이다.

저장할 파일의 이름과 위치를 지정할 수 있는 [다른 이름으로 도면 저장] 대화창이 나타나며, 파일이름에 저장할 파일의 이름을 입력하고 파일유형에 저장할 파일의 형식 및 버전을 선택한다. 저장위치에서는 저장할 위치를 설정하며 모든 저장이 완료되면 '저장'버튼을 클릭하여 완료한다.

다. 종료 명령

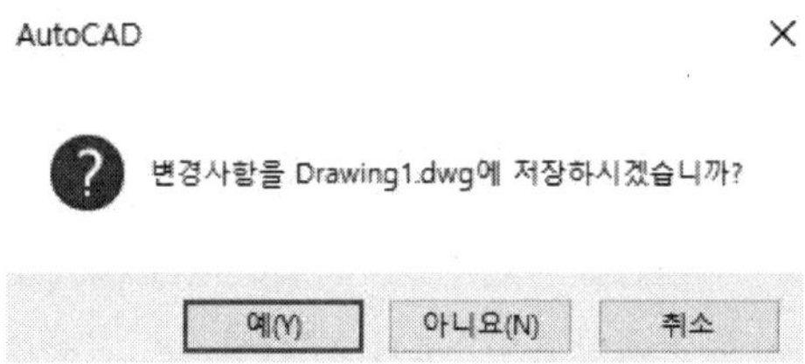

저장명령 실행 시 이렇게 나타난다.

☞ **AutoCAD Program Version이 맞지 않아 파일을 볼 수 없는 경우**

AutoCAD를 사용하다 보면 낮은 버전에서 작업한 파일이 상위버전의 프로그램에서는 잘 열리지만 상위버전에서 작업한 파일의 경우 낮은 버전에서는(그보다 더 오래전에 개발된 버전이라 당연히) 열리지 않으니 프로그램이 상위버전인지 하위버전인지 꼭 체크해야 한다. 만약 자신보다 낮은 버전의 AutoCAD를 사용하는 사람에게 도면파일을 보내야 할 때는 상대 컴퓨터의 버전을 확인한 뒤 그에 맞게 저장 설정을 바꾸어야 한다. AutoCAD는 버전이 달라도 충분히 호환이 가능하도록 저장할 수 있으므로 이용할 버전에 맞추어 저장만 한다면 상·하위버전에서도 도면 열람이나 수정이 가능하다.

라. Save as

File(파일) → Save as(다른이름으로 저장)

저장명령과 같은 대화상자가 뜨지만 현재의 도면을 새로운 이름으로 저장하며 이후에 그 이름이 저장되는 기본이름으로 설정된다.

마. Qsave

File(파일) → Save(저장)

가장 빠른 저장 명령으로 이미 설정된 이름으로 대화상자 없이 바로 저장된다.

※ 이미 설정된 이름이 없는 한 번도 저장하지 않은 상태라면 SAVE와 동일한 현상을 보인다.
- 예 : 저장을 하고 종료한다.
- 아니오 : 저장을 하지 않고 종료한다.
- 취소 : 명령 자체를 취소한다.

바. Savetime

자동 저장 시간을 지정한다. 0분에서 60분까지 지정이 가능하며, 0분으로 설정하면 자동저장 기능이 작동되지 않는다. 저장되는 이름은 "*.SV$"이며 작업 중 여러 가지 이유로 작업도면을 잃는 경우가 있는데, 이 파일을 찾아 "*.SV$"를 "*.DWG"파일로 변경한 후 Open하면 최소한의 작업도면을 건질 수도 있다.

※ 메인 메뉴의 Tool(도구) → Options...(옵션)을 선택하여 'Open and Save (열기 및 저장)'의 'File Safty Precautions(파일 안전예방조치)'에서 제어할 수 있다.
- 명령어 [Savetime]을 키인 후 [Enter]를 클릭한다.
- Savetime에 대한 새 값 입력 〈120〉: 새 값(초단위)를 넣어주면 자동 저장 시간을 변경할 수 있다.

☞ AutoCAD 파일 확장자

① DWG : AutoCAD 파일의 대표적인 확장자로, Drawing File이며 일반적으로 AutoCAD 파일의 확장자는 DWG이다.

② DWT : Template 확장자명으로, 회사에서 지정한 규격에 맞도록 일정한 도면 틀을 설정한 파일을 템플릿(Template) File이라 한다.

③ DXF : DWG의 변환파일로, 다른 포맷으로 확장자명 변환이 가능한 파일이다. AutoCAD에서 작업한 파일을 Pro-E 등의 다른 프로그램으로 보낼 때는 DWG보다는 DXF로 변환하는 것이 좋다. DXF 파일은 다른 응용프로그램의 도면이나 이미지로도 사용할 수 있는 유용한 확장자이다.

④ DWS : DWG File처럼 도면 작성에 직접 연관된 파일은 아니고 도면을 관리할 때 사용하는 파일 형식이다. 도면 특성을 부여하고 특성에 맞도록 작성이 되었는지 확인할 때 사용한다.

⑤ PLT : Plot의 약자로, 인쇄파일이다.

CHAPTER 2 기본 선 그리기

2.1 선 그리기

2.1.1 선의 개요

도면은 수많은 직선과 곡선으로 이루어져있으며 직선을 표현하는 [Line] 명령어는 도면을 작성하는 가장 기본적인 명령어라고 할 수 있다. 선을 표현하는 방식으로는 크게 절대좌표, 상대좌표 및 상대 극좌표로 나눌 수 있다. 입력형태는 명령어 [Line]을 타이핑하여 선그리기를 할 수 있는데, 마우스로 첫 번째 점을 지정한 후 작업영역 내의 임의의 점이나 좌표를 입력하여 그린다. 다음점 지정 또는 [명령취소(U)]기능을 할 수 있으며 괄호 안의 옵션을 사용하려면 대문자로 U를 입력하면 명령취소가 이루어진다. 다음점 지정 또는 [닫기(C)/명령취소(U)] 등을 선택하여 명령을 마칠 수 있다.

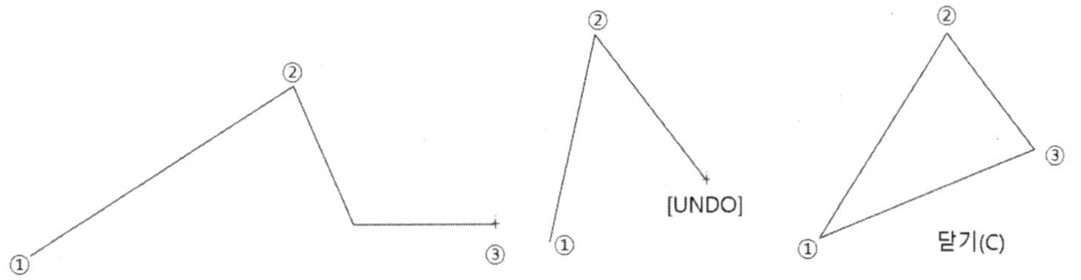

2.1.2 지우기

지우기 명령 실행 방법은 4가지 방법이 있다. 사용자의 편의에 따라 4가지 중에 선택하여 사용하면 된다. 지우기 명령을 실행하기 전에 지우려는 객체를 선택해야 하며 마우스를 이용해 선택할 수 있다.

① 메뉴 〉 수정 〉 지우기
② 도구막대 〉 수정으로 입력
③ 리본 탭의 홈 〉 수정 〉 지우기
④ 명령어로 [Erase] 입력

가. 명령 취소 명령

[UNDO] 명령어는 이전에 실행했던 명령들을 차례로 취소할 수 있다. 취소하는 순서는 가장 최근에 실행했던 명령어를 제일 처음으로 취소하는 방식으로, 전에 실행했던 명령만큼 명령을 취소할 수 있다.

① 메뉴 〉 편집 〉 명령 취소
② 도구막대 〉 표준으로 입력하기
③ 리본 탭의 신속접근 도구막대로 실행
④ 명령어로 [UNDO]를 입력하여 명령 취소

나. 명령 복구 명령

[REDO] 명령어는 바로 이전에 [UNDO]에 의해서 취소했던 명령을 복구하기 위해서 사용한다. [REDO] 명령어는 실행한 [UNDO] 명령이 많다고 하더라도, 바로 이전의 [UNDO] 명령을 한 번만 취소할 수 있다.

① 메뉴 〉 편집 〉 명령 복구
② 도구막대 〉 표준으로 입력하기
③ 리본 탭의 신속접근 도구막대로 실행
④ 명령어로 [REDO] 입력

2.1.3 화면크기를 조절하는 [Zoom] 명령

[Zoom] 명령어는 화면 내에서 도면이 너무 작게 표시되어 도면 내에 있는 각각의 요소가 어떤 상태인지 파악이 힘들 경우, 화면 크기를 크게 확대할 수 있다. 화면의 뷰(View) 비율을 확대하거나 축소하는 기능으로, [Zoom]을 사용하면 도면에 있는 객체의 절대 크기가 변하지 않고 뷰의 배율만 변경된다. 또한 화면 내에서 도면이 너무 크게 표시되어 도면 내에 있는 전체 요소를 전부 볼 수 없을 경우, 화면 크기를 축소할 수 있다. 줌은 필요한 부분의 도면을 확대 및 축소시킬 수 있으며 단축키는 [Z]이다.

① 메뉴 〉 뷰 〉 줌 〉 실시간으로 명령을 수행
② 도구막대 〉 표준으로 입력
③ 리본 탭의 뷰 〉 탐색 〉 줌 드롭다운 〉 실시간으로 수행
④ 명령어로 [Zoom]을 입력하여 확대하거나 축소

[Zoom] 명령 옵션은 다음과 같다.

1) 전체(All) : 도면 전체를 표시하고 Limits에 의해서 설정한 도면 영역을 화면에 적용한다.
2) 중심(C) : 도면에 클릭한 점을 중심으로, 입력한 높이값에 의해서 도면이 확대되고 축소된다. 높이 값이 작을수록 도면은 확대되고, 클수록 도면은 축소된다.
3) 동적(D) : 직사각형 뷰 상자를 사용하여 도면을 확대한다. 뷰 상자는 연두색, 파란색, 검정색으로 구성되는데, 연두색 뷰 상자는 바로 전에 사용자가 보고 있었던 화면 영역이고, 파란색 뷰 상자는 Limits 영역을 나타낸다. 검정색 뷰 상자는 크기와 위치 조절이 자유자재이고, 마우스의 왼쪽 버튼을 한번 클릭하면 뷰 상자의 크기를 조절할 수 있으며, 마우스의 왼쪽 버튼을 또 다시 한번 클릭하면 뷰 상자를 이동시킬 수 있고 마지막으로 마우스의 오른쪽 버튼을 클릭하면 X 표시가 있는 부분을 중심으로 도면을 확대할 수 있다.
4) 범위(E) : 도면의 객체를 화면상에 최대로 표시한다.
5) 이전(P) : 이전에 보았던 화면을 순차적으로 표시한다. 이전 화면은 최대 10회까지 볼 수 있다.
6) 축척(S) : 숫자를 입력하여 화면을 확대하거나 축소할 수 있다. 도면을 처음 불러와 2배로 확대하고자 할 때는 2나 2X를 입력하면 되지만, 2배로 확대한 도면을 다시 2배로 확대하고자 할 때는 반드시 2X를 입력해야 한다.
7) 윈도우(W) : 사각형 선택상자를 만들어 원하는 부분을 확대할 수 있다. 단, 'W'를 입력하지 않아도 [윈도우] 옵션 기능을 동일하게 수행한다.
8) 객체(O) : 선택한 객체를 중심으로 확대할 수 있다.
9) 실시간 : 마우스 휠을 위로 움직이면 화면을 확대, 아래로 움직이면 화면을 축소할 수 있다.

2.1.4 초점 이동 명령(좌표 변화 없이 도면을 이동하는 Pan 명령)

도면을 작성하다 보면 내용이 점점 복잡해지거나 혹은 좌표의 수치가 화면에서 보이는 부분보다 멀리 있어서 화면 밖으로 도면이 벗어나는 경우가 간혹 발생한다. 이럴 때 도면이 모두 화면에 나타날 수 있도록 [Pan](초점이동) 명령을 실행하여 화면 앞으로 끌어와야 한다. [Pan] 명령어는 작성자가 도면을 원하는 부분으로 이동시키고자 할 때 사용한다. 도면을 이동한다고 하더라도 좌표값은 변하지 않는다. Pan 명령을 사용하기 위해서는 명령행에 [Pan]을 입력하고 [Spacebar] 혹은 [Enter]를 클릭하면 된다. 또 다른 간편한 방법은 마우스 휠을 눌러서 Drag하여 사용하는 것이다. Pan 명령을 실행한 후 손바닥 모양이 나오면 상, 하, 좌, 우 원하는 방향으로 화면을 Drag하여 원하는 위치로 당겨올 수 있다.

① 메뉴 〉 뷰 〉 초점이동 〉 실시간으로 명령 수행
② 도구막대 〉 표준으로 입력

③ 리본 탭의 뷰 〉 탐색 〉 초점으로 수행
④ 명령어로 [Pan]을 입력하여 수행

1) Regen 명령

현 화면을 재생성하는 기능이며 단축키는 re이다. 메뉴에서는 뷰(V) → 재생성(G)를 클릭하면 명령 수행이 가능하다. 마우스 휠을 돌리면 [Zoom] 명령을, 휠을 누른 상태로 이동하면 [Pan] 명령을 사용할 수 있다. [Limits] 명령 후에는 [Zoom]+all 명령을 실행해야 화면영역이 나타난다.

2.1.5 Erase

[Erase] 명령어는 필요 없는 객체를 선택하여 지우는 명령어이며 단축키는 [E]를 사용한다. 사용하는 방법은 Erase명령어를 명령창에 타이핑하여 지울 객체를 선택한 후 [Spacebar] 혹은 [Enter] 혹은 마우스 오른쪽 버튼을 클릭하면 지워진다. 지우는 방법은 지울 대상 객체를 마우스로 한 개씩 클릭하거나, 드래그하여 선택상자를 만들어 한꺼번에 지울 수 있다.

가. 지우기 명령 2가지 선택 방법(걸치기 선택, 윈도우 선택)

지우기를 할 때 클릭하여 하나씩 선택하는 방법이 있고, 클릭상태(오른쪽)에서 왼쪽으로 드래그하여 영역을 걸치며 교차선택하면 하단 왼쪽 그림처럼 점선 영역에 포함되거나 걸쳐진 객체가 선택된다. 그러나 하단 오른쪽 그림처럼 클릭상태(왼쪽)에서 오른쪽으로 드래그하여 윈도우 영역을 만들어 선택하면 사각영역에 포함된 객체만 선택된다. 두 가지 방법이 선택법에 있어 다르게 선택되니 실습을 통해 차이를 경험해보기 바란다. 교차선택하여 걸치기하는 방법이 전체를(윈도우 선택) 선택하는 것보다 더 좁은 범위의 드래깅을 통해 광범위하게 선택할 수 있음을 알 수 있다.

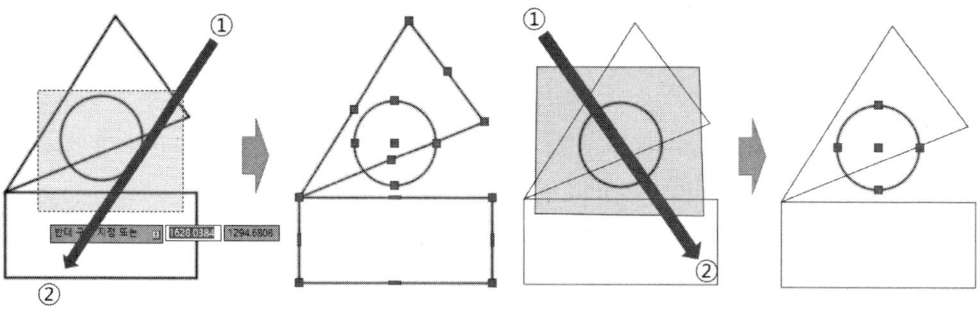

(a) 교차선택(= 걸치기 선택)　　(b) 윈도우 선택(= 부분 선택)

나. Grip(선택)하기

아래 그림과 같이 파란 사각점의 그립모드(Grip Mode) 상태가 되면 키보드 Delete 키를 눌러 삭제하거나 Delete 키로 잘라내기를 할 수 있다. Grip을 해제하려면 Esc 키를 클릭하면 해제할 수 있다. 다음 그림은 그립 상태를 나타낸다.

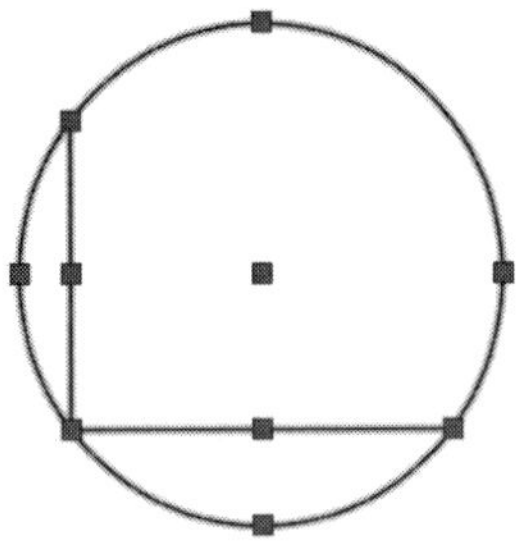

2.1.6 Viewres

줌 명령을 사용하여 확대한 원이나 호가 다각형으로 보이면 해상도를 조정하여 해결한다. 이 값이 높을수록 디스플레이 속도가 느려지며 출력은 Viewres의 수치와 무관하게 정상적으로 출력된다.

명령어 [Viewres]를 키인 후 [Enter]를 클릭한다.

- 고속 줌을 원하십니까? [예(Y)/아니오(N)] 〈Y〉 :
- 원 줌 퍼센트 입력 (1-20000) 〈100〉 :
- 모형 재생성 중

2.2 기본설정 

2.2.1. 기본설정 메뉴

가. 도면 그리드(Grid)

화면에 모눈종이 형태로 그리드를 키고 도면을 그리는 기능이다. 단축키는 F7이다. [Grid] 명령어는 화면상에 격자점을 표시하는 것으로서, 사용자 좌표계(UCS)의 전체 XY평면에 표시되는 선이나 점으로 된 직사각형 패턴이다. [Grid] 명령어를 사용하면 객체를 정렬하고 객체 사이의 거리를 시각화할 수 있으며 격자점을 출력하지 않는다.

나. 스냅(Snap)

그리드를 켜고 스냅모드를 사용하면 편리한데, 지정한 값만큼 마우스 움직임을 설정하는 기능이다. 단축키는 F9이다. [Snap] 명령어는 십자선 커서를 화면상에 일정한 간격으로 움직이게 하는 것으로서, 도면 작성 시 일정한 간격을 반복적으로 그려 정확하게 좌표를 입력할 때 유용하게 사용된다.

다. 직교(Ortho)

마우스 커서를 수평, 수직(직교) 방향으로 제한하는 기능이며, 단축키는 F8이다. [Ortho] 명령어는 십자선 커서를 화면상에서 수평, 수직으로 움직이게 하는 것으로서, 도면 작성 시 수평, 수직 도면을 그릴 때 유용하게 사용된다.

라. 극좌표 추적하기(Polar Tracking)

커서를 지정한 특정 각도로 제한하는 기능이며 단축키는 F10이다. 지정된 방향으로 커서 위치의 거리값과 각도를 추적한다. 극좌표 입력 시 마우스를 필요각도에 위치시키고 값만 입력하여 편리하게 사용하는 기능이다.

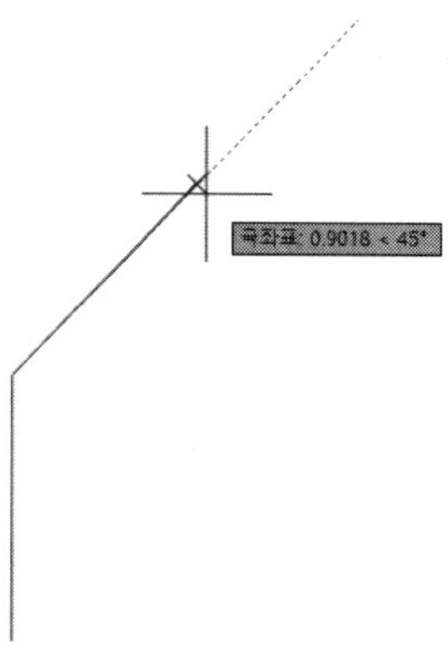

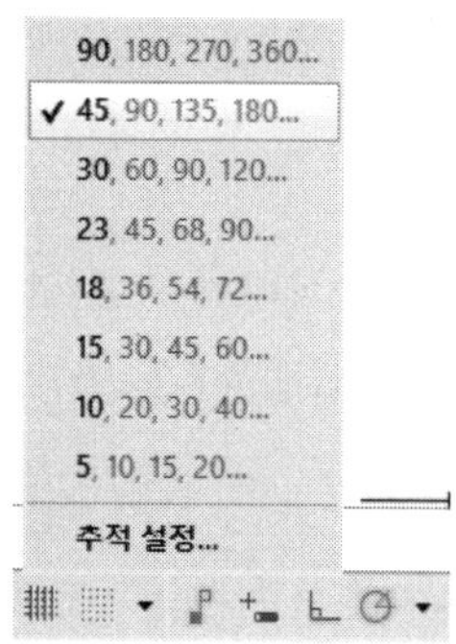

마. 객체스냅(Osnap)

도면을 작업할 때 객체의 끝점, 중심점, 중간점 등을 지정할 때가 있다. 그때 정확히 지정하기 힘들 때가 있는데, 이때 객체스냅(Object Snap : Osnap)을 사용하면 정확하게 지정할 수 있다. 이와 같이 객체스냅은 객체의 특정 지점을 편리하게 찾아주는 기능을 하며 도면을 그리기 위해서 명령어를 실행 도중에도 사용이 가능한 것이 특징이다. 명령어 입력방법은 명령어 [OSnap]을 입력하거나 단축명령어 [Os]를 입력하여 실행시킨다. 명령어 사용방법의 경우 다음과 같이 명령어 [OSnap]을 입력하면 객체스냅을 결정하는 제도설정 대화상자가 나타난다.

객체스냅을 사용하기 위해 [OSnap]을 입력하는데, [제도설정] 대화상자의 [객체스냅모드]에서 사용하고자 하는 모드를 선택하고, [객체스냅 켜기]에 체크 표시를 한 후, [확인]을 클릭한다.

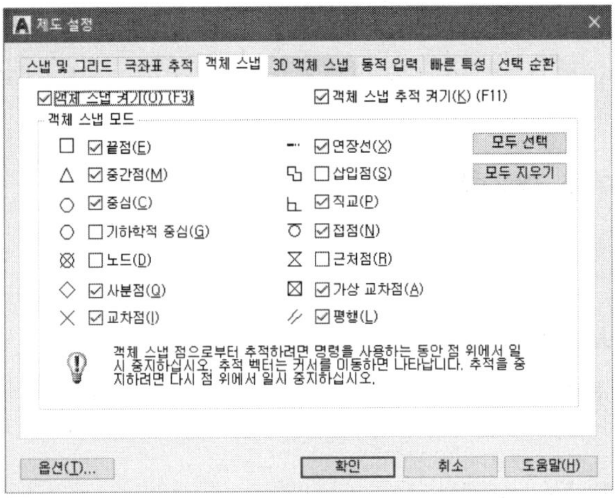

객체스냅은 여러 가지 특정점을 지정할 수 있는데 상기 대화상자에서 알 수 있듯이 다양한 옵션이 있다.

① 끝점(Endpoint) : 선, 폴리선, 호 등의 끝점을 지정한다.
② 중간점(Midpoint) : 선, 폴리선, 호 등의 중간점을 지정한다.
③ 중심점(Center) : 원, 호, 타원 등의 중심점을 지정한다.
④ 노드(Node) : 점 객체를 지정한다.
⑤ 사분점(Quadrant) : 원, 호, 타원 등의 사분점을 지정한다.
⑥ 교차점(Intersection) : 선, 호, 원 등의 사분점을 지정한다.
⑦ 연장선(Extension) : 객체의 연장선상의 한 점을 지정한다.
⑧ 삽입점(Insertion) : 문자, 블록 내에 삽입점을 지정한다.
⑨ 직교(Perpendicular) : 객체에 수직으로 만나는 점을 지정한다.
⑩ 접점(Tangent) : 선, 호, 원, 타원 등에 접하는 점을 지정한다.
⑪ 근처점(근사점)(Nearest) : 객체에 가장 가까운 점을 지정한다.
⑫ 가상교차점(Apparent Int.) : 3차원 공간에서 교차하지 않는 두 객체의 가상 교차점을 지정한다.
⑬ 평행(Parallel) : 객체와 평행한 점을 지정한다.
⑭ 기하학적 중심 : 닫힌 폴리선 및 스플라인의 무게를 지정한다.

☞ **객체스냅을 명령 도중 일시적으로 사용 시 Shift+마우스 오른쪽 클릭(Ctrl+마우스 오른쪽 클릭)을 눌러 객체스냅을 설정할 수 있다.**

바. 객체스냅 추적하기(Osnap Tracking)

객체스냅을 추적하며 작은 더하기 기호(+)가 나타난다. 단축키는 F11이다.

사. 동적 UCS(Dynamic UCS)

마우스 위치에 따라 임시 xy 평면을 자동으로 정렬시키는 기능이며, 단축키는 F6이다.

아. 동적입력(Dynamic Input)

여러 정보를 마우스 옆에 표시해주는 기능이며 단축키는 F12이다.

자. 선가중치(Line Weight)

객체에 선 두께를 설정한 경우 선 두께를 나타내주는 기능이다.

차. 빠른 특성(Quick Properties)

빠른 특성 대화창을 나타내며 단축키는 Ctrl+Shift+P이다.

☞ **기본설정 메뉴바의 아이콘이 상태막대 명령 사용 중일 때는 하늘색으로 색깔이 바뀐다.**

2.2.2 절대좌표, 상대좌표(AutoCAD 좌표의 이해) 및 상대극좌표

도면은 수많은 직선과 곡선으로 이루어진 가운데, 직선을 표현하는 [Line] 명령어는 도면을 작성하는 가장 기본적인 명령어라고 할 수 있다. 선을 표현하는 방식으로는 크게 절대좌표 및 상대 극좌표로 나눌 수 있다.

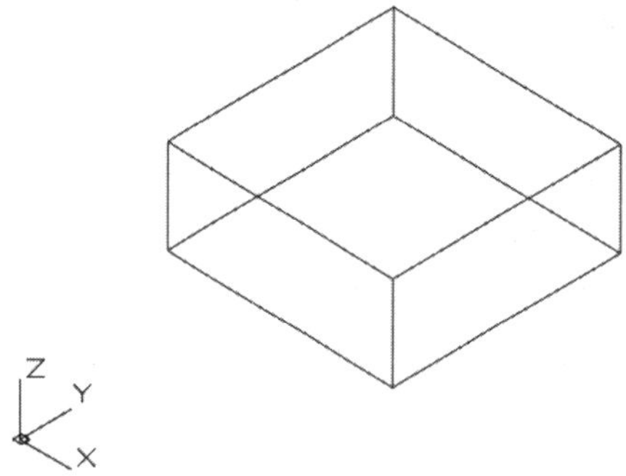

〈3차원 좌표 사용 시 : 3D CAD〉

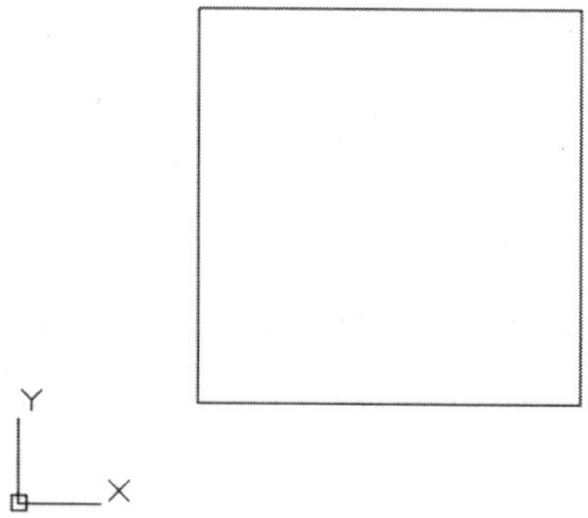

〈2차원 좌표 사용 시 : 2D CAD〉

또한 위의 그림에 나타나듯이 AutoCAD는 X축과 Y축만 사용하는 2차원 도면과, X, Y, Z축을 사용하는 3차원 도면을 그릴 수 있다.

가. 절대좌표로 선 그리기

절대좌표는 원점을 기준으로 위치를 지정하는 좌표방식으로, 좌표를 나타내는 방법 중에서 가장 기본적인 좌표시스템이다. 위치를 지정할 때 원점인 '0.0'을 기준으로 X축의 좌표값과 Y축의 좌표값을 입력하는 방식이다. 그러므로 절대좌표의 입력방법은 (X축의 좌표값, Y축의 좌표값)을 입력하면 된다.

절대좌표의 사용방법은 [Line] 명령을 키보딩하여 첫 번째 점을 (4,3)으로 지정 후 첫 번째 점이 입력되면 다음점을 지정하기 위하여 (8,3)을 입력하면 두 번째 점이 입력된다. 세 번째 점은 (8,6)을 입력하고 다음점은 (4,6)을 입력하고 닫기(C)를 치면 다음의 사각박스가 완성되는 것을 알 수 있다.

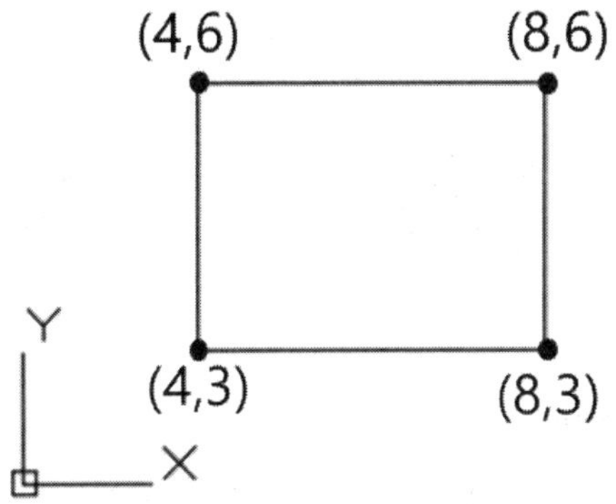

〈절대좌표 사용 예〉

나. 상대좌표로 선 그리기

상대좌표는 가장 마지막 입력한 좌표를 원점으로 설정하고, X축으로의 이동거리와 Y축으로의 이동거리를 입력한다. 가장 마지막 입력한 좌표를 원점으로 설정하기 위해서는 'X축으로의 이동거리, Y축으로의 이동거리' 입력값 앞에 '@'을 입력한다. 그러므로 상대좌표의 입력방법은 (@X축으로의 이동거리, Y축으로의 이동거리)을 입력하면 된다.

상대좌표의 사용방법은 [Line] 명령을 키보딩하여 첫 번째 점을 (3,2)로 지정 후 첫 번째 점이 입력되면 다음점을 지정하기 위해 (@6,0)을 입력하면 두 번째 점이 입력된다(@6,0을 입력함으로써 두 번째 점인 절대좌표값 9,2로 이동한다). 세 번째 점은 (@0,4)를 입력하고(@0,4를 입력함으로써 절대좌표값 9,6으로 이동한다), 네 번째 점은 (@-3,-2)를 입력하며(@-3,-2를 입력함으로써 네 번째 점의 절대좌표값인 6,4로 이동하는 것을 실습을 통해 확인할 수 있다), 다섯 번째 점은 (@-3,2)를 입력하고(@-3,2를 입력함으로써 다섯 번째 점의 절대좌표값인 3,6으로 이동한다), 여섯 번째 점은 (@0,-4)를 입력하면(@0,-4를 입력함으로써 다섯 번째 점의 절대좌표값인 3,2로 이동한다), 다음 그림과 같이 도형이 완성되는 것을 알 수 있다.

☞ **여기서 @의 역할**

영어로는 앳 사인(At sign) 또는 앳(At)이라고 읽으며, @의 모양 때문에 한국에서는 주로 골뱅이라고도 부른다. '@'는 좌표시스템에서 상대좌표와 상대 극좌표를 입력할 때 '@'가 있는 좌표를 원점인 0,0으로 인식하게 하는 역할을 한다.

위의 설명의 좌표를 이용하여 다음 그림을 그려보면 상대좌표의 의미를 보다 더 확연히 이해할 수 있다.

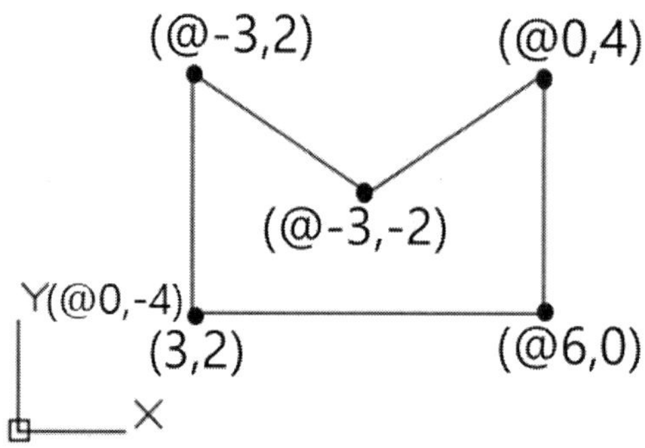

다. 상대극좌표로 선 그리기

상대극좌표는 가장 마지막 입력한 좌표를 원점으로 설정하고, 이동거리와 이동각도를 입력한다. 가장 마지막 입력한 좌표를 원점으로 설정하기 위해서는 '@'를 이동거리와 이동각도 앞에 입력한다. 그러므로 상대 극좌표의 입력방법은 (@ 이동거리〈 이동각도)를 입력하면 된다.

상대극좌표의 사용방법은 [Line] 명령을 키보딩하여 첫 번째 점을 (3,2)로 지정 후 첫 번째 점이 입력되면 다음점 지정 또는 [명령취소(U)] : @6〈0 과 같이 두 번째 점까지 선을 그리기 위하여 '@입력 후, 이동거리, 〈 이동각도'를 입력한다.

상대극좌표를 완전히 이해하기 위해 다음의 실습을 실시해본다. [Line] 명령을 키보딩하여 첫 번째 점을 (5,2)로 지정 후 첫 번째 점이 입력되면 다음점 지정 또는 [명령취소(U)] : @2〈0을 입력함으로써 절대좌표값 5,2로부터 절대좌표값인 7.2로 이동한다. 세 번째 점을 입력하기 위하여 다음점 지정 또는 [명령취소(U)] : @2〈90을 입력함으로써 절대좌표값 7,2로부터 절대좌표값인 7.4로 이동한다. 네 번째 점을 입력하기 위하여 다음점 지정 또는 [명령취소(U)] : @2〈0을 입력함으로써 절대좌표값 7,4로부터 절대좌표값인 9.4로 이동한다. 다섯 번째 점을 입력하기 위하여 다음점 지정 또는 [명령취소(U)] : @2〈90을 입력함으로써 절대좌표값 9,4로부터 절대좌표값인 9.6으로 이동한다. 여섯 번째 점을 입력하기 위하여 다음점 지정 또는 [명령취소(U)] : @6〈180을 입력함으로써 절대좌표값 9,6으로부터 절대좌표값인 3,6으로 이동한다. 일곱 번째 점을 입력하기 위하여 다음점 지정 또는 [명령취소(U)] : @2〈270을 입력함으로써 절대좌표값 3,6로부터 절대좌표값인 3.4로 이동한다. 여덟 번째 점을 입력하기 위하여 다음점 지정 또는 [명령취소(U)] : @2〈0을 입력함으로써 절대좌표값 3,4로부터 절대좌표값인 5,4로 이동한다. 아홉 번째 점을 입력하기 위하여 다음점 지정 또는 [명령취소(U)] : @2〈270을 입력함으로써 절대좌표값 5,4로부터 절대좌표값인 5,2로 이동한다.

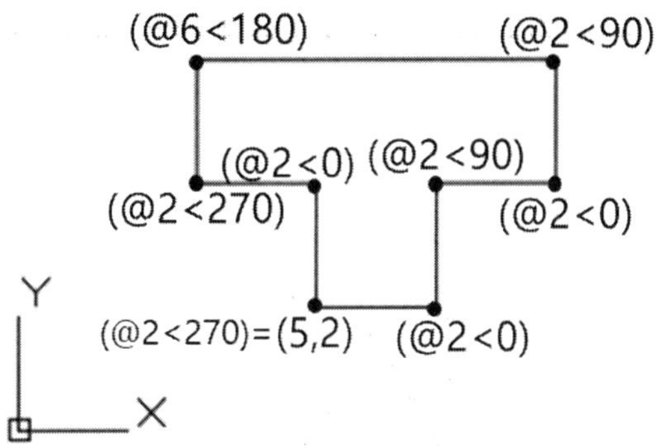

☞ **상대극좌표에서 이동 각도의 방향**

상대극좌표에서 이동각도의 방향은 일반적인 직교좌표계와 동일하다. '0도'는 오른쪽방향, '90도'는 위쪽방향, '180도'는 왼쪽방향, '270도'는 아래쪽 방향을 의미한다. 즉, 다음 그림에 나타낸 것과 같이 이동각도가 증가하는 방향은 반시계방향(Counter Clock Wise : CCW)임을 알 수 있다.

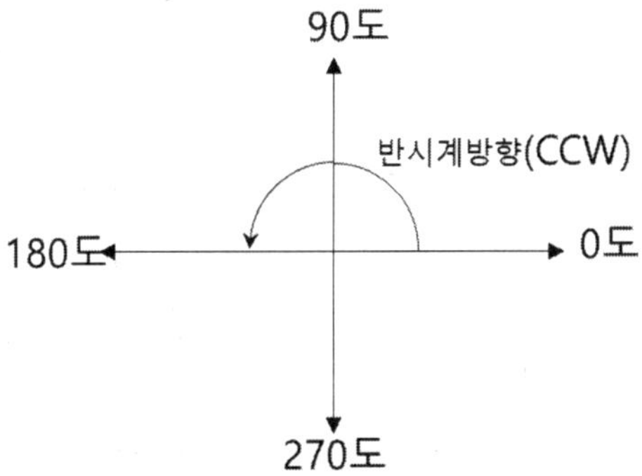

2.3. Exercise(도면 그리기)

새로만들기 → Acad 템플릿을 열어 상태막대 명령을 모두 끄고 좌표를 이용해 다음의 도면을 그려보세요.

☞ **도면 2-1**

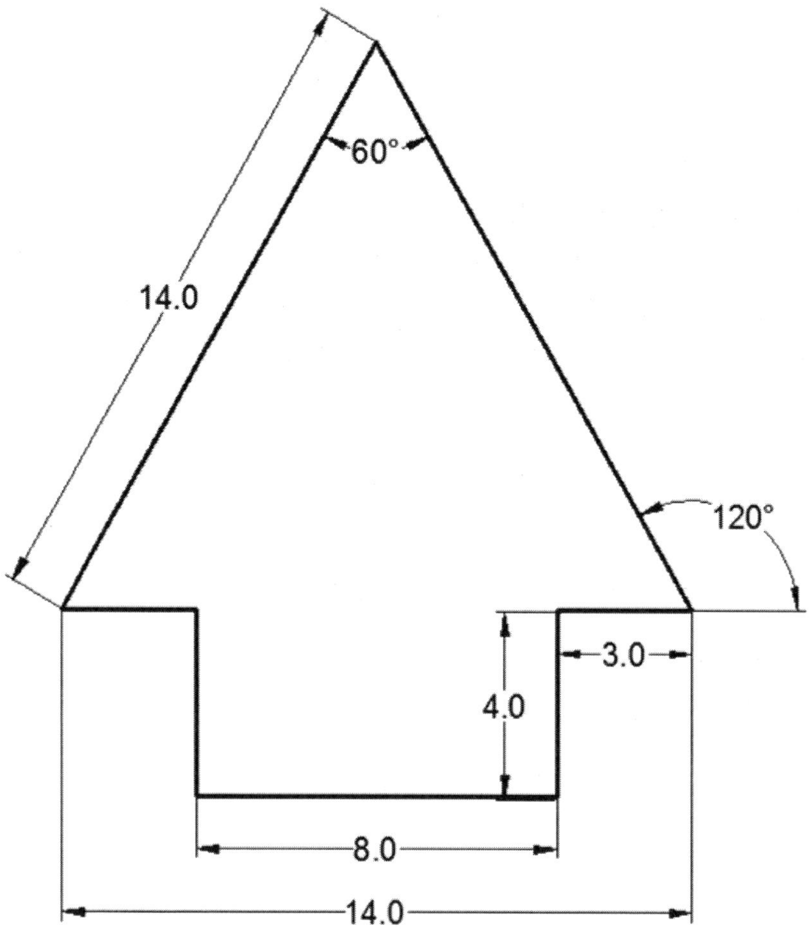

☞ 도면 2-2

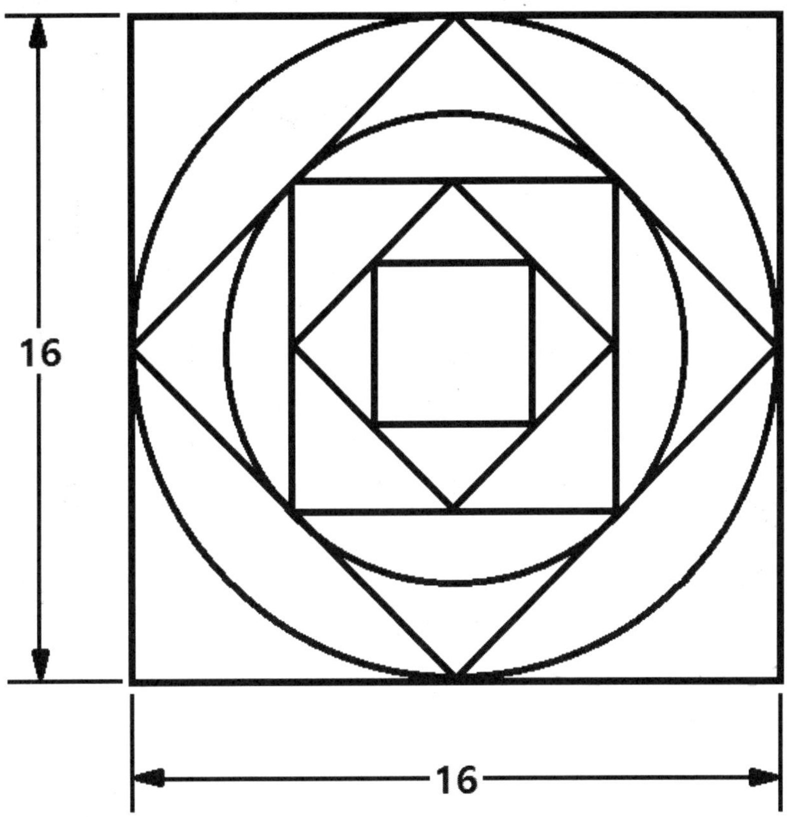

치수가 바깥선만 있지만 원과 사각형 그리기를 통해서 치수를 맞춰보세요. 객체스냅 설정 변경을 통하여 중심점, 중간점, 꼭지점 익히는 방법을 예습해보세요.

☞ **도면 2-3**

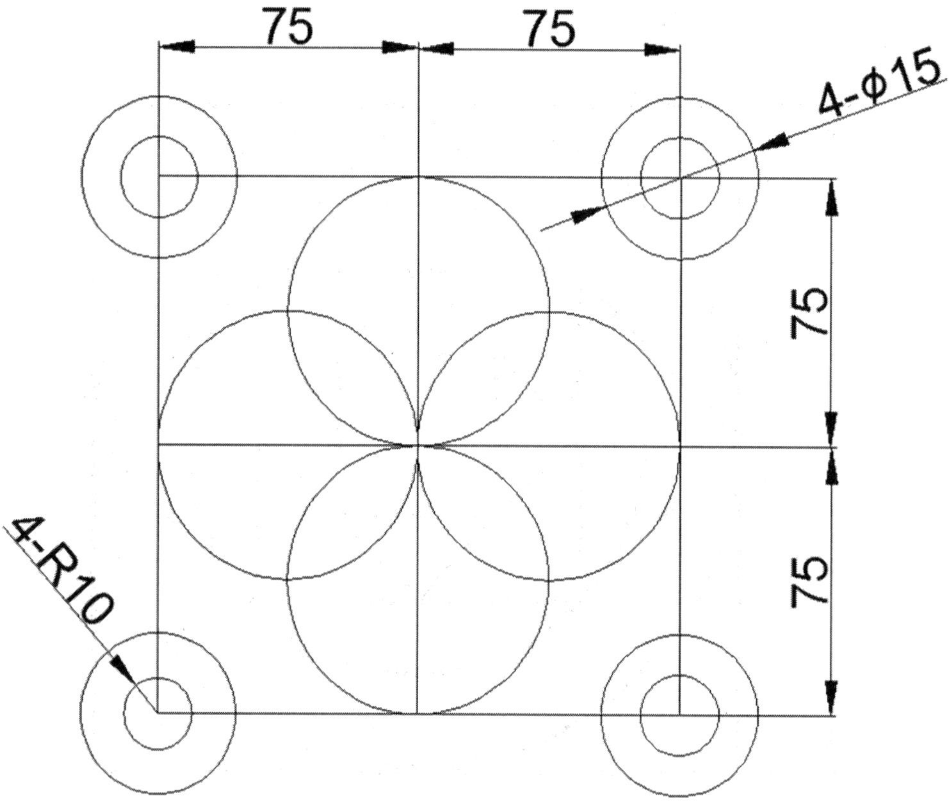

☞ **도면 2-4**

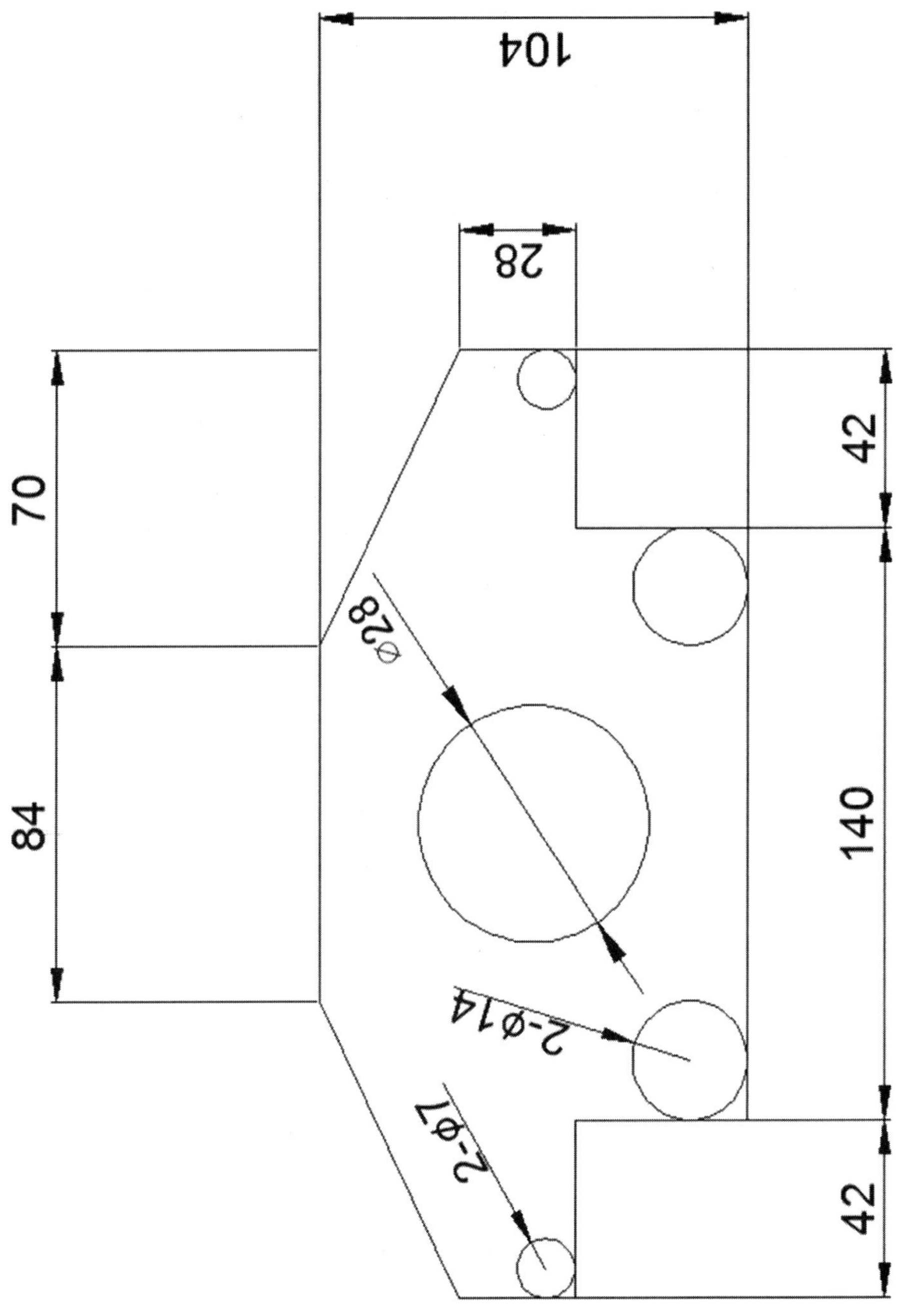

☞ **도면 2-5**

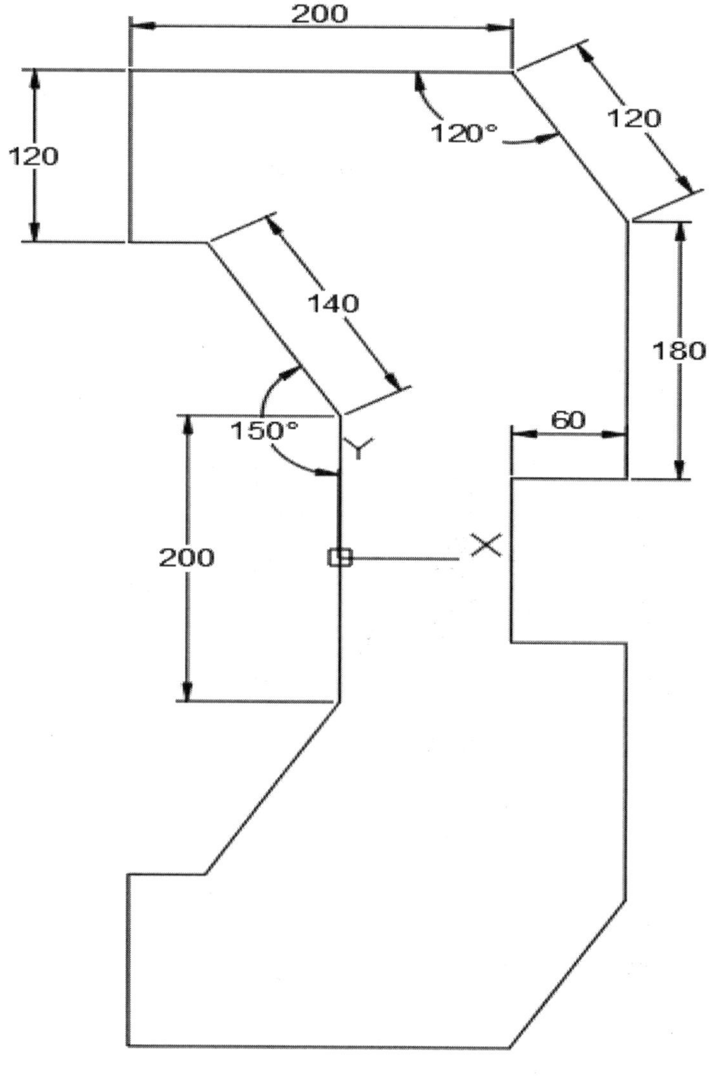

☞ 도면 2-6

Mirror를 이용하지 말고 반지름과 직선을 이용하여 다음의 도면을 그려보세요.

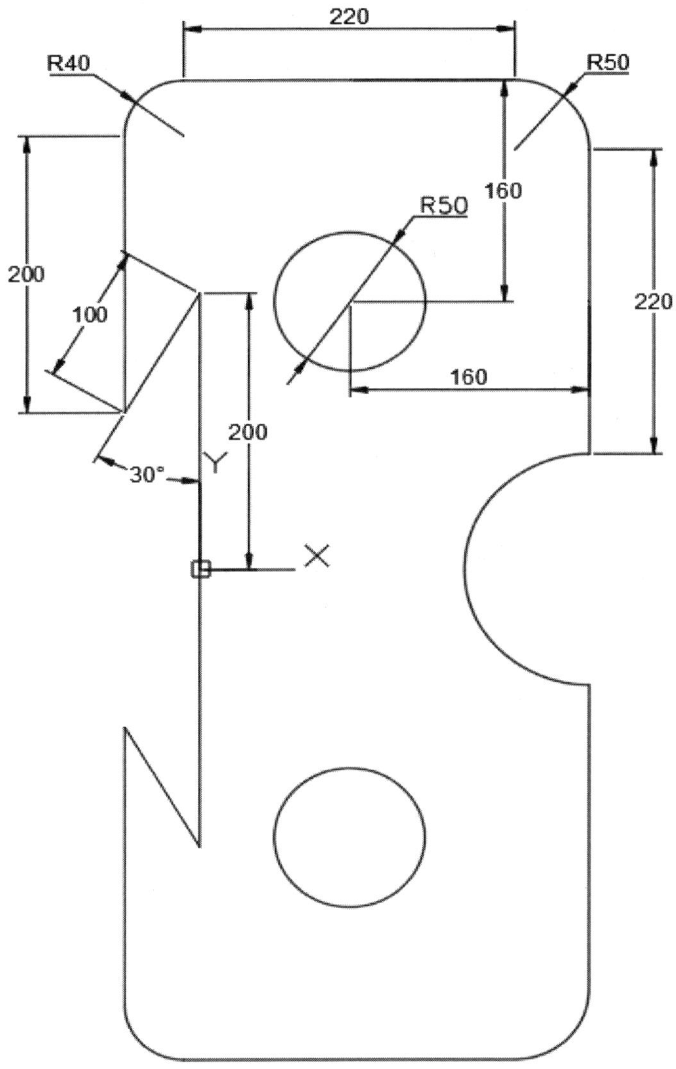

☞ 도면 2-7

Mirror를 이용하지 말고 표제란은 제외하고 반지름과 직선을 이용하여 다음의 도면을 그려보세요(표제란은 9장 참조).

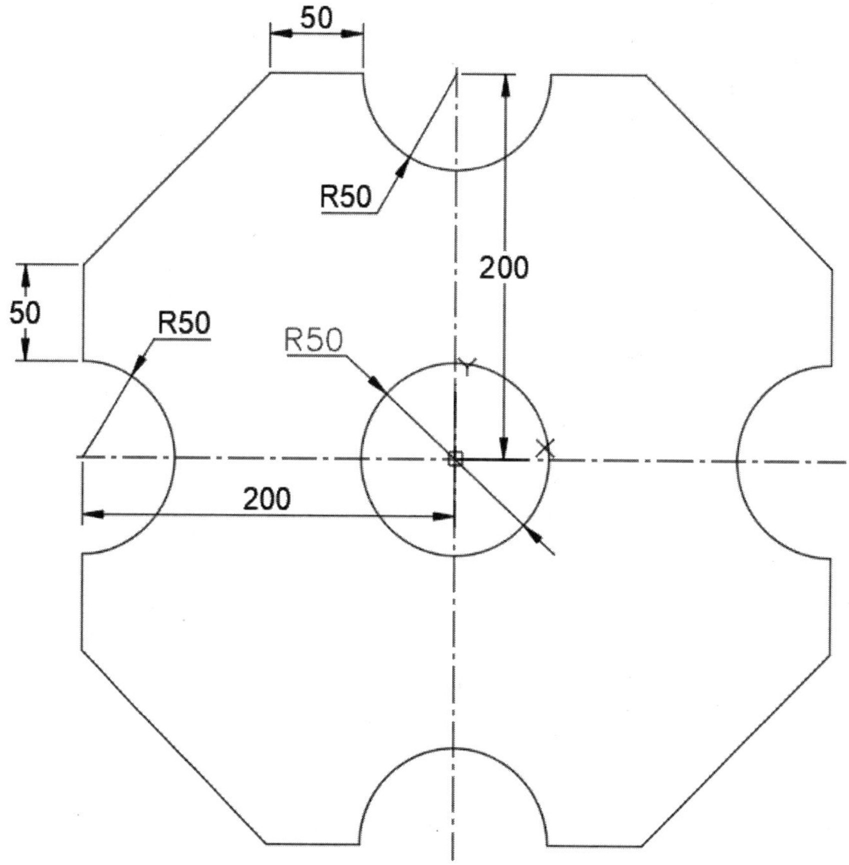

☞ 도면 2-8

좌우대칭인 다음의 도면을 그려보세요.

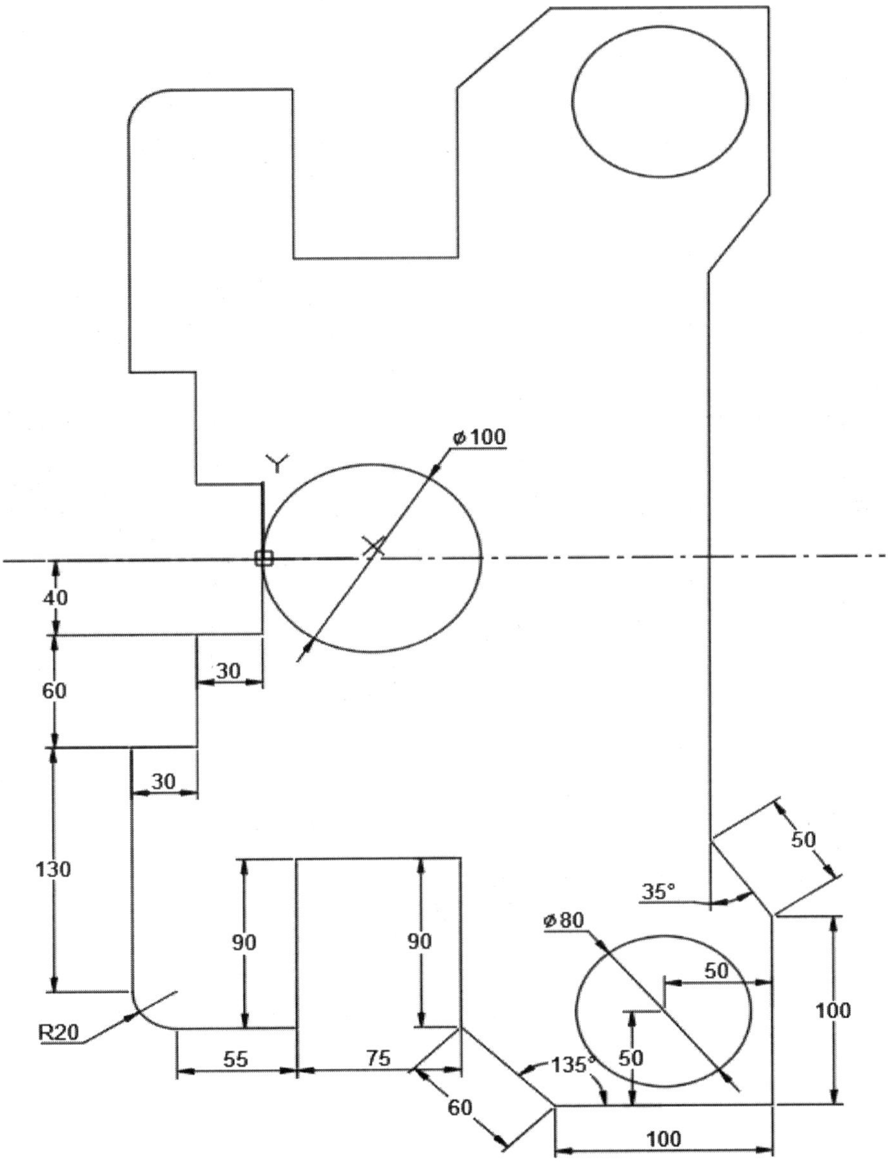

☞ 도면 2-9

상하대칭인 다음의 도면을 그려보세요.

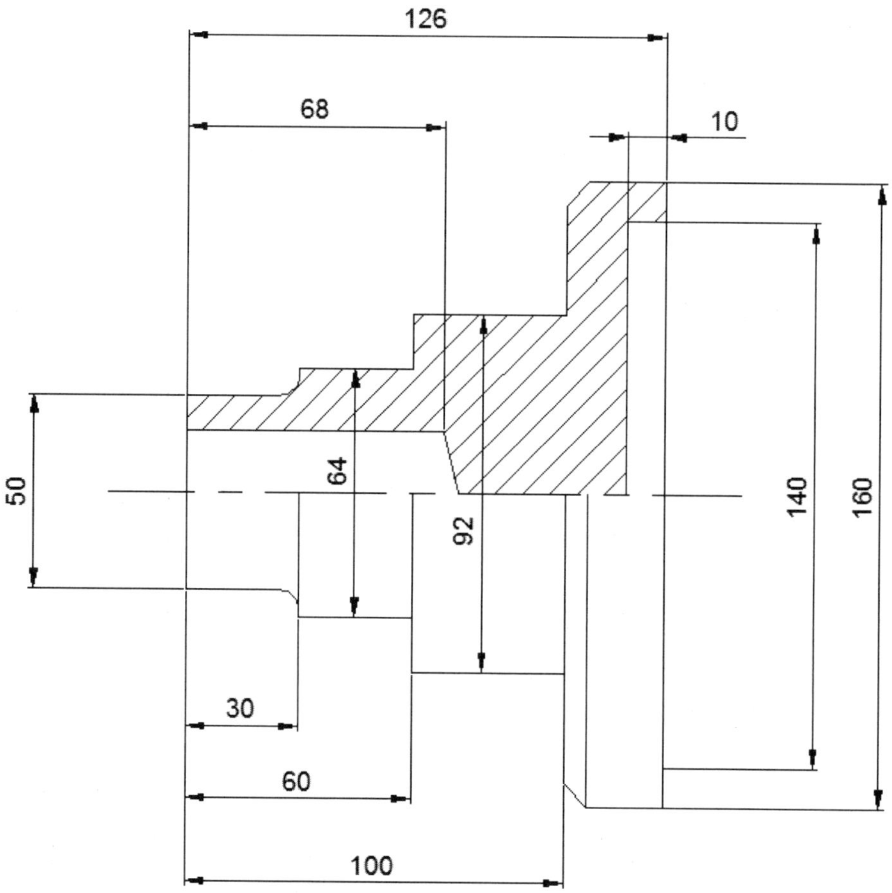

☞ **도면 2-10**

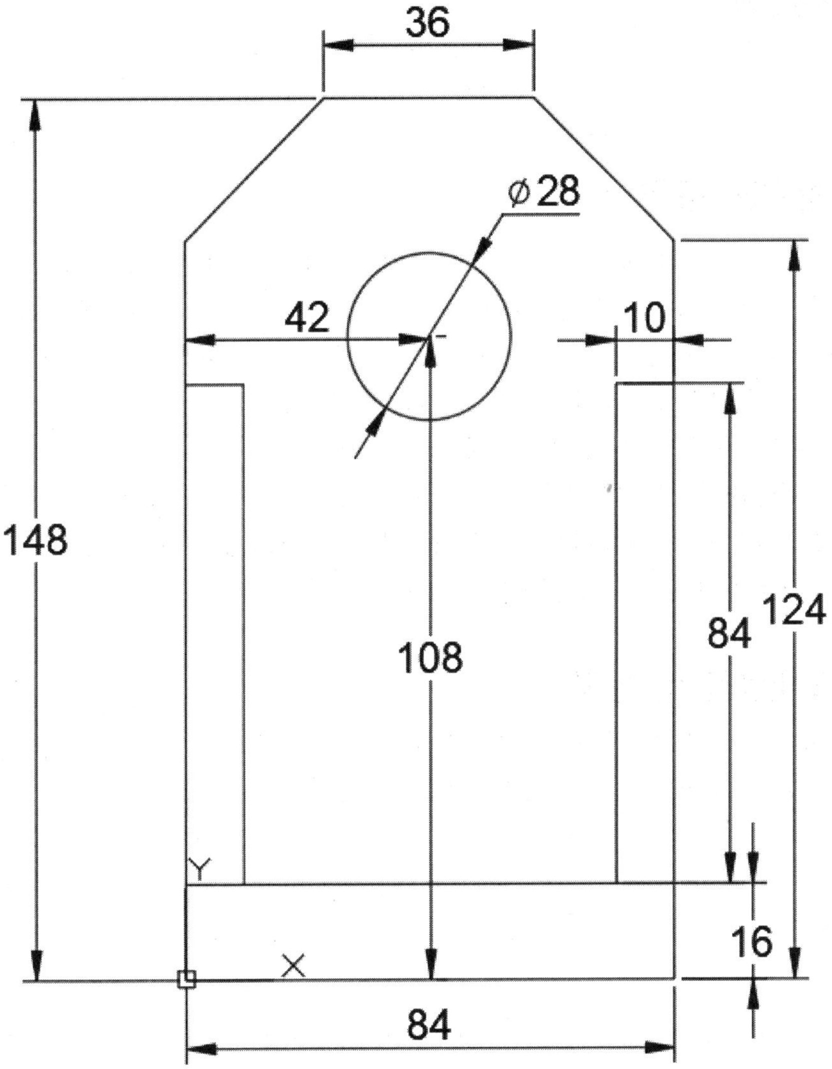

CHAPTER 3

기초 제도

3.1 제도와 도면

제도를 도면 그 자체라고 말하는 경우도 있다. 도면은 설계자의 의도를 정확·신속하게 제작자에게 전달하는 것을 목적으로 하며, 물건의 모양·크기·구조·사용재료·공정·수량 등 제작에 필요한 모든 사항을 점·선·문자·기호 등으로 평면에 표시하는 것이다. 그러나 단지 물건의 제작 외에 일의 진행절차, 재료의 준비, 제품의 시험, 출하, 수리, 상거래·취급의 설명 등 넓은 분야에서 사용되어 그 능률에 크게 기여하고 있다. 만일 제도를 각자 제멋대로의 방법으로 그린다면 비능률적일 뿐만 아니라 잘못이 생기므로 현재는 각국이 모두 국가단위의 규격으로 통일하고 있다. 우리나라도 한국산업규격(KS)의 제도통칙으로 각 공업 부문 전반에 공통되는 기본적인 제도법을 규정하고 있다.

3.1.1 도면양식 및 용지

각 나라마다 혹은 산업의 종류에 따라 이러한 규격을 정의하는데, 다음은 각 나라의 규격을 나타낸 것이다. 국내의 경우 1966년에 설정한 것을 알 수 있다.

표준규격	규격명칭	제정연도
ISO(국제표준화기구)	International Organization for Standards	1947
KS(한국산업규격)	Korean Industrial Standards	1966
BS(영국공업규격)	Bristish Standards	1901
DIN(독일공업규격)	Deutsche Industrie for Normung	1917
ANSI(미국공업규격)	American National Standards Institute	1918
VSM(스위스공업규격)	Normen des Vereins Scheizerischer Machineninduserieller	1918
NF(프랑스공업규격)	Norme Francaise	1918
JIS(일본공업규격)	JES, JIS(Japanese National Standards Institute	1921

우리나라의 경우는 KS(Korean Standards) 규격을 사용한다. KS의 부문별 기호와 분류는 다음 표와 같다.

KS 부문별 기호			
분류기호	부 문	분류기호	부 문
KS A	기본부문	KS K	섬유부문
KS B	기계부문	KS L	요업부문
KS C	전기부문	KS M	화학부문
KS D	금속부문	KS P	의료부문
KS E	광산부문	KS R	수송 기계부문
KS F	토건부문	KS V	조선부문
KS G	일용품부문	KS W	항공부문
KS H	식료품부문	KS X	정보 산업부문

KS 규격에 의한 기계 부문의 종류	
KS 규격번호	분 류
B 0001~0905	기계기본
B 1001~2809	기계요소
B 3001~4000	공구
B 4001~4920	공작기계
B 5201~5361	측정계산용 기계기구, 물리기계
B 6003~6831	일반기계
B 7001~7916	산업기계, 농업기계
B 8101~8161	철도용품

① 제도 용지의 크기는 한국산업규격(KS A 0106)에 따라 A열의 것을 사용한다.

② 제도 용지의 짧은 쪽 길이와 긴 쪽 길이의 길이 비는 1 : $\sqrt{2}$ 이다.

③ A0 용지의 넓이는 약 $1m^2$이다.

④ 큰 도면을 접을 때는 A4 용지의 크기로 접는 것을 원칙으로 한다.

도면에는 도면 및 설계자에 대한 정보와 도면 관리에 필요한 것들을 표시할 수 있도록 일정한 양식이 마련되어 있다. 반드시 그려야 할 양식은 윤곽선, 중심 마크, 표제란 등이며, 도면 구역, 재단 마크, 비교 눈금 등은 필요에 따라 그리는 것이 바람직하다.

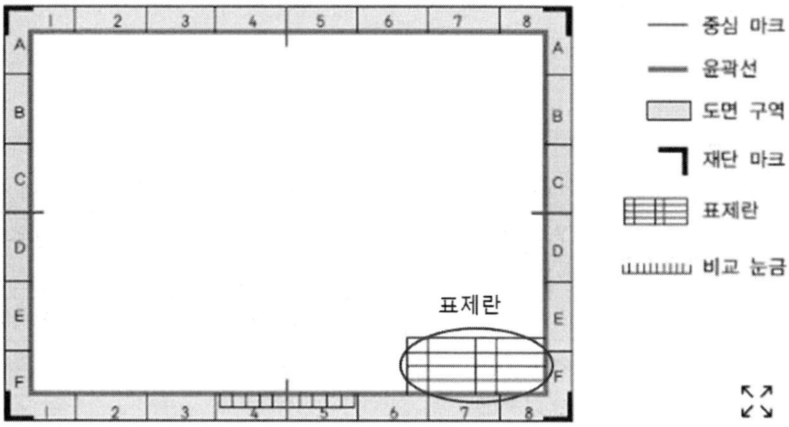

〈도면의 양식〉

① 윤곽선 - 도면으로 그려진 내용이 확실히 구분되도록 하고 도면 내용을 보호하기 위해 그리며, 0.5mm 이상의 굵은 실선으로 그린다.

② 중심마크 - 도면의 보관을 위해 마이크로필름으로 촬영하거나 복사 등에 편의를 제공하기 위하여 그린다. 중심 마크는 재단된 용지의 상하좌우 중앙 4개소에 용지 양쪽 끝에서 윤곽선의 안쪽으로 약 5mm까지 긋고, 0.5mm 이상의 실선을 사용한다.

③ 표제란 - 도면의 오른쪽 아래에 그리며, 원칙적으로 도면 번호(도번), 도면 이름(도명), 회사명, 척도, 투상법, 도면 작성일, 제도자 이름 등을 기입한다. 도면 오른쪽 하단 윤곽선 안에 나타내며 도면번호, 도면, 척도, 각법, 성명, 작성연월일, 분류번호 등을 기입하는 곳이다. 일정한 규격은 없으나 용지의 크기에 맞춰 비례적인 크기로 작성. 모든 제도 정보를 파악할 수 있는 내용들을 포함해야 한다.

④ 도면의 치수단위 - 도면의 치수는 모두 mm이고 단위를 붙이지 않으며 특별히 다른 단위의 경우는 따로 명시해야 한다. 도면의 각도는 일반적으로 도(o)로 표시하고 필요한 경우 분('), 초(")를 병기한다.

⑤ 비교눈금 - 도면을 축소 또는 확대 복사할 때 실제 도면의 크기와 비교하기에 편리하도록 최소 100mm 길이에 10mm 간격의 눈금을 긋는다.

⑥ 도면 구역 - 도면에서 특정 부분의 위치를 지시하는 데 편리하도록 표시하는 것으로, 사각형의 각 변의 길이는 25~75mm 정도로 한다.

* 세로 구역: A, B, C, D, ……, 가로 구역: 1, 2, 3, 4, ……

⑦ 재단마크 : 두 변의 길이가 약 10mm인 직각 이등변삼각형으로 그리거나 두께 2mm인 두 개의 짧은 직선으로 하는 것이 바람직하다.

다음 그림에 표제란을 확대하여 상세히 설명하였다.

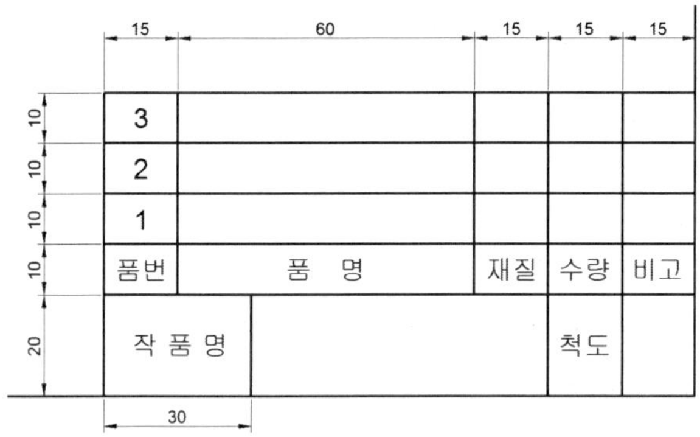

〈표제란 확대〉

3.1.2 도면 용지의 크기

도면의 크기는 도형의 크기나 수량 등으로 정하지만, 기계제도에는 A 열 사이즈 제도용지를 사용한다. 도형의 크기에 따라서는 연장사이즈를 사용하기도 한다.

〈용지의 크기와 윤곽〉

A열사이즈		연장사이즈		c (최소) (접지 않은 경우 d=c)	접는 경우의 d(최소)
호칭 방법	치수 aXb	호칭 방법	치수 a X b		
—	—	A0X2	1189X1682	20	25
A0	841X1189	A1X3	841X1783		
A1	594X841	A2X3	594X1261		
		A2X4	594X1682		
A2	420X594	A3X3	420X891	10	
		A3X4	420X1189		
A3	297X420	A4X3	297X630		
		A4X4	297X841		
		A4X5	297X1051		
A4	210X297	—			

3.1.3 도면영역 설정과 화면설정

도면한계는 도면의 크기를 지정하는 기능이다. 도면을 작성할 때 가장 먼저 해야 할 작업은 도면한계를 설정하는 것이다. [Limits] 명령어는 작성하고자 하는 도면의 크기에 따라서 도면한계를 설정할 수 있다. 도면 작성 전 출력용지 크기에 맞추어 도면한계를 설정하면 도면을 출력하고자 할 때 출력용지에 맞게 도면을 출력할 수 있다. 일반적으로 도면한계를 설정할 때 왼쪽-아래쪽은 원점을 지정하고 오른쪽-위쪽은 사용자가 원하는 크기를 지정하면 된다. 도면한계를 지정하고 난 후, 설정한 내용을 화면상에 적용하기 위해서는 [Zoom] 명령어 중 [All] 옵션을 실행한다.

① 메뉴 〉 형식 〉 도면한계로 명령 수행
② 리본 탭의 홈 〉 형식 〉 도면한계로 입력
③ 명령어로 [Limits]를 입력하여 도면한계 지정

도면한계를 설정하기 위하여 Limits를 명령창에 입력하면 도면의 한계영역(도면을 그리기 위한 영역)을 설정하는 명령이 실행된다. 이는 모형 공간의 한계를 재설정하는 기능이다. Limits 명령을 실행하여 A3 크기(420, 297)로 도면한계를 설정해보자.

[Limits] 명령 후 왼쪽 아래 구석 지정 또는 [켜기(ON)/끄기(OFF)] 〈0.0000,0.0000〉: 0,0일 때 [Enter] 키를 클릭한 후 오른쪽 위 구석 지정 〈420.0000,297.0000〉: 420,297 (이 값은 A3용지의 영역크기이며 A4는 210,297)

☞ Limits 명령 후에는 Zoom(또는 Z) + all 명령을 실행해야 입력한 크기의 화면영역이 전체가 한 화면에 나타난다.

설정한 도면한계 값과 실기시험 요구사항에 주어진 중심마크 값에 의해서 윤곽선과 중심마크를 그린다. 도면층 0에서 작업을 시작하므로 모든 선은 굵은실선으로 그려진다.

3.1.4 도면에서 사용할 단위

① 메뉴 〉 형식 〉 도면한계로 명령 수행
② 리본 탭의 홈 〉 형식 〉 도면한계로 입력
③ 명령어로 [Units]를 입력하여 도면단위 지정

AutoCAD에서 단위의 변환을 하려면 명령어 Units를 입력하면 아래의 대화상자가 나타난다. 유형은 십진수, 공학 등의 단위를 선택할 수 있으며 정밀도, 소수점 유효숫자 변경 가능하며, 길이단위 이외에도 각도단위도 변경할 수 있다. 길이 역시 인치(inch), 미터(m) 등으로도 변경 가능하다.

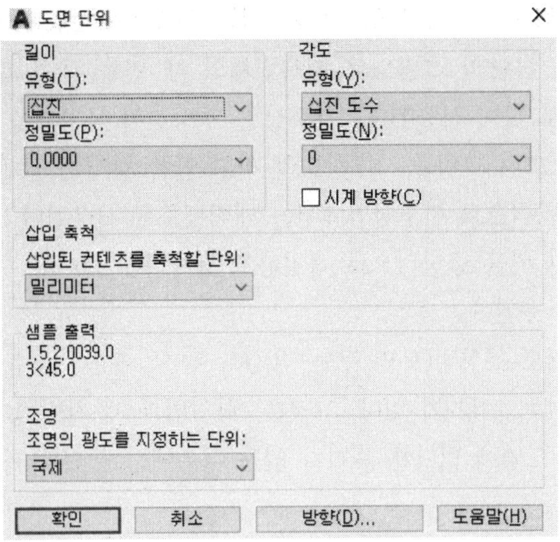

3.2 척도

척도는 반드시 기재해야 한다. 척도는 물체를 도면에 나타낸 크기와 실물 크기와의 비율을 말하는데, 축척(Contraction scale), 현척(Full scale), 배척(Enlarged scale)이 있다.

① 축척 : 실물보다 작게 축소해서 그리는 것(예 : 1:2, 1:5, 1;10)

② 현척 : 실물과 같은 크기로 그리는 것(예 : 1:1)

③ 배척 : 실물보다 크게 확대해서 그리는 것(예 : 2:1, 5:1, 10:1)

척도는 1/10, 1:10으로 표시한다. 척도가 다른 도면이 한 도면 안에 그려질 때는 각각의 척도를 별도로 기입해주고 표제란에 반드시 기입해야 한다. 그림의 형태가 치수에 비례하지 않을 시는 '비례가 아님' 또는 'N.S(no scale =비례적 아님)'라고 표시한다. 사진으로 축소 또는 확대하는 도면에는 그에 대한 척도에 의거하여 자의 눈금을 기입한다.

3.3 투상법

한국 산업 규격(KS A 3007)에서는 일정한 법칙에 의해서 대상물의 형태를 평면상에 그리는 것을 '투상', 그린 그림을 '투상도', 투상에 의해서 대상물의 형태를 찍어내는 평면을 '투상면'이라고 규정하고 있다. '정투상'은 대상물의 좌표면이 투상면에 평행인 직각 투상이며, 일반적으로 세 개의 투상면을 필요로 한다. 이에 의해서 그린 도면을 정투상도라고 하는데, 정투상도는 일반적인 도면에 사용되고, 모양을 정밀하고 정확하게 표시할 수 있는 특징이 있으며 제3각법을 사용해 그린다.

'등각 투상'은 3좌표축의 투상이 서로 120°가 되는 축측투상으로서 이에 의해 그린 그림을 등각 투상도라고 한다. 하나의 그림으로 정육면체의 세 면을 같게 표시할 수 있는 특징이 있으며, 설명용 도면으로 많이 사용된다. '사투상'은 투상선이 투상면을 사선으로 지나는 평행 투상으로, 이에 의해서 그린 그림을 사투상도라 하고 안쪽 길이를 실제의 1/2로 그린 그림을 캐비닛도라고 한다. 일반적으로 사투상법에서는 캐비닛도를 사용한다. 하나의 그림으로 정육면체의 세 면 중에서 한 면을 중점적으로 정밀하고 정확하게 표시할 수 있는 특징이 있으며, 설명용 도면에 주로 사용된다.

[KS규격]에 따르면 제도-투상법(도면 보는 법)(KS A ISO 5456-2)에 따르면 도면에 물체를 표현하는 방법(표현법)에는 2가지가 있다. 그것은 제1각법과 제3각법이다. 가장 많이 사용하는 투상법이 제3각법이며, 도면에 별다른 표기가 없을 경우에는 당연하다는 듯이 제3각법이라고 보면 된다.

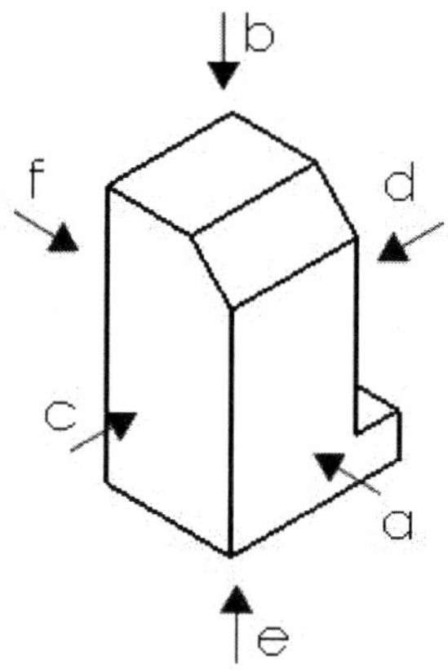

〈물체의 관찰방향〉

위의 그림에서 물체의 관찰방향을 보면, a방향은 앞으로부터 보므로 정면도 (Front view)라 하고, b방향은 위에서 보므로 평면도(Top view)라 한다. c방향은 좌측에서 보므로 좌측면도 (Left side view)이라 하며, d방향은 우측에서 보므로 우측면도(Left side view)라 한다. e방향은 밑에서 보므로 하면도 또는 저면도(Bottom view)이라 하고, f방향은 뒤에서 보므로 배면도 (Rear view)라 한다.

3.3.1 제1각법

표현할 물체가 관찰자와 평면(물체가 그 위에 직각 투상될 면)과의 사이에 놓이게 되는 직각 투상법이다.

- 상 B : 위(b)로부터 내려다 본 상은 아래에
- 상 E : 아래(e)로부터 올려다 본 상은 위에

- 상 C : 좌측(c)으로부터 본 상은 우측에
- 상 D : 우측(d)으로부터 본 상은 좌측에
- 상 F : 뒤(f)로부터 본 상은 편리한 대로 우측 또는 좌측에

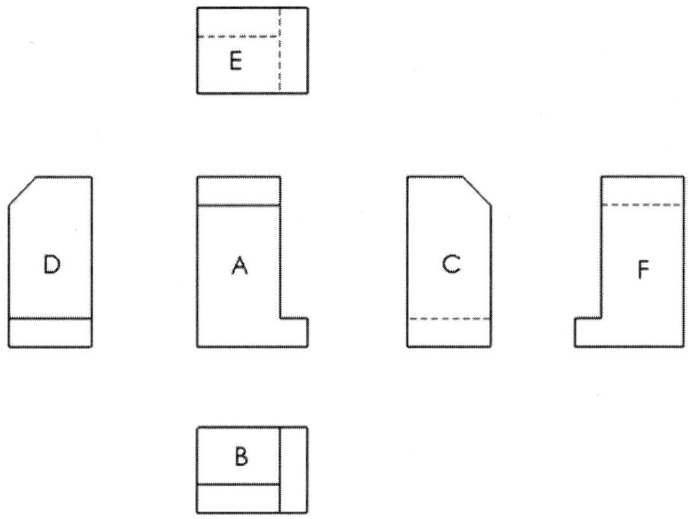

제1각법

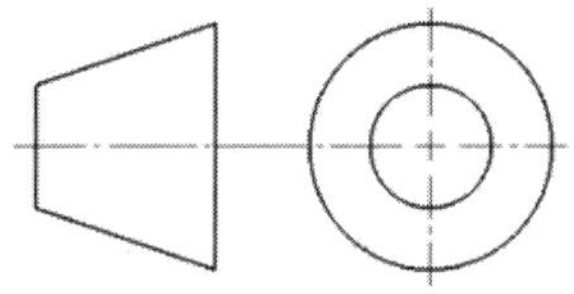

〈제1각법의 식별 그림 기호〉

3.3.2 제3각법

다음 그림과 같이 표현할 물체가, 관찰자가 보았을 때 평면(물체가 직각 투사될 좌표 면)의 뒤에 놓이게 되는 직각 투사법이다. 각 투상면 위에서 물체는 마치 무한한 거리에서 투명한 투사면에 직각으로 본 것처럼 표현된다.

- 상 B : 위(b)로부터 내려다 본 상은 위에
- 상 E : 아래(e)로부터 올려다 본 상은 아래에
- 상 C : 좌측(c)으로부터 본 상은 좌측에
- 상 D : 우측(d)으로부터 본 상은 우측에
- 상 F : 뒤(f)로부터 본 상은 편리한 대로 우측 또는 좌측에

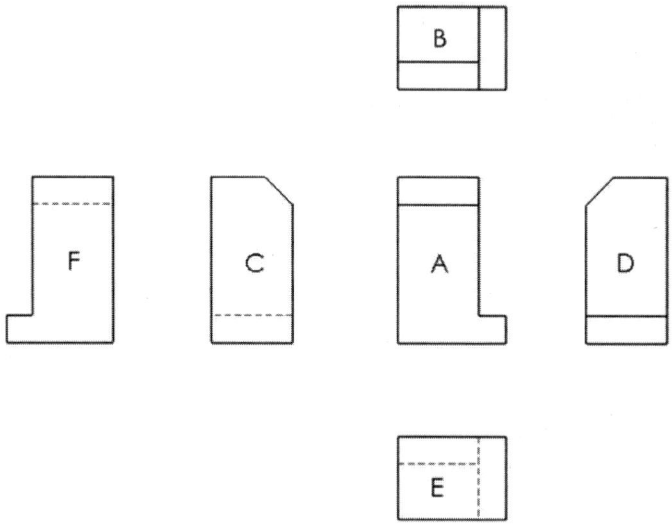

제3각법

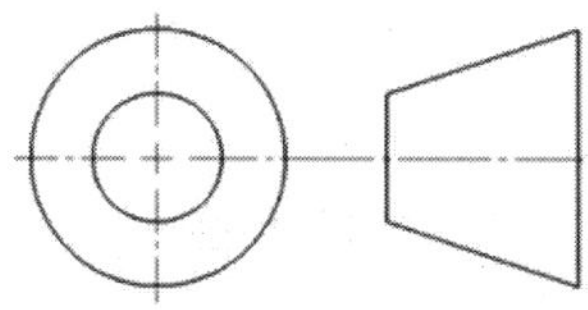

〈제3각법의 식별 그림 기호〉

3.4 선종류와 용도

선은 표현하는 모양과 성질, 굵기에 따라 선의 명칭과 용도가 다르므로 선을 잘 구분하여 사용하는 것이 무엇보다 중요하다. 선종류는 모양에 따라 다음과 같이 실선, 파선, 1점 쇄선 및 2점 쇄선이 있으며, 선의 굵기와 형태에 따라 외형선, 숨은선, 중심선, 가상선, 보조선이 있다. 용도에 의한 선종류는 가는 실선, 굵은 파선, 가는 파선, 가는 1점 쇄선, 가는 2점 쇄선이 있으며 선의 수선순위는 다음과 같다.

외형선 〉 숨은선 〉 절단선 〉 중심선 〉 무게 중심선 〉 치수보조선

선 그릴 때 유의사항은 다음과 같다.

① 선은 시작에서 끝까지 동일한 힘을 주고 일정한 속도로 긋는다.
② 파선의 끊어진 부분은 길이와 간격을 일정하게 한다.
③ 한 번 그은 선은 중복되게 긋지 않는다.

〈표. 선의 종류와 용도〉

선의 종류		명 칭	선의 용도
실 선	굵은 실선 0.6~0.8	외형선	대상물이 보이는 부분에 모양을 표시
	가는 실선 0.3 이하	치수선	치수를 기입하기 위하여 표시
		치수보조선	치수를 기입하기 위해 도형에서 인출한 선
		지시선	기호나 지시를 나타내기 위해 인출한 선
		회전단면선	도형의 부분을 절단 90° 회전, 나타내는 선
		중심선	도형의 중심을 나타내는 선
		수준 면선	액면, 수면 등의 위치를 나타내는 선
파선 (숨은선)	굵은 파선 0.4~0.5(반선)	숨은선	대상물이 보이지 않는 부분에 모양을 표시
1점 쇄선	굵은 1점쇄선	기준선	기준선을 특히 강조 시 사용
		특수지정선	특별가공부분의 적용대상범위를 표시
	가는 1점쇄선	중심선	그리는 도형의 중심을 나타내는 선
		기준선	이동한 중심의 궤적을 나타내는 선
		피치선	반복도형의 피치의 기준이 되는 선
2점 쇄선	가는 2점쇄선	가상선	인접부분의 공구, 지그 등의 참고표시선
		무게 중심선	가공부위의 특정위치 한계표시선
가는 실선	파형의 가는 실선	파단선	대상물 일부의 파단 경계 표시선
	규칙적인 빗줄선	해칭선	절단면의 절단 표시선

3.5. 치수기입 및 공차

3.5.1 치수기입

치수는 형상과 함께 도면을 구성하는 매우 중요한 요소이다. 일반적으로 가공자가 가공을 목적으로 설계자와 명확한 의사 전달이 가능해야 하므로 알기 쉽고 단순 명료해야 한다. 단순히 대상의 길이나 거리, 직경 등을 표현하는 것이 아님을 이해하고 적용하는 것을 권장한다. 또 치수를 기입할 때는 공차의 적용 및 기준 치수, 중복 치수 등을 고려해야 한다.

치수는 기본적으로 다듬질이 마무리된 완성품의 치수(마무리 치수)를 기입하며, 치수선과 치수보조선, 화살표, 지시선, 숫자, 기호 등으로 구성된다. 다음은 치수 기입 시 사용되는 기호의 종류를 나타낸 표이다.

구분	기호	표현 예
지름	Φ	Φ30
반지름	R	R30
구의 지름	SΦ	SΦ30
구의 반지름	SR	SR20
정사각형의 변	□	□20
판의 두께	t	t3
원호의 길이	⌒	$\overset{\frown}{30}$
참고 치수	( )	(50)
모따기	C	C3

☞ 모따기 : Chamfer의 약어 (C)

이러한 치수기입은 일반적으로 다음과 같은 원칙을 기준으로 한다.

① 치수 기입은 가급적이면 정면도에 모아서 중복 없이 기입한다.

② 치수 중복이 불가피한 경우 참조 표시한다.

③ 치수는 따로 계산할 필요가 없게 표시한다.

④ 치수선은 일직선으로 맞추어 준다.

⑤ 치수는 가급적 다른 치수와 겹쳐 보이지 않도록 표시한다.

⑥ 부품번호는 숫자를 사용한다.

⑦ 도면과 일치하지 않는 치수의 경우 치수에 밑줄을 그어 표시한다.

3.5.2 공차

공차는 일반공차, 끼워 맞춤공차, 표면거칠기, 치수공차로 구분할 수 있다. 일반공차는 설계한 형상이 실제로 제작될 재료 및 제작하는 방법(절삭, 주조, 주강, 단조, 프레스 가공 등)에 따라 한계 범위를 정의한 것으로, 개별적인 공차의 지시가 없는 기이치수 및 각도치수에 대해서는 표제란에 표시한다. 다음은 절삭가공에 대한 일반공차(KS B ISO 2768)를 정리한 자료이다.

공차등급		보통 치수에 대한 허용 공차							
호칭	설명	0.5~3	3~6	6~30	30~120	120~400	400~1000	1000~2000	2000~4000
f	정밀	±0.05	±0.05	±0.1	±0.15	±0.2	±0.3	±0.5	–
m	중간	±0.1	±0.1	±0.2	±0.3	±0.5	±0.8	±1.2	±2
c	거침	±0.2	±0.3	±0.5	±0.8	±1.2	±2	±3	±4
v	매우 거침	–	±0.5	±1	±1.5	±2.5	±4	±6	±8

가. 표면거칠기

① 표면기호 : 표면의 거칠기 상태를 면밀하게 나타낼 때 사용하며, 가공방법, 가공기계, 가공방향을 상세히 나타낼 때 사용한다.

중심선 평균 거칠기 값으로 나타낼 경우	
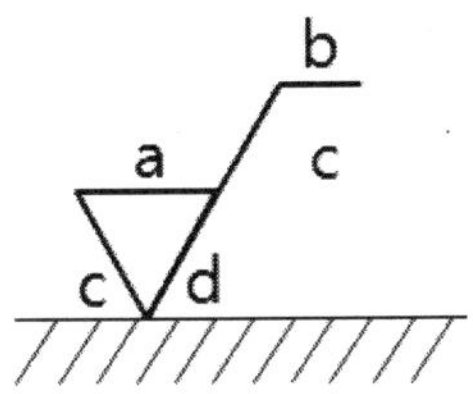	a : 중심선 평균 거칠기의 값 b : 가공방법 c : 컷오프 값 d : 줄무늬 방향의 기호 e : 다듬어질 여유
중심선 평균거칠기 이외의 값으로 나타낼 경우	
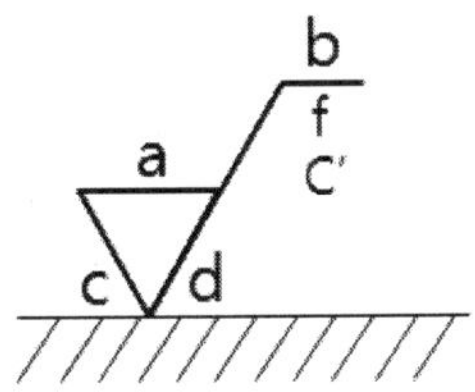	f : 중심선 평균 거칠기 이외의 표면 거칠기의 값 c' : 기준 길이

② 다듬질 기호

다듬질 기호		표면 거칠기 구분값			
	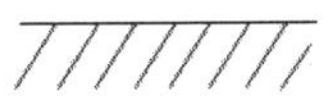	–			가공 전 자연면
					아주 거친 곳만 조금 가공
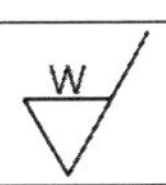	▽	25a	100s	100z	가공 흔적이 남을 정도로 막 다듬질
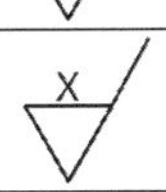	▽▽	6.3a	25s	25z	가공 흔적이 거의 없는 중 다듬질
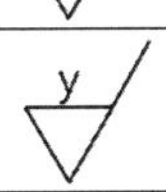	▽▽▽	1.6a	6.3s	6.3z	가공 흔적이 거의 없는 상 다듬질
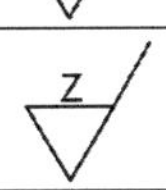	▽▽▽▽	0.2a	0.8a	0.8z	광택이 나는 고급 다듬질

3.6 Exercise(도면 그리기)

☞ **도면 3-1**

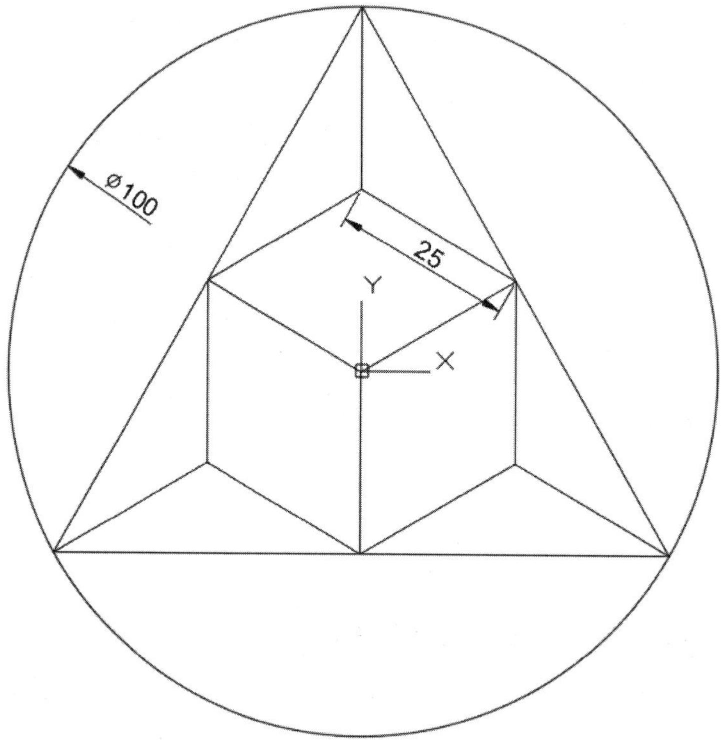

☞ **도면 3-2**

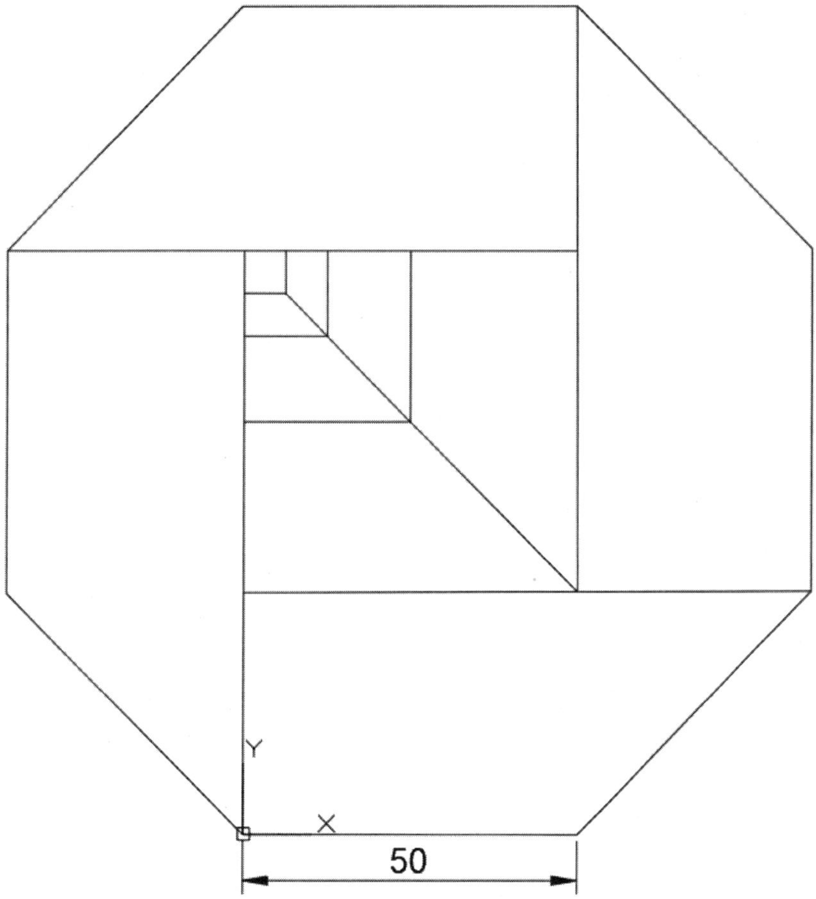

☞ 도면 3-3

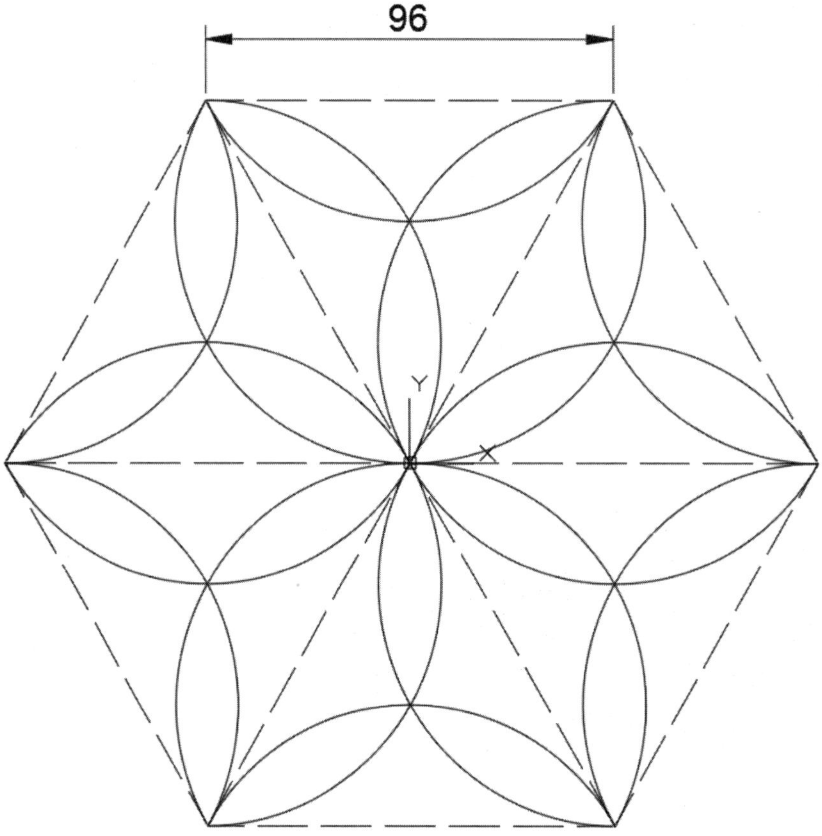

☞ 도면 3-4

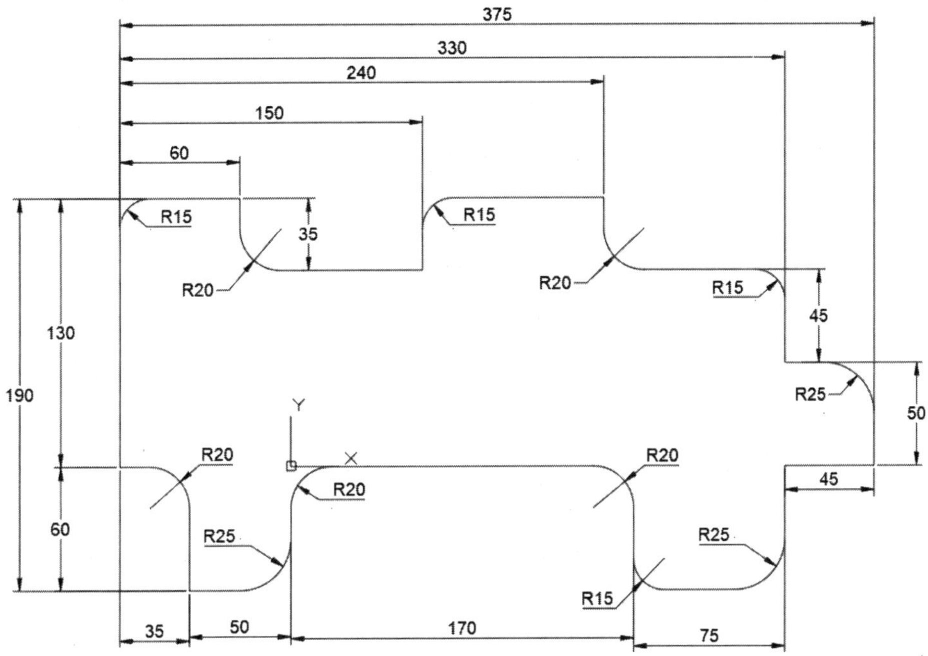
375
330
240
150
60
R15
35
R15
R20
R20
R15
45
130
190
R25
50
Y
R20
R20
R20
X
45
60
R25
R25
R15
35
50
170
75

☞ 도면 3-5

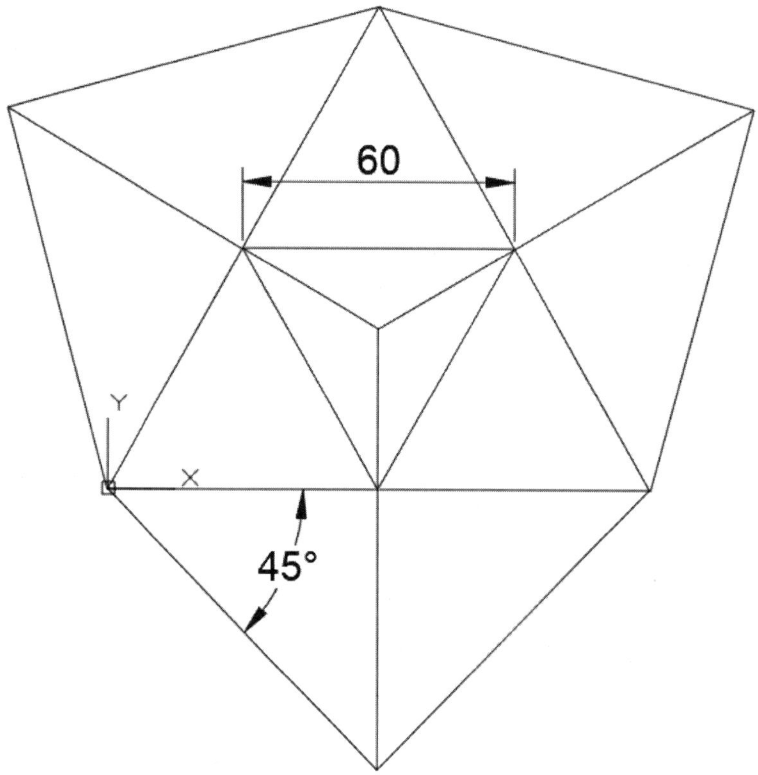

☞ **도면 3-6**

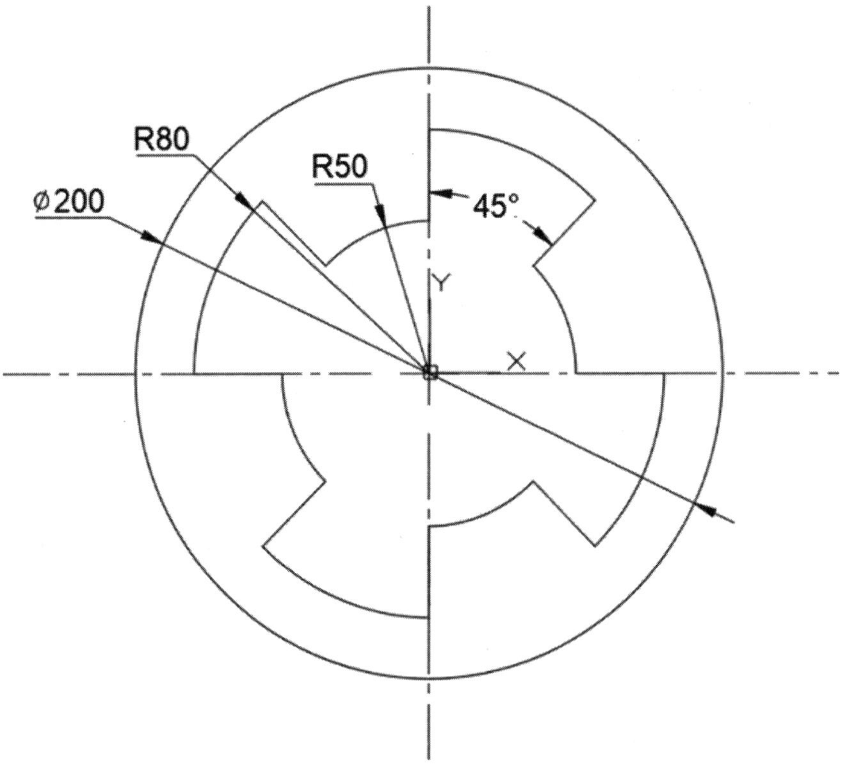

☞ **도면 3-7**

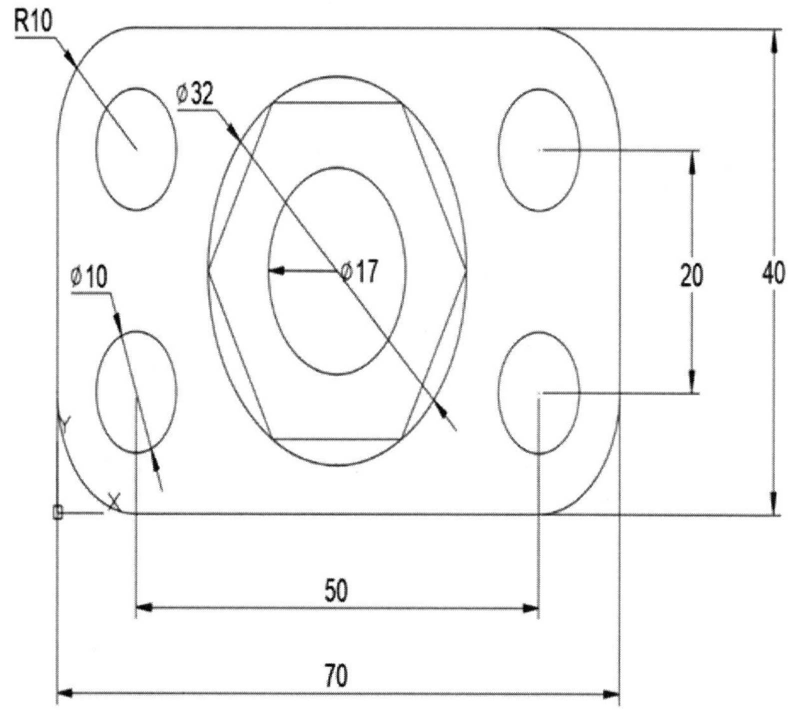

☞ **도면 3-8**

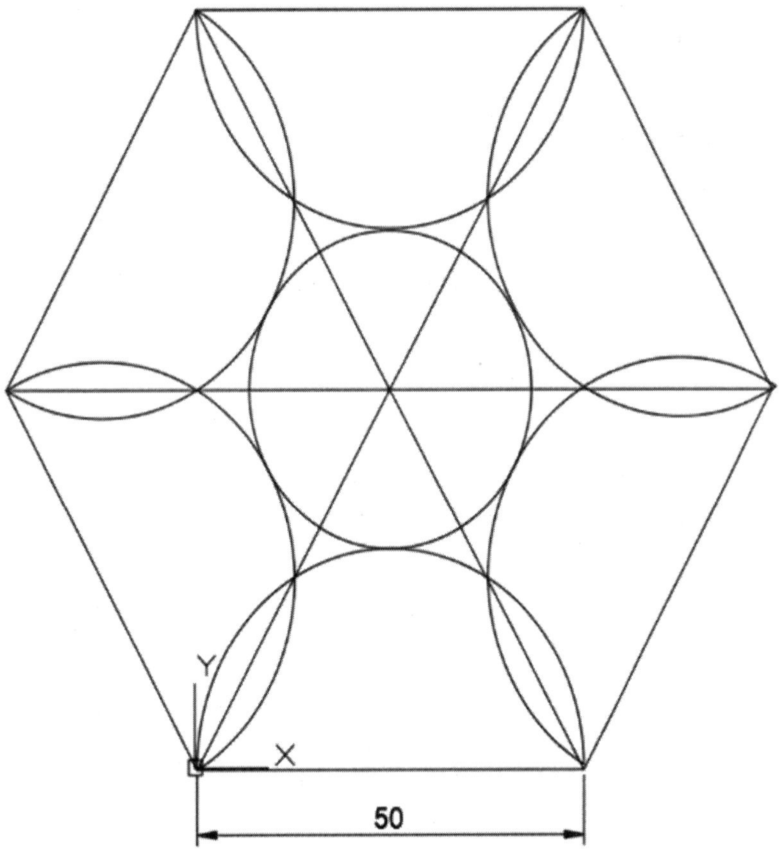

☞ **도면 3-9**

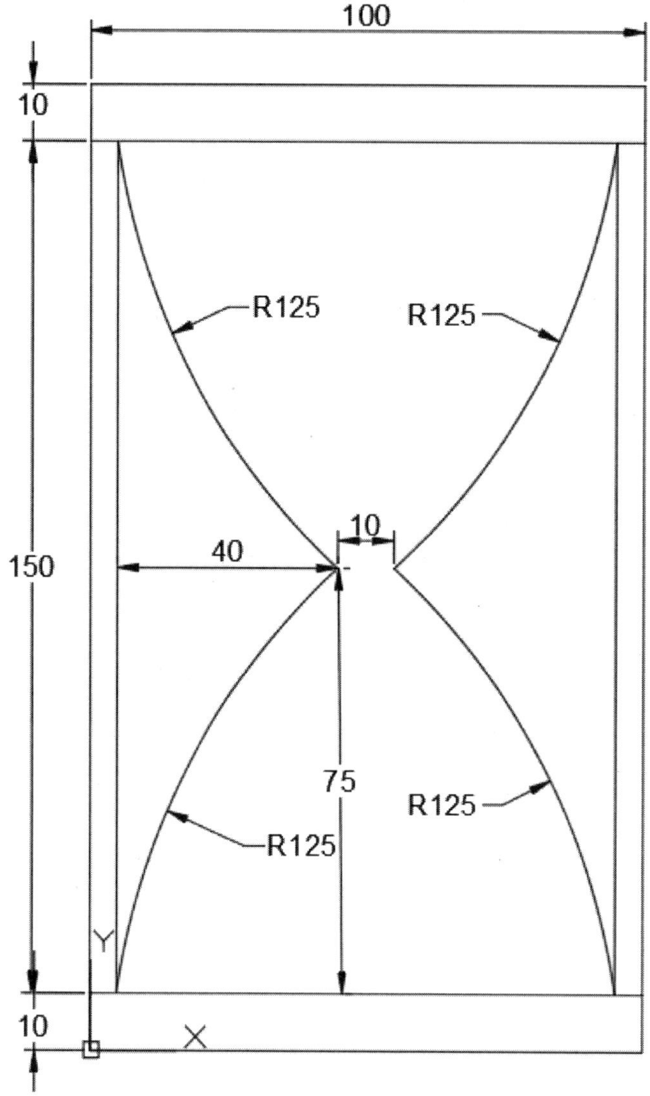

☞ **도면 3-10**

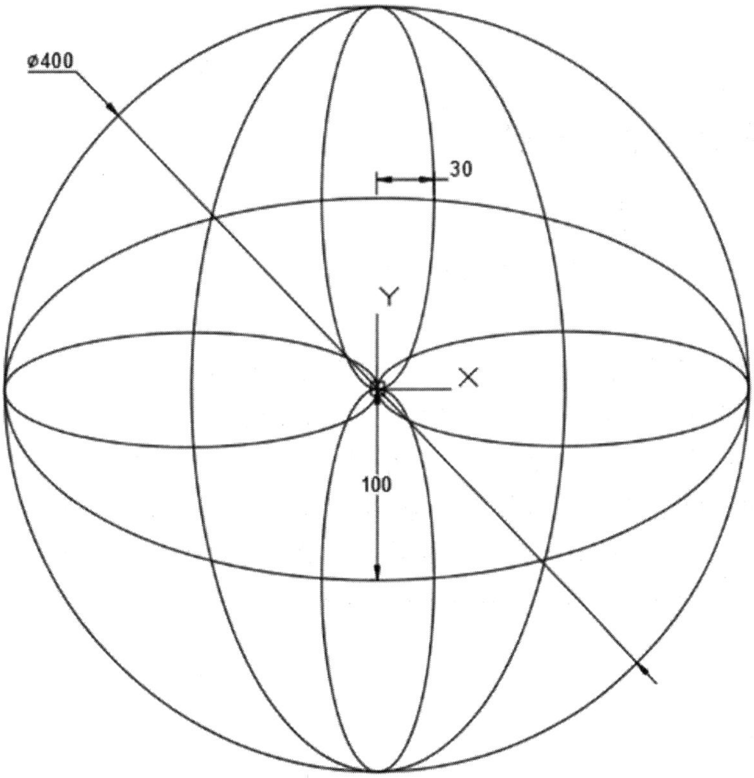

CHAPTER 4

곡선 그리기

4.1 그리기 보조도구

4.1.1 그리드 명령 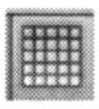

그리드(Grid) 명령은 화면상에 격자점을 표시하는 것으로서, 사용자 좌표계(UCS)의 전체 평면에 표시되는 선이나 점으로 된 직사각형 모눈종이 모양이다. [Grid] 명령어를 사용하면 객체를 정렬하고 객체 사이의 거리를 시각화할 수 있으며 격자점은 출력되지 않아 편리하게 도면을 그리는 가이드 역할의 도움 선들이다. 이는 마치 옛날에 글씨를 바로 쓰기 위해 사용했던 200자 원고지 탬플릿과 같으나, 그 크기가 더 작은 모눈종이 모양의 표식이다. 이에 대한 [Grid] On/Off 상태를 설명하기 위하여 아래에 이를 표기하였다. [Grid]가 Off되면 화면은 백지 상태가 되며 [Grid]가 켜져 있을 때 아래 우측 그림과 같이 원고지 혹은 모눈종이 형태의 선들이 표시되어 도면을 그리는 가이드 역할을 한다.

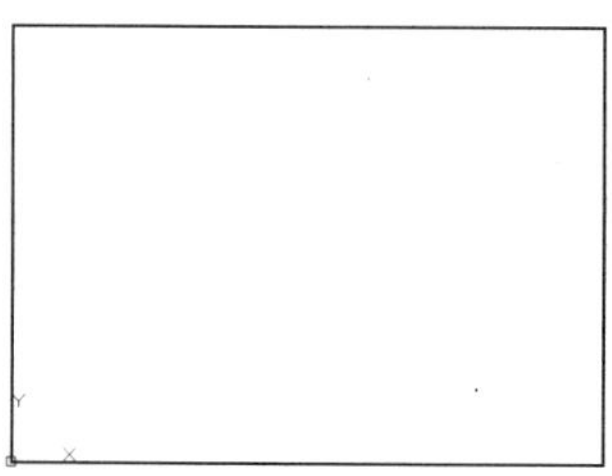

〈Grid Mode Off 상태〉

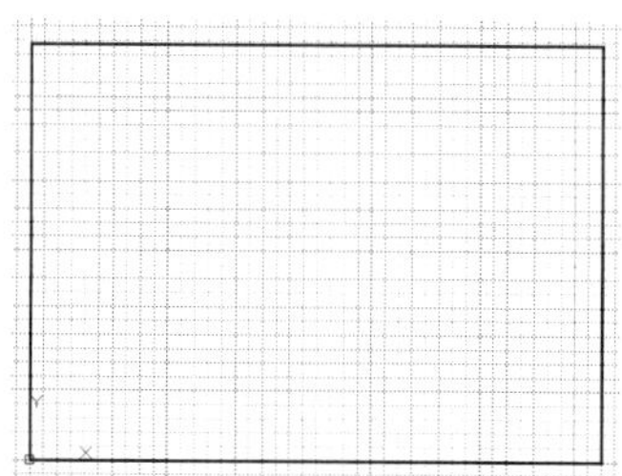

〈Grid Mode On 상태〉

① 메뉴 〉 도구 〉 제도설정에서 명령 수행
② 도구막대 〉 상태막대 〉 그리드로 입력
③ 명령어로 [Grid]를 입력하여 그리드 지정

그리드 명령을 수행하면 다음과 같은 옵션 선택사항이 나타나며 이 중 사용자가 원하는 옵션을 수행할 수 있다.

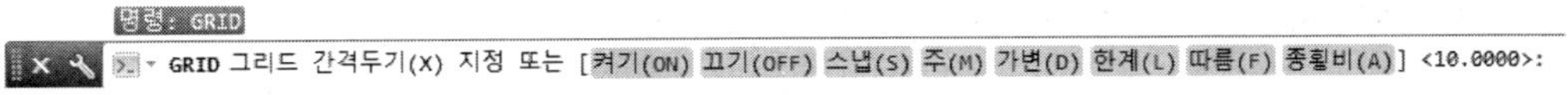

위의 옵션에서 Grid 간격두기를 지정하려면 X를 키인 하면 되며, On/Off(켜기/끄기)는 그리드를 켜고 끄는 선택방법이다. Aspect(종횡비; A)는 X축 간격과 Y축 간격을 서로 다르게 지정하는 역할을 한다. '스냅(S)'의 경우는 스냅 명령으로 지정한 스냅 간격과 동일한 크기로 그리드 크기를 결정하는 방법이며, '주(M)'는 보조그리드선(Minor Grid Line) 대비 주 그리드선(Major Grid Line)의 빈도를 결정할 수 있다. 가변(D)의 경우 줌 확대 또는 축소할 때 그리드선의 밀도를 조정하며, 한계(L)는 Limits 명령으로 지정한 영역 너머에도 그리드를 표시한다. 따름(F)은 동적 UCS의 XY평면을 따르도록 그리드 평면을 변경시킬 수 있다. 각 기능 설명을 눈으로 읽는 것보다는 AutoCAD 프로그램을 구동시켜 각 옵션별 각각의 키를 키인하여 직접 실행해보아야 그 이해가 더 잘 될 것이니 한 번씩 실행해보기 바란다.

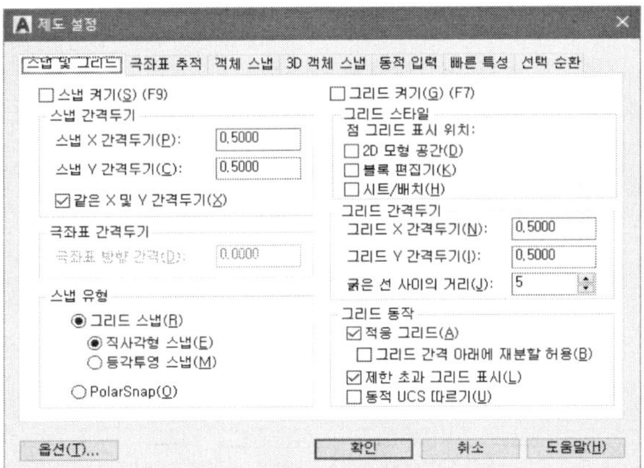

위의 대화상자는 Snap과 Grid의 설정을 변경하기 위한 옵션이다. 마우스를 하단의 상태영역(그리기도구)에 있는 Snap 또는 Grid 영역에 맞추고 마우스 우측 버튼을 누르면 설정(S)이 나타난다. 이때 설정을 클릭하면 상기와 같은 대화창을 띄울 수 있다.

4.1.2 스냅 명령

스냅 명령어는 십자선 커서를 화면상에서 일정한 간격으로 움직이게 하는 것으로서, 도면작성 시 일정한 간격을 반복적으로 그려 정확하게 좌표를 입력할 때 유용하게 사용된다. 명령어 입력방법은 다음과 같다.

① 메뉴 〉 도구 〉 제도설정에서 명령 수행
② 도구막대 〉 상태막대 〉 스냅으로 설정

③ 명령어로 [Snap]를 입력하여 스냅 지정

① 스냅켜기(S) [F9]을 선택하면 스냅을 켤 수 있다. 컴퓨터 키보드의 Function Key인 [F9]은 단축키에 해당되며 한 번 누를 때마다 ON/OFF(켜기/끄기)가 바뀌어 스냅을 켜거나 끌 수 있다.

② 스냅 간격두기는 스냅의 X축 방향과 Y축 방향의 간격을 얼마나 띄울지 정량적으로 지정가능한 옵션이다. '같은 X 및 Y간격두기 (X)'는 하나의 축에만 값을 입력하면 X, Y 모두 동일한 간격으로 설정한다.

③ 극좌표 간격두기는 '극좌표 스냅(O)'을 켰을 때 킬 수 있으며, 극좌표의 간격을 지정한다.

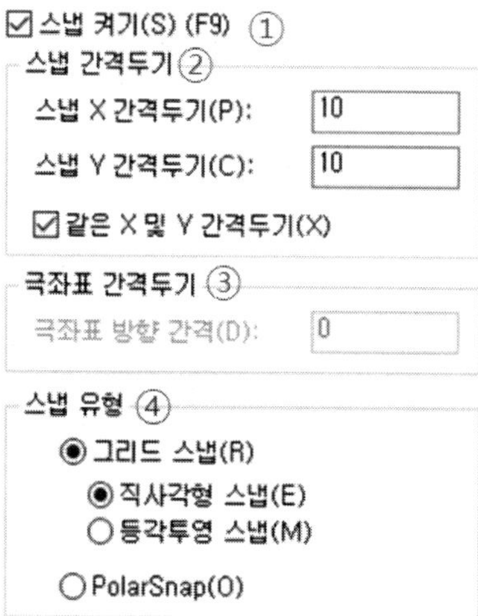

④ 스냅유형은 모눈 스냅과 극좌표 스냅을 지정한다. 모눈스냅은 직사각형과 등각투영 스냅을 선택할 수 있다. 극좌표 스탭은 스냅모드에서 극좌표 추적기능을 켜서 점을 지정하면 시작 극좌표 추적 점을 기준으로 [극좌표 추적] 탭에 설정된 극좌표 정렬각도에 따라 커서가 스냅된다.

스냅의 경우 지정한 간격만큼으로 커서(Cross hair)의 움직임을 제어하며 [F9] 기능키로 ON/OFF(켜기/끄기)한다. XY축의 간격을 다르게 지정(Aspect)하거나 한계(L)는 Limits 명령으로 지정한 영역 너머에도 그리드를 표시한다. Style(S)는 표준 및 등각 투상그리기 SNAP으로 전환하는 기능이며, Type (T)는 Grid 간격을 따라 스냅이 될 것인지 또는 커서의 포인트에 따라 될 것인지를 설정한다.

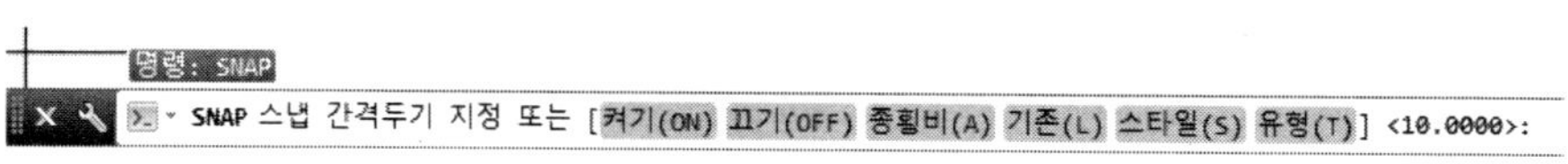

상태라인에서 Snap이나 Grid dp 마우스를 대고 마우스 우측버튼을 눌러 'Setting...(설정값)'을 클릭하여 대화창이 나오면 미세한 내용을 조절할 수 있다. Snap, Grid 뿐만 아니라 상태라인에 있는 모든 버튼들이 마우스 오른쪽 버튼을 눌러 설정사항을 변경할 수 있다.

4.1.3 구속조건 추정

아래의 상태표시막대에서 ① 사용자화 버튼을 클릭하면 '구속조건 추정'을 On 상태로 켤 수 있으며 이를 켜면 ② 구속조건 추정 버튼이 나타난다. 이를 클릭하면 다음의 대화창을 볼 수 있다.

② 구속조건 추정 ① 사용자화

[기하학적 탭]

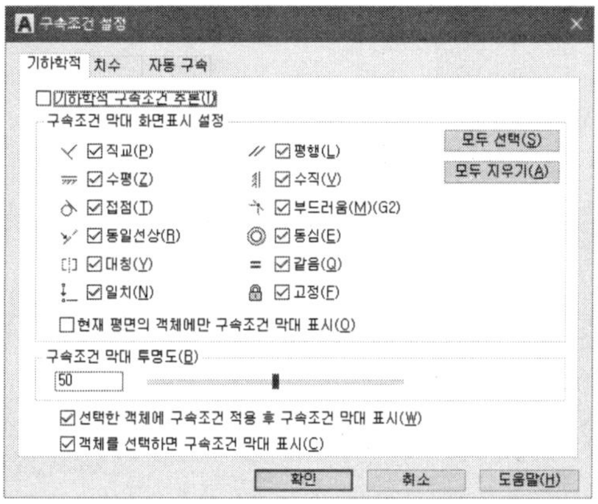

구속조건 설정창 중 기하학적 탭의 다양한 옵션과 기능은 다음과 같다.

① 기하학적 구속조건 '직교(P)' : 직교 구속조건을 추론해서 적용하고 표시한다.
② 기하학적 구속조건 '평행(L)' : 평행 구속조건을 추론해서 적용하고 표시한다.
③ 기하학적 구속조건 '수평(Z)' : 수평 구속조건을 추론해서 적용하고 표시한다.
④ 기하학적 구속조건 '수직(V)' : 수직 구속조건을 추론해서 적용하고 표시한다.
⑤ 기하학적 구속조건 '접점(T)' : 접점 구속조건을 추론해서 적용하고 표시한다.
⑥ 기하학적 구속조건 '부드러움(M)(G2)' : 스플라인이 이어지면서 다른 스플라인, 선, 호 또는 폴리선과 G2 연속성을 유지하도록 구속한다.
⑦ 기하학적 구속조건 '동일선상(R)' : 동일선상 구속조건을 추론해서 적용하고 표시한다.
⑧ 기하학적 구속조건 '동심(E)' : 동심 구속조건을 추론해서 적용하고 표시한다.
⑨ 기하학적 구속조건 '대칭(Y)' : 대칭 구속조건을 추론해서 적용하고 표시한다.

⑩ 기하학적 구속조건 '같음(Q)' : 같음 구속조건을 추론해서 적용하고 표시한다.
⑪ 기하학적 구속조건 '일치(N)' : 일치 구속조건을 추론해서 적용하고 표시한다.
⑫ 기하학적 구속조건 '고정(F)' : 고정(Fix) 구속조건을 추론해서 적용하고 표시한다.

아래에 구속조건 설정창 중 치수 탭의 다양한 옵션을 표기하였으며 그 기능을 설명하였다.

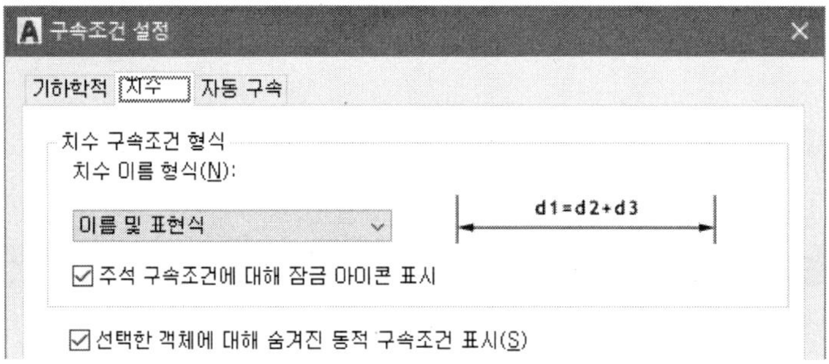

[치수 탭]

① 치수이름 형식 '이름' : 치수값을 변수 이름으로 표시한다.
② 치수이름 형식 '값' : 치수값을 값으로 표시한다.
③ 치수이름 형식 '이름 및 표현식' : 치수값을 변수 이름과 표현식으로 표시한다.

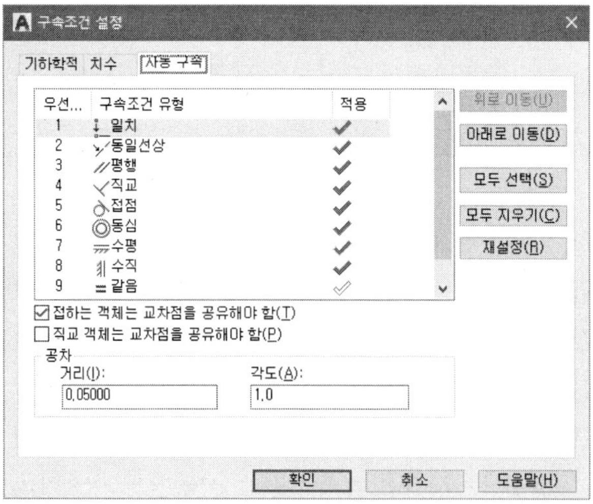

[자동 구속 탭]

다음에 구속조건 설정창 중 자동구속 탭의 다양한 옵션을 표기하였으며 그 기능을 설명하였다.

① '거리' : 거리 공차는 일치, 동심, 접선 및 동일선상 구속조건에 적용된다.

② '각도' : 각도 공차는 수평, 수직, 평행, 직교, 접선 및 동일선상 구속조건에 적용된다.

4.1.4 동적입력(DYN) [F12]

동적입력은 커서 주변에 명령 인터페이스를 제공하여 도면 영역에 주의를 집중할 수 있도록 도와준다. 동적입력을 켜면 커서의 이동에 따라 동적으로 업데이트되는 정보를 표시하는 툴팁(Tool Tip)이 커서 주변에 나타난다. 또 명령을 실행하면 AutoCAD의 메시지가 화면에 툴팁 형식으로 제공된다. 예를 들어, 선 명령에 대한 동적입력 화면과 정적 입력 화면을 비교해 보면, 동적입력은 다음과 같이 작도영역에 툴팁 메시지가 표시된다.

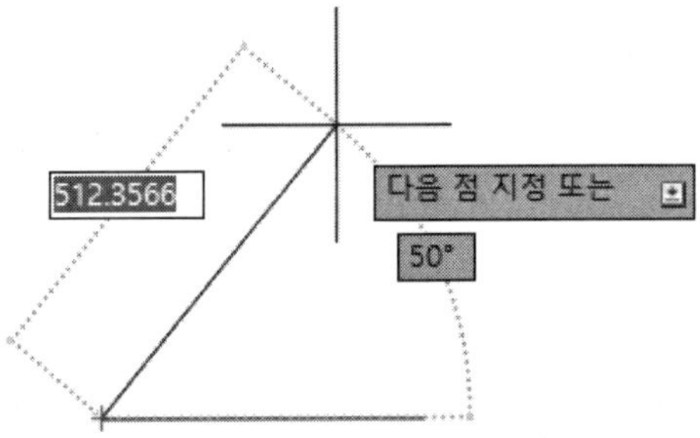

여기서 '명령 인터페이스'란 명령의 실행, 메시지의 표시, 옵션의 선택, 좌표의 입력 등 도면 작도를 위해 사용자와 AutoCAD 사이의 인터페이스 통로를 말한다. 정적입력방법(동적입력이 꺼져 있을 경우)에서는 다음 그림에 나타낸 바와 같이 툴팁 메시지가 표시되지 않는다.

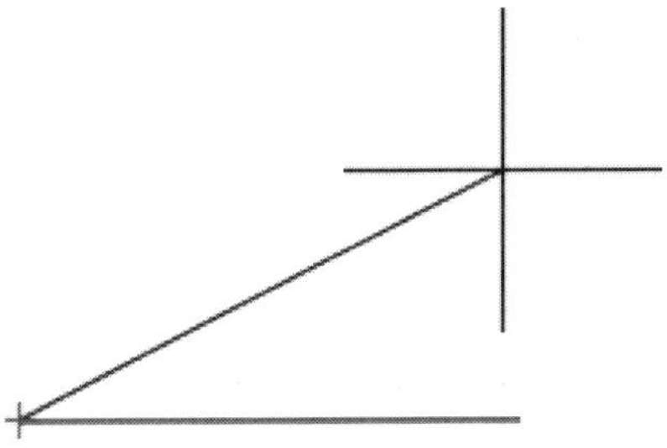

동적입력은 명령 윈도우를 대신하기 위해 설계된 것이 아니다. 해당 명령 윈도우를 숨겨 도면의 화면 영역을 추가할 수 있지만 일부 작업에서는 해당 명령 윈도우를 표시해야 한다.

동적입력을 켜거나 끄려면 상태막대에서 동적입력 버튼 ()을 클릭한다. F12 키를 누르고 있으면 동적입력이 임시로 꺼지며 동적입력의 설정방법에는 포인터입력, 치수입력 및 동적 프롬프트의 세 가지 구성요소가 있다. 를 마우스 오른쪽 버튼으로 클릭하고 설정을 클릭하

여 동적입력이 켜진 상태에서 각 구성요소에 표시할 내용을 조정한다.

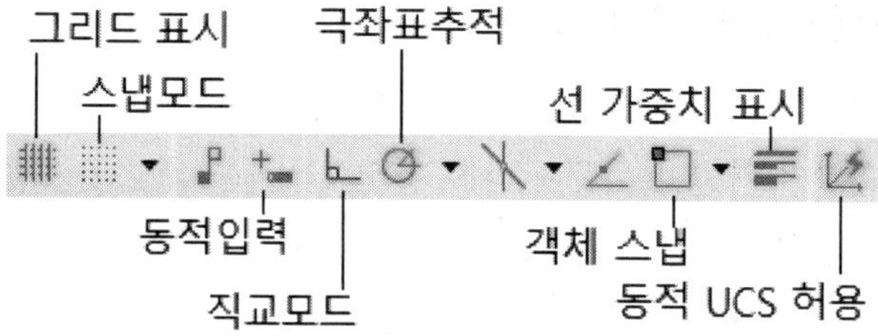

동적입력설정에서 다음 세 가지의 경우를 알아보도록 하자.

가. 포인트입력

포인트입력을 체크하면 커서 근처의 툴팁에 십자선의 위치를 좌표값으로 표시한다. 점을 지정하라는 프롬프트가 표시되면 명령어 영역 대신에 툴팁에 좌표값을 입력할 수 있다. 다음과 같은 포인터 입력 설정 대화상자를 표시할 수 있다.

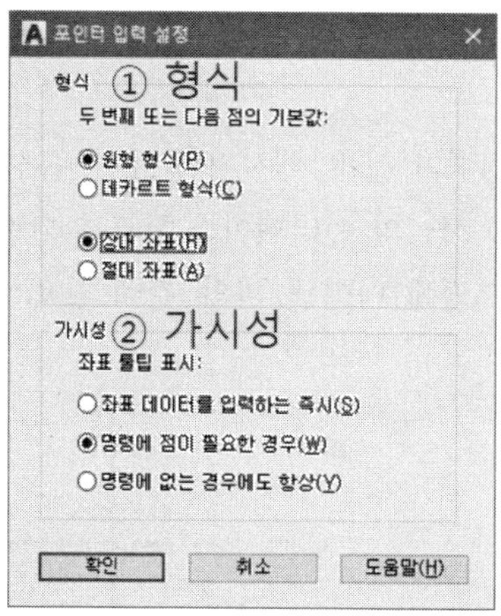

① 형식 : 두 가지 카테고리로 분류되는데 첫 번째 카테고리는 '원형형식(P)'과 데카르트(C) 형식이다. 원형형식은 원형(극좌표)에서 두 번째 또는 다음 점에 대한 툴팁을 표시한다. 데카르트(직교) 형식으로 변경하려면 쉼표 ','를 입력한다. 데카르트 형식은 직교형식에서 두 번째 또는 다음 점에 대한 툴팁을 표시한다. 원형(극좌표) 형식으로 변경하려면 각도기호'<'를 입력한다. 두 번째 카테고리는 '상대좌표(R)과 절대좌표(A)이다.

상대좌표는 상대좌표 형식으로 두 번째 또는 다음 점에 대한 툴팁을 표시한다. 절대형식으로 변경하려면 샵기호 '#'를

절대좌표는 절대좌표 형식으로 두 번째 또는 다음 점에 대한 툴팁을 표시한다. 상대형식으로

변경하려면 '@' 기호를 입력한다. 이 옵션이 선택되어 있으면 직접거리 방법을 사용할 수 없다.

② 가시성 : 포인터 입력이 표시되는 시기를 설정하는 옵션이다. 좌표를 입력하는 즉시 할 것인가, 점이 필요한 경우인가, 명령에 없는 경우라도 항상 표시할 것인가를 설정한다.

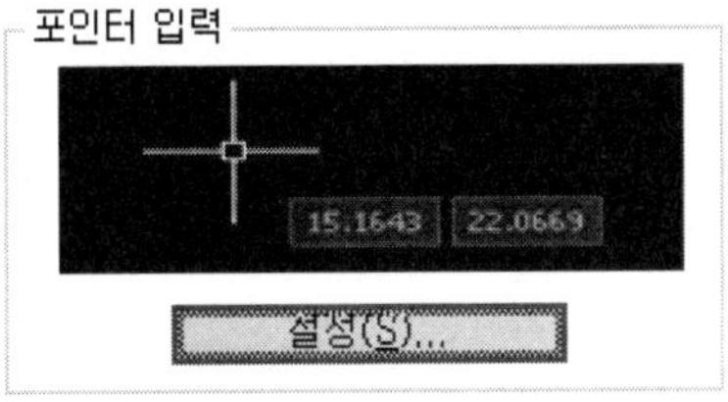

나. 치수입력

두 번째 점 또는 거리를 입력하라는 메시지가 나타날 때 거리 값 및 각도 값에 대한 툴팁과 함께 치수를 표시한다. 커서를 움직이면 치수 툴팁의 값이 변경된다. 명령어 영역 대신 툴팁에 값을 입력할 수 있다.

치수입력 표시형식에 대해 설정하는 옵션은 가시성을 한 번에 하나 또는 두 개의 입력필드를 한다. 동시에 예시된 항목에서 선택하여 표시할 것인가를 설정한다.

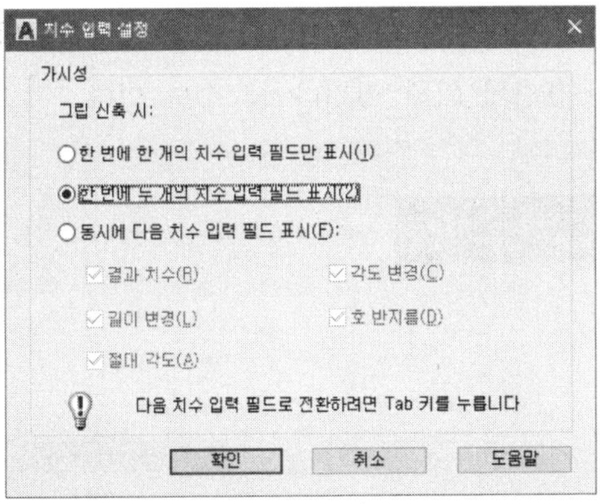

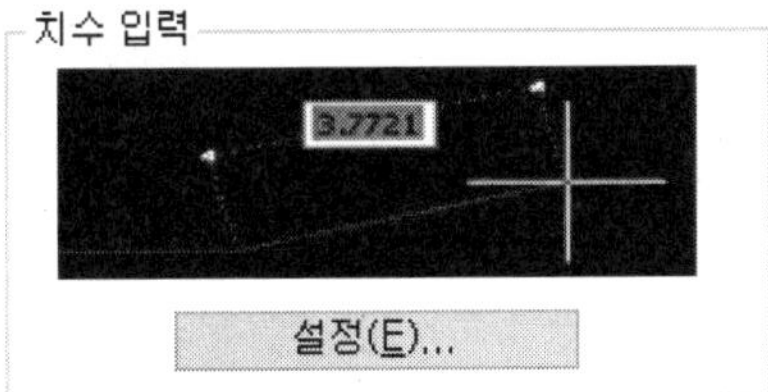

치수입력을 통하여 그립을 사용하여 객체를 편집하는 경우 차원 입력 툴팁에 대한 정보를 표시할 수 있다.

다. 동적 프롬프트

명령을 완료하기 위해 필요한 경우, 커서 근처에 프롬프트(명령실행에 따라 명령어 영역에 표시되는 메시지)를 표시할 것인가를 지정한다. '십자선 근처에 명령 프롬프트 및 명령입력을 표시'에 체크하면 동적입력 툴팁에 프롬프트를 표시한다.

라. 제도 툴팁 모양

제도 툴팁의 색상, 크기, 투명도, 적용위치(모든 제도 툴팁에 적용할 것인지, 동적입력 툴팁에만 적용할 것인지)를 설정한다. 크기와 투명도는 슬라이드 바에 의해 조정한다.

☞ **참고사항 : 동적입력의 켜기와 끄기** 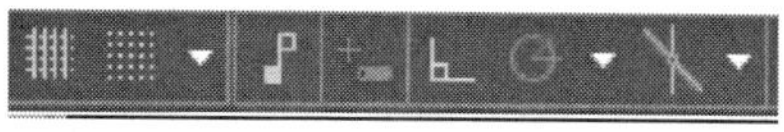

동적입력을 켜고(ON), 끄기(OFF)는 상태영역의 '동적입력 버튼의 클릭 또는 기능키 [F12]를 한번 누를 때마다 켜기와 끄기가 전환된다.

4.1.5 직교모드

직교모드를 'ON'시키면 4방향(0, 90, 180, 270도)으로 커서가 움직이게 제어되므로 직선을 그릴 때 편리하다. 직교모드는 마우스 포인터(커서)의 이동을 수평 또는 수직으로만 제한한다. 직교모드를 켠(ON) 상태에서 커서를 이동하면 고무줄(러버밴드) 선이 수평축이나 수직축 중 커서에 가까운 쪽을 따라 이동한다. 상태영역의 그리기 도구에서 '직교( )'를 클릭하면 켜진다. 다시 한번 클릭하면 꺼진다. 또한 기능키[F8]에 의해 켜거나 끌 수도 있다.

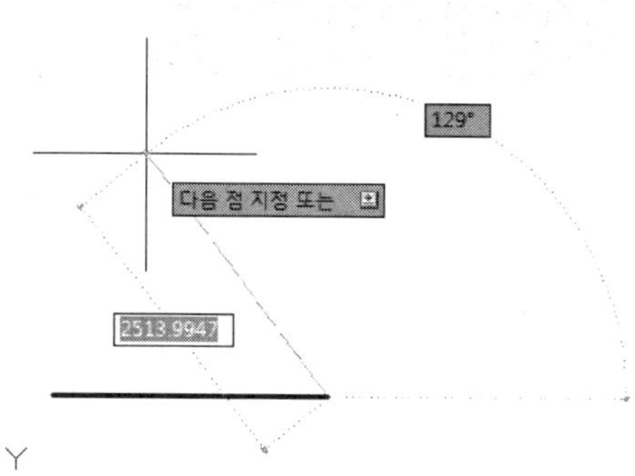

〈직교모드 OFF 시〉

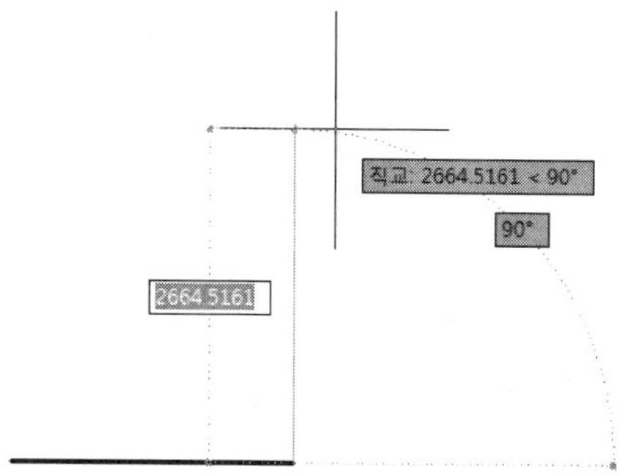

〈직교모드 ON 시〉

직교모드를 켜고(ON), 선 명령(Line)을 실행하여 첫 번째 점을 찍고 난 후 {다음 점 지정 또는 [명령취소(U):}에서 마우스를 움직여보면 커서는 아래쪽에 있지만 선은 수평으로만 움직이다. 직교모드가 켜져 있는 상태에서는 직접 거리를 입력하여 지정된 길이의 직교선을 작도하거나 객체를 지정된 거리만큼 수직 또는 수평으로 이동시킬 수 있다.

4.1.6 극좌표 추적

직교모드보다 한 단계 발전된 기능으로 길이와 각도(방향)을 지정해 설정된 각도상의 한 점을 얻고자 할 때 추적해나가는 기능이다. 좌표 지정 방법에서 학습한 극좌표(거리<각도)를 추적하는 기능이다. 극좌표 추적 기능을 이용해 마름모꼴을 그려보면 이해하기 편하다.

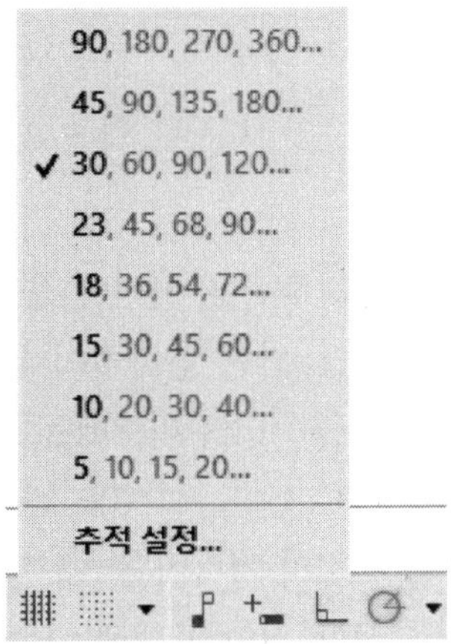

극좌표 추적을 사용하여 극좌표 각도 증분을 따라 추적하거나 사용자가 각도를 지정할 수 있다. 각도의 설정은 다음과 같다. 마우스를 '극좌표 추적하기()'에 맞추고 오른쪽 버튼을 클릭하면 다음과 같은 메뉴가 나타난다. 이때, 설정하고자 하는 각도가 목록(90, 60, 45, 30, 22.5, 18, 15, 10, 5°)에 있으면 해당 각도를 클릭한다.

해당각도가 없을 시 설정을 클릭한다. 같이 제도 설정값의 '극좌표 추적하기' 대화상자가 표시된다.

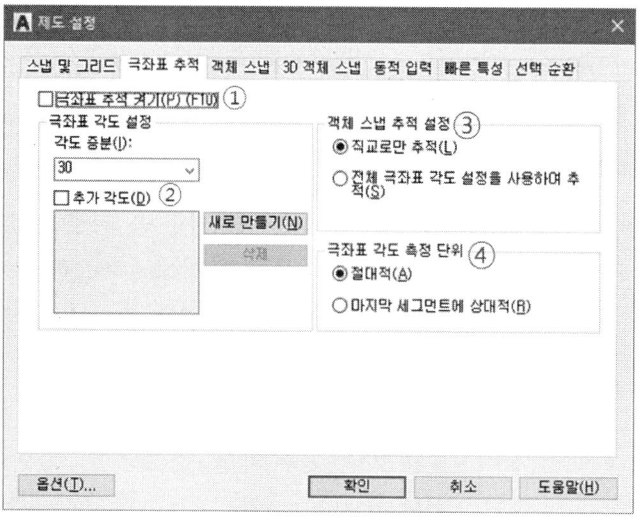

① 극좌표 추적 켜기(P)(F10) : 극좌표 추적을 켜거나 끈다. 체크하면 극좌표 추적하기를 켠다. 기능키 [F10]은 극좌표 추적하기를 위한 단축키이다.

② 극좌표 각도 설정값 : '증분각도(I)를 지정한다. 예를 들어, 30°를 지정하면 0. 30, 60, 90, 120, 150, 180, 210, 240, 270, 300, 330도로 30도 간격으로 추적한다.

③ 객체스냅 추적 설정값 : 객체스냅 추적이 켜져 있을 때 획득한 객체스냅 점을 위해 직교(수평/수직) 객체스냅 추적 경로만을 표시할 것인지 객체스냅점에서 극좌표 할당 각도를 따라 추적할 것인지 설정한다.

④ 극좌표 각도 측정 단위 : 각도의 측정기준을 사용자 좌표계(UCS)인지, 마지막으로 그린 세그먼트인지를 지정한다.

☞ 새로운 각도의 추가

'추가각도(D)'는 극좌표 추적에 사용할 수 있는 각도를 목록에 추가하는 기능이다. 예를 들어, 12도 단위로 추적하고자 한다면 '추가각도(D)'를 체크한 후 [새로만들기(N)]을 눌러 '12'를 추가한다.

☞ 극좌표 추적의 켜기/끄기

극좌표의 켜고(ON), 끄기(OFF)는 상태 영역에 있는 그리기 도구에서 '극좌표 추적하기( ) 버튼의 클릭에 의해 제어된다. 또는 기능키 [F10]을 누를 때마다 켜기와 끄기가 반복된다.

☞ '직교모드(Ortho)'와 '극좌표 추적하기(Polar Tracking)'는 동시에 켤 수 없다.

극좌표 추적을 켜면 직교모드는 꺼진다. 이와 유사하게 극좌표 스냅과 모눈스냅은 동시에 켤 수 없다. 극좌표 스냅을 켜면 모눈 스냅이 꺼진다.

4.1.7 객체 스냅

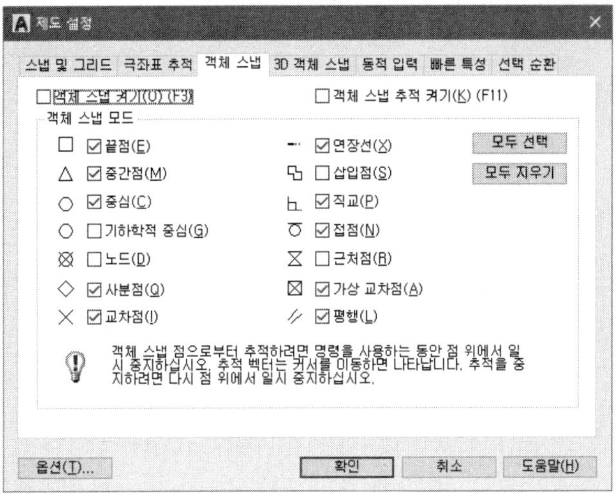

객체스냅을 한마디로 표현한다면 특정한 포인트를 빠르고 정확하게 찾아주는 도구이다. 도면작업 중에 좌표를 지정할 때 빈 공간에 좌표를 지정하는 경우는 극히 드물다. 특정 객체를 중심으로 객체의 특정한 점(끝점, 중간점, 교차점, 중심점 등)을 지정하거나, 객체에서 일정 간격만큼 떨어진 거리에 있는 좌표를 지정하는 경우가 많다. 이번에는 작성된 객체에서 특정좌표를 찾는 방법과 이 특정 좌표를 추적하는 방법에 대해서 공부해보겠다.

도면작업을 하다보면 수없이 많은 객체를 작도하고 좌표를 지정하게 된다. 그 중에서 빈 공간에 좌표를 지정학보다는 작도된 객체의 특정한 점을 지정하는 경우가 많다. 예를 들어 원의 중심점, 선분의 끝점, 원의 접선, 두 객체의 교차점 등과 같이 작도된 객체의 특정한 좌표를 찾아 객체를 연결하거나 편집하는 경우가 종종 발생한다.

그러나 사람의 손으로 마우스를 조작하여 아무리 정확하게 지정한다고 해도 100% 정확한 점을 지정할 수는 없다. 이런 경우 객체스냅(OSNAP)을 이용하면 쉽게 객체의 특정한 점을 찾을 수 있다. 그러므로 객체스냅(OSNAP)은 객체(선, 폴리선, 원, 호 등)의 특정한 점(중간점, 끝점, 중심점, 교차점 등)을 찾아주는 기능을 말한다.

☞ 객체스냅(OSNAP)의 기능

객체스냅은 객체의 특정한 점(좌표)을 찾아주는 기능을 한다. 따라서 이 기능은 단독으로 사용되지 않고 명령(Line, Circle 등) 실행 중에 점(Points)을 요구하는 경우(첫 번째 점 지정, 원의 중심점 지정 등)에 사용한다.

☞ 객체스냅을 표시하는 마크

객체스냅을 이용하여 특정한 점을 찾고자 할 때 객체스냅의 종류를 지정한 후 객체의 근처로 가져가면 해당 객체스냅의 종류에 따라 마크가 표시된다. ㅅ분점은 마름모, 끝점은 사각형, 중간점은 삼각형, 중심점은 원 등으로 표시된다. 사용자는 이 마크를 보고 원하는 객체스냅을 찾았는지 여부를 확인할 수 있다.

☞ 방법

여러 가지 실습을 통해서 객체스냅이 무엇인지 이해할 수 있다. 객체스냅은 객체(원, 선 등)에 있는 특정한 점(중심, 끝, 중간점 등)을 정확히 찾아주는 기능을 말한다. AutoCAD의 도면작업과정에서 객체스냅은 수없이 많이 사용하게 되며, 객체스냅이 없다면 도면 작업을 할 수 없을 정도로 중요한 기능이다. 정확히 이해하고 도면 작업에 유효적절하게 사용할 수 있도록 연습하도록 한다.

가. 객체스냅의 사용방법

AutoCAD는 다음과 같은 종류의 객체스냅 사용방법을 제공하고 있다. 제공되는 방법 중에서 사용자가 사용하기 쉽고 효율적인 방법을 택하여 사용하면 된다.

① 도구막대에 의한 사용법

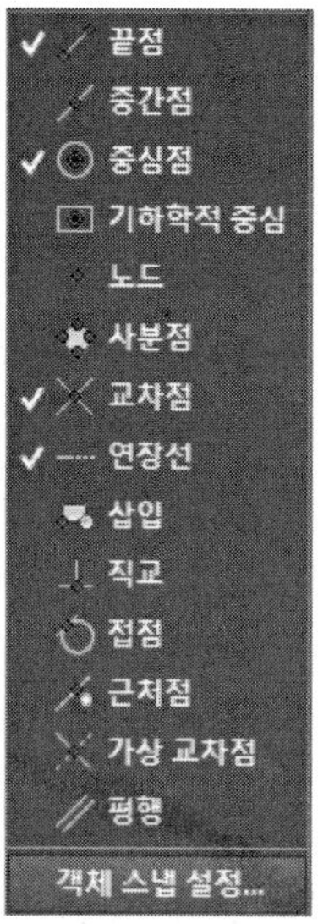

도구막대를 펼쳐서 구하고자 하는 점(객체스냅)을 해당 객체스냅 아이콘을 찾아 클릭하여 지정하는 방법이다. 예를 들어, 명령(Line, Circle 등) 실행 중에 {첫 번째 점 지정} 또는 {원

지름의 첫 번째 끝점을 지정:}과 같이 점을 요구하는 메시지에서 도구막대의 원하는 객체스냅 아이콘을 클릭한다. 끝점을 찾고자 한다면 객체스냅 도구막대에서 '끝점'을 클릭한 후 선 근처로 가져가면 끝점을 찾아준다.

② [Shift] 또는 [Ctrl]+마우스 오른쪽 버튼 클릭

객체스냅이 필요로 한 시점에서 [Shift] 또는 [Ctrl] 키를 누른 채로 마우스 오른쪽 버튼을 클릭하여 표시되는 객체스냅의 항목에서 해당 객체스냅을 선택하여 클릭한다.

③ 미리 설정하기

도면작업을 하다보면 자주 사용하는 객체스냅이 있다. 자주 사용하는 객체스냅을 필요할 때마다 도구막대의 아이콘을 클릭하거나 [Shift] 또는 [Ctrl] 키를 누른 채로 마우스 오른쪽 버튼을 클릭하여 표시되는 객체스냅을 선택하려면 번거롭고 작업효율도 떨어진다. 이런 경우 객체스냅을 미리 설정해 놓고 사용한다. 객체스냅을 미리 설정해 놓으면 객체 근처에 커서를 가져가면 자동으로 설정된 객체스냅을 손쉽게 찾을 수 있다.

☞ **설정 시**

단순하게 생각했을 때 모든 종류의 객체스냅을 설정해놓으면 점들을 쉽게 찾을 수 있을 거라고 생각한다. 그러나 모든 객체스냅을 설정하면 복잡한 도면이나 객체가 중복된 곳에서는 원하지 않는 점이 지정되는 경우가 왕왕 발생한다. 따라서 설정할 때는 자주 사용하는 객체스냅만 체크해야 한다. 보통 많이 사용하는 객체스냅은 끝점(End), 중간점(Mid), 사분점(Qua), 교차점(Int)이다.

사용에 편리함을 더하기 위해 사용자가 필요한 객체스냅을 설정하는 방법은 다음과 같다.

1) 그리기 도구에서 바로 설정 : 그리기 도구의 객체스냅 아이콘에 대고 마우스 오른쪽 버튼을 눌러 표시되는 객체스냅 목록에서 설정하고자 하는 객체스냅을 선택한다.
2) 설정 대화상자에 선택 : 도구막대에서 '객체스냅 설정값'을 클릭하거나, 상태영역의 그리기 도구에서 객체스냅 위에 대고 마우스 오른쪽 버튼을 클릭한다. 여기에서 설정을 클릭한다. 이때 객체스냅 대화상자가 표시된다. 여기에서 설정하고자 하는 객체스냅을 체크한 후 확인버튼을 클릭한다.

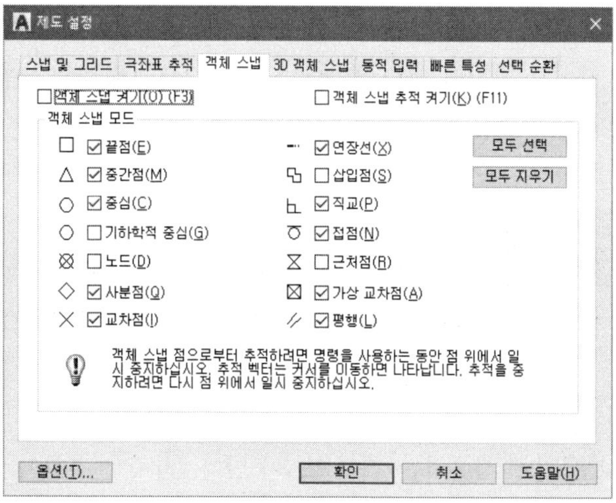

나. 객체스냅의 종류

① ENDpoint(끝점) : 호, 타원형 호, 선, 여러 줄, 폴리선 세그먼트, 스플라인, 영역 또는 광선의 가장 가까운 끝점을 찾는다. 선의 경우 중간점을 기준으로 마우스의 커서가 위치한 가까운 끝점을 찾는다.

② MIDpoint(중간점) : 호, 타원, 타원형 호, 선, 여러 줄, 폴리선 세그먼트, 스플라인, 영역 또는 구성선의 중간점을 찾는다.

③ INTersection(교차점) : 호, 타원형 호, 선, 여러 줄, 폴리선, 광선, 영역, 스플라인 또는 구성선의 교차점을 찾는다.

④ 가상 교차점 : 실제는 교차하지 않는 객체지만 연장선상의 교차점이나 시각적인 3D 상의 교차점을 찾는다.

⑤ EXTend(연장점) : 객체가 존재하지는 않지만 선택한 객체의 연장선상의 한 점을 추적하여 찾는다.

⑥ CENter(중심선) : 원, 호, 타원 또는 타원호의 중심점을 찾는다.

⑦ QUAdrant(사분점) : 원, 호, 타원의 가장 가까운 사분점(0o, 90o, 180o, 270o)을 찾는다. 마우스 커서의 위치에서 가장 가까운 사분점을 찾는다.

⑧ TANgent(접선점) : 원, 호, 스플라인, 타원 또는 스플라인의 접점을 찾는다.

⑨ PERpendicular(수직점) : 호, 원, 타원, 타원형 호, 선, 다중선, 폴리선, 광선, 영역, 솔리드, 스플라인 또는 구성선에 수직으로 만나는 점을 찾는다.

⑩ PARallel(평행점) : 선, 폴리선, 광선 또는 구성선을 다른 선형 객체와 평행선상의 한 점을 찾아준다.

⑪ INSert(삽입점) : 블록, 문자, 속성의 삽입 점을 찾는다. 문자의 경우는 문자의 원점을 찾는다.

⑫ NODe(노드) : 점 객체, 치수 정의점 또는 치수 문자 원점을 찾는다.

⑬ NEArest(근사점) : 원, 호, 타원, 타원형 호, 선, 여러 줄, 점, 폴리선, 광선, 스플라인 또는 구성선에서 커서와 가장 가까운 점을 찾는다.

⑭ 두 점의 사이 중간점(M2P) : 두 점을 지정해 두 점 사이의 중간에 위치한 점을 찾는다.

⑮ NONE(스냅하지 않음) : 일반적으로 설정된 객체스냅을 사용하지 않고자 할 경우에는 현재 설정된 객체스냅을 무효화한다.

⑯ OSNAP(객체스냅 설정) : 자주 사용되는 객체스냅을 미리 지정해놓고 좌표를 지정할 때 설정된 스냅을 자동으로 신속하게 찾아준다. 필요한 객체스냅을 미리 지정해놓고 사용하면 점을 찾을 때마다 한 번씩 지정하는 번거로움을 피할 수 있다.

☞ **객체스냅의 켜기/끄기**

객체스냅의 켜고(ON), 끄기(OFF)는 상태영역의 'OSNAP ' 버튼의 클릭에 의해 제어한다. 또는 기능키 [F3]를 한번 누를 때마다 켜기와 끄기가 전환된다.

다. 객체스냅의 추적(OTRACK)

객체스냅 추적을 사용하여 객체스냅 점을 기준으로 정렬 경로를 따라 추적할 수 있다. 획득한 점에는 작은 더하기(플러스) 기호 '+'가 표시되며 한 번에 최대 7개의 추적점을 획득할 수 있다. 객체스냅 추적은 객체스냅과 함께 작동한다. 따라서 객체의 스냅 점에서 추적하려면 객체스냅을 설정해야 한다.

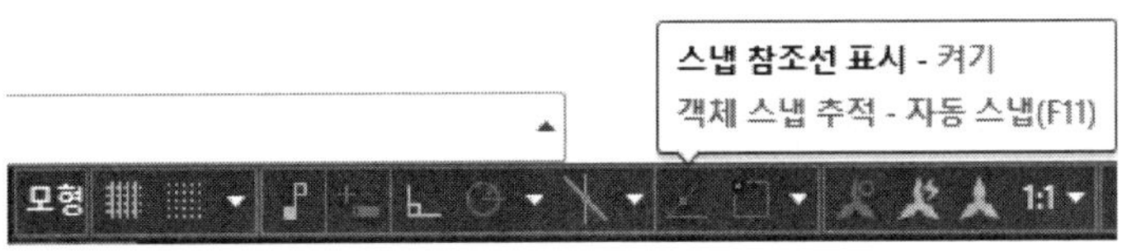

☞ **객체스냅 추적의 켜기/끄기**

* 자동스냅 옵션

다음과 같이 옵션상에 설정을 하면 자동스냅이 된다. 객체스냅 추적하기의 켜고(ON), 끄기(OFF)는 상태영역의 '객체스냅 추적하기 ' 버튼의 클릭에 의해 제어한다. 또는 기능키 [F11]를 한번 누를 때마다 켜기와 끄기가 전환된다.

4.1.8 LWT(선가중치 표시/숨기기)

선의 굵기를 조정하며 화면상에서 표시를 ON/OFF한다. 상태라인 LWT에서 마우스 우측버튼을 눌러 설정값을 변경한다.

- 명령어 [LW]를 키인하고 [Enter]를 클릭한다.
- 다음의 대화창이 나타나며 여기서 선 가중치 표시를 체크하고 값을 변경시키면 된다.

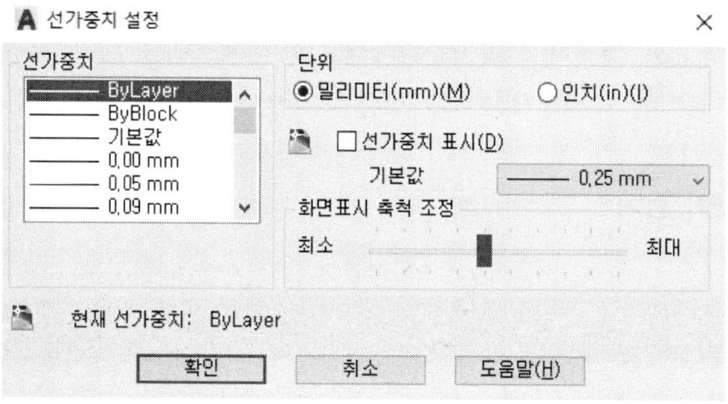

☞ **Function 키의 정리**

기능키라고도 하며, 작업 중 언제라도 명령어와 무관하게 사용할 수 있다.

- [F1] : 도움말을 보여준다.
- [F2] : 문자 윈도우를 올리기/내리기를 한다.
- [F3] : Osanp On/Off – Osnap을 On/Off하며 설정이 전혀 안 되어 있으면 Osnap 설정 대화상자를 올린다.
- [F4] : Tablet On/Off – 테블릿 장치를 사용할 경우 장치를 On/Off한다.
- [F5] : Isoplan Top/Right/Left – 아이소매트릭 작업 시 커서를 전환한다.
- [F6] : Coords On/Off – 좌측하단부에 표시되는 좌표를 On/Off 하며 작업 때는 '길이〈진행각도' 표시가 하나 더 생긴다.
- [F7] : Grid On/Off – 격자점 표시를 On/Off 한다.
- [F8] : Ortho On/Off – 직교모드를 On/Off 한다.
- [F9] : Snap On/Off – 스냅을 On/Off 한다.
- [F10] : Polar Tracking On/Off – 극좌표 추적을 On/Off 한다.
- [F11]: Object Tracking On/Off – 객체스냅추적을 On/Off 한다.
- [F12] : DYN On/Off – 커서 옆에 표시되는 입력상황 표시를 On/Off 한다.

4.2 곡선 객체 그리기

4.2.1 원(Circle) 명령

[Circle] 명령어는 [Line]과 더불어 가장 기초적이고 많이 사용하는 명령어이다. [Circle] 명령어는 중심점을 지정하고 중심점으로부터 일정한 거리에 있는 지점을 이어서 그릴 수 있다. 원은 [Circle] 명령어의 다양한 옵션을 사용하여 그릴 수 있는데, 기본적으로 중심점, 반지름 및 지름을 사용하여 그릴 수 있다. 명령어 입력방법은 다음과 같다.

① 메뉴 〉 그리기 〉 원에서 명령 수행
② (홈) 탭 〉 (그리기) 패널 〉 원으로 설정
③ 명령어로 [Circle]를 입력하여 원 그리기 명령 지정

중심점, 반지름, 지름, 원주의 점, 다른 객체의 점 등을 활용하여 다양한 방법으로 원을 작성할 수 있다. 다음의 명령을 이용하여 원을 그려보며 실습한다.

가. 중심점, 반지름 지정으로 원 그리기

- 그리는 순서는 원 명령어를 입력 후 중심점을 지정하고 원의 반지름 값을 입력한다.
- 명령어 [C]를 키인 하고 [Enter]를 클릭한다.
- 원에 대한 중심점 지정 또는 [3P/2P/Ttr (접선 접선 반지름)]: 중심점을 지정한다.
- 원의 반지름 지정 또는 [지름(D)] 〈2.5000〉 : 5

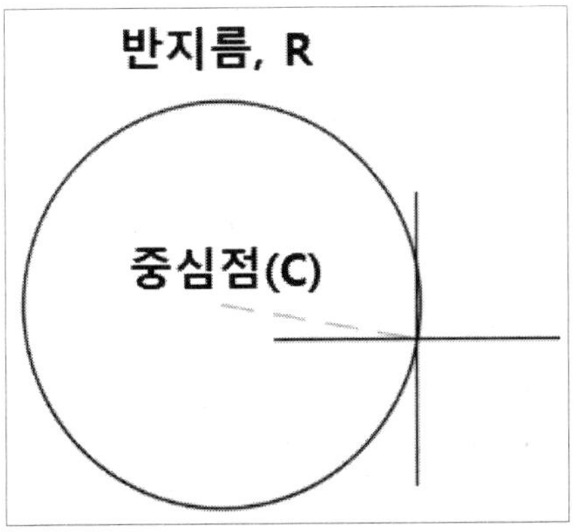

나. 중심점, 지름 지정으로 원 그리기

그리는 순서는 원 명령어를 입력 후 중심점을 지정하고 원의 지름 값을 5로 다음과 같이 입력한다.

- 명령어 [C]를 키인 하고 [Enter]를 클릭한다.
- 원에 대한 중심점 지정 또는 [3P/2P/Ttr (접선 접선 반지름)]: 중심점을 지정한다.
- 원의 반지름 지정 또는 [지름(D)] 〈2.3866〉 : D
- 원의 지름을 지정함 〈4.7733〉 : 5

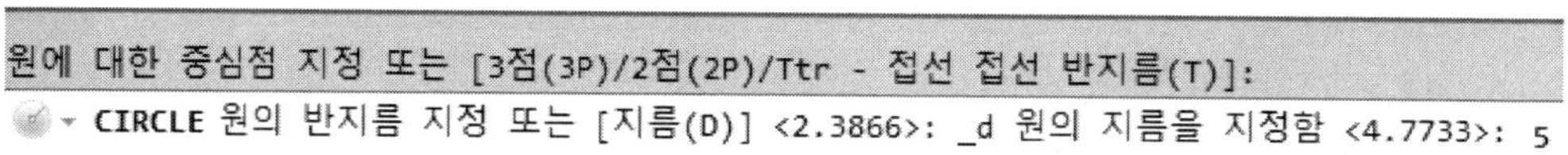

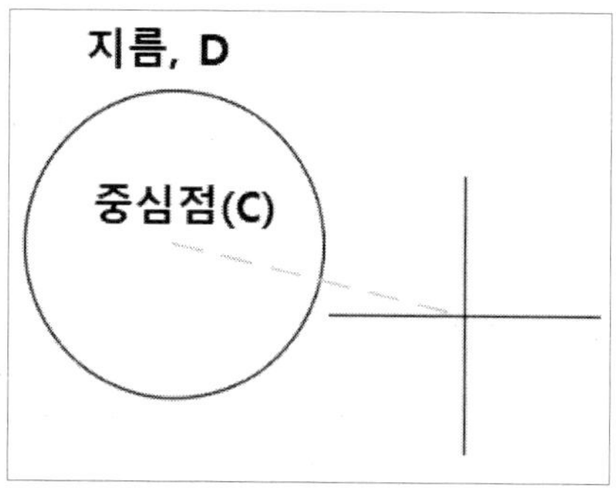

다. 2점 지정으로 원 그리기

- 그리는 순서는 원 명령어를 입력 후 임의의 2점을 지정한다.
- 지름값으로 그리면서 방향을 지정할 수 있다.
- 명령어 [C]를 키인 하고 [Enter]를 클릭한다.
- 원에 대한 중심점 지정 또는 [3P/2P/Ttr (접선 접선 반지름)]: 2P를 지정한다.
- 원 지름의 첫 번째 끝점을 지정:
- 원 지름의 두 번째 끝점을 지정:

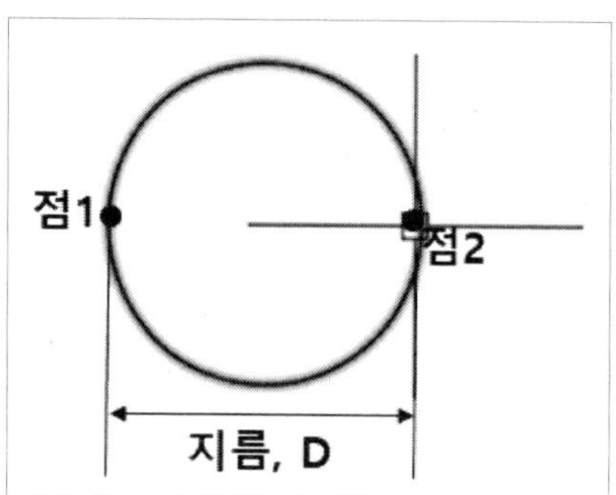

이때 점1과 점2와의 거리가 원의 지름이 되는 것을 알 수 있다.

라. 원주상의 3점을 지정하여 원 그리기

- 그리는 순서는 원 명령어를 입력 후 임의의 3점을 지정한다.
- A선, B선, C선에 내접하는 원을 그려본다.
- 명령어 [C]를 키인 하고 [Enter]를 클릭한다.
- 원에 대한 중심점 지정 또는 [3P/2P/Ttr (접선 접선 반지름)]: 3P를 지정한다.
- 원 위의 첫 번째 점 지정: _tan →
- 원 위의 두 번째 점 지정: _tan →
- 원 위의 세 번째 점 지정: _tan →

☞ **팝업 메뉴 Draw의 Circle에 있는 Tan, Tan, Tan(접선, 접선, 접선)을 사용하면 편리하다.**

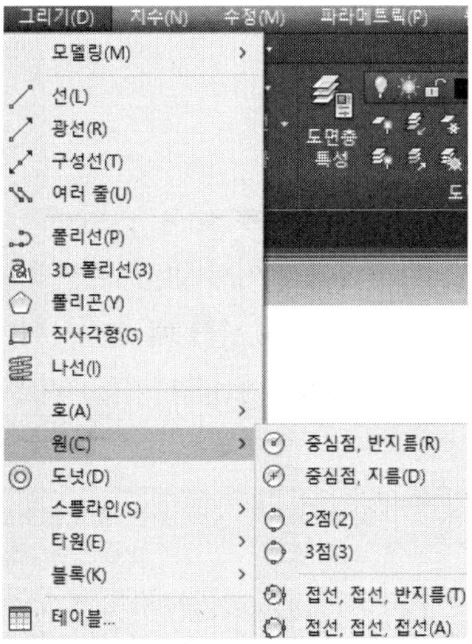

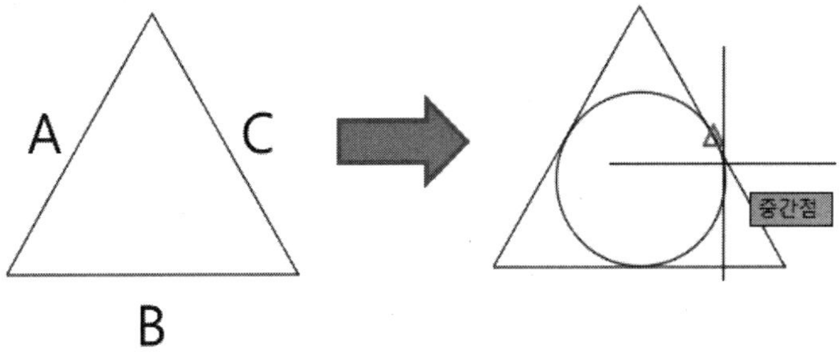

A선, B선, C선의 끝점을 통과하는 원을 그려보자.

- 명령어 [C]를 키인 하고 [Enter]를 클릭한다.
- 원에 대한 중심점 지정 또는 [3P/2P/Ttr (접선 접선 반지름)]: 3P를 지정한다.
- 원 위의 첫 번째 점 지정: A점 지정
- 원 위의 두 번째 점 지정: B점 지정
- 원 위의 세 번째 점 지정: C점 지정

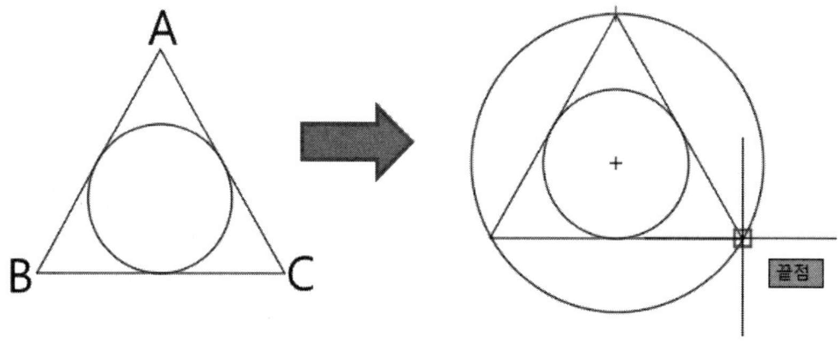

※ 끝점 선택

특정한 포인트를 찾아주는 Osnap(Endpoint: 끝점, Center : 중심점, Intersection: 교차점, Extension: 연장선)이 기본적으로 설정되어 있어서 끝점 부근에 커서를 대면 "Endpoint (끝점)" 라는 표시와 함께 끝점위치에 작은 사각형이 표시될 때 클릭하여 끝점을 선택한다. 만약 작동하지 않으면 하단부에 Osnap을 활성화시키거나 [F3] 키를 누르면 된다.

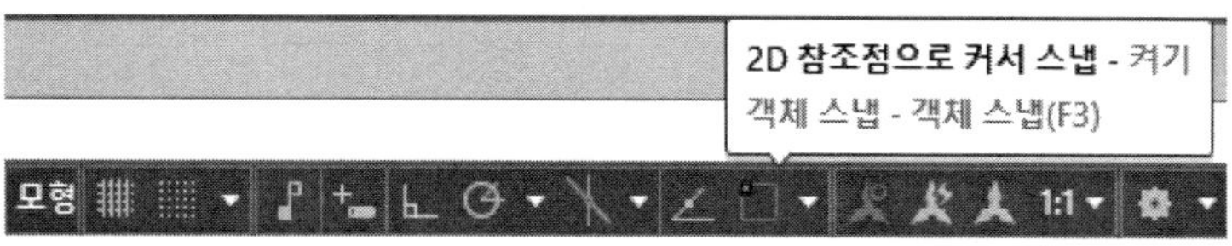

- A는 끝점, B, C는 접점을 통과하는 원을 그려보자.
- 명령어 [C]를 키인 하고 [Enter]를 클릭한다.
- 원에 대한 중심점 지정 또는 [3P/2P/Ttr(접선 접선 반지름)]: 3P를 지정한다.
- 원 위의 첫 번째 점 지정: A점 지정
- 원 위의 두 번째 점 지정: B점 지정
- 원 위의 세 번째 점 지정: C점 지정

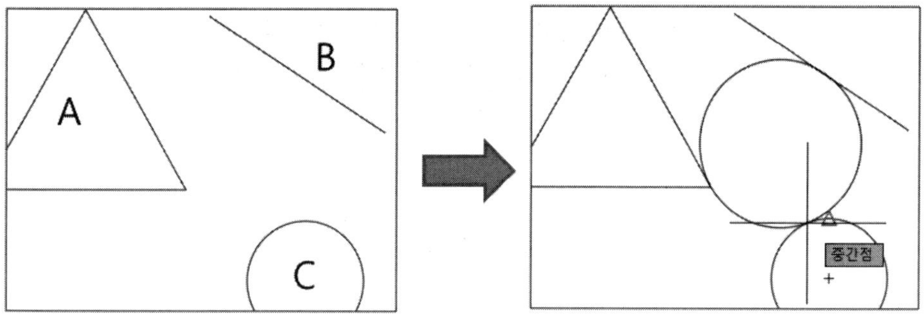

※ 도형을 편리하게 선택하기 위해 먼저 Osanp을 설정한다. 상태라인의 Osnap 옆에 있는 화살표를 클릭하여 'Tangent (접점)' 옵션을 지정한다.

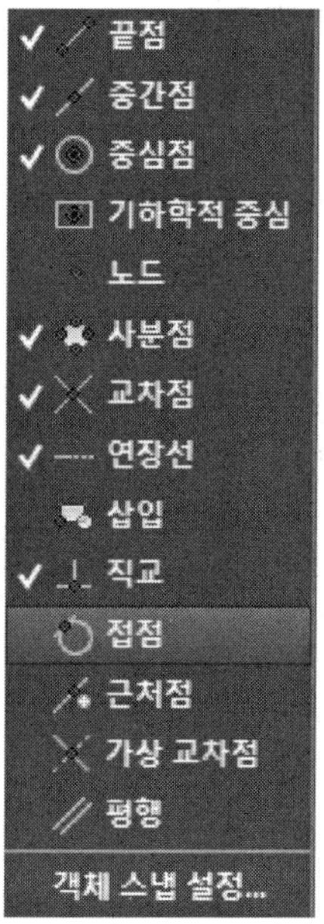

마. 2곳에 접하고 반지름을 입력하여 그리기

그리는 순서는 원 명령어를 입력 후 첫 번째 접점에 대한 객체 위의 점을 지정하고, 두 번째 접점에 대한 객체위의 점을 지정 후 원의 반지름 값을 입력한다.

- 명령어 [C]를 키인 하고 [Enter]를 클릭한다.
- 원에 대한 중심점 지정 또는 [3P/2P/Ttr(접선 접선 반지름)]: Ttr을 지정한다.
- 원의 첫 번째 접점에 대한 객체 위의 점 지정: A선을 지정한다.
- 원의 두 번째 접점에 대한 객체 위의 점 지정: B선을 지정한다.
- 원의 반지름 지정: 반지름

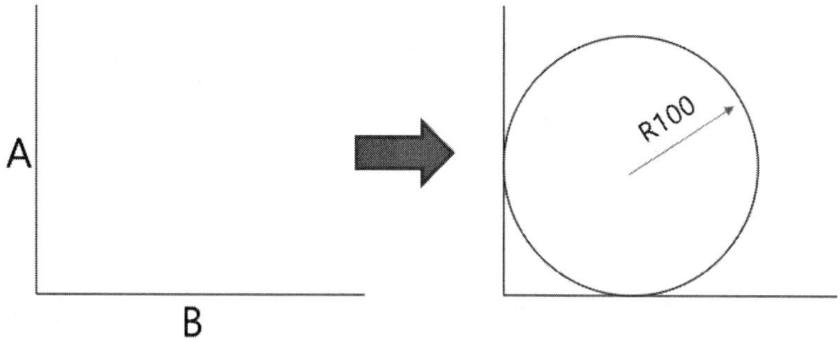

동일한 접선 두 개를 이용하여 반지름 값을 지정할 경우 상기 모양으로 그려지는 것을 확인할 수 있다.

※ 팝업 메뉴의 Draw의 Circle 메뉴에 있는 Tan,Tan, Radius(접선, 접선, 반지름)을 사용하여 그리면 편리하다.

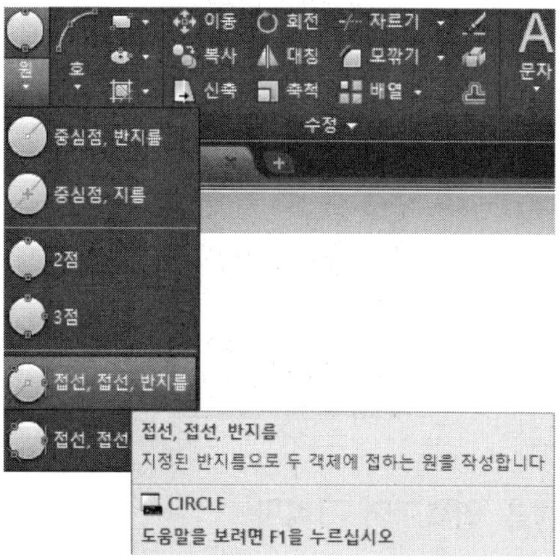

바. 3개의 객체에 접하는 원 그리기

그리는 순서는 원 명령어를 입력 후 원 위의 첫 번째 점을 지정하고, 원 위 두 번째 점을 지정 후 원의 세 번째 점을 지정한다.

- 명령어 [C]를 키인 하고 [Enter]를 클릭한다.
- 원에 대한 중심점 지정 또는 [3P/2P/Ttr(접선 접선 반지름)]: Ttr을 지정한다.
- 원의 첫 번째 접점에 대한 객체위의 점 지정: A선을 지정한다.

- 원의 두 번째 접점에 대한 객체 위의 점 지정: B선을 지정한다.
- 원의 세 번째 접점에 대한 객체 위의 점 지정: C선을 지정한다.

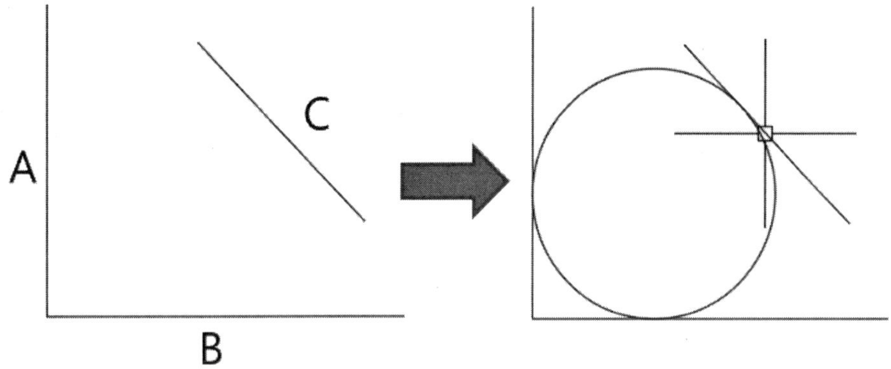

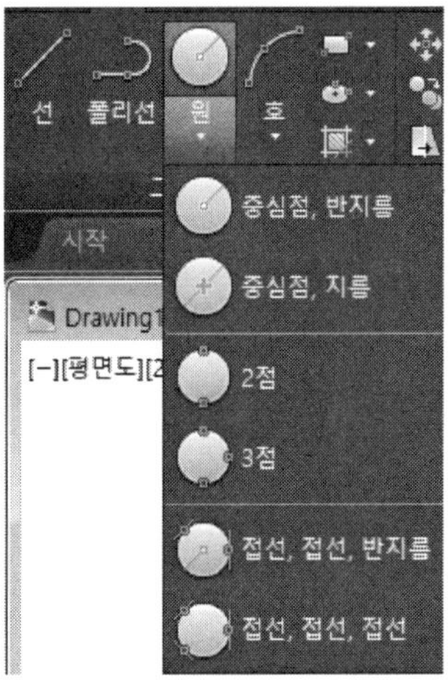

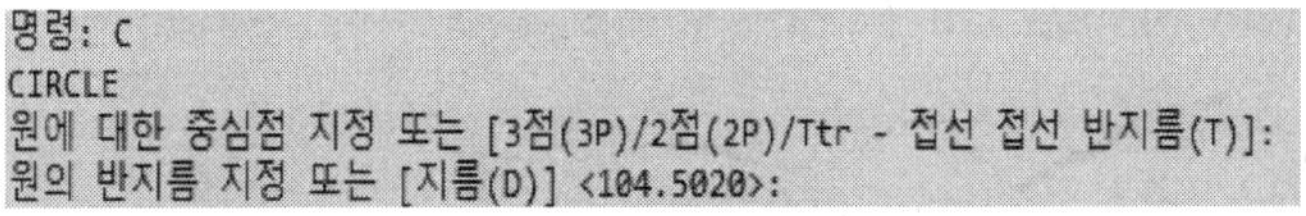

☞ **3점(3P) : 임의의 세 점을 지정하여 원을 그릴 때 선택하는 옵션이다.**

☞ **2점(2P) : 임의의 두 점을 지정하여 원을 그릴 때 선택하는 옵션이다. 두 점은 원의 지름이 된다.**

☞ **접선 접선 반지름(Ttr) : 기존에 그렸던 도면의 임의의 두 객체 사이에 접하는 원을 그린다. 반지름을 지정해준다.**

4.2.2 호(Arc) 명령

[Arc] 명령어는 원의 일부인 호를 그릴 수 있으며 시작점, 중심점, 끝점, 각도, 길이, 방향, 반지름 옵션 중 3가지를 조합하여 그릴 수 있다. [Arc] 명령어는 기본적으로 반시계방향으로 그려지는 것이 원칙이지만, [3점] 옵션만은 시계방향, 반시계방향 2방향 모두 그릴 수 있다.

명령어 입력방법은 다음과 같다.

① 메뉴 〉 그리기 〉 호에서 명령 수행
② (홈) 탭 〉 (그리기) 패널 〉 호로 설정
③ 명령어로 [Arc]를 입력하여 원 그리기 명령 지정

※ 호의 부분 명칭을 알아야 작업하기 쉽다. 그려지는 방향은 항상 반시계방향이지만 각도나 부호에 의해 수직방향으로도 그릴 수 있으며, 3단계에 걸쳐 작업됨을 숙지하기 바란다.

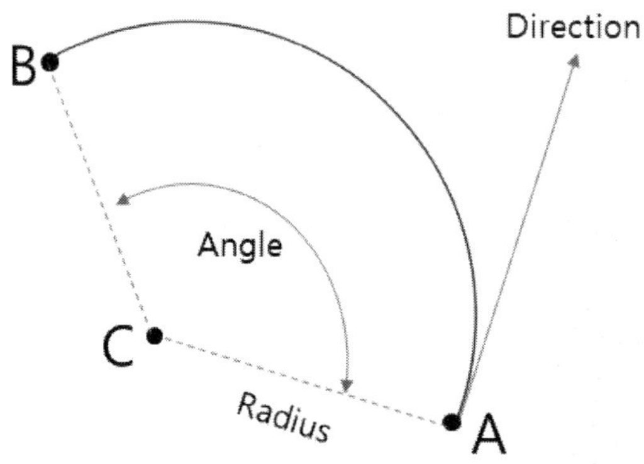

- A : 시작점(Start Point)
- B : 끝점(End point)
- C : 중심점(Center point)
- Angle : 내각
- Direction : 접선방향
- Length : 시작점에서 끝점까지 직선(현)의 길이

명령을 이용하여 호를 그려보자.

메뉴 및 옵션을 일일이 입력, 선택하며 그려도 되지만, 메인메뉴의 Draw(그리기) → Arc(호)에 있는 순서대로 입력된 명령을 사용하는 것이 편리하다. 또한 Osnap이 활성화되어 있어야 정확한 포인트를 잡을 수 있다.

가. 3점을 이용하여 호 그리기

Arc 명령을 실행한 후 세 Point를 차례대로 클릭한다. 정확한 끝점, 접점을 사용하려면 객체스냅(F3) 모드를 켜서 그린다.

- 아무 옵션 없이 그릴 수 있는 기본방법으로 반 시계방향으로 그려야 한다.
- 명령어 [A]를 키인 하고 [Enter]를 클릭한다.
- 호의 시작점 지정 또는 [중심(CE)]: 점 A를 지정한다.
- 호의 두 번째 점 지정 또는 [중심(CE)/끝(EN)]: B를 지정한다.
- 호의 끝점 지정: C를 지정한다.

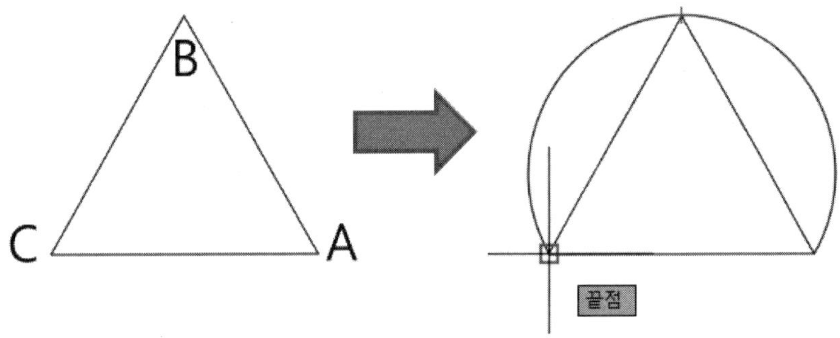

나. 시작점, 중심점, 끝점을 지정하여 호 그리기

호 명령을 실행한 후 시작점, 중심점, 끝점을 지정하여 호를 그린다. 시작점에서 중심점까지의 거리는 호의 반지름이 되며, 호는 항상 시작점으로부터 반시계 방향으로 작성된다. Ctrl 키를 누르고 있으면 반대방향인 시계방향으로 작성된다.

직교하는 두 선에 호를 그려보겠다.

- 명령어 [A]를 키인 하고 [Enter]를 클릭한다.
- 호의 시작점 지정 또는 [중심(CE)] : 시작점 A를 지정한다.
- 호의 두 번째 점 지정 또는 [중심(CE)/끝(EN)] : C를 지정한다.
- 호의 중심점 지정 : 중심점 B를 지정한다.
- 호의 끝점 지정 또는 [각도(A)/현의 길이(L)] : 끝점 C를 지정한다.

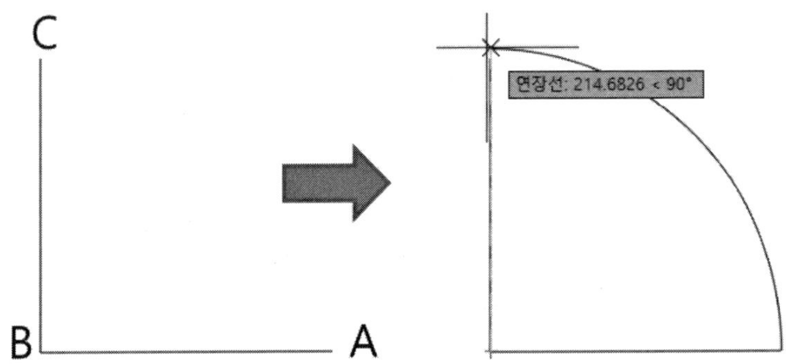

다. 시작점, 중심점, 내각을 지정하여 호 그리기

호 명령을 실행한 후 시작점, 중심점, 사이각을 사용하여 호를 작성한다. 시작점에서 중심점까지의 거리는 호의 반지름이 되며, 호는 항상 시작점으로부터 시계 반대 방향으로 작성된다. 시작점(점1), 중심점(점2)을 지정하고 사이각을 입력한다.

- 명령어 [A]를 키인 하고 [Enter]를 클릭한다.
- 호의 시작점 지정 또는 [중심(CE)] : 시작점 A를 지정한다.
- 호의 두 번째 점 지정 또는 [중심(CE)/끝(EN)] : C를 지정한다.
- 호의 중심점 지정 : 중심점 B를 지정한다.
- 호의 끝점 지정 또는 [각도(A)/현의 길이(L)] : A를 키인한다.
- 사이각 지정 : 45도 입력

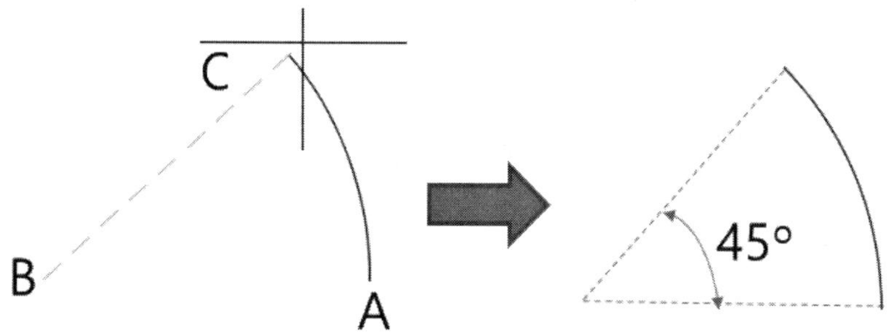

라. 시작점, 중심점, 현의 길이를 지정하여 호 그리기

잘 사용하지 않는 방법 중 하나이며, 호 명령을 실행한 후 시작점, 중심점, 현의 길이를 사용하여 호를 작성한다. 시작점에서 중심점까지의 거리가 호의 반지름이 되며, 사이각은 현의 길이에 따라 변한다.

지름이 200인 원의 1/4에 해당하는 호를 그려보겠다.

- 명령어 [A]를 키인 하고 [Enter]를 클릭한다.
- 호의 시작점 지정 또는 [중심(CE)] : 시작점 A를 지정한다.
- 호의 두 번째 점 지정 또는 [중심(CE)/끝(EN)] : C를 지정한다.

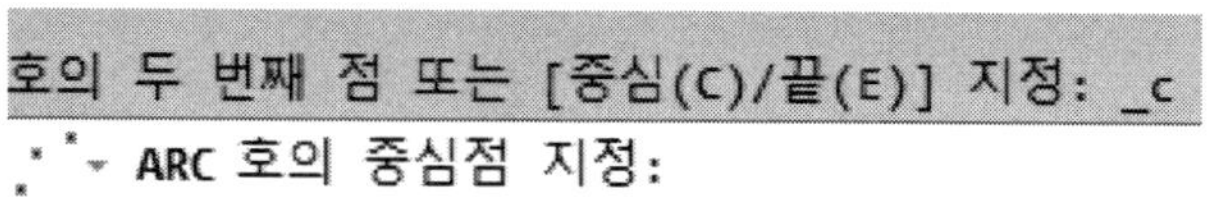

- 호의 중심점 지정 : 중심점 B를 지정한다.

- 호의 끝점 지정 또는 [각도(A)/현의 길이(L)] : L을 키인한다.
- 현의 길이 지정 :

```
호의 끝점 지정(Ctrl 키를 누른 상태에서 방향 전환) 또는 [각도(A)/현의 길이(L)]: _l
ARC 현의 길이 지정(Ctrl 키를 누른 채 방향 전환): 114
```

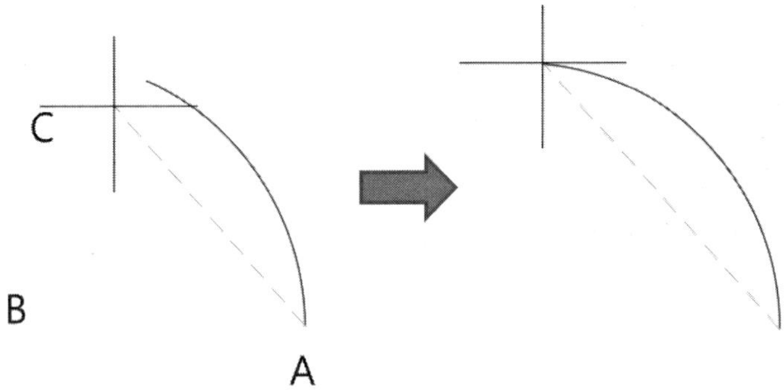

마. 시작점, 끝점, 내각을 지정하여 호 그리기

호 명령을 실행한 후 시작점, 끝점, 사이각을 사용하여 호를 작성한다. 호 끝점 사이의 각도에 따라 호의 중심과 반지름이 결정된다.

- 명령어 [A]를 키인 하고 [Enter]를 클릭한다.
- 호의 시작점 지정 또는 [중심(CE)] : 시작점 A를 지정한다.
- 호의 두 번째 점 지정 또는 [중심(CE)/끝(EN)] C를 지정한다.
- 호의 끝점 지정 :
- 호의 중심점 지정 또는 [각도(A)/현의 길이(L)] : A를 키인한다.
- 사이각 지정 : 90도를 입력한다.

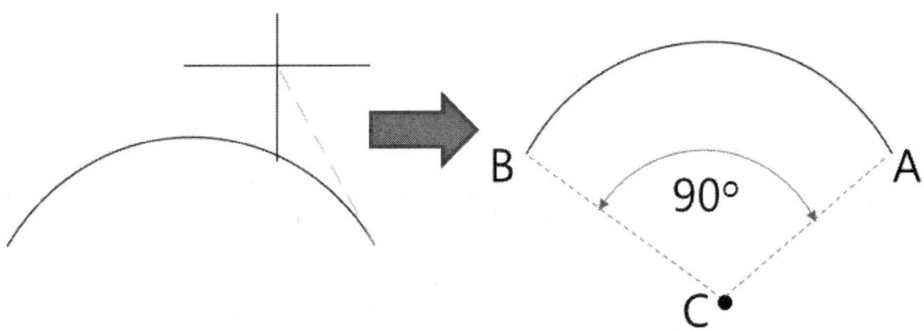

바. 시작점, 끝점, 접선 방향을 지정하여 호 그리기

호 명령을 실행한 후 시작점, 끝점, 시작점의 접선 방향을 사용하여 호를 작성한다.

- 접선 방향과 호의 내각의 여각은 2배의 관계가 있다.
- 명령어 [A]를 키인 하고 [Enter]를 클릭한다.
- 호의 시작점 지정 또는 [중심(CE)] :
- 호의 두 번째 점 지정 또는 [중심(CE)/끝(EN)] :
- 호의 끝점 지정 :
- 호의 중심점 지정 또는 [각도(A)/방향(D)/반지름(R)] : D를 키인한다.
- 호의 시작점에 대한 접선 방향을 지정 :

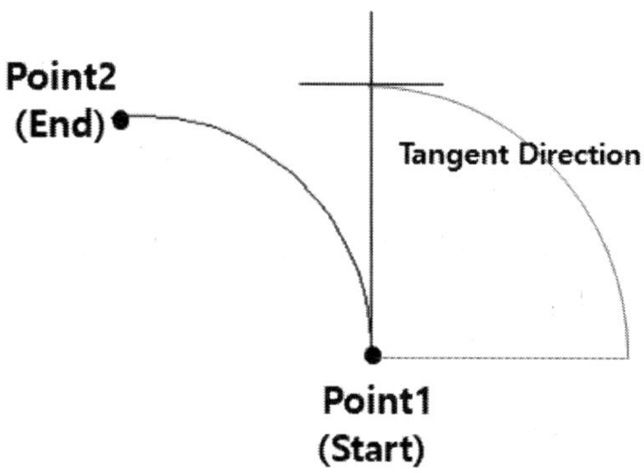

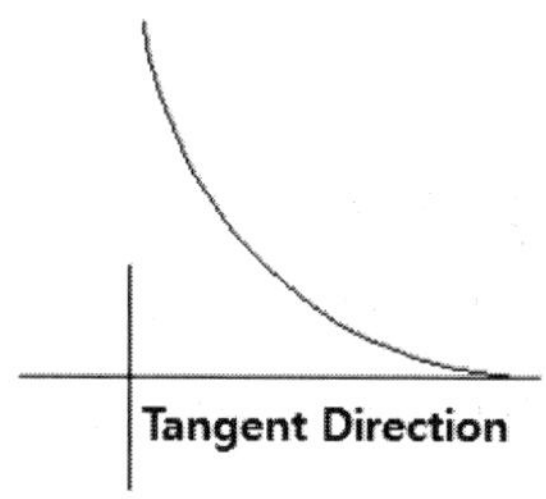

사. 시작점, 끝점, 반지름을 지정하여 호 그리기

호 명령을 실행한 후 시작점, 끝점, 반지름을 사용하여 호를 작성한다. 호의 돌출방향은 끝점을 지정하는 순서에 의해 달라지며, 반지름은 직접 입력하거나 원하는 반지름 방향의 한 점을 선택하여 작성할 수 있다.

- 시작점과 끝점을 알고 반지름이 굉장히 큰 경우에 응용하면 좋다.
- 명령어 [A]를 키인 하고 [Enter]를 클릭한다.
- 호의 시작점 지정 또는 [중심(CE)] :
- 호의 두 번째 점 지정 또는 [중심(CE)/끝(EN)] :
- 호의 끝점 지정 :
- 호의 중심점 지정 또는 [각도(A)/방향(D)/반지름(R)] : R을 키인한다.
- 호의 반지름 지정 : 원하는 반지름 값을 입력한다.

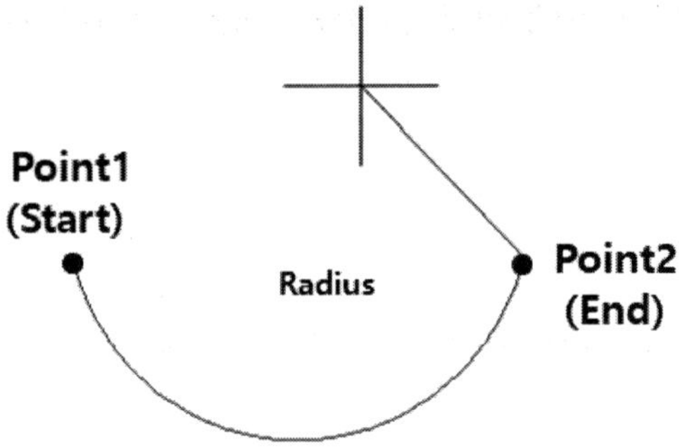

다음은 시작점과 중심점 잡는 순서만 바뀌어 있을 뿐이므로 자세한 설명은 생략하고 간략하게만 설명한다.

아. 중심점, 시작점, 끝점을 지정하여 호 그리기

호 명령을 실행한 후 중심점, 시작점, 끝점을 사용하여 호를 작성한다.

자. 중심점, 시작점, 각도를 지정하여 호 그리기

호 명령을 실행한 후 중심점, 시작점, 사이각을 사용하여 호를 작성한다.

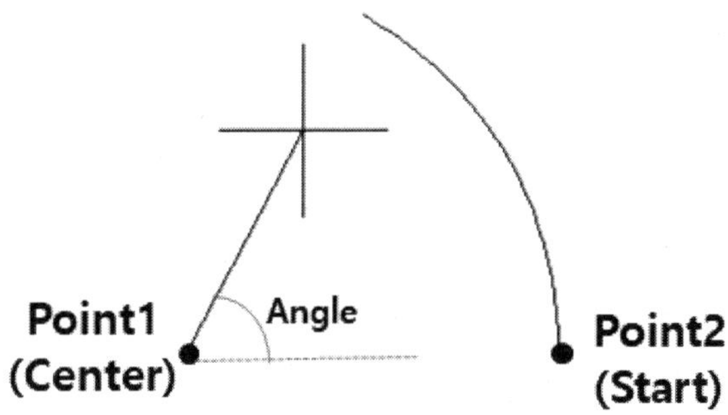

차. 중심점, 시작점, 길이를 지정하여 호 그리기

호 명령을 실행한 후 중심점, 시작점, 현의 길이를 사용하여 호를 작성한다.

카. 연속적인 접선 호 및 선 그리기

호 명령을 실행한 후 마지막으로 작성한 선, 폴리선, 호의 끝점에 접하는 호를 작성할 수 있다.

☞ **예 1 : 호 AB를 그린 직후에 바로 연결해서 호를 그려보세요.**
- 명령어 [A]를 키인 하고 [Enter]를 클릭한다.
- 호의 시작점 지정 또는 [중심(CE)]:
- 호의 끝점 지정 :

☞ **예 2 : Line AB를 그린 직후에 바로 연결해서 호를 그려보세요.**

☞ **예 3 : 호 AB를 그린 직후에 바로 연결해서 선을 그려보세요.**
- 명령어 [A]를 키인 하고 [Enter]를 클릭한다.
- 첫 번째 점 지정:
- 선의 길이 :
- 다음점 지정 또는 [명령취소(U)] :

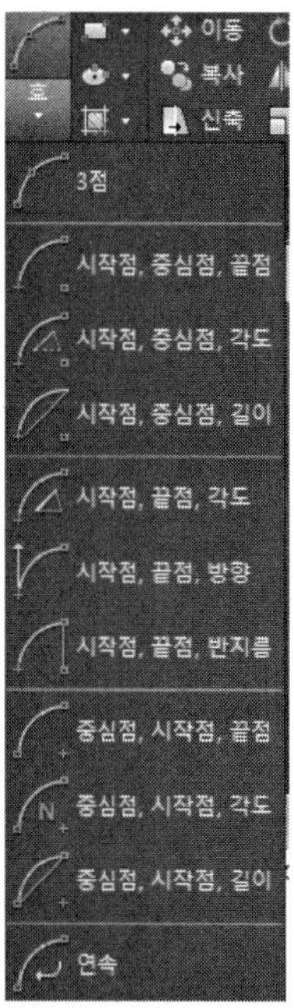

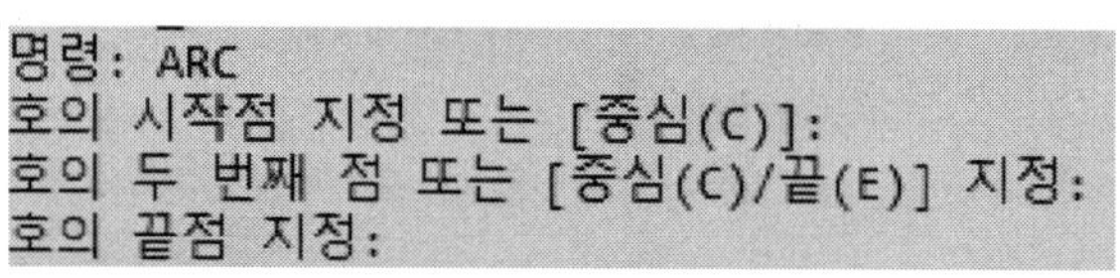

4.2.3 타원 명령

[Ellipse] 명령은 타원을 그리는 명령이다. 메뉴에 따라 아래와 같이 다양한 명령 실행 방법이 있다. 명령어 입력방법은 다음과 같다.

① 메뉴 〉 그리기 〉 타원에서 명령 수행
② (홈) 탭 〉 (그리기) 패널 〉 타원으로 설정

③ 명령어로 [Ellipse]를 입력하여 타원 그리기 명령을 지정

가로 방향 혹은 세로 방향으로 긴 타원을 그릴 수 있는데, 타원의 모양은 길이 및 폭을 정의하는 2개의 축에 의해 결정된다. 다음의 예제를 실행하여 타원을 그려보자.

① [Ellipse] 명령어를 이용하여 임의의 세 점을 클릭해 타원을 그린다. 타원의 중심을 지정하고 각 축의 끝점을 이용하여 타원 그리기([Ellipse] 명령을 실행한 후 타원의 중심점, 장 축의 끝점, 단 축의 끝점을 지정하여 타원을 작성한다).

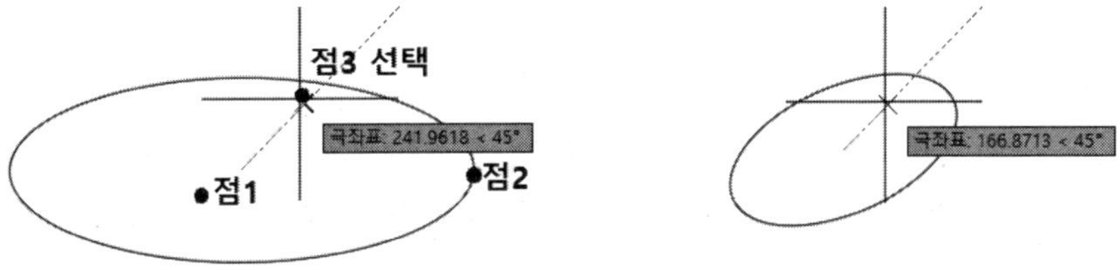

② 타원의 중심점을 지정하고 각 축의 거리값을 입력하여 타원 그리기(타원 명령을 실행한 후 타원의 중심점, 첫 번째 축의 거리값, 두 번째 축의 거리값을 입력하여 타원을 작성한다).

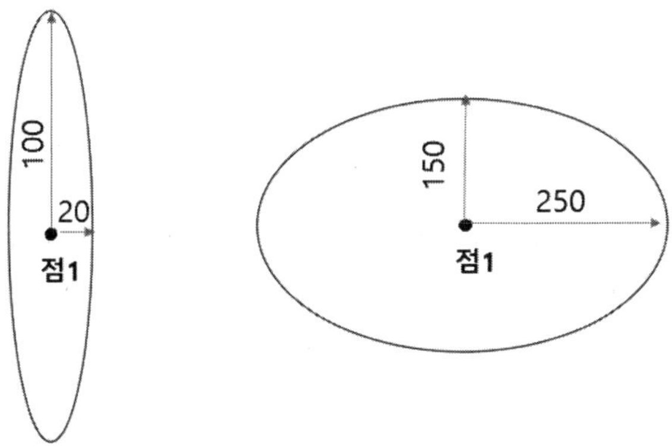

③ 타원의 끝점을 지정하고 다른 축의 끝점을 입력하여 타원 그리기(타원 명령을 실행한 후 타원의 첫 번째 축의 끝점(점1, 점2), 두 번째 축의 끝점(점3)을 입력하여 타원을 작성한다).

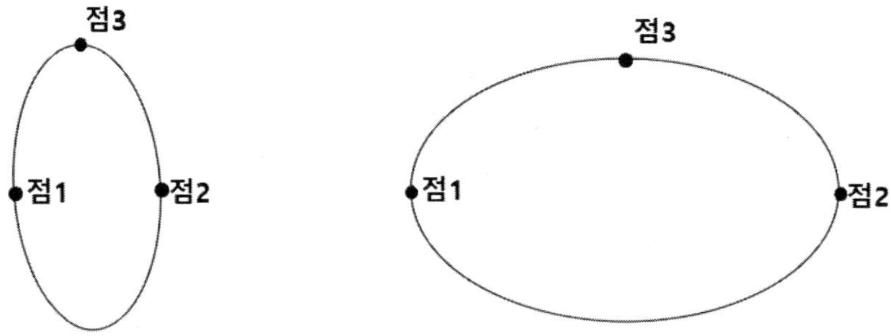

④ 타원의 각 축의 거리값을 입력하여 타원 그리기(타원 명령을 실행한 후 타원의 중심점(점1), 첫 번째 축의 거리값, 두 번째 축의 거리값을 입력하여 타원을 작성한다).

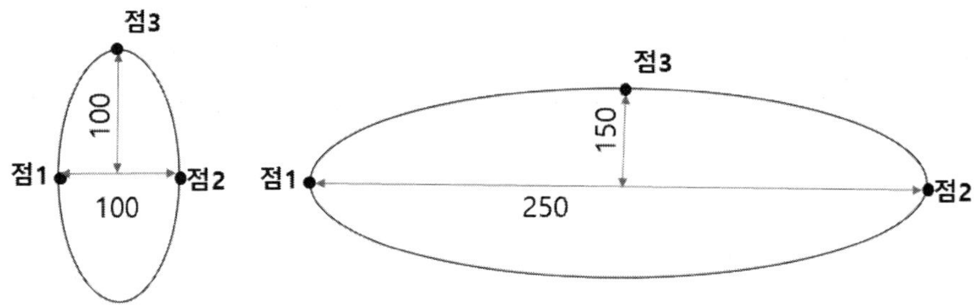

⑤ 타원의 끝점을 입력하고 시작 각도와 끝 각도를 사용하여 타원형 호 그리기(타원 명령을 실행한 후 타원의 중심점(점1), 첫 번째 축의 다른 끝점의 거리값, 두 번째 축의 거리값을 입력 후, 시작강도 및 끝 각도를 지정하여 타원을 작성한다).

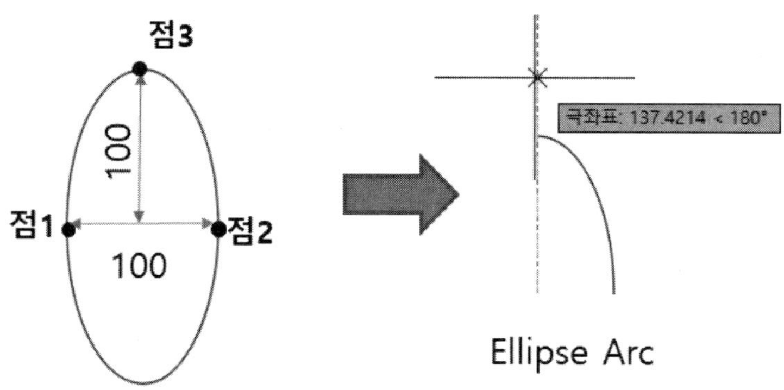

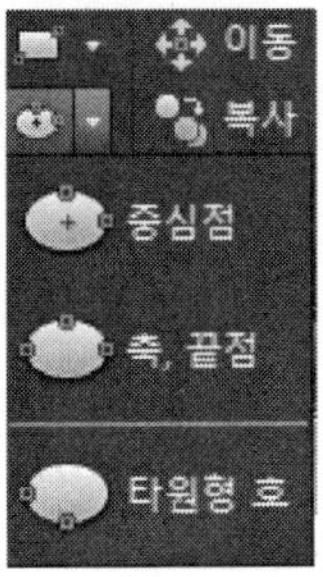


```
명령: ELLIPSE
타원의 축 끝점 지정 또는 [호(A)/중심(C)]:
축의 다른 끝점 지정:
다른 축으로 거리를 지정 또는 [회전(R)]:
```

⑥ 중심(C)으로 30도 기울어진 타원 작도하기(타원 명령을 실행 후 타원의 축 끝점 지정) 또는 [호(A)/중심(C)] : C 키인 하고 [Enter] 클릭.

- 타원의 중심 지정 : 임의의 점인 점1 클릭
- 축의 끝점 지정 : @35〈30 [Enter] 클릭
- 다른 축으로 거리를 지정 또는 [회전(R)] : 20 [Enter] 클릭

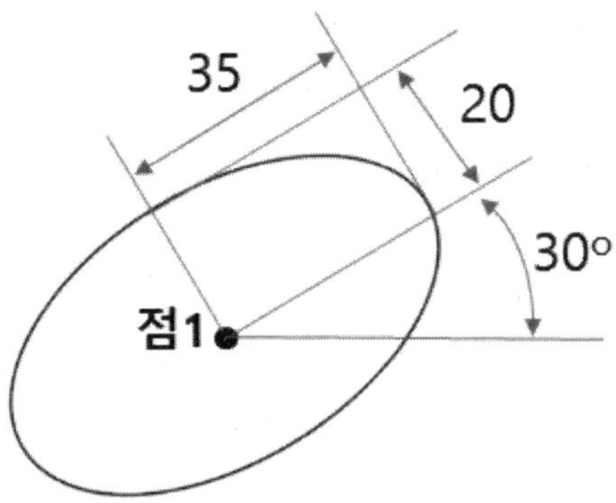

※ [Pellipse] 명령

타원의 성분을 좌우한다. 이 명령어를 키인 한 후 〈0〉일 때 작업한 타원은 원과 동일한 성질을 가지며, 타원 명령의 옵션에 Arc 옵션이 올라온다. 이 명령어를 키인한 후 〈1〉 일 때 작업한 타원은 여러 개의 Pline이 합성된 형태로 생성되어 'Explode' 명령으로 분해되며 Pline으로 연결된 부위에서 끝점 찾기가 가능하다. 초기값(Default 값)은 〈0〉이다.

```
명령: PELLIPSE
PELLIPSE PELLIPSE에 대한 새 값 입력 <0>: 1
```

4.2.4 폴리선 명령

직선과 호를 연속적인 선분으로 그릴 수 있으며 두께를 일정하게 또는 다르게 지정하여 그릴 수 있다.

※ Line과 Pline의 다른 점

- 선의 폭(두께) 조정이 Line은 불가능하나 폴리선은 두께 조절이 가능하다.
- Arc와 Line : Line은 한 명령 안에서 호와 선을 둘 다 그리는 것이 불가능하나 폴리선은 가능하다.
- 단일 객체 여부 : 한 변씩 단일객체이나 폴리선은 전체가 연결된 단일 객체가 된다.

폴리선은 취소나 엔터를 하기 전까지 계속해서 그리는 선들은 모두 하나의 객체로 인식하며, 두께가 있는 선이나 두께가 있는 호(Arc)를 그릴 수 있다.

① 메뉴 〉 그리기 〉 폴리선에서 명령 수행
② (홈) 탭 〉 (그리기) 패널 〉 폴리선으로 설정
③ 명령어로 [Pline]를 입력하여 폴리선 그리기 명령 지정

폴리선 모드 옵션 및 기능은 다음과 같다.

- 호(A) : 폴리선에 호 세그먼트를 추가(호 그리는 명령과 동일)
- 닫기(C) : 폴리선 닫기(마지막 점을 시작점에 연결하여 닫힌 폴리선 구성)
- 반폭(H) : 폴리선의 절반 폭을 값으로 지정
- 길이(L) : 길이를 입력하면 마지막에 그린 선 혹은 호의 방향으로 길이 연장
- 명령 취소(U) : 가장 최근에 추가된 폴리선 세그먼트 제거, Ctrl+Z으로도 가능
- 폭(W) : 폴리선의 전체 폭(선 두께)을 지정

폴리선 호 모드 옵션 및 기능은 다음과 같다.

- 각도 : 폴리선 호 세그먼트 각도 지정
- 중심 : 폴리선 호 세그먼트의 중심 지정
- 방향 : 폴리선 호 세그먼트의 방향 지정
- 반폭 : 폴리선 호의 절반 폭을 지정
- 선 : 폴리선에서 선 세그먼트 추가
- 반지름 : 폴리선 호 세그먼트의 반지름 지정
- 두 번째 점 : 세 점에 의한 폴리선 호 세그먼트 작성
- 명령 취소 : DP 추가된 폴리선 호 세그먼트를 제거

- 폭 : 폴리선 호 세그먼트의 폭 지정

폴리선 명령을 입력(Pline)하면 시작점을 입력하거나 지정하는데, 현재의 선 폭은 0.0000이다. 다음 점을 지정 또는 [호(A)/반폭(H)/길이(L)/명령취소(U)/폭(W)] : 옵션선택하고 다음점 지정 또는 [호(A)/닫기(C)/반폭(H)/길이(L)/명령취소(U)/폭(W)] : 빠져나가기 형태로 입력할 수 있다.

다음과 같이 명령 [Pline] 입력하고 [Enter] 후 첫 번째 시작점을 지정하고 [W] 엔터 후 첫 번째 시작폭 지정 〈0.0000〉 [Enter] 후 끝 폭 지정 〈30.0000〉 [Enter] 하면 다음과 같은 폴리선을 그릴 수 있다.

폴리선은 Line과는 달리 여러 가지 형태로 표현할 수 있는데 Arc (호)와 Line을 번갈아가면서 사용할 수도 있고, 객체마다 두께도 다르게 지정할 수 있다.

① 폴리선의 폭을 달리하여 도형 그리기
- 폴리선을 실행한다(Pline 입력 후 Spacebar 혹은 Enter 클릭).
- 시작점을 지정한다(점 1 클릭).
- 호를 그릴 수 있는 모드로 전환한다(A 입력 후 Spacebar 혹은 Enter 클릭).
- 폭의 두께를 입력할 수 있는 모드로 전환한다(W 입력 후 Spacebar 혹은 Enter 클릭).
- 시작 폭의 두께를 입력한다(30 입력 후 Spacebar 혹은 Enter 클릭).
- 점2 폭의 두께를 입력한다(300 입력 후 Spacebar 혹은 Enter 클릭).
- 호를 작성한다(점2 클릭).
- 폭 두께를 입력할 수 있는 모드로 전환한다(W 입력 후 Spacebar 혹은 Enter 클릭).
- 시작폭의 두께를 입력한다(300 입력 후 Spacebar 혹은 Enter 클릭).
- 점3 폭의 두께를 입력한다(30 입력 후 Spacebar 혹은 Enter 클릭).
- 닫기 옵션으로 모든 명령을 종료한다(Spacebar 혹은 Enter 클릭).

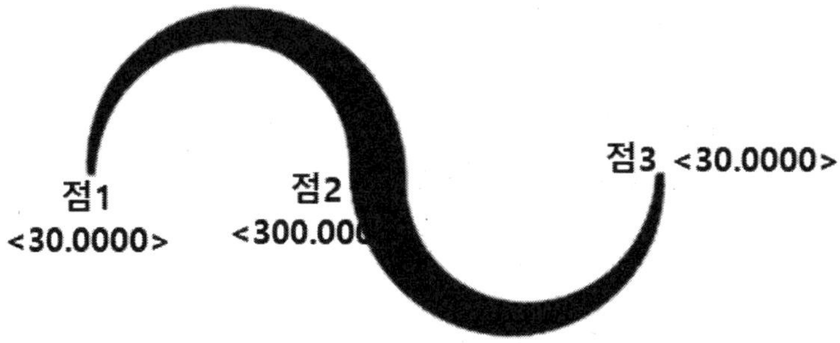

☞ **테이퍼(Taper)는 원뿔체에 있어서 중심선에 대하여 대칭된 양 측면의 경사로 정의된다.**

② 폴리선을 직선과 호를 섞어 그려보기
- 폴리선을 실행한다(Pline 입력 후 Spacebar 혹은 Enter 클릭).
- 시작점을 지정한다(점 1 클릭).
- 폭의 두께를 입력할 수 있는 모드로 전환한다(W 입력 후 Spacebar 혹은 Enter 클릭).
- 시작 폭의 두께를 입력한다(200 입력 후 Spacebar 혹은 Enter 클릭).
- 끝 폭의 두께를 입력한다(200 입력 후 Spacebar 혹은 Enter 클릭).
- 호를 그릴 수 있는 모드로 전환한다(A 입력 후 Spacebar 혹은 Enter 클릭).
- 호를 작성한다(호 1 클릭).
- 호를 작성한다(호 2 클릭).
- 직선을 그릴 수 있는 모드로 전환한다(L 입력 후 Spacebar 혹은 Enter 클릭).
- 직선을 작성한다(선 2 클릭).
- 직선을 작성한다(선 3 클릭).
- 닫기 옵션으로 모든 명령을 종료한다(CL 입력 후 Spacebar 혹은 Enter 클릭).

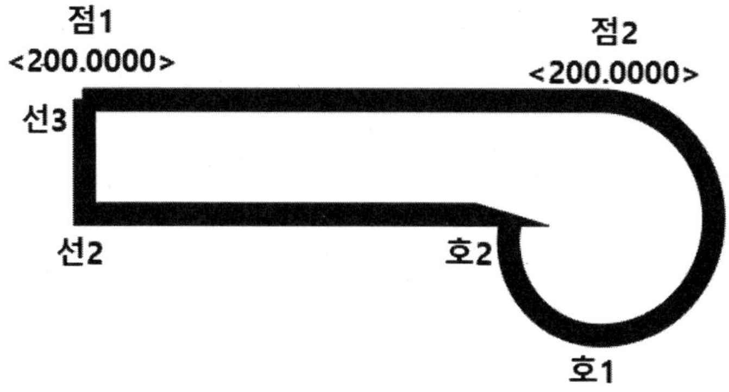

4.2.5 폴리선 편집 명령

가. 폴리선 편집(Pedit)

폴리선 편집의 입력 형태는 [Pedit] 명령어이다.

- 폴리선 선택 또는 [다중(M)] : 객체선택(옵션선택)하고, 옵션 입력[닫기(C)/결합(J)/폭(W)/정점 편집(E)/맞춤(F)/스플라인(S)/비곡선화(D)/선종류 생성(L)/반전(R)/명령 취소(U)] : 옵션 선택하고 옵션입력 [닫기(C)/결합(J)/폭(W)/정점 편집(E)/맞춤(F)/스플라인(S)/비곡선화(D)/선종류 생성(L)/반전(R)/명령 취소(U)] : ↲ 빠져나가기

폴리선 편집은 폴리선을 결합하는 작업과 선이나 호를 폴리선으로 변환하는 작업 등에 사용하는데, 폴리선을 더블 클릭해도 자동으로 실행된다. 단, 원과 타원은 폴리선으로 변경할 수 없으니 이 점 참고하기 바란다.

① 메뉴 〉 수정 〉 객체 〉 폴리선에서 명령 수행
② (홈) 탭 〉 수정 〉 폴리선으로 설정
③ 명령어로 [Pedit]를 입력하여 폴리선 그리기 명령 지정

폴리선 모드 옵션 및 기능은 다음과 같다.
- 닫기 : 열린 폴리선을 닫기 한다.
- 열기 : 닫힌 폴리선을 열기 한다.
- 결합 : 폴리선과 선, 선과 호 등을 단일 도면 요소로 결합한다.
- 폭 : 폴리선 세그먼트의 폭을 지정한다.
- 정정 편집 : 폴리선의 정점을 수정한다.
- 맞춤 : 직선 폴리선을 곡선으로 변형한다.
- 스플라인 : 직선 폴리선을 가장 부드러운 곡선으로 변형한다.
- 비곡선화 : 곡선화된 폴리선을 직선으로 변환한다.
- 선종류 생성 : 폴리선 정점 주위 선종류를 설정한다.
- 반전 : 폴리선의 정점 순서를 반전한다.

다음은 정점 편집 옵션이다.
- 다음/이전 : X표식기를 다음, 이전 정점으로 이동한다.
- 끊기 : 지정한 두 정점 사이의 모든 세그먼트와 정점을 삭제하고 정점편집모드로 복귀한다.
- 삽입 : 폴리선의 표시된 정점 다음에 새 정점을 추가한다.
- 이동 : 표시된 정점을 이동한다.

- 재생성 : 폴리선을 재생성한다.
- 직선화 : X 표식기를 다른 정점으로 이동하는 동안 표시된 정점의 위치를 저장한다.
- 접선 : 이후에 곡선 맞춤에 사용할 표시된 정점에 접선 방향을 부착한다.
- 폭 : 표시된 정점 바로 뒤에 오는 세그먼트의 시작 및 끝 폭을 변경한다.
- 나가기 : 정점 편집 모드를 종료한다.

① 폴리선 편집(PE)

폴리선 편집 명령은 Polyline으로 그려진 도면요소를 편집하는 명령어이다. 명령어는 [Pedit]이며 단축키는 [PE]이다. 명령어 [PE]를 키인 후 엔터키 클릭한 후 PEDIT 폴리선 선택 또는 [다중(M)] : M 키인 후 [Enter] 클릭한다. 객체가 아래와 같이 많은 경우 개별 선택이 아닌 전체범위선택으로 결합할 객체를 선택한다.

- 선 호 및 스플라인을 폴리선으로 변환 [예(Y)/아니오(N)]? 〈Y〉 : [Enter] 클릭. 그 후 옵션 입력 [닫기(C)/결합(J)/폭(W)/맞춤(F)/스플라인(S)/비곡선화(D)/선종류 생성(L)/반전(R)/명령취소(U)] : J 선택 후 [Enter] 클릭.
- 퍼지거리 입력 또는 [결합형식(J)] 〈0.0000〉 : [Enter] 클릭
- 옵션입력 [닫기(C)/결합(J)/폭(W)/맞춤(F)/스플라인(S)/비곡선화(D)/선종류 생성(L)/반전(R)/명령취소(U)] : [Enter] 클릭으로 명령을 종료한다. 그러면 각자 선 혹은 호로 구성된 하기 각각의 객체가 폴리선으로 결합되어 한 개의 객체로 묶음변환이 되는 것을 확인할 수 있다.

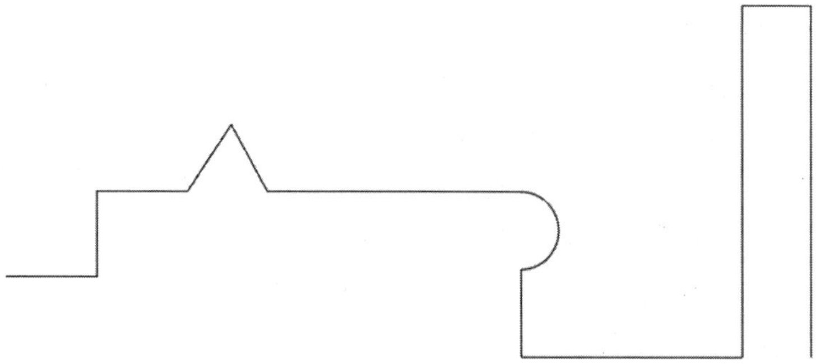

☞ 메뉴막대 사용하기

신속접근막대를 클릭하면 메뉴 막대 표시를 선택할 수 있다. 혹은 명령창에 Menubar를 입력 후 새 값을 〈0〉에서 1로 입력해도 메뉴막대를 사용할 수 있다. 간혹 Menubar가 없어졌을 때 곧바로 명령창에 입력하여 나타나게 할 수 있다.

② 속이 채워진 다각형 그리기

[Solid] 혹은 단축키 [So]를 명령창에 입력하여 속이 꽉 찬 다각형을 그릴 수 있다. 이때 첫 번째 점을 지정(점 1), 두 번째 점을 지정(점 2), 세 번째 점을 지정(점 3), 네 번째 점을 지정 또는 〈종료〉 : ↲ 나가기 한다. 속이 채워진 다각형을 그릴 때 주의할 점은 점을 지정해줄 때 지그재그 형태로 a)번 그림의 번호 순서대로 지정해야 한다. 순서를 지키지 않고 b) 그림과 같은 순서로 지정하면 Solid가 원활하게 그려지지 않는 것에 주의해야 한다. 또한 육각형의 경우도 c)번 그림처럼 지그재그 형태로 번호를 지정해야 Solid를 완성할 수 있다는 것에 주의해야 한다.

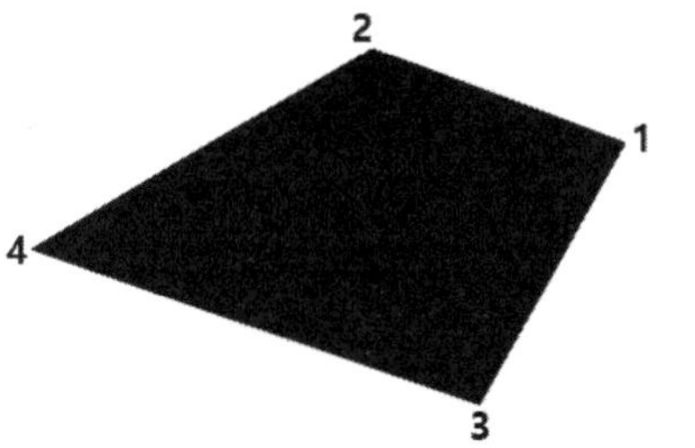

(a)

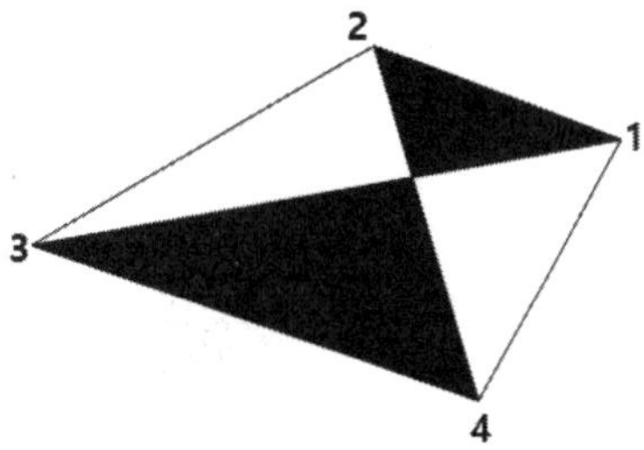

(b)

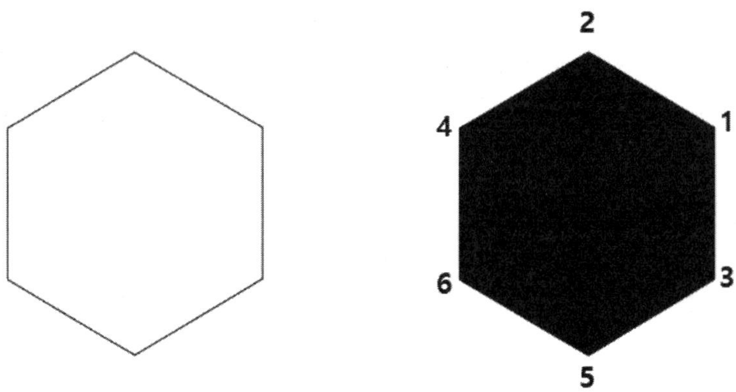

(c)

③ 폴리선으로 화살표 작도하기

- 명령 [Pline] 키인하고 [Enter] 클릭
- 시작점 지정 : 임의의 점인 점1 클릭
- 다음점 지정 또는 [호(A)...폭[W]] : [F8] (직교) 상태에서 커서를 오른쪽으로 많이 옮겨 놓은 후 W [Enter] 클릭
- 시작폭 지정 : 0 [Enter] 클릭
- 끝 폭 지정 : 15 [Enter] 클릭
- 다음 점 지정 또는 [호(A)...폭[W]] : 30 [Enter] 클릭

- 다음 점 지정 또는 [호(A)...폭(W)] : W [Enter] 클릭
- 시작폭 지정 : 0 [Enter] 클릭
- 끝 폭 지정 〈0.0000〉 : [Enter] 클릭
- 다음 점 지정 또는 [호(A)...폭(W)] : 60 [Enter] 클릭
- 다음 점 지정 또는 [호(A)...폭(W)] : W [Enter] 클릭
- 시작폭 지정 : 15 [Enter] 클릭
- 끝 폭 지정 : 0 [Enter] 클릭
- 다음 점 지정 또는 [호(A)...폭(W)] : 30 [Enter] 클릭
- 다음 점 지정 또는 [호(A)...폭(W)] : [Enter] 클릭

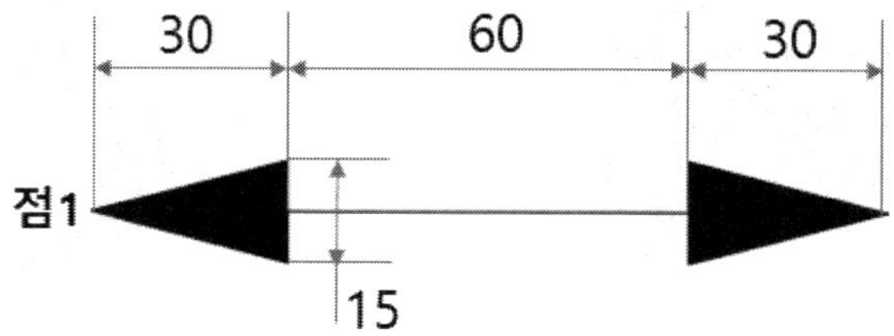

④ 객체의 분할

선택한 객체의 길이 또는 둘레를 입력한 값으로 균등분할 [점 객체 또는 블록으로 표시]하는 기능으로 [Divide] 명령어 입력 또는 [Div] 입력으로 분할할 수 있다. ① 메뉴 〉 그리기 〉 점 〉 등분할(D)에서 명령을 수행하거나 ② (홈) 탭 〉 (그리기) 패널 〉 점 드롭다운 〉 등분할로 설정하기, ③ 명령어로 [Divide]를 입력하여 분할 명령을 지정하는 방법이 있다.

분할 표시 모양은 점스타일 [Ddptype] 명령을 이용하여 바꿀 수 있다. Ddptype 명령을 키인하면 다음의 설정창이 나타나며 이때 원하는 점 스타일 및 점 크기를 선택하여 확인을 클릭하면 된다.

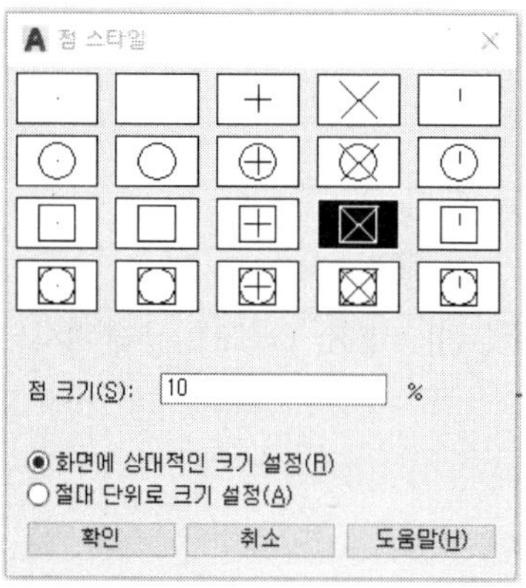

분할 방법은 먼저 [Divide] 명령어를 실행시키고 등분할 객체를 선택한 후 세그먼트의 개수 또는 [블록(B)] 입력 : 등분할 개수 값(다음 그림에서는 5 → 5 등분시키기 위해서 5를 입력하면 점 4개로 분할되는 것을 확인할 수 있음) 입력하여 실행 종료시킨다.

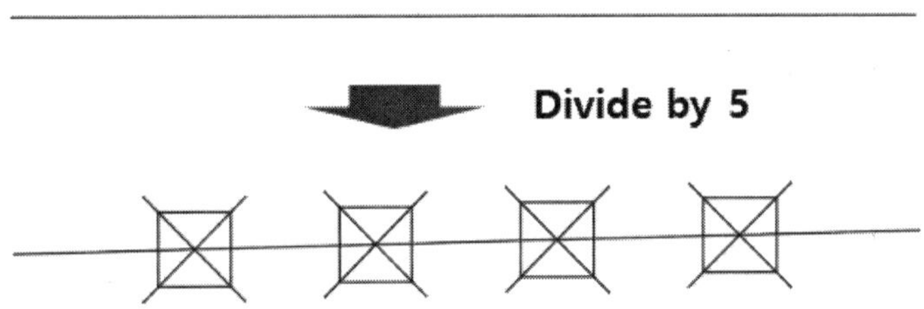

⑤ 결합된 폴리선에 5mm 두께 주기
- [Pedit] 명령 후 [Enter] 클릭
- 폴리선 선택 또는 [다중(M)] → 점1 선택
- 옵션입력 [닫기(C)/결합(J)/폭(W)/정점 편집(E)...] : W 키인 후 [Enter] 클릭
- 전체 세그먼트에 대한 새 폭 지정 : 10 [Enter] 클릭
- 옵션입력 [닫기(C)/결합(J)/폭(W)/정점 편집(E)...] : [Enter] 클릭

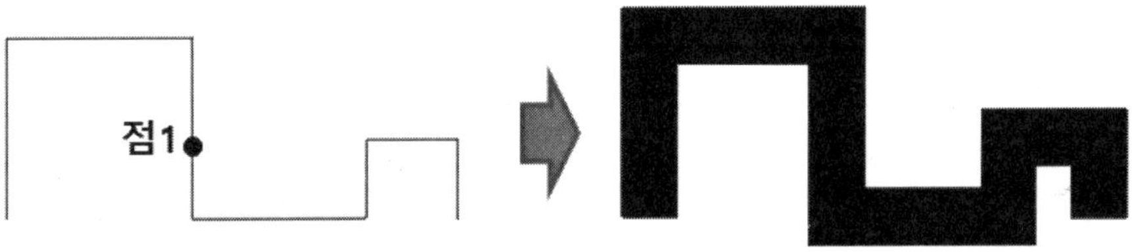

나. 결합 명령(Join)

결합은 폴리선 편집[PEDIT]의 결합기능과 동일한 기능으로 2D 폴리선 또는 선과 호를 폴리선으로 결합하여 단일 객체로 작성한다. 명령은 다음의 3가지 방법 중 택일하여 사용한다.

① 명령창에 [Join]를 입력하여 실행
② 메뉴 〉 수정 〉 결합을 선택하여 실행
③ 홈 〉 수정 〉 결합을 선택하여 실행

먼저 Join을 입력하고 Enter를 클릭한다. 다음과 같이 임의의 호 2개를 결합하기 위하여 원본 객체를 먼저 선택하고 원본으로 결합할 호를 선택한다.

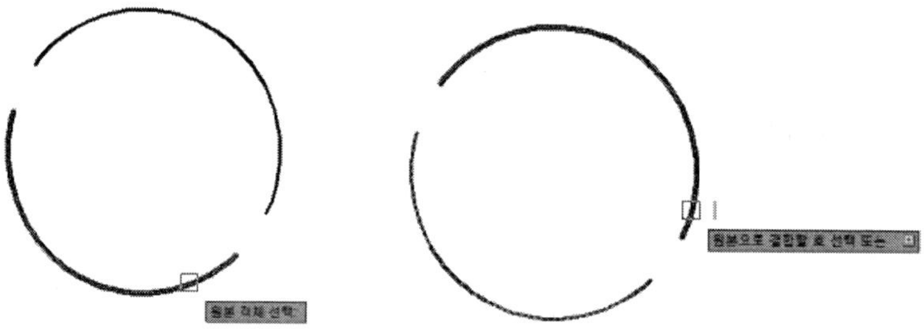

객체를 선택 후 Enter를 클릭하면 다음과 같이 결합이 완성된다.

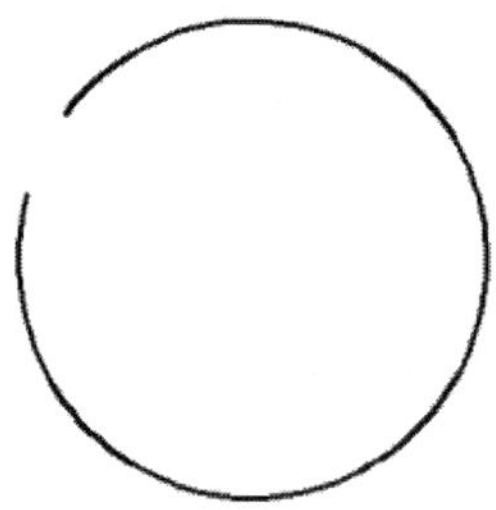

이번엔 선을 결합한다. 원본 객체 선을 선택하고 결합할 선을 선택한다.

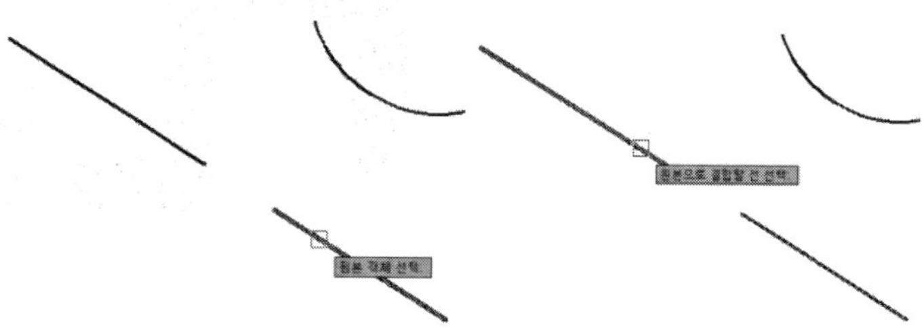

객체를 선택 후 Enter를 클릭하면 다음과 같이 선이 결합되는 것을 확인할 수 있다.

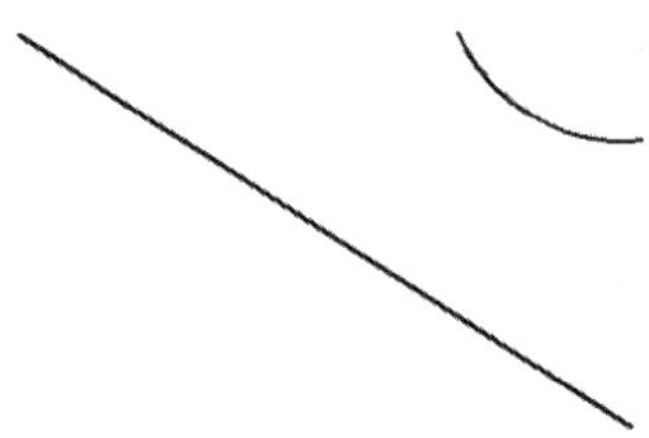

4.2.6 직사각형 명령

[Rectangle] 명령어는 하나의 도면요소로 구성된 폴리라인이다. [Rectangle] 명령은 대각선 방향의 두 개의 모서리점을 사용하여 폴리선(Polyline) 형태의 사각형을 그린다.

두 점으로 좌표를 입력하여 사각형을 그릴 수 있다면 Line명령이나 Pline 명령을 사용하는 것 보다 훨씬 쉽게 사각형을 그릴 수 있다. 이 명령은 [Rectangle] 혹은 [Rec]로 단축키로 입력하여 수행하거나 아래 방법 중 한 가지 사용자가 익숙해하는 방법을 선택해 그리도록 한다.

① 메뉴 〉 그리기 〉 직사각형에서 명령 수행
② (홈) 탭 〉 (그리기) 패널 〉 직사각형〉 직사각형으로 설정
③ 명령어로 [Rectangle]를 입력하여 사각형 그리기 명령 지정

```
명령: REC
RECTANG
첫 번째 구석점 지정 또는 [모따기(C)/고도(E)/모깎기(F)/두께(T)/폭(W)]:
다른 구석점 지정 또는 [영역(A)/치수(D)/회전(R)]:
```

가. 임의의 두 점을 이용한 사각형 그리기

- 직사각형 명령을 실행하려면 명령어 [Rectangle] 또는 단축키 [Rec]를 입력한다.
- 첫 번째 구석점 지정 또는 [모따기(C)/고도(E)/모깎기(F)/두께(T)/폭(W)]에서 한쪽모서리 좌표점 1을 클릭하거나 마우스로 지정해 준다.

다른 구석점 지정 또는 [영역(A)/치수(D)/회전(R)] : 두 번째 점2를 클릭한다. 결국은 두 점을 이용해 사각형을 그리는 것이다.

나. 일정한 두께를 가진 사각형 그리기

- 명령어 [Rec] 키인하고 [Enter] 클릭
- 첫 번째 구석점 지정 또는 [모따기(C)/고도(E)/모깎기(F)/두께(T)/폭(W)] : W
- 직사각형의 선 폭 지정 〈0.0000〉 : 5 (폭을 5로 입력한다.)
- 첫 번째 구석점 지정 또는 [모따기(C)/고도(E)/모깎기(F)/두께(T)/폭(W)] : 첫 번째 점1을

클릭한다.

다른 구석점 지정 또는 [영역(A)/치수(D)/회전(R)] : 두 번째 점2를 클릭한다.

다. 일정한 영역을 갖는 사각형 그리기

- 명령어 [Rec] 키인하고 [Enter] 클릭한다.
- 첫 번째 구석점 지정 또는 [모따기(C)/고도(E)/모깎기(F)/두께(T)/폭(W)] : 첫 번째 점1을 클릭한다.
- 다른 구석점 지정 또는 [영역(A)/치수(D)/회전(R)] : A를 키인한다.
- 현재 단위에 직사각형 영역(넓이) 입력 : 30,000m^2
- [길이(L)/폭(W)] 〈길이(L)〉를 기준으로 직사각형 치수 계산 : L(여기서 폭을 기준으로 그리고 싶다면 W를 입력한다)
- 직사각형 길이 또는 폭 입력 : 3 0 0

(해당 직사각형은 길이를 (300)으로 설정하여 넓이를 (30,000)이 될 수 있게 폭이 (100)으로 자동으로 설정된 것을 알 수 있다.

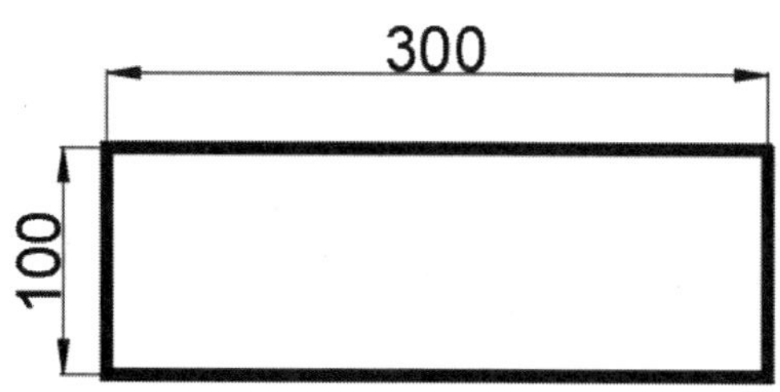

〈일정한 영역(넓이)를 갖는 사각형 그리기〉

☞ 사각형은 폴리선(Polyline)으로 그려지기 때문에 한 개의 객체가 된다.

개별적인 객체로 분해하고자 한다면 Explode [단축키 : X] 명령을 실행하여 분해하고자 하는 객체를 선택하면 된다. 단, 사각형에 폭(W)이 있는 경우에는 분해하면 자동적으로 두께가 없어진다.

라. 모따기 처리된 사각형 그리기

- 명령어 [Rec] 키인하고 [Enter] 클릭한다.

첫 번째 구석점 지정 또는 [모따기(C)/고도(E)/모깎기(F)/두께(T)/폭(W)]에서 모따기 명령 C를 입력한다.

- 직사각형의 첫 번째 모따기 거리 지정에서 30을 키인한다.
- 직사각형의 두 번째 모따기 거리 지정에서 30을 키인한다.

첫 번째 구석점 지정 또는 [모따기(C)/고도(E)/모깎기(F)/두께(T)/폭(W)]에서 한쪽모서리 위치 10,100을 입력한다. 두 번째 구석점 지정 도는 [영역(A)/치수(D)/회전(R)]에서 상대좌표 @300,300을 입력한다.

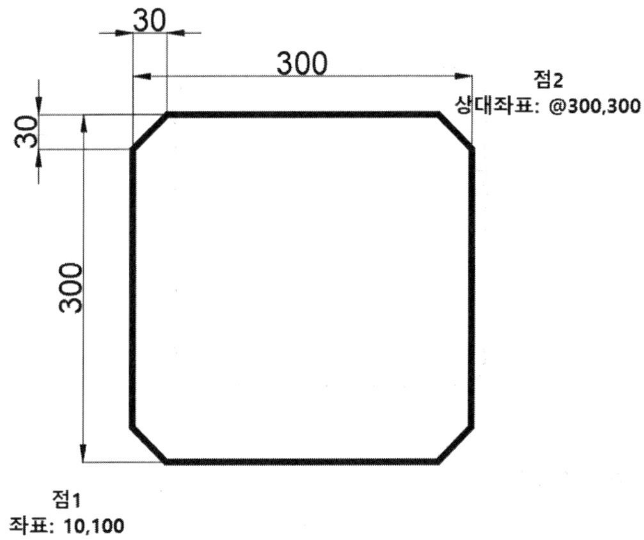

☞ **절대좌표로 입력하면 화면 좌표대로 구석점이 입력되기 때문에 좌표를 일일이 계산하여 직사각형의 크기를 부여해야 하지만 상대좌표를 입력하도록 단축키 @을 넣고 좌표를 입력하면 첫 번째 구석점으로부터 상대적으로 x축으로 300mm만큼, y-축으로 300mm만큼 이동시켜 그리도록 명령하였으므로 편리하게 사각형의 가로와 세로 길이를 입력할 수 있다.**

마. 모깎기 처리된 사각형 그리기

명령어 [Rec] 키인하고 [Enter] 클릭한다. 첫 번째 구석점 지정 또는 [모따기(C)/고도(E)/모깎기(F)/두께(T)/폭(W)]에서 모깎기 명령 F를 입력한다.

- 직사각형의 첫 번째 모깎기 반지름 지정에서 반지름 값 30을 키인한다.
- 첫 번째 구석점 지정 또는 [모따기(C)/고도(E)/모깎기(F)/두께(T)/폭(W)]에서 한쪽모서리 위치 10,100을 키인한다.

- 두 번째 구석점 지정 도는 [영역(A)/치수(D)/회전(R)]에서 상대좌표 @300,300을 키인한다.

☞ Rectangule의 여러 가지 옵션

- 모따기 (C) : 모서리가 깎인 사각형을 그린다.
- 고도 (E) : Z축 높이를 설정한다.
- 모깎기 (F) “ 라운딩이 된 사각형을 그린다.
- 두께(T) : Z축의 두께를 설정한다.
- 폭(W) : 선의 두께를 설정한다.
- 회전(R) : 설정된 회전각도에서 사각형이 그려진다.

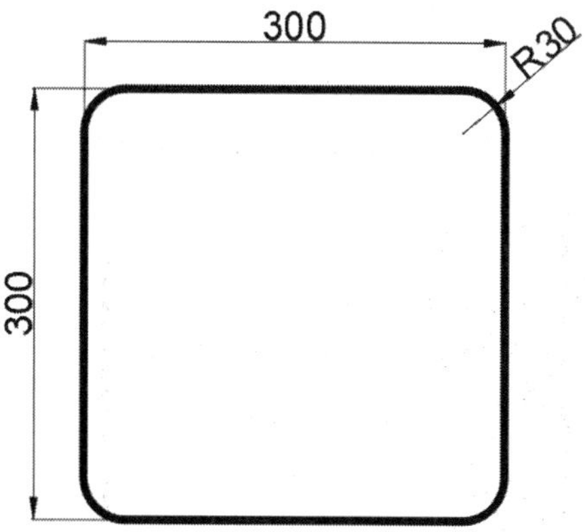

바. 면적으로 사각형 그리기

사각형의 면적을 먼저 입력하고 그 면적에 맞는 크기의 사각형을 그릴 수 있다.

예) 면적이 1,000mm^2 이고 가로변이 25mm인 사각형을 그려본다.

- 명령어 [Rec]를 키인하고 [Enter]를 클릭한다.
- 첫 번째 구석점 지정 또는 [모따기(C)/고도(E)/모깎기(F)/두께(T)/폭(W)] : 임의점을 지정
- 다른 구석점 지정 또는 [영역(A)/치수(D)/회전(R)] : A(면적으로 그리기 옵션)
- 현재 단위에 직사각형 영역 입력 〈100.0000〉 : 1,000(면적값을 입력한다)

```
다른 구석점 지정 또는 [영역(A)/치수(D)/회전(R)]: a
RECTANG 현재 단위에 직사각형 영역 입력 <100.0000>: 1000
```

- [길이(L)/폭(W)] 〈길이(L)〉을 기준으로 직사각형 치수 계산 : 그냥 [Enter]하면 길이를 기준으로 치수를 계산한다.

- 직사각형 길이 입력 〈10.0000〉 : 25

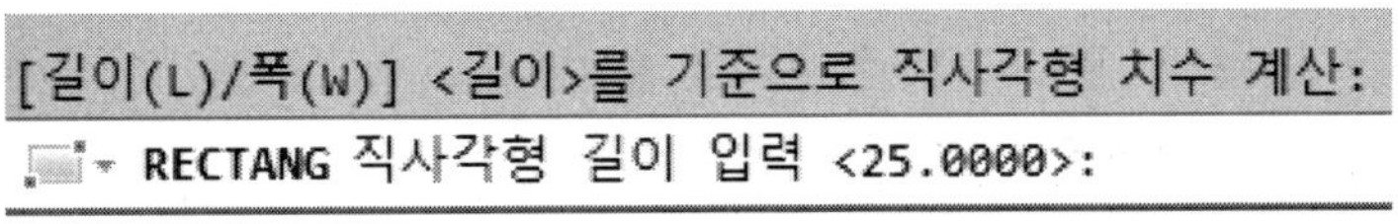

〈직사각형 완성〉

사. 기울기를 가지는 사각형 그리기

사각형의 기울기 각도를 먼저 입력하고 사각형을 그린다.

예) 기울기가 30도, 가로 25, 세로 30인 사각형을 그려보자.

- 명령어 [Rec]를 키인하고 [Enter]를 클릭한다.
- 첫 번째 구석점 지정 또는 [모따기(C)/고도(E)/모깎기(F)/두께(T)/폭(W)]: 임의점을 지정
- 다른 구석점 지정 또는 [영역(A)/치수(D)/회전(R)] : R(회전된 사각형 그리기 옵션)
- 회전 각도 지정 또는 [선택점(P)] 〈0〉: 30(회전각도 30도를 지정한다)
- 다른 구석점 지정 또는 [영역(A)/치수(D)/회전(R)] : D(치수로 그리기를 선택한다)
- 직사각형의 길이 지정 〈10.0000〉 : 25(가로길이를 입력한다)
- 직사각형의 폭 지정 〈10.0000〉 : 30(세로길이를 입력한다)
- 다른 구석점 지정 또는 [영역(A)/치수(D)/회전(R)] : 그려지는 방향을 잡는다.

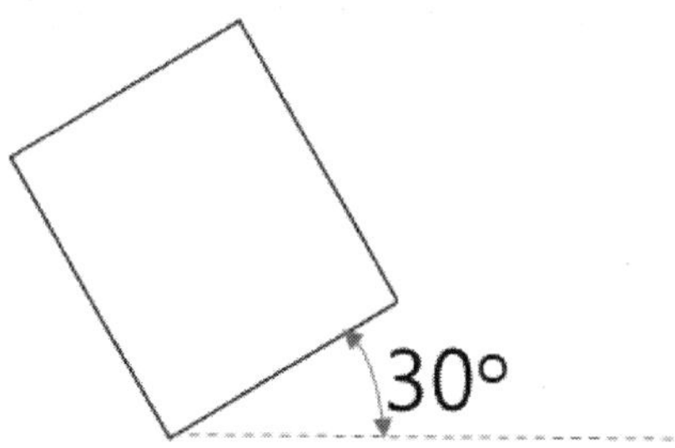

기울기 30도인 사각형

4.2.7 다각형 명령

여러 개의 모서리를 갖는 다각형을 그려야 할 때가 있는데 다음의 여러 가지 방법 중 사용자가 편리한 방법을 사용하면 된다. 이 명령은 [POLYGON]로 입력하여 수행하거나 하기 방법 중 한 가지 사용자가 익숙해하는 방법을 선택해 그리도록 한다.

① 메뉴 〉 그리기 〉 다각형에서 명령 수행
② (홈) 탭 〉 (그리기) 패널 〉 직사각형〉 다각형으로 설정
③ 명령어로 [POLYGON]를 입력하여 사각형 그리기 명령을 지정

```
POLYGON 면의 수 입력 <4>:
폴리곤의 중심을 지정 또는 [모서리(E)]:
옵션을 입력 [원에 내접(I)/원에 외접(C)] <I>:
원의 반지름 지정:
```

다각형은 등변의 닫힌 폴리선을 작성하는 데 사용하며, 면의 수를 포함하여 다각형의 여러 각형 모서리 개수를 달리하여 지정할 수 있다. 내접과 외접의 차이는 다음 그림을 통해 알 수 있듯이 내접의 경우 원의 안쪽에 다각형이 위치하는 것을 의미하며 외접의 경우 원의 바깥쪽에 다각형이 위치하도록 하는 옵션이다. 먼저 원의 내접(I)인지 외접(O)인지를 결정하였으면 다음은 원의 반지름을 결정하고 모서리의 개수를 정해주면 다각형이 자동으로 그려지는 것을 쉽게 확인할 수 있다. 한 번씩 그려보면서 다각형을 이해해주면 좋을 듯하다.

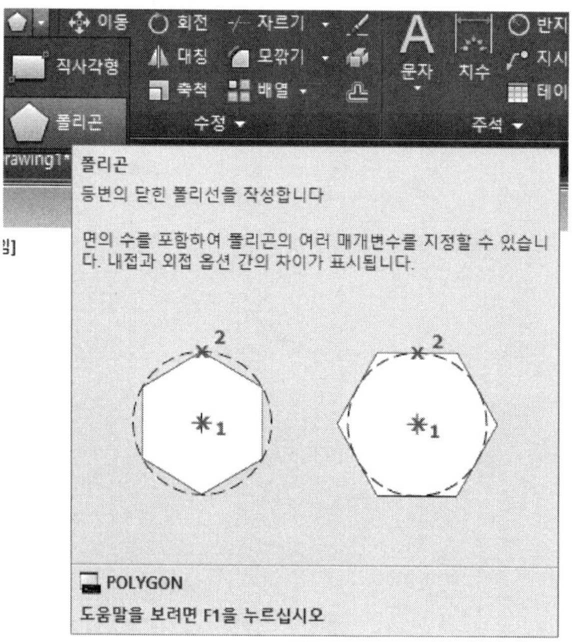

가. 임의의 원에 내접하는 다각형 그리기

- 명령어 [Pol] 키인 후 [Enter]를 클릭한다.
- 변의 수 입력 〈4〉 : 5
- 다각형의 중심을 지정 또는 [(모서리(E)):
- 옵션 입력 [내접원(I)/외접원(C)] 〈I):
- 원의 반지름 지정: 50

나. 임의의 원에 외접하는 다각형 그리기

- 명령어 [Pol] 키인 후 [Enter]를 클릭한다.
- 변의 수 입력 〈4〉 : 변의 개수를 지정한다.
- 다각형의 중심을 지정 또는 [(모서리(E)): 다각형의 작업 중심점을 지정한다.
- 옵션 입력 [내접원(I)/외접원(C)] 〈I): C (옵션 C를 입력한다)
- 원의 반지름 지정: 50 (다각형의 변의 접점들이 이루는 원의 반지름을 입력한다)

다. 한 변의 길이로 다각형 그리기

- 명령어 [Pol] 키인 후 [Enter]를 클릭한다.
- 변의 수 입력 〈4〉 : 5
- 다각형의 중심을 지정 또는 [(모서리(E)): E
- 모서리의 첫 번째 끝점 지정: 한 변의 시작위치를 지정한다.
- 모서리의 두 번째 끝점 지정: @50〈0 한 변의 길이와 방향을 지정한다.

4.2.8 도넛 그리기 명령

[Donut] 명령은 2개의 원으로 이루어진 도넛을 그리는 명령이다. 단축키는 [Do]이다. 이 명령은 [Donut]로 입력하여 수행하거나 아래 방법 중 한 가지 사용자가 익숙해하는 방법을 선택해 그리도록 한다.

① 메뉴 〉 그리기 〉 도넛에서 명령 수행
② (홈) 탭 〉 (그리기) 패널 〉 도넛으로 설정
③ 명령어로 [Donut]를 입력하여 사각형 그리기 명령 지정

① 안쪽 지름을 갖는 도넛 그리기

- [Donut] 명령 실행 후 Enter를 클릭한다.
- 도넛의 내부 지름값을 입력한다(50 입력 후 Enter 클릭).
- 도넛의 외부 지름값을 입력한다(70 입력 후 Enter 클릭).

도넛의 중심 지정 또는 〈나가기〉 : 도넛을 그리려는 지점에 클릭한다. 명령을 종료하지 않는 이상 두께가 20인 도넛을 계속해서 그릴 수 있다. 그리기를 종료하고 싶다면 [Enter]를 클릭하여 종료한다. 내부지름을 0으로 선택하면 속이 Solid로 바뀐다.

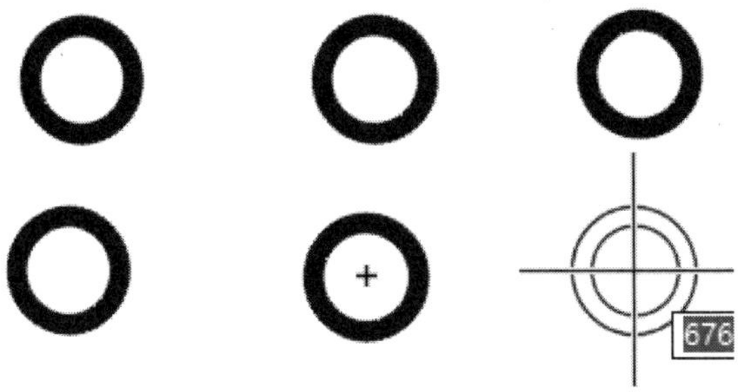

(a) 내부지름 50, 외부지름 70

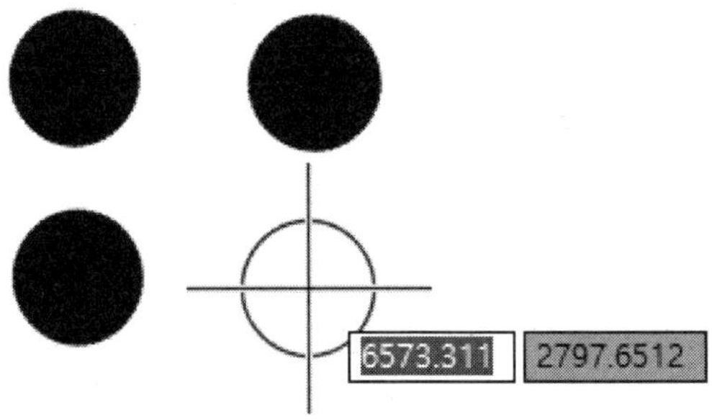

(b) 내부지름을 0으로 선택하면 속이 Solid로 바뀜

② Fill을 이용한 도넛 그리기

Fill은 Polyline, Donut, Solid, Trace의 내부를 채우거나, 채우지 않는 형태를 조정하는 기능이다. AutoCAD에서는 기본으로 On으로 설정되어 있으며 Fill 모드를 Off로 설정해놓으면 현재 작성중인 도면을 종료하지 않는 이상 다음 사용 시에도 Fill 모드가 꺼진 상태로 진행된다.

다음과 같이 명령어 [Fill]를 입력하여 Fill 모드를 끄고 명령어 [Do]를 이용하여 내부지름 50, 외부지름 70인 도넛을 그려보겠다.

- 명령 [Fill]을 키인하고 [Enter] 클릭한다.
- Fill 모드 입력 [켜기(On)/끄기(Off)] : Off 키인 후 [Enter] 클릭한다.
- 다시 명령상태로 되돌아온다.
- [Do] [Enter] 클릭한다.
- 도넛의 내부지름 입력 : 50 (안쪽 지름)
- 도넛의 외부지름 입력 : 70 (바깥쪽 지름)
- 도넛의 중심지정 또는 〈나가기〉 : 도넛을 그리려는 지점에 클릭한다.

- 명령을 종료하기 전까지는 클릭 시마다 두께 20인 도넛이 그려진다. 종료하고 싶다면 [Enter] 클릭한다.

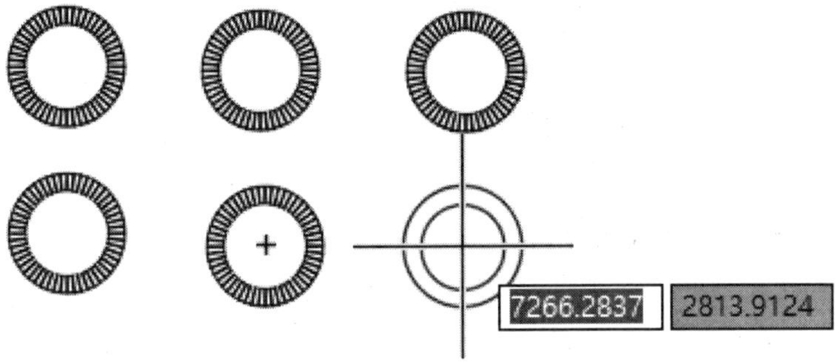

4.3 이동, 복사, 크기 변경, 회전 명령

4.3.1 이동명령

객체를 다른 곳으로 이동시킬 때 사용하는 명령이다. 이 명령은 [MOVE]로 입력하여 수행하거나 아래 방법 중 한 가지 사용자가 익숙해하는 방법을 선택해 그리도록 한다.

① 메뉴 〉 수정 〉 이동에서 명령 수행
② (홈) 탭 〉 수정 〉 이동으로 설정
③ 명령어로 [MOVE]를 입력하여 이동 명령 지정

객체를 이동하는 명령으로 Move를 사용하거나 단축키로 m을 입력해도 명령이 실행된다. 마우스로 이동할 객체선택을 한 후 기준점 지정 또는 [변위(D)] 〈변위〉 : 기준점 선택 후 두 번째 점 지정 또는 〈첫 번째 점을 변위로 사용〉 : 이동위치 선택하여 이동시킬 수 있다.

☞ 명령어 [M]을 이용하여 임의의 삼각형을 옮겨보자.
- 명령어 [M] 키인 후 [Enter] 클릭한다.
- 객체선택 : 옮기고자 하는 객체를 윈도우 객체선택으로 지정하고 지정이 끝나면 [Enter] 클릭한다.
- 기준점 지정 또는 [변위(D)] 〈변위〉 : 기준이 되는 점1을 선택한다.
- 두 번째 지점 또는 〈첫 번째 점을 변위로 사용〉 : 원하는 곳으로 마우스 드래깅하여 이동시킨 후 클릭한다.

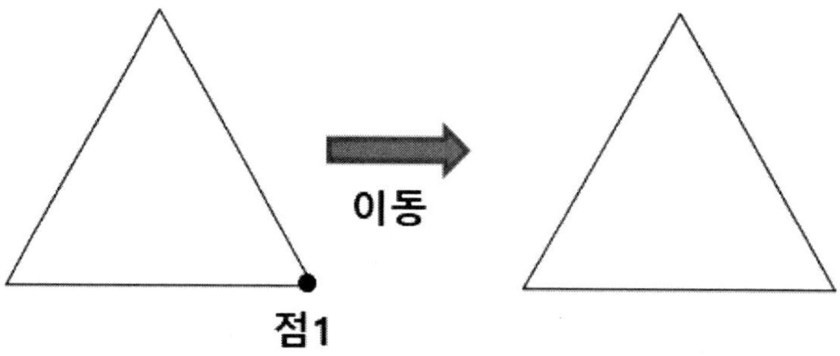

가. 객체스냅을 이용해 이동하기

그림 (a)와 같이 모깎기가 되어 있는 사각형을 객체스냅을 이용해 이동시킨다. 먼저 객체를 선택해준다. 다음은 그림 (b)와 같이 기준점을 지정해준다.

- 명령: Move ↲ → 이동 명령어 입력(M)
- 객체선택 : 1개를 찾음 → 이동할 객체선택, 선택 후 ↲

앞서 설명했듯이 기준점 지정을 위해서는 원하는 점을 수평으로 이동시키는 것이 가능한 직교좌표가 선택되어 있었어야 한다.

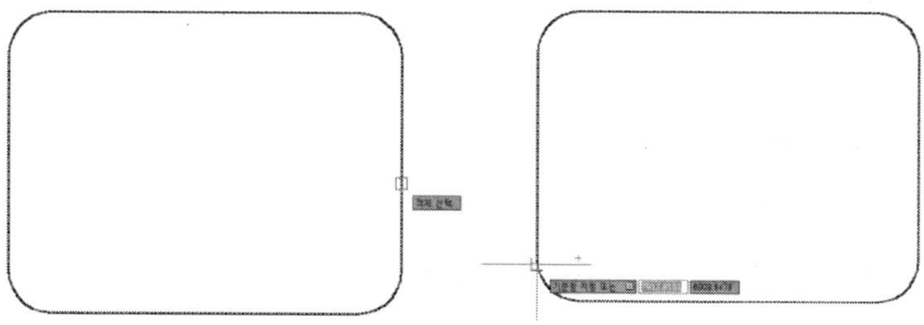

(a) (b)

다음 그림 (c)와 같이 기준점을 마우스로 드래깅하여 원하는 위치로 기준점을 가지고 가면 (드래깅하는 것이 화면에 그림 (c)와 같이 점선으로 나타나 육안으로 드래깅 모습이 식별이 가능함) 그림 (d)에 나타낸 것처럼 원하는 위치에 새로운 복사본이 완성된다.

(c) (d)

① 좌표 입력하여 이동하기

입력한 수치만큼 좌표를 이동할 경우 상대좌표나 극좌표를 사용하면 되는데, 이때 기준점은 특정 위치가 정해진 것이 아니므로 임의의 지점을 선택한다.

- 명령행에 Move를 입력 한 후 ↲ 키를 클릭해 실행시킨다.
- 마우스를 드래그하여 이동할 객체를 선택하고 ↲ 키를 클릭한다.
- 도면의 임의의 점을 클릭하여 기준점을 지정한다. 좌표값을 이용할 것이므로 기준점은 아무 곳을 클릭해도 상관없다.
- 기본점 지정 또는 [변위(D)]〈변위〉 → 임의의 기준점 지정
- 우선 우측으로 100mm 만큼 이동하겠다. 극좌표를 이용하기 위하여 @100〈0을 입력하고 Enter 키를 클릭하여 명령을 실행한다. 그런 후 Enter 키를 한 번 더 클릭하면 복사명령을 종료할 수 있다(좌측으로 이동하려면 @100〈180을 키인하면 180도 방향인 좌측으로 이동한다). 상대좌표를 사용한다면 명령 행에 @-100,0을 입력한다.

☞ **극좌표와 상대좌표뿐만 아니라 정수직, 정수평으로 이동할 경우 마우스를 원하는 위치로 당겨놓고 거리만 입력해도 된다. 이때 F8 키를 클릭하여 직교옵션을 [On]으로 설정한다.**

☞ **Previous 명령**

Previous 선택방법은 앞 명령에서 선택했던 객체를 또 다시 선택할 때 사용하면 효과적인 명령이다. 명령행에 P를 입력하면 바로 앞에 선택했던 모든 객체가 자동으로 선택되므로 상당히 편리하며 Previous 선택방법은 Move 명령뿐만 아니라 모든 편집 명령에서 사용할 수 있다.

4.3.2 복사명령

선택한 객체를 다른 위치로 복사 이동할 때 사용하는 명령어이다. 이 명령은 [COPY]로 입력하여 수행하거나 아래 방법 중 한 가지 사용자가 익숙해하는 방법을 선택해 그리도록 한다.

① 메뉴 〉 수정 〉 복사에서 명령 수행
② (홈) 탭 〉 수정 〉 복사로 설정
③ 명령어로 [COPY]를 입력하거나 단축키로 [Co], [Cp]를 입력하여 복사 명령 지정

마우스로 복사할 객체선택을 한 후 [현재설정: 복사모드 = 다중(M)] 기준점 지정 또는 [변위(D)]/모드(O) 〈변위〉 : 기준점 선택 후 두 번째 점 지정 또는 〈첫 번째 점을 변위로 사용〉 : 복사위치 선택하여 복사시킬 수 있다. 두 번째 점 지정 또는 [종료(E)/명령취소(U)] 〈종료〉 : 로 ↲ 복사명령어 빠져나가기를 할 수 있다.

가. 명령어 [Cp]을 이용하여 임의의 삼각형을 이동복사하기

- 명령어 [Cp] 키인 후 [Enter] 클릭한다.
- 객체선택 : 복사하고자 하는 객체를 윈도우 객체선택으로 지정하고 지정이 끝나면 [Enter] 클릭한다.
- 기준점 지정 또는 [변위(D)] 〈변위〉 : 기준이 되는 점1을 선택한다.
- 두 번째 지정 또는 〈첫 번째 점을 변위로 사용〉 : 복사하고자 하는 곳 (점2, 점3, 점4)으로 마우스를 클릭하여 원하는 개수만큼 복사할 수 있다.
- 참고로 복사는 명령을 종료하기 전까지는 클릭 시마다 복사가 된다.
- [Enter]를 클릭하여 명령을 종료한다.

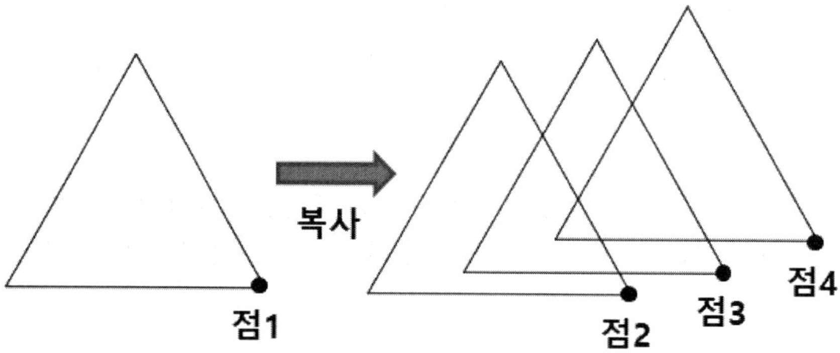

나. 좌표값 이용하여 복사하기

- 도면의 임의의 점을 클릭하여 기준점을 지정한다. 좌표값을 이용할 것이므로 기준점은 아무 곳을 클릭해도 상관없다.
- 현재설정: 복사모드 = 다중(M) → 현재설정 : 복사모드 = 다중(M)
- 기본점 지정 또는 [변위(D)/모드(O)] → 기본점 지정
- 우선 우측으로 100mm만큼 이동해서 복사하겠다. 극좌표를 이용하기 위하여 @100〈0을 입력하고 Enter 키를 클릭하여 명령을 실행한다. 그런 후 Enter 키를 한 번 더 클릭하면 복사명령을 종료할 수 있다.

4.3.3 크기확대 혹은 축소 명령(Scale)

선택한 객체를 확대 혹은 축소할 때 사용하는 명령어이다. 이 명령은 [SCALE]로 입력하여 수행하거나 아래 방법 중 한 가지 사용자가 익숙해하는 방법을 선택해 그리도록 한다.

① 메뉴 〉 수정 〉 축척에서 명령 수행
② (홈) 탭 〉 수정 〉 축척으로 설정

③ 명령어로 [SCALE]를 입력하거나 단축키로 [Sc]를 입력하여 객체의 크기 조절하는 명령 지정

① 객체 크기 축소

Sc 실행 후 마우스로 크기 변경할 객체를 선택한 후 기준점 지정 또는 [복사(C)]/참조(R)] 0.3 하면 축척 비율을 0.3, 즉 30%로 축소하는 명령이다. 반대로 축척비율을 5로 한다면 5배의 크기로 확대하도록 크기를 변경시킬 수 있는 것을 알 수 있다. [Enter] 클릭으로 Scale 명령어 빠져나가기를 할 수 있다.

객체를 확대할 때는 배율만큼의 수치로 입력하고 축소할 때는 소수점으로 입력한다. 다음 표에 축소와 확대 배율 숫자 표시 예를 나타내었다. 예를 들어 5배로 확대하려면 5를, 100배면 100을 입력한다. 반대로 축소할 때는 1/5배이면 0.2을 입력하면 되므로 혼동하지 않도록 주의하기 바란다.

	확대	축소
2배	2	0.5
3배	3	0.33
10배	10	0.1
100배	100	0.01

② 객체크기 확대

Scale 명령으로 객체 확대할 때는 축소하는 과정과 동일한 방법으로 실행이 가능하며 다음의 순서로 실습해보겠다.

- [Scale] 명령어를 키인 한다.
- 객체선택 : 반대구석 지정 → 객체를 선택해준다(윈도우 선택, 걸치기 선택 등 사용자가 편한 선택방법을 사용한다).
- 객체선택을 완료하였다면 [Enter] 혹은 Spacebar를 클릭하여 선택을 종료한다.
- 기준점 지정 : 객체의 여러 포인트들 중에 기준점이(확대시키는 원점이 될) 될 만한 꼭지점을 선택해준다.
- 축척비율 지정 또는 [복사(C)/참조(R)]: 2 → 비율을 2배로 선택한 경우이다.

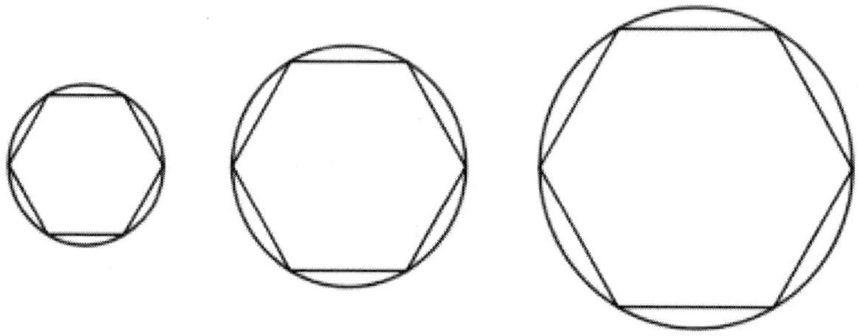

(a) 1배 (b) 1.5배 확대 (c) 2배 확대

축척 비율 지정 또는 [복사(C)/참조(R)] 〈1.0000〉 : 크기 비율 입력 (옵션선택) 1. 2. 3 등등

③ 참조옵션을 이용한 Scale 활용

Scale 기능이 객체의 크기를 2배, 3배 등 배율을 입력하여 조절할 수 있지만, 직접 길이를 입력하여 소수점 아래 정수가 아닌 소수자리까지 원하는 수치대로 크기를 조절할 수도 있다. 이 기능이 [Scale] 명령어의 서브옵션인 [Reference] (참조) 기능이다. [Reference]는 정밀하고 세밀한 구조물을 도면으로 작성할 때 편리하게 크기를 조절할 수 있는 유용한 명령이다. 다음의 순서로 실습해보겠다.

위의 순서와 같이 먼저 [Scale] 명령어를 키인한다.

- 객체선택 : 반대구석 지정 → 객체를 선택해준다(윈도우 선택, 걸치기 선택 등 사용자가 편한 선택방법을 사용한다).
- 객체선택을 완료하였다면 [Enter] 키인 혹은 [Spacebar]를 클릭하여 선택을 종료한다.
- 기준점 지정 : 객체의 여러 포인트들 중에 기준점이(확대시키는 원점이 될) 될 만한 지점 혹은 꼭지점이나 원의 중심점 등을 선택해준다.
- 정확한 크기로 조절하기 위해 서브메뉴의 참조(R)을 입력하고 [Enter] 키인 혹은 [Spacebar]를 클릭한다. 명령행에 현재의 길이를 입력하라는 내용이 나오면 현재길이인 200.89를 입력하고 Enter 혹은 Spacebar를 클릭한다(→ 참조길이 지정〈1.0000〉: 200.89(현재길이 지정 법)).
- 명령행에 새로운 길이를 입력하라는 내용이 나타나면 새로운 길이를 300으로 입력하고 Enter 키를 클릭한다. 그러면 당초 참조로 사용되었던 길이를 포함한 전체의 객체가 200.89 : 300의 비율로 크기가 조절되며 확대된다.
- 새 길이 지정 또는 [점(P)]〈1.0000〉: 300 [Enter] 키 클릭으로 크기 변환 종료한다.

☞ [Scale] 명령어의 여러 가지 옵션

- 복사(C) : 원본을 유지한 채 객체의 크기를 줄이거나 늘리면서 복사하는 데 유용한 명령어이다.
- 참조(R) : 원하는 부분을 기준으로 새로운 길이의 조정이 가능하다.

가. 크기 비율을 이용한 축적 조절 방법(도형의 크기를 2배 확대한다)

① 명령어 [Sc] 입력 후 [Enter]를 클릭한다.

② 객체선택 : 대상을 선택한다.

③ 객체선택 :

④ 기준점 지정 : A점 선택. 기준점의 위치에 따라 변형 방향이 달라진다.

⑤ 축척 비율 지정 또는 [복사(C)/참조 (R)] : 2 키인 후 [Enter]를 클릭한다.

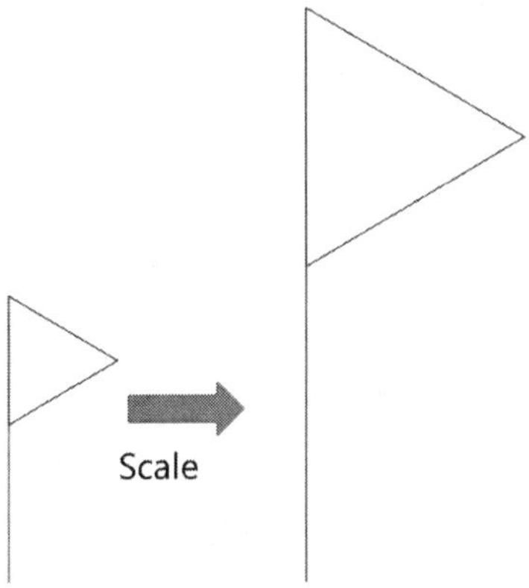

나. 참조길이를 이용하여 가로 변의 길이 100을 77.5로 변경하기

① 명령어 [Sc] 입력 후 [Enter]를 클릭한다.

② 객체선택 : 대상을 선택한다.

③ 객체선택 :

④ 기준점 지정 : 변의 1/2 지점을 Osnap을 이용해 지정한다(A점).

⑤ 축척 비율 지정 또는 [복사(C)/참조 (R)] : R 키인 후 [Enter]를 클릭한다.

⑥ 참조 길이 지정 〈1〉 : 100(현재의 길이를 입력한다)

⑦ 새로운 길이 지정 : 77.5(원하는 길이를 입력한다)

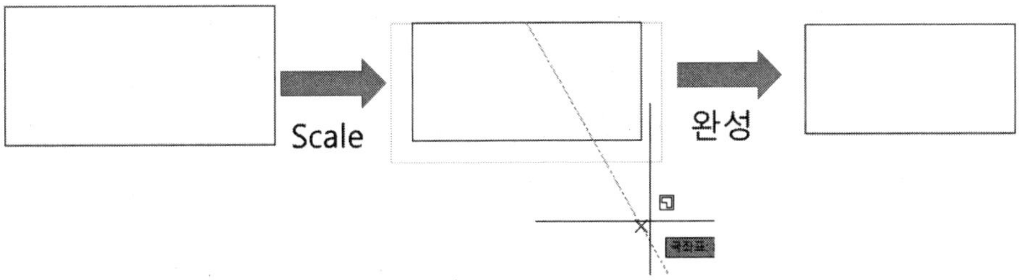

다. 변화된 결과물을 복사본으로 생성하기

① 명령어 [Sc] 입력 후 [Enter]를 클릭한다.

② 객체선택 : 대상을 선택한다.

③ 객체선택 :

④ 기준점 지정 : 하단부 중간저을 Osnap 을 이용해 지정한다 (A점)

⑤ 축척 비율 지정 또는 [복사(C)/참조 (R)] : C 키인 후 [Enter]를 클릭한다(복사옵션 C를 입력한다).

⑥ 선택한 객체의 사본을 축척한다.

⑦ 축척비율 지정 또는 [복사(C)/참조(R)] 〈1.0000〉 : 2

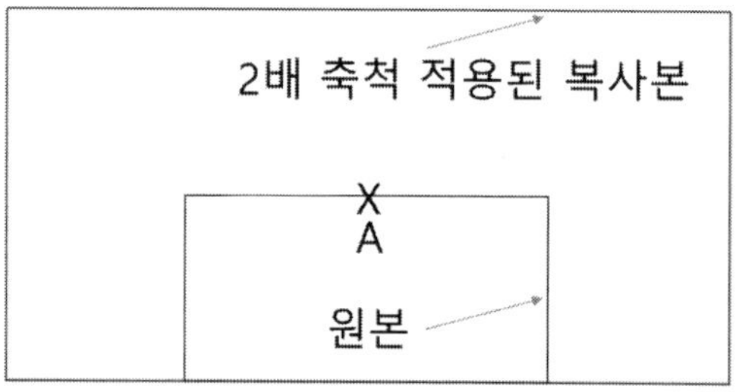

4.3.4 회전(Rotate)

기준점을 중심으로 객체를 회전하고자 할 때 사용하는 명령어이다. 이 명령은 [ROTATION]로 입력하여 수행하거나 아래 방법 중 한 가지 사용자가 익숙해하는 방법을 선택해 그리도록 한다.

① 메뉴 〉 수정 〉 회전에서 명령 수행

② (홈) 탭 〉 수정 〉 회전으로 설정

③ 명령어로 [ROTATION]를 입력하거나 단축키로 [Ro]를 입력하여 객체를 회전시키는 명령 지정

① 마우스로 복사할 객체선택을 한 후 [현재설정: 복사모드 = 다중(M)] 기준점 지정 선택 후 회전 기준점을 선택지정 후 회전각도 지정 또는 [복사(C)/참조(R)] : 각도 입력[옵션선택] 하여 회전가능하게 할 수 있다. [종료(E)/명령취소(U)] 〈종료〉 : [Enter] 키 클릭으로 회전명령 빠져나가기를 할 수 있다.

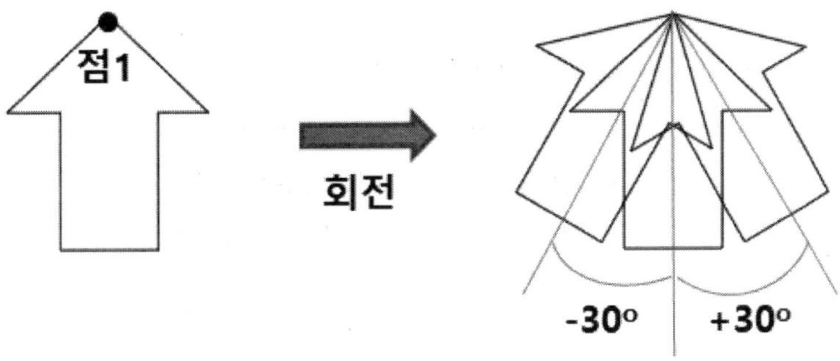

☞ [Rotate]의 여러 가지 옵션

- 회전각도 : 선택한 도면요소를 회전시킬 각도로 지정한다.
- 복사(C) : 선택한 객체를 복사하여 회전시킨다.
- 참조(R) : 선택한 요소의 지정 기울기를 참조하여 새로 지정한 각도만큼 회전시킨다(상세 사항은 앞서 기술한 [Scale] 편의 참조(R) 부분을 다시 숙지해보기 바란다).

가. 45도 (절대각 135 = 90 + 45) 회전시키기

① 명령어 [Rotate] 키인 후 [Enter]를 클릭한다.
② 현재 UCS에서 양의 각도 : ANGDIR = 시계 반대 방향 ANDBAS E = 0
③ 객체선택 : 대상을 선택한다.
④ 객체선택 :
⑤ 기준점 지정 : 회전 기준점을 지정한다(아래 끝점).
⑥ 회전각도 지정 또는 [(참조(R)): 45 키인 후 [Enter]를 클릭한다(회전각도 입력).

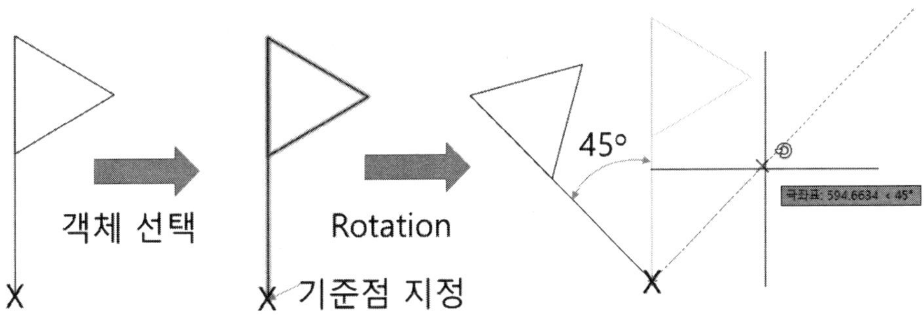

나. 참조각을 이용하여 135도 기울어진 물체를 90도 원상복귀하기

① 명령어 [Rotate] 키인 후 [Enter]를 클릭한다.
② 현재 UCS에서 양의 각도 : ANGDIR = 시계 반대 방향 ANDBASE = 0
③ 객체선택 : 대상을 선택한다.

④ 객체선택 :
⑤ 기준점 지정 : 회전 기준점을 지정한다(아래 끝점).
⑥ 회전각도 지정 또는 [(참조(R)): R 키인 후 [Enter]를 클릭한다.
⑦ 참조각도를 지정 〈0〉 : 135(현재 물체의 절대각을 입력한다)
⑧ 새로운 각도를 지정 : 90(결과값(절대각도)을 입력한다)

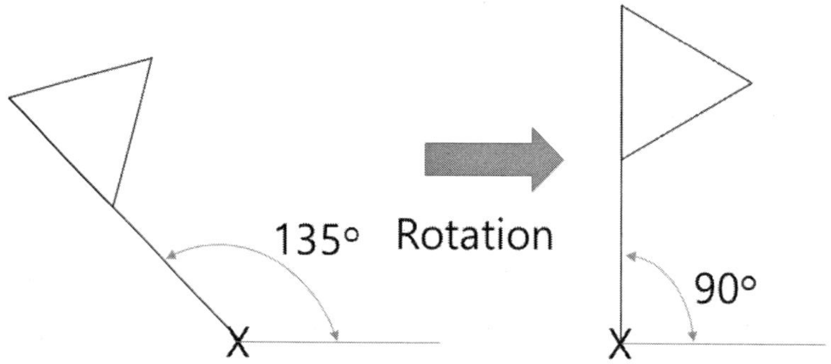

다. 참조각을 모를 때 원하는 각으로 회전시키는 방법

① 명령어 [Rotate] 키인 후 [Enter]를 클릭한다.
② 현재 UCS에서 양의 각도 : ANGDIR = 시계 반대 방향 ANDBASE = 0
③ 객체선택 : 대상을 선택한다.
④ 객체선택 :
⑤ 기준점 지정 : 끝점 A를 지정한다.
⑥ 회전각도 지정 또는 [(참조(R)): R 키인 후 [Enter]를 클릭한다.
⑦ 참조각도를 지정 〈0〉 : 끝점 A를 지정한다.
⑧ 두 번째 점을 지정 : 끝점 B를 지정한다.
⑨ 새로운 각도를 지정 : 30(원하는 결과값(절대각도)을 입력한다)

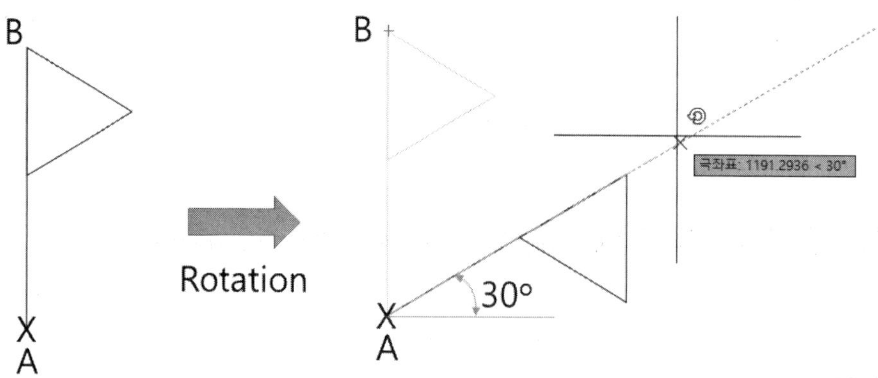

4.4 스플라인 그리기

스플라인은 스플라인 그리기 기능과 스플라인 편집기능이 있다. 스플라인은 지정된 점 세트를 통과하거나 가까이 지나는 부드러운 곡선을 말한다. 이 명령은 [Spline]으로 입력하여 수행하거나 아래 방법 중 한 가지 사용자가 익숙해하는 방법을 선택해 그리도록 한다.

① 메뉴 〉 그리기 〉 스플라인에서 명령 수행
② (홈) 탭 〉 그리기 〉 스플라인으로 설정
③ 명령어로 [Spline]를 입력하거나 단축키로 [SPL]를 입력하여 곡선을 만드는 명령 지정

스플라인 기능을 이용하여 임의의 네 점을 클릭해 객체를 그려보겠다.

- 명령 : [Spline] 키인 후 [Enter]를 클릭한다.
- 첫 번째 점 지정 또는 [매서드(M)/매듭(K)/객체(O)] : 임의 시작점 점1을 클릭한다.
- 다음 점 입력 또는 [시작 접촉부(T)/공차(L)] : 두 번째 점2를 클릭한다.
- 다음 점 입력 또는 [끝 접촉부(T)/공차(L)/명령취소(U)/닫기(C)] : 세 번째 점3를 클릭한다.
- 다음 점 입력 또는 [끝 접촉부(T)/공차(L)/명령취소(U)/닫기(C)] : 네 번째 점4를 클릭한다.
- 다음 점 입력 또는 [끝 접촉부(T)/공차(L)/명령취소(U)/닫기(C)] : 네 번째 점5를 클릭한다.
- [Spacebar]를 클릭해 종료한다.

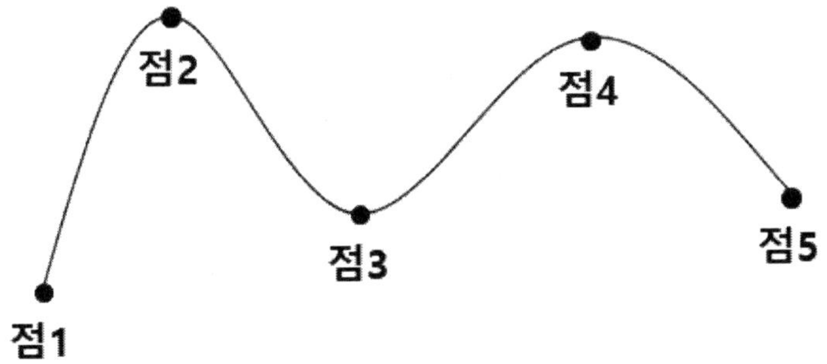

스플라인 편집기능은 스플라인의 조정 정점의 수, 가중치, 맞춤 공차, 시작/끝 접선 등을 수정하는 데 사용된다. 스플라인을 더블 클릭하면 자동으로 실행되며, 폴리선 편집과는 달리 다른 객체를 스플라인으로 만들 수가 없다. 이 명령은 [SPLINEDIT]으로 입력하여 수행하거나 아래 방법 중 한 가지 사용자가 익숙해하는 방법을 선택해 그리도록 한다.

① 메뉴 〉 수정 〉 스플라인 편집에서 명령 수행
② (홈) 탭 〉 수정 〉 스플라인 편집으로 설정
③ 명령어로 [SPLINEDIT]를 입력하여 곡선을 만드는 명령 지정

스플라인 편집에서는 닫기(C), 결합(J), 맞춤 데이터(F), 정점 편집(E), 폴리선으로 변환(P), 반전(R) 옵션을 사용할 수 있다. 각각의 기능 설명은 다음과 같다.

- 닫기(C)/열기(O) : 닫기는 열려 있는 스플라인의 시작점과 끝점을 연결하여 폐곡선으로 만든다. 열기는 첫 번째 점과 마지막 점 사이의 구간을 제거하여 오픈된 스플라인으로 만든다.
- 결합(J) : 열린 스플라인을 선택할 때 활성화되며 스플라인의 끝점에서 다른 스플라인, 선, 폴리선, 호와 결합한다.
- 맞춤 데이터(F) : 맞춤점을 편집하여 스플라인을 편집한다.
- 정점 편집(E) : 정점을 편집하여 스플라인을 수정한다.
- 폴리선으로 변환(P) : 스플라인을 폴리선으로 변환한다. 정밀도는 0~99 사이의 정수를 입력하며 정밀도가 높을수록 높은 성능을 요구한다.
- 반전(R) : 스플라인의 방향을 반전한다.

가. 스플라인 편집 실습해보기

스플라인으로 그린 객체를 선택한다.

- 신축점 지정 또는 [기준점(B)/복사(C)/명령 취소(U)/종료(X)]: 수정하고 싶은 점을 클릭하여 드래그하면 예상 스플라인이 그려진다.
- [Spacebar]를 클릭해 종료한다.

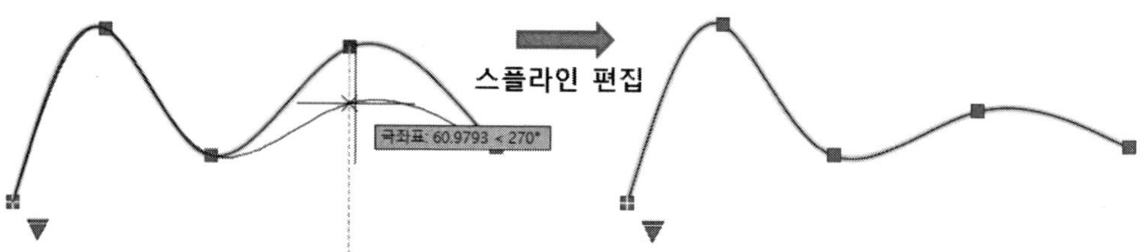

나. Splinedit

스플라인을 편집한다.

- 명령어 [Spe]를 키인 후 [Enter]를 클릭한다.
- 스플라인 선택:

- 옵션 입력 [맞춤 데이터(F)/열기(O)/정점 이동(M)/정렬(R)/반전(E)/명령취소(U)]:

맞춤 데이터 옵션 입력
SPLINEDIT [추가(A) 열기(O) 삭제(D) 꼬임(K) 이동(M) 소거(P) 접선(T) 공차(L) 종료(X)] <종료>:

☞ Fit Data(맞춤 데이터) : Spline의 정점을 기준으로 편집한다.

- 옵션 입력 [맞춤 데이터(F)/열기(O)/정점 이동(M)/정렬(R)/반전(E)/명령취소(U)]: F
- 맞춤 데이터 옵션 입력 [추가(ADD)/Open/Delete/Move/Purge/Tangents/toLerance/eXit] ⟨eXit⟩:

① Add : 정점을 추가한다.

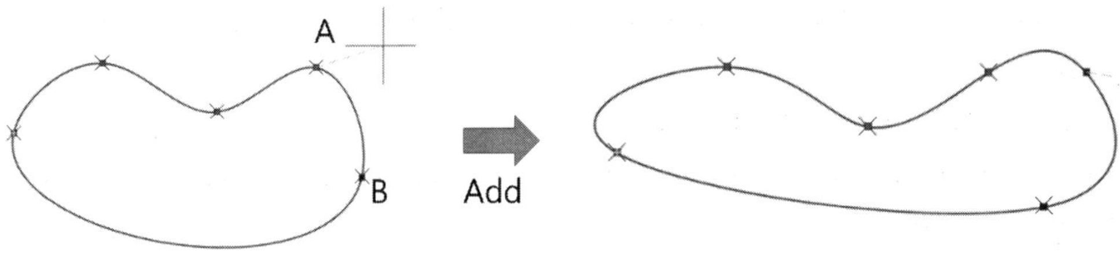

※ 정점 A를 선택해도 다음점인 정점 B도 활성화되어 색상이 붉은색으로 변경되며 Osnap이 켜져 있으며 오작동을 할 수 있으므로 이를 끝내고 실행시켜야 올바로 그려지는 것을 확인할 수 있다.

② Open : 선택한 Spline의 상태와 반대로 옵션이 나타난다. 닫힌 Spline은 열고, 열린 것은 닫을 수 있다.

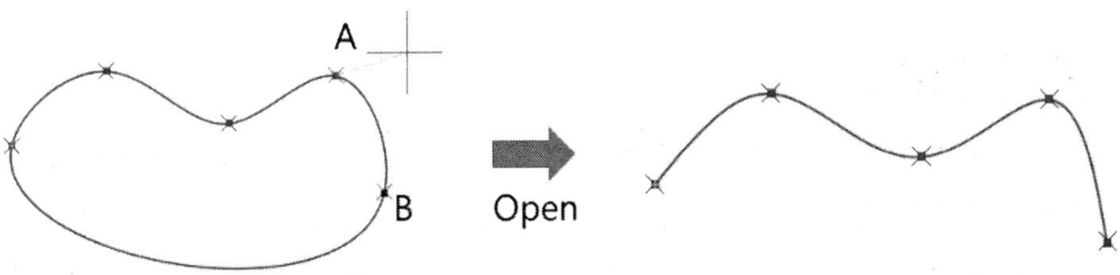

③ Delete : 선택한 정점을 삭제하고 남은 정점을 기준으로 Spline을 재 정렬시킨다.
예) 정점 C를 삭제하면

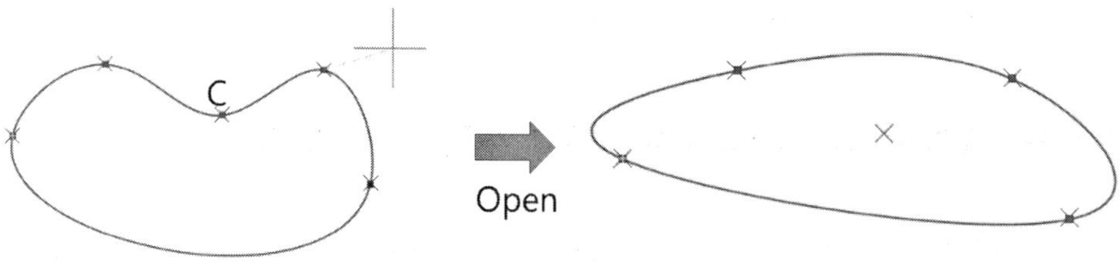

④ Move : 정점을 이동시킬 때 사용하는 명령이다.
⑤ Purge : 도면 데이터에서 Spline 적정 데이터를 제거한다.
⑥ Tangents : Spline의 시작점과 끝점의 접선의 방향을 조정할 때 사용한다.
⑦ toLerance : 허용 한계 값을 조정하여 Spline을 조정된 값으로 재 정렬시킬 때 사용하는 명령이다.
⑧ eXit : Fit Data 옵션을 빠져나갈 때 사용한다.
- Open : 선택한 Spline의 상태와 반대로 옵션이 나타난다. 닫힌 Spline은 마지막 닫았던 곳을 열고 열린 것은 닫을 수 있다.
- Move Vertex : 정점을 선택하여 변형시킨다.
⑨ Refine : Spline의 정밀도를 미세 조정한다.
- Add control point : Spline의 조정 점을 마우스로 지정하여 추가한다.
- Elevate order : Spline의 차수를 증가시킨다(4~26).
- Weight : Spline 조정점의 세기를 조절한다.
⑩ rEverse : 사용자가 원하는 곳에 정점을 지정하여 정점을 만들 수 있다.
⑪ Undo : 가장 최근의 실행을 취소한다.

4.5 광선 그리기

[Ray]는 시작은 있고 끝은 없는 무한선이다. 광선 그리기 기능은 화면에 무한대 크기의 선의 반쪽짜리 수평선 혹은 수직선으로 그리는 기능을 수행하는 명령으로, 이렇게 그려진 무한선의 선분 끊기(break), 점 생성, 다각형(polygon) 그리기 등의 기능을 병행하면 도면 그리는 데 유용하다. 이 명령은 [Ray]으로 입력하여 수행하거나 아래 방법 중 한 가지 사용자에게 익숙한 방법을 선택해 그리도록 한다.

① 메뉴 〉 그리기 〉 광선에서 명령 수행

② (홈) 탭 〉 그리기 〉 광선으로 설정
③ 명령어로 [Ray]를 입력하여 광선을 만드는 명령 지정

다음과 같이 명령어 [Ray]를 이용하여 임의의 선을 그려보겠다.
- 명령 : [Ray] 후 [Enter] 클릭
- 시작점을 지정 : 임의의 시작점(점1)을 선택한다.
- 통과점을 지정 : 다음 점(점2)을 클릭한다.
- 통과점을 지정 : 다음 점(점3)을 클릭한다.
- 작성 후 [Enter] 클릭해 명령을 종료한다.

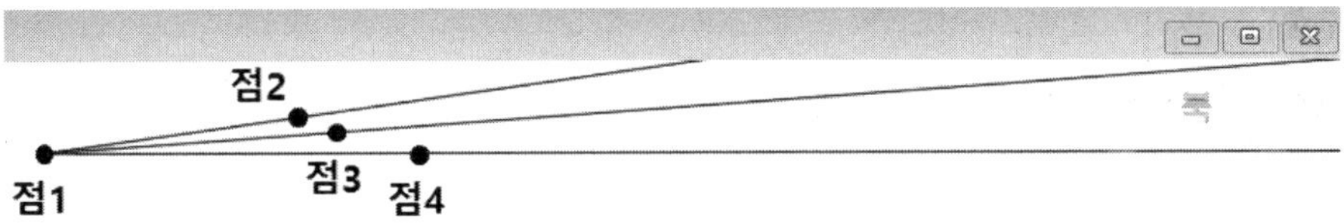

4.6 무한선(구성선) 그리기

[Xline] 명령은 한 중심점에서 양 끝점이 무한대로 발산하는 직선을 그리는 명령어이다(투시 도형이나 도면 작도 시 기준선으로 활용하는 데 사용된다). 도면에서 [Xline] 명령을 사용하면 이미 그려진 무한선의 선분 끊기, 점 생성, 다각형 그리기 등의 기능과 병행할 시 도면 그리는 데 유용한 명령이다. 이 명령은 [Xline] 혹은 단축키 [XL]으로 명령어를 입력하여 수행하거나 아래 방법 중 한 가지 사용자가 익숙해하는 방법을 선택해 그리도록 한다.

① 메뉴 〉 그리기 〉 구성선에서 명령 수행
② (홈) 탭 〉 그리기 〉 구성선 설정
③ 명령어로 [Xline]를 입력하여 구성선을 만드는 명령 지정

☞ Xline의 여러 가지 옵션
- 수평(H) : 수평 무한선
- 수직(V) : 수직 무한선
- 각도(A) : 지정한 각도의 사선
- 이등분(B) : 선의 중점에서 지정한 두 점이 이루는 각을 양분하는 선을 그릴 때 사용
- 간격띄우기(O) : 선택한 선과 평행한 선을 그리는 데 사용하는 명령

가. 다중선(Mline, Ml) 그리기

Draw(그리기) → Multiline(다중선)

16개까지의 평행선을 한 번에 그릴 수 있으며 건축물의 벽선이나 도로를 그릴 때 유용하다. 건축이나 실내 디자인과 관계없는 분야는 생략해도 관계없다.

- 명령어 [ML]을 키인하고 [Enter]를 클릭한다.
- 현재 설정값 : 자리 맞추기 = 맨 위, 축척 = 20.0, 스타일 = Standard
- 시작점 지정 또는 [자리 맞추기(J)/축척(S)/스타일(ST)]:

① Justification(자리 맞추기) : 그려지는 기준 위치를 설정한다.

- Top(맨 위) : 맨 위로 설정한다.
- Zero(0) : 중간으로 설정한다.
- Bottom(맨 아래) : 맨 아래로 설정한다.

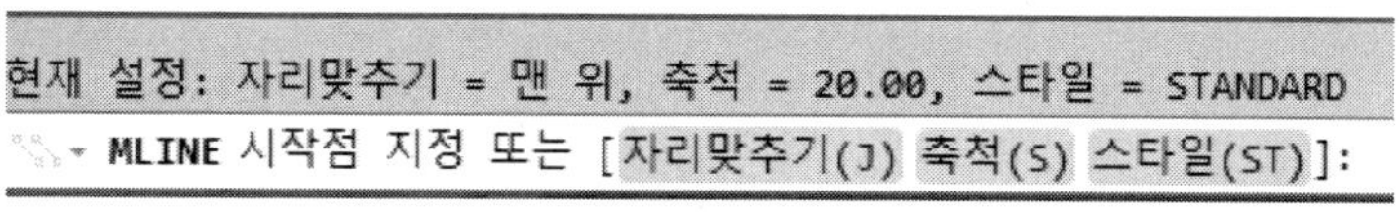

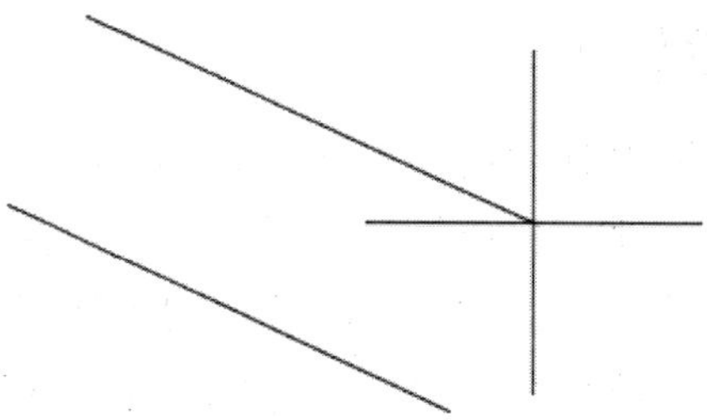

〈TOP〉

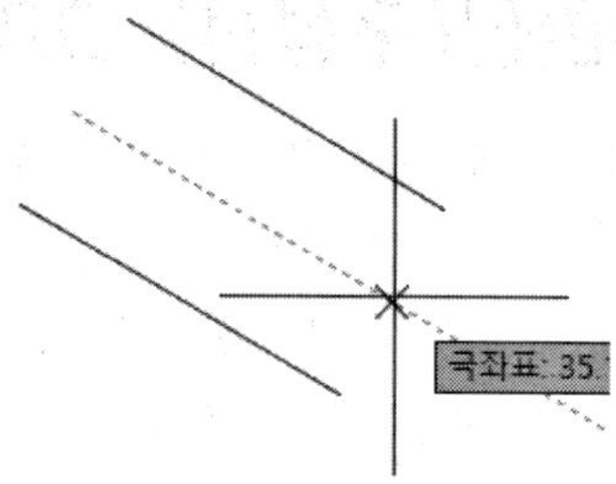

〈Zero〉

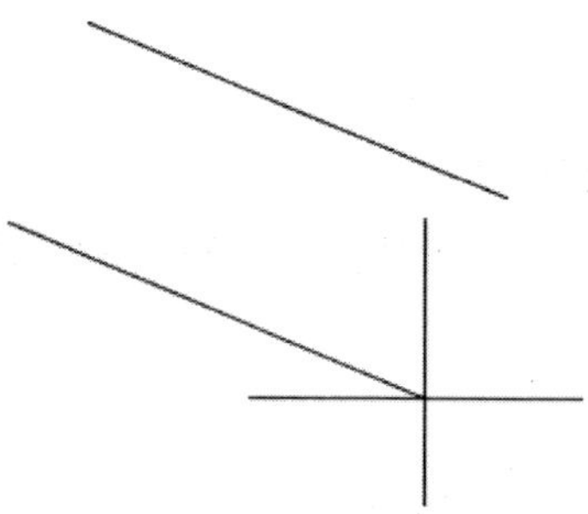

〈Bottom〉

② Scale (축척) : 다중선의 크기 비율을 조정한다. 기본값이 '20'이므로 주의한다.

③ STyle (스타일) : 설정해 놓은 다중선을 불러와 지정할 수 있다.

※ 일반선을 그릴 때처럼 "C"를 입력하면 작업종료를 닫힌 형태로 마무리할 수 있다.

나. 다중선 스타일(Mlstyle)

Format(형식) → Multiline style(다중선 스타일)

대화상자를 통해 Mline에서 사용할 선을 작성한다.

☞ **Current Multiline Style(현재 다중선 스타일)**

① Set Current(현재로 설정) : 현재로 다중선을 설정한다.
② New(신규) : 새 다중선을 작성한다.
③ Modify(수정) : 다중선을 수정한다.
④ Rename(이름 바꾸기) : 기존에 작성된 다중선의 이름을 변경한다.
⑤ Delete(삭제) : 작성된 다중선을 삭제한다.
⑥ Load 로드) : 저장된 *.MLN형식의 다중선 파일을 올린다.
⑦ Save(저장) : 현재 다중선을 *.MLN 형식으로 저장한다.
⑧ Description(설명) : 현재 사용 중인 다중선에 대하여 설명한다.

명령어 [Mlstyle]을 키인하고 [Enter]를 클릭하면 다음의 대화창이 나타난다.

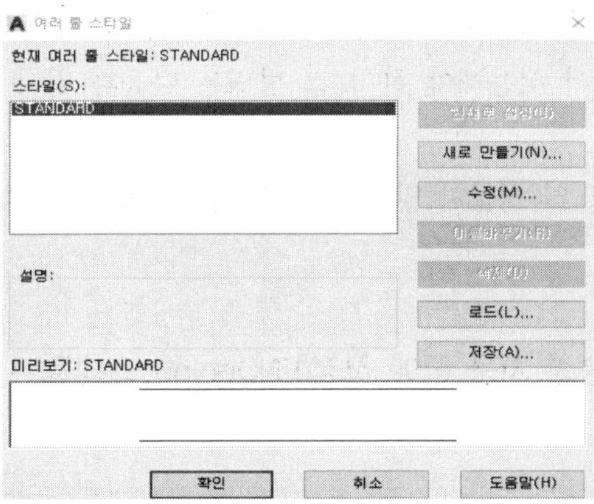

4.7 객체스냅 간단 이용하기

가. 객체스냅 설정

객체스냅[Osnap]은 객체의 특정 점을 정확히 선택하는 명령으로, 단축키는 F3이다. 객체스냅은 꼭 필요한 기능만 수시로 선택해서 사용하면 좋다.

- 객체스냅 켜기(F3)
- 객체스냅 추적 켜기(F11)

① 끝점(Endpoint) : 선, 호, 스플라인의 양 끝점을 스냅한다.
② 중간점(MIDpoint) : 선, 호, 스플라인의 중간점을 스냅한다.
③ 중심(CEMterpoint) : 원, 호, 타원의 중심점을 스냅한다.
④ 연장선(EXTension) : 선, 호의 가상 연장선상으로 스냅한다.
⑤ 삽입점(Insertion) : Block 혹은 문자, 등의 삽입점을 자동 스냅한다.
⑥ 직교(Perpendicular) : 지정된 직선의 법선 방향인 점을 스냅한다.
⑦ 기하학적 중심(Geometric CEnter) : 닫힌 폴리선 객체의 도심을 스냅한다.
⑧ 접점(Tangent) : 원, 호, 타원의 접하는 방향을 스냅한다.
⑨ 근처점(근사점)(Nearest) : 모든 도형의 가장 가까운 점을 스냅한다.
⑩ 노드(NODe) : Point 명령으로 생성된 점을 스냅한다.
⑪ 사분점(Quadrant) : 원, 호, 타원의 극점(0o, 90o, 180o, 270o)을 스냅한다.
⑫ 가상교차점(APParent intersect) : 두 도형 요소 연장선상에 있는 가상으로 교차하는 점을 스냅한다.
⑬ 교차점(INTersection) : 두 도형 요소의 교차하는 점을 스냅한다.
⑭ 평행(Parallel) : 지정된 직선에 평행이 되도록 스냅한다.

나. 객체스냅 수동모드 사용하기

[OSNAP]을 자동으로 사용 시 불편할 경우나 자동으로 인식되지 않는 스냅모드가 있을 때는 개별적으로 지정(수동)해서 사용해야 하며 그 방법은 다음과 같다.

① 앞서 설명한 스냅모드의 영문자 앞 3글자(예 : END, MID, CEM 등)를 작도 명령 중에 입력하여 사용한다.

☞ 예 : CIRCLE (원) 명령 사용 중에 끝점(ENDpoint) 스냅을 지정한 경우

- 영문자 세 글자를 입력 후 ; [Enter] 클릭해야만 사용이 가능하다.

② 도면 영역에서 [Shift]키나 [Ctrl] 키를 누른 상태로 마우스 오른쪽 버튼을 클릭 시 나타나는 OSNAP 팝업창(Pop-up)을 사용한다.

사용하고자 하는 스냅을 팝업창에서 클릭하거나 각각의 스냅모드 오른쪽에 써 있는 영문자 한 글자(단축키)를 키보드로 입력하여 바로 사용할 수도 있다.

☞ 더 알아보기

팝업창에서 클릭하거나 영문자 한 글자를 입력한 후 [Enter] 없이 바로 사용가능하다.

※ 객체 스냅 팝업창 단축키 사용 예

- 끝점은 E 입력
- 중간점은 M 입력
- 중심점은 C 입력
- 사분점은 Q 입력
- 직교는 P 입력

4.8 객체 지우기(Erase) 및 되살리기(Undo)

여러 가지 방법으로 객체를 지우거나 잘못 지워진 객체를 복원시킬 수 있다.

4.8.1 객체 지우기

① 도면에서 선택적으로 객체를 지울 때 사용하는 명령

- 명령 : [Erase] 키인 후 [Enter] 클릭 또는 단축키 [E] 키인 후 [Enter] 클릭

- Erase 입력 후 ?를 키인하면 상기 메뉴를 보실 수 있다.
- 점을 예상하거나 객체를 마우스(MB1)으로 하나씩 선택하여 지운다.
- 모두(All) : 모든 객체를 지울 경우 사용하는 옵션이다.
- 울타리(F) : 윈도우(W)나 걸치기(C)와 같은 방법으로 선택 선에 걸친 도형만을 지운다.
- 윈도우(W) : 선택 상자 안으로 완전히 포위된 객체들만 선택할 수 있다.
- 걸치기(C) : 윈도우 (W)와 울타리(C)를 동시에 사용하는 결과가 된다.

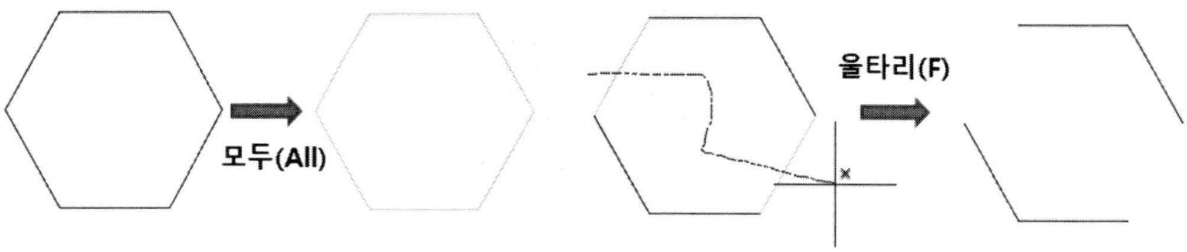

☞ **참조**

간단하게 지우는 방법은 지우고자 하는 객체를 먼저 선택한 후 키보드의 [Del] 키를 클릭한다.

② 방금 작도한 도형을 한꺼번에 지울 때 사용하는 명령

- 명령 : [Undo] 키인 후 [Enter] 클릭 또는 단축키 [U] 키인 후 [Enter] 클릭 또는 [Ctrl]+[Z]

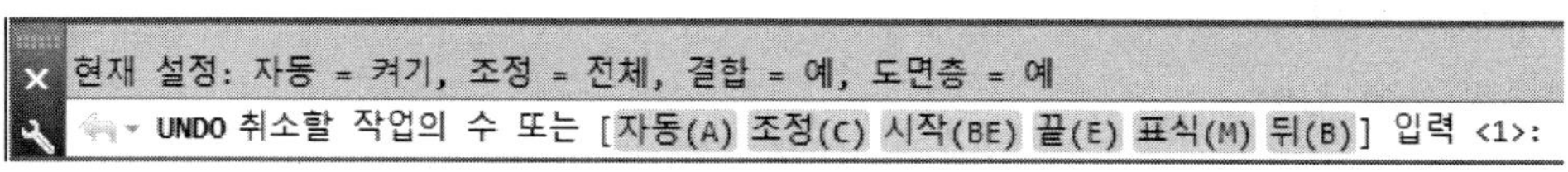

- 취소할 작업의 수 : U를 여러 번 입력한 결과와 동일하게 입력된 수만큼 이전 작업으로 되돌린다.

☞ **더 알아보기**

정확히 말하자면 Undo 명령이나 [Ctrl]+[Z]은 객체를 지우는 것이 아니라 최근에 사용한 명령을 취소시켜 전 단계로 되돌아가는 기능이다.

4.8.2 잘못 지운 객체 되살리기

① [Erase] 명령 또는 [Del]키로 지워진 객체의 복원

[OOPS] 명령은 [Erase] 명령으로 마지막에 지워버린 객체를 다시 복원시킬 때 사용한다.

- Undo 명령 또는 [Ctrl]+[Z]로도 [Erase] 명령을 취소시켜 지워진 객체를 복원한다.

② [Undo] 또는 [U] 명령으로 지어진 객체의 복원

[Redo] 명령은 [Undo] 명령으로 취소시킨 이전 명령을 다시 복원시킬 때 사용한다. 단, Undo 명령을 사용한 후 바로 사용해야만 하며 바로 이전 한 번만 적용된다.

- 명령 : [Redo] 키인 후 [Enter] 클릭

☞ **반드시 [Undo] 또는 [U] 명령을 사용한 후 바로 적용해야 실행된다.**

③ [MRedo] 명령은 한 번만 적용되는 [Redo]와 다르게 여러 번 이전 명령을 다시 복원할 수 있다.

- 명령 : [MRedo] 키인 후 [Enter] 클릭 또는 [Ctrl]+[Y]
- [Undo] 또는 [U] 명령을 사용한 후 바로 적용해야 실행된다.

- 작업의 수 : 입력된 수만큼 이전 작업으로 되돌려준다.
- 전체 (A) : 모든 이전 작업으로 되돌려준다.
- 최종 (L) : [Redo]와 같은 방법으로 마지막 이전 작업만 되돌려준다.

4.9. 구름형 수정기호, 픽박스 명령, 리드로우 명령

4.9.1 구름형 수정기호

AutoCAD 2019에서는 기존 다각형뿐만 아니라 직사각형, 폴리곤, 프리핸드와 같은 기능으로 구름형 수정기호를 사용할 수 있다. 이 명령은 [Revcloud] 명령어를 입력하여 수행하거나 아래 방법 중 사용자가 익숙한 방법을 하나 선택해 실시하도록 한다.

① 메뉴 〉 그리기 〉 구름형 리비전 선택에서 명령 수행
② (홈) 탭 〉 그리기 패널 〉 리비전으로 설정
③ 명령어로 [Revcloud]를 키인하여 구르형 리비전 명령 지정

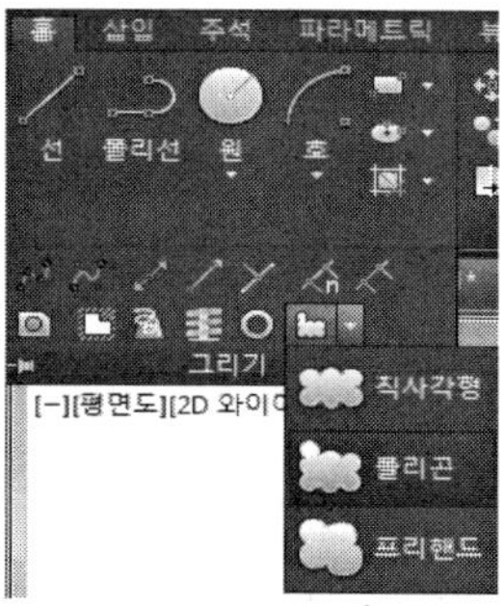

객체 선택 후 구름형 수정기호의 크기 및 모양을 수정할 수 있다. 구름형 수정기호의 모양을 좀 더 둥글둥글하게 하고 싶다면 명령어 'Revcloud'를 입력 후 [호길이(A)] (A) 입력 → 저자는 최소 호 길이를 300 → 최대 호 길이를 300을 입력한 후 직사각형을 그려보면 구름형 수정기호의 모양이 달라진 것을 확인할 수 있다.

4.9.2 PICKBOX 명령

PICKBOX 명령은 객체 선택 메시지 실행 중에 나타나는 박스의 크기를 조절해주는 명령어이다. PICKBOX 명령은 [PICKBOX] 명령어를 입력하여 수행할 수 있다.

- 명령어 : [PICKBOX] 키인 후 [Enter]를 클릭한다.

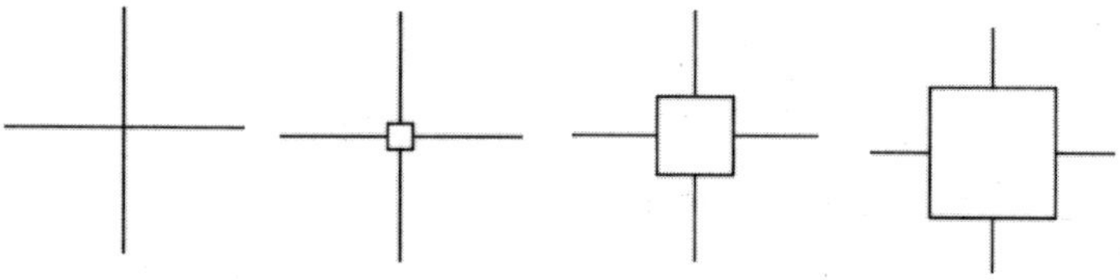

〈박스크기 0〉 〈박스크기 5〉 〈박스크기 15〉 〈박스크기 25〉

4.9.3 REDRAW 명령

REDRAW 명령은 도면 작업 시 생기는 불필요한 잔상 또는 Erase 명령어 사용 시 Blip이라는 + 모양의 흔적들을 도면에서 깨끗이 정리해주며, 편집 등으로 인해 사라지는 도면요소를 재드로잉 시켜준다. REDRAW 명령은 [REDRAW] 명령어를 입력하여 수행할 수 있다.

4.10 문자입력 및 편집

AutoCAD는 KS규격 A0107 '제도에 사용하는 문자'기준으로 문자를 입력하게 되어 있다. 읽기 쉬운 글자, 문자와 크기와 굵기 균일, 마이크로필름 촬영에 적합, 한자는 상용한자표를 사용한다.

4.10.1 문자스타일(Text Style)

여러 가지 글꼴 file의 이름을 지정하고 Text에서 글자 형태를 변형하여 글씨를 쓸 수 있게 만들어주는 명령이다. 글자체의 File 이름과 Style 이름과는 동일할 필요는 없다. 이 명령은 [Style] 명령어를 입력하여 수행하여 실시하도록 한다.

- 명령어 [Style] 혹은 단축어 [ST] 입력 후 [Enter]를 클릭하면 다음의 대화창이 나타난다.

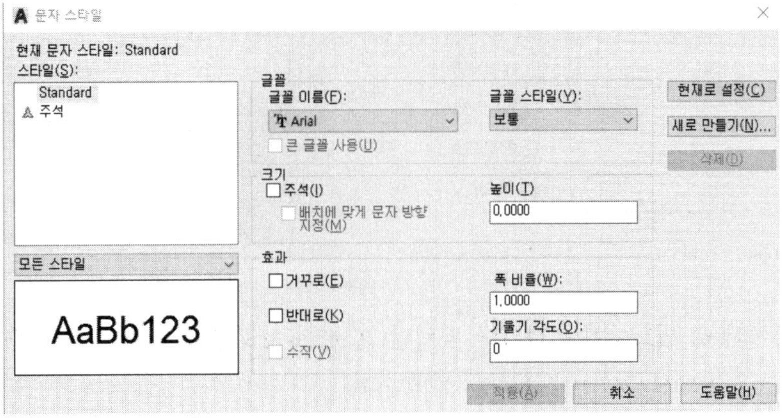

① 스타일 이름 : 스타일의 새 이름을 설정한다.
- New : 스타일의 새 이름을 설정한다.
- Rename : 설정된 이름을 변경한다.
- Delete : 설정된 이름을 삭제한다.

② 글꼴 : 문자세트를 구성하는 문자들의 타입을 정의한다.
- 글꼴이름 : 사용할 문자를 선택한다.

③ 높이 : 문자의 높이를 지정한다. 그러나 여기에 높이를 지정하면 치수기입 때에 치수문자 크기조절이 되지 않으므로 주지 않는 것이 좋다. 또한 일반 문자 입력에서도 문자의 높이를 입력하면서 조정할 수 없다.

④ 효과 : 문자에 각종 효과를 준다.
- 거꾸로(Upside Down) : 문자를 상하 뒤집어지게(물에 비치는 것처럼) 바꾼다.
- 반대로(Backwards) : 문자를 앞뒤 뒤집어지게(우리 안쪽, 거울에 비치는 것처럼) 바꾼다.
- 폭 비율(Width Factor) : 문자의 폭비(장평)을 지정한다.
- 기울기 각도(Oblique Angle) : 문자에 기울기를 준다(-85도 ~ 85도).

⑤ Preview : 글꼴을 미리 본다.

가. AutoCAD에서 지원하는 자체 한글문자 설정하기

- 한자는 지원되지 않는다.

① 바탕글을 위한 한글 문자 설정

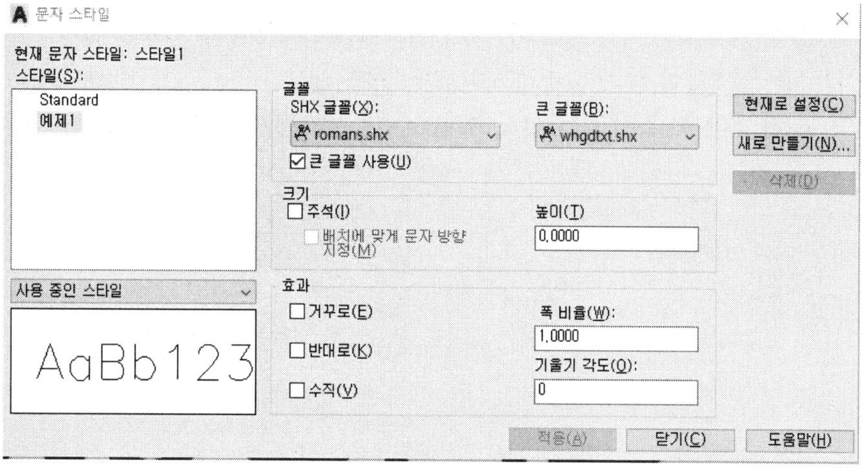

- SHX 글꼴에서 위 대화상자에 나타난 것처럼 "Romans.shx"를 선택하고 큰 글꼴 사용(U)를 체크한 후 큰 글꼴에서 "whgtxt.shx"를 선택한다.
- 새로만들기 클릭하여 이름을 "예제1"으로 만들어 현재글꼴을 적용한다.
- 적용을 클릭하면 글꼴이 생성된다.
- AutoCAD라고 적은 글꼴을 변경하기 위하여 AutoCAD 글자를 선택한 후 마우스 오른쪽 버튼을 클릭하여 다음의 대화창이 나타나면 특성을 선택한다. 아래의 대화창이 나타나면 문자 → 스타일을 "standard"에서 위에서 만든 "예제1"로 바꾸어 주면 다음과 같이 문자 폰트가 변경되는 것을 확인할 수 있다.

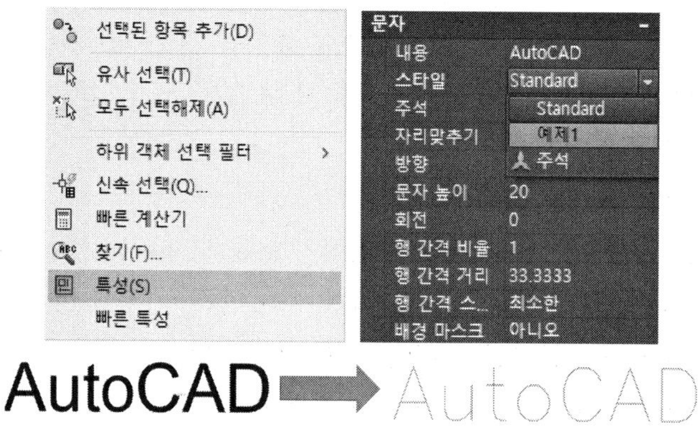

나. Windows가 지원하는 한글문자 설정하기

- 한자가 지원된다.
- 신구스타일을 지정하고 큰 글꼴 지정을 해제한 다음, 글꼴이름에서 '굴림체'나 '돋움체'를

선택하면 된다. 굴림체나 돋움체를 사용하는 이유는 제도규격에 문자는 '고딕체'를 사용하는 것을 원칙으로 하고 있지만 고딕체와 가장 유사한 Font이기 때문이다.

- 폰트를 지정할 때 '@' 기호가 붙어 있는 글꼴은 Rotation Angle(문자 회전각)이 기본으로 270도가 지정되어 세로쓰기가 된다. AutoCAD 2005 버전까지는 글씨가 90도 우회전되었다.

4.10.2 단일행 문자(Dtext, Dt, Text)

- Draw(그리기) → Text(문자) → Single Line Text(단일행 문자)

다중 글꼴이나 행이 필요하지 않은 짧은 문자입력에 사용 레이블에 가장 편리하다.

- 여러 줄 입력이 가능하며 줄단위로 인식된다.
- 명령어 [Dt]를 키인하고 [Enter]를 클릭한다.
- 현재 문자 유형 : "유형2" 문자높이: 2.50000
- 문자의 시작점 지정 또는 [자리맞추기(J)/스타일(S)]: J
- 옵션 입력 [정렬(A)/맞춤(F)/중심(C)/중간(M)/오른쪽(R)/TL/TC/TR/ML/MC/MR/BL/BC/BR]:

① Justify : 문자를 여러 가지 방법으로 정렬한다.

- 옵션의 첫 글자를 알고 있으면 사용하고자 하는 옵션을 바로 입력해도 된다.
- Align : 지정한 구간(A→B) 내에 입력된 문자가 높이와 폭이 그 구간에 알맞은 크기로 정렬된다.

```
현재 문자 스타일: "예제2" 문자 높이: 2.5000 주석: 아니오 자리맞추기: 왼쪽
TEXT 문자의 시작점 지정 또는 [자리맞추기(J) 스타일(S)]:
```

```
옵션 입력 [왼쪽(L)/중심(C)/오른쪽(R)/정렬(A)/중간(M)/맞춤(F)/맨위왼쪽(TL)/맨위중심(TC)/맨위오른쪽(TR)/중간왼쪽(ML)/중간중심(MC)/중간오른쪽(MR)/맨아래왼쪽(BL)/맨아래중심(BC)/맨아래오른쪽(BR)]: a
TEXT 문자 기준선의 첫 번째 끝점 지정:
```

- Ft : 지정한 구간(A→B) 내에 입력된 문자가 폭만 그 구간에 알맞은 크기로 정렬된다.
- Center : 지정한 곳(A)으로 문자의 하단부 중앙이 정렬한다.
- Middle : 지정한 곳(A)으로 문자의 정중앙이 정렬한다.
- Right : 지정한 곳(A)으로 문자의 하단부 오른쪽 끝이 정렬한다.

② Style : 저장된 다른 스타일을 지정한다.

가. 단일행 문자 명령 Text를 실행한다.

임의의 지점을 기준점으로 클릭하여 문자 높이값을 입력 후 Enter를 클릭한다. 문자 회전각도 값을 입력하고 Enter를 클릭한다. Enter 키로 행을 구분지어 2줄 이상의 문자를 입력하며 입력이 완료되면 Enter를 두 번 클릭하거나 Ctrl+Enter키를 눌러 문자입력을 종료한다.

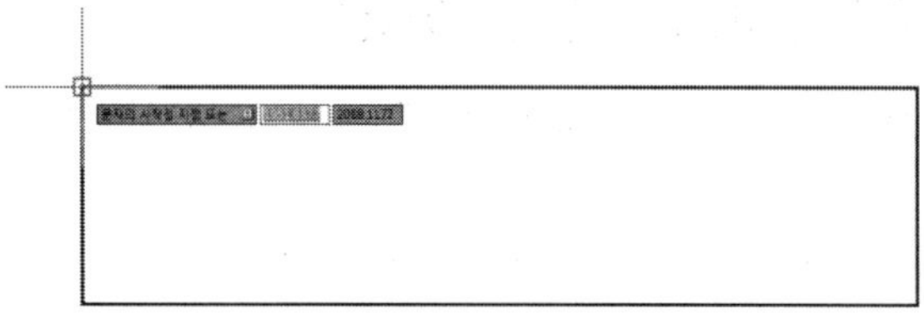

나. 단일행 문자 수정하기

- 명령창에 Properties를 입력하여 특성창을 오픈한다.
- 작성된 단일 행 문자를 선택한다.
- 특성 창에서 문자 스타일, 문자 높이, 문자 회전값 등을 바로 수정할 수 있다.

다. 문자 찾기 및 수정

작성중인 도면에서 지정한 문자를 찾고, 찾은 문자를 다른 문자로 수정할 수 있다. 대부분의 도면에는 많은 문자가 있으므로 특정 문자를 찾아서 수정하는 작업이 번거로울 수 있어 이때 문자 찾기 및 수정 기능을 사용하면 편리하게 도면을 수정할 수 있다. 명령창에 Find를 입력하고 Enter 클릭하면 찾기 대화상자가 다음과 같이 나타나며 검색할 문자를 대치(교체)할 수 있다.

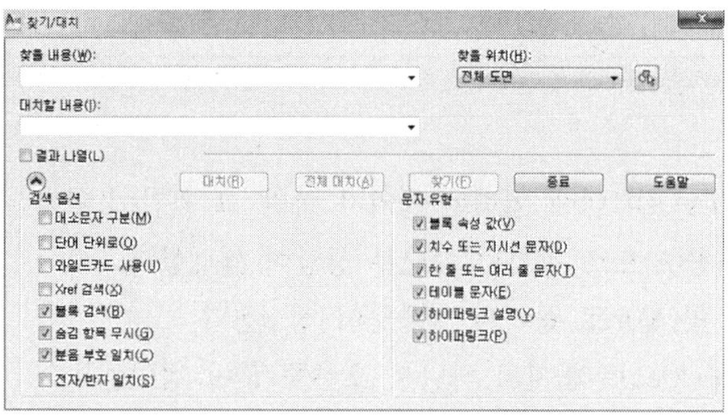

4.10.3 다중행 문자(Mtext, Mt, T)

- Draw(그리기) → Text(문자) → Multiline Line Text(다중행 문자)

길고 복잡한 문자 입력에 사용 설계자가 지정한 폭에 맞는 여러 문자 행이나 단락으로 구성되며 수직방향으로 무한히 확장될 수 있다.

- 다중행 입력을 하며 문장 단위로 인식된다. 문서 편집 기능을 가지고 있으며 지정된 폭 내에서는 맞춰지지만 세로 방향에는 제한이 없다.
- 명령어 [Mtext]를 키인하고 [Enter]를 클릭한다.
- 현재 문자 유형 : "Standard", 문자높이: 2.50000
- 첫 번째 구석 지정 :
- 반대구석 지정 또는 [높이(H)/자리맞추기(J)/선 간격두기(L)/회전(R)/스타일(S)/폭(W)]:

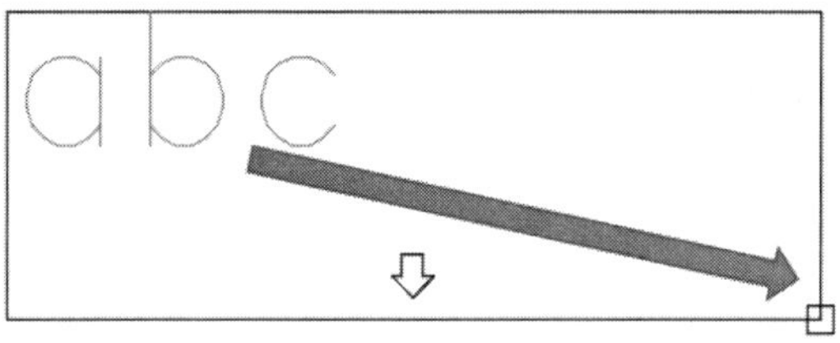

① 문자 스타일을 지정한다.

② 글꼴을 Style과 별개로 지정 가능하다.

③ 문자의 높이를 조정한다.

- B : 볼드체를 적용하는 명령이다(글꼴에 따라 적용되지 않는 경우도 있다).
- I : 이탤릭체를 적용한다(글꼴에 따라 적용되지 않는 경우도 있다).
- A : 글자에 줄을 긋는다.
- U : 밑줄을 긋는다.
- O : 글자 윗줄을 긋는다.

④ 문자의 색상을 변경할 수 있다.

⑤ 문자 입력창 위의 눈금자 표시여부를 결정한다.
⑥ 문자입력을 완료한다.
⑦ 다중행 문자입력에 관련한 여러 가지 옵션을 지원한다.
⑧ 문장의 좌우 정렬방식을 지정한다.
⑨ 문장의 상하정렬방식을 지정한다.
⑩ '번호매기기, 글머리기호, 대문자'로 문장 첫머리의 기호를 지정한다.
⑪ 필드를 입력한다.
⑫ 입력된 문자를 블록으로 지정하여 소문자를 대문자로, 대문자를 소문자로 변경한다.
⑬ 특수문자를 사용할 수 있다.
⑭ 문자에 기울기를 조정한다.
⑮ 자간을 조정한다.
⑯ 줄간격을 조정한다.

☞ 단일 행 문자(Text)를 작성할 때는 일부 옵션을 사용할 수 없다.
☞ 여러 줄 문자 이용해 특수기호 입력하기

기존 입력된 문자를 더블 클릭하여 문자 편집모드로 전환시킨다.

리본 탭에서 [기호] 버튼을 클릭하여 메뉴가 활성화되었을 때 특수기호를 선택해서 사용하거나 설명 옆에 표시된 %%d(도), %%p(양수), %%c(지름) 등의 문자 입력란에 직접 입력하여 사용할 수도 있다. 다음 그림에 표기된 버튼을 클릭하면 다음과 같이 자주 사용하는 특수문자 옵션이 나타난다.

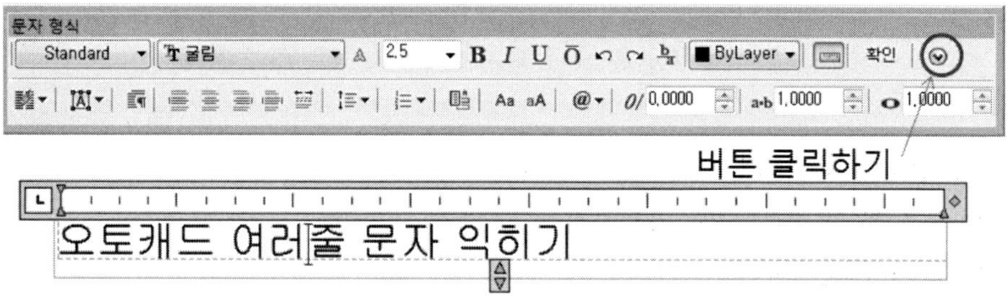

작업 중인 도면에 여러 줄 문자 객체를 작성할 때 사용한다. 여러 줄 문자에서는 다양한 형식 지정, 단락 설정, 특수기호 입력 등의 기능을 활용하여 자유자재로 원하는 문자를 작성하거나 편집할 수도 있다. 각 단어마다 폰트와 크기를 따로 지정할 수도 있어 다양한 설정을 할 수 있다. 여러 줄 문자를 분해할 경우 단일 행 문자로 분해되는데, 이때 각 행마다 분해되며 문자 크기나 폰트가 변경된 경우에는 폰트마다 크기마다 단일행 문자로 분해된다.

명령창에 Mtext를 키인 하거나 단축키로 Mt를 사용하여 명령 실행이 가능하다. 여러 줄 문자의 경우 리본 탭 메뉴가 활성화된 상태라면 리본 탭이 문자 편집기 상황별 탭으로 전환되고 리본 탭 메뉴가 비활성화된 상태라면 내부 문자 편집기 창이 나타난다.

4.10.4 특수문자

키보드에 없는 문자로서, 여러 문자를 조합하여 문자를 생성해낼 수 있다. 특수문자는 한글 글꼴이 지정된 경우와 일부 영문글꼴에서도 지원되지 않는다. 아래 방법대로 했는데도 '?'만 표시된다면 틀림없이 지원되지 않는 글꼴에서 특수문자를 입력한 경우와 영문 글꼴 상태에서 한글을 입력한 경우이다.

- %%U : 문자 아래에 줄긋기
- %%O : 문자 위에 줄긋기
- %%D : 각도를 나타내는 기호
- %%P : 허용오차를 나타내는 기호
- %%C : 원의 지름을 나타내는 기호
- %%% : % 비율을 나타내는 기호

☞ **입력 예**

- 35.7%%D : 35.7o
- %%P0.05 : ±0.05
- %%C30 : ***Φ***30
- 50%%% : 50%

다음 그림에서 기호(S)를 선택하면 각종 특수기호 선택창이 나타난다.

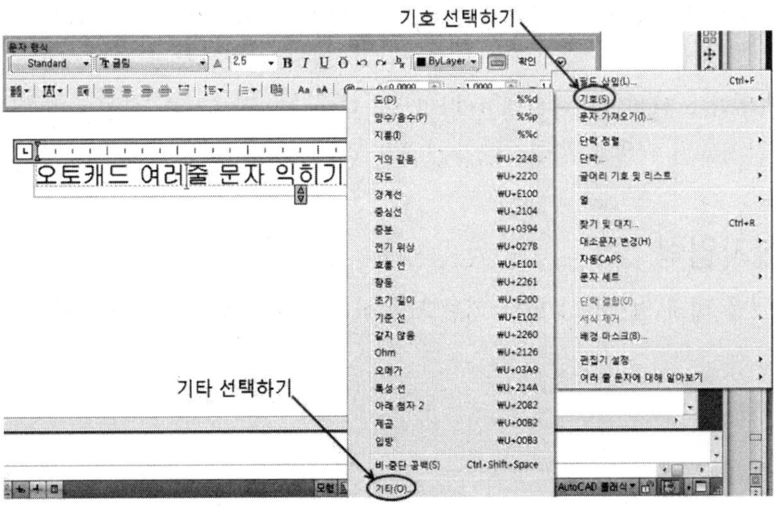

위의 그림메뉴에서 기호(S)를 선택하면 각종 특수기호 선택창이 나타나며 선택창에서 기타(O)를 선택하면 다음의 특수기호를 사용할 수 있는 문자표가 활성화된다. 입력하려는 ① 특수기호(±)를 클릭한 다음 ② 선택 버튼을 클릭하면 [복사할 문자] 항목에 선택한 특수기호가 추가된다. 입력할 특수기호(±) 선택이 완료되면 ③ [복사] 버튼을 클릭한다.

단락 대화상자에서 탭 정지를 들여쓰고, 단락을 정렬하고, 단락 간격 및 단락 행 간격을 조절할 수 있다. 단락 창은 다음의 기능이 있으니 필요에 따라 실습해보기 바란다.

- 탭 : 탭 형식에 대한 내용을 설정한다.
- 소수점 스타일 : 소수점 스타일을 설정하는데 마침표, 쉼표 및 공백의 소수점 스타일이 있다.
- 왼쪽 들여쓰기 : 선택한 단락 또는 첫 행에 대한 들여쓰기 값 또는 내어쓰기와 들여쓰기를 설정한다.
- 오른쪽 들여쓰기 : 선택한 단락 또는 현재 단락에 들여쓰기를 적용한다.
- 단락 정렬 : 현재 단락 또는 선택한 단락에 대해서 정렬특성을 설정한다.
- 단락 간격두기 : 현재 또는 선택한 단락 앞 또는 뒤의 간격을 설정한다.
- 단락 행 간격두기 : 현재 단락 또는 선택한 단락의 각 행 간격을 설정한다.

4.10.5 한자입력

한자는 한글을 먼저 입력하고 바로 키보드의 '한자'라고 표시된 키를 클릭하면 변환 가능한 한자가 뜬다.

☞ **입력 예**

한글로 '남'이라고 입력하고 한자 키를 클릭하면 우측하단에 아래 그림처럼 한자표가 나올 때 원하는 한자에 해당하는 수를 입력하거나 마우스로 직접 선택하면 된다.

☞ **한자가 지원되지 않는 글꼴일 경우 한자입력이 되지 않는다. '굴림체' 또는 '돋움체'는 지원이 된다.**

4.10.6 Ddedit, Ed

- Modify (수정) → Object (객체) → Text (문자) → Edit (편집)
- 입력된 문자의 내용을 수정하는 데 사용한다.
- 명령어 [Ddedit]를 키인하고 [Enter]를 클릭한다.
- 주석객체 선택 또는 [명령 취소(U)] : 수정할 문자를 선택하여 수정한다.

4.10.7 Properties, Ch(특성)

- Modify(수정) → Properties(특성)
- 입력된 문자의 색상, 도면층, 내용, 스타일, 자리맞춤, 높이, 회전 등 전반적인 수정을 할 수 있다.
- 입력창에 명령어 [Properties]를 키인하고 [Enter]를 클릭한다.
- 다음과 같은 특성창이 나타나며 이 중에서 필요한 부분(문자, 치수 등)을 선택하여 특성을 수정할 수 있다.

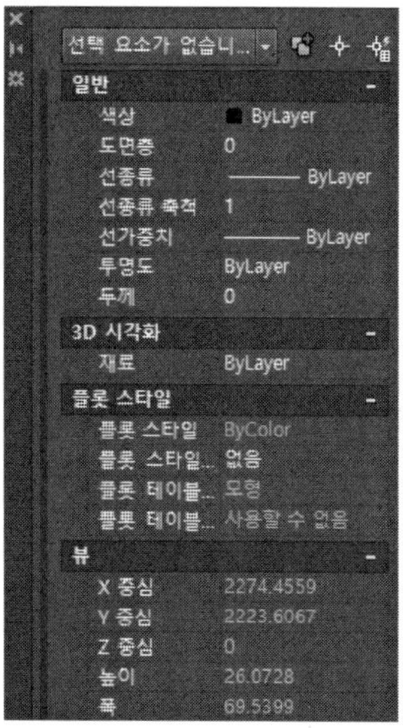

4.10.8 Spell, Sp

- Tools(도구) → Spell(철자)
- 선택한 문자의 맞춤법을 검사하고 바른 맞춤법으로 수정을 유도한다.
- 입력창에 명령어 [Spell]를 키인하고 [Enter]를 클릭한다.
- 객체선택 : 검사할 문자를 선택한다.
- 다음과 같은 대화창이 나타나며 이 중에서 필요한 부분을 선택하고 시작 버튼을 클릭하면 철자 검사가 시작된다. 영어 등 다른 나라 언어로 된 사전 등도 이용가능하다.

☞ 철자 검사 대화상자

도면에 작성된 문자에 대한 철자를 검사하는 기능으로 [주석]리본 탭에서 [문자]리본 패널의 [철자] 버튼을 클릭하면 [철자검사] 대화상자를 실행시킬 수 있다. 또는 명령어 Spell을 입력하거나 단축키 Sp로도 실행시킬 수 있다.

한 줄 문자, 여러 줄 문자, 다중 지시선 문자, 블록 속성의 문자, 외부 참조의 문자 및 치수에 추가된 문자 등에서 철자를 검사한다. 블록 속성의 경우 속성값만 검사하며 블록 참조와 내포된 블록 참조 내의 문자 객체 철자는 검사되지만 블록 정의에서의 철자 검사는 블록 참조가 선택된 경우에만 수행된다.

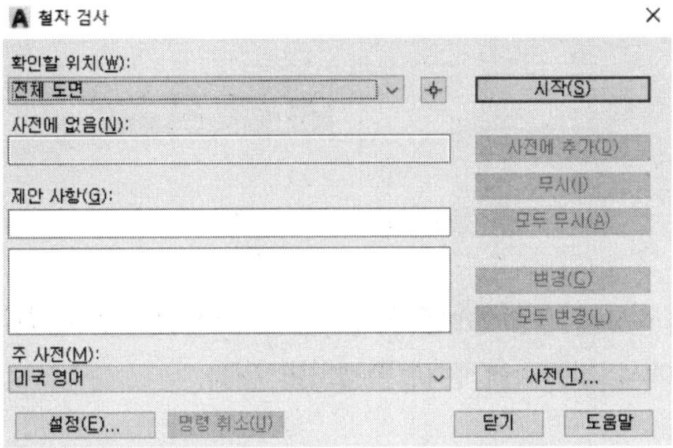

철자 검사는 다음의 옵션이 사용 가능하다.

- 검사영역 : 철자 검사를 실시할 부분을 표시한다.
- 사전에 없음 : 맞춤법이 오류로 인식되는 단어를 표시한다.
- 제안 사항 : 현재 사전에서 제안하는 대치 단어를 표시한다.
- 주 사전 : 사용될 주 사전을 표시하며 기본 사전은 언어에 따라 달라진다.
- 시작 : 철자 검사를 시작한다.
- 사전에 추가 : 사용자 사전에 현재 단어를 추가하며 최대 63자까지 가능하다.
- 무시 : 현재 단어를 건너뛴다.
- 모두 무시 : 현재 단어와 일치하는 나머지 모든 단어를 건너뛴다.
- 변경 : 제안 사항에 있는 단어로 현재 단어를 대치한다.
- 모두 변경 : 선택한 모든 문자가 현재 단어로 대치된다.

4.11 특정 Point를 정확하고 빠르게 선택(지정)하는 방법

4.11.1 Polar Tracking(극좌표)

미리 설정된 각도(기본값90도)에서 다음과 같이 추적이 발생된다(F10 : Polar Tracking On/Off).

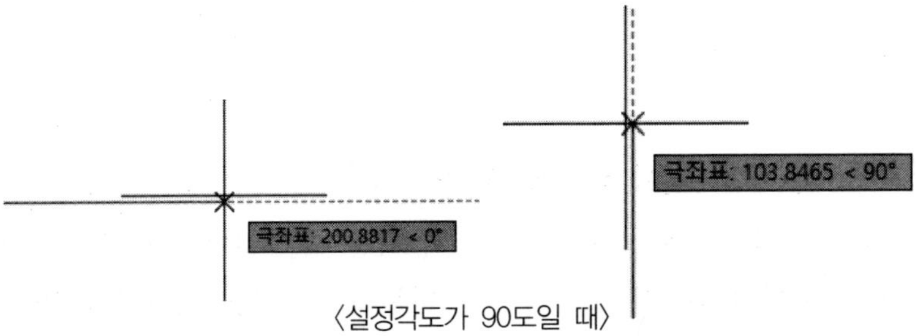

〈설정각도가 90도일 때〉

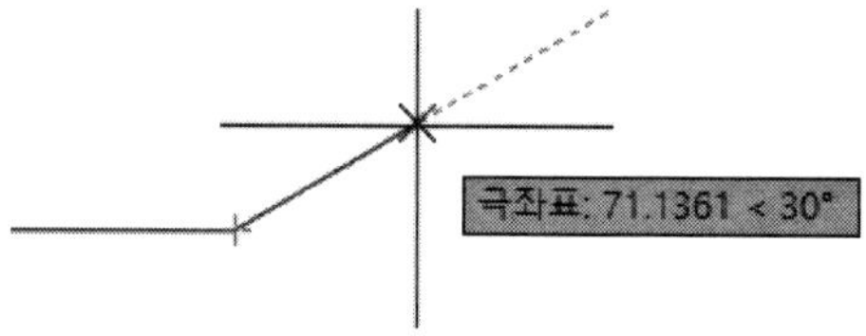

〈설정각도가 30도일 때〉

※ Polar Tracking의 각도를 설정하려면 상태라인에서 극좌표 옆 화살표를 클릭하여 나타나는 아래의 대화상자에서 설정값을 선택/변경하면 된다.

'Internet Angle(각도증분)'을 클릭하여 기본 각도를 선택하면 선택한 각도의 증분 값에 따라 추적이 활성화된다. 기본 각도 중에 없는 각은 Additional Angle(추가각도) 기능을 통해 추가하여 설정한다.

- 명령어 [DSETTINGS]를 키인 후 [Enter]를 클릭한다.
- 다음과 같이 제도설정 대화창이 나타나면 두 번째 메뉴인 극좌표추적을 선택한다.
- 대화창 메뉴 중 극좌표 추적 켜기(P) [F10]을 선택한다.
- '각도증분(I)'을 선택한다.

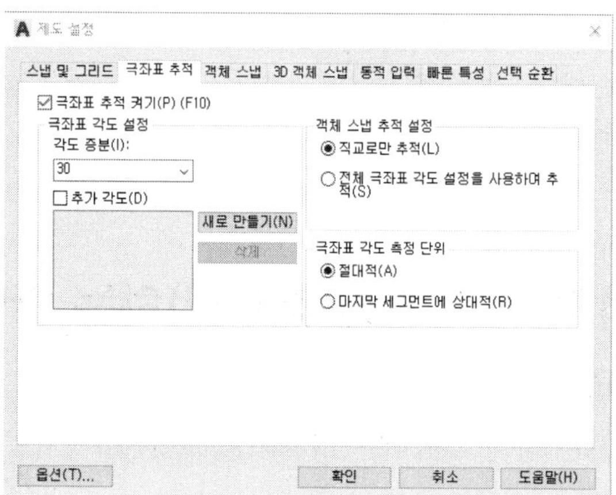

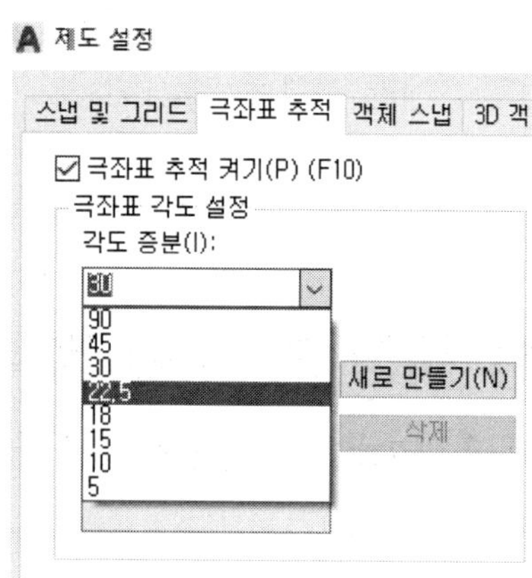

- 세부 각도(22.5도, 18도, 15도, 10도, 5도)를 상세하게 선택하여 극좌표 추적하기의 각도를 세밀하게 나누어 줄 수 있다.

4.11.2 객체스냅(Osnap; Object Snap)

Osnap은 본 서적에 여러 번에 걸쳐서 그 의미와 사용 예를 나타내고 있는데 워낙 다양한 목적과 사용범위 등이 넓기 때문에 그 중요성은 아무리 강조해도 지나침이 없다. 그러므로 이에 대한 상세 설명을 본 교재의 곳곳에 기회가 될 때마다 수록하여 독자들의 이해를 돕고자 한다.

Osnap은 작업요소의 특정한 점을 빠르게 찾아주는 도구로써 Endpoint(끝점), Center(중심점), Intersection(교차점), Extension(연장선) 등이 기본으로 설정되어 있다. 지정하려는 해당 부위에 커서를 대면 지정된 Osnap 중 그 상황에 가장 적합한 Osnap이 작동한다. 만약 작동하지 않으며 기능키인 [F3] 키를 누르거나 혹은 마우스로 직접 상태라인의 “Osnap”을 클릭하여 활성화시키며 필요한 Osnap을 지정하려면 상태라인의 “Osnap” 위에 마우스 커서를 대고 마우스 우측버튼을 클릭하여 “setting..(설정값)”을 선택하면 나타나는 대화상자에서 지정, 변경하면 된다.

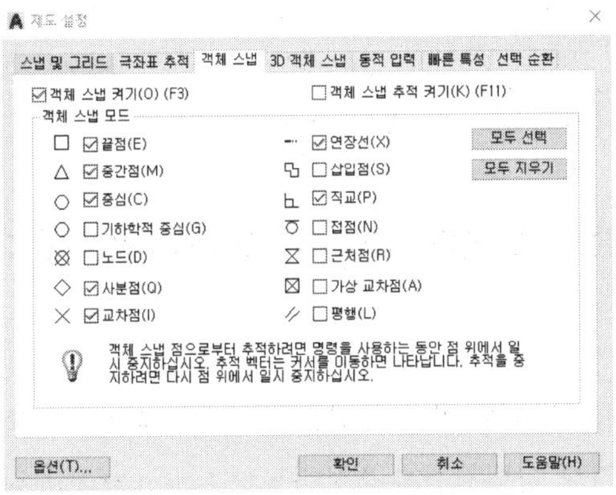

가. ENDpoint(끝점) : 선이나 호의 끝점을 찾는다. 양쪽 끝 두 군데에 존재하므로 중간에서 약간이라도 치우친 쪽의 끝점을 찾아준다. 끝점의 해당위치에는 사각형이 나타난다.

나. CENter(중심점) : 원이나 호의 중심을 찾는다. 눈에 보이는 원이나 호의 예상 중심점에 커서를 갖다대면 중심점을 표시하는 작은 원이 표시된다. 만약 잡히지 않을 경우에는 원이나 호 위에 커서를 갖다 대면 해당 중심위치에 작은 원이 나타난다.

다. MIDpoint(중간점; 1/2) : 선이나 호의 1/2 지점을 찾아준다. 한 점밖에 없으므로 대상물의 아무 데나 선택해도 된다. 해당 위치에 삼각형이 나타난다.

라. TANgent(원에 대한 접점) : 원에 대한 접점을 찾아준다. 해당 위치에 원에 대한 접점을 알리는 도형이 나타난다.

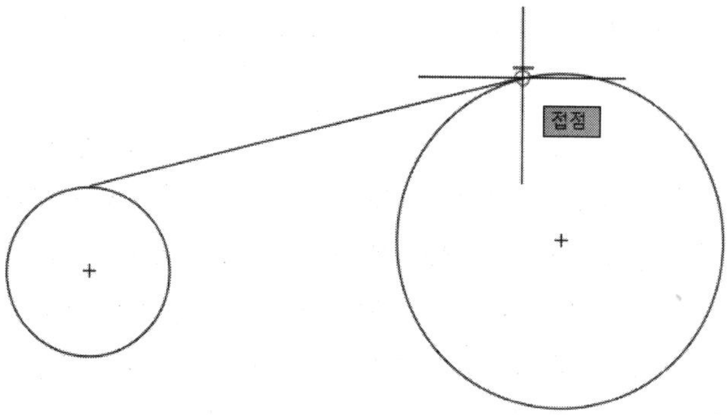

마. QUAdrant(원의 4분점) : 원의 0, 90, 180, 270도를 찾아준다. 마우스가 지정하는 가까운 쪽의 사분점을 찾아간다. 해당 위치에 마름모 형태의 도형이 나타난다.

바. INTersect(교차점) : 교차하는 지점을 찾아주는데 다른 Osnap보다 예상지점을 적극적으로 지정해야 한다. 해당 위치에 X자 형태의 표식이 나타난다.

※ 선과 선이 만나는 정점은 교차점도 해당되나 ENDpoint(끝점) Osnap을 사용하는 것이 빠르다.

사. NEArest(근처점) : 선택한 곳에서 가장 가까운 요소의 부위를 지정한다. 해당 위치에 모래시계 삼각형이 나타난다. 가장 광범위하게 작용하므로 다른 Osnap보다 최우선순위로 작동하여 다른 Osnap을 방해하는 경우도 있으므로 꼭 필요할 때만 선택하여 사용한다.

아. PERpendicular(수직점) : 직교 포인트를 찾아준다. 해당 위치에 직교표시가 나타난다.

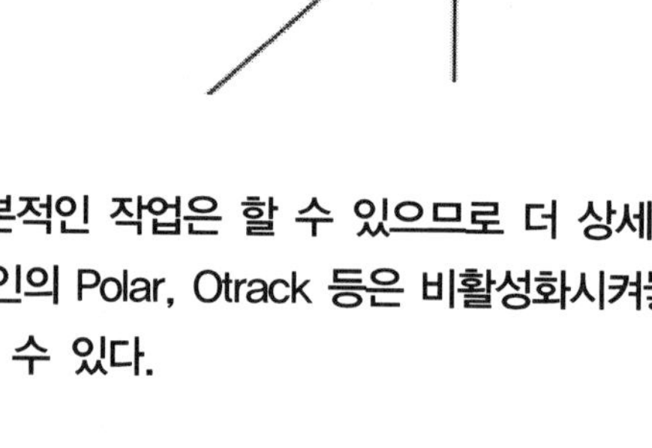

※ 이 정도 Osnap으로 기본적인 작업은 할 수 있으므로 더 상세한 부분은 Osnap 편을 참조하면 된다. 또한 상태라인의 Polar, Otrack 등은 비활성화시켜놓고 실습해야 Osnap의 작동을 제대로 알고 이해할 수 있다.

4.11.3 Osnap을 실제 적용하는 방법

다음 방법 중 사용하기 편리한 방법을 선택해서 사용하도록 한다.

가. 키보드로 직접 입력하는 방법

"~point :" 또는 "~점 : "에서 Osnap 머리글자 3글자만 입력 후 엔터한다.

☞ 예) 끝점을 지정하려면 '~point : End'를 입력한 후 엔터하고 대상 지점을 선택한다. 엔터한 뒤에 붙는 'of'나 'to' 등의 전치사는 자동으로 생성되므로 신경 쓰지 않아도 된다.

나. [Shift] 키와 마우스 우측버튼을 누르면 나오는 메뉴에서 선택하는 방법

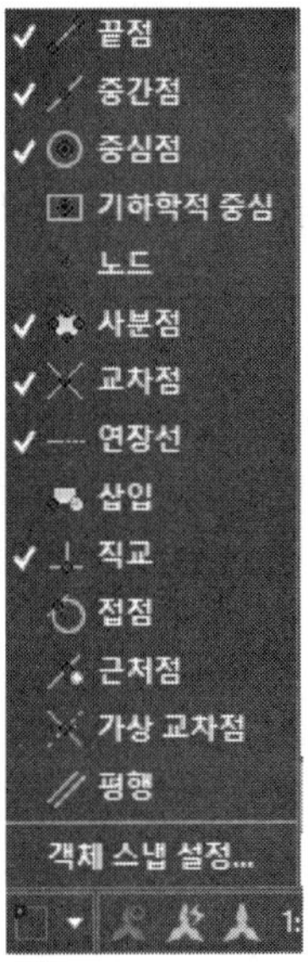

다. Tool Bar에서 선택하는 방법

화면 안에 있는 기존 툴바 위에 커서를 올려놓고 우측 버튼을 클릭하면 위의 대화창이 나타난다.

- 나타나는 List에서 "Object snap(객체스냅)"을 선택한다. 영문버전은 A, B, C 순서로 나타나며 한글판은 가, 나, 다 순이므로 주의한다.

라. 명령어로 올리는 방법

툴바의 명칭을 정확히 입력해야 하므로 권장하고 싶지 않은 방법이다.

- 명령어 [-Toolbar]를 키인한다.
- 도구막대 이름 입력 또는 [전체(All)]:

※ Toolbar의 명칭은 영문판으로 한글판은 한글로 입력해야 하며 단어 사이의 띄어쓰기는 '_'로 처리한다. 왜냐하면 스페이스 바가 엔터로 동일하게 작동하기 때문이다.
예) Object Snap → object_snap 또는 객체 스냅

마. 사용자화를 이용하여 올리기

① 메뉴 View(뷰) → Toolbars...(도구막대)를 실행한다.

② Customize 항목에서 Workspaces 하부의 AutoCAD Default(Current)를 선택하면 우측 Workspace Contents 영역에 활성화되는 Customize Workspace를 선택한다.

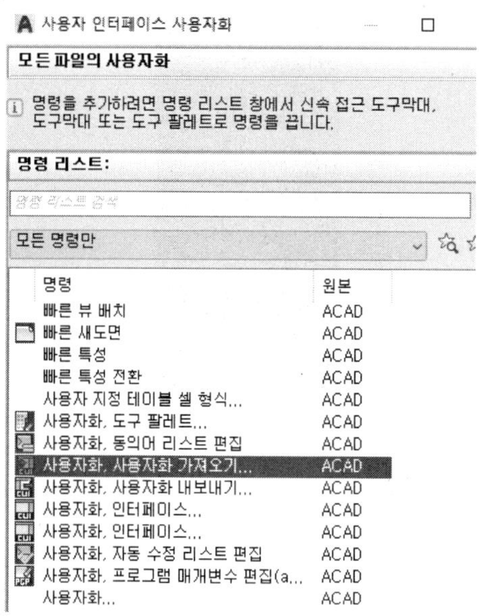

4.11.4 특정 Osnap(객체스냅)을 반복해서 사용해야 하는 경우

자주 쓰이는 Osnap 항목을 미리 지정해놓으면 Point를 요구하는 상황이 되면 자동으로 Osnap이 작동한다. 상태라인에 있는 Osnap 버튼 위에 커서를 놓은 상태에서 마우스 오른쪽 버튼을 클릭한 후 Osnap 설정창에서 필요한 Osnap을 지정해 사용한다.

4.12 Sketch

자유 실선을 그릴 때 사용하는 명령이다. 지도나 등고선 등을 그릴 때 유용하다.

- 명령어 [Sketch]를 키인하고 [Enter]를 클릭한다.
- 기록단위(밀도)를 설정한다.
- 스케치(Sketch), 펜(Pen), 나가기(eXit), 종료(Quit), 레코드(Record), 지우기(Erase), 연결(Connect).

① Record increment : 기록단위를 설정한다. 작을수록 정밀한 작업이 되지만 작업용량이 많아진다.
② Pen : Pen Down/Up을 전환시킨다. 마우스 클릭으로 Down/Up이 된다.
③ eXit : 작업하던 내용을 저장하고 종료한다.
④ Quit : 작업하던 내용을 저장하지 않고 종료한다.
⑤ Record : 명령을 종료하지 않고 작업내용을 저장한다.
⑥ Erase : 저장하지 않은 작업 내용 중 마우스를 역순으로 진행시키면서 삭제할 수 있다.
⑦ Connect : 작업하던 끝점에서 연결해서 그린다.

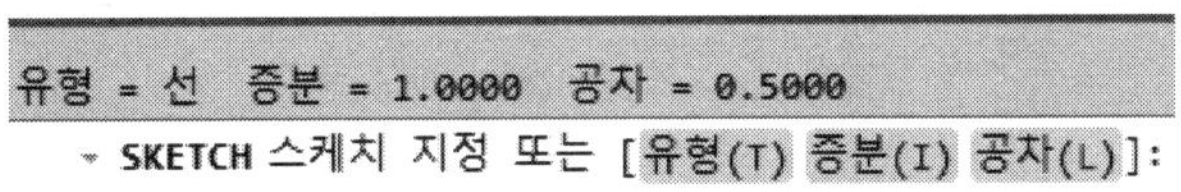

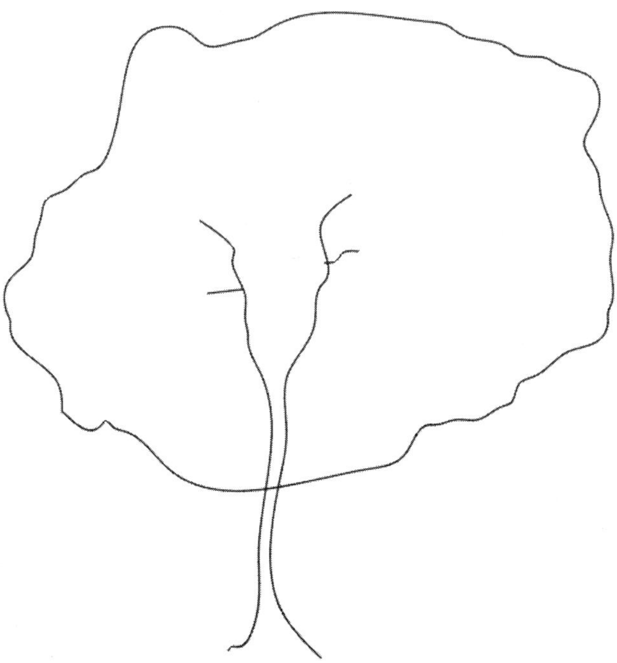

- 명령 : Sketch
- 레코드 증분 〈1.0000〉 :
- 스케치, 펜(P) 나가기(X) 종료(Q) 레코드(R) 지우기(E) 연결(C)

※ 작업 중인 혹은 저장되지 않은 작업내용은 초록색으로 존재한다. 이럴 때 저장하여 기록을 남기고 싶으면 [Enter]를 클릭하면 작업내용 색상이 검정색으로 변경되어 기록을 남길 수 있다.

4.13 Exercise(도면 그리기)

☞ 새로만들기 → Acad 템플릿을 열어 다음의 도면을 그려보세요.

☞ 도면 4-1

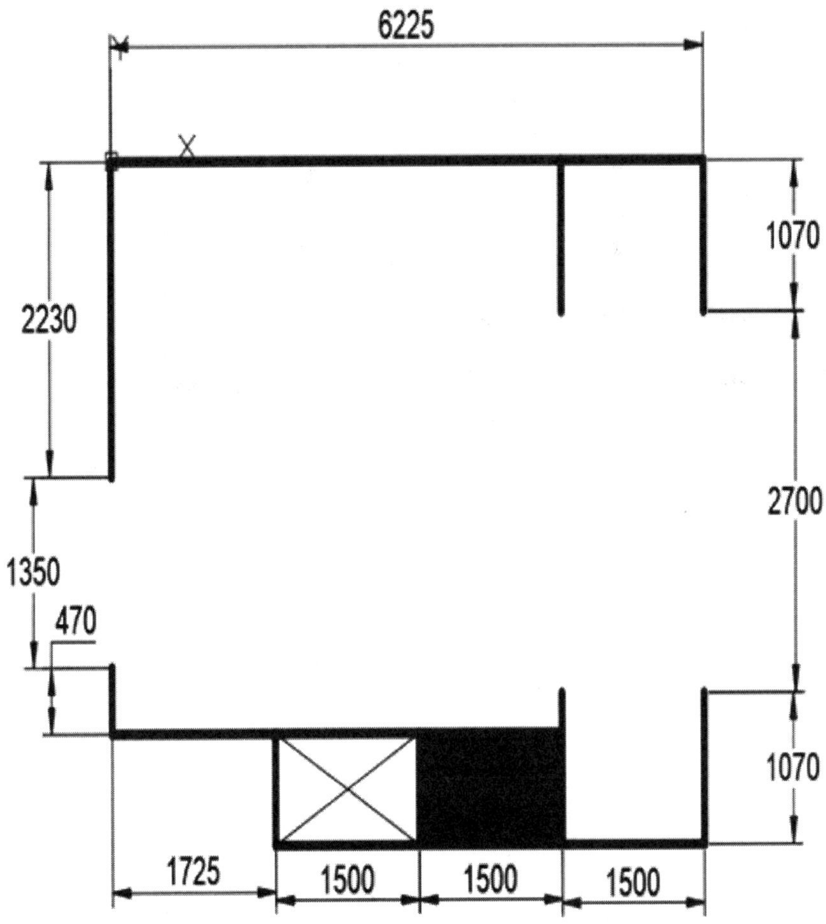

☞ 도면 4-2

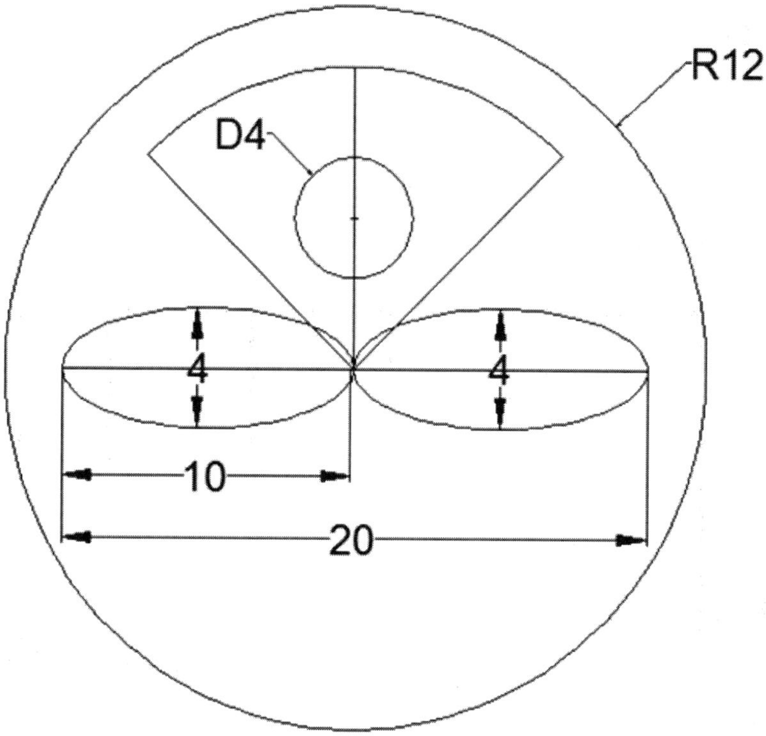

치수 없는 선은 길이를 10mm로 할 것

☞ **도면 4-3**

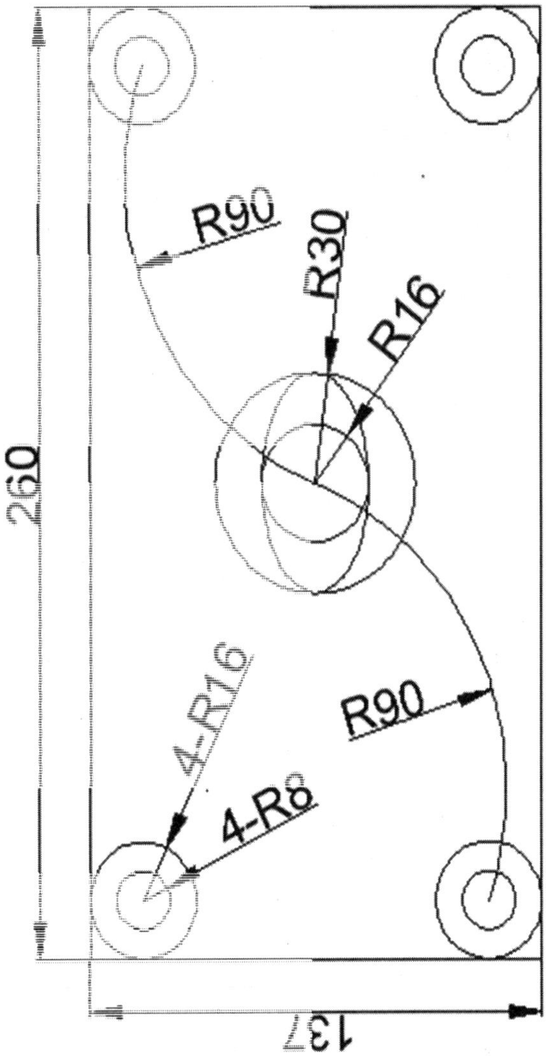

☞ 도면 4-4

앞서 배웠던 Copy와 Move 명령을 사용하여 다음 도면을 그려본다.

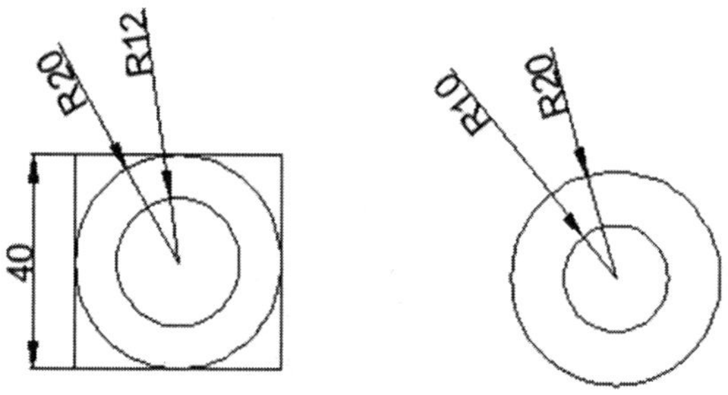

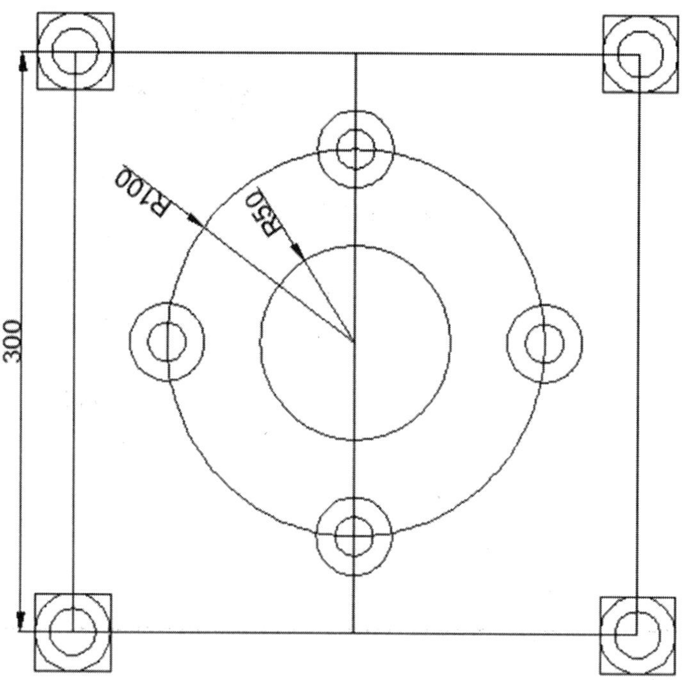

☞ 도면 4-5

앞서 배웠던 명령을 사용하여 다음 도면을 그려본다.

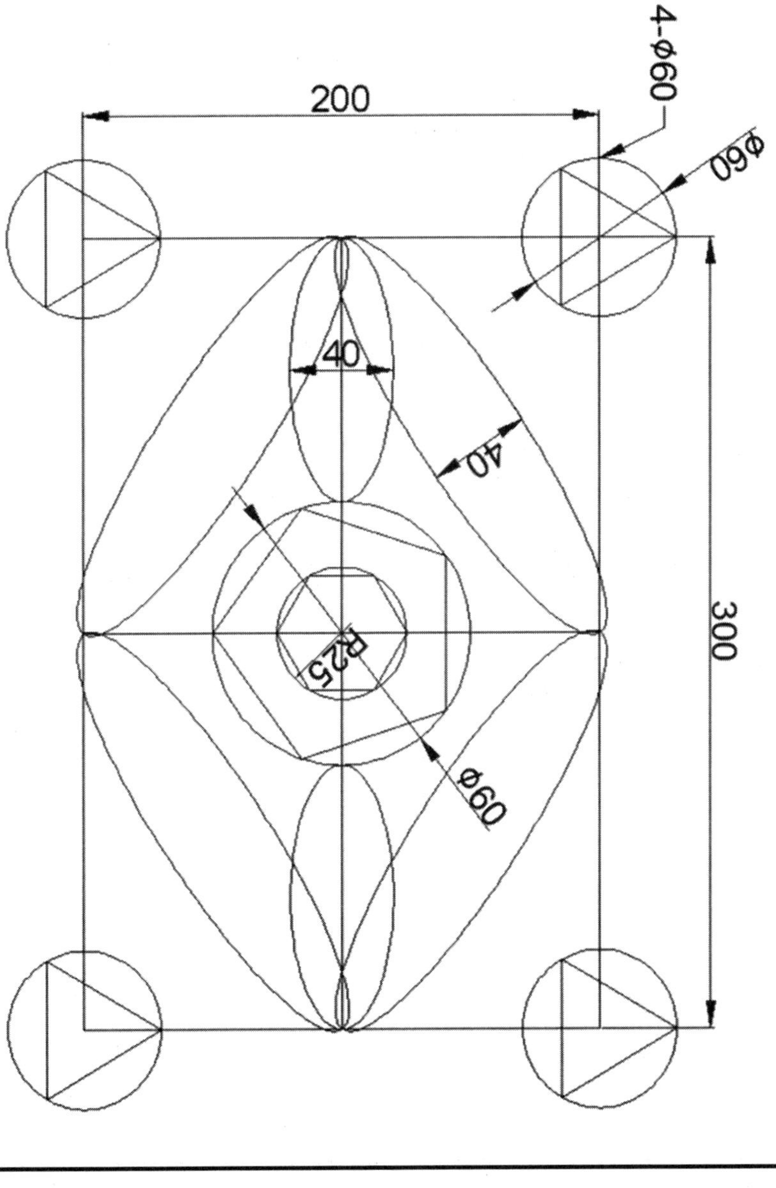

☞ 도면 4-6

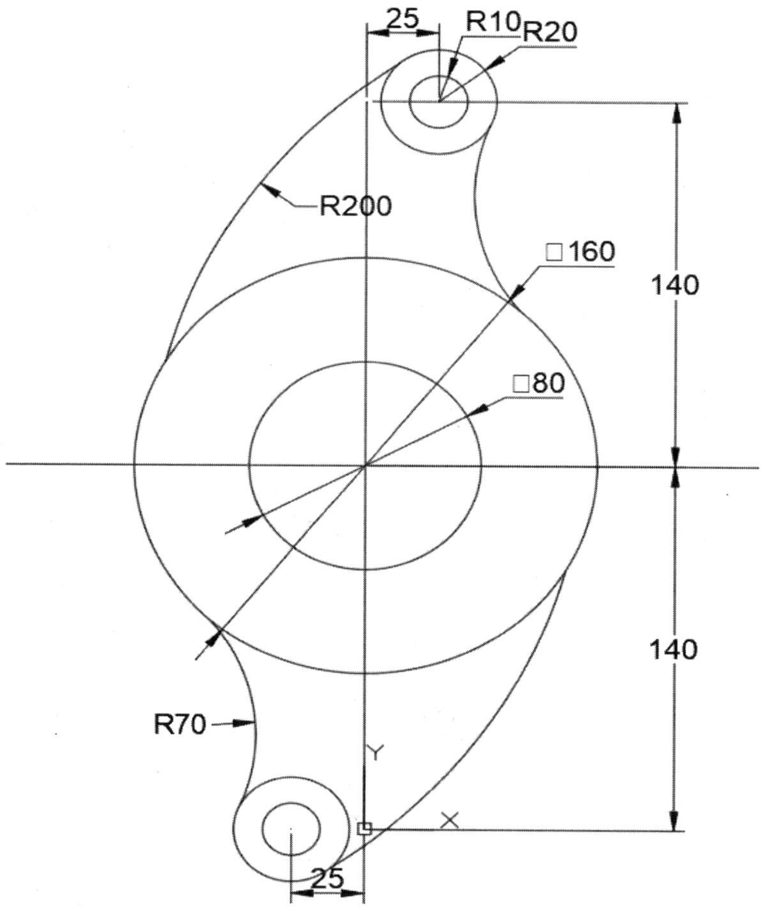

☞ **도면 4-7**

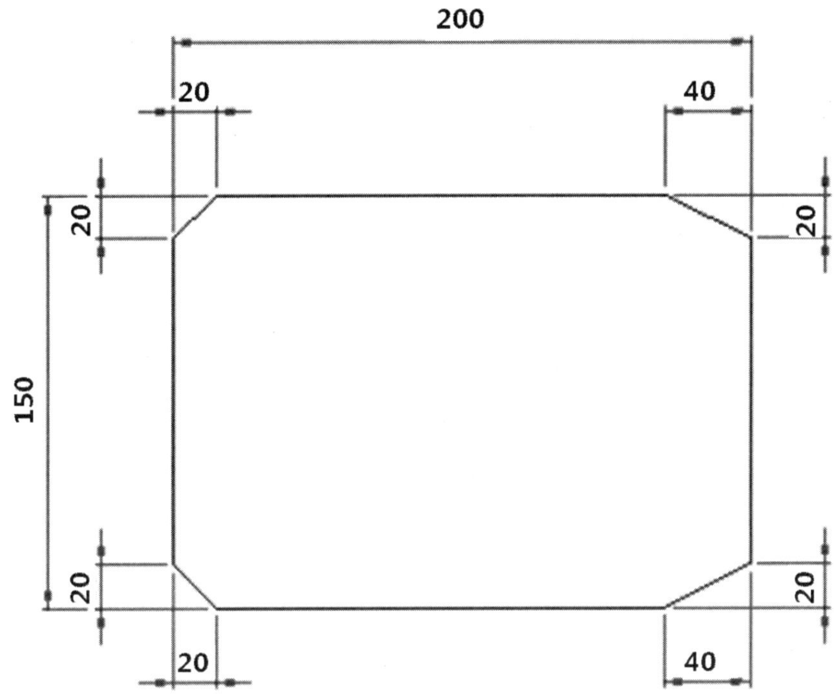

☞ **도면 4-8**

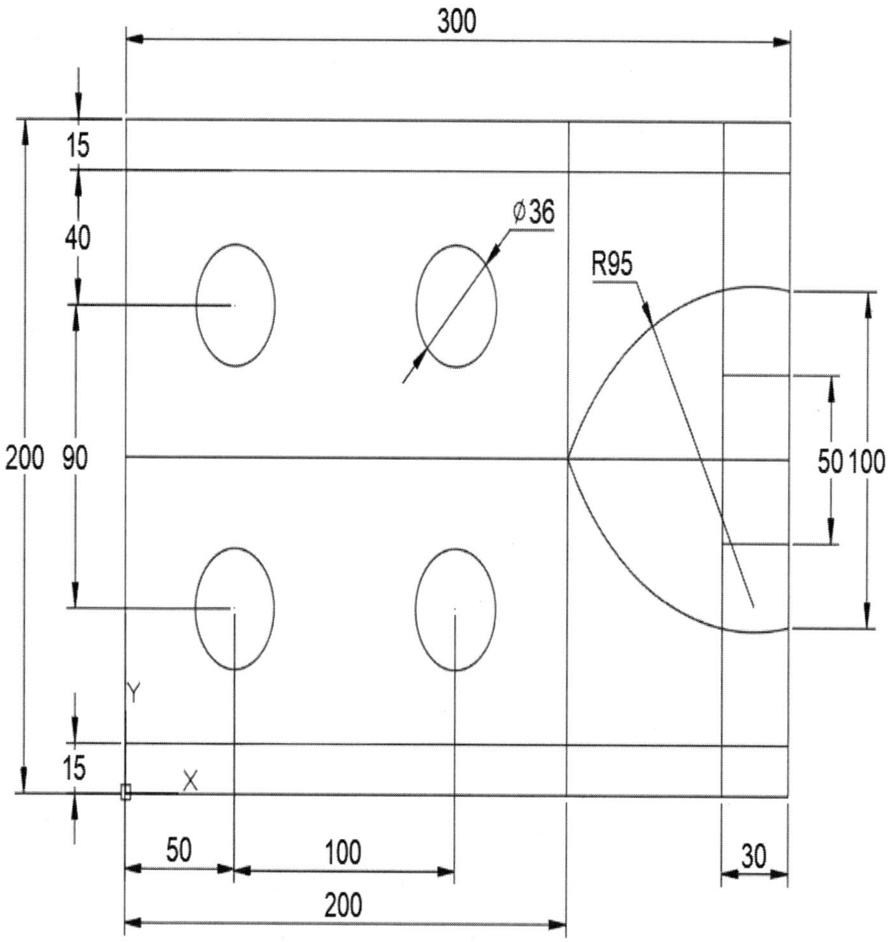

☞ 도면 4-9

무한선 (구상선)을 이용해 다음의 도면을 그려보세요.

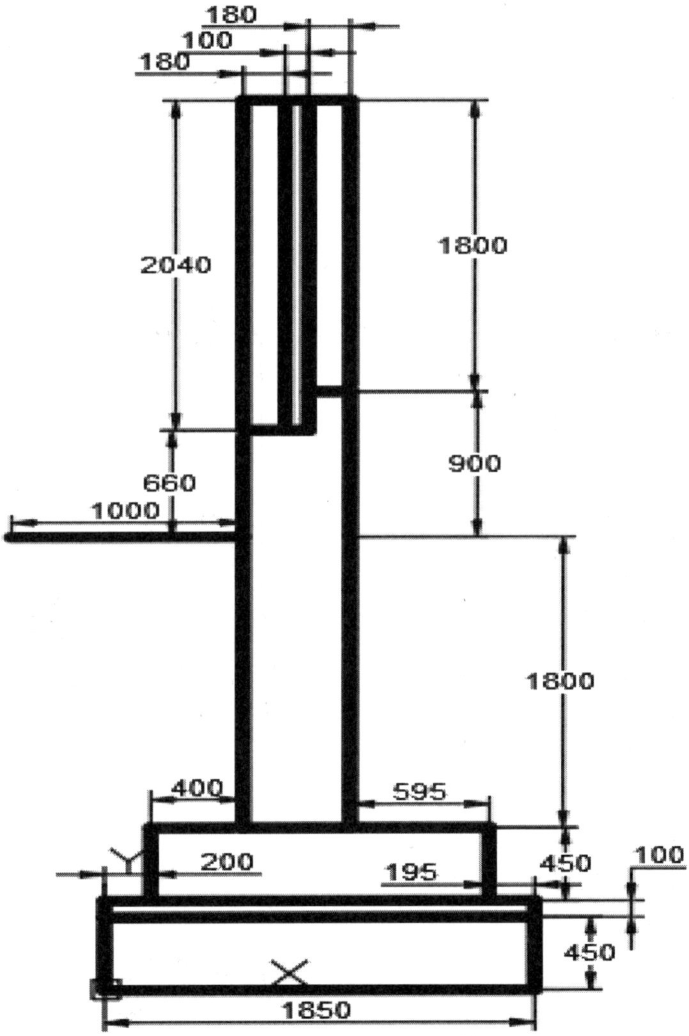

☞ 도면 4-10

다음의 도면을 그려보세요.

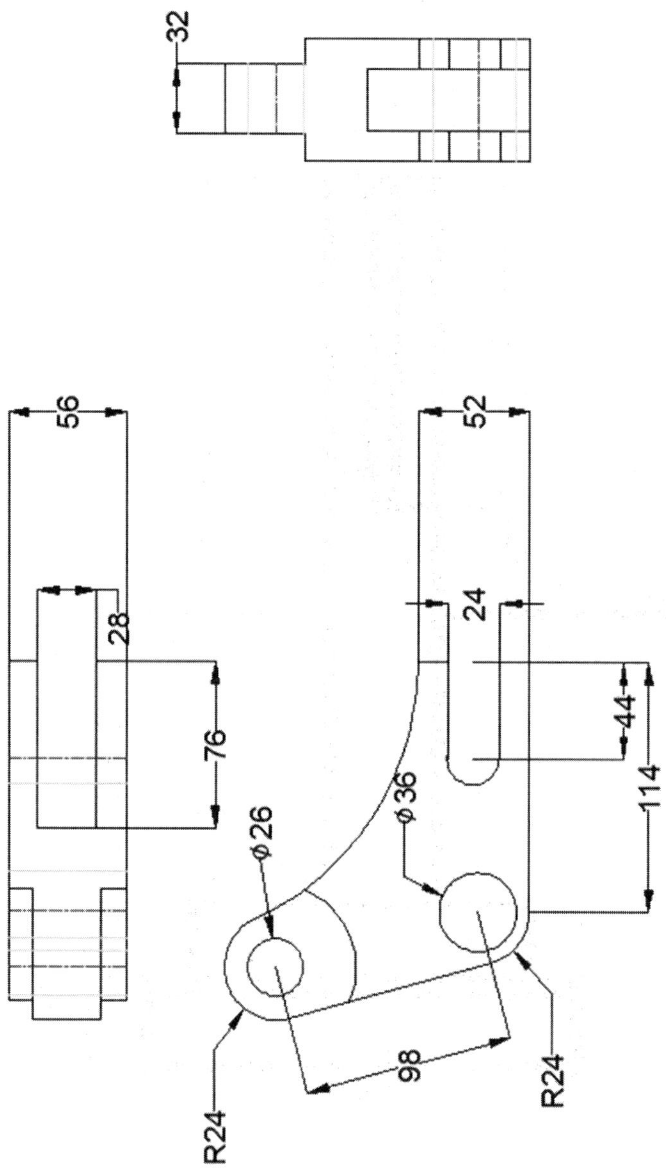

☞ 도면 4-11

다음의 도면을 그려보세요.

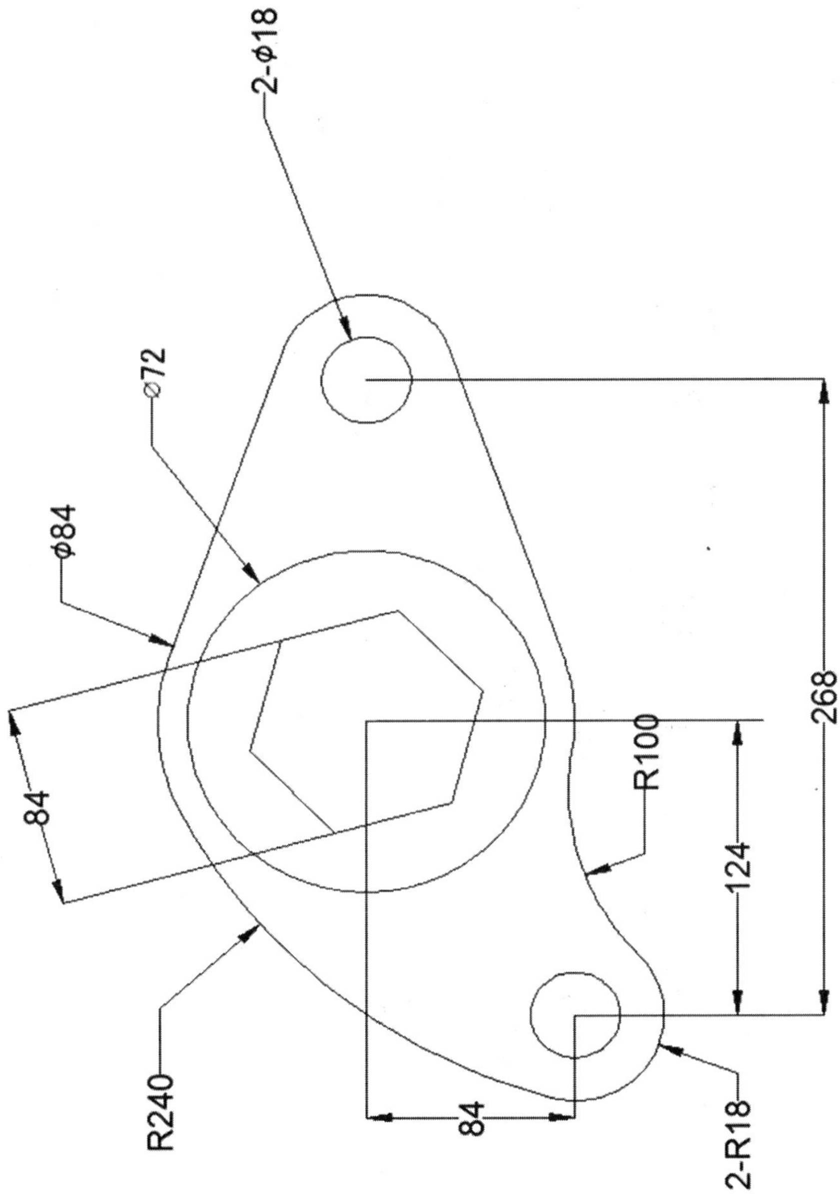

☞ 도면 4-12

다음의 도면을 그려보세요.

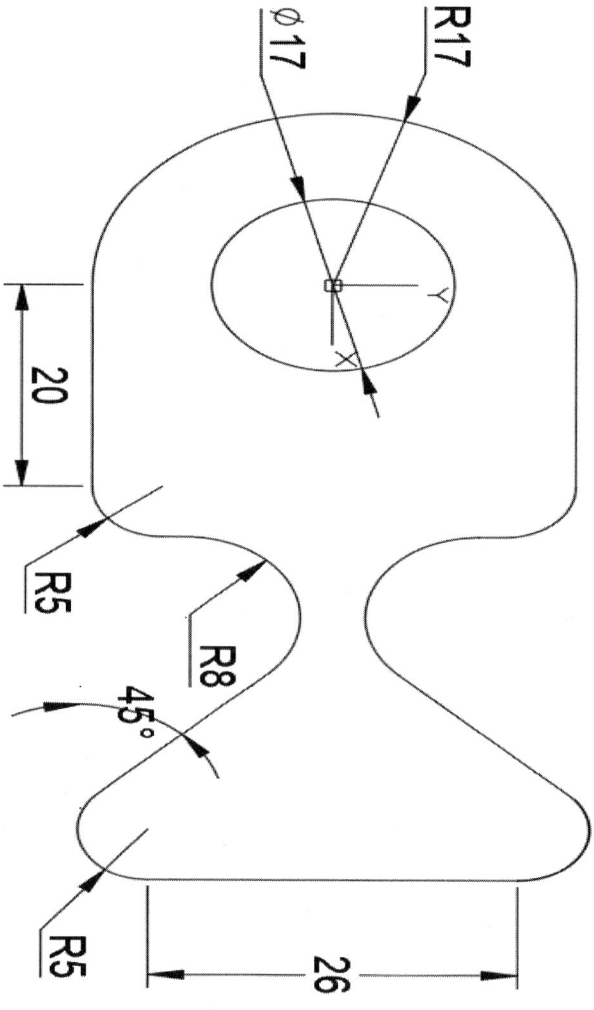

☞ 도면 4-13

다음의 도면을 그려보세요.

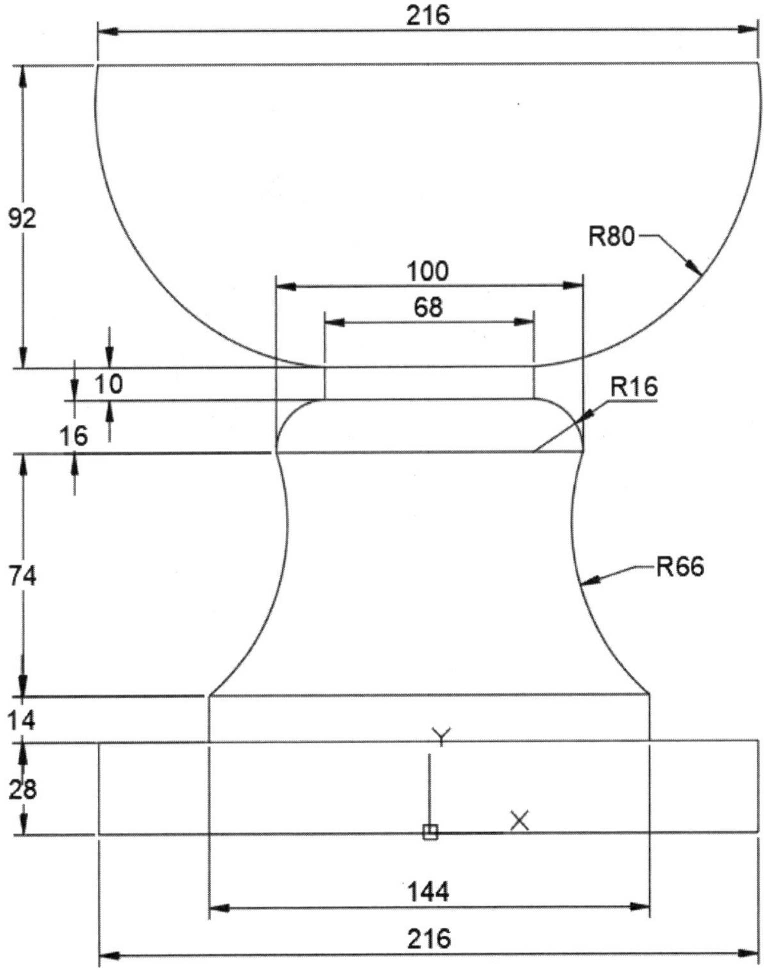

☞ 도면 4-14

다음의 도면을 그려보세요.

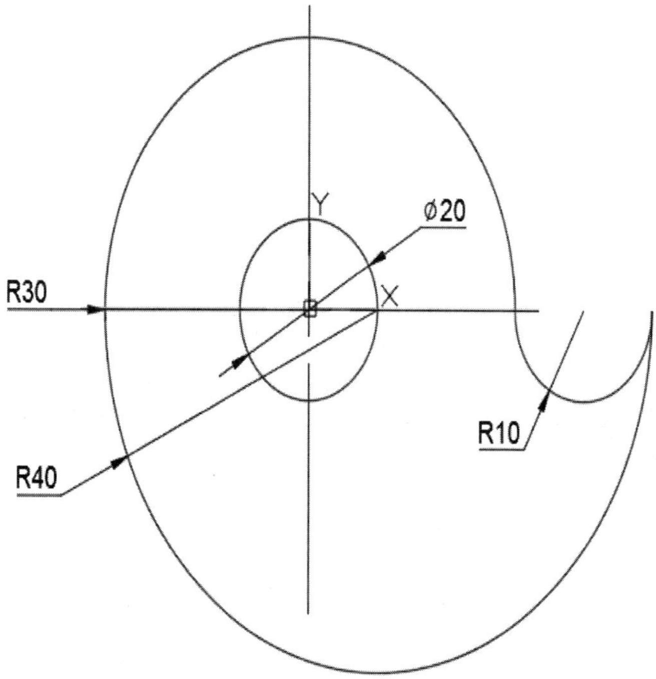

☞ 도면 4-15

다음의 도면을 그려보세요.

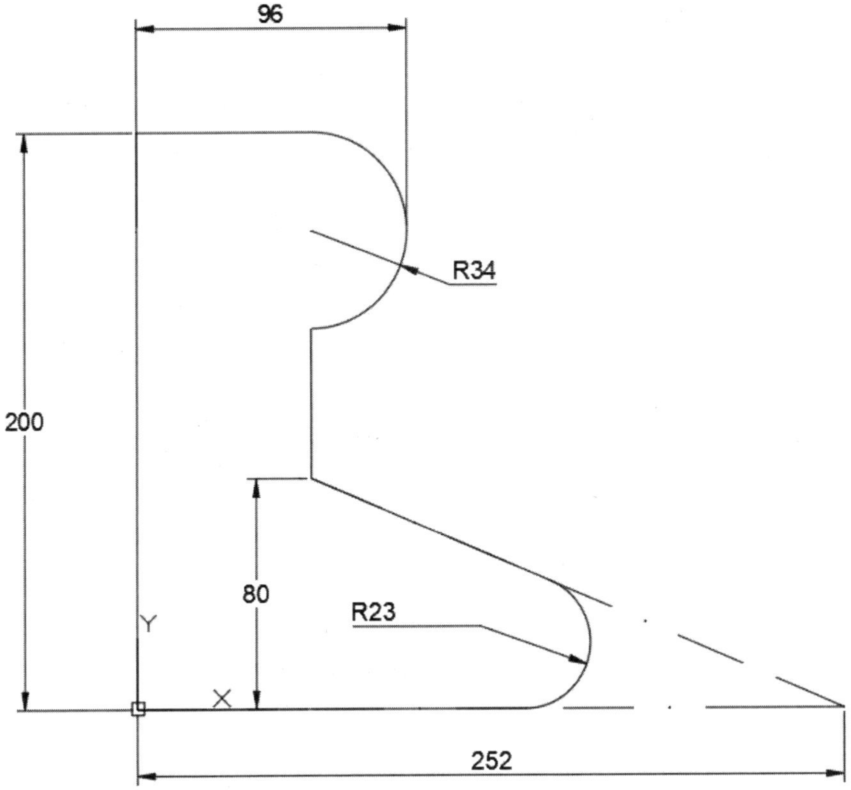

☞ 도면 4-16

다음의 도면을 그려보세요.

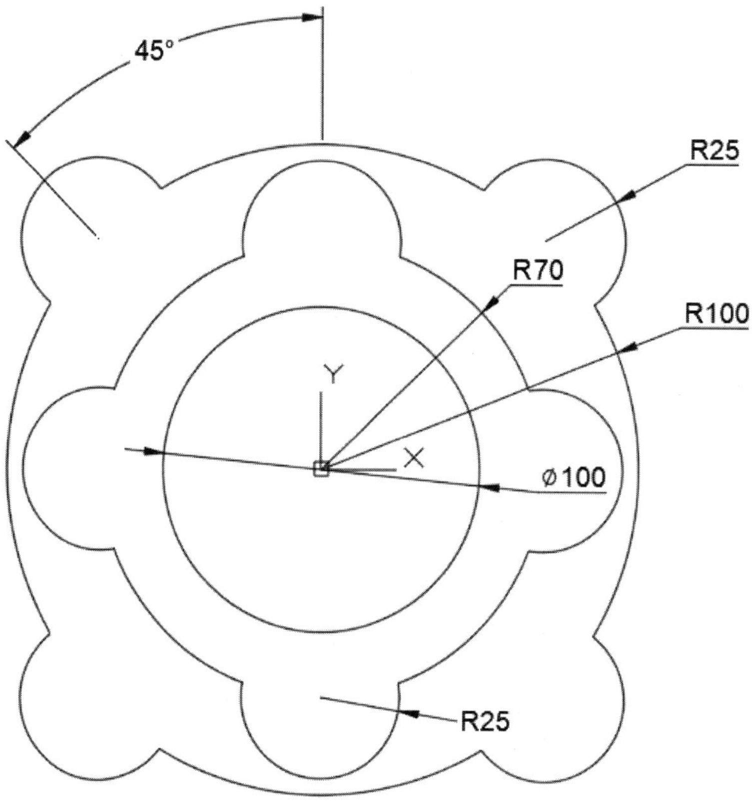

☞ 도면 4-17

다음의 도면을 그려보세요.

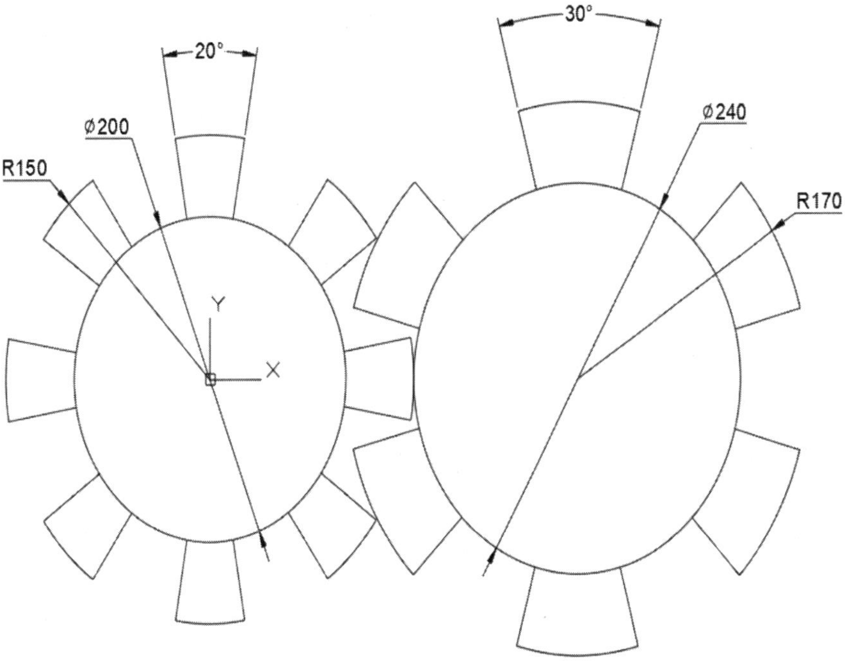

☞ 도면 4-18

다음의 도면을 그려보세요.

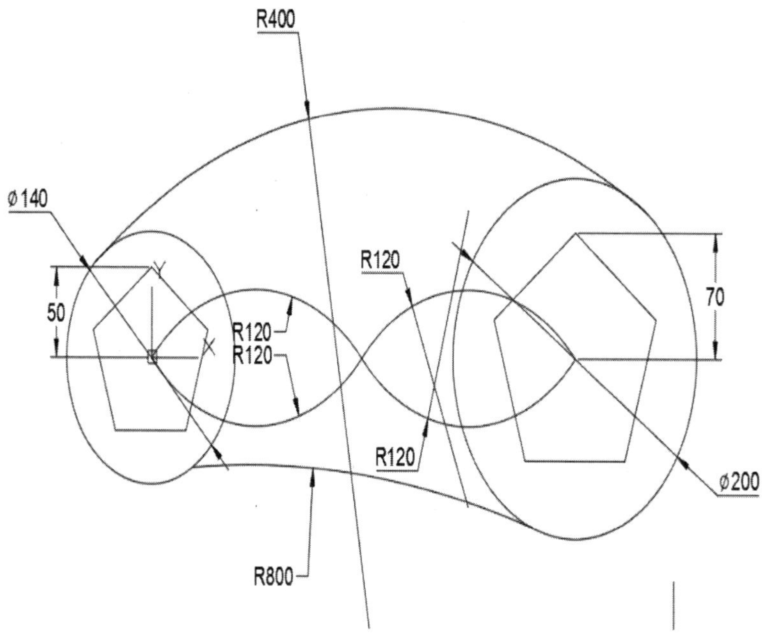

☞ 도면 4-19

다음의 도면을 그려보세요.

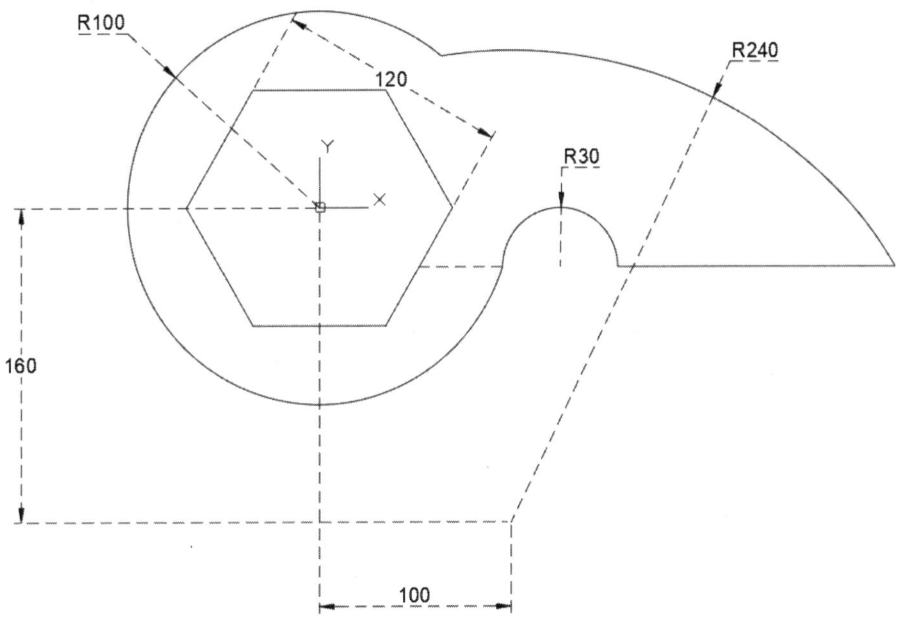

☞ 도면 4-20

다음의 도면을 그려보세요.

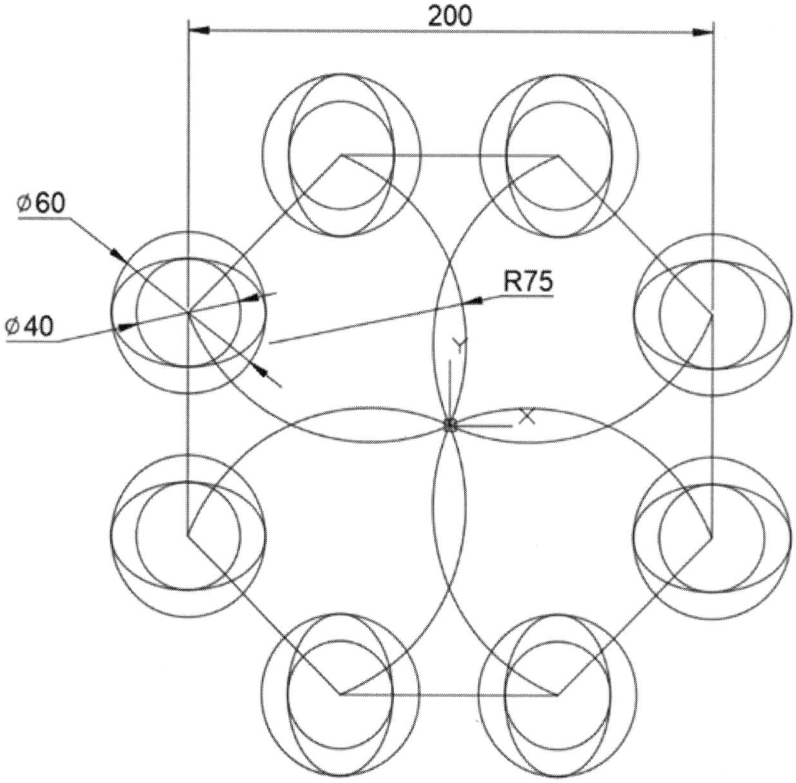

☞ 도면 4-21

다음의 도면을 그려보세요.

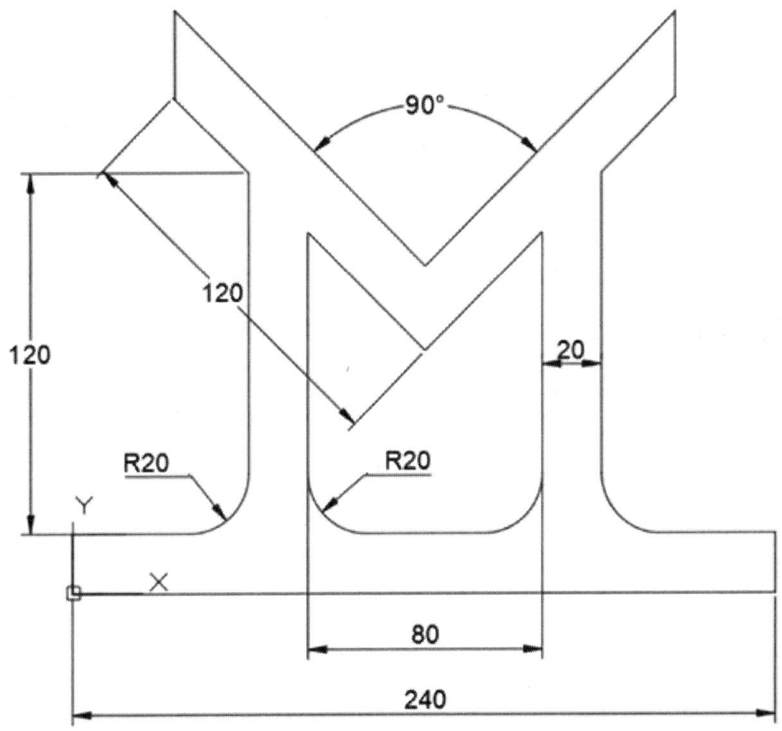

CHAPTER 5 편집(Edit)

AutoCAD는 드로잉 기능은 물론 그에 따른 강력한 편집(Edit) 기능을 가지고 있다. 따라서 다양한 편집명령어들이 있지만, 이 책에서는 일반적으로 가장 많이 사용하는 몇 가지 편집명령어들에 관해 다루어보겠다. 이 편집명령어의 다양한 기능을 단축키로 익혀두면 유용하게 사용할 수 있으니 잘 숙지해주기 바란다.

5.1 객체 선택

객체 선택 방법은 원활한 편집 작업을 위해서는 필수로 알아두면 좋은 방법이다.

5.1.1 개별 객체 선택하기

선택상자(픽 상자)로 객체를 직접 클릭하여 선택하는 방법이다. 일단 선택된 객체는 다음 그림과 같이 두드러지게 하이라이트 처리가 되어 선택되지 않은 객체와 구분이 된다.

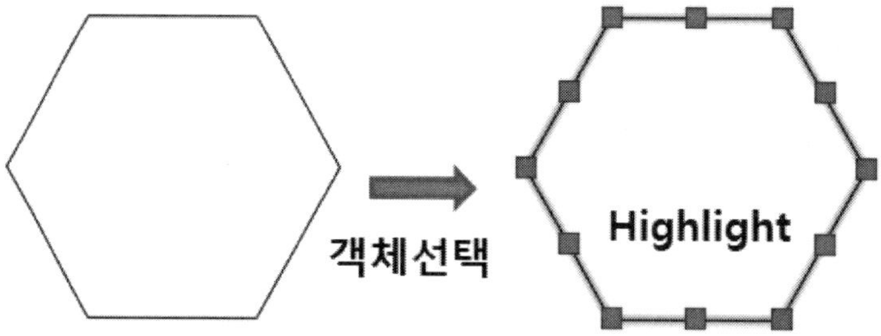

〈개별 객체 선택의 경우〉

① 객체 선택 제거

선택된 객체의 선택상태를 해제하려면 Shift 키를 누르고 한 번 더 클릭한다.

5.1.2 다중 객체 선택하기

다중 객체 선택은 교차 선택과 윈도우 선택으로 나누어진다.

① 교차(Crossing) 선택

커서를 오른쪽(점1)에서 왼쪽(점2)로 끌어 점선 테두리의 사각형으로 객체를 선택하는 방식으로, 점선 테두리(녹색)의 상자 안에 포함되는 객체와 걸쳐진 객체가 모두 선택된다.

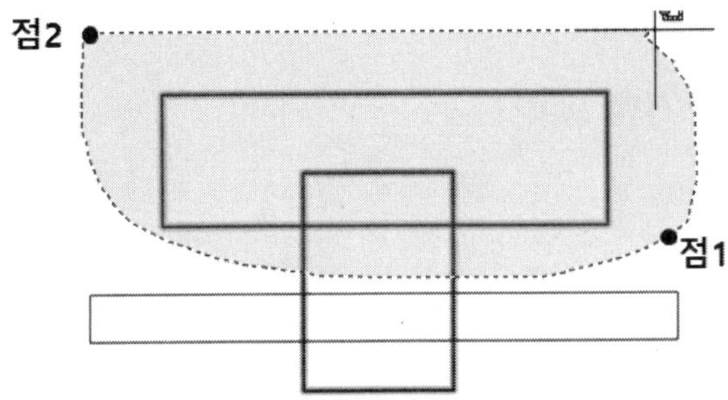

〈교차 선택〉

② 윈도우(Window) 선택

커서를 왼쪽(점1)에서 오른쪽(점2)로 끌어 실선 테두리의 사각형으로 객체를 선택하는 방식으로 실선 테두리(파란색)의 상자 안에 완전히 포함되는 객체만 선택된다.

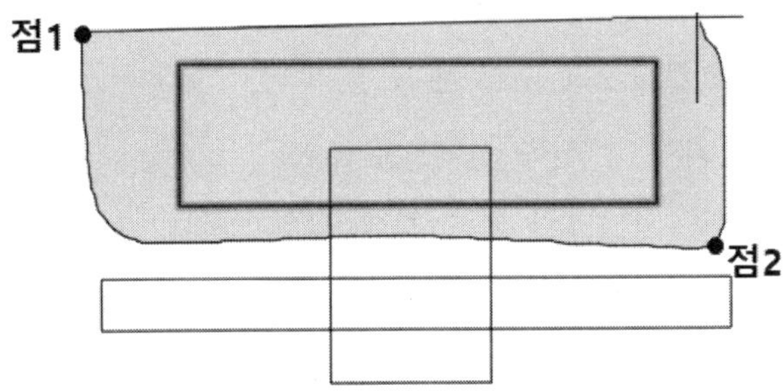

〈윈도우 선택〉

5.1.3 올가미 선택

AutoCAD 2014에서는 다중 객체를 선택하는 방법은 윈도우 선택, 교차 선택 두 가지밖에 지원되지 않았다. 이 두 가지 방법은 모두 사각형의 형태이기 때문에 유연한 객체선택이 힘들고, 사선이나 복잡한 객체를 선택해야 하는 경우에는 나눠서 선택해야 하는 불편함도 있었다. 이에 AutoCAD 2015부터 현재 AutoCAD 2020에서는 올가미 선택을 지원하여 마우스를 클릭한 상태에서 드래그하여 불규칙한 영역까지도 선택이 가능해졌다.

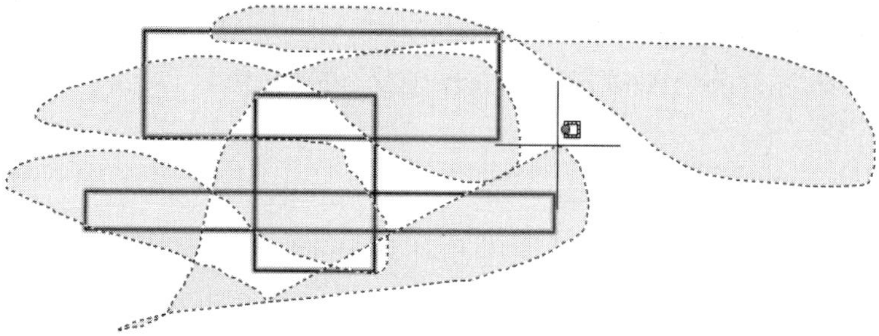

〈올가미 선택〉

올가미 선택은 옵션의 선택 탭에서 제어가 가능하다.

[옵션] → [선택] → [올가미의 누른 채 끌기 허용]

5.1.4 신속 선택

객체의 특성 또는 유형을 기준으로 선택할 수 있다.

- 명령어 : [QSELECT]

이 명령은 [QSELECT] 명령어를 입력하여 수행하거나 아래 방법 중 한 가지 사용자가 익숙해 하는 방법을 선택해 그리도록 한다.

① 메뉴 〉 도구 〉 신속 선택에서 명령 수행
② (홈) 탭 〉 유틸리티 패널 〉 신속 선택으로 설정
③ 명령어로 [QSELECT]를 입력하여 신속 선택 명령 지정

- 신속 선택 방법 따라하기
① [QSELECT] 키인 후 [Enter] 클릭
② [객체유형]에서 '선' 선택, [특성]에서 '색상'을 선택, [값]을 '빨간색'으로 맞추고 [확인] 클릭
③ 신속선택을 실행하면 특성에서 객체의 색상이 '빨간색'으로 표시된 객체들만 선택되는 것을 확인

※ AutoCAD에서는 명령을 먼저 실행하고 객체를 선택할 수도 있고 반대로 객체를 먼저 선택한 상태에서 명령을 실행시킬 수도 있다. 이와 같은 설정은 옵션에서 조정할 수 있다.

5.1.5 그 밖의 객체 선택 옵션 사용하기

객체를 선택하는 단계에서는 활성 옵션이 보이지 않지만 '?'를 입력하면 여러 가지 선택 옵션이 보인다.

① [E] 키인 후 [Enter]키 클릭 (Erase)
② 객체선택 : ? [Enter]키 클릭

아래 그림과 같이 객체 선택 옵션이 나온다.

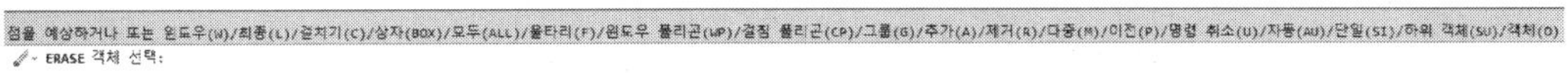

- 윈도우(W) : 2점에 의해 정의된 직사각형 내에 완전히 포함된 모든 객체를 선택한다.
- 최종(L) : 가장 최근에 자성된 가시적인 객체를 선택한다.
- 걸치기(C) : 2점에 의해 정의된 면적 내에 포함되거나 교차하는 객체를 선택한다.
- 상자(Box) : 2점에 의해 정의된 영역 내에 포함되거나 교차하는 모든 객체를 선택한다.
- 모두(All) : 동결되거나 잠긴 도면층의 객체를 제외한 모든 객체를 선택한다.
- 울타리(F) : 울타리와 교차하는 모든 객체를 선택한다.
- 윈도우 폴리곤(WP) : 지정한 점들에 의해 정의된 다각형 내에 완전히 포함된 객체를 선택한다.
- 걸침 폴리곤(CP) : 지정한 점들에 의해 정의된 다각형 내에 포함되거나 교차하는 객체를 선택한다.
- 그룹(G) : 지정된 그룹의 모든 객체를 선택한다.
- 추가(A) : 객체를 추가하여 선택한다.
- 제거(R) : 선택된 객체에서 선택을 제거할 수 있다.
- 다중(M) : 객체 선택 중에 객체에 강조하지 않고 개별적으로 선택한다.
- 이전(P) : 가장 최근에 선택했던 객체를 선택한다.
- 명령취소(U) : 가장 최근에 추가 선택한 것을 취소한다.
- 자동(AU) : 객체를 가리키면 객체를 자동으로 선택한다.
- 단일(SI) : 추가 선택에 대한 프롬프트를 표시하지 않고 첫 번째 객체 또는 지정된 객체 세트를 선택한다.
- 하위객체(SU) : 복합 솔리드나 정점, 모서리 및 3D 솔리드의 면의 일부인 원래 개별형식을 선택할 수 있다.
- 객체(O) : 기본의 객체 선택 방법으로 복귀한다.

5.2 신축, 길이조정, 명령취소, 명령복구

5.2.1 신축(Stretch)

[Stretch] 명령어는 객체의 크기를 조절할 수 있는 가운데, 단일 객체에 [Stretch] 명령을 수행하면 [Stretch] 명령이 아닌 [Move] 명령이 수행된다. 또한 개별 객체에 [Stretch] 명령을 수행할 때 [걸치기] 옵션에 의해서 선택 상자 내에 완전히 포함된 객체나 걸쳐 있는 객체를 [Stretch] 명령 수행할 수 있으며, [윈도우] 옵션에 의해서 선택 상자에 완전히 포함된 객체만 [Stretch] 명령을 수행할 수 있다. 걸치기 선택 방식으로 객체를 선택하여 걸쳐 있는 부분의 객체를 신축한다. 이 때 걸치기 선택에 의해 완전히 선택된 객체는 신축되지 않고 이동하게 된다. 또한 원, 타원 블록 등 일부 유형의 객체는 신축을 적용할 수 없다. 이 명령은 [Stretch] 명령어를 입력하여 수행하거나 아래 방법 중 한 가지 사용자가 익숙해하는 방법을 선택해 실시하도록 한다.

① 메뉴 〉 수정 〉 신축 선택에서 명령 수행
② (홈) 탭 〉 수정 〉 신축 선택으로 설정
③ 명령어로 [Stretch]를 입력하여 신속선택 명령 지정

신축 실행방법은 다음의 순서로 진행한다.
- 먼저 [Stretch] 명령어를 키인 후 [Enter]를 클릭한다.
- 걸침 윈도우 또는 걸침 폴리곤만큼 신축할 객체 선택
- 객체선택(걸침 윈도우 선택) : 점1 클릭, 반대구석 지정 : 점2 클릭
- 객체선택 : [Enter] 클릭한다.
- 기준점 지정 또는 [변위(D)] 〈변위〉 : 마우스로 늘려가며 점3 클릭하여 지정한다. 마우스를 움직여서 신축방향을 설정한다. 미리보기를 움직여 그 상태로 둔다. 직교모드(F8키)를 켜면 수평방향으로 신축시킬 수 있다.

신축할 거리값을 입력 : @-20,0 입력하거나 마우스로 원하는 위치만큼 신축시킨다.

〈걸침 윈도우 선택〉 〈선택완료된 3모서리〉 〈신축으로 늘리기〉 〈-20만큼 신축완료〉

☞ Stretch 명령 옵션

- 변위(D) : 신축시키는 길이와 방향을 좌표(X, Y)로 입력한다. 변위값은 기본적으로 상대좌표값이 되므로 좌표 앞에 @을 입력하지 않아도 된다.

Stretch 원리 이해하기

① Stretch는 반드시 걸침 윈도우만 사용하여 객체를 선택해야 한다. [오른쪽에서 왼쪽으로 선택]

※ 커서 방향에 상관없이 사용하기 위해서는 객체 선택 시 C(걸치기) 또는 CP(걸침 폴리곤)을 입력하고 선택하면 된다.

② 늘어나는 부분은 걸침 윈도우(점선)에 걸쳐진 객체이다. 단, 늘어나는 객체의 한쪽 끝점이 걸침 윈도우 안에 포함되어 있어야만 된다.
③ 걸침 윈도우 안에 완전히 들어가 있는 객체는 이동(Move)이 된다.

※ Stretch 작업을 윈도우(왼쪽에서 오른쪽으로 선택) 박스로 선택했을 경우에도 완전히 박스 안에 포함된 객체만 이동이 된다.

5.2.2 길이조정(Lengthen)

선의 길이와 호의 내각을 변경시키는 명령어이다. 명령어 [Len]을 사용하여 다음과 같이 명령한다.

- 명령어 [Len] 키인 후 [Enter]를 클릭한다.
- 객체 선택 또는 [증분(DE)/퍼센트(P/합계(T)/동적(DY)]:

① DElta : 늘리거나 줄이려는 절대길이를 입력한다.
② Percent : 현재 크기를 100으로 한 백분율로 계산한다.
③ Total : 총 길이(결과치)를 입력한다. 서로 다른 여러 개의 길이를 동일한 길이로 통일할 때 사용한다.
④ DYnamic : 선택부위에서 늘리거나 줄이는 다음 점을 커서로 움직이며 지정한다.

5.2.3 명령취소(Undo)

[Undo] 명령은 앞에 실행한 명령을 한 단계씩 취소하는 명령어이다. 오토캐드 혹은 2D CAD에서도 많이 사용하는 명령어 중 하나이다. 이 명령은 [Undo] 명령어를 입력하여 수행하거나 아래 방법 중 한 가지 사용자가 익숙해하는 방법을 선택해 실시하도록 한다.

① 메뉴 〉 편집 〉 명령취소 선택에서 명령 수행
② (홈) 탭 〉 편집 〉 명령취소 선택으로 설정
③ 명령어로 [Undo] 혹은 단축키 [U] 또는 [Ctrl]+[Z]을 동시에 클릭하여 명령취소 명령 지정

다음과 같은 직선을 그려 명령취소를 해보겠다.

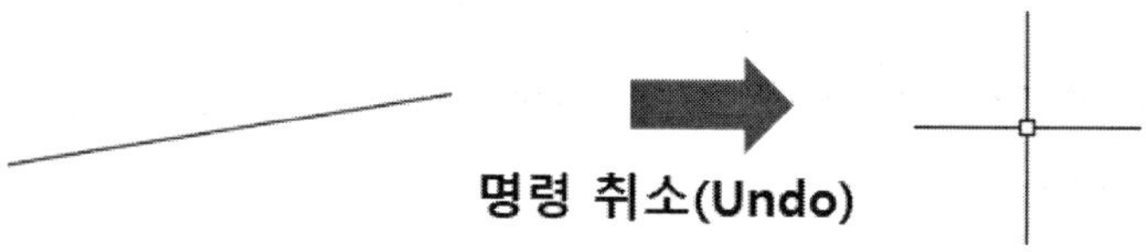

위의 그림과 같이 직전명령으로 복귀하여 직선이 지워지는 것을 확인할 수 있다.

5.2.4 명령복구(Redo)

[Redo] 명령은 바로 이전에 실행한 하나의 취소작업만 복구할 수 있으며 2단계 이상은 복구할 수 없는 명령어이다. 오토캐드 혹은 2D CAD에서도 많이 사용하는 명령어 중 하나이다. 이 명령은 [Redo] 명령어를 입력하여 수행하거나 아래 방법 중 한 가지 사용자가 익숙해하는 방법을 선택해 실시하도록 한다.

① 메뉴 〉 편집 〉 명령복구(R) 선택에서 명령 수행
② (홈) 탭 〉 편집 〉 명령복구(R) 선택으로 설정
③ 명령어로 [Redo] 혹은 단축키 [Ctrl]+[Y]를 동시에 클릭하여 명령복구 명령 지정

다음과 같은 직선을 그려 명령복구를 해보겠다.

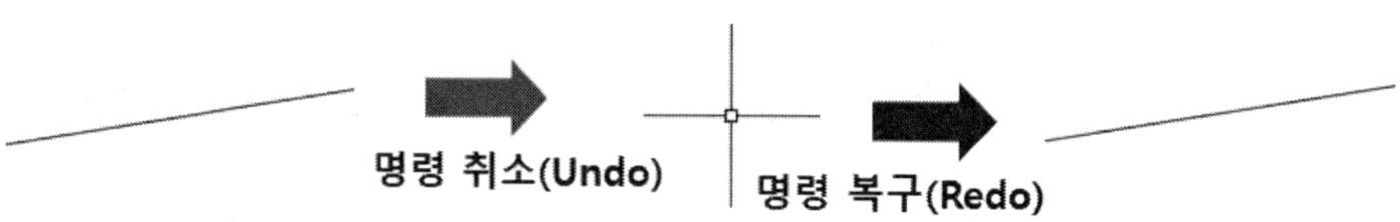

5.3 끊기, 자르기, 연장하기

도면을 작성할 때 복잡한 도면을 Line으로만 그리려면 일일이 좌표값을 읽거나 계산하여 그려야 하기 때문에 시간이 많이 소요된다. 복잡한 도면을 빠르게 그릴 때 사용하는 기능이 끊기(Brake), 연장하기(Extend) 명령이다. 본 장에서는 이에 대한 상세 내용을 알아보겠다.

5.3.1 끊기(Break) 명령

[Break] 끊기 명령은 선택한 객체의 두 점을 지정하여 일부를 자르고자 할 때 사용하는 명령어이다. 이 명령은 [Brake] 명령어를 입력하여 수행하거나 아래 방법 중 한 가지 사용자가 익숙해하는 방법을 선택해 실시하도록 한다.

① 메뉴 〉 수정 〉 끊기(BR) 선택에서 명령 수행
② (홈) 탭 〉 수정 〉 끊기(BR) 선택으로 설정
③ 명령어로 [Break] 혹은 단축키 [BR]을 키인하여 끊기 명령 지정

가. 사이를 끊기

명령어 [Brake] 혹은 단축키 [BR]을 이용하여 다음과 같이 임의의 두 점을 선택하여 사이를 끊어 보겠다.

- 명령어 [BR] 키인 후 [Enter] 클릭
- 객체 선택
- 두 번째 끊기점을 지정 또는 (첫 번째 점 (F)) : F
- 첫 번째 끊기점 지정 :
- 두 번째 끊기점을 지정 :

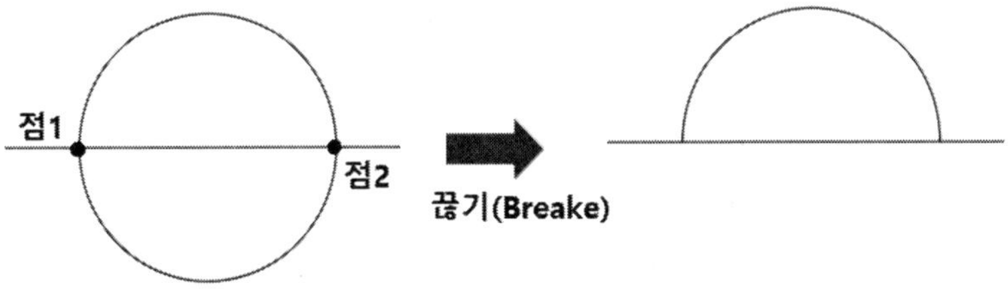

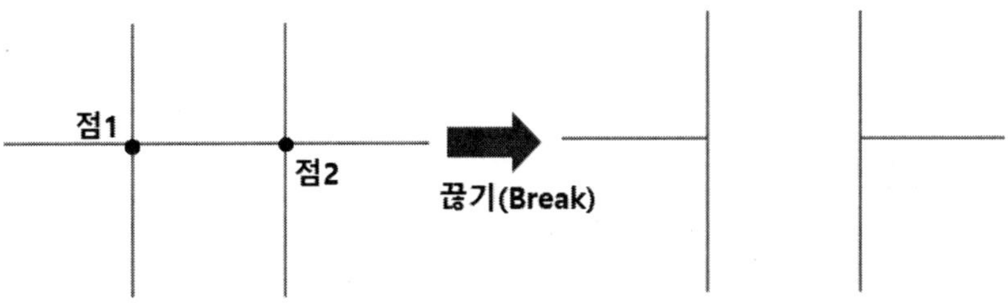

나. 한 점에서 끊기

선 A를 점 1에서 한 점 끊기

- 명령어 [BR] 키인 후 [Enter] 클릭
- 객체 선택 : 선 A를 선택한다.
- 두 번째 끊기점을 지정 또는 (첫번째 점 (F)) : F
- 첫 번째 끊기점 지정 : 교차점 점1을 선택
- 두 번째 끊기점을 지정 : @ 최종점을 지정한다(점1을 2번 지정한 것과 같다).

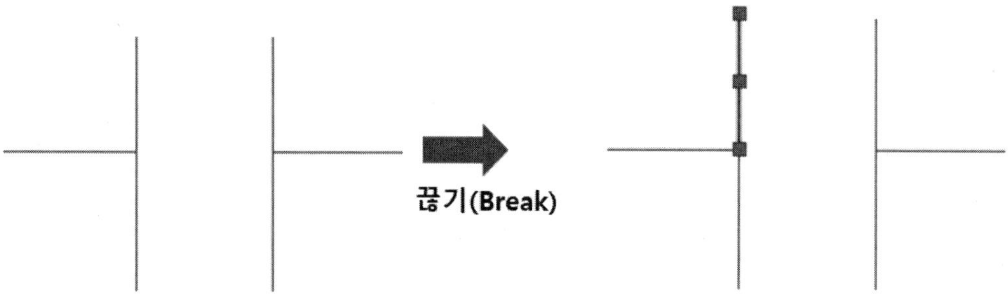

〈한 점에서 끊기 전〉 〈끊기 후 - 위 부분만 Grip함〉

※ 실행 후 편집명령으로 선택해보면 지정한 포인트를 기준으로 위아래 분리되어 있음을 확인할 수 있다.

5.3.2 자르기(Trim) 명령

선택된 경계를 기준으로 교차하거나 접해있는 객체를 자르는 명령이다. 또한 자르기는 필요 없는 선 일부를 잘라내는 명령인데 자르고자 하는 부분이 분산되어 있을 때 경계선을 선택하지 않고도 자를 수 있다. 이 명령은 [Trim] 명령어를 입력하여 수행하거나 아래 방법 중 한 가지 사용자가 익숙해하는 방법을 선택해 실시하도록 한다.

① 메뉴 〉 수정 〉 자르기 선택에서 명령 수행

② (홈) 탭 〉 수정 자르기 및 연장 〉 자르기 선택으로 설정

③ 명령어로 [Trim] 혹은 단축키 [TR]을 키인하여 자르기 명령 지정

Trim 혹은 단축키 Tr명령을 실행할 때는 반드시 교차점이 있어야 하며 객체를 잘못 선택하면 엉뚱한 객체가 잘려 나갈 수 있으니 주의가 필요하다.

☞ **Trim에는 다음의 6가지 옵션이 있다.**

- 울타리(F) : 여러 개의 선을 한꺼번에 자를 때 사용하는 기능이다.
- 걸치기(C) : 직사각형 명령으로 그려진 사각형 영역 내에 포함되거나 이 영역에 교차하는 객체를 모두 자르는 기능이다.
- 프로젝트(P) : 3-D, 즉 3차원 공간에서 자르는 기능이다.
- 모서리(E) : 경계선과 교차하지 않는 객체의 부분에 대해 자르기 여부를 지정하는 기능이다.
- 지우기(R) : Trim 되지 않고 필요하지 않은 객체를 지우는 기능인데 명령을 종료하지 않고도 마지막 선까지 지울 수 있어 편리하다.
- 명령취소(U) : 바로 이전 단계에 자른 한 객체씩을 순서대로 되돌리기하는 취소기능이며 연속해서 사용할 수도 있다.

자르기 기능은 경계를 기준으로 Object를 삭제한다. 칼이 될 경계를 먼저 선택하고 삭제될 부분을 나중에 선택한다. 자르기는 작성 중인 도면에서 서로 걸쳐 있는 객체들을 자를 수 있으므로 자르기의 기준이 될 객체 선택 여부에 따라서 잘리는 부분이 달라질 수도 있으므로 주의해서 실습하기 바란다.

아래에 불필요한 자르기 명령을 실행한 예제를 나타내었다.

① 자르기 하는 순서는 먼저 Trim 명령을 실행 후 자르기의 기준이 될 객체(칼이 될 경계를 먼저 선택)를 선택한다.

② 경계가 다 지정이 되면 엔터를 해야 다음 단계로 진행되므로 선택 완료 후 Enter 키를 클릭하여 선택을 종료한다.

③ 다음으로 자를 객체를 선택한다(그냥 선택하면 자르기가 되고, 칼로 지정한 경계로 교차범위 내에 있는 요소는 [Shift]키를 누른 상태로 선택하면 연장이 된다(아래 그림 참조).

④ 선택 완료 후 Enter 키를 클릭하여 자르기를 종료한다.

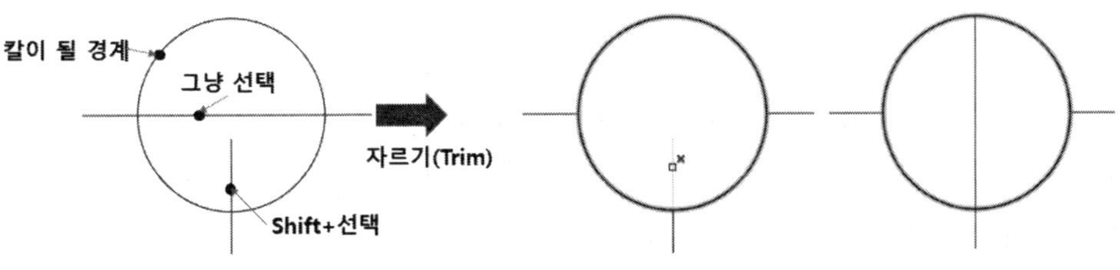

가. 경계(칼)와 삭제 할 부분이 확실한 경우

① 자르기를 하는 순서는 먼저 Trim 명령을 실행 후 자르기의 기준이 될 객체(칼이 될 경계를 먼저 선택)를 선택한다.

② 현재 설정값 : 투영 = UCS 모서리 없음

③ 절단 모서리 선택...

④ 객체 선택 또는 〈모두 선택〉

⑤ 객체선택

⑥ 자를 객체 선택 또는 Shift 키를 누른 채 선택하여 연장 또는 [울타리(F)/걸치기(C)/프로젝트(P)/모서리(E)/지우기(R)/명령취소(U)]:

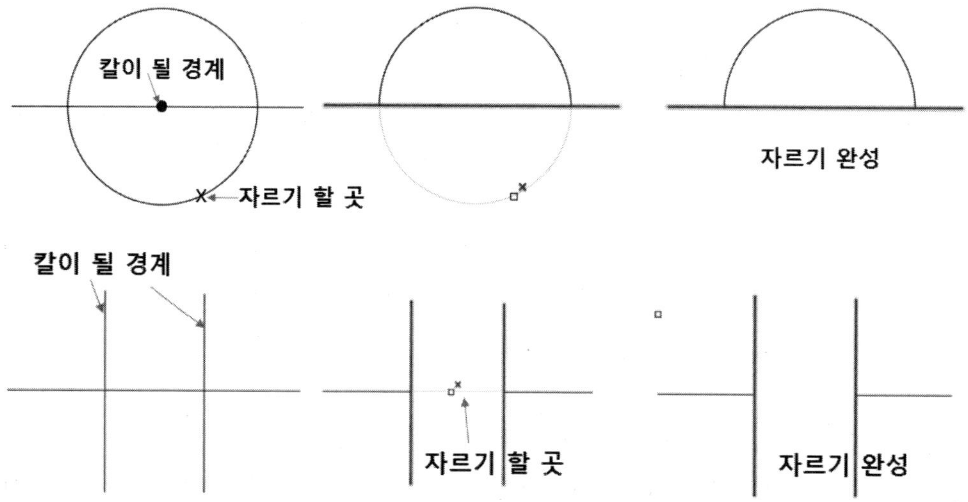

나. 경계(칼)와 삭제 부분이 중복된 경우

① 자르기를 하는 순서는 먼저 Trim 명령을 실행 후 자르기의 기준이 될 객체(칼이 될 경계를 먼저 선택)를 선택한다.

② 현재 설정값 : 투영 = UCS 모서리 없음

③ 절단 모서리 선택...

④ 객체 선택 또는 〈모두 선택〉

⑤ 객체 선택

⑥ 자를 객체 선택 또는 Shift 키를 누른 채 선택하여 연장 또는 [울타리(F)/걸치기(C)/프로젝트(P)/모서리(E)/지우기(R)/명령취소(U)]: x 부위를 지정한다.

⑦ 자를 객체 선택 또는 Shift 키를 누른 채 선택하여 연장 또는 [울타리(F)/걸치기(C)/프로젝트(P)/모서리(E)/지우기(R)/명령취소(U)]: x 부위를 지정한다.

⑧ 자를 객체 선택 또는 Shift 키를 누른 채 선택하여 연장 또는 [울타리(F)/걸치기(C)/프로젝트(P)/모서리(E)/지우기(R)/명령취소(U)]: x 부위를 지정한다.

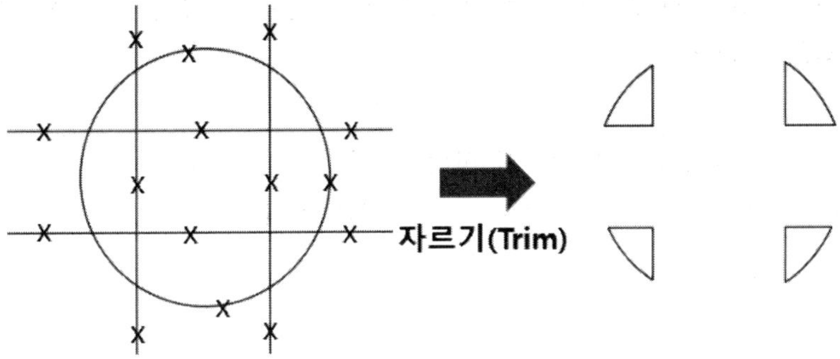

5.3.3 연장(Extend) 명령

연장 명령은 자르기와 더불어 많이 사용하는 명령어이며, 선택된 경계를 기준으로 선들을 지정한 경계선까지 연장하는 명령어이다. 이는 경계선으로 지정되는 선은 연장할 선의 연장선에 있어야 사용가능 한다. 이 명령은 [Extend] 명령어를 입력하여 수행하거나 아래 방법 중 한 가지 사용자가 익숙해하는 방법을 선택해 실시하도록 한다.

① 메뉴 〉 수정 〉 연장 선택에서 명령 수행
② (홈) 탭 〉 수정 자르기 및 연장 〉 연장 선택으로 설정
③ 명령어로 [Extend] 혹은 단축키 [EX]을 키인하여 연장 명령 지정

Extend 명령은 단축키로 Ex로도 실행이 가능한데 선을 연장하는 일차적인 목적뿐만 아니라 이미 그려진 도면을 토대로 선을 연장하여 새로운 도면을 더욱 빠르게 완성할 수 있는 특징이 있다.

연장 명령을 실행할 때에는 다음의 5가지 옵션이 있다.
- 울타리(F) : 여러 개의 선을 한꺼번에 연장할 때 사용하는 기능이다(Fence).
- 걸치기(C) : 직사각형 명령으로 그려진 사각형 영역 내에 포함되거나 이 영역에 교차하는 객체를 모두 연장하는 기능이다(Crossing).
- 프로젝트(P) : 3-D, 즉 3차원 공간에서 연장하는 기능이다(Project).
- 모서리(E) : 경계선과 교차하지 않는 객체의 부분에 대해 연장할 지 여부를 지정하는 기능이다(Edge).
- 명령취소(U) : 바로 이전 단계에 연장한 객체들을 순서대로 하나씩 취소하는 기능이며 연속해서 사용할 수도 있다.

다음 그림은 연장 명령을 사용하여 선을 Extend시키는 예제이다.
- Extend 명령을 실행한다.

- 연장의 기준이 될 객체(연장될 경계)를 선택한다. 선택 완료 후 Enter를 클릭한다.
- 연장할 객체를 선택한다.

※ Extend : 경계를 연장하여 인식하게 한다.
※ No Extend : 경계를 직접 교차할 때만 인식하게 한다.
※ Undo : 실행을 취소한다.

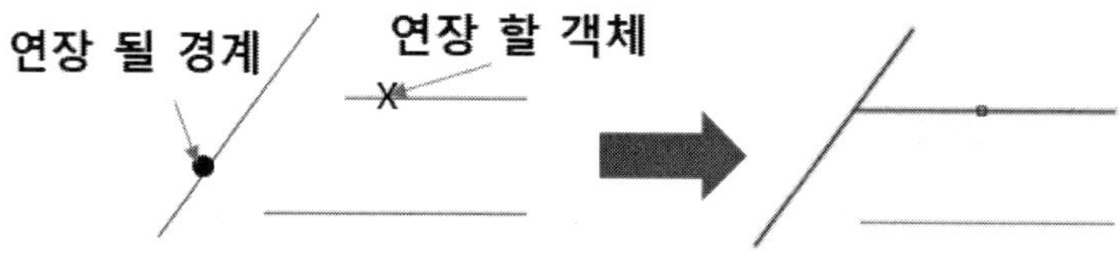

5.4 모깎기, 모따기 명령

5.4.1 모깎기(Fillet) 명령

[Fillet] 명령은 물체의 모서리를 부드럽게 라운딩시키는 명령어이다. 선이 겹치거나 만나지 않아도 라운딩 처리가 가능하다. 객체를 둥글게 만들고 싶을 때 사용하는 명령이며 이 명령은 [Fillet] 명령어를 입력하여 수행하거나 아래 방법 중 한 가지 사용자가 익숙해하는 방법을 선택해 실시하도록 한다.

① 메뉴 〉 수정 〉 모깎기 선택에서 명령 수행
② (홈) 탭 〉 수정 〉 모따기 및 모깎기 〉 모깎기 선택으로 설정
③ 명령어로 [Fillet] 혹은 단축키 [F]를 키인하여 모깎기 명령 지정

모깎기 명령은 반지름값을 입력하여 두 개의 교차하는 호나 선의 모서리를 둥글게 만드는 기능이며, 기계도면 등에서 빈번하게 사용하는 기능이니 꼭 이해하는 것이 좋다. [Fillet] 명령을 실행하면 다음의 5가지 Sub-Option이 선택될 수 있다.

- 명령취소(U) : Fillet 명령 실행 중에 바로 전 단계를 취소할 때 사용하는 기능인데, M을 사용할 경우 반복사용 가능하다.
- 폴리선(P) : 폴리선으로 그려진 객체를 한꺼번에 모깎기할 경우에 사용하는 기능이다.
- 반지름(R) : 반지름 값을 부여할 때 사용하는 기능이다.
- 자르기(T) : 모깎기할 때 교차하는 기존의 객체를 그대로 남겨 놓을지 자를지를 설정하는 기능이다.

- 다중(M) : Multiple을 선택하면 한 번에 여러 차례 반복해서 실행할 수 있다.

가. 일반적인 모깎기

일반적으로 사용하는 모깎기 방식이다.

① [Fillet] 명령을 실행하여 모깎기할 반지름 값을 입력한다.

첫 번째 객체 선택 또는 [명령 취소(U)/폴리선(P)/반지름(R)/자르기(T)/다중(M)] : R 입력 후 다음과 같이 300을 입력 후 Enter 클릭 ← 이때 반지름 값을 0을 입력하면 각진 모서리를 갖게 할 수도 있다.

② 첫 번째 객체 선택 또는 [명령 취소(U)/폴리선(P)/반지름(R)/자르기(T)/다중(M)] : 점1과 점2를 클릭한다(모깎기 할 부분을 선택).

③ 클릭이 완료되면 바로 모깎기가 적용된다.

※ 호와 원 사이에는 2개 이상의 모깎기가 있을 수 있기 때문에 동일한 객체일지라도 선택위치가 다를 경우에는 다른 형태의 모깎기로 작성될 수 있다.

☞ 모깎기의 끝점을 지정할 때 지정할 위치와 근접한 위치를 선택하는 것이 낫다.

객체의 모서리의 둥글기는 반지름 값으로 조정할 수 있는데, 이때 반지름 값을 0으로 입력하면 각진 모서리를 작성할 수 있으며 이를 이용하면 서로 떨어져 있는 두 객체가 만나도록 작성할 수도 있다.

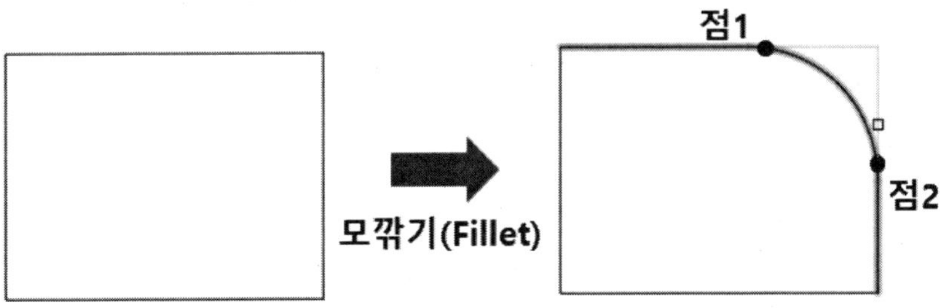

※ 만약 객체의 선 길이에 비하여 반지름의 크기가 너무 큰 경우에는 에러 메시지가 나오는데 그럴 때는 반지름의 값을 선의 길이보다 작게 입력하면 모깎기가 된다.

〈모깎기 오류〉

나. 선이 만나지 않는 경우의 모깎기

① 명령어 [F]를 이용하여 떨어져 있는 임의의 선을 모깎기를 이용해 직각으로 붙여본다. 먼저 명령 : [F] 키인 후 [Enter] 클릭

② 첫 번째 객체 선택 또는 [명령 취소(U)/폴리선(P)/반지름(R)/자르기(T)/다중(M)] : R

③ 모깎기 반지름 지정 〈300〉 : 0 (다시 직각으로 만들기 위해 0 입력) [Enter] 클릭

④ 첫 번째 객체 선택 또는 [명령 취소(U)/폴리선(P)/반지름(R)/자르기(T)/다중(M)] : 점1과 점2를 클릭해준다.

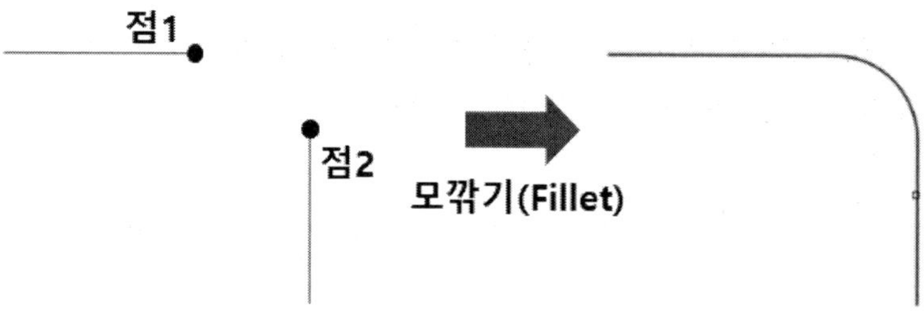

5.3.6 모따기(Chamfer) 명령

[Chamfer] 명령은 물체의 모서리를 따내는 명령어이다. 객체의 모서리를 비스듬하게 경사를 주어 깎고 싶을 때 사용하는 명령이다. Fillet 명령어와 유사하지만 적용범위는 조금 다르다. 이 명령은 [Chamfer] 명령어를 입력하여 수행하거나 아래 방법 중 한 가지 사용자가 익숙해하는 방법을 선택해 실시하도록 한다.

① 메뉴 〉 수정 〉 모따기 선택에서 명령을 수행

② (홈) 탭 〉 수정 〉 모따기 및 모깎기 〉 모따기 선택으로 설정

③ 명령어로 [Chamfer] 혹은 단축키 [Cha]를 키인하여 모따기 명령 지정

모따기 명령은 거리값을 지정하여 교차하는 두 직선의 모서리를 각지도록 만드는 기능이며 기계도면에서 주로 사용한다. Chamfer 명령을 실행하면 다음의 6가지 서브옵션이 선택될 수 있다.

- 명령취소(U) : Chamfer 명령 실행 중에 바로 전 단계를 취소할 때 사용하는 기능인데, M을 사용할 경우 반복사용 가능하다.
- 폴리선(P) : 폴리선으로 그려진 객체를 한꺼번에 모따기할 경우에 사용하는 기능이다.
- 거리(D) : 거리 값을 부여할 때 사용하는 기능이다.
- 자르기(T) : 모따기할 때 교차하는 기존의 객체를 그대로 남겨 놓을지 자를지를 설정하는 기능이다.
- 메서드(M) : 모따기 방식을 지정한다.
- 다중(M) : Multiple을 선택하면 한 번에 여러 차례 반복해서 실행할 수 있다.

가. 임의의 직사각형 모따기

① [Cha] - [D]를 이용하여 임의의 직사각형의 모따기를 실행해보겠다.

- [Chamfer] 명령을 실행하여 [Enter] 클릭

(자르기 모드) 현재 모따기 거리 1 = 0.0000, 거리 2 = 0.0000

② 첫 번째 선 선택 또는 [명령 취소(U)/폴리선(P)/거리(D)/각도(A)/자르기(T)/메서드(E)/다중(M)]: D 키인 후 [Enter] 클릭

- 첫 번째 모따기 거리 지정 〈0.0000〉 : 100(모따기할 선분의 길이 입력) [Enter] 클릭
- 두 번째 모따기 거리 지정 〈100.0000〉 : 200(모따기할 선분의 길이 입력) [Enter] 클릭

③ 첫 번째 선 선택 또는 [명령 취소(U)/폴리선(P)/거리(D)/각도(A)/자르기(T)/메서드(E)/다중(M)]: 선1을 클릭

- 두 번째 선 선택 또는 Shift 키를 누른 채 선택하여 구석 적용 : 선2 클릭

- 모따기 완성

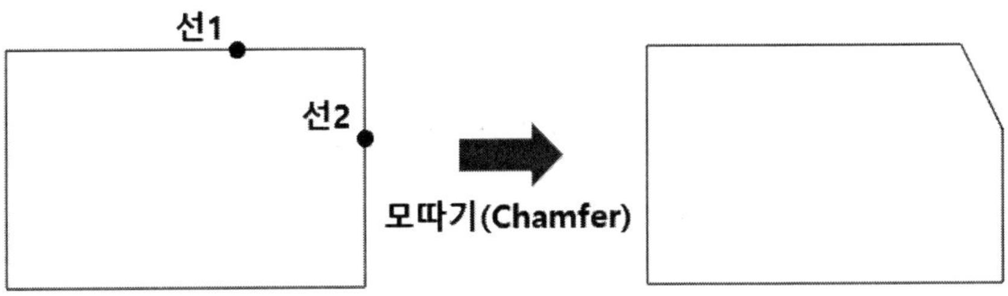

※ Chamfer의 여러 가지 옵션

- 폴리선(P) : 폴리라인 객체의 정점을 한꺼번에 모따기한다.
- 거리(D) : 모따기에 사용될 거리값을 입력한다.
- 각도(A) : 모따기의 거리를 입력 후 각도를 지정한다.

- 자르기(T) : 모따기를 시킬 객체의 가장자리를 자를 것인지 자르지 않을 것인지를 결정한다.
- 메서드(M) : 현재 지정되어 있는 모따기 방식(거리, 각도)을 바꾸어준다.
- 다중(M) : 모따기 명령을 연속적으로 실행할 때 사용한다.

나. 모따기할 치수를 거리와 각도로 입력하기

Chamfer 명령을 실행한다.

```
(자르기 모드) 현재 모따기 길이 = 100.0000, 각도 = 50
CHAMFER 첫 번째 선 선택 또는 [명령 취소(U) 폴리선(P) 거리(D) 각도(A) 자르기(T) 메서드(E) 다중(M)]:
```

모따기를 할 치수를 입력하는데 A 입력 후 첫 번째 선 선택 또는 [명령 취소(U)/폴리선(P)/거리(D)/각도(A)/자르기(T)/메서드(E)/다중(M)]: A입력 [Enter] 클릭 후, 150 입력한다.

```
첫 번째 선 선택 또는 [명령 취소(U)/폴리선(P)/거리(D)/각도(A)/자르기(T)/메서드(E)/다중(M)]: a
CHAMFER 첫 번째 선의 모따기 길이 지정 <100.0000>:
```

50 입력 후 Enter 클릭한다.

```
첫 번째 선의 모따기 길이 지정 <100.0000>: 150
CHAMFER 첫 번째 선으로부터 모따기 각도 지정 <50>: 50
```

모따기할 선1, 선2를 선택한다.

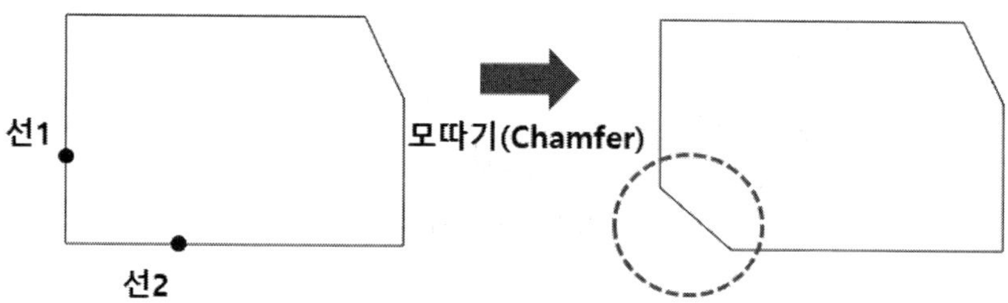

지금까지의 다른 명령들에 대한 설명을 충분히 숙지한 사용자는 점을 선택하는 순서가 중요한 것을 알 수 있을 것이다.

5.5 REGEN 명령, VIEWRES 명령

5.5.1 REGEN 명령

[REGEN] 명령은 화면의 해상도가 실제 그려진 도면들을 정확하게 보여주지 못할 때 사용한다. 쉽게 말해 화면을 재구성한다고 생각하면 된다. 그러나 AutoCAD 2019에서는 이전 버전에 비해 해상도가 높아져 REGEN의 필요성이 줄어들었다.

이 명령은 [REGEN] 명령어를 입력하여 수행하거나 아래 방법 중 한 가지 사용자가 익숙해하는 방법을 선택해 실시하도록 한다.

① 메뉴 〉 뷰 〉 재생성 선택에서 명령 수행
② (홈) 탭 〉 뷰 〉 재생성 선택으로 설정
③ 명령어로 [REGEN] 혹은 단축키 [RE]를 키인하여 재생성 명령을 지정

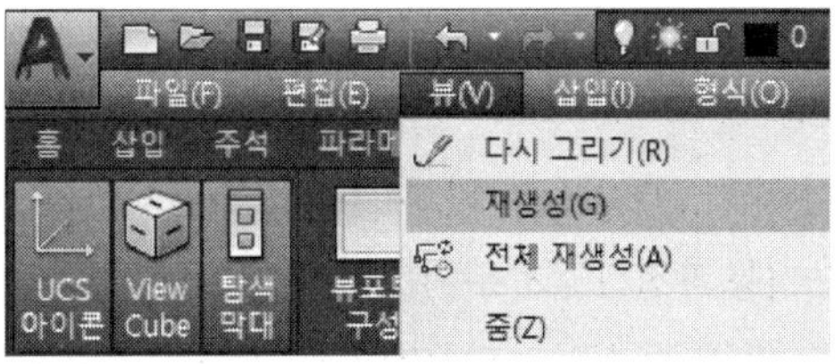

실제 원모양 등을 그린 후 상당히 크게 확대해보면 실제로는 원형의 모습이지만 화면의 해상도상 매끄러운 원형이 아닌 다각형과 같은 형태로 보일 수도 있다. 이때 재생성(REGEN) 명령을 사용하면 된다. 재생성(REGEN) 명령을 실행하면 훨씬 부드러운 선으로 원형의 모습이 재생성되는 것을 확인할 수 있다. 그러나 아주 복잡한 도면에서 [REGEN] 명령을 사용하게 되면 모든 요소들의 선들을 다시 Reloading시키는 데 상당한 시간이 소요될 수 있으니 참고하기 바란다.

5.5.2 VIEWRES 명령

[Zoom] 명령어를 사용하여 어떤 특정한 부분(원이나 호)을 확대했을 때 원이나 호가 부드러운 곡선을 그리지 못하고 각이 져서 보이는 경우가 있다. 이때 [REGEN] 명령을 실행하여 부드럽게 조정하지만, 매번 실행해야 하는 번거로움이 있기 때문에 화면에 나타나는 곡선의 해상도를 조절하는 명령어이다.

[VIEWRES]를 직접 키인해서 명령을 실행시킬 수 있다. 값이 클수록 해상도가 높아져 원이나 호가 부드럽게 표현되나 실행속도가 늦어진다. 따라서 되도록 Default 값을 1,000 정도로 높게 쓰는 것이 일반적이다.

5.6 간격 띄우기 명령, 대칭복사 명령

5.6.1 간격 띄우기(Offset) 명령

간격 띄우기(Offset) 명령은 입력된 특정 값 또는 임의의 지정된 간격으로 평행 복사하는 명령어이다. 이 명령은 [Offset] 명령어를 입력하여 수행하거나 아래의 방법 중 한 가지 사용자가 익숙해하는 방법을 선택해 실시하도록 한다.

① 메뉴 〉 수정 〉 간격 띄우기 선택에서 명령 수행
② (홈) 탭 〉 수정 패널 〉 간격 띄우기로 설정
③ 명령어로 [Offset] 혹은 단축키 [O]를 키인하여 간격 띄우기 명령을 지정

가. 선 간격 띄우기

명령어 [O]를 이용하여 임의의 선을 윗방향 간격 [50]으로 띄워 보겠다.

① 명령 [O] 키인 후 [Enter] 클릭
현재설정 : 원본지우기 = 아니오, 도면층 = 원본, OFFSETGAPTYPE = 0
간격띄우기 거리 지정 또는 [통과점(T)/지우기(E)/도면층(L)] 〈통과점〉 : 50(복사간격 입력)
② 간격띄우기를 할 객체 선택 또는 [종료(E)/명령취소(U)] 〈종료〉 : 복사할 객체 선택 (선1)
③ 간격띄우기를 할 면의 점 지정 또는 [종료(E)/다중(M)/명령취소(U)] 〈나가기〉 : 복사할 방향(면2)로 마우스 왼쪽 버튼을 클릭한다. [완료]

나. 원 간격띄우기

명령어 [O]를 이용하여 임의의 원을 간격 [300]으로 띄워 보겠다.

① 명령 [O] 키인 후 [Enter] 클릭
현재설정 : 원본지우기 = 아니오, 도면층 = 원본, OFFSETGAPTYPE = 0
간격띄우기 거리 지정 또는 [통과점(T)/지우기(E)/도면층(L)] 〈통과점〉 : 300 (간격띄우기 거리 지정)

```
현재 설정: 원본 지우기=아니오  도면층=원본  OFFSETGAPTYPE=0
OFFSET 간격띄우기 거리 지정 또는 [통과점(T) 지우기(E) 도면층(L)] <300.0000>: 300
```

- 통과점(Through) : 지정한 지점이 간격값으로 작용하여 간격띄우기가 실행된다.
- 지우기(Erase) : 원본의 삭제여부를 지정한다(기본값 No).
  Yes : 삭제, No : 삭제하지 않음
- 도면층(Layer) : 생성되는 객체에 속하는 Layer를 설정한다.
  Current : 현재 작업 중인 Layer에 속하게 한다.
  Source : 원본의 Layer를 유지한다.

② 간격띄우기 할 객체 선택 또는 [종료(E)/명령취소(U)] 〈종료〉 : 간격 띄우기를 할 선 선택 (선1)

```
간격띄우기 거리 지정 또는 [통과점(T)/지우기(E)/도면층(L)] <300.0000>: 300
OFFSET 간격띄우기할 객체 선택 또는 [종료(E) 명령 취소(U)] <종료>:
```

③ 간격띄우기를 할 면의 지정 또는 [종료(E)/다중(M)/명령취소(U)] 〈종료〉 : 원 밖으로 클릭
기준점으로 잡은 원의 밖으로 간격이 300인 신규 원이 그려진다. [완료]

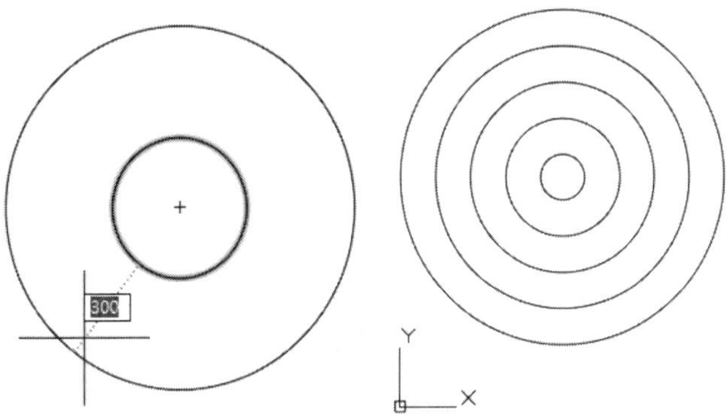

연속으로 간격띄우기를 해서 그린 객체

④ 간격띄우기를 할 면의 점 지정 또는 [종료(E)/다중(M)/명령취소(U)] 〈종료〉 : [Enter]로 명령 종료.

[Offset] 명령을 종료하지 않는 한 간격이 300인 객체를 선택객체로부터 그릴 수 있다.

※ Offset 모서리 모양을 결정하는 명령에 [Offsetgaptype] 명령이 있다. 명령어 [Offsetgaptype]을 키인하고 [enter] 클릭한다.

- Offsetgaptype에 대한 새 값 입력 〈0〉 :

- 0 : 폴리선 세그먼트를 연장시켜 간격을 채운다.
- 1 : 모깎기된 호 세그먼트로 간격을 채운다(각 호 세그먼트의 반지름은 간격띄우기 거리와 같다).
- 2 : 모따기된 선 세그먼트로 간격을 채운다(각 모따기까지의 수직거리는 간격띄우기 거리와 같다).

다음은 직사각형을 20만큼씩 Offset했을 때 Offsetgaptype의 값에 따른 결과를 비교해 나타낸 것이다.

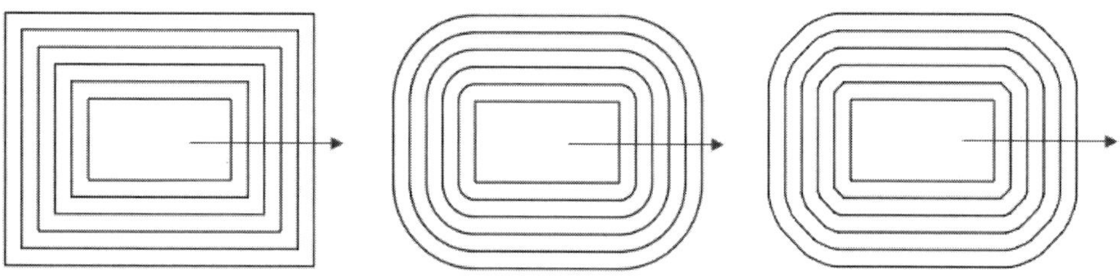

〈Offsetgaptype : 0일 때〉 〈Offsetgaptype : 1일 때〉 〈Offsetgaptype : 2일 때〉

5.6.2 대칭복사(Mirror) 명령

거울에 반사한 것처럼 대칭복사를 한다. 지정한 기준선에 의하여 대칭복사되며 대칭구조의 도형을 그릴 때 대단히 편리한 기능이다. [Mirror] 명령은 선택된 임의의 객체에 거울을 비춘 것과 같은 효과를 주어서 기준점을 중심으로 객체를 대칭되게 복사해주는 명령어이다. 이 명령은 [Mirror] 명령어를 입력하여 수행하거나 아래 방법 중 한 가지 사용자가 익숙해하는 방법을 선택해 실시하도록 한다.

① 메뉴 〉 수정 〉 대칭 선택에서 명령 수행
② (홈) 탭 〉 수정패널 〉 대칭 선택으로 설정
③ 명령어로 [Mirror] 혹은 단축키 [Mi]를 키인하여 대칭 명령을 지정

가. 임의의 객체를 중심선을 이용해 대칭복사하기

명령어 [Mi]를 이용하여 임의의 객체를 중심선에서 대칭시켜 보겠다.

① 명령어 [Mi] 키인 후 [Enter]를 클릭한다.
② 객체 선택 : 대칭복사시키고자 하는 객체를 교차범위 (점1 → 점2)로 선택한 후 [Enter]를 클릭한다.

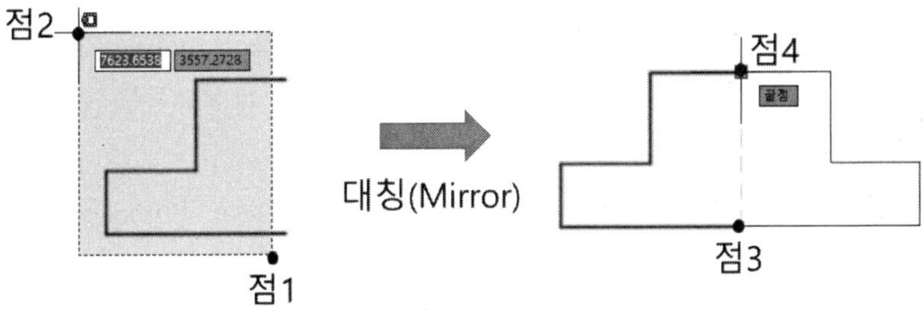

③ 대칭선의 첫 번째 점 지정 : 기준이 될 점3을 클릭한다.
대칭선의 두 번째 점 지정 : 점4를 클릭한다(기준점 지정).
④ 원본 객체를 지우시겠습니까? [예(Y)/아니오(N)] 〈N〉 : 대칭복사를 원한다면 [Enter]를 클릭하여 명령을 종료한다.
⑤ 만약 원본을 삭제하고 대칭이동을 하고 싶다면 Y를 클릭하고 [Enter]를 클릭하여 명령을 종료하면 된다.

〈대칭 이동된 객체〉

나. 삼각형 모양의 다양한 대칭복사

명령어 [Mi]를 이용해 다음의 삼각형 그림을 대칭이동시켜보겠다.

① 명령어 [Mi] 키인 후 [Enter]를 클릭한다.

② 객체선택 : 대칭복사시키고자 하는 객체를 선택한 후 [Enter]를 클릭한다.

③ 대칭선의 첫 번째 점 지정 : 기준이 될 점A를 클릭한다(혹은 점C를 클릭한다).
대칭선의 두 번째 점 지정 : 점B를 클릭한다(기준점 지정). (혹은 점D를 클릭한다)

④ 원본 객체를 지우시겠습니까? [예(Y)/아니오(N)] 〈N〉 : 대칭복사를 원한다면 [Enter]를 클릭하여 명령을 종료한다.

⑤ 만약 원본을 삭제하고 대칭이동을 하고 싶다면 Y를 클릭하고 [Enter]를 클릭하여 명령을 종료하면 된다.

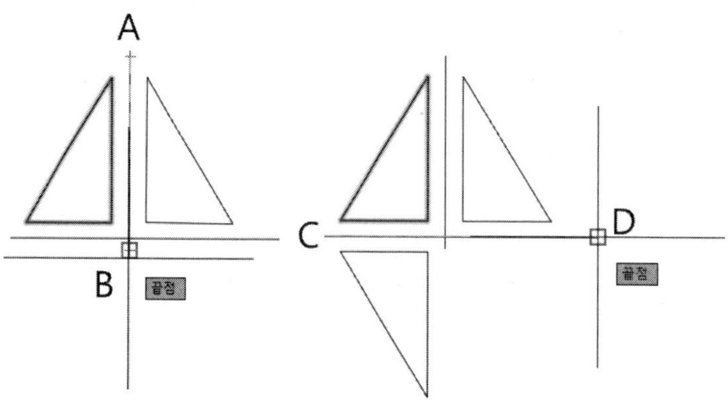

〈대칭 이동된 객체〉

다. 곡면을 갖는 형상의 대칭복사

명령어 [Mi]를 이용해 다음의 곡면을 갖는 형상을 대칭이동시켜보겠다.

① 명령어 [Mi] 키인 후 [Enter]를 클릭한다.

② 객체선택 : 대칭복사시키고자 하는 객체를 선택한 후 [Enter]를 클릭한다.

③ 대칭선의 첫 번째 점 지정 : 기준이 될 점A(곡면의 중심점)를 클릭한다.
대칭선의 두 번째 점 지정 : 점B를 클릭한다(기준점 지정).

④ 원본 객체를 지우시겠습니까? [예(Y)/아니오(N)] 〈N〉 : 대칭복사를 원한다면 [Enter]를 클릭하여 명령을 종료한다.

⑤ 만약 원본을 삭제하고 대칭이동을 하고 싶다면 Y를 클릭하고 [Enter]를 클릭하여 명령을 종료하면 된다.

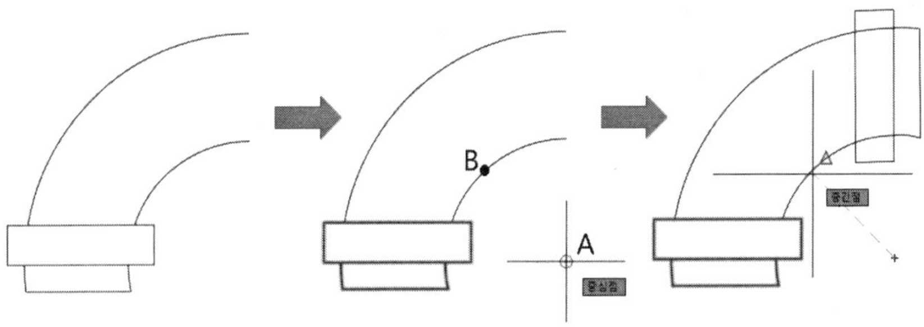

〈대칭 이동된 객체〉

☞ Mirror 명령 실행 시 문자가 함께 대칭된다면 도면을 작성할 수 없다. 이때는 문자를 반전시키려면 Mirrortext 명령어를 이용해 도면은 대칭하되 문자는 대칭되지 않도록 설정한 후 ehas을 작성해야 한다. 명령행에 Mirrortext를 입력하고 Enter 키를 눌러 명령을 실행한다. 그런 후 Mirrortext에 대한 시스템 변수 값을 0이나 1로 입력한다.

- Mirrortext값이 0인 경우 : 문자가 대칭되지 않고 그대로 복사
- Mirrortext값이 1인 경우 : 문자가 대칭복사

라. Mirrtext

- 문자가 대칭복사될 때 반사 여부를 설정한다.
- 명령어 [Mirrtext]를 키인 하고 [Enter]를 클릭한다.

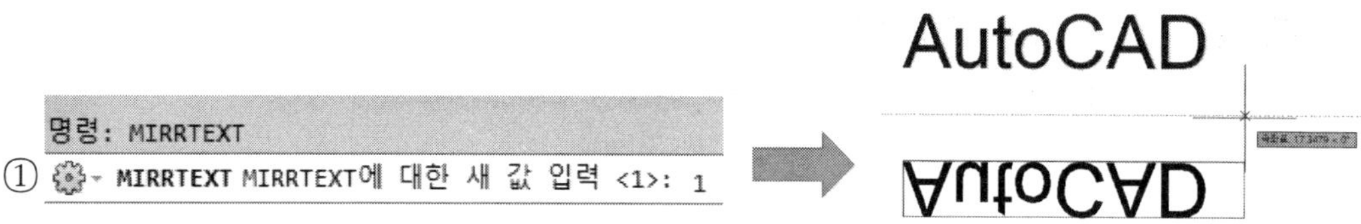

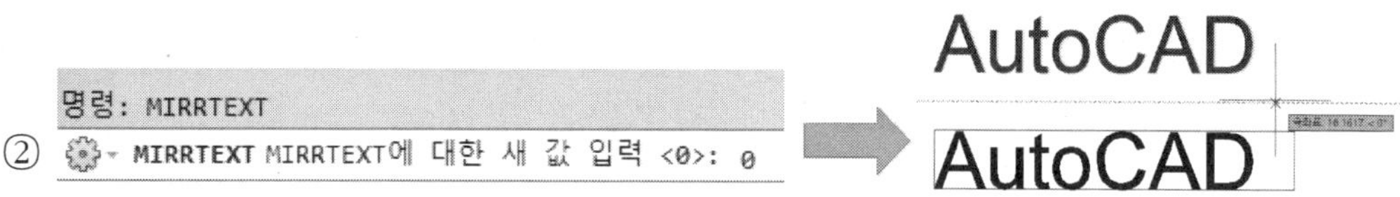

5.7 분해, 배열, 곡선 혼합, 경계, 지우기, 반전 명령

5.7.1 분해(Explode) 명령

분해 명령은 Rectangle 명령이나 Polygon, Polyline 등으로 생성되어 하나의 객체로 되어 있는 도면요소를 각각의 요소로 분해하는 명령어이다. 이 명령은 [Explode] 명령어를 입력하여 수행하거나 아래 방법 중 한 가지 사용자가 익숙해하는 방법을 선택해 실시하도록 한다.

① 메뉴 〉 수정 〉 분해 선택에서 명령 수행
② (홈) 탭 〉 수정 패널 〉 분해로 설정
③ 명령어로 [Explode] 혹은 단축키 [X]를 키인하여 분해 명령을 지정

명령어 [Explode]를 이용하여 임의의 직육면체를 분해해보겠다.

① 명령어 [Explode]를 키인 후 [Enter] 클릭
② 객체선택 : 분해할 도면객체 선택
③ 객체선택 : [Enter] 클릭하여 명령 종료

분해 후 객체를 선택해보면 하나였던 선분이 각기 따로따로 선택되는 것을 확인할 수 있다.

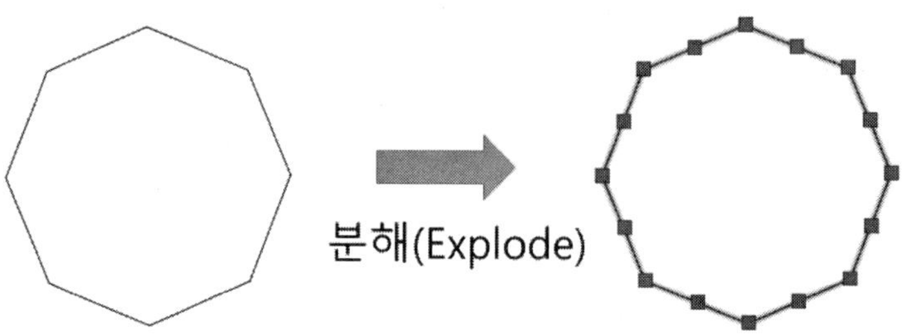

복합된 객체 도는 닫힌 폴리선 등을 구성 요소 객체로 분해하는 것을 설명하고자 한다. 블록, 폴리선, 여러 줄 문자, 배열을 분해할 수 있으며 분해된 객체는 색상, 선종료, 선 가중치 등을 변경하고자 할 때 사용한다.

먼저 분해시키기 위해 Explode를 키인하고 Enter를 클릭한다. 다음과 같은 형상이 있을 때 객체를 선택한 후 Enter를 클릭하면 분해가 완성된다.

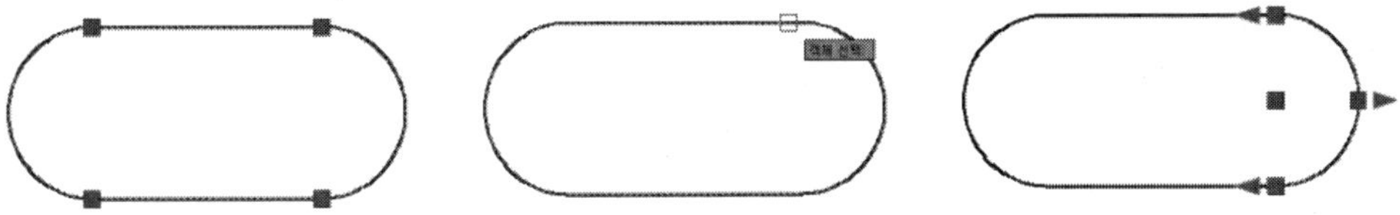

① 폴리선

폴리선은 각각의 세그먼트로 분해되는데, 이때 폴리선에 적용된 폭 정보는 무시되며 폭 두께가 적용된 폴리선을 분해시킬 경우 폴리선의 중심을 기준으로 변경된다. 다음의 예와 같이 분해 전에 폴리선의 두께가 두꺼운 경우 분해 완료되면 폴리선은 다시 얇게 분해되는 것을 확인할 수 있다.

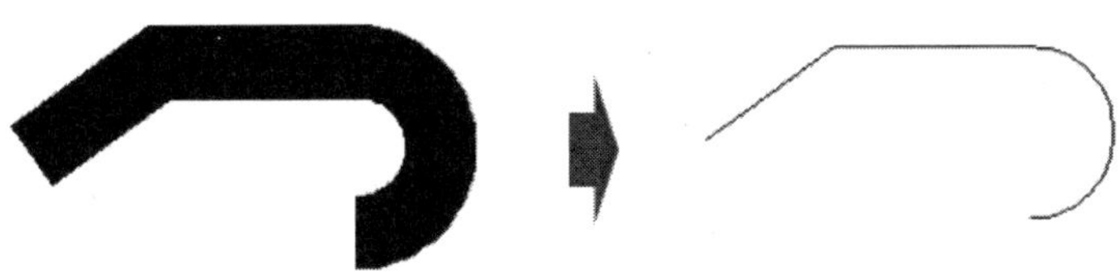

(a) 분해 전의 원본 폴리선 (b) 분해 후

② 배열

배열이 적용된 객체는 배열 기능이 제거되어 배열을 구성하고 있는 낱개의 객체로 분해된다.

③ 블록

폴리선으로 구성된 블록의 경우 분해하면 다시 폴리선으로 분해되는데, 분해는 한 단계 이전 단계로 분해되어 블록 내의 블록이 포함된 경우에는 내포되어 있는 블록이 노출된다. 이런 경우 블록 내의 블록이 포함된 객체라면 한 번 더 분해해야 폴리선으로 분해할 수 있다.

5.7.2 배열(Array) 명령

배열 [Array] 명령은 물체를 일정한 간격과 각도, 개수를 선형배열, 원형배열로 복사하는 명령어이다. Copy 명령과는 달리, 한두 개가 아닌 여러 개의 개수를 한 번에 열과 행을 맞춰 복사할 때 사용하는 명령어이다. 사각배열과 원형배열로 선택된 대상의 많은 복사본을 만들 수 있다.

이 명령은 [Array] 명령어를 입력하여 수행하거나 아래 방법 중에 사용자가 익숙한 한 가지 방법을 선택해 실시하도록 한다.

① 메뉴 〉 수정 〉 배열 선택에서 명령 수행
② (홈) 탭 〉 수정 패널 〉 배열로 설정
③ 명령어로 [Array] 혹은 단축키 [Ar]을 키인하여 배열 명령을 지정

가. 직사각형 배열(R)

명령어 [Array]를 이용하여 한 변이 20인 삼각형을 Polygon으로 그린 다음 열의 수 4, 열의 간격 1,000, 행의 수 3, 행의 간격 800으로 배열해보겠다.

① 명령어 [Array]를 키인 후 [Enter]를 클릭한다.
② 아래와 같이 배열유형 입력 [직사각형(R)/경로(PA)/ 원형(PO)] 〈직사각형〉 : R 키인 후 [Enter]를 클릭한다.

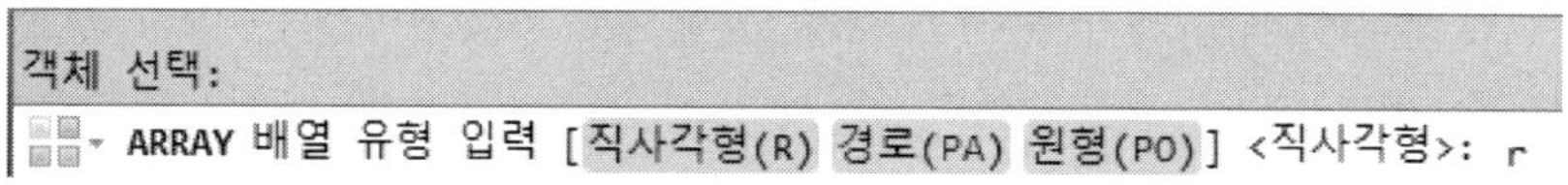

③ 아래와 같은 창이 뜨면 열의 수 4, 열의 간격 1,000, 행의 수 3, 행의 간격 800을 아래와 같이 입력한다.

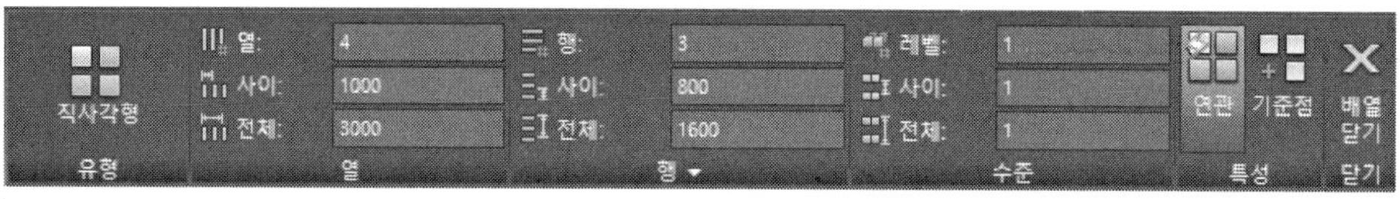

※ 거리나 각도에 (−)부호를 붙이면 방향이 반대로 변경된다.

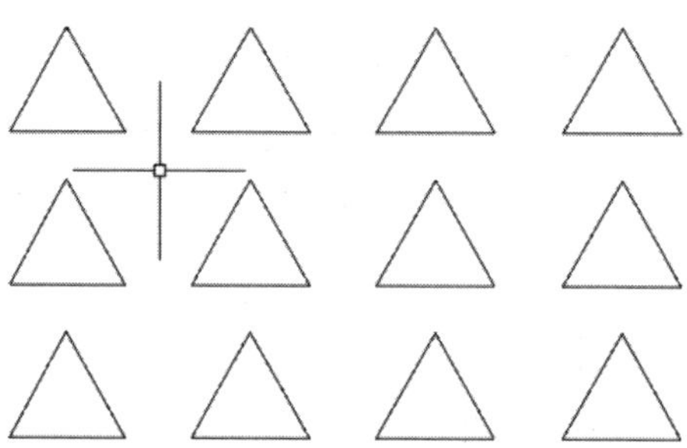

나. 다른 방법으로 직사각형 배열하기

명령어 [AR]을 이용하여 가로, 세로 [500]인 정사각형을 3행 4열로 배열해 보겠다.

① 명령어 [Arrayclassic]를 키인 후 [Enter]를 클릭한다.

② 객체선택 아이콘(객체 선택(S))을 클릭하여 배열을 실행할 객체를 선택한 후 [Enter]를 클릭하여 대화상자로 돌아온다. [행의 수]는 '3' [열의 수]는 '4', [행 간격띄우기]는 '800', [열 간격띄우기]는 '1,000'을 입력한다.

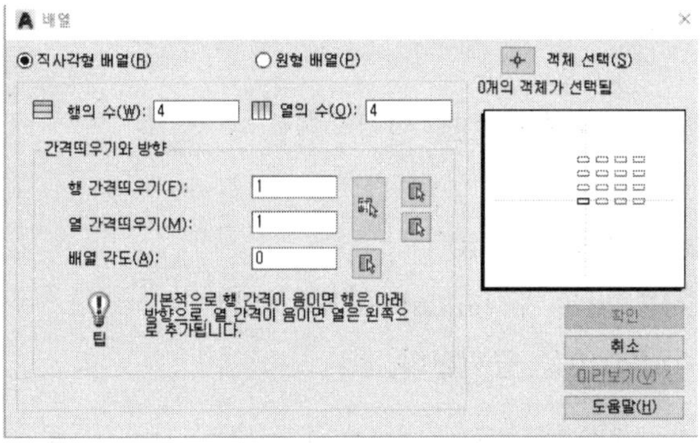

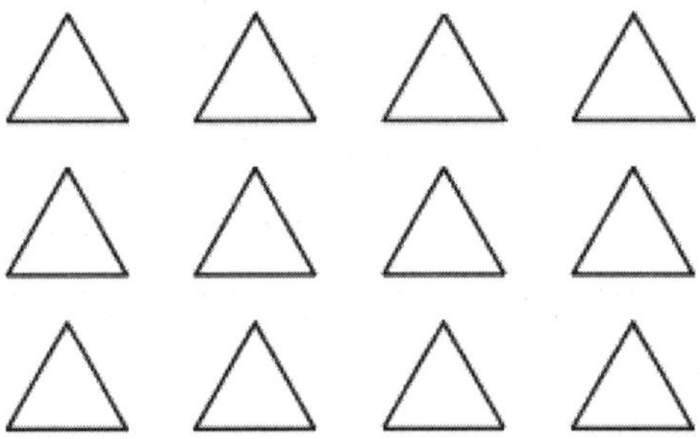

※ 위의 대화상자에서 배열 각도를 10도로 지정하고 미리보기를 해본다.

다음 그림과 같이 배열 각도가 10도로 지정되어 직사각형 배열되는 것을 확인할 수 있다. 여기서 배열은 실제 도면에 적용하기 전에 미리보기(V) < 를 클릭하여 보면 배열이 어떻게 되고 있는지, 정확히 되고 있는지 미리 확인해볼 수 있다.

다. 원형배열(P)

전체 배열각도와 배열 수의 입력으로 원형배열할 수 있다.

- 전체 배열각도 : 360, 배열 수 : 10

① 명령어 [Arrayclassic]를 키인 후 [Enter]를 클릭한다.

② 대화창이 뜨면 원형배열(P)을 클릭한다.

③ 객체선택 아이콘(객체 선택(S))을 클릭하여 배열을 실행할 객체(삼각형)를 선택한 후 [Enter]를 클릭하여 대화상자로 돌아온다. [항목수의 총계]는 '10' [채울 각도]는 '360'을 입력한다.

④ 중심점을 아이콘을 클릭하여 선택해준다. 중심점 선택에서 X, Y 좌표는 거의 사용하지 않고 옆에 있는 아이콘을 선택하여 마우스로 직접 지정한다. 여기서 배열 방법과 값을 선택하여(Toggle 스위치를 클릭하여 선택 변경 가능함) 배열방법 선정과 수치 값을 입력할 수 있다.

- 항목의 전체 수 및 채울 각도 : 배열 전체수 및 전체각도로 배열하기를 선택한다.
- 항목의 전체 수 및 항목 사이의 각도 : 배열할 항목의 총수를 입력한다.
- 채울 각도 및 항목 사이의 각도 : 배열 전체 각도를 입력한다.

⑤ 회전시키면서 복사(T) : 이 항목에 체크를 하지 않으면 선택 물체가 고유방향을 유지한 채로 배열된다(참고그림에서 'N'이 체크를 하지 않은 경우이다).

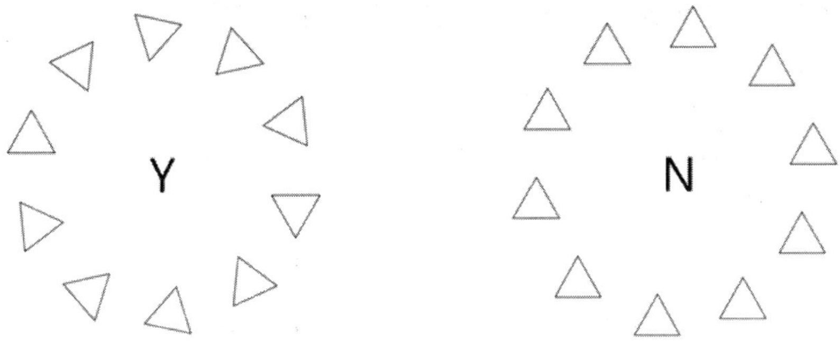

라. 원형배열의 다른 예

- 전체 배열 수 및 항목 사이의 각도로 배열될 전체 배열 각을 결정한다.
- 전체 배열 수 : 10, 항목 사이의 각도 : 30
- 배열 '방법과 값' 항목에서 '항목의 전체 수 및 항목 사이의 각도'를 선택한다.

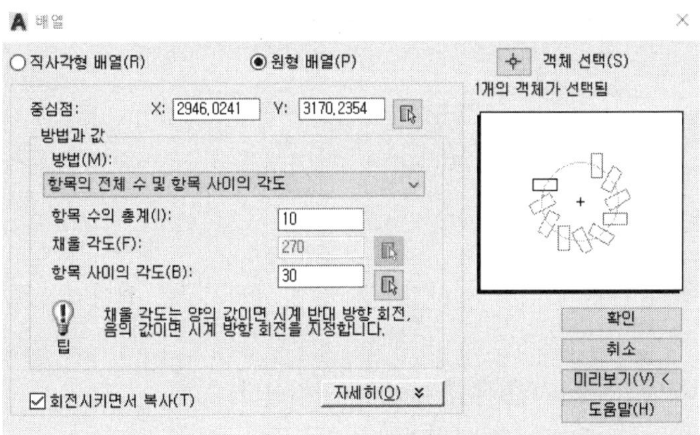

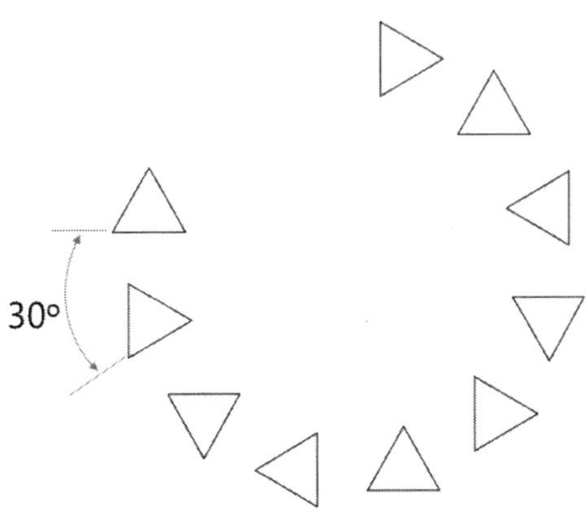

- 채울 각도 및 항목 사이의 각도를 입력하여 배열될 물체의 수를 결정한다.
- 채울 각도 : 180, 항목 사이의 각도 : 30

- 배열 '방법과 값' 항목에서 '채울 각도 및 항목 사이의 각도'를 선택한다.

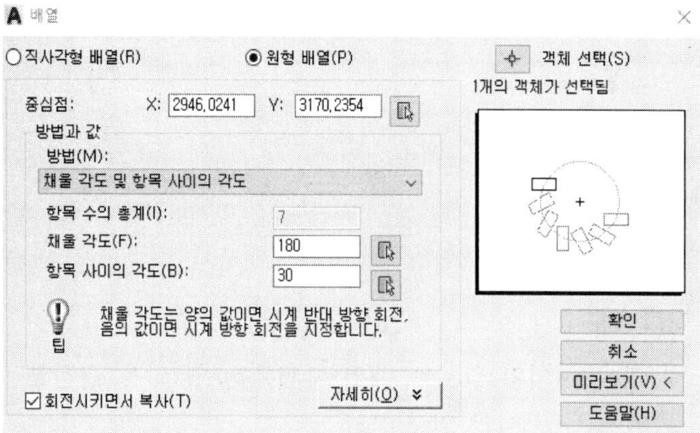

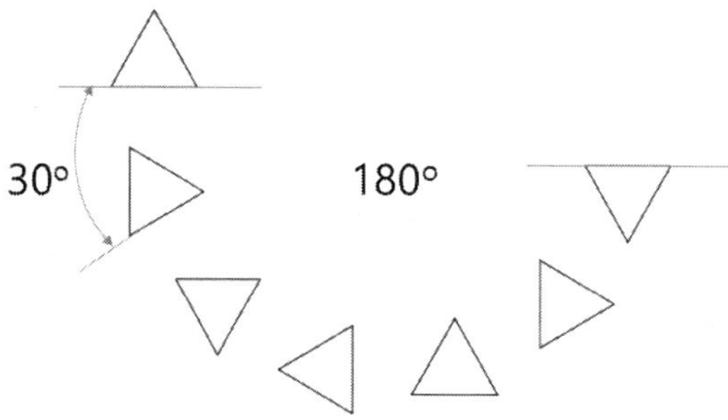

명령어 [AR]을 이용하여 임의의 직사각형을 [6개], [360도]로 원형배열을 해보겠다.

① 명령어 [Arrayclassic]를 키인 후 [Enter]를 클릭한다.

② 대화창이 뜨면 원형배열(P)을 클릭한다.

③ 객체선택 아이콘(객체 선택(S))을 클릭하여 배열을 실행할 객체(직사각형)를 선택한 후 [Enter]를 클릭하여 대화상자로 돌아온다. [항목수의 총계]는 '6', [채울 각도]는 '360'을 입력한다.

④ 중심점을 아이콘을 클릭하여 선택해준다.

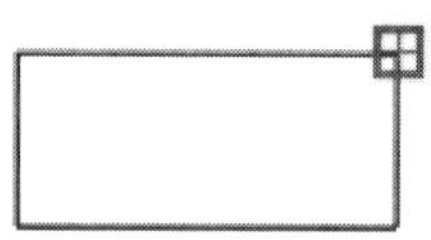

⑤ 중심점까지 지정한 후 확인을 클릭하면 아래의 그림과 같이 배열된 것을 확인할 수 있다.

※ 원의 배열도 실제 도면에 적용하기 전에 미리보기(V) < 를 클릭해보면 배열이 어떻게 되고 있는지, 정확히 되고 있는지 미리 확인해볼 수 있다.

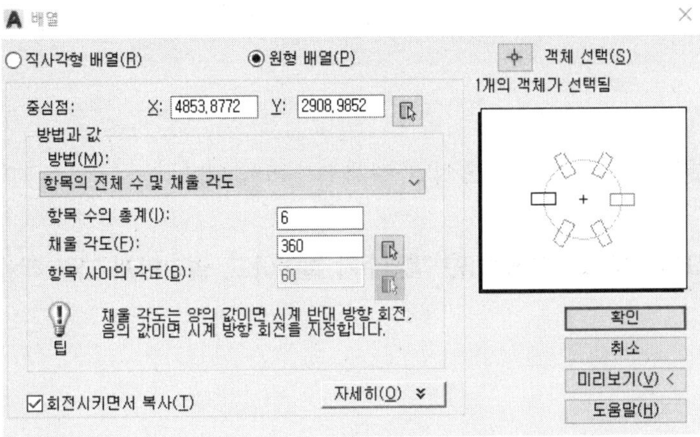

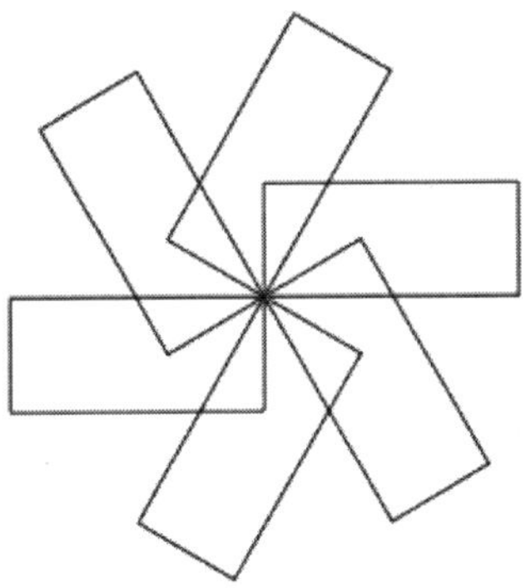

마. 선형 배열(PA)

명령어 [AR]을 이용하여 임의의 곡선 주위로 객체를 배열해보겠다.

① 명령어 [Ar]를 키인 후 [Enter]를 클릭한다.

② Array 객체 선택 뜨면 직사각형을 클릭한다.

③ Array 배열 유형 입력 [직사각형(R)/경로(PA)/원형(PO)] 〈직사각형〉 : PA를 키인하고 [Enter]를 클릭하면 Array 경로 곡선 선택 : 곡선을 지정해준다.

④ 곡선에 따라 배열이 완료된 것을 확인할 수 있다.

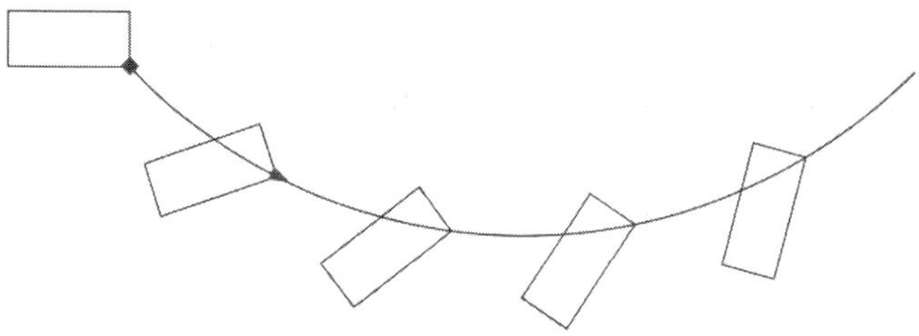

⑤ 화살표를 클릭하여 늘이거나 줄이면 객체수가 수정된다.

※ 참고 : 화살표를 원점과 가까이하면 객체수가 늘어나고, 멀리하게 되면 객체수가 줄어들게 된다.

〈화살표의 간격을 줄여 객체 수 수정 완료〉

5.7.3 곡선 혼합 명령

곡선 혼합(Blend) 명령은 AutoCAD 2012부터 새로 나온 명령으로, 열린 곡선 두 개의 끝점 사이에 부드러운 곡선이나 스플라인을 만들어주는 명령어이다. 이 명령은 [Blend] 명령어를 입력하여 수행하거나 아래 방법 중 한 가지 사용자가 익숙한 방법을 선택해 실시하도록 한다.

① 메뉴 〉 수정 〉 곡선 혼합 선택에서 명령 수행
② (홈) 탭 〉 수정 패널 〉 곡선 혼합으로 설정
③ 명령어로 [Blend] 를 키인하여 곡선 혼합 명령을 지정

명령어 [Blend]를 이용하여 임의의 곡선을 혼합해보겠다.

① 명령어 [Blend]를 키인 후 [Enter]를 클릭한다.
② 첫 번째 객체선택 또는 [연속성(CON)] : 점1을 선택한다.
③ 두 번째 객체선택 : 점2를 선택한다.

④ 점1, 점2를 클릭 완료하면 즉시 곡선 혼합이 적용된다.

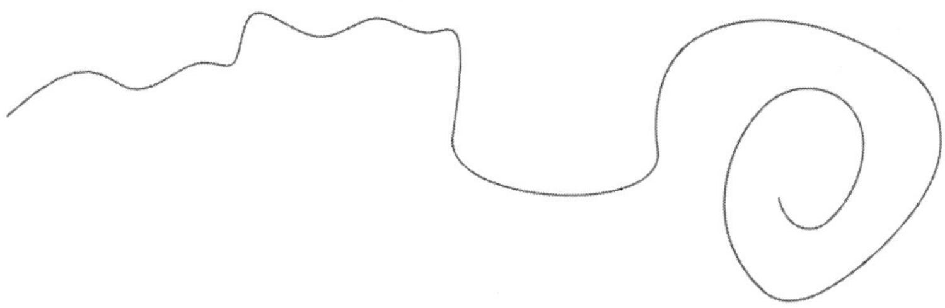

5.7.4 경계 명령

경계(Boundary)는 기어류를 그릴 때 유리하며, 경계를 먼저 그린 후 해치를 적용하면 도면에 패턴을 더 정확하게 작성할 수 있다. 명령은 다음의 3가지 방법 중 택일하여 사용한다.

① 명령어 [Boundary] 혹은 [Bo]를 키인 후 [Enter] 클릭
② 메뉴 〉 수정 〉 경계 선택
③ 홈탭 〉 그리기 〉 경계를 선택하여 명령 수행

명령어는 Boundary를 키인하거나 단축키로 Bo를 입력해도 된다. 입력 후 다음의 대화창이 나타나는데, 점 선택을 클릭한다.

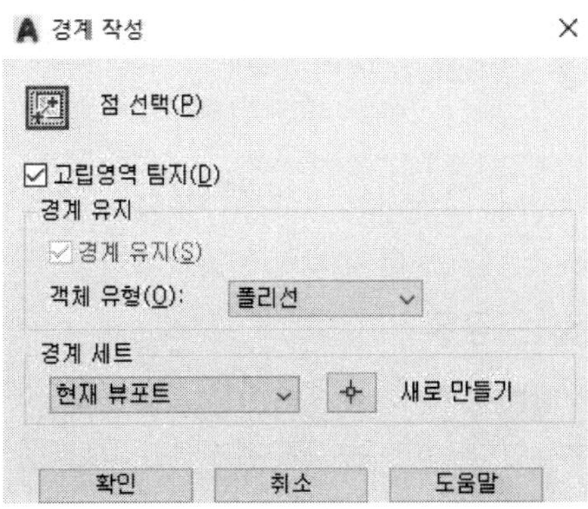

다음과 같이 경계 내부점을 선택해주면 내부 부분만 남기고 바깥 부분은 삭제되어 기어를 완성할 수 있는 것을 확인할 수 있다.

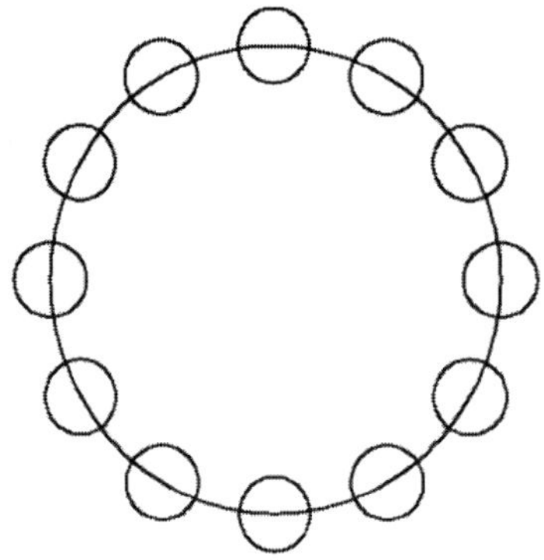

(a) 원본 그림

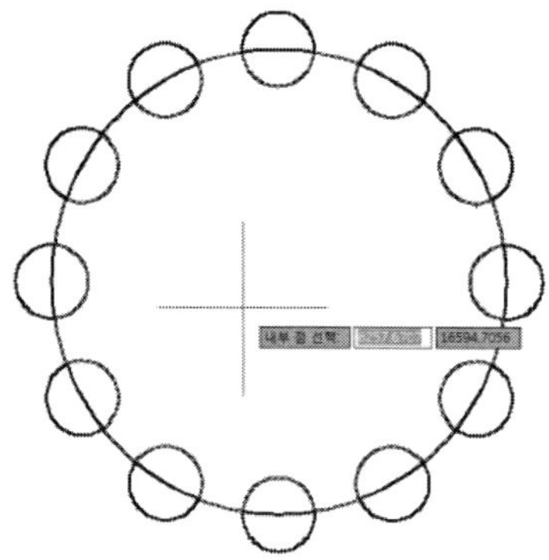

(b) 내부 점 선택

(c) 완성

5.7.5 지우기(Erase) 명령

작업 중인 도면에서 선택한 객체를 제거하는 방법을 알아보자. 이 명령은 Delete 버튼으로 객체를 제거하는 것과 동일하다. 지우기 명령은 다음의 3가지 방법 중 택일하여 사용한다.

① 명령어 [Erase]를 키인 후 [Enter] 클릭
② 메뉴 〉 수정 〉 지우기 선택
③ 홈탭 〉 수정 〉 지우기를 선택하여 명령 수행

명령어는 Erase를 키인 하거나 단축키로 E를 입력해도 된다.

☞ Delete 키가 작동하지 않는 경우

AutoCAD는 명령어 입력 후에 객체를 선택할 수도 있지만 객체를 선택한 후에 명령어를 입력하는 순서로도 사용할 수 있다. 이 순서를 결정하는 시스템 변수는 [POCKFIRST]이다.

이 값이 0으로 선택된 경우에는 명령어를 입력한 후에 객체를 선택해야 하므로 객체 선택 후 Delete 키를 클릭해도 객체가 지워지지 않고 지울 객체를 선택하라는 메시지가 나타난다.

- PICKFIRST 시스템 변수값이 1인 경우 : 명령어를 먼저 입력 후에 객체를 선택하는 모드
- PICKFIRST 시스템 변수값이 0인 경우 : 명령어를 먼저 입력 후에 객체를 선택하는 모드 + 객체를 먼저 선택 후 명령어를 입력하는 모드(2개의 경우 모두 다 가능하도록 세팅하는 모드)

5.7.6 반전(Reverse) 명령

반전 기능을 이용해 선이나 폴리선, 스플라인, 나선의 정점을 반전시켜본다. 길이 분할(Measure)을 하는 경우나 문자가 포함되어 있는 선종류를 사용할 경우에 유용하게 사용할 수 있다. 지우기 명령은 다음의 3가지 방법 중 택일하여 사용한다.

① 명령어 [REVERSE]를 키인 후 [Enter]를 클릭
② 메뉴 〉 수정 〉 반전 선택
③ 홈탭 〉 수정 〉 반전을 선택하여 명령 수행

명령어는 Reverse를 키인 한다.

5.8 속성변경 대화상자 명령, 특성일치 명령

5.8.1 속성변경 대화상자 명령

속성변경 대화상자(Properties) 명령은 대화상자를 이용하여 객체의 속성을 변경하는 명령어이다. 이 명령은 [Properties] 명령어를 입력하여 수행하거나 아래 방법 중 사용자가 익숙한 방법을 선택해 실시하도록 한다.

① 메뉴 〉 수정 〉 특성 패널 선택에서 명령 수행
② (홈) 탭 〉 특성 패널 〉 특성으로 설정
③ 명령어로 [Properties] 혹은 단축키 [Ch]를 키인하여 속성변경 대화상자 명령을 지정

명령어 [Properties]를 이용하여 객체의 특성을 확인해보겠다.

① 명령어 [Properties]를 키인 후 [Enter] 클릭한다.
② 속성변경 대화상자가 나타난다(왼쪽 상단에 나타난다).

③ 변경하고자 하는 객체를 선택 또는 신속선택을 이용하여 선택한다.

④ 대화상자에서 원하는 옵션을 선택하여 색상이나 선의 종류, 가중치, 두께 등 그 객체의 속성을 한 번에 쉽게 변경하는 것이 가능하다.

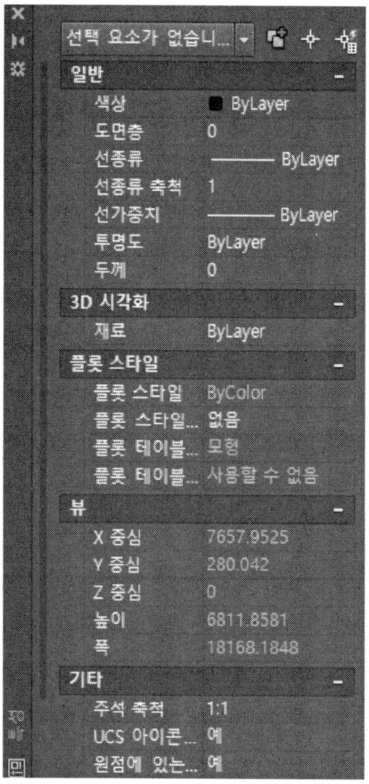

〈객체 선택 전〉

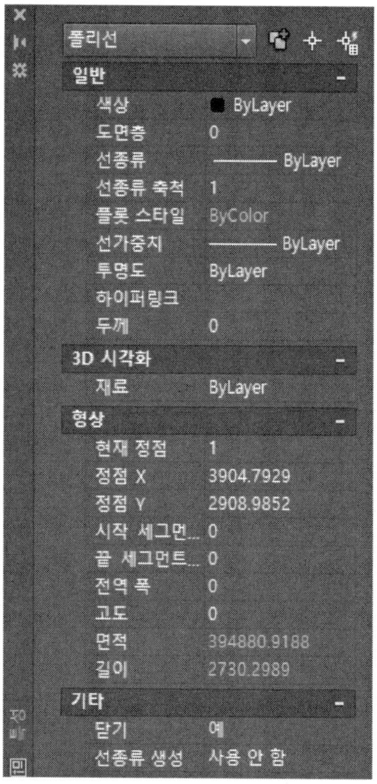

〈객체 선택 후 일반 사항〉

5.8.2 특성 일치 명령

특성 일치(Matchprop) 명령은 Change, Properties 명령과 같이 어떤 특성들을 다른 특정한 객체에 일치시키는 명령어이다. 이 명령은 [Matchprop] 명령어를 입력하여 수행하거나 아래 방법 중 한 가지 사용자가 익숙해하는 방법을 선택해 실시하도록 한다.

① 메뉴 〉 수정 〉 특성 일치 패널 선택에서 명령 수행

② (홈) 탭 〉 특성 패널 〉 특성 일치로 설정

③ 명령어로 [Matchprop] 혹은 단축키 [Ma]를 키인하여 특성 일치 명령을 지정

파란색 실선과 검정색 실선을 만들고 명령어 [Properties]를 이용하여 검정색 실선을 파란색 실선으로 바꾸어 보겠다.

① 명령어 [Properties]를 키인 후 [Enter] 클릭한다.

② 원본 객체를 선택하십시오 : 특성의 기준이 되는 선분 선1을 선택한다. 특성의 기준이 되는 객체를 선택하면 커서가 붓 모양으로 바뀐다.

③ 대상 객체를 선택 또는 [설정값(S)] : 특성을 바꿀 객체 (선2)를 선택한다.

5.9 점 명령, 측정 명령

5.9.1 점 명령

가. 점(Point)

점(Point) 명령은 도면상에 점을 찍거나 Divide 및 Measure 명령을 사용할 때 분할되는 위치를 표시하는데 사용된다. 점의 형태는 여러 가지가 있으며 "Ddptype" 명령으로 지정한다. 모양은 서로 달라도 Osnap의 "Node"로 선택된다. 이 명령은 [Point] 명령어 혹은 단축키 [Po]를 입력하여 수행하거나 아래 방법 중 한 가지 사용자가 익숙해하는 방법을 선택해 실시하도록 한다.

① 메뉴 〉 그리기 〉 점 패널 선택에서 명령 수행

② (홈) 탭 〉 그리기 패널 〉 점(다중점)으로 설정

③ 명령어로 [Point] 혹은 단축키 [PO]를 키인하여 점 명령을 지정

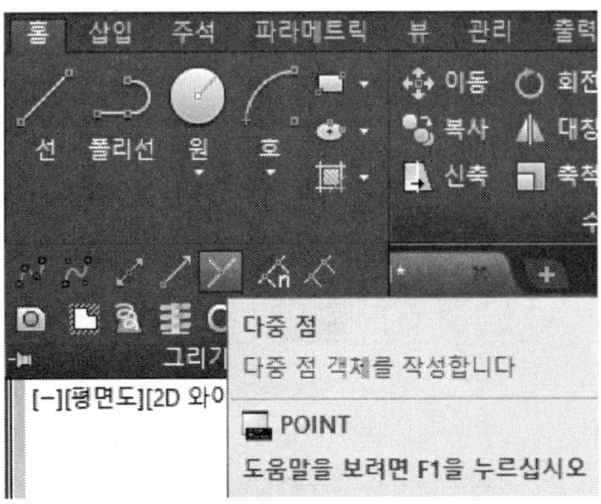

나. 점 스타일(DDPTYPE)

포맷 형식을 점 스타일(DDPTYPE)에서는 점의 모양 및 크기를 바꿀 수 있다. 이 명령은 [DDPTYPE] 명령어를 입력하여 수행하거나 아래 방법 중 사용자가 익숙한 방법을 선택해 실시하도록 한다.

① 메뉴 〉 형식 〉 점 스타일 선택에서 명령 수행
② (홈) 탭 〉 유틸리티 〉 점 스타일로 설정
③ 명령어로 [DDPTYPE]을 키인하여 점 스타일을 지정

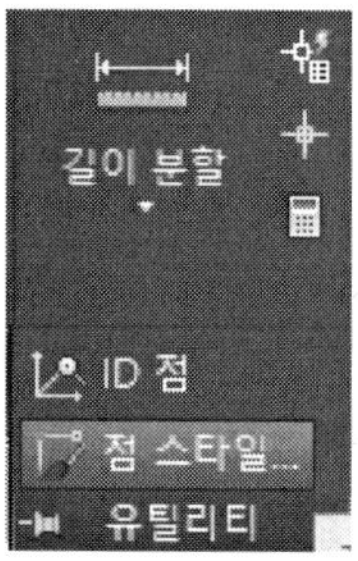

명령어로 [DDPTYPE]을 키인하면 다음과 같은 점 스타일 대화상자가 나타난다. 명령어로 [DDPTYPE]에서 원하는 점 스타일을 선택하여 사용하면 점 스타일은 현재 작업 중이던 도면이 종료될 때까지 그 스타일을 유지한다. 따라서 도면 종료 시에는 다시 기본 점 스타일로 바뀌므로 점 스타일을 다시 설정해야 한다. 점 크기는 '화면에 상대적인 크기 설정(R)'이 기본값으로 지정되어 있으며 이는 화면 줌에 따라 REGEN 후 점 크기가 달라진다. 따라서 점 크기를 고정된 크기로 유지하기 위해서는 '절대 단위로 크기 설정(A)'으로 옵션을 바꿔줘야 한다.

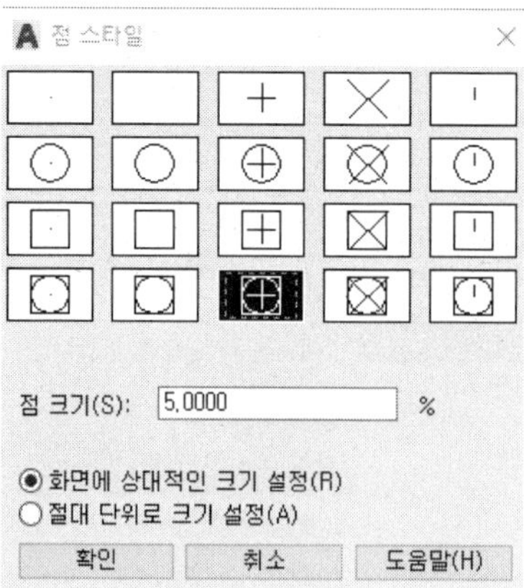

다. 등분할(Divide)

[Divide] 명령은 선택한 객체를 지정한 개수만큼 분할할 때 사용하는 명령어이다. 이 명령은 [Divide] 명령어를 입력하여 수행하거나 아래 방법 중 한 가지 사용자가 익숙해하는 방법을 선택해 실시하도록 한다.

① 메뉴 〉 그리기 〉 점 〉 등분할 선택에서 명령 수행
② (홈) 탭 〉 그리기 패널 〉 (등분할)로 설정
③ 명령어로 [Divide]를 키인하거나 단축키 [DIV]를 사용하여 등분할을 지정

명령어 [DIV]를 이용하여 객체를 [5]개로 나누고 [DDPTYPE]를 이용해 점 스타일을 원하는 모양으로 바꾸어보겠다.

① 명령어 [DIV]를 키인 후 [Enter]를 클릭한다.
② 대상 객체를 선택 또는 [설정 값(S)] : 선1 선분을 클릭한다.

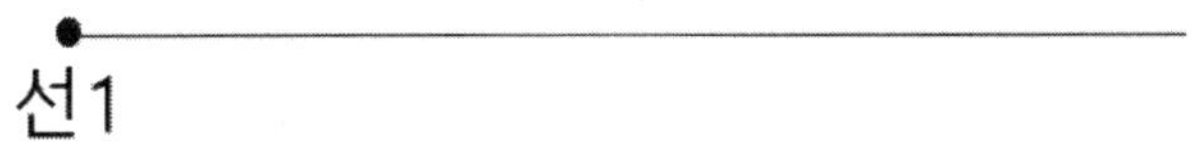

③ 세그먼트의 개수 입력 또는 [블록(B)] : 5 키인 후 [Enter]를 클릭한다.
④ 선분이 일정한 간격으로 5개로 나누어져 있음을 확인할 수 있다.
⑤ 등분된 객체의 표시가 나타나지 않는데 그 이유는 점 스타일이 기본점으로 되어 있기 때문이다. 따라서 점 스타일을 바꿔줘야 한다.
⑥ [DDPTYPE]을 키인 후 [Enter]를 클릭한다. 점 스타일을 원하는 스타일로 바꿔준다.

예) 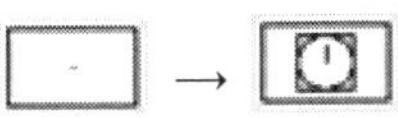

〈5등분으로 분할된 객체〉

5.8.2 측정(Measure) 명령

Measure 명령은 점이나 블록 객체를 설정한 거리값으로 경로가 되는 객체(선, 호, 타원, 폴리선, 스플라인)에 일정하게 배열시켜준다.

가. 측정(Measure) 명령

측정 명령은 일정한 간격(길이)으로 포인트를 찍고자 할 때 사용하는 명령어이다. DIVIDE 명령과 혼동될 수 있으나, DIVIDE 명령은 총길이에서 지정한 개수만큼 등분되어 포인트가 표시가 되는 명령어이므로 설정한 길이만큼 포인트를 찍는 Measure 명령과는 다르다.

이 명령은 [Measure] 명령어를 입력하여 수행하거나 아래 방법 중 사용자가 익숙한 방법을 선택해 실시하도록 한다.

① 메뉴 〉 그리기 〉 길이 분할 선택에서 명령 수행
② (홈) 탭 〉 그리기 패널 〉 길이분할로 설정
③ 명령어로 [Measure] 혹은 단축키 [ME]를 키인하여 길이분할 명령을 지정

명령어 [ME]를 이용하여 길이가 [2,250]인 객체를 300 간격으로 분할해보겠다.

① 명령어 [ME]를 키인하고 [Enter]를 클릭한다.
② 길이분할 객체 선택 : 선1 선분을 클릭한다.

③ 세그먼트의 길이 지정 또는 [블록(B)] : 300 키인 후 [Enter]를 클릭한다. 선택한 부분에서부터 측정하며 표시한다.
④ 총 길이 2,250 mm 객체에 300 단위 간격으로 포인트가 표기되며 분할되는 것을 알 수 있다.

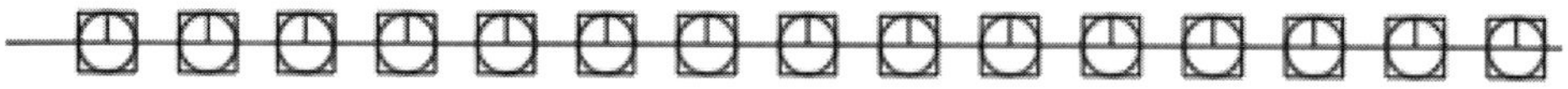

※ 표시가 보이지 않을 시 [DDPTYPE]를 이용해 점 스타일을 바꾸어준다.

☞ 더 알아보기

길이 분할 객체 선택 시 선택 위치에 따라 적용되는 길이의 기준점이 변경된다. 선택한 객체의 가장 가까운 끝점이 길이 분할의 기준 시작점으로 정해진다. 등분되는 객체가 닫힌 폴리선인 경우에는 객체를 작도 시 첫 번째로 그려진 정점을 시작으로 해서 반시계방향(+값)으로만 등분이 된다.

※ 원을 등분하는 경우

원 객체를 등분 시 0도(3시 방향)가 시작점이 되어 반시계 방향으로 등분된다. 다음 그림은 지름 50인 원을 등분 세그먼트 길이값 30mm와 50mm로 입력했을 경우 점 객체가 등분되는 결과이다.

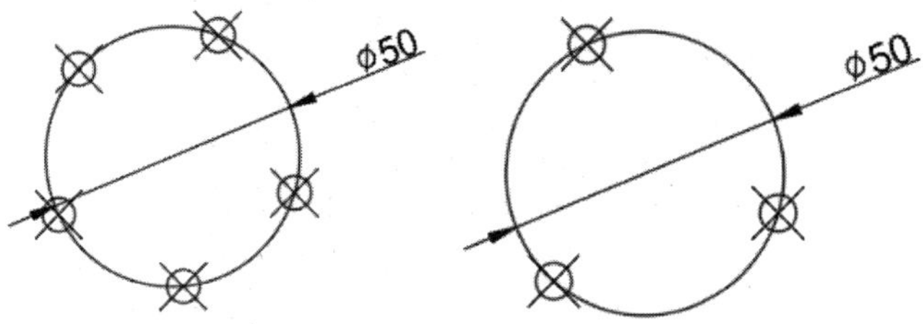

※ 길이분할과 개수분할의 비교

길이분할은 똑같은 길이값으로만 등분하므로 등분되는 객체의 선택 위치가 중요하다. 그러나 개수분할은 등분되는 객체 전체 길이에 지정된 개수만큼 정확하게 등간격으로 등분되므로 객체의 선택 위치가 중요하지 않다.

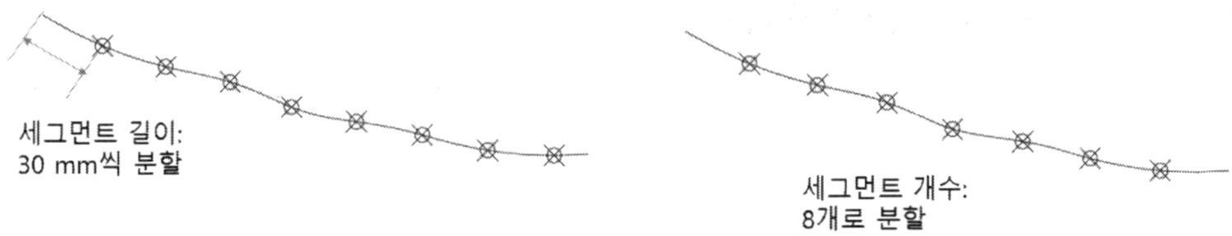

〈Measure 명령〉 〈Divide 명령〉

5.10 변경하는 명령

5.10.1 Ch, Ddchprop, Ddmodify, Mo, Props, Properties

- Modify (수정) → Properties (특성)

Change 명령을 대화상자로 만들어 마우스를 이용하여 편집을 쉽게 할 수 있게 한다. 먼저 선택하고 이 명령을 실행하거나 실행 후 선택하면 선택한 대상의 정보가 다음의 대화상자 안에 표시된다.

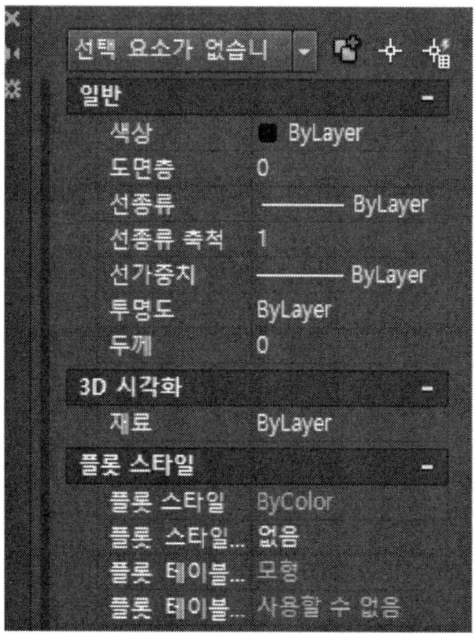

① Pickadd(선택변수)를 제어한다.

② 단순 선택방법이다.

③ 신속선택방법으로 대상을 분류하여 선택하게 한다.

5.10.2 Change, -Ch(변경)

선택한 요소의 POINT(문자, 선의 끝점, 원의 지름)나 특성(색, 고도 값, Layer 등)을 변경할 때 사용하는 명령어이다.

가. 선택한 요소의 Point (문자, 선의 끝점, 원의 지름) 변경

① 문자를 변경하는 경우

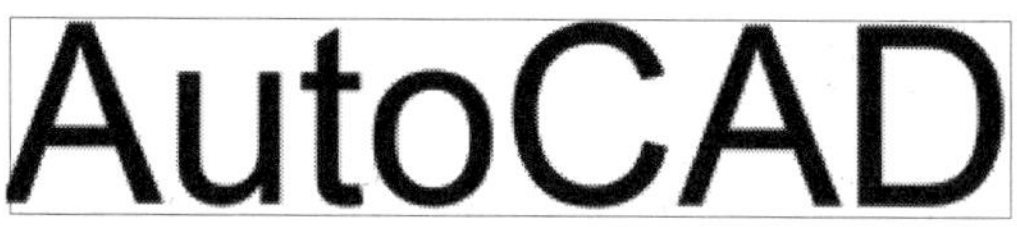

- 명령어 [-Ch]를 키인하고 [Enter]를 클릭한다.
- 객체 선택 : 변경을 원하는 객체를 선택한다.
- 객체 선택 :
- 변경 점 지정 또는 [특성(P)] : 더 이상의 변경할 대상이 없으면 [Enter]를 클릭한다.
- 새로운 문자 삽입점 지정 〈변경 없음〉: 위치를 변경할 수 있다.
- 새로운 문자 유형 입력 〈Standard〉 : 문자의 유형을 변경할 수 있다.
- 새로운 높이 지정 〈25.0000〉 : 문자의 높이를 변경할 수 있다.

- 새로운 회전 각도 지정 〈0〉 : 문자의 회전 각도를 변경할 수 있다.
- 새로운 문자를 입력: 〈Drawings〉 : 문자의 내용을 변경할 수 있다.

② 선을 변경하는 경우 (Pline은 Change Point가 되지 않는다)
- 명령어 [-Ch]를 키인 하고 [Enter]를 클릭한다.
- 객체 선택 : 변경을 원하는 객체를 선택한다.
- 객체 선택 :
- 변경 점 지정 또는 [특성(P)] : 새 Point를 지정한다(A)

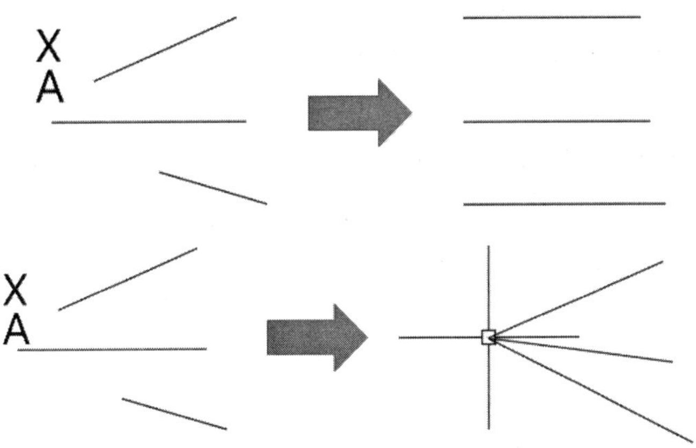

〈직교모드(F8)가 On인 경우〉 〈직교모드(F8)가 Off인 경우〉

③ 원을 변경하는 경우
- 새 Point를 지정하는 경우
- 명령어 [-Ch] 키인 후 [Enter]를 클릭한다.
- 객체 선택 : 변경을 원하는 객체를 선택한다.
- 객체 선택 :
- 변경 점 지정 또는 [특성(P)] : 새 Point를 지정한다(A) → 원의 크기가 커지는 방향으로 지정한다.
- 다음과 같이 원의 크기가 커지는 것을 알 수 있다.

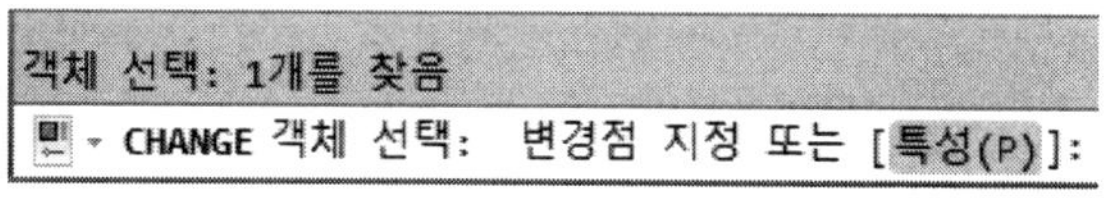

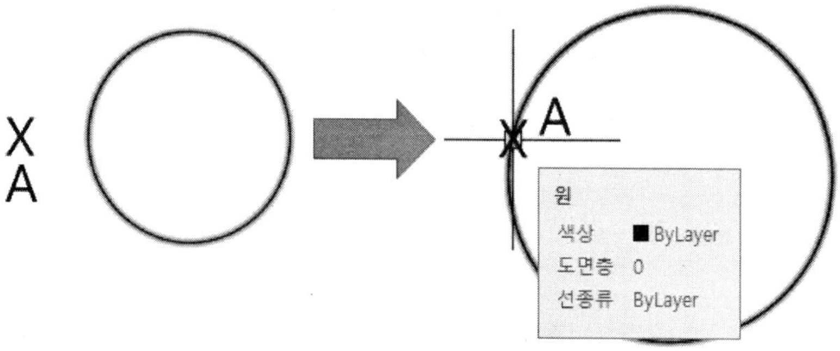

④ 반지름을 입력하여 변경하는 경우
- 명령어 [-Ch] 키인 후 [Enter]를 클릭한다.
- 객체 선택 : 변경을 원하는 객체를 선택한다.
- 객체 선택 :
- 변경 점 지정 또는 [특성(P)] : [Enter]를 클릭한다.
- 새로운 원 반지름 지정 〈변경 없음〉 :

다음과 같이 원의 크기가 커지는 것을 알 수 있다.

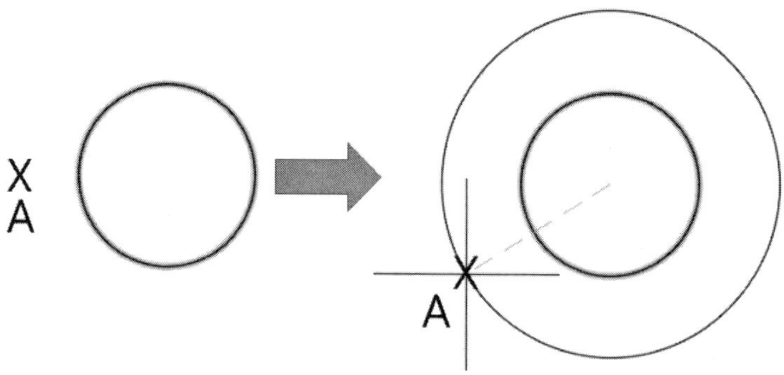

나. 선택한 요소의 특성(색상, 고도 값, Layer 등) 변경하기

- 명령어 [-Ch] 키인 후 [Enter]를 클릭한다.
- 객체 선택 : 변경을 원하는 객체를 선택한다.
- 객체 선택 :
- 변경 점 지정 또는 [특성(P)] : [P]를 클릭한다.
- 변경할 특성 입력

[색상(C)/고도(E)/도면층(LA)/선종류(T)/선종류축척(S)/선가중치(LW)/두께(T)]:

① Color : 색상을 변경한다.
② Elev : 3차원에서 고도 값을 변경한다.
③ LAyer : 설정된 Layer 중 다른 Layer로 변경한다.
④ LType : Load된 선 중에서 다른 선으로 변경한다.
⑤ ltScale : 선 크기를 변경한다.
⑥ LWeight : 선 굵기를 조정한다.
⑦ Thickness : 3차원에서 물체 고유의 높이를 조정한다.

5.10.3 Chprop

요소의 특성만을 변경하는 명령어로, Change의 옵션에 있는 Elev 옵션이 없다. 그 이외의 옵션은 동일하다. 3차원 작업에서 Change와 다르게 적용되는 부분은 설정된 UCS와 관계없이 Chprop 명령을 사용할 수 있다. 나중에 3차원 작업을 할 경우 사용하면 된다.

- 명령어 [Chprop]를 키인 하고 [Enter]를 클릭한다.
- 객체 선택 : 변경을 원하는 객체를 선택한다.
- 객체 선택 :
- 변경 점 특성 입력

[색상(C)/고도(E)/도면층(LA)/선종류(T)/선종류축척(S)/선가중치(LW)/두께(T)]:

5.10.4 Matchprop, Ma(특성일치)

- Modify(수정) → Match Properties(특성일치)
- 선택한 요소에 설정된 Color, Layer, Ltype, Ltscale, Lineweight, Thickness, PlotStyle, Text, Dim, Hatch 등을 나중에 선택한 요소에 적용시킨다.
- 명령어 [Ma]를 키인 하고 [Enter]를 클릭한다.
- 원본 객체를 선택하시오.
- 현재 활성 설정값 : 색상, 도면층, 선종류, 선축척, 선가중치, 두께, 플롯 스타일 문자, 치수, 해치, 폴리선, 뷰포트, 테이블
- 대상 객체를 선택 또는 [설정값(S)] : 원본의 내용을 적용할 대상을 선택한다.

5.10.5 Grips

편집 기준 점을 선택하여 5가지 명령 중에 하나를 선택하여 편집을 하게 한다. 단, Grip 기능을 사용할 수 있게 하는 변수 Grips가 켜져(1) 있어야 한다.

- 명령어 [Grips]를 키인하고 [Enter]를 클릭한다.
- Grips에 관한 새 값 입력 〈1〉 :
- Grip 가까이 커서를 대면 자석이 끌어당기듯이 빨려 들어가고, 선택하면 Grip에 색이 채워지면서 [Enter] 클릭하면 Stretch → Move → Rotate → Scale → Mirror 순서로 편집명령이 순환된다. 또는 선택된 상태에서 마우스 오른쪽 버튼을 클릭하여 메뉴창이 나타나면 여기서 선택해도 된다.

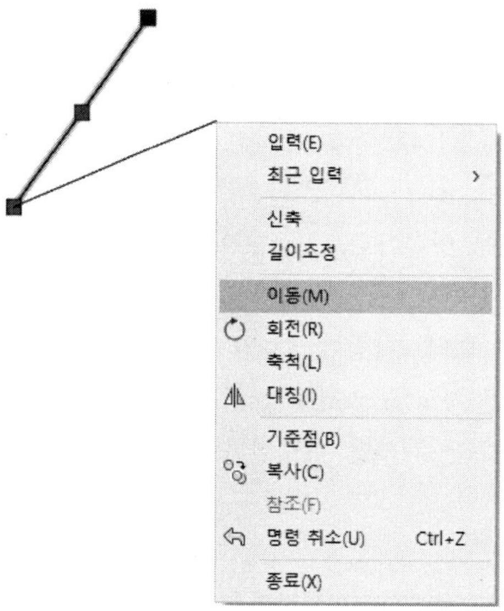

① Base Point(기준점) : 처음 선택한 곳이 아닌 다른 곳을 기준점으로 다시 지정할 때 사용한다.
② Copy(복사) : 원본을 두고 사본을 생성한다.
③ Undo(명령취소) : 실행을 취소한다.
④ eXit(나가기) : 명령을 종료한다.

☞ **[Shift] 키를 클릭한 상태로 작업을 하면 Copy 옵션을 사용한 것과 같이 복사본이 형성된다.**
☞ **선택을 해제할 때는 [Esc] 버튼을 2~3번 누르면 된다.**
- Stretch(신축) : 신축점 지정 또는 [기준점(B)/복사(C)/명령취소(U)/나가기(X)]:
- Move(이동) : 이동점 지정 또는 [기준점(B)/복사(C)/명령취소(U)/나가기(X)]:
- 회전(Rotation) : 회전각도 지정 또는 [기준점(B)/복사(C)/명령취소(U)/나가기(X)]:
- 축척(Scale) : 축척비율 지정 또는 [기준점(B)/복사(C)/명령취소(U)/나가기(X)]:
- 대칭(Mirror) : 두 번째 점 지정 또는 [기준점(B)/복사(C)/명령취소(U)/나가기(X)]:

5.11 Exercise(도면 그리기)

☞ 새로만들기 → Acad 템플릿을 열어 다음의 도면을 그려보세요.

☞ 도면 5-1

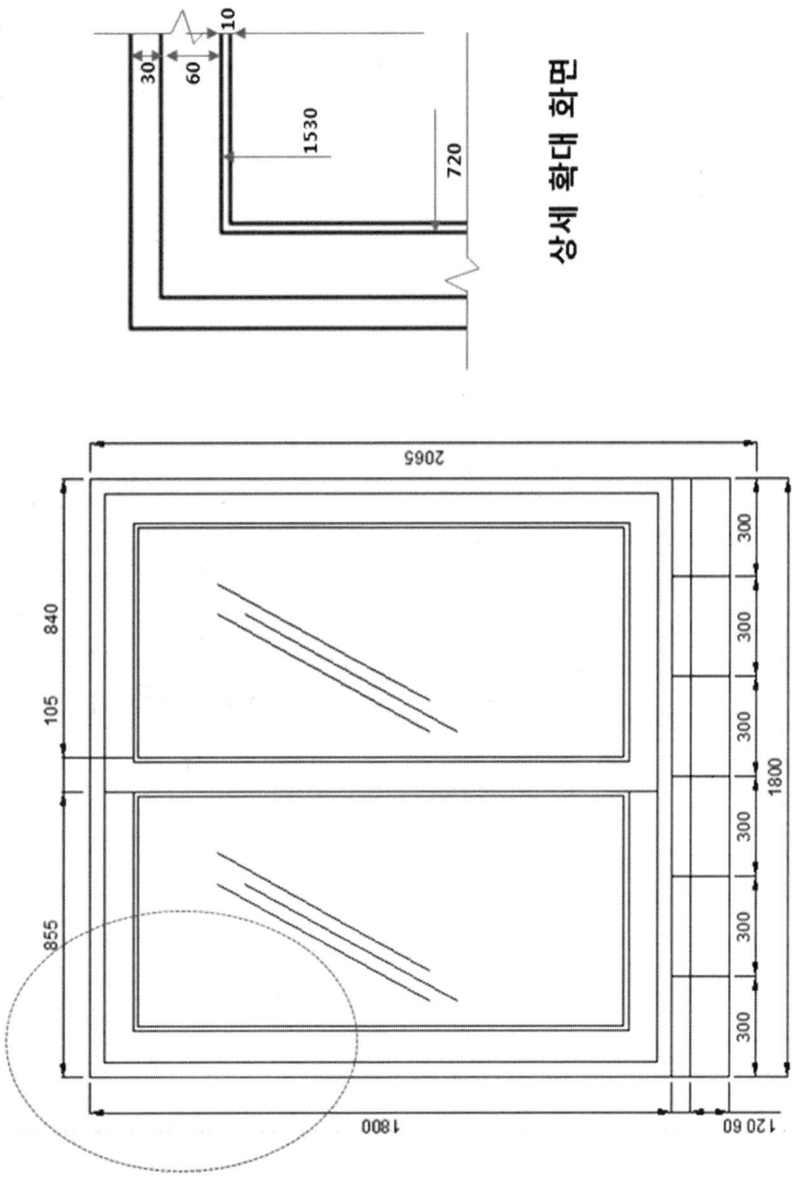

☞ **도면 5-2**

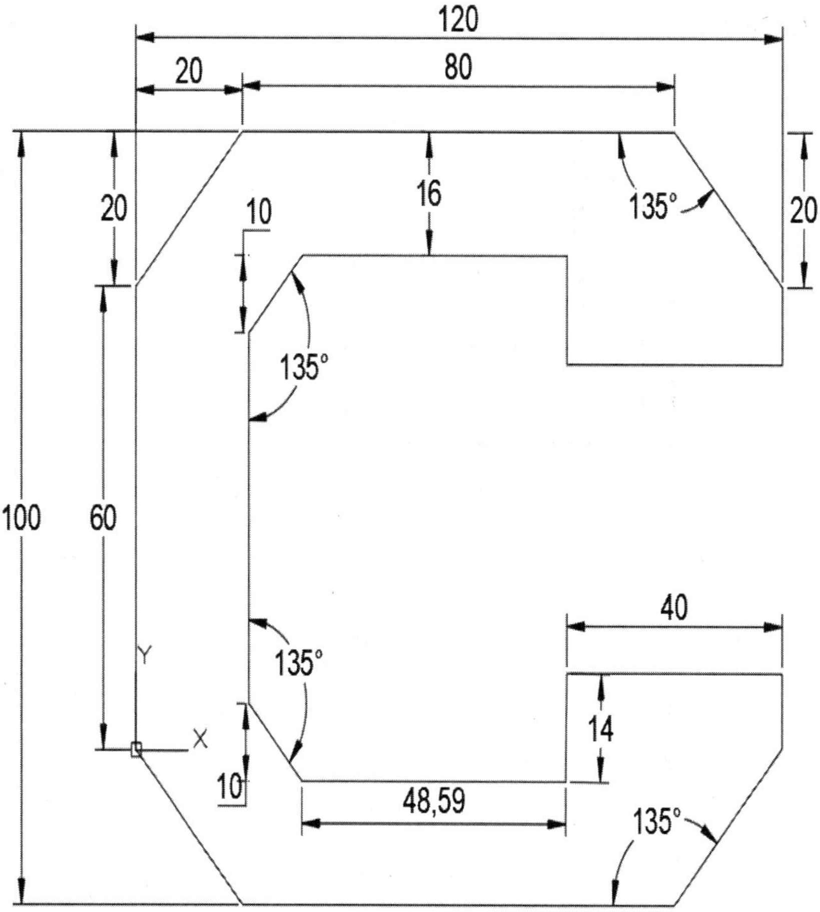

☞ **도면 5-3**

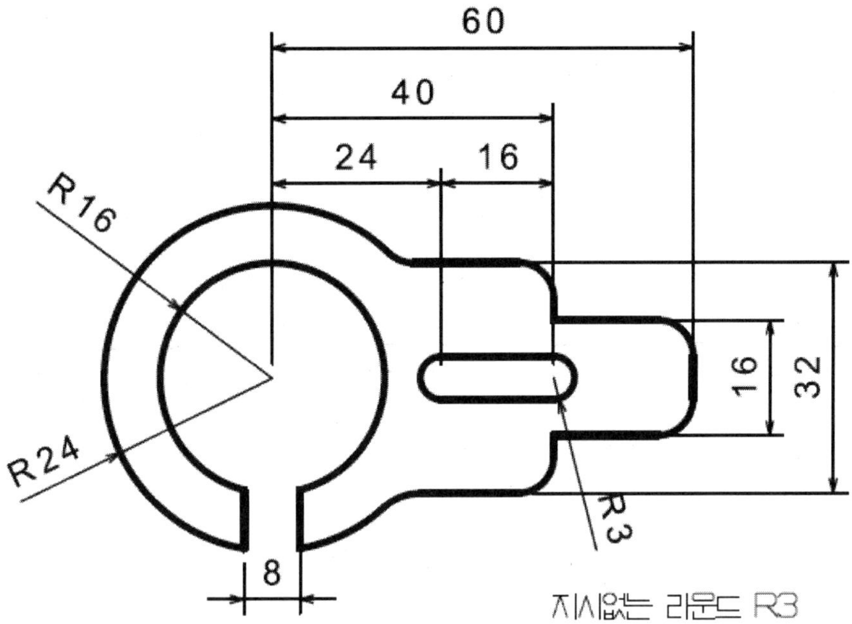

☞ **도면 5-4**

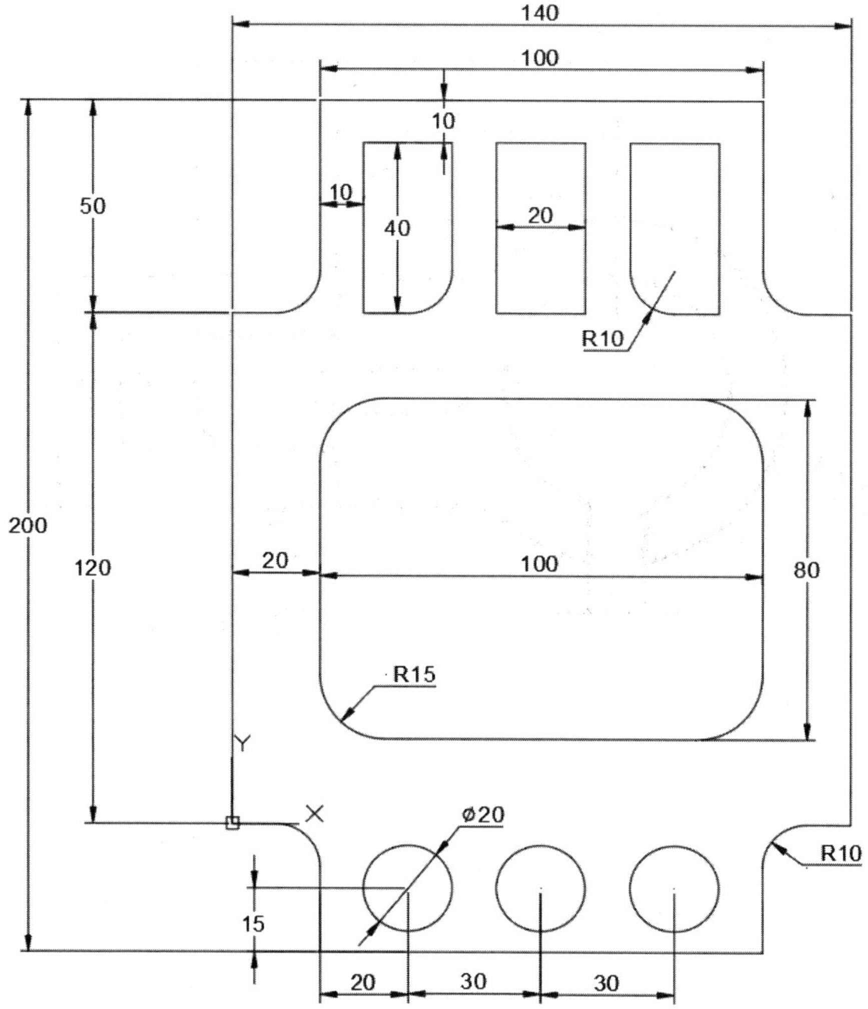

140
100
10
50
10
40
20
R10
200
120
20
100
80
R15
Y
X
ø20
R10
15
20
30
30

☞ 도면 5-5

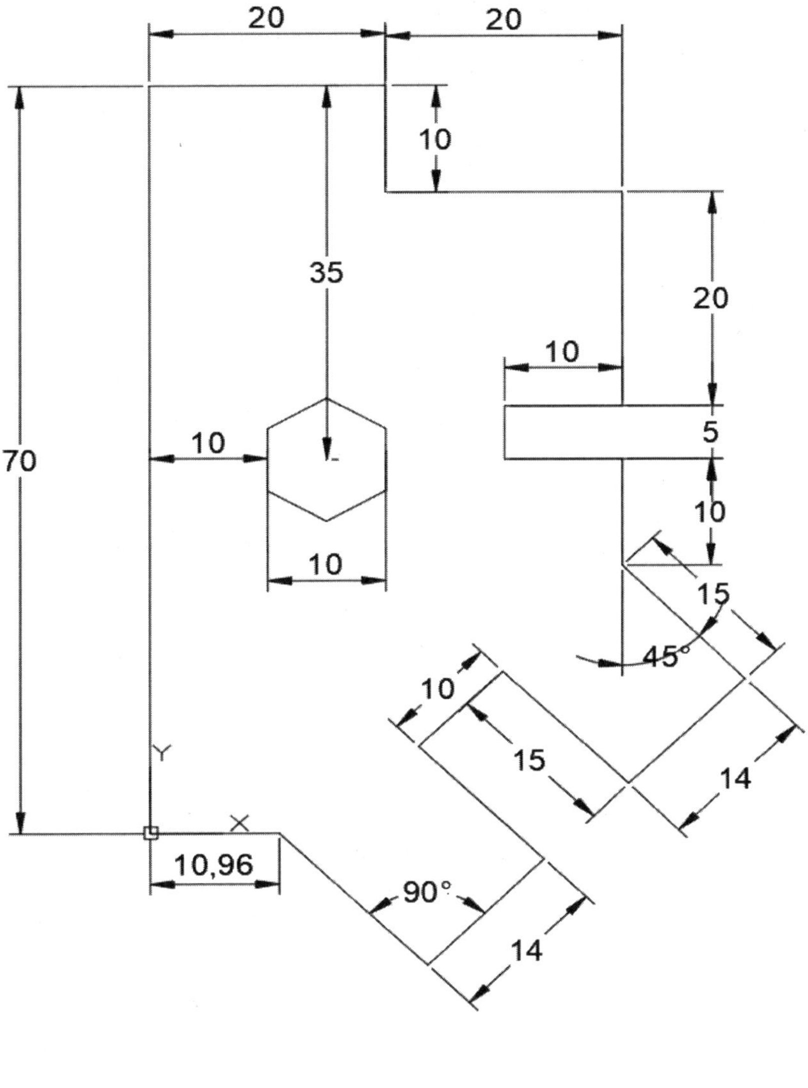

☞ 도면 5-6

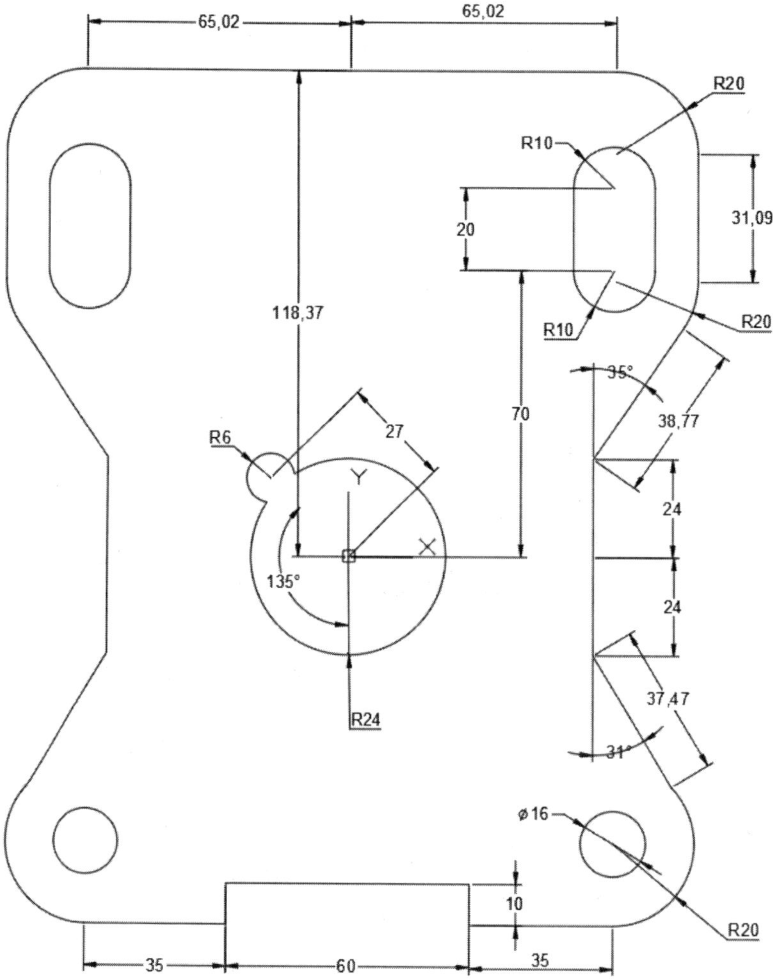

65,02
65,02
R20
R10
20
31,09
118,37
R10
R20
35°
38,77
27
70
R6
Y
24
135°
24
37,47
R24
31°
φ16
10
R20
35
60
35

☞ **도면 5-7**

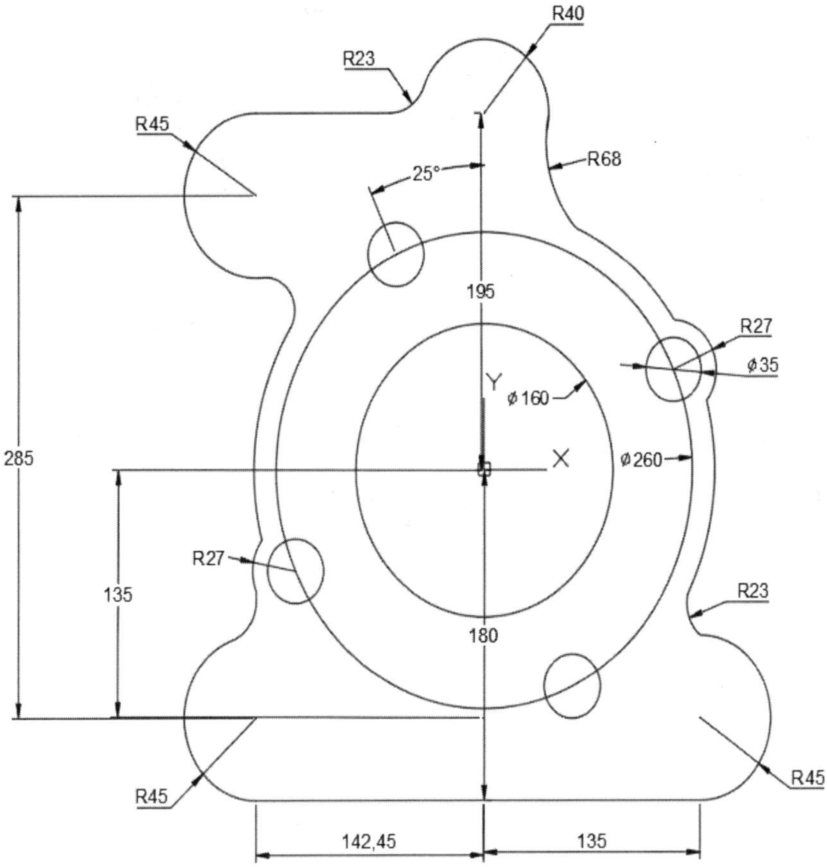

R40
R23
R45
R68
25°
195
R27
φ35
Y
φ160
285
X
φ260
R27
135
R23
180
R45
R45
142,45
135

☞ **도면 5-8**

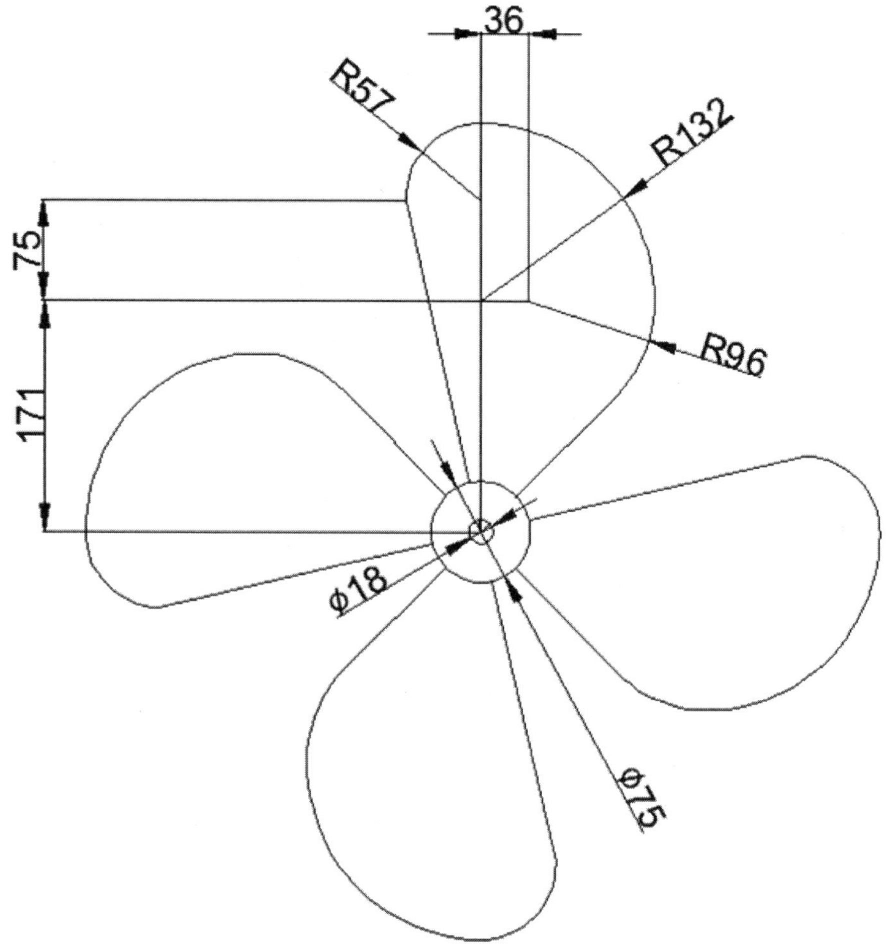

☞ 도면 5-9

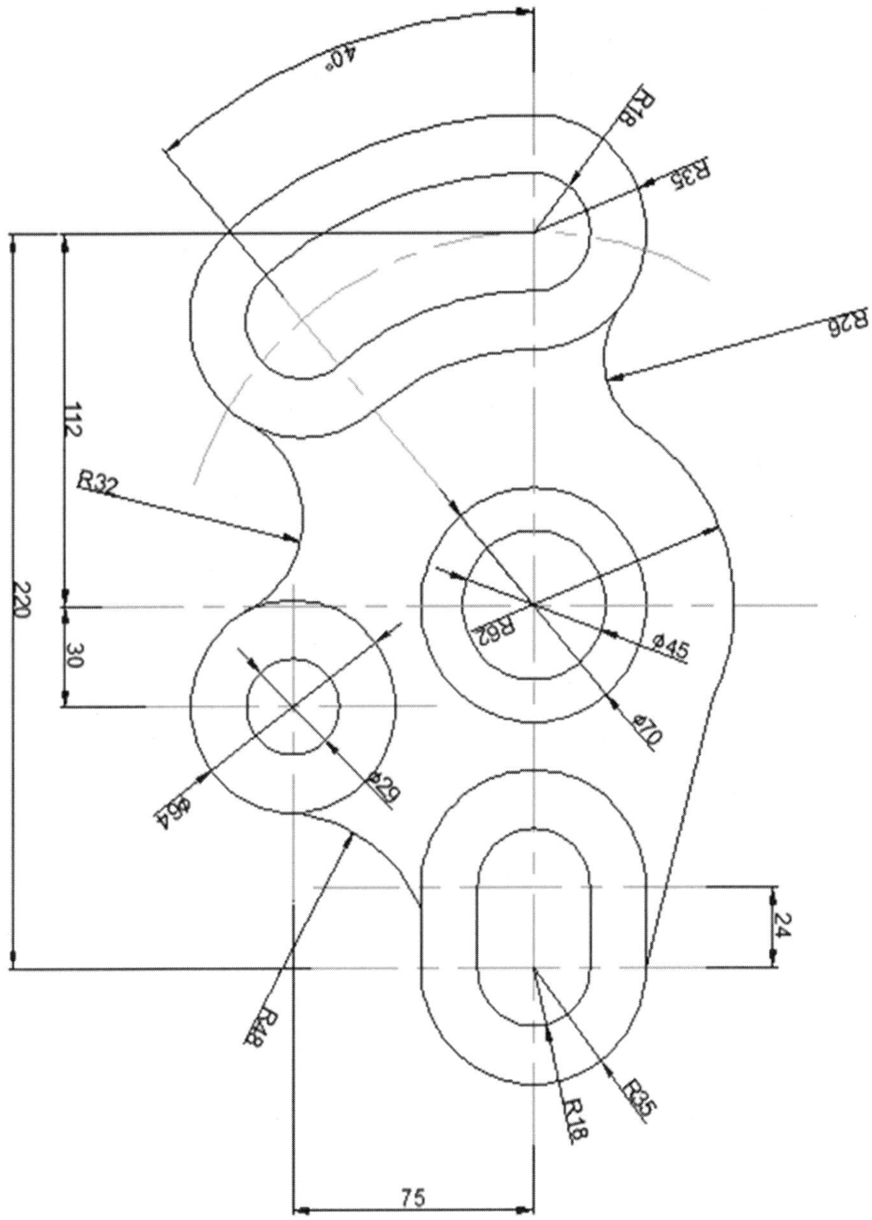

40°
R18
R35
R26
112
R32
220
30
R62
ϕ45
ϕ70
ϕ29
ϕ64
24
R48
R18
R35
75

☞ 도면 5-10

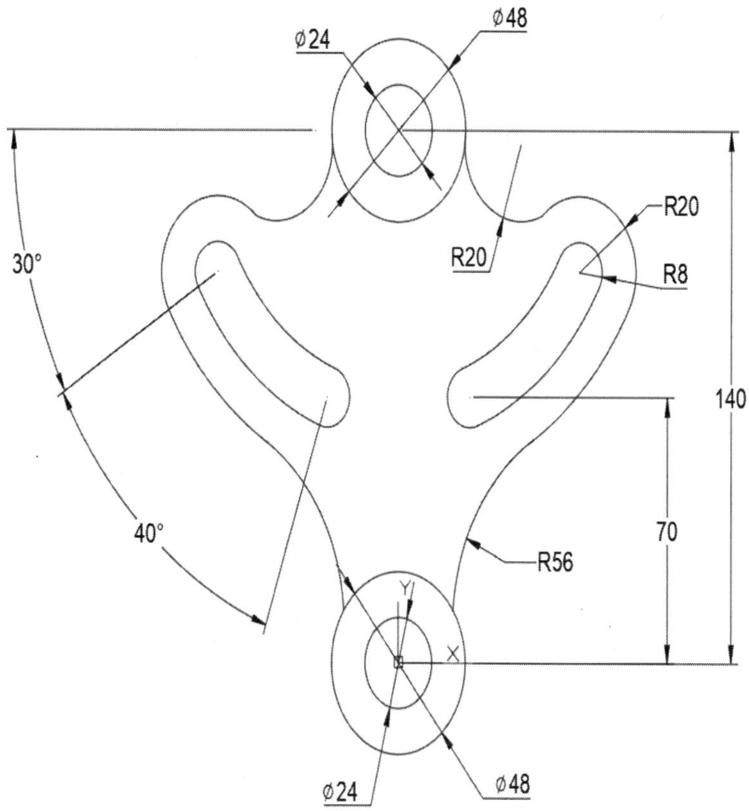

☞ 도면 5-11

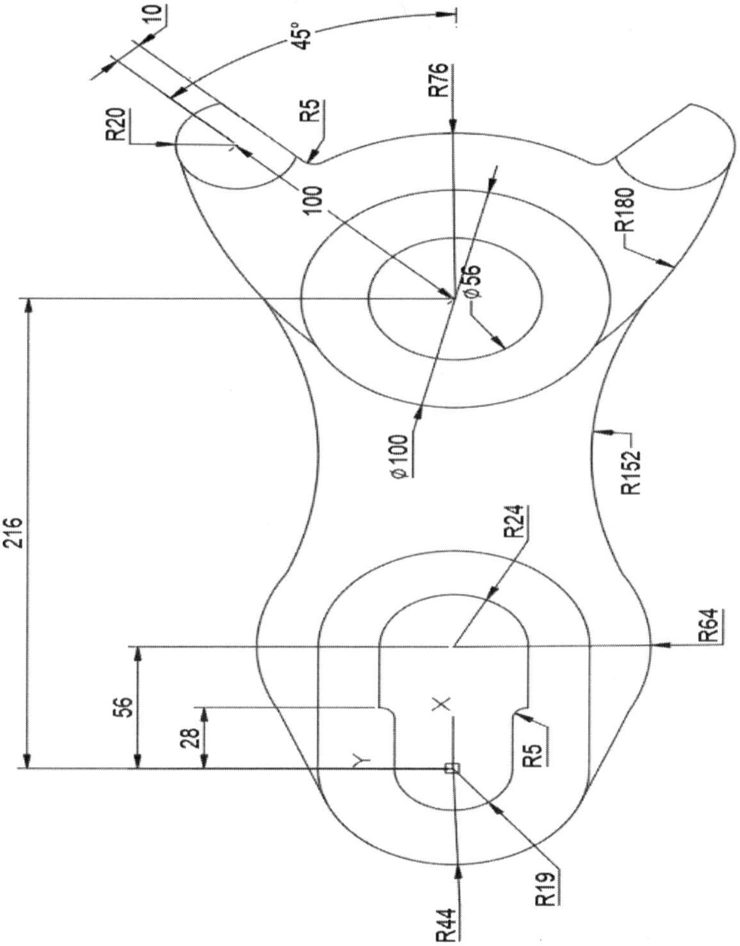
10
45°
R76
R20
R5
100
R180
φ56
φ100
R152
216
R24
R64
56
28
R5
R19
R44

☞ 도면 5-12

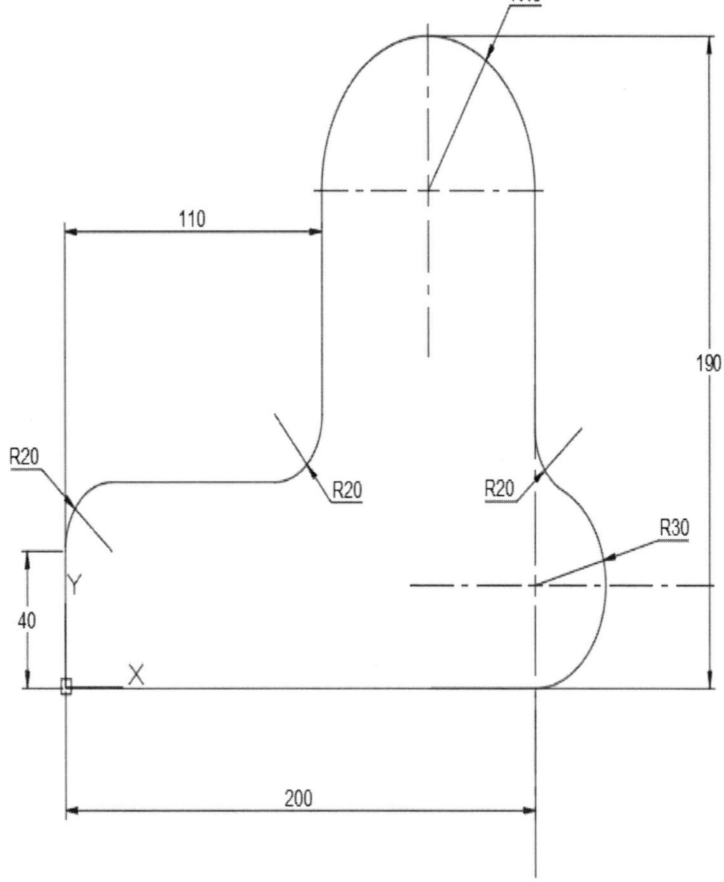

☞ **도면 5-13**

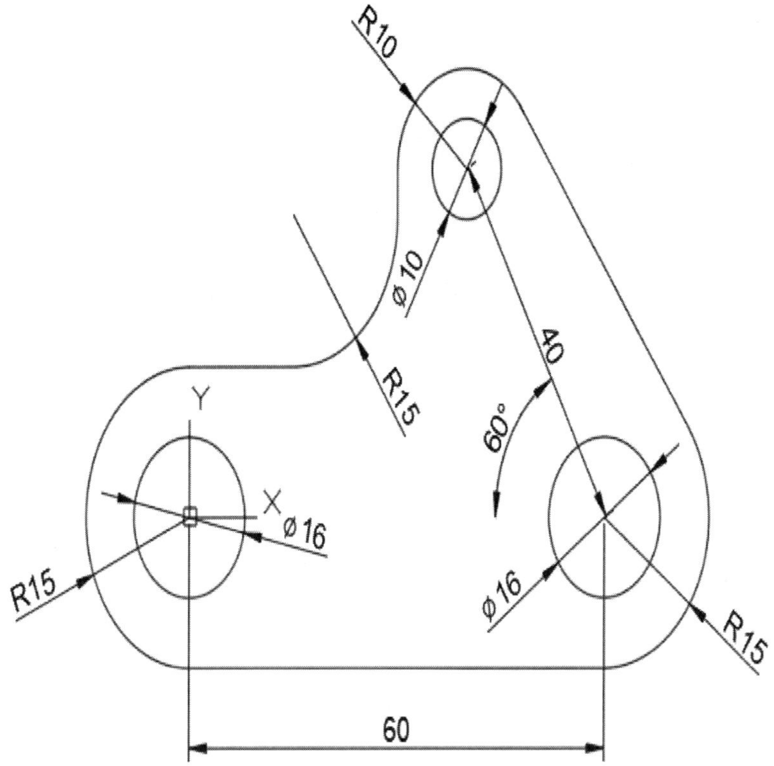

☞ 도면 5-14

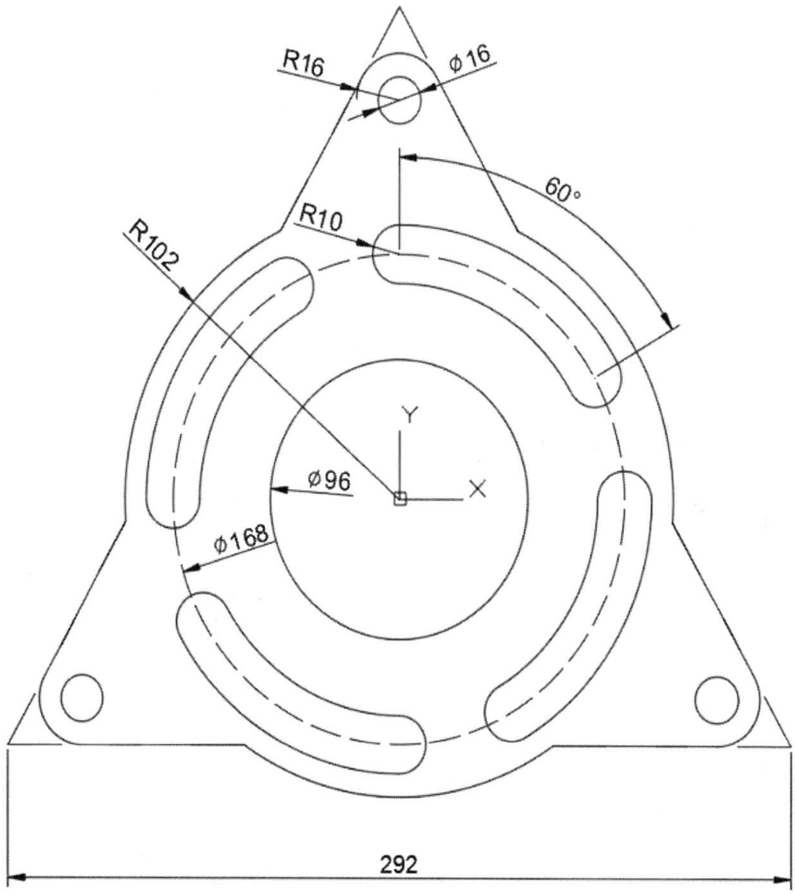

☞ 도면 5-15

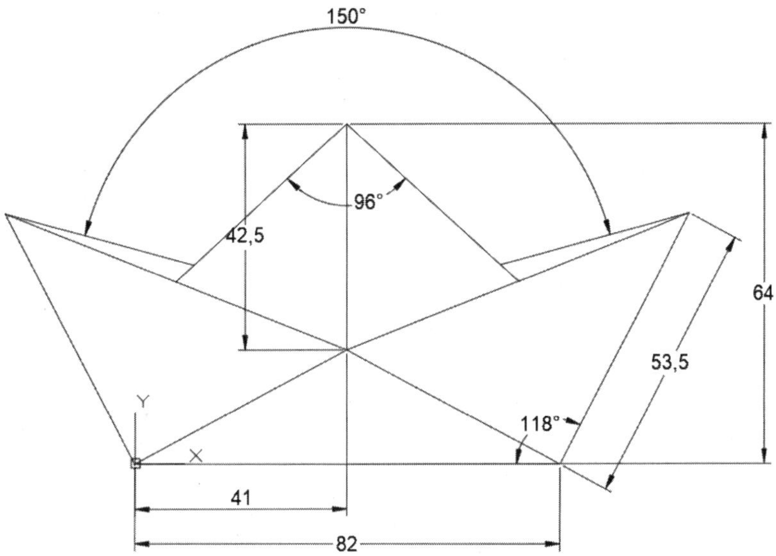

☞ 도면 5-16

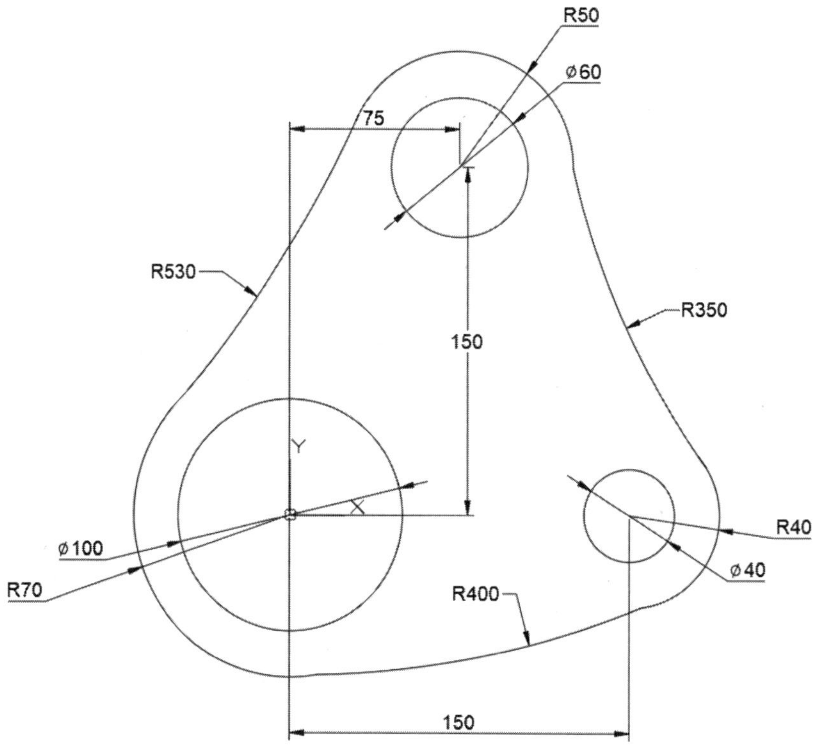

☞ **도면 5-17**

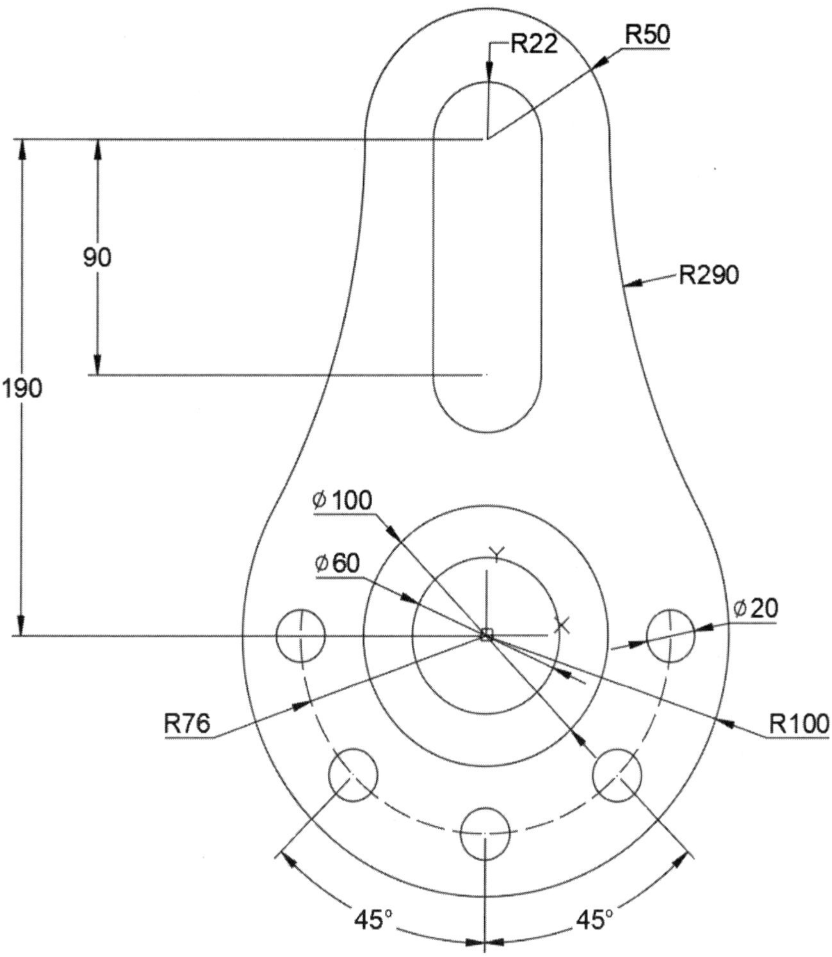

☞ **도면 5-18**

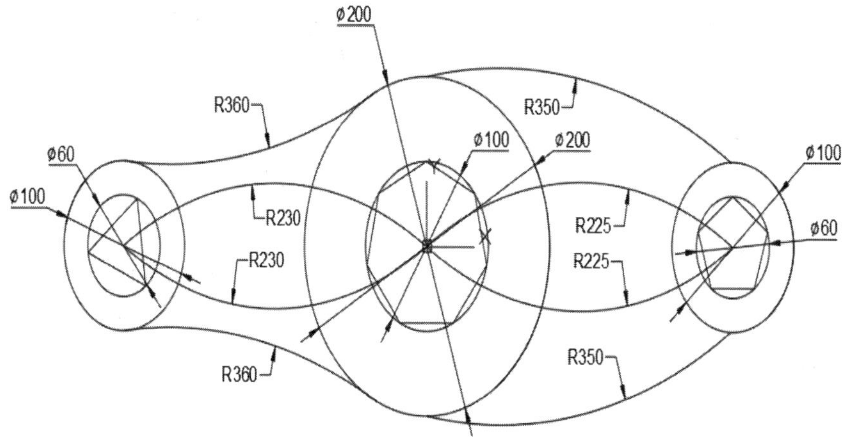

ø200
R360
R350
ø60
ø100
ø200
ø100
ø100
R230
R230
R225
R225
ø60
R360
R350

☞ **도면 5-19**

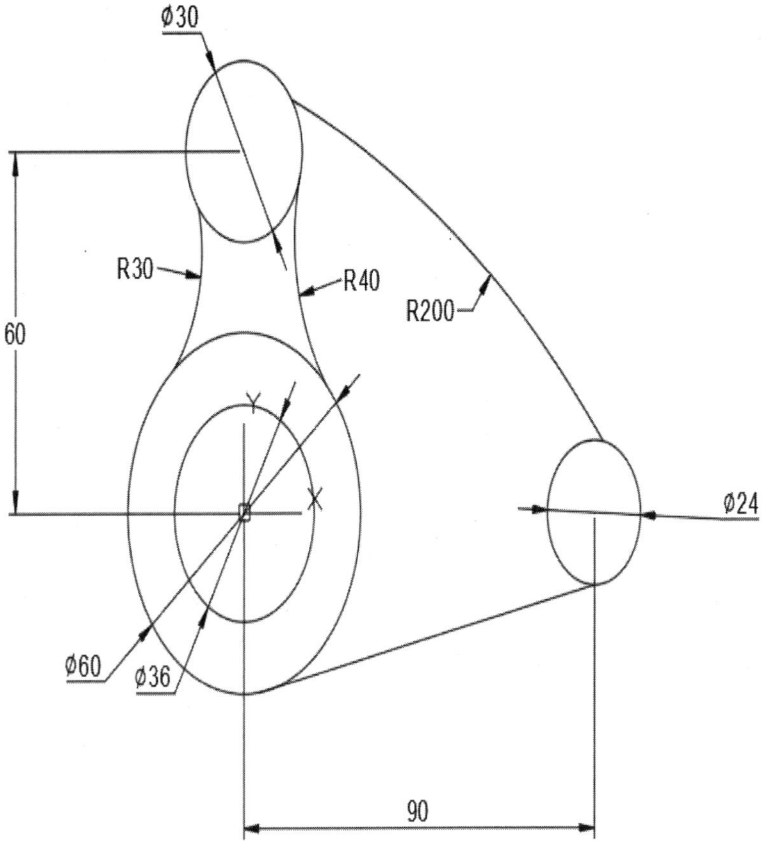

☞ 도면 5-20

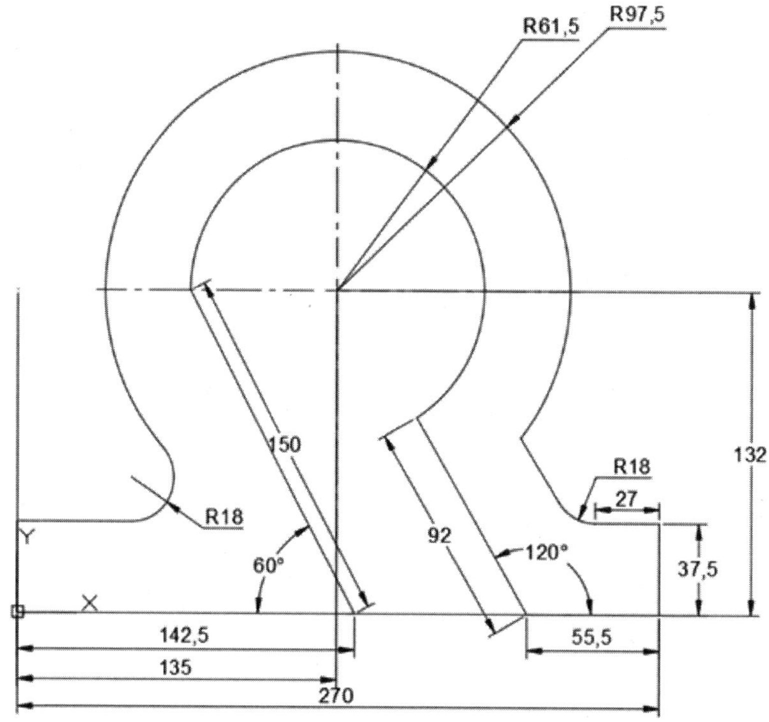

☞ **도면 5-21**

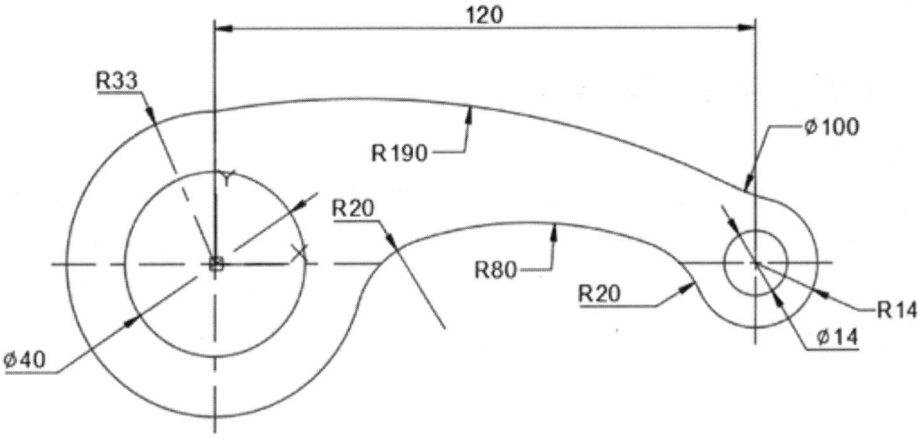

CHAPTER 6

도면층

6.1 도면층 개념 및 활용

가. 도면층의 개념

도면층(Layer)은 투명한 비닐종이라고 생각하면 이해하기 편할 것이다. AutoCAD뿐만 아니라 Adobe Photoshop 등 대부분의 그래픽 프로그램은 도면층을 사용하는데, 여러 개의 투명한 화면을 겹쳐놓은 효과와 같으며 이 투명한 화면을 도면층이라고 한다. AutoCAD에서는 도면층에 비슷한 유형의 객체끼리 같은 층에 지정함으로써 그룹핑할 수 있다.

그룹화된 객체들에는 다음과 같은 다양한 사항을 조정할 수 있다.

① 도면층별 가시성 조정

② 도면층별 잠금 기능

③ 도면층별 투명도 조정

④ 도면층별 색상, 선종류, 선 가중치 지정 및 변경

⑤ 도면층별 플롯(출력) 여부 조정 등

작업을 시작하기 전에 반드시 레이어(Layer)를 나누고 시작하는 습관을 들이는 것이 중요한다. 특히, 건축도면의 경우 기본선, 벽선, 문, 창문, 가구, 문자, 해치, 치수, 전기배선, 수도배관 등으로 레이어를 나누고 작업하는 것이 필요하다. 이는 도면 작업을 보다 더 빠르고 효과적으로 하는 것에 도움이 되는 명령 요소이다.

☞ 도면층 사용 요령

- 도면을 그리기 전에 반드시 작업별 도면층을 나누고 작업을 시작하는 것이 필요하다.
- 유사한 속성을 가진 객체는 같은 도면층으로 그리는 것이 좋다.
- 배경색이 흰색이라면 자동으로 도면층의 흰색선이 검정색으로 변경된다.

나. 도면층 특성 관리자

도면층 특성 관리자는 현재 도면에 생성되어 있는 도면층 목록을 한눈에 보여주며 그 특성을 조정할 수 있다. AutoCAD 2011부터 팔레트 형식으로 창을 닫지 않고도 작업을 계속해서 수행할 수 있다. 모든 분야에서 빈번하게 사용하는 명령이 어떤 기능을 하고 어떻게 사용하는지 알아보겠다.

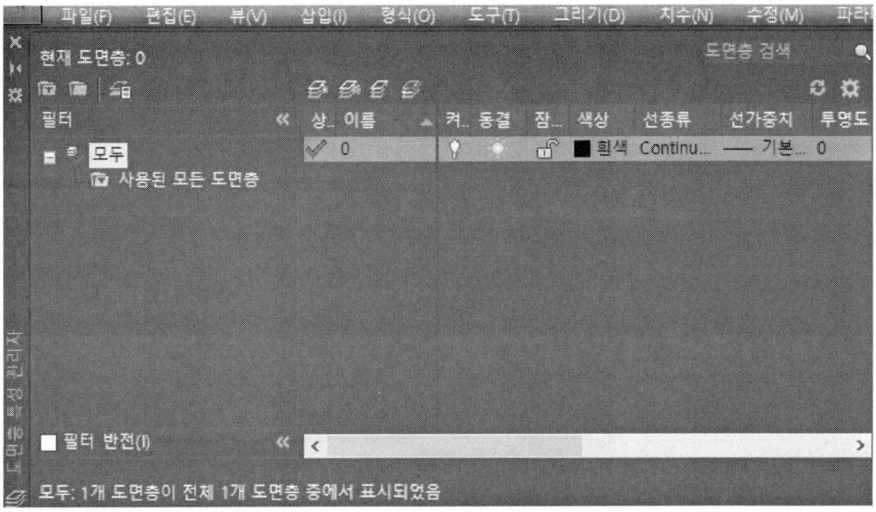

6.1.1 도면층 명령

도면층은 다음의 4가지 방법으로 실행시킬 수 있다.

① 명령행에 [Layer]를 입력하고 [Enter] 키 클릭
② 상단의 [도면층] 도구모음에 있는 도면층 아이콘 클릭
③ 홈 〉 도면층 〉 도면층특성관리자로 입장
④ 형식 〉 도면층으로 입장

단축키로 [La]를 입력해도 명령 가능하다.

도면층은 한 도면에 많은 객체 요소들이 존재할 때 유용하게 사용되는 기능으로, 객체요소가 많을 때 한 층에 모든 요소를 그리는 것이 아니라 요소별로 따로따로 여러 개의 층으로 분리하여 도면을 작성할 수 있다. 기계기구 도면에는 앞서 2장에서 다루었던, 기초제도에서 이용하는 중심선, 치수선, 외형선, 숨은선 등 많은 선종류가 있으므로 이들을 여러 도면층으로 나누어 따로 구분하면 편리하다.

도면층을 관리하는 아이콘은 다음과 같으며 다음의 여러 개의 아이콘들을 사용하면 새 도면층을 만들거나 도면층 상태를 관리할 수 있다.

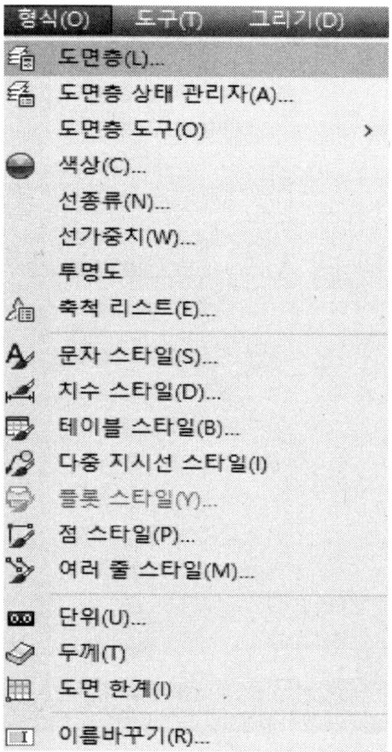

도면층에는 다음의 명령 메뉴가 있다.

- 새 특성 필터 : 도면층 필터 특성 대화상자 표시한다.
- 새 그룹 필터 : 선택하여 필터에 추가한 도면층이 들어 있는 도면층 필터를 작성한다.
- 도면층 상태 관리자 : 도면층 상태 관리자를 표시하며, 명명된 도면층 상태에 있는 도면층에 대해서 현재 특성 설정을 저장할 수 있고 저장한 설정을 나중에 복원할 수 있다.
- 새 도면층 : 새로운 현재 도면층을 작성한다.
- 새 도면층 VP가 모든 뷰포트에서 동결됨 : 새 도면층을 작성하고 기존의 모든 배치 뷰포트에서 동결한다.
- 도면층 삭제 : 선택한 도면층을 삭제한다.
- 현재로 설정 : 선택된 도면층을 현재 도면층으로 설정한다.
- 갱신 : 도면의 모든 도면요소를 스캔하여 도면층 사용 정보를 갱신한다.
- 설정 : 도면층 설정 대화상자를 표시하며, 도면층 알림 설정 및 도면층 필터 변경사항이 도면층 도구막대에 적용되는 경우 도면층 특성 재지정에 대한 배경 색상을 변경할 수 있다.

☞ 도면층을 사용하는 이유

도면 객체를 특성에 따라 편리하게 제어하고 필요에 따라 도면층 일부의 설정을 변경 시 화면상에 나타나지 않거나 출력되지 않게도 할 수 있어서 한 장의 도면으로 여러 장의 도면을 표현할 수도 있다. 또 당장 필요하지 않은 객체는 꺼두어 작업 효율을 높일 수 있다.

6.1.2 도면층 상태 제어

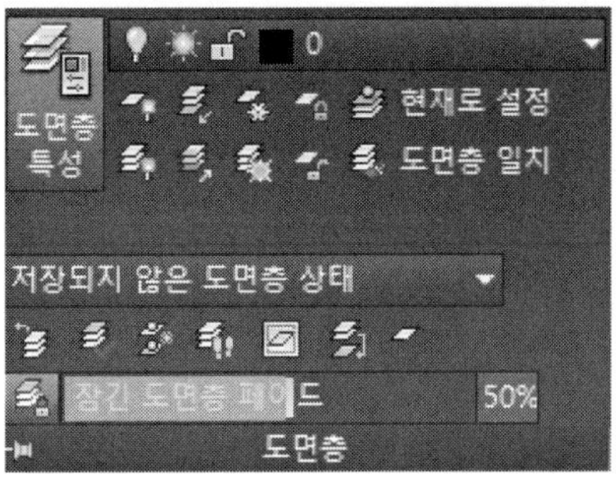

각 도면층에 색상, 선모양, 선 굵기 등의 속성을 지정하여 특성을 구분하는데, 구분된 각 객체를 켜기/끄기(On/Off), 잠금/잠금해제(Lock/Unlock), 동결/동결해제(Thaw/Freeze) 등의 기능으로 제어하여 사용한다. 도면층 이름은 누구나 알아볼 수 있도록 쉽게 명기해야 한다. 현재 설정된 도면층은 화면 하단의 도구 패널에 나타나며 색상은 흰색, 선모양은 실선(Continuous)이 Default(기본값)이다.

가. 도면층 켜기/끄기

전등( )처럼 생긴 아이콘을 클릭하면 켜기/끄기가 설정된다. 도면층을 꺼버리면 그 도면층은 화면에 보이지 않게 되지만, AutoCAD에서는 꺼진 도면층도 도면요소에 포함시킨다.

나. 도면층 동결 혹은 해동시키기(Freeze / Thaw)

도면 작업 중에 보이지 않는 도면층 때문에 도면 작업이 느려지는 일을 방지할 때 동결 기능을 사용한다. 도면층이 동결되면 AutoCAD는 그 도면층의 객체가 없는 것으로 간주하여 그 도면층은 어떠한 경우라도 재생성되지 않고 출력도 되지 않는다. 따라서 장시간 동안 도면층을 보이지 않게 하려면 도면층을 동결하는 것이 좋고, 잠시만 도면층을 보이지 않게 하려면 도면층을 끄는 것이 좋다.

다. 도면층 잠그기와 해제하기(Lock / Unlock)

도면 작업 시 다른 객체를 보면서 작업을 해야 하지만 다른 객체가 작업에 방해가 될 때에는 그 객체가 있는 도면층을 잠글 수 있다. 잠긴 도면층은 화면에서는 보이지만 지우거나 옮기는 등의 작업을 할 수는 없으므로 방해받지 않고 작업할 수 있게 된다. 하지만 잠긴 도면층을 현재의 도면층으로 설정하면 기존 그려진 객체를 수정할 수 없지만 새로 객체는 그릴 수 있다. 또한 잠긴 도면층의 객체 속성도 변경할 수 있다.

- 상태 : 사용 중인 도면층, 빈 도면층, 현재 도면층 등을 표시한다.
- 이름 : 도면층의 이름을 표시한다.
- 켜기 : 도면층을 켜거나 끌 수 있다.
- 동결 : 모형 탭을 포함하여 모든 배치의 뷰포트를 동결한다.
- 잠금 : 선택한 도면층을 잠그거나 잠금 해제한다.
- 색상 : 도면층별 색상을 지정할 수 있다.
- 선종류 : 도면층별 선종류를 지정할 수 있다.
- 선 가중치 : 도면층별 선 가중치를 지정할 수 있다.
- 투명도 : 도면층별 객체의 투명도를 조정할 수 있다.
- 플롯 스타일 : 도면층별 플롯 스타일을 변경한다.
- 플롯 : 도면층별 플롯 여부를 조정한다.
- 새 VP 동결 : 새 배치 뷰포트에서 선택된 도면층을 동결한다.
- 설명 : 도면층 또는 도면층 필터에 대해 설명한다.

6.1.3 새 도면층 생성 및 전환하기

새로운 도면층을 생성하고 특성을 변경할 수 있다. 대화창을 열어 다음과 같이 직접 이름을 키인하면 된다.

예제)

명령어 [LA]를 이용하여 이름 [중심선], 색상 [빨강색], 선종류 [Center]로 새로운 도면층을 만들어보세요.

6.1.4 도면층 색 설정

① 명령어 [La]를 키인하고 [Enter]를 클릭한다.

② 도면층 특성 관리자에서 새 도면층 아이콘( )을 클릭하여 새로운 도면층을 만든다. 그 도면층의 이름을 '센터선'이라고 입력한다.

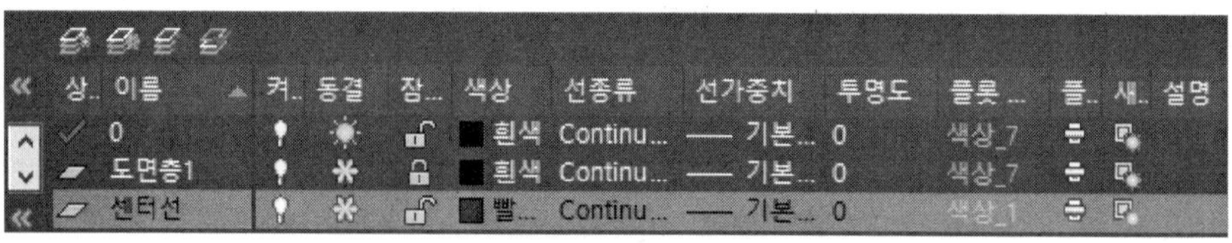

〈새로운 도면층 만들기〉

③ 해당 도면층의 색상을 바꾸는 방법은 도면층 특성 관리자에서 색상 아이콘 영역을 클릭하여 현재 선택한 도면층의 색상을 변경한다. 도면층 색상은 색상 패널을 클릭하면 색상선택 대화창이 다음과 같이 나타나며 이때 원하는 색상으로 지정할 수 있다. 본 예제에서는 색상표가 나오면 빨강색으로 변경해본다.

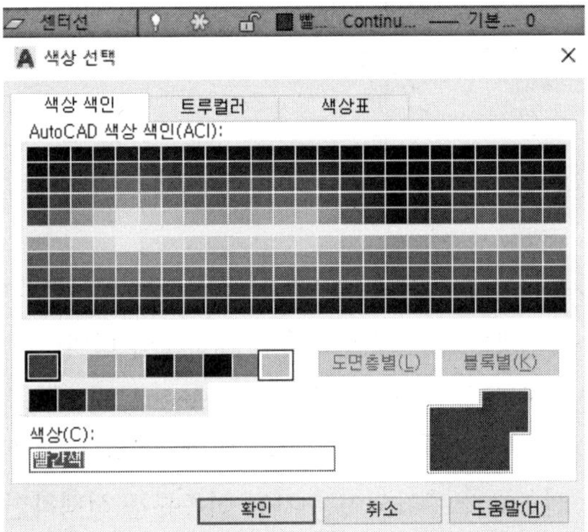

④ 도면층 선종류 설정

해당 도면층의 선종류를 바꾸는 방법은 순서 ③과 마찬가지로 바꾸고자 하는 도면층의 선종류를 클릭한다. 선종류 선택 창에서 로드(로드(L)...)를 클릭하면 다양한 선의 종류가 나타난다.

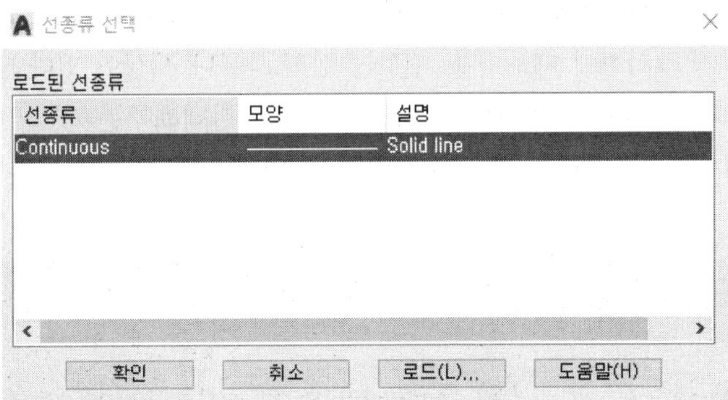

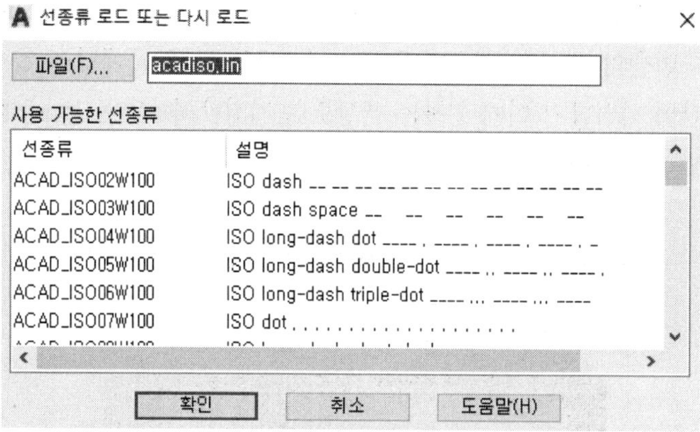

도면층 특성 관리자에서 선종류 영역을 클릭하여 현재 선택한 도면층의 선종류를 설정한다. 선종류를 색상에서와 동일한 방법으로 열면 다음의 대화창이 나타나는데 이때 로드(L) 서브옵션을 클릭하면 사용가능한 선종류를 열어 원하는 선으로 선택 가능하다. 로드(L) 아이콘을 클릭하면 다음과 같이 다양한 선종류를 추가할 수 있다. 원하는 선종류를 선택하면 [선종류 선택] 대화상자에 선택한 선종류가 추가되며 추가된 선종류를 선택하면 현재 도면층에 적용할 수 있다.

6.1.5 작업 도면층 지정

도면층에 관한 옵션 설정이 끝났으면 종료버튼을 클릭하여 작업창으로 돌아와서 원하는 도면층으로 변경하여 작업을 진행하면 된다. 다음과 같이 현재 도면층을 설정하고 현재 도면층을 다른 도면층으로 변경하기도 하는데 현재 도면층을 변경하는 이유는 모든 작업 선, 원, 등은 현재의 도면층에 그려지기 때문이다. 원하는 선의 종류나 색상이 있다면 현재의 도면층이 원하는 선종류나 색상인지를 확인하여 여러 도면층 중 선택해주는 것이 필요하다. 현재의 도면층을 변경시키면 다음 화면과 같이 도면층이 센터선으로 변경된 것을 확인할 수 있다.

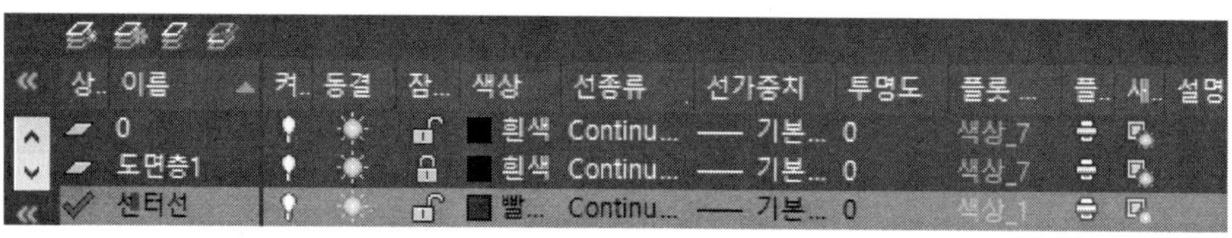

도면층 특성 관리자 대화창의 기능을 제대로 파악해야 도면층을 편리하게 관리할 수 있다.

① 새 도면층(New Layer)

새로운 도면층을 생성하는데 아이콘을 클릭하면 도면층 목록에 도면층1, 도면층2와 같은 임의의 이름을 가진 도면층이 생성되며 원하는 이름을 입력하고 Enter를 클릭하면 이름을 변경할 수도 있다.

② 새 도면층 VP가 모든 뷰포트에서 동결됨(New Layer VP Frozen in All Viewports)

새로운 도면층을 생성하고 기존의 모든 배치 뷰포트를 동결한다. 이 아이콘은 [모형]탭과 [배치] 탭에서 사용할 수 있다.

③ 도면층 삭제(Delete Layer)

사용하지 않는 도면층을 삭제하는데 도면층을 선택한 후 이 아이콘을 클릭하면 도면층이 삭제된다. 단, 현재 작업 중인 도면층이나 객체가 포함된 도면층, 외부 참조된 도면층은 삭제되지 않는다.

④ 현재로 설정(Set Current)

선택한 도면층을 기본 설정 도면층인 현재 도면층으로 지정하는 기능이다. 현재 도면층은 앞으로 작성할 객체가 그려질 도면층이다.

⑤ 새 특성 필터(New Property Filter)

도면층을 필터링할 때 알맞은 조건별로 구분한다.

☞ 도면층 필터로 원하는 도면층 빠르게 찾기

많은 도면층이 있을 때 사용자가 원하는 도면층을 찾다보면 시간을 낭비하게 되는데 이럴 때 도면층 명령에서 제공하는 필터기능을 사용하면 좀 더 쉽고 빠르게 도면층을 찾을 수 있다.

- [도면층] 도구 패널의 도면층 특성 아이콘을 클릭해 [도면층 특성 관리자] 대화상자를 불러온다. 그 중 가장 왼쪽 상단에 있는 새 특성 필터 아이콘을 클릭한다.
- [도면층 필터 특성] 대화상자가 나타나면 가장 상단에 위치한 필터이름 영역에 찾고자 하는 도면층명(예를 들면 A열 도면층 등)을 입력한다.
- [도면층 필터 특성] 대화상자에 A열 도면층이라는 이름의 필터가 생성되었다.
- A열 도면층 바로 위에 위치한 사용된 모든 도면층을 선택하면 대화창 오른쪽에 모든 도면층이 나타난다. 이처럼 도면층이 많을 때는 여러 개의 필터로 각 도면층을 구분하면 편리하게 사용할 수 있다.

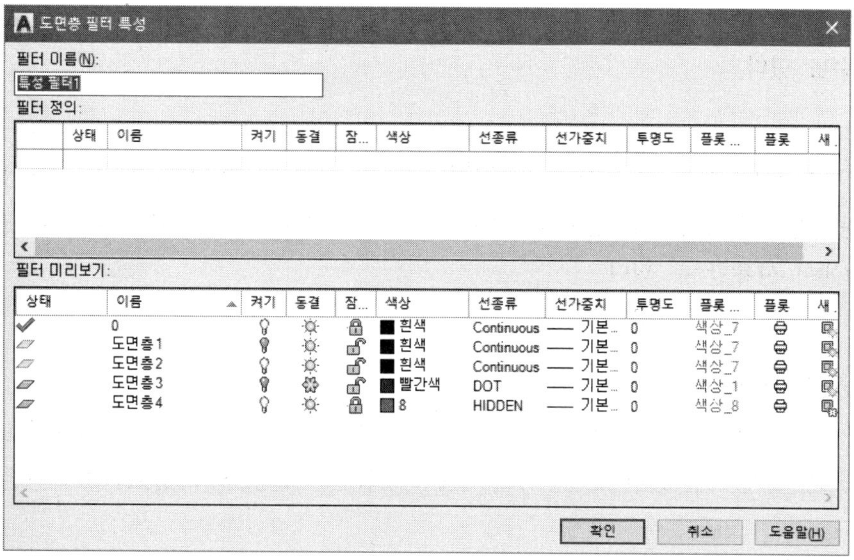

⑥ 새 그룹 필터(New Group Filter) 

새로운 필터그룹을 만드는 데 사용하는 기능이며, 마우스 오른쪽 버튼을 클릭하면 상세한 내용을 지정할 수 있다. 클릭하면 그룹필터가 그룹필터2, 그룹필터3....계속 새로 생성됨을 다음 그림으로부터 확인할 수 있다.

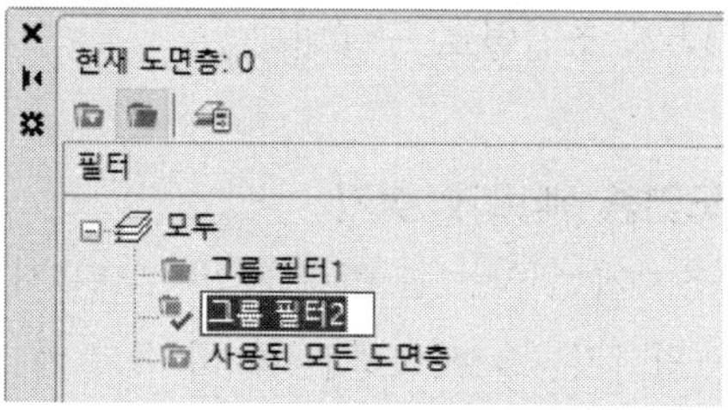

6.1.6 도면층 상태 관리자(Layer State Manager)

도면층의 상태를 저장하거나 복원할 수 있다(단축키 Alt+S). 도면을 작업하는 과정에서 변경된 도면층을 다시 복원하거나 다른 작업자와도 도면층 상태를 공유하는 것이 가능하다. 현재도면을 여러 옵션에 따라 관리한다. 클릭하면 다음의 상태관리자 대화창이 나타난다.

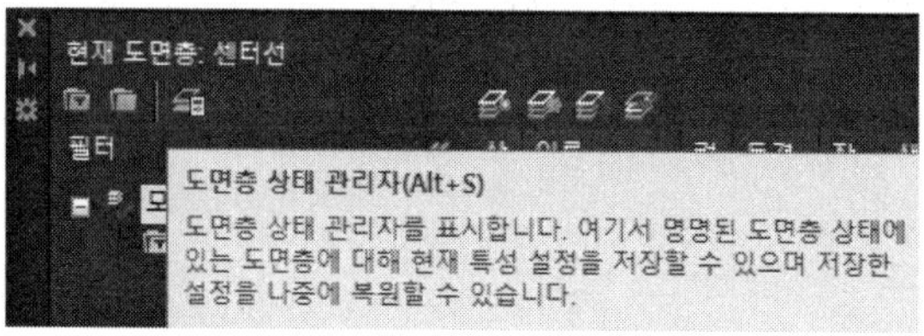

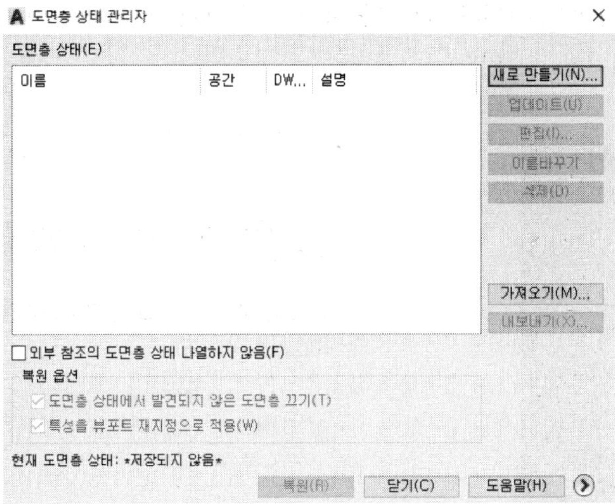

도면층 상태관리자 도움말 옆의 더 많은 옵션 보기 단축아이콘( )을 클릭하여 대화상자를 확장시키면 다음의 상세 메뉴를 선택할 수 있다.

- 도면층 상태(E) : 현재 작업중인 도면층의 가지고 있는 상태를 나타낸다.
- 새로만들기 : 도면층 상태 파일(*.las)을 명명하고 설명을 기입할 수 있다.
- 저장(S) : 명명된 도면층 상태 파일을 도면에 적용한다.
- 편집(I) : 도면층의 특성을 편집할 수 있다.
- 이름바꾸기 : 도면층 상태 이름을 바꾼다.
- 삭제(D) : 선택된 도면층 상태를 제거한다.
- 가져오기(M) : 내보내진 도면층 상태파일(*.las)이 포함된 도면을 불러오거나 *.las 파일을 직접 불러온다.
- 내보내기(X) : 정의된 도면층 상태를 *.las 확장자로 내보낸다.
- 복원할 도면층 특성 : 도면층 상태에 적용될 특성을 설정한다.
- 복원(R) : 도면에 있는 모든 도면층의 상태 및 특성 설정을 이전에 저장된 형태로 복원하며 체크박스에 지정된 도면층 상태 및 특성만을 복원한다.
- 닫기(C) : 도면층 상태 관리자를 닫으며 변경사항을 저장한다.

6.1.7 켜기, 동결, 잠금, 선가중치 설정

도면층 대화창에서 선가중치를 선택하면 다음의 대화창이 나타나며 이 대 선 가중치를 변경할 수 있다.

☞ 선가중치가 제대로 표시되지 않을 경우 조치하기

선가중치가 제대로 표시되지 않을 경우 화면 하단 상태메뉴에서 선가중치 메뉴를 클릭한 후 선가중치를 체크하면 표시된다. 선 가중치 설정한 내용은 작업 공간 맨 하단의 [선가중치 표시/숨기기]에서 제어할 수 있다.

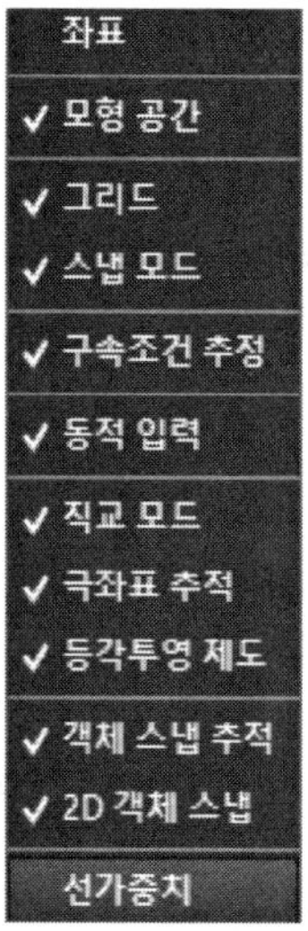

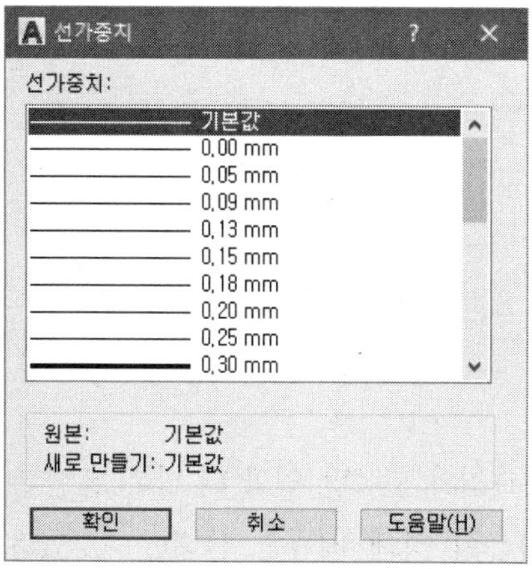

6.1.8 도면층 제거

도면층에서 필요 없는 도면층은 제거할 수 있다. 하지만 도면층이 삭제되지 않는 4가지 경우가 있다.

① 도면층 0 및 정의점
② 현재 도면층
③ 객체가 포함된 도면층
④ 외부 참조에 종속된 도면층

이 경우 객체가 속한 도면층을 변경하여 삭제할 수 있다.

가. 도면층 제거 방법

도면층 제거는 도면층 객체가 없는 상태에서만 삭제가 가능하다. 도면층에 객체 포함 확인방법은 도면층 특성 관리자에서 '상태'열에 보이는 아이콘이 흐리게 보이므로 그 도면층에 포함된 객체가 없다는 뜻으로 제거가 가능하다.

① 도면층 특성 관리자(Layer)에서 삭제하고 싶은 도면층을 선택한 후에 도면층 삭에 아이콘 ()을 누르면 삭제된다.

② 소거(Purge) 명령을 통해 사용하지 않는 도면층을 제거할 수 있다.

- 명령창에 [Purge]를 키인 후 [Enter]를 클릭한다.
- 다음의 대화창이 나타나면 도면층을 제거할 수 있다.

☞ [켜기/끄기]와 [동결/동결해제]의 차이점

[켜기/끄기]와 [동결/동결해제]은 도면층을 보이게 하거나 보이지 않게 하는 기능으로 동일하다. 하지만 도면층이 '현재 도면층'인 경우 [켜기/끄기]에서는 도면층을 [끄기]에 의해서 보이지 않게 한 후, [켜기]에 의해서 다시 보이게 할 수 있으나, [동결/동결해제]에서는 도면층을 [동결]에 의해서 보이지 않게 할 수 없다.

또한, [끄기]인 상태에서는 도면층을 '현재 도면층'으로 지정할 수 있으나, [동결]인 상태에서는 '현재 도면층'으로 지정할 수 없다.

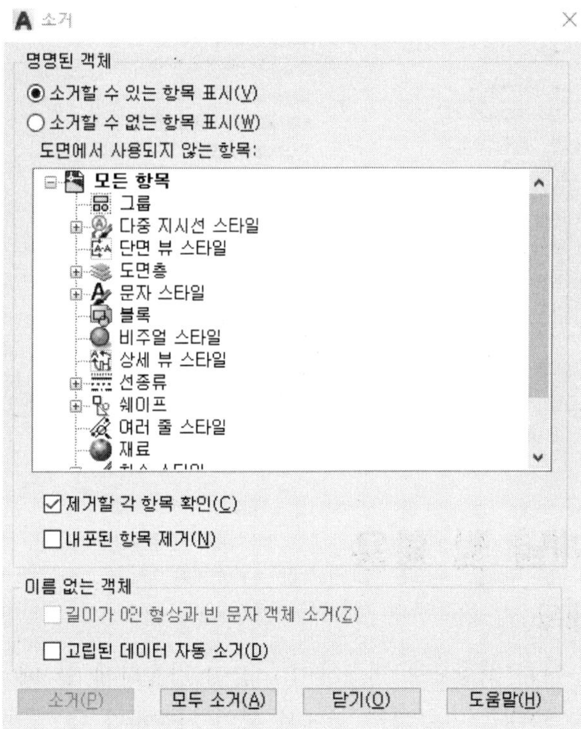

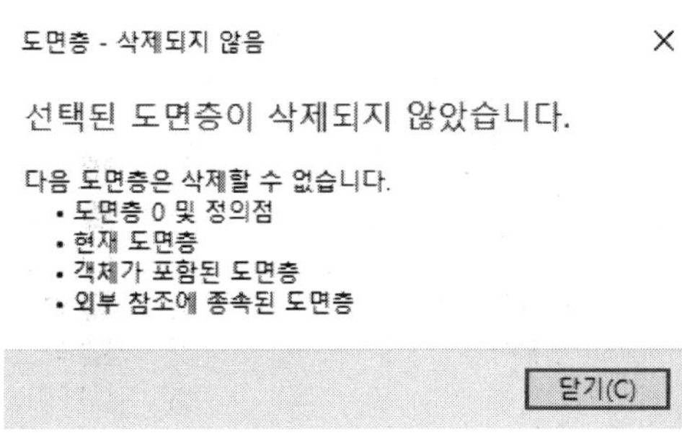

나. 제거할 수 없는 도면층

제거할 수 없는 도면층을 삭제하려고 시도하는 경우 위의 우측과 같은 경고가 표시된다. 여기서 정의점은 치수 객체를 작성하면 자동으로 생성되는 defpoints라는 도면층이다.

6.1.10 도면층 도구

앞서의 다양한 설명을 다음의 메뉴창에 표시된 도면층도구를 열어서 변경하거나 관리할 수도 있다.

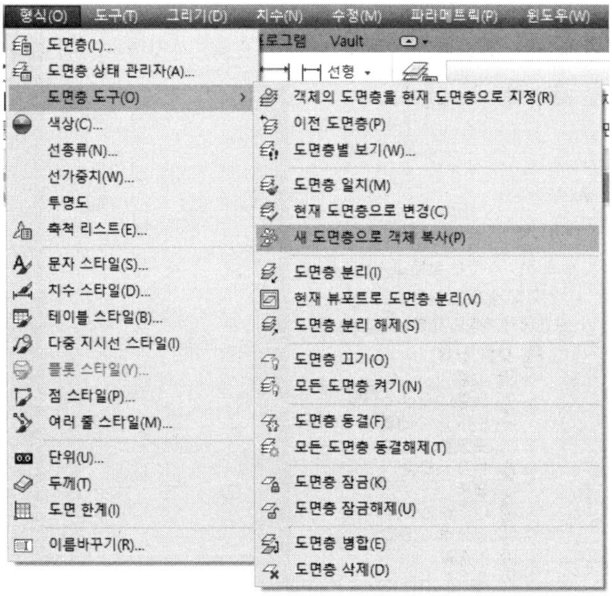

6.2 색상의 개념 및 활용

6.2.1 색상의 개요

색상은 도면층별로 다른 색상으로 변경하여 구분이 가능하게 할 때 사용하는 기능이다. 다음과 같이 구분되는 상태를 프로그램 상에서 확인 가능하다.

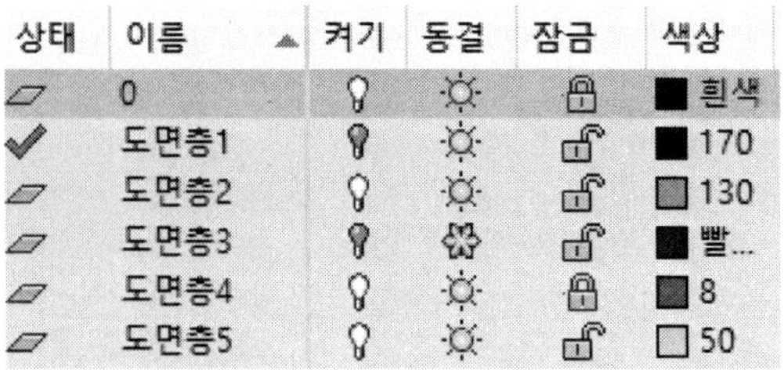

6.2.2 색상 명령

도면층 색상을 변경할 수 있다. 도면층 특성 관리자에서 색상 아이콘 영역을 눌러 현재 선택한 색상을 변경할 수 있다.

다음의 메뉴에 따라서도 색상 변경이 가능하다.

① 명령어 [Color]를 키인 하고 [Enter] 클릭
② 메뉴 〉 형식 〉 색상 선택
③ 홈 〉 특성 〉 객체 색상 선택

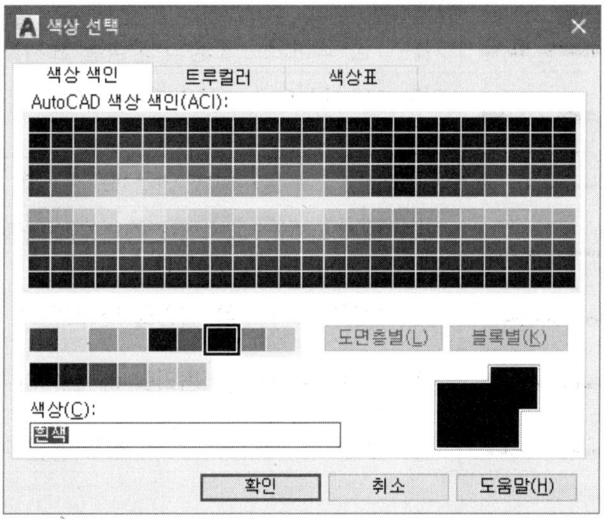

이상과 같이 레이어는 투명한 비닐을 여러 장 겹쳐 놓은 것처럼 기능상이나 표현 상 구분이 필요한 내용을 각 Layer에 분리해서 그려놓고 관리하는 기능이다. 각 Layer에는 이름을 붙일 수 있으며 Color와 Linetype 등을 각각 다르게 지정할 수 있으며, 분류 작업을 할 수 있으므로 작업능률이 향상된다.

한 도면에 한 부품을 그릴 때는 선종류, 색상에 따른 Layer의 구성을 달리하여 사용하면 좋다. 여러 가지 부품을 한 도면에 그릴 때 부품별로 선 형태를 할당하여 Layer를 구성한다면 Layer의 수가 너무 많아서 Layer를 관리하기가 너무 복잡해진다. 한 도면 내에 여러 가지 부품을 그릴 때는 부품별로 Layer를 구성한 다음 각 부품에 사용되는 선, 색상을 구별할 필요가 있을 때 이를 변경하면 손쉽다.

변경 방법은 '먼저 선택하기(Pickfirst)'를 한 후 Toolbar의 Object Properties(객체특성)에서 간단하게 변경시키거나 'Ch (Change)' 명령을 사용해 변경한다.

6.3 선종류 개념 및 활용

6.3.1 선종류의 개요

선은 다양한 명칭과 종류가 있으며 그 기능을 다음의 표에 표시하였다. 자세한 사항은 앞서 3장의 기초제도에서도 다루었으니 참조하기 바란다.

명칭	선종류	기능
외형선		굵은 실선으로 물체의 보이는 부분을 나타낸다.
숨은선		굵은 파선 또는 가는 파선으로 물체의 보이지 않는 부분을 나타낸다.
중심선		가는 1점 쇄선으로 도형의 중심을 표시할 때 사용한다.
가상선		가는 2점 쇄선으로 부품의 동작 상태나 가상의 물체를 나타낼 때 사용한다.
파단선		가는 실선으로 물체의 단면을 표시할 때 사용한다.
해칭선		도면층을 잠금하면 잠긴 도면층의 엔티티들은 선택이 불가능하기 때문에 수정 및 편집이 불가하다.
치수선		가는 실선으로 치수를 기입할 때 쓰인다.
치수 보조선		가는 실선으로 치수를 기입할 때 쓰인다.
지시선		가는 실선으로 개별 주, 지수, 참조 등을 기입할 때 사용한다.

6.3.2 선종류 명령

Format(형식) → Linetype(선종류)

선종류를 다르게 하기 위하여 선종류 명령을 이용할 수 있다. 선종류 명령을 사용하기 위해서는 다음의 방법 중 사용자가 편리하게 사용하는 방법을 이용하면 된다.

① 명령어 [LINETYPE]를 키인 하고 [Enter] 클릭

② 메뉴 〉 형식 〉 선종류 선택

③ 홈 〉 특성 〉 선종류 선택

앞서 언급한 선종류 메뉴를 명령어와 대화창만 다음에 표시한다.

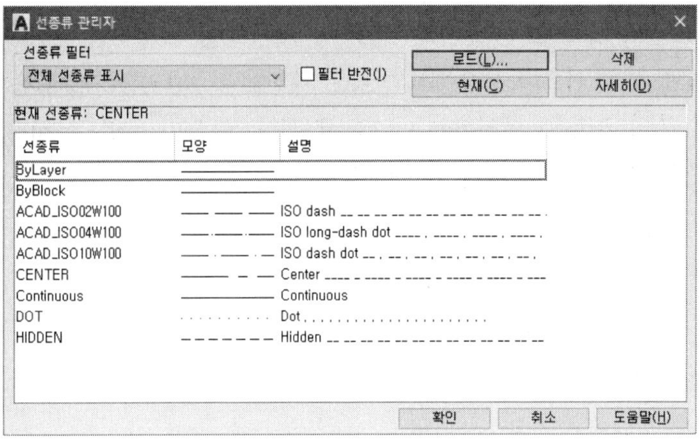

- By layer : Layer에 설정된 선을 따른다.
- By block : Block 설정 때 지정된 색을 따른다.
- Load : *.LIN 파일에서 사용할 선을 가져온다.
- Delete : 사용하지 않은 선을 삭제한다.
- Current : 현재 사용되는 선을 표시하고 불러온 선들 중에서 사용할 선을 선택한 후 이 버튼을 선택하면 현재 선(사용될)으로 전환된다.
- Show Detail : 선의 세부사항을 보여준다. 툴바에서도 지정할 수 있다.

6.3.3 선종류 축척 명령

선종류 축척을 다르게 하기 위하여 선종류 축척 명령을 사용할 수 있다. 선종류 축척(크기변경)도 입력하여 변경시킬 수 있는데 명령어는 Ltscale이다.

다음의 방법 중 사용자가 편리한 방법으로 선종류 축척 명령을 사용하면 된다.

① 명령어 [LTSCALE]를 키인 하고 [Enter] 클릭
② 메뉴 〉 형식 〉 선종류 선택
③ 홈 〉 특성 〉 선종류 선택

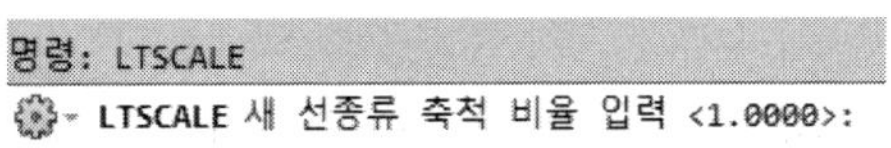

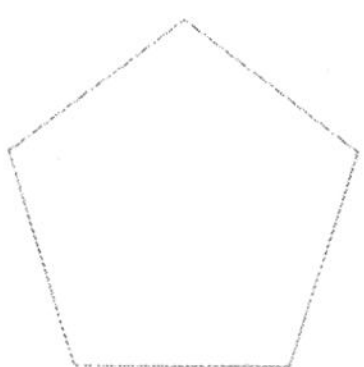
〈선종류 축척 0.1〉

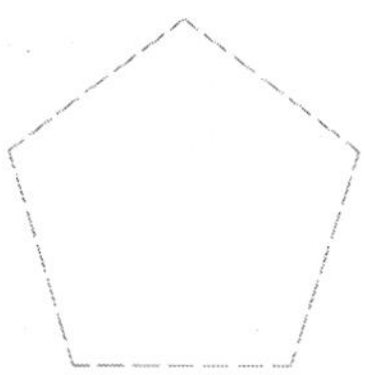
〈선종류 축척 0.5〉

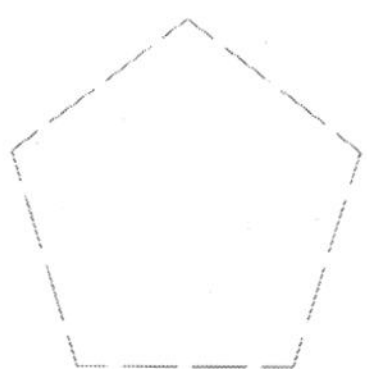
〈선종류 축척 1.0〉

6.3.4 선가중치의 활용(Lineweight, Lweight)

선굵기를 다르게 하기 위하여 선가중치 명령을 사용할 수 있다. 선가중치를 입력하여 선의 가중치를 변경시킬 수 있는데 명령어는 LWEIGHT이다. 다음의 방법 중 사용자가 편리하게 사용하는 방법으로 선가중치 명령을 사용하면 된다.

① 명령어 [LWEIGHT]를 키인 하고 [Enter] 클릭
② 메뉴 〉 형식 〉 선가중치 선택
③ 홈 〉 특성 〉 선가중치 선택

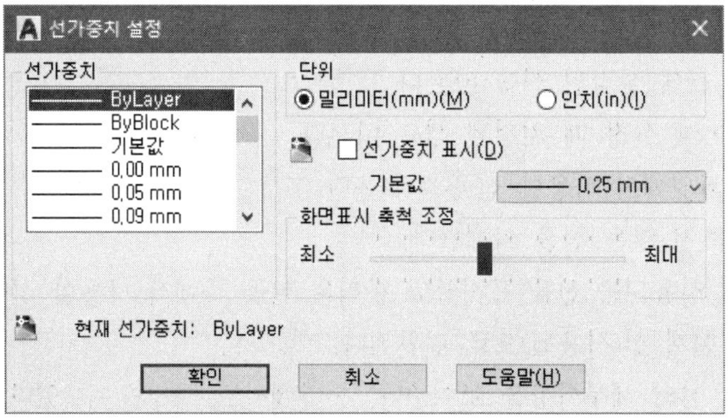

- Lineweiths : 선의 굵기를 지정한다.
- Units for Listing : 단위를 설정한다.
- Display Lineweight : 지정한 선 굵기를 화면에 적용할지 여부를 결정한다. 화면 하단에서 'LWT'를 클릭하는 것과 같다.
- Adjust Display Scale : 화면에 표시되는 굵기를 조정한다. 툴바에서도 지정할 수 있다.

6.3.5. 기타 메뉴

① 투명도 메뉴 : AutoCAD 2011버전부터 추가된 기능이며, 선택한 도면층에 대한 투명도를 설정할 수 있다. 기본 투명도 값은 0에서 최대 90까지 설정가능하며 90에 가까울수록 투명하여 흐려진다.

② 플롯 스타일 메뉴 : 앞서 언급한 [색상] 메뉴에서 설정한 현재 도면층의 색상값을 확인할 수 있으며, 플롯스타일을 적용할 때 참고하면 편리하다.

③ 플롯 메뉴 : 현재 도면층의 플롯 여부를 결정하며, [플롯안함]을 체크할 경우 도면상에는 보이지만 플롯 되지는 않는다.

☞ **출력물에 문자와 객체가 안 보일 경우**

도면을 열었을 때 작업공간에 객체, 치수, 문자 등이 모두 있기 때문에 출력을 했는데 실제 출력물에서는 일부 객체, 치수, 문자 등이 출력되지 않는 경우가 종종 발생한다. 이럴 때, 도면층 특성관리자의 플롯 옵션에서 특정 도면층이 [플롯안함]에 체크되어 있는지 확인하여 해결할 수 있다.

6.3.6 Ltscale, Lts

선 크기를 조정할 때 사용하는 메뉴이다.

- 명령어 [Lts]를 키인하고 [Enter]를 클릭한다.
- 새로운 선종류 축척비율을 입력 〈1.0000〉:

6.3.7 Pickfirst

Pickfirst가 켜져(1) 있을 때 편집 대상을 먼저 선택한 후 편집명령을 실행하면 선택메시지(Select Objects) 없이 바로 진행된다. Layer를 변경하거나 할 때 Pickfirst가 Off(0)되어 있으면 불편하다.

- 명령어 [Pickfirst]를 키인하고 [Enter]를 클릭한다.
- Pickfirst에 대한 새 값 입력 〈1〉:

6.3.8 Pickadd

Pickad가 켜져(1) 있을 때 개별 선택 시 복수 선택이 가능하다. Pickadd가 켜져 있으면 한 번에 한 객체만 선택되므로 주의한다.

- 명령어 [Pickadd]를 키인하고 [Enter]를 클릭한다.
- Pickadd에 대한 새 값 입력 〈1〉:

6.4 도면층 필터

AutoCAD 2019에서는 도면층을 그룹으로 나누어 관리할 수 있으며 이러한 관리방식은 특성필터와 그룹필터로 나눌 수 있다.

6.4.1 새 특성 필터

하나 이상의 특성을 지정하여 도면층 필터를 작성한다.

예시 문제)

[도면층 관리자]를 사용해 이름을 [A-001]. [A-002]로 하여 새 도면층을 생성하고 [새 특성필터]를 이용해 이름 [벽체], 필터링 조건 이름 [A]로 하여 특성필터를 만들어보세요.

① [도면층 특성 관리자]에서 새 특성 필터 [단축키 Alt+P]를 클릭한다.

② 도면층 필터를 특성 대화상자가 열린다.

- 필터 이름을 '벽체'로 지정한다.
- 필터링 조건으로 이름을 'A*'라고 입력한다.
- 필터 미리보기에 해당되는 도면층이 검색된다(하기 화면에는 없지만 미리 만들어진 도면층이 있다면 검색된다).

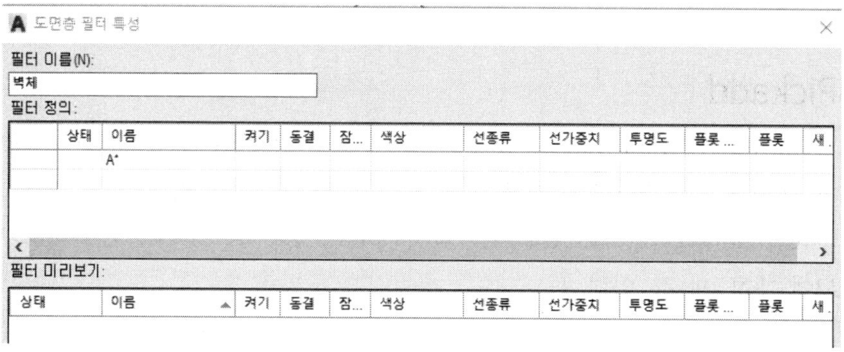

③ 필터 영역에 '벽체'라는 이름의 특성필터가 생성되고 'A'로 시작하는 모든 도면층이 필터링 되는 것을 알 수 있다.

☞ 새 특성필터 메뉴

- 필터 이름 : [필터정의]에 의해서 필터링 조건을 설정하여 필터 이름을 지정한다.
- 필터 정의 : [켜기/끄기], [동결/동결해제], [잠금/열림], [색상], [선종류], [선가중치], [투명도], [플롯], [새 VP 동결]에 의해서 필터링 조건을 지정한다.
- 필터 미리보기 : 필터 정의에 의해서 필터링된 조건을 미리 보여준다.

6.4.2 새 그룹 필터

전체 도면층 중 원하는 도면층을 선택하여 그룹필터를 작성한다.

예시 문제)

[도면층 특성 관리자]를 사용해 이름을 [그룹필터 1]이라고 하여 새 그룹필터를 생성하고 [A-001]. [중심선]을 [그룹필터1]으로 옮겨 보세요.

① [도면층 특성 관리자]에서 새 그룹필터(단축키 Alt+G)를 클릭하여 그룹의 이름을 입력한다.

② 필터영역에서 '사용된 모든 도면층'을 선택하여 이동시킬 도면층을 '그룹필터1'으로 마우스를 드래그하여 이동시킨다(ctrl 키를 누른 상태에서 마우스 왼쪽버튼을 클릭하면 도면층을 연속적으로 선택할 수 있다).

③ 필터영역의 '그룹필터1' 항목을 클릭하면 이동된 도면층으로 구성되는 것을 확인할 수 있다.

이렇게 생성된 특성필터 및 그룹필터는 가시성, 잠금 등의 기능을 조정하고 이름 재정 및 그 밖의 기타 편집 등이 가능한 것을 알 수 있다.

☞ 새 그룹필터 메뉴

[새 그룹필터] 아이콘을 클릭하면 새로운 필터 이름을 생성할 수 있다.

6.5 Exercise(도면 그리기)

☞ 새로만들기 → Acad 탬플릿을 열어 다음의 도면을 그려보세요.

☞ 도면 6-1

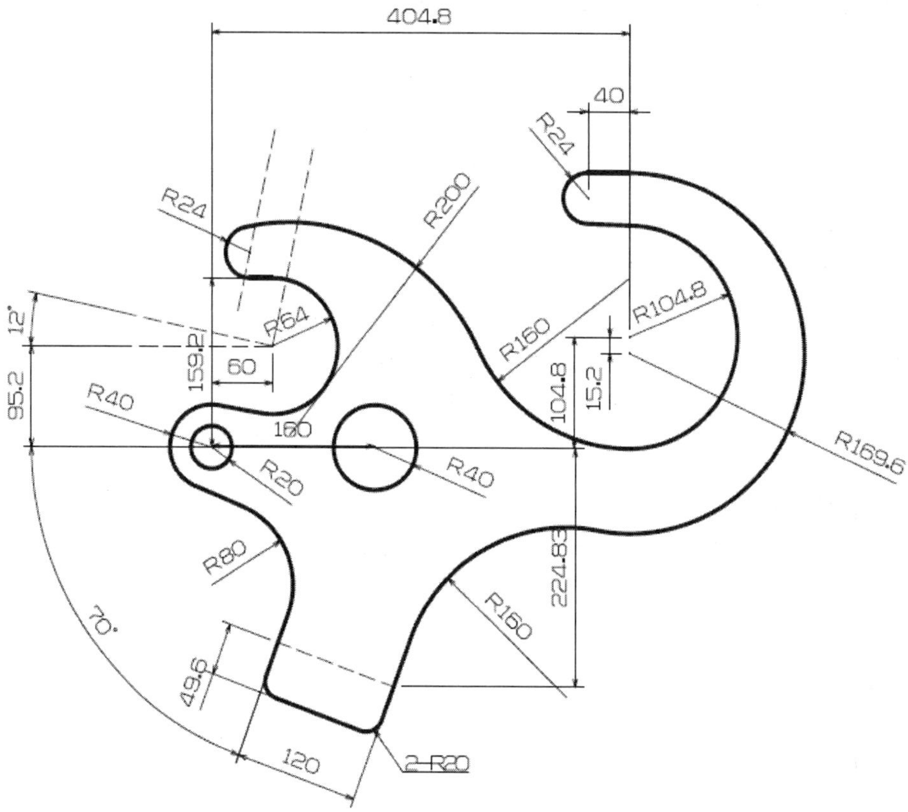

☞ **도면 6-2**

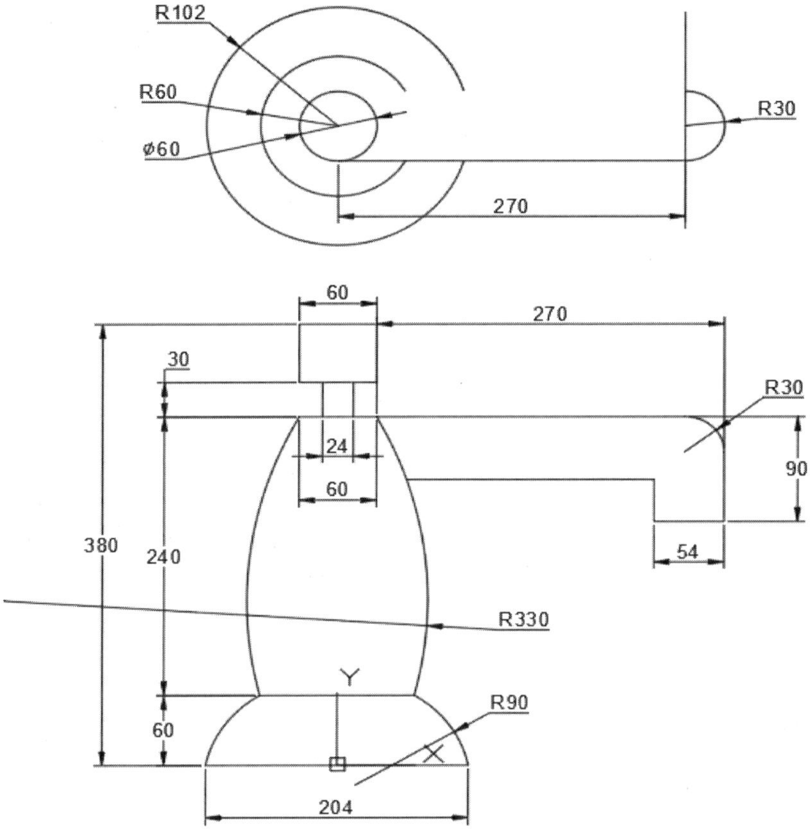

R102
R60
ø60
R30
270
60
270
30
R30
24
90
60
54
380
240
R330
Y
R90
60
204

☞ 도면 6-3

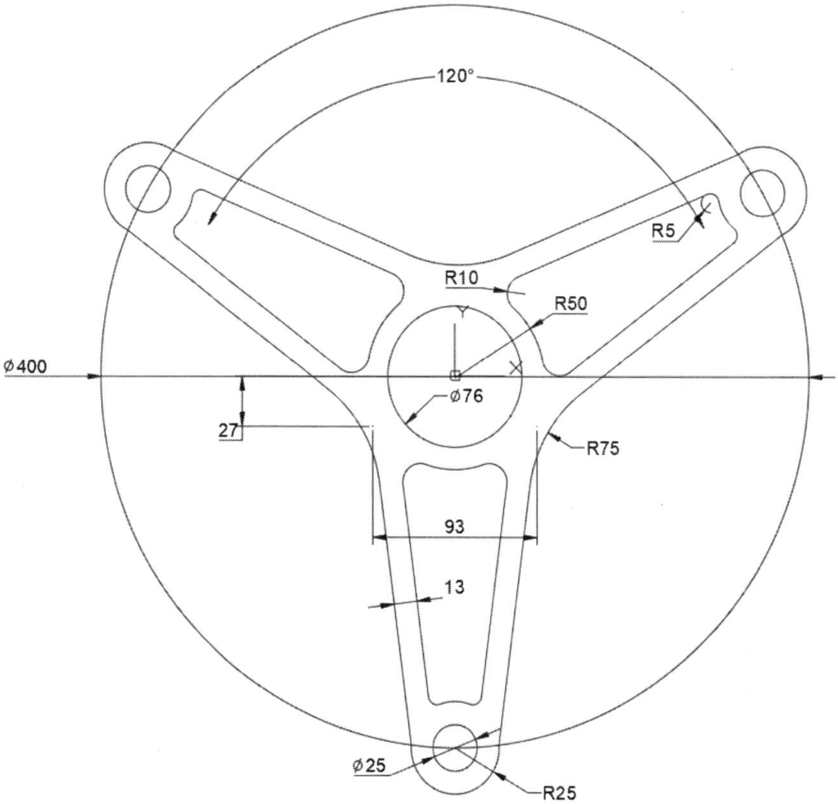

☞ **도면 6-4**

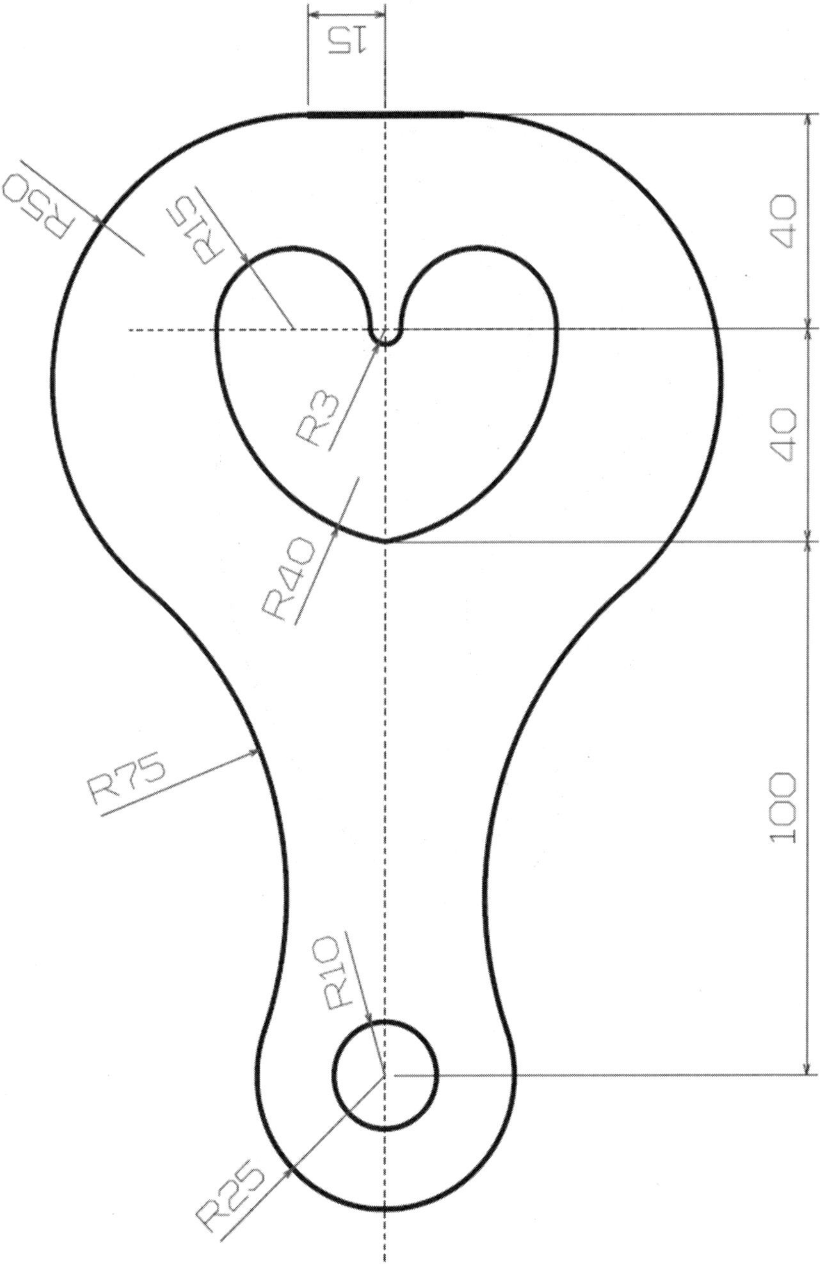

☞ 도면 6-5

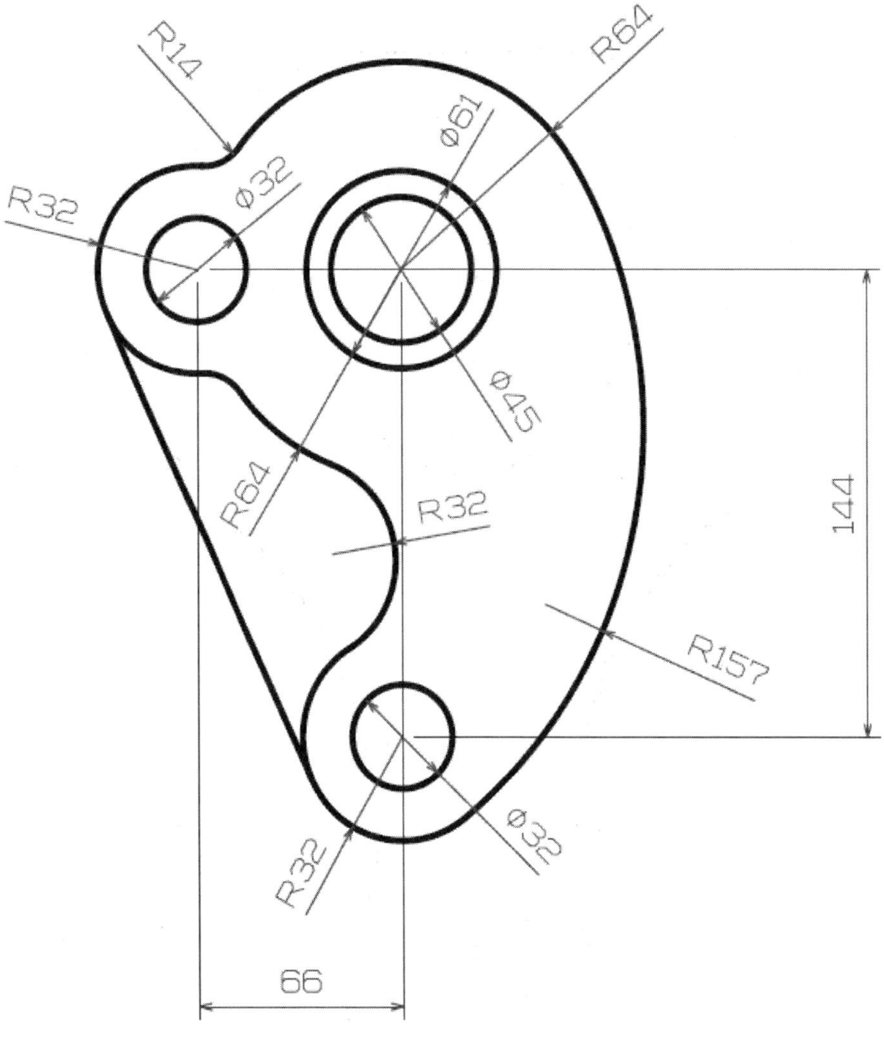

☞ **도면 6-6**

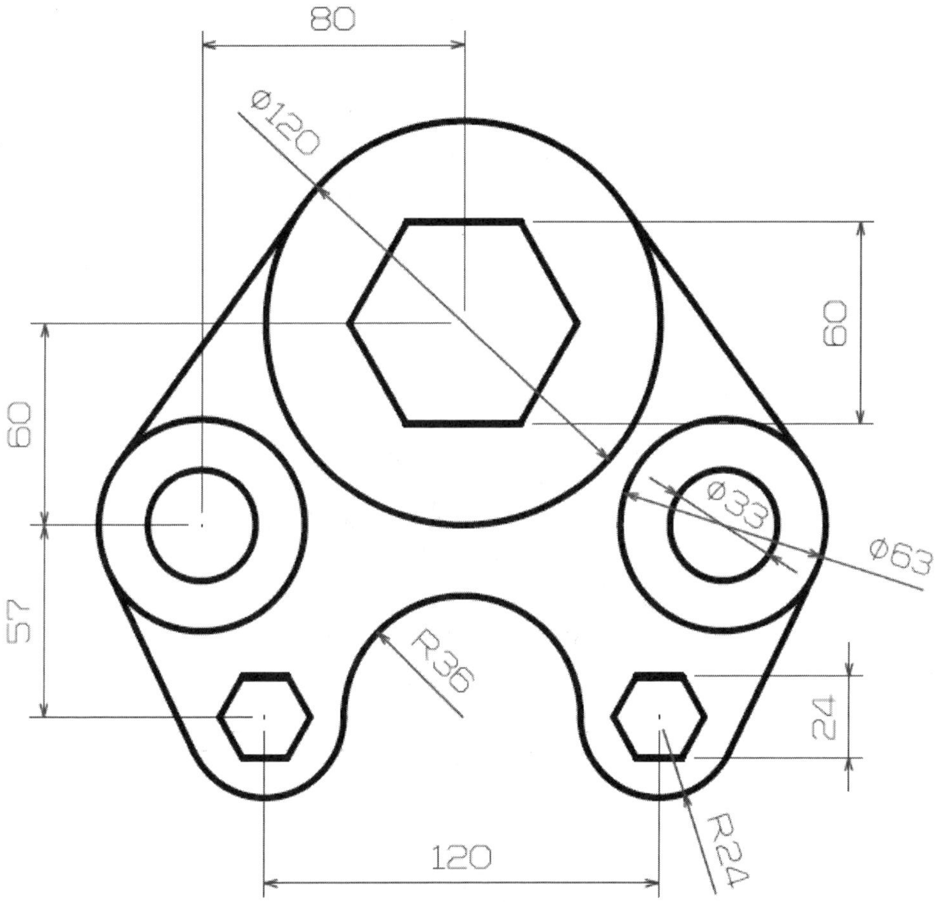

☞ **도면 6-7**

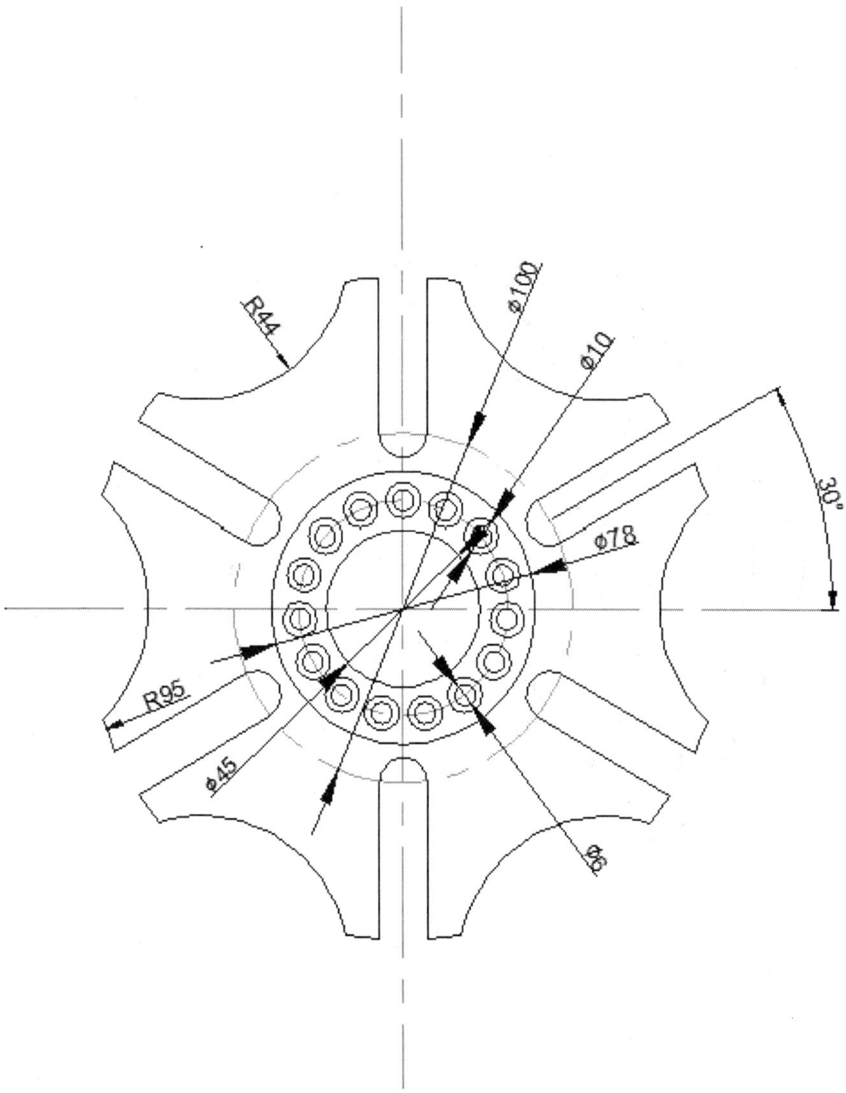

☞ **도면 6-8**

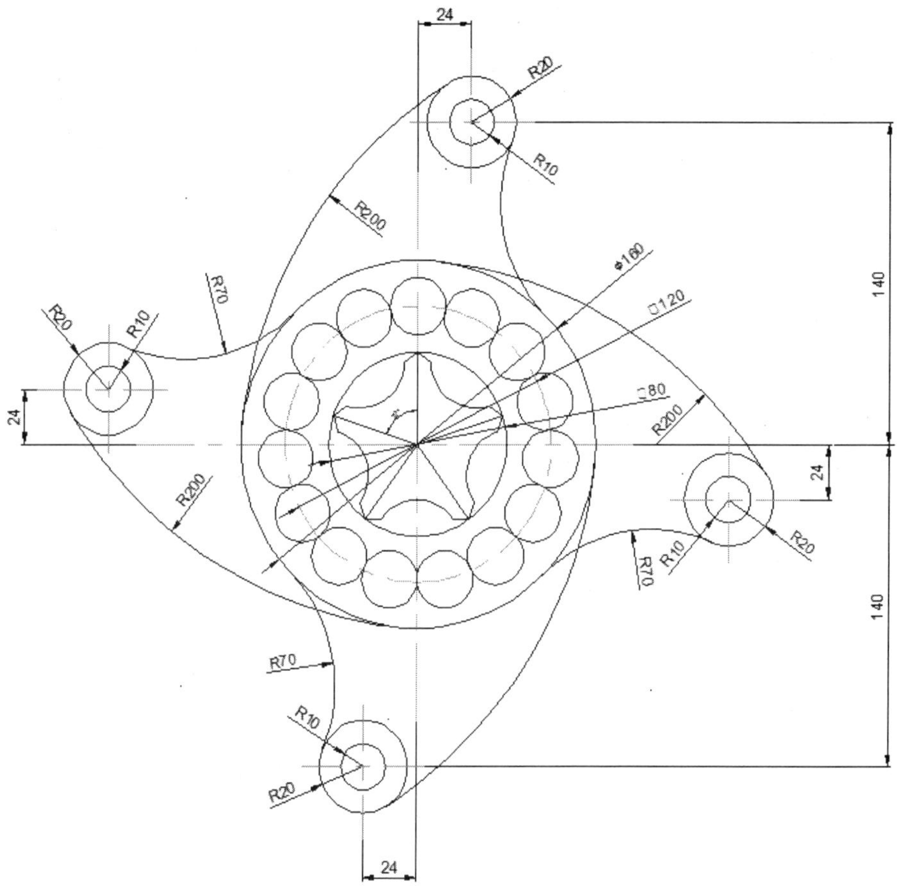

24
R20
R10
R200
φ160
□120
□80
R200
R70
R20
R10
24
140
24
R200
R10
R70
R20
140
R70
R10
R20
24

☞ **도면 6-9**

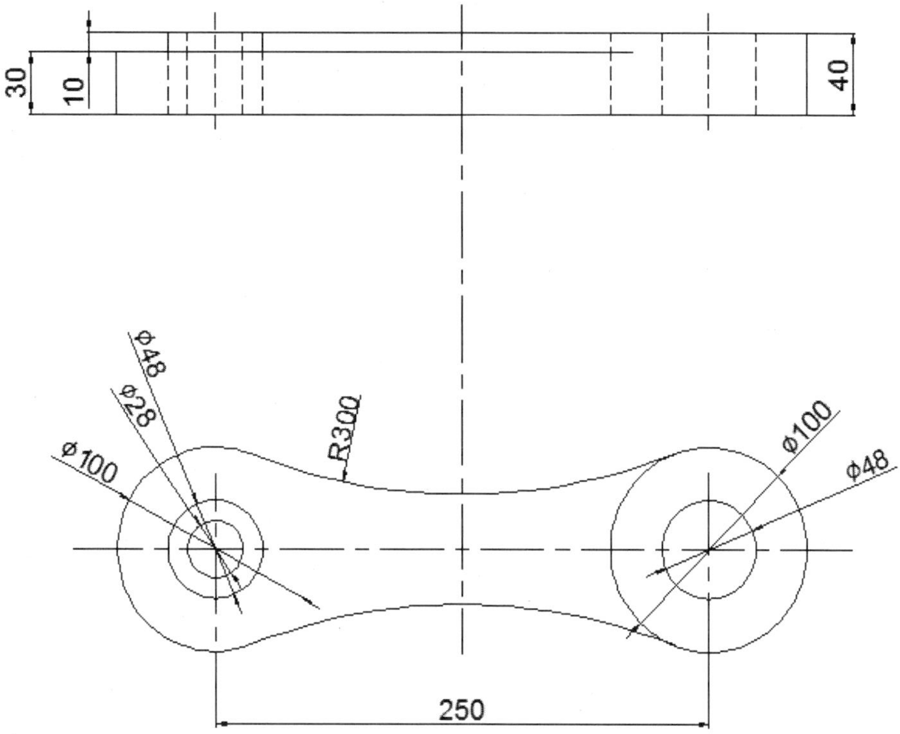

☞ **도면 6-10**

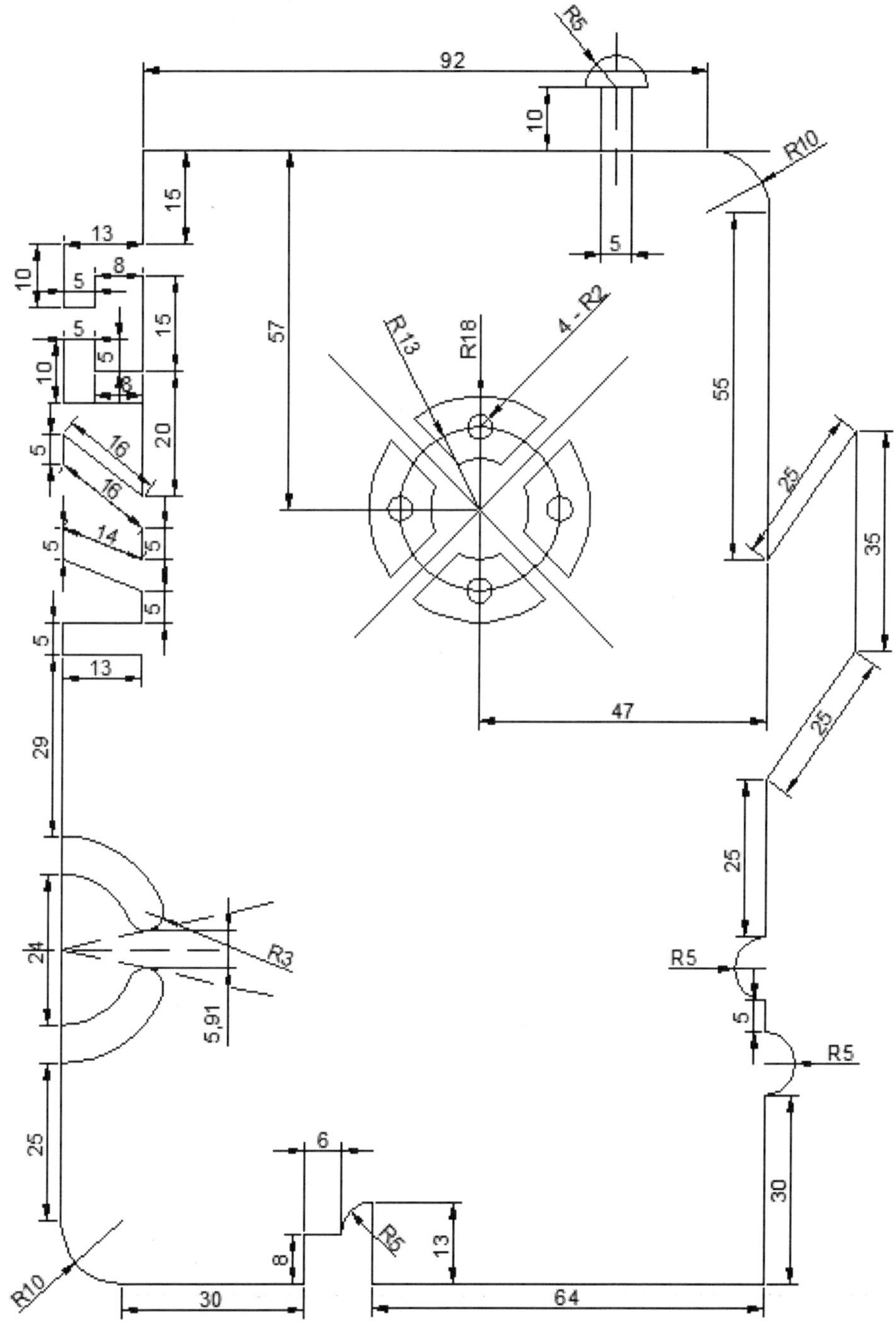

92
R5
10
R10
15
13
10
5
8
15
5
5
10
8
20
57
R13
R18
4-R2
5
5
55
16
16
25
35
14
5
5
5
5
5
13
47
29
25
25
21
R3
5.91
R5
5
R5
25
6
R5
13
30
8
R10
30
64

☞ **도면 6-11**

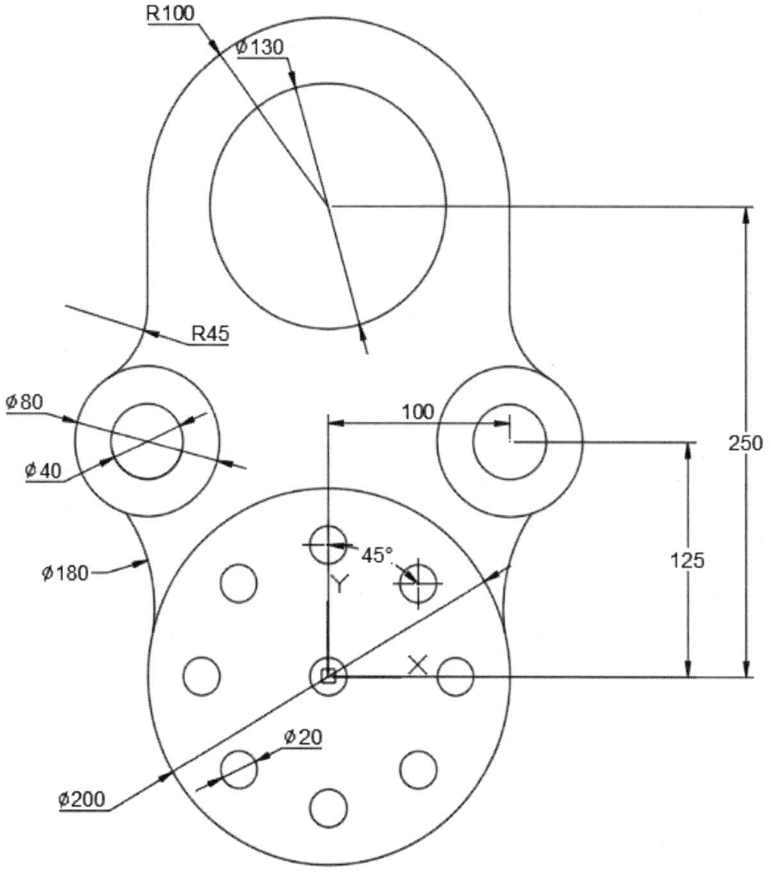

☞ **도면 6-12**

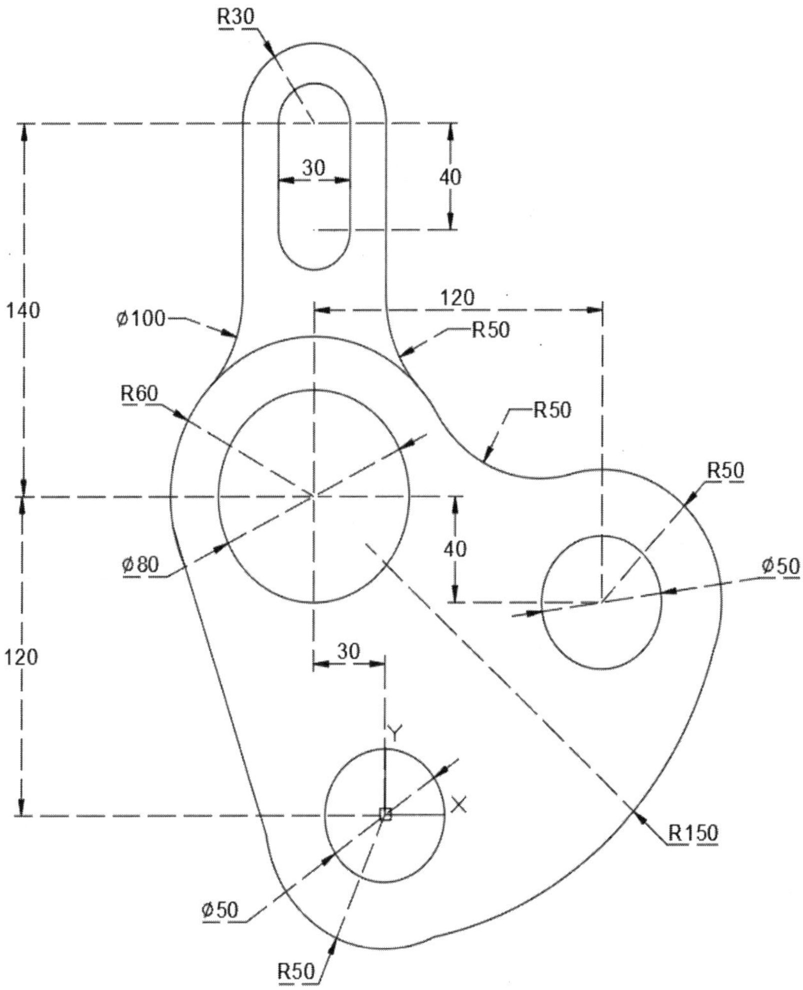
R30
30
40
140
120
ϕ100
R50
R60
R50
R50
ϕ80
40
ϕ50
120
30
Y
X
R150
ϕ50
R50

☞ 도면 6-13

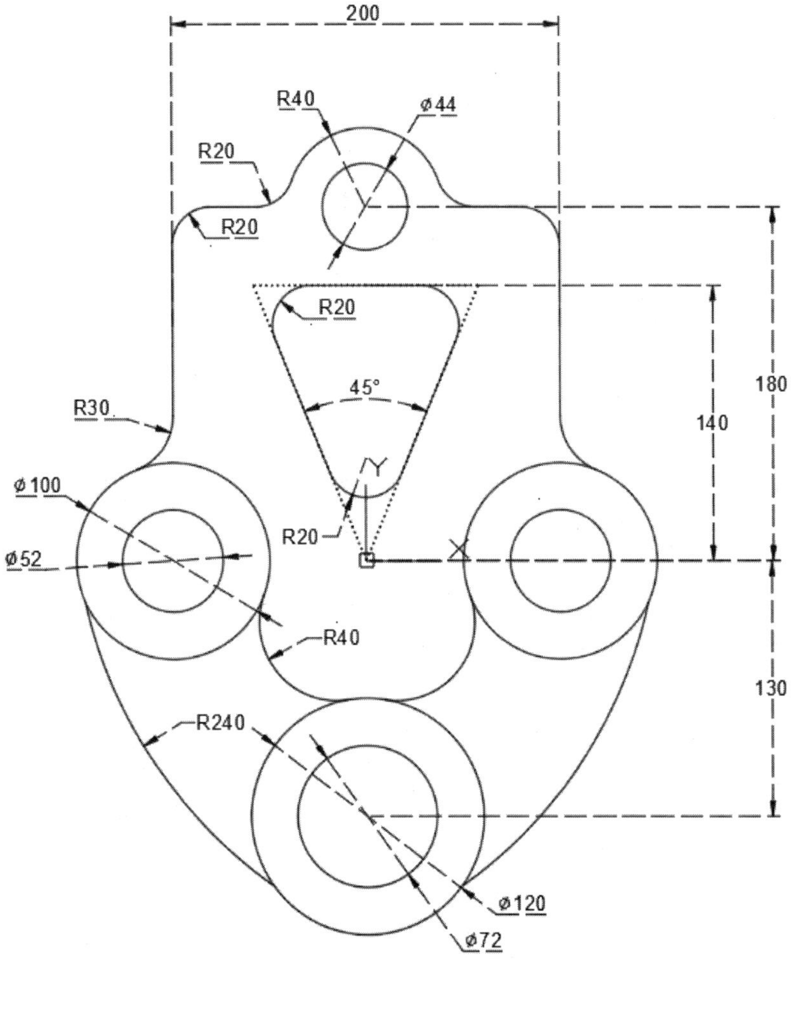

200
R40
ø44
R20
R20
R20
180
140
45°
R30
ø100
R20
ø52
R40
130
R240
ø120
ø72

☞ **도면 6-14**

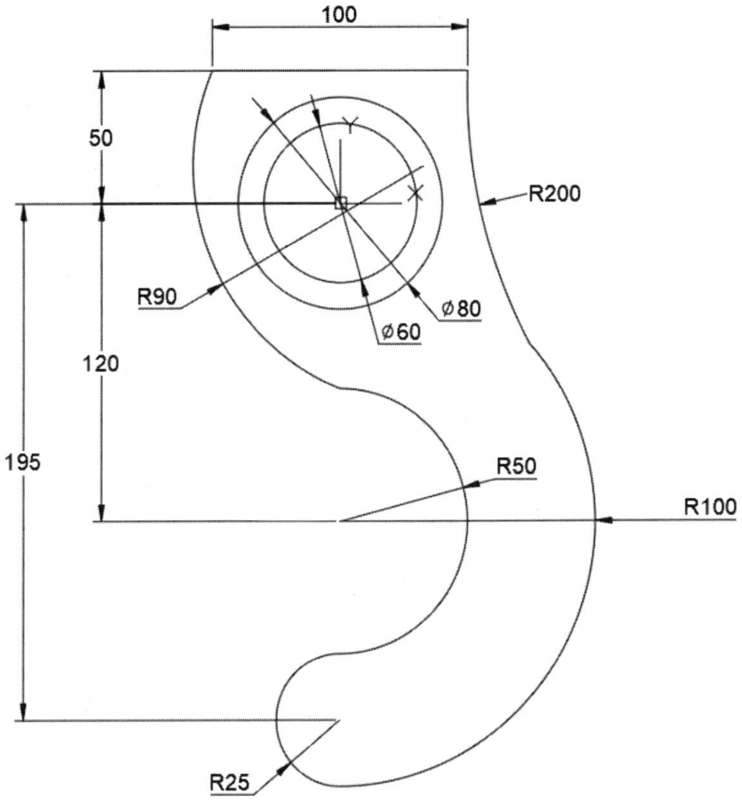

☞ **도면 6-15**

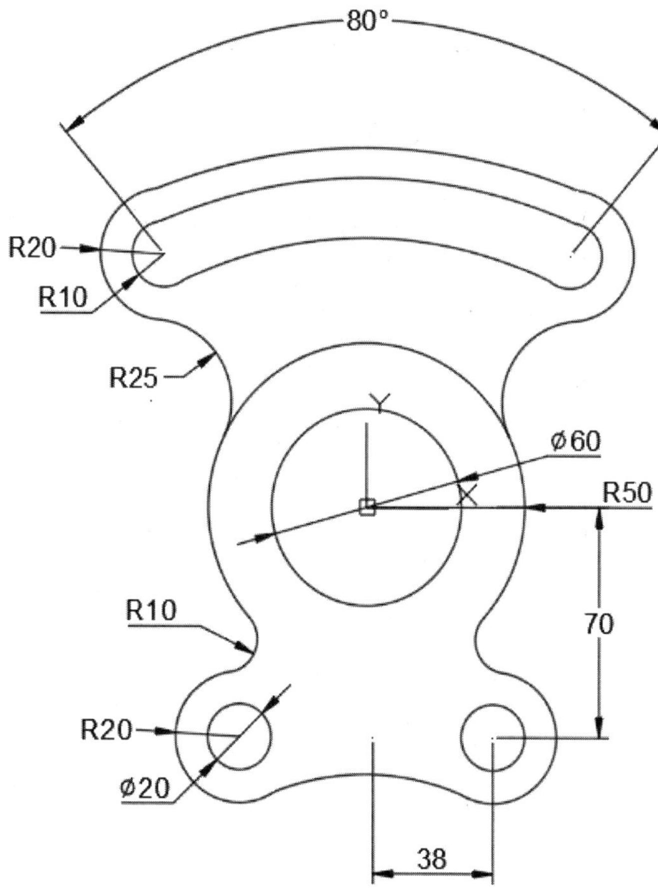

☞ 도면 6-16

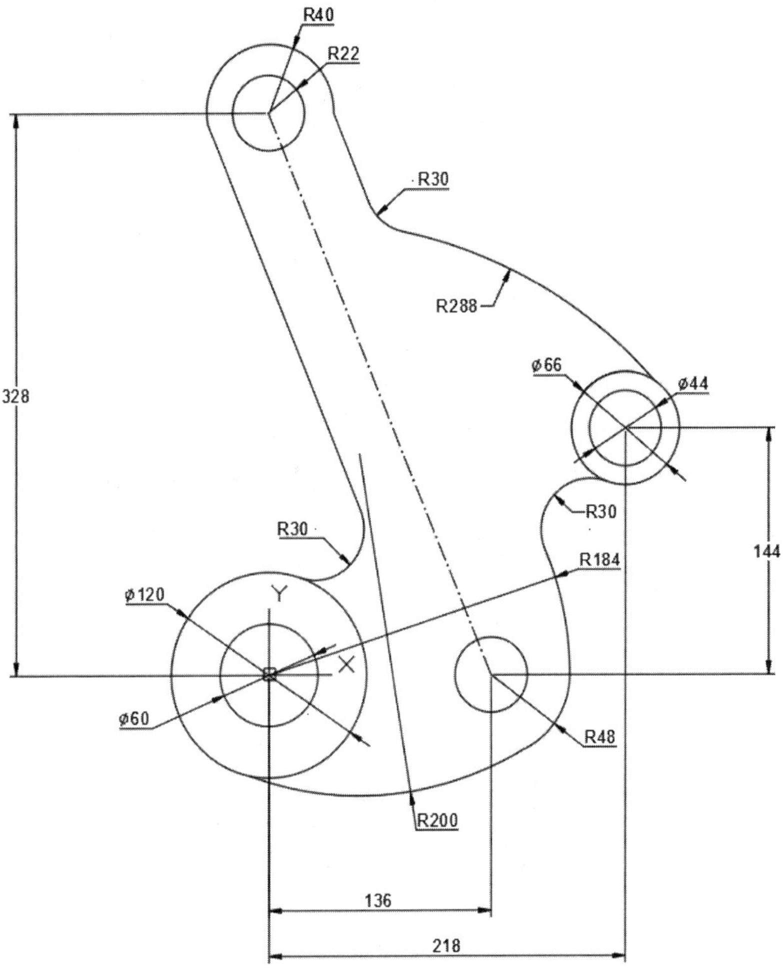
R40
R22
R30
R288
ø66
ø44
328
R30
144
R184
R30
ø120
Y
X
ø60
R48
R200
136
218

☞ **도면 6-17**

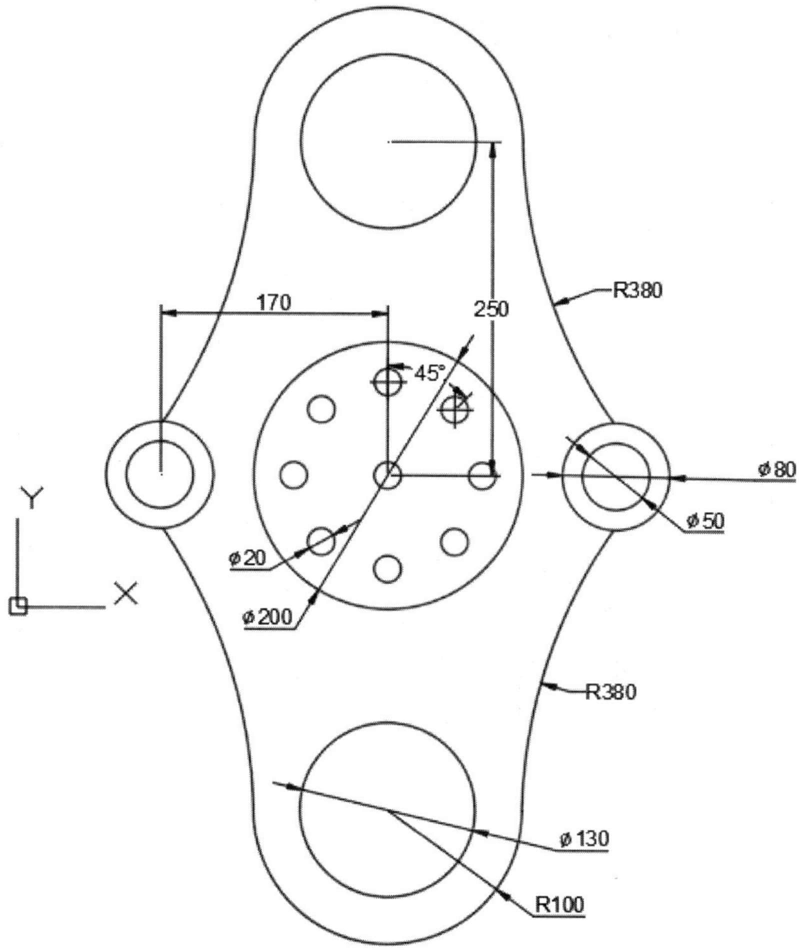

☞ **도면 6-18**

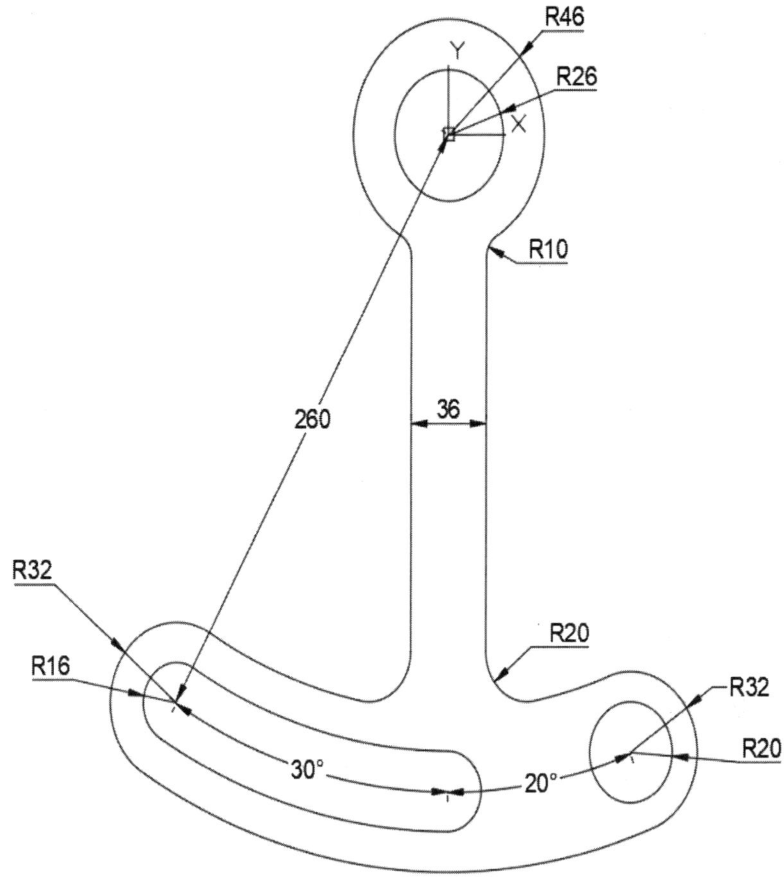

☞ 도면 6-19

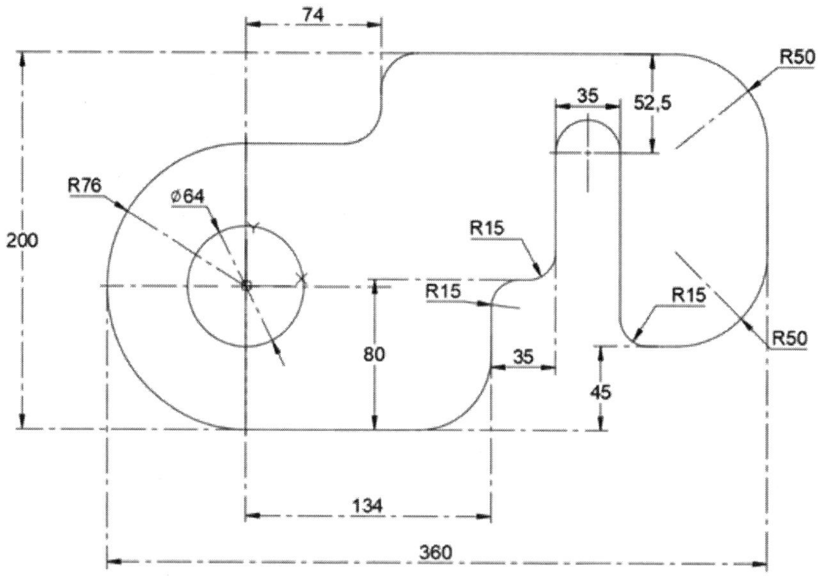
74
R50
35
52,5
R76
ø64
200
R15
R15
R15
R50
80
35
45
134
360

☞ 도면 6-20

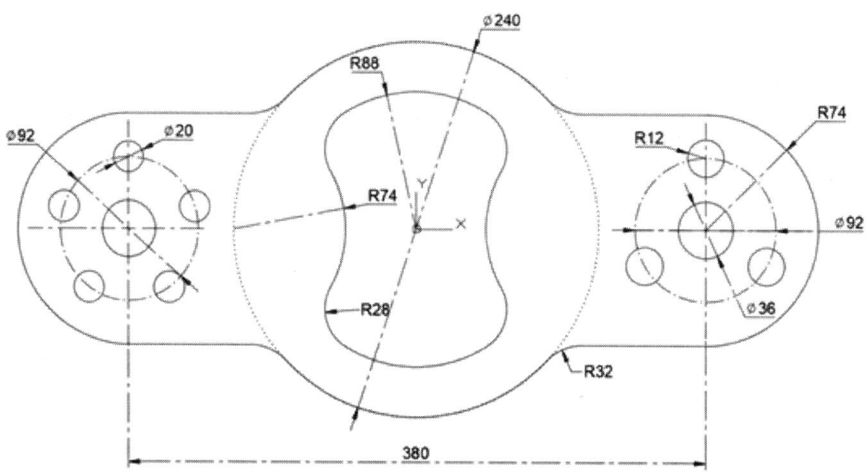
ø240
R88
ø92
ø20
R74
R12
R74
ø92
R28
ø36
R32
380

CHAPTER 7 해치, 블록

7.1 해치

AutoCAD에서는 해치(Hatch)를 이용하여 도면에서 지정한 닫힌 영역 또는 닫힌 객체에 여러 패턴의 무늬를 채울 수 있으며 솔리드 패턴으로 단일 색상 및 그라데이션(Gradation)을 이용하여 두 가지 이상의 색상을 채울 수 있다. 또한 AutoCAD 2019에서는 해치 패턴을 적용하기 전에 미리보기 버튼을 클릭하지 않고 영역 또는 객체에 마우스를 올려놓는 동작만으로도 적용된 패턴을 확인할 수 있다. 해치는 선택한 영역을 해치 패턴이나 그라데이션으로 채우는 명령이다. 다음과 같이 재질을 표현하거나 그라데이션 등을 입힐 때 사용하며 해치 명령을 가미하면 심미적인 효과도 있다.

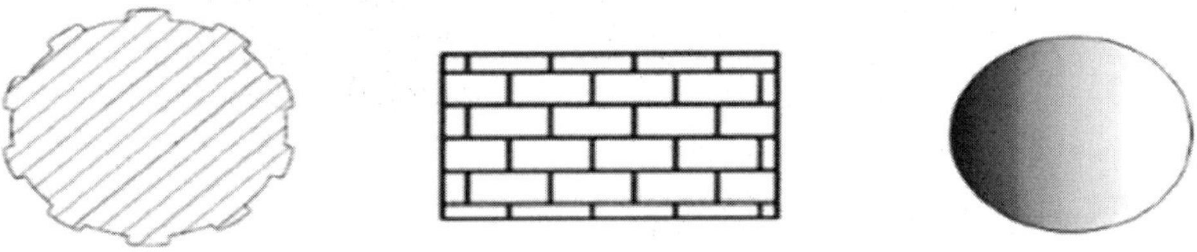

(a) 해치 작업 (b) 그라데이션

7.1.1 해치 작업

해치는 선택한 영역을 해치 패턴이나 그라데이션으로 채우는 명령이다. 다음과 같이 재질을 표현하거나 그라데이션 등을 입힐 때 사용하며 해치 명령 가미 시 심미적인 효과도 있다. 해치 명령을 수행하기 위해서는 다음의 방법으로 실행이 가능하다.

① 명령어 [Hatch]를 키인하거나 단축키 [h]를 키인 후 [Enter] 클릭
② 메뉴 〉 그리기 〉 해치 선택
③ 홈 〉 그리기 〉 해치 〉 해치 선택

① 해치 명령

명령어 Hatch를 키인 하거나 단축키 h를 사용하여 명령을 실행한다. 실행 시 다음의 대화창이 나타난다.

해치 명령어를 입력하면 상부의 리본탭이 표시되며 이를 통해 세부적인 조절이 가능하다.

7.1.2 해치 작성 패널 설명

가. 경계

객체를 선택방법이 들어 있는 패널로 점 선택, 경계 객체 선택 및 취소가 가능하며, 해치할 객체로 선택되면 설정된 해치패턴과 특성에 따라 바로 적용된다.

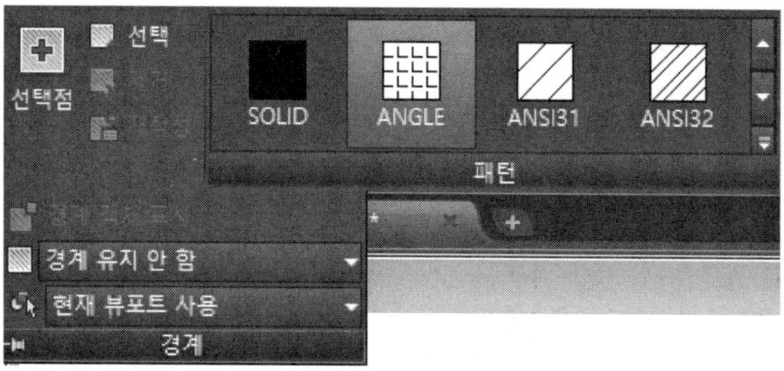

- 점 선택 : 지정된 점 주위로 닫힌 영역을 형성하는 객체를 선택할 때 사용한다.
- 경계 객체 선택 : 경계가 되는 선을 하나씩 선택할 때 사용한다.
  - 경계유지 안 함 : 해치를 둘러싸고 있는 객체를 작성하지 않는다.
  - 경계유지 - 폴리선 : 해치를 둘러싸고 있는 객체를 폴리선으로 작성한다.
  - 경계유지 - 영역 : 해치를 둘러싸고 있는 객체를 영역으로 작성한다.
- 경계 객체 제거 : 경계영역 안의 객체를 제외시킬 때 사용한다.
- 경계 재작성 : 선택한 해치 주위에 폴리선 또는 영역을 작성하고 원하는 경우 해치 객체를 해당 폴리선 또는 영역에 연관시킨다.

☞ **선택한 Hatch를 미리 보고 싶을 때 닫힌 객체 위로 마우스를 올려놓으면 현재의 해치 특성을 미리보기 할 수 있다. 실제 적용된 상태는 아니기 때문에 닫힌 객체에서 마우스를 옮기면 미리보기가 풀린다.**

나. 패턴(Pattern)

해치 패턴을 지정하는 패널로써 무늬를 지정할 수 있다.

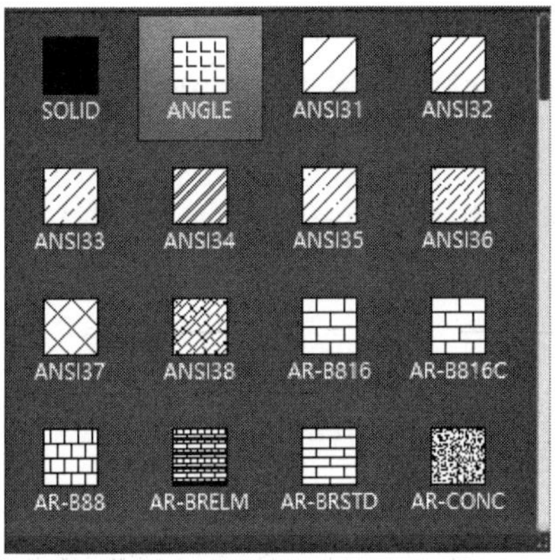

- 미리정의 : 오토캐드에서 제공하는 'acad.pat' 형태의 파일을 불러온다. [미리 전의] 지정 시, 패턴이 활성화된다.
- 사용자 정의 : 'ANSI31' 해치패턴을 사용자가 원하는 형태로 조절할 수 있도록 [색상], [각도], [간격두기]가 활성화된다.
- 사용자 : 사용자가 제작한 해치를 사용한다. 사용자가 패턴 형태를 조절할 수 있도록 [색상], [각도], [축척]이 활성화된다.

다. 특성

해치의 특성을 지정 및 변경할 수 있다.

※ 특성 아이콘

- 해치 유형 : 정의된 해치를 작성할지 아니면 사용자 정의된 해치를 작성할지 지정하는 메뉴이다.
- 해치 색상 : 솔리드 및 해치 패턴에 대해 색상을 지정하는 메뉴이다.
- 해치 배경색 : 해치 패턴의 배경 색상을 지정한다.
- 해치 각도 : 현재 좌표의 X축을 기준으로 해치 패턴의 각도를 지정한다.
- 해치 패턴 축척 : 해치의 패턴을 확장 또는 축소하는 명령이다.
- 해치 도면층 재지정 : 해치에 대해 지정된 도면층으로 현재 도면층을 재지정한다.
- 도면 공간 축척 : 도면 공간 단위를 기준으로 해치 패턴을 축척한다.
- 교차 해치 : 사용자 정의가 선택된 경우에 90으로 또 다른 해치를 그린다.
- ISO 펜 폭 : 선택된 펜의 폭을 기본으로 ISO 관련 패턴 스케일을 조정한다.

라. 원점

해치 패턴이 시작되는 점을 선택 및 이동할 수 있다.

다음 그림을 보면 기본 해치로 지정할 경우, 해치의 벽돌패턴이 깨진모양(적용 전)으로 구성되었다. 이때 해치의 원점(시작점)을 재지정하면 오른쪽의 그림(적용 후)과 같이 해치 패턴이 바뀐다.

〈 적용 전〉

〈적용 후〉

- 원점 설정 : 해치의 원점을 지정한다.
- 맨 아래 왼쪽 : 해치의 [맨 아래 왼쪽]에 원점을 지정한다.
- 맨 아래 오른쪽 : 해치의 [맨 아래 오른쪽]에 원점을 지정한다.
- 맨 위 왼쪽 : 해치의 [맨 위 왼쪽]에 원점을 지정한다.
- 맨 위 오른쪽 : 해치의 [맨 위 오른쪽]에 원점을 지정한다.
- 중심 : 해치의 [중심]에 원점을 지정한다.
- 현재 원점 사용 : 지정되어 있는 기본 원점을 지정한다.
- 기본 원점으로 저장 : 현재 원점을 기본 원점으로 사용한다.

다음과 같이 점 선택을 클릭하여 내부점을 선택해주면 그 부분만 해치 모양이 입혀지는 것을 확인할 수 있다.

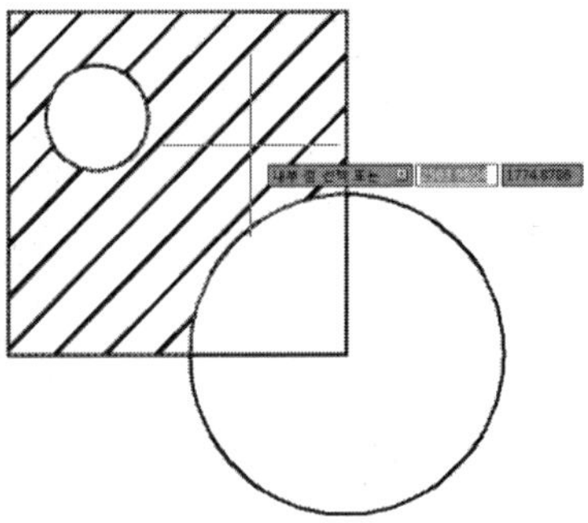

마. 옵션

해치 옵션은 연관, 주석, 특성일치 등을 바꿀 수 있으며, 객체의 우선순위를 지정할 수 있다.

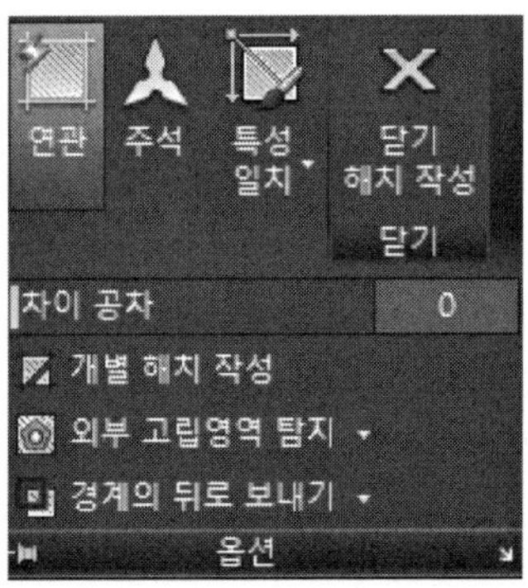

※ 옵션 아이콘

- 연관경계 : 해당 경계를 수정할 때 해치가 자동으로 업데이트 되는지 여부를 성정한다.
- 주석 : 해치 패턴의 축척이 뷰포트 축척에 따라 자동으로 조정되도록 지정한다.
- 현재 원점 사용 : 해치 원점을 제외하여 선택한 해치 객체의 특성을 사용해 해치 특성을 설정하는 기능이다.
- 원본 해치 원점 사용 : 해치 원점을 포함하여 선택한 해치 객체의 특성을 사용해 해치 특성을 설정한다.

또한, [옵션]에 있는 해치 설정 아이콘( )을 클릭하면 '해치 및 그라데이션' 대화상자가 나타난다. 대화상자에서도 해치패턴을 지정 및 변경할 수 있다. 더 많은 옵션 보기 아이콘( ) 클릭하면 대화상자가 다음과 같이 확장된다.

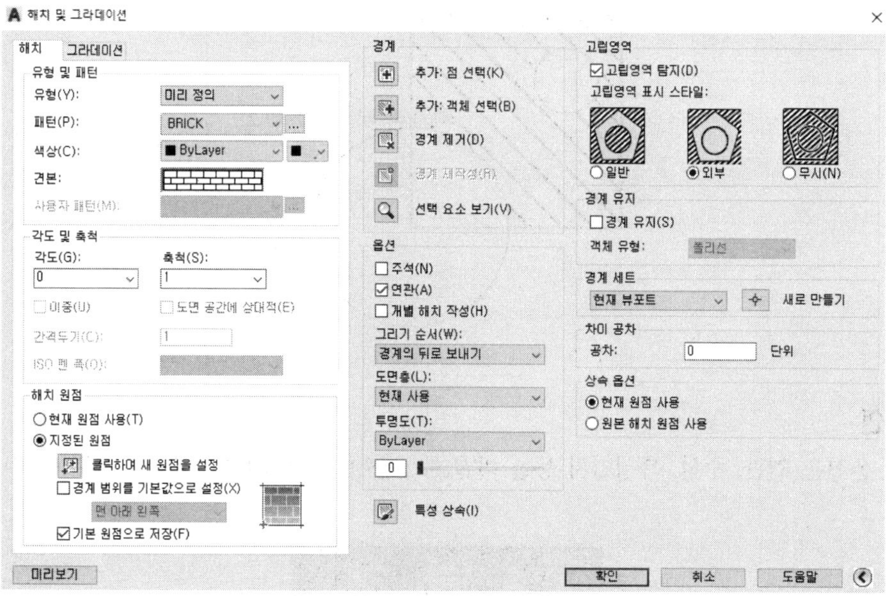

사용자의 취향에 따라 [해치작성] 리본메뉴를 사용하지 않고 '해치 및 그라데이션' 대화상자를 이용해도 된다.

- 연관 : 연관을 지정하고 해치경계를 변경하면 변경된 해치경계로 해치가 적용되고, 연관을 지정하지 않고 해치 경계를 변경하면 원래의 해치 경계대로 해치가 적용된다.
- 주석 : 해치 패턴의 축척이 뷰포트의 축적 변화에 따라 조절되도록 한다.
- 특성일치 : 어떤 경계 영역에 작성한 해치를 다른 경계 영역에도 똑같은 해치를 적용한다.
  - 현재 원점 사용 : 선택한 해치의 원점을 제외한 해치의 모든 객체 특성을 적용한다.
  - 원본 해치 원점 사용 : 선택한 해치의 원점을 포함한 모든 객체 특성을 적용한다.

- 차이 공차 : 원칙적으로 열린 객체는 해치를 할 수 없지만, 그럼에도 불구하고 해치를 하고자 할 때 '차이공차' 값을 증가시킨다면 해치가 가능하다.

- 개별 해치 작성 : 개별해치 작성을 지정하고 여러 경계 영역을 해치한 후, 어떤 명령어도 수행하지 않고 해치를 선택하면 해치한 여러 경계 영역이 개별적으로 선택된다. 하지만 '개별 해치 작성'을 지정하지 않고 여러 경계 영역을 해치한 후, 어떤 명령어도 수행하지 않고 해치를 선택하면 여러 경계 영역이 전부 선택된다.

- 외부 고립영역 탐지 : 해치 경계 영역 내에 다른 해치 경계 영역이 있는 경우 아래의 유형으로 해치한다.

  • 일반 고립영역 탐지 : 맨 바깥쪽 해치 경계 영역을 기준으로 안쪽 해치 경계 영역으로 하나씩 걸러서 해치한다.
  • 외부 고립영역 탐지 : 맨 바깥쪽 해치 경계 영역만 해치한다.
  • 고립영역 탐지 무시 : 모든 해치 경계 영역에 해치한다.
  • 고립영역 탐지 안 함 : '고림영역 탐지 안 함'을 지정하지 않으면 기존 고립 영역 탐지 방법을 사용한다.

- 경계의 뒤로 보내기 : 솔리드 또는 그라데이션을 사용할 때, 해치를 작성하는 순서를 지정한다.
  • 지정 안 함 : 해치에 해당 기본값과 다른 작성 순서를 지정하지 않는다.
  • 맨 뒤로 보내기 : 해치를 다른 객체의 앞으로 가져온다.
  • 맨 앞으로 가져오기 : 해치를 다른 객체의 앞으로 가져온다.
  • 경계의 뒤로 보내기 : 해치를 해치 경계 뒤로 보낸다.
  • 경계의 앞으로 가져오기 : 해치를 해치 경계 앞으로 가져온다.

① 다음 예제를 풀어보세요.

다음과 같은 닫힌 객체에 명령어 해치를 이용하여 콘크리트 패턴과 노란색의 해치배경을 넣어보세요.

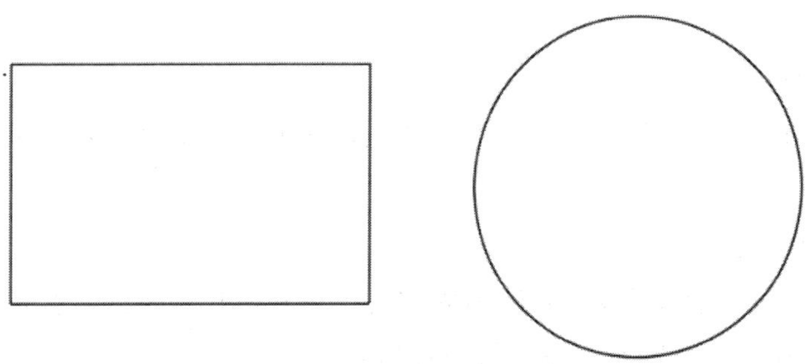

- 명령어 [H] 키인 후 [Enter]를 클릭한다.
- 리본메뉴에 해치 작성 탭이 생기면서 해치와 관련된 패널이 생성된다.

- [패턴] 패널에서 해치 무늬로 'Angle'를 선택한다.
- [특성] 패널에서 해치의 옵션을 지정한다(유형, 색상, 각도, 축척 등)

[해치색상]은 파란색, [해치 배경색]은 노란색으로 바꿔주고 [축척]은 1로 설정해보자.

이렇게 변화된 특성을 미리보기를 통해 알 수 있다.

경계 패널의 선택점( )이 기본으로 지정되어 있기 때문에 닫힌 객체를 클릭하면 해치 적용이 바로 이루어진다.

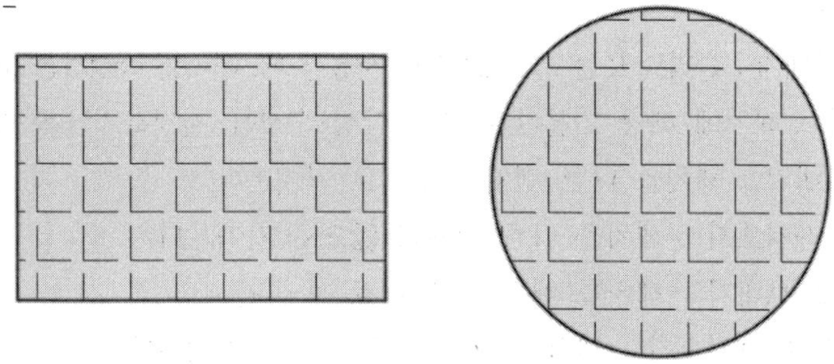

〈해치 적용 완료〉

또 다른 방법으로 경계 객체를 선택( )한 뒤, 닫힌 객체의 선을 하나씩 클릭하면 적용이 완료되며 이 때 닫힌 객체의 선을 클릭할 때마다 적용되는 범위가 화면에 바로 나타난다.

☞ 점 선택( )

닫힌 영역 안에 임의의 한 점을 지정하면 영역을 둘러싸는 해치를 채울 경계가 결정된다.

☞ 경계 객체 선택( )

닫힌 형태로 객체를 선택해서 해치를 채울 경계가 결정된다. 문자를 포함하여 닫힌 객체를 선택이나 점을 지정한 경우에는 해치가 채워진다.

☞ 경계 객체 제거( )

지정되거나 선택된 해치 경계를 선택적으로 제거한다.

※ 더 알아보기

해치를 하고자 하는 영역이 폐구간이 아닌 어딘가가 연결되지 않은 끝점이 있을 경우에는 AutoCAD에서는 해당 끝점에 빨간색 점선 원을 표시하여 문제가 있는 부분을 쉽게 식별할 수 있게 해준다. 표시된 빨간색 원은 일시적으로 보여주는 것으로 REGEN 명령을 사용해 소거할 수 있다.

② [선택] 옵션 실습하기

[Hatch] 명령어를 키인하고 [Enter]를 클릭한다. 두 번째 사각형의 해치 패턴을 새롭게 지정하기 위해서 [패턴] 패널에서 'ANSI31'을 클릭한 후, 두 번째 사각형의 한 점을 클릭하여 해치하기 위해서 [경계] 패널의 [선택]을 클릭한다. 이후, 두 번째 사각형의 한 점을 클릭하고[해치 작성 닫기]를 클릭하여 해치를 종료한다.

- 명령 [Hatch] 키인 후 엔터
- 내부 점 선택 또는 [객체선택(S)/명령 취소(U)/설정(T)]: [패턴] 패널에서 'ANSI31'을 지정한 후, [경계] 패턴에서 [선택] 클릭 _S
- [패턴] 패널에서 'ANSI31' 해치 유형을 지정한 후, 두 번째 사각형의 한 점을 클릭하여 해치하기 위해서 [경계] 패널에서 [선택]을 클릭한다.
- 객체선택 또는 [내부 점 선택(K)/명령 취소(U)/설정(T)]: P1 클릭 〈--1개를 찾음
- 두 번째 사각형의 한 점에 'P1'을 지정한다.
- 객체선택 또는 [내부 점 선택(K)/명령 취소(U)/설정(T)]: [해치 작성 닫기] 클릭
- 해치 작성을 종료하기 위해서 [해치 작성 닫기]를 클릭한다.

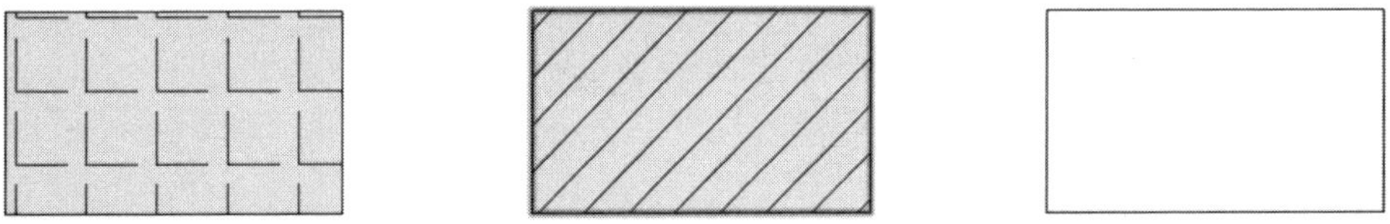

바. 사용자 정의 유형을 사용하여 경계 객체 선택으로 해칭하기

명령어 [H] 키인 후 [Enter]를 클릭한다. 해치 작성 리본 상황별 탭의 특성 패널에서 해치 유형을 '사용자 정의'로 지정한다. 또한 해치 색상을 '빨간색', 해치 각도를 '45도', 해치간격을 3으로 입력하고 경계객체 선택 버튼을 클릭한다.

명령어 입력줄에 WP(윈도우 폴리곤)을 입력하고 [Enter]를 클릭한 후 객체를 선택하고 나서 [Shift] 키를 누른 상태에서 필요 없는 중심선을 경계 대상에서 제거하고 해치 명령을 종료한다. 다시 해치 명령을 실행시켜 해치각도를 '-45도', 해치간격을 5로 변경한다.

7.1.3 해치편집(Hatchedit)하기

기존 해치 패턴이나 그라데이션을 수정 및 편집하는 기능이며 객체선택 또는 [내부 점 선택(K)/경계제거(B)] : 수정할 패턴 객체 선택 하면 Hatch 수정 대화상자가 활성화된다. 기존 해칭 패턴을 마우스로 더블 클릭하여도 수정할 수 있다.

[Hatchedit] 명령어는 이미 그려진 해치를 편집할 수 있으며 [Hatchedit] 명령어를 수행하면 [해치편집] 대화상자를 사용하여 해치를 편집할 수 있다. 해치편집(Hatchedit) 명령으로 이미 정의된 기존 해치의 조건을 수정할 수 있다.

- 명령어 [Hatchedit] 혹은 단축키 [He] 키인 후 [Enter]를 클릭한다.
- 해치 객체 선택 : P1을 클릭한다.
- 편집하려는 해치를 클릭하고 [해치편집] 대화상자에서 편집하고자 하는 부분을 수정한 후, [확인]을 클릭한다.
- 명령을 수행하기 위해서 다음의 3가지 방법 중 사용자가 편한 방법을 선택하여 사용한다.

① 명령어 [Hatchedit] 혹은 단축키 [He] 키인 후 [Enter] 클릭
② 메뉴 〉 수정 〉 해치 선택
③ (홈) 탭 〉 (수정) 패널 〉 해치 편집 선택

명령어 [Hatchedit]를 키인 하면 다음의 대화창이 나타난다.

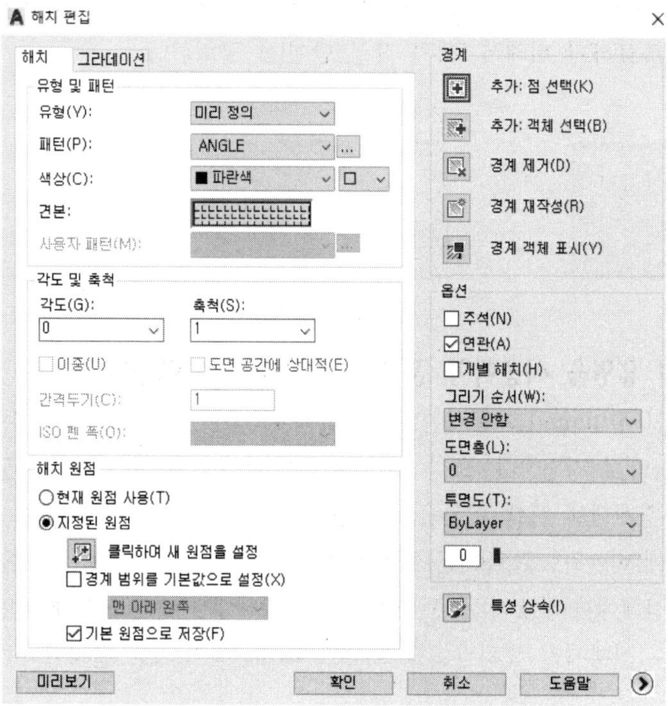

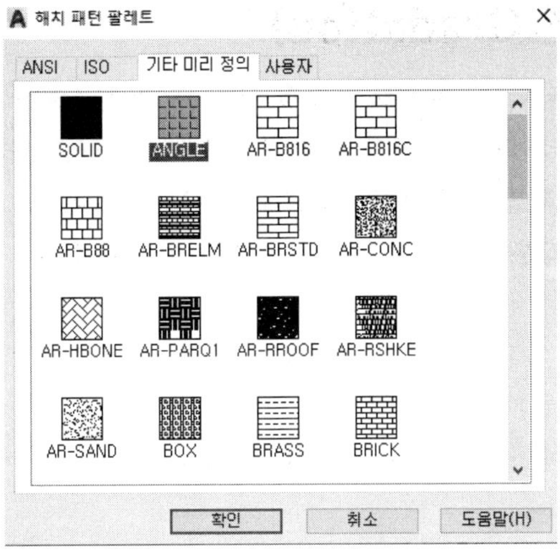

- 패턴항목 : 패턴항목은 해치유형을 '미리정의'로 지정할 때만 사용할 수 있는 옵션항목이다. 버튼(...)을 선택하면 미리 정의된 해치패턴 팔레트가 표시된다.

☞ 유형 : 편집할 해치 패턴 유형을 3가지 중에서 지정한다. 미리정의는 70가지 이상의 해치패턴이 들어있는 라이브러리가 표시되고 사용자 정의는 간격, 각도, 색상 등의 특성을 사용하여 패턴을 정의하며, 사용자는 acad, pat 및 acadiso.pat 파일로 사용자가 직접 만든 해치 패턴을 지정할 수 있다.

※ 해치 수정하는 방법 예

- 명령어 [Hatchedit] 혹은 단축키 [He] 키인 후 [Enter]를 클릭한다.
- 해치 수정 대화창이 나타난다.
- 편집하려는 기존 해치를 선택한다.
- 화면상에 나타난 해치 편집 대화상자에서 유형 및 패턴 항목을 수정하고 '미리보기' 버튼을 눌러 제대로 해치가 되었는지 확인하고 문제가 없으면 '확인'버튼을 클릭하여 종료한다.

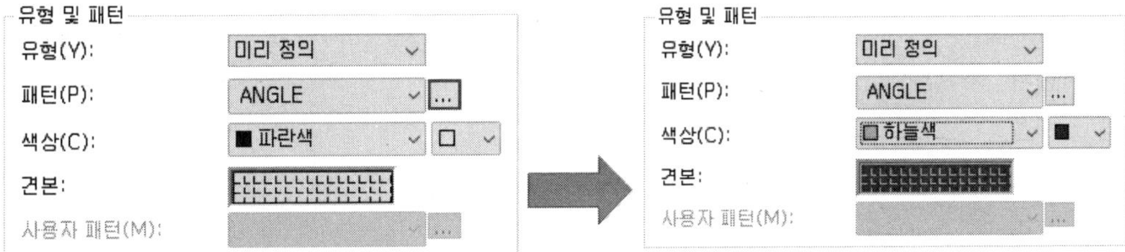

7.2 그라데이션(Gradation)

AutoCAD에서는 해치를 이용하여 Gradation을 그릴 수 있다. Hatch 명령을 실행하여 다음의 그라데이션 대화창을 클릭한다. 미리보기 상태에서 여백을 클릭하거나 Esc 키를 누르면 대화상자로 되돌아오고, Enter 키를 클릭하면 Gradation 명령이 적용된다. 명령을 수행하기 위해서 다음의 3가지 방법 중 사용자가 편한 방법을 선택하여 사용한다.

① 명령어 [Gradation] 혹은 단축키 [GD] 키인 후 [Enter] 클릭
② 메뉴 〉 그리기 〉 그라데이션 선택
③ (홈) 탭 〉 그리기 패널 〉 그라데이션 편집 선택

이 명령어를 수행하면 다음의 대화창이 나타난다.

〈해치 작성 기본 메뉴(그라데이션)〉

그라데이션은 [단축키 GD] - [Hatch 작성 탭] - [특성 패널]의 [해치유형]에서 불러올 수도 있다.

〈그라데이션 유형 변환〉

7.2.1 그라데이션 패널 설명

그라데이션 패널은 [특성]과 [원점] 패널을 제외하고 그 밖의 패널들은 앞서 해치 패널의 설명 내용과 동일하다.

가. 특성

〈그라데이션 특성 패널〉

- 해치 유형 : 정의된 해치를 작성할지 아니면 사용자 정의된 해치를 작성할지를 지정하는 메뉴이다.
- 그라데이션 색상1 : 두 그라데이션 생상 중 첫 번째 색상을 지정하는 메뉴이다.
- 그라데이션 색상 : 두 색 그라데이션 채우기에 대한 옵션을 켜거나 끄는 것을 지정한다.
- 그라데이션 각도 : 현재 좌표의 X축을 기준으로 해치 패턴의 각도를 지정한다.
- 그라데이션 색조 및 음영 : 한 색 그라데이션 색조 또는 음영에 대한 옵션을 켜거나 끄는 명령이다.
- 해치 도면층 재지정 : 해치에 대해 지정된 도면층으로 현재 도면층을 재지정한다.

대화상자는 [단축키 GD] - [Hatch 작성 탭] - [옵션 패널]의 [ ]에서 불러올 수도 있다.

〈그라데이션 대화상자〉

나. 원점

해치의 [원점] 패널과 다르게 그라데이션 [원점] 패널에서는 중심 설정이 가능하다. [해치 및 그라데이션 대화상자에서 [그라데이션] - [그라데이션 선택 후 추가 : 점 선택] - [객체 클릭] - [해치작성 탭] - [원점 패널] - [중심]을 설정할 수 있다.

다. 그라데이션 실습

① 예제 따라해 보기

명령어 [GD]를 이용하여 다음과 같은 닫힌 객체에 파랑색과 하늘색 패턴의 선행 그라데이션을 넣어보겠다. 명령어 [GD] 키인 후 [Enter]를 클릭한다. [특성] 패널에서 '그라데이션 색상1 ( )을 '파랑색'으로 '그라데이션 색상( )'을 '하늘색'으로 지정해준다.

〈그라데이션 특성 패널〉

- [패턴] 패널에서 'GR_CYLIN' 패턴( )을 선택한다.
- 해당 객체에 마우스로 선택하면 미리보기를 통해 해치 패턴이 어떻게 나타나는지를 알 수 있다.
- 경계 패턴의 선택점( )이 기본으로 지정되어 있기 때문에 미리보기 상태에서 닫힌 객체를 클릭하면 해치 적용이 바로 이루어진다.
- 해치 및 그라데이션은 객체가 2개 이상일 때는 연속 클릭하면 한 블록으로 인식하여 연속되어 나타난다. 따라서 개별 객체방식으로 그라데이션을 넣고 싶다면 객체마다 따로 명령을 실행해야 객체별로 서로 다른 그라데이션을 넣을 수 있다.

〈GR_CYLIN〉

〈GR_LINEAR〉

② 그라데이션 예제 따라하기 2

- [Hatch] 명령어를 입력하면 [Hatch] 명령어 패널이 나타난다.
- 아래의 세 번째 다각형의 해치패턴을 새롭게 지정하기 위해서 [패턴] 패널에서 'GR_CYLIN'을 클릭한 후, 세 번째 사각형의 한 점을 클릭하여 해치하기 위해서 [경계] 패널의 [선택]을 클릭한다.이 후 세 번째 사각형의 한 점을 클릭하고 [해치 작성 닫기]를 클릭하여 해치를 종료한다.
- 명령어 [Hatch] 키인 후 [Enter]를 클릭한다.
- 객체선택 또는 [내부 점 선택(K)/명령 취소(U)/설정(T)]: [패턴] 패널에서 'GR_CYLIN'을 지정한 후, [경계] 패턴에서 [선택] 클릭 _S
- [패턴] 패널에서 'GR_CYLIN' 해치 유형을 지정한 후, 세 번째 삭각형의 한 점을 클릭하여 해치하기 위해서 [경계] 패널에서 [선택]을 클릭한다.
- 객체선택 또는 [내부 점 선택(K)/명령 취소(U)/설정(T)]: P1 클릭 ← 1개를 찾음
- 세 번째 사각형의 한 점에 'P1'을 지정한다.
- 객체선택 또는 [내부 점 선택(K)/명령 취소(U)/설정(T)]: [해치 작성 닫기] 클릭
- 해치 작성을 종료하기 위해서 [해치 작성 닫기]를 클릭한다.
- 세 번째 사각형이 [그라데이션] 해치 유형으로 해치된 것을 알 수 있다.

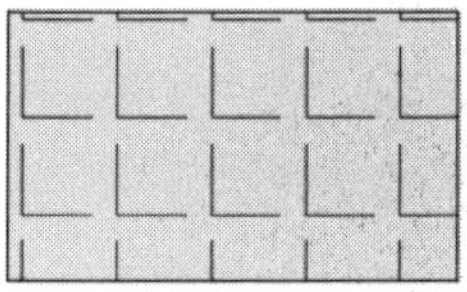

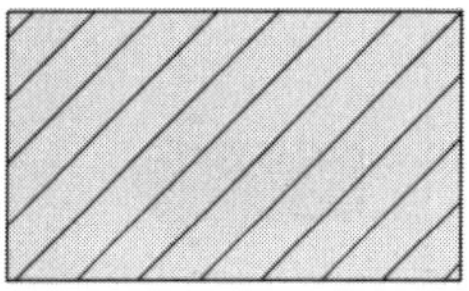

③ 해치 편집 실습 따라하기

기존에 작성된 해치 및 그라데이션을 편집할 수 있다.

- [Hatchedt] 명령어를 키인 후 [Enter]를 클릭한다.
- 해치 객체 선택 : 기존에 작성된 해치를 클릭한다.
- 기존 작성된 객체를 클릭하면 해치 편집 대화상자가 나타난다.
- 그라데이션으로 편집하기 위해서 [해치편집] 대화상자의 [해치] 탭에서 [그라데이션] 탭으로 이동 후, 바꾸고 싶은 그라데이션 색상 및 방향을 지정해 준다.
- 이후 확인 버튼을 클릭한다.

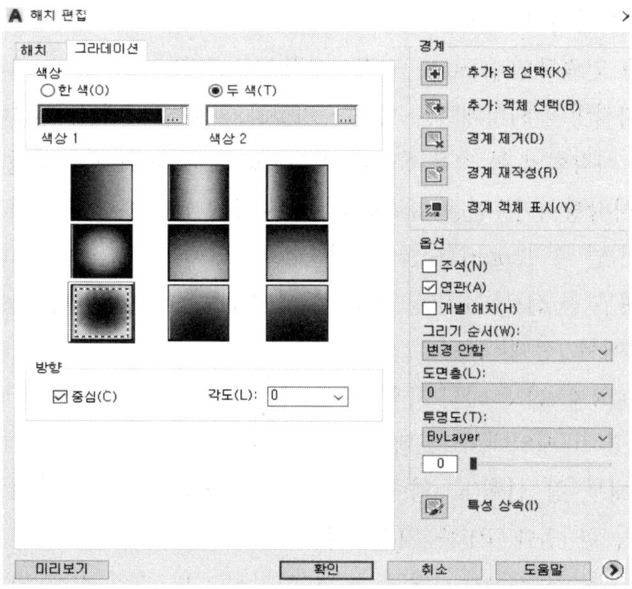

- 그림과 같이 벽돌 패턴에서 그라데이션으로 바뀐 것을 확인할 수 있다.

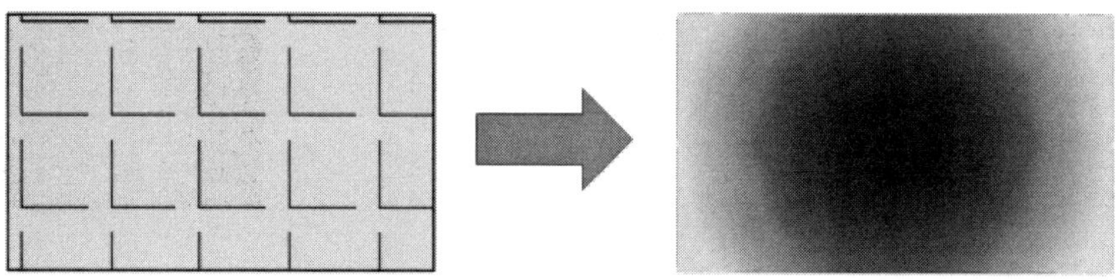

7.2.2 그라데이션 순서 변경하기

Draworder 명령은 겹치는 객체(원, 문자, 선, 치수 등)나 이미지의 표시되는 순서를 여러 가지 옵션을 사용하여 변경한다.

그라데이션된 무늬의 순서를 변경할 수 있다. 변경하는 방법은 다음의 3가지 방법 중 사용자가 익숙한 방법을 선택한다.

① 명령어 [Draworder]를 입력하여 실행
② 메뉴 〉 도구 〉 그리기 순서 드롭다운 → 맨 앞으로 가져오기 선택
③ 홈 〉 수정 〉 그리기 순서 드롭다운 → 맨 앞으로 가져오기 선택(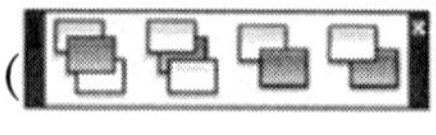)

객체를 선택하는데 객체 순서 옵션 입력 [객체위로(A)/객체 아래로(U)/앞으로 (F)/뒤로(B)] 〈뒤로(B)〉 : 옵션 선택 후 참조객체를 선택한다.

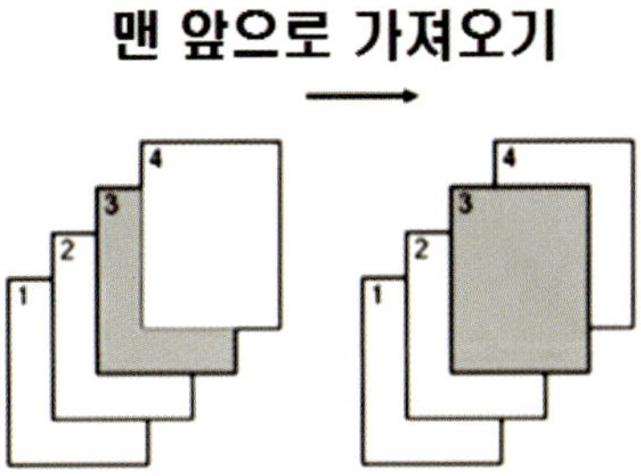

가. Draworder 명령 옵션

- 객체 위로(A) : 선택된 객체를 참조 객체로 지정하여 그 위로 이동시킨다.
- 객체 아래로(U) : 선택된 객체를 참조 객체로 지정하여 그 아래로 이동시킨다.
- 앞으로(F) : 선택된 객체를 무조건 맨 위로 이동시킨다.
- 뒤로(B) : 선택된 객체를 무조건 맨 아래로 이동시킨다.

나. 그리기 순서 변경 연습하기

다음과 같이 오륜기를 작도해보자. 사용명령은 도넛을 이용한다.

- 도넛의 내부 지름 지정 : 65 키인 후 [Enter]를 클릭한다.
- 도넛의 외부 지름 지정 : 80 키인 후 [Enter]를 클릭한다.
- Copy 키인 후 [Enter]를 클릭한다.

※ 직교모드에서 좌표를 이용하거나 상대좌표(@X, Y)와 From을 이용한다.

※ Properties [단축키: PR] 명령이나 리본의 특성 또는 특성 도구 모음의 색상란을 사용하여 오륜기 색상(파랑, 노랑, 검정, 초록, 빨강)으로 변경한다.

☞ 맨 앞으로 변경하기

- 명령어 [Draworder]를 키인 후 [Enter]를 클릭한다.
- 객체선택 : ①, ②, ③번을 선택한다.
- 객체선택 : [Enter]를 클릭한다.
- 객체순서 옵션 입력 [객체 위로(A)/객체 아래로(U)/앞으로(F)/뒤로(B)] 〈뒤로(B)〉 : F [Enter]

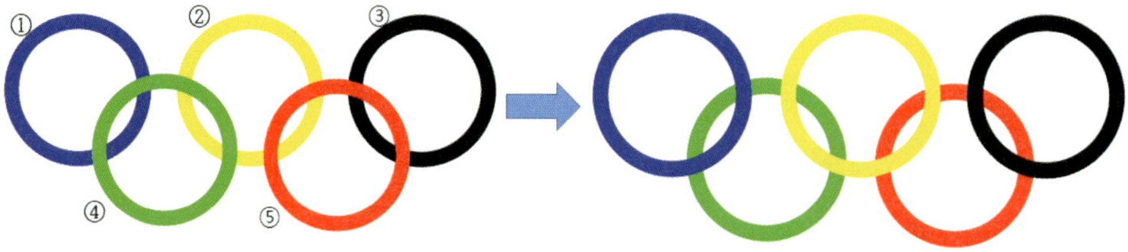

☞ ④번을 ②번 위로 변경하고 ③번을 ⑤번 아래로 변경하기
- 명령어 [Draworder]를 키인 후 [Enter]를 클릭한다.
- 객체선택 : ④번을 선택
- 객체선택: [Enter]를 클릭한다.
- 객체순서 옵션 입력 [객체 위로(A)/객체 아래로(U)/앞으로(F)/뒤로(B)] 〈뒤로(B)〉 : A [Enter]
- 참조객체 선택 : ②번을 선택한다.
- 참고객체 선택 : [Enter]를 클릭한다.
- 명령 : [Enter]를 클릭한다.
- 객체선택 : ③번을 선택
- 객체선택: [Enter]를 클릭한다.
- 객체순서 옵션 입력 [객체 위로(A)/객체 아래로(U)/앞으로(F)/뒤로(B)] 〈뒤로(B)〉 : U [Enter]
- 참조객체 선택 : ⑤번을 선택한다.
- 참고객체 선택 : [Enter]를 클릭한다.
- 명령 : [Enter]를 클릭한다.

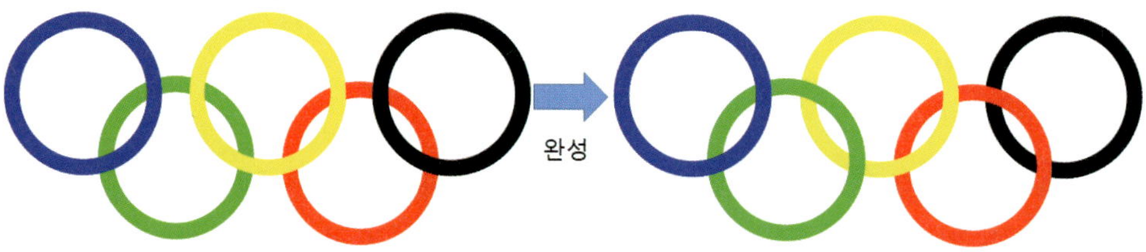

7.3 블록(Block)

객체를 자주 사용한다고 할 때 작업할 때마다 객체를 작성하면 매우 힘이 들 것이다. 이럴 때 자주 사용하는 객체를 단일 객체인 블록으로 저장한 후, 객체가 필요할 때마다 삽입한다면 도면을 작성하는데 상당히 도움이 될 것이다. 한편 [Block] 명령어는 객체를 현재 도면에서만 단일 객체로 임시 저장하는 기능도 있다. 이런 이유로 이전 도면에서 작업하다가 작업을 종료한 후, 다시 새로운 도면을 불러왔을 때, 이전 도면에서 임시 저장한 블록을 새로운 도면으로

삽입할 수 없다.

블록 명령은 여러 가지 객체를 묶어서 하나의 객체로 정의하여 현재 도면을 저장한다. AutoCAD에서는 삽입메뉴를 이용하여 블록 및 외부참조 기능을 이용할 수 있다. 이를 통해서 복잡한 도면 관리 및 파일 크기에 대한 용량 줄이기 등 작업을 보다 더 효율적으로 할 수 있다. 그러므로 이렇게 편리한 객체를 블록으로 지정, 블록 삽입하는 명령어 및 외부도면 참조명령을 알아보겠다.

7.3.1 블록 만들기 명령

블록이란 하나 이상의 객체를 그룹화하여 단일 객체로 변환시키는 기능이다. 블록은 여러 개의 객체가 모여 제작되지만 도면에 삽입될 때는 하나의 객체로 인식된다. 똑같은 객체를 도면에 여러 개 사용해야 할 경우 블록을 활용하면 용량을 줄일 수 있는데 예를 들어 ①이라는 블록을 도면에 여러 개 삽입할 경우 삽입한 ① 블록들은 하나의 객체로 인식되므로 그 중 하나만 수정하고 저장하면 나머지 블록들도 수정된 내용으로 동일하게 반영/변경된다.

블록(Block)을 만들고 저장하는 방법을 알아보자. 블록을 만들기 위해서는 다음의 3가지 방법 중 택일하여 실행시킬 수 있다. ① 명령어 [block]를 키인하고 [Enter]를 클릭한다. ② 메뉴 〉 그리기 〉 블록 〉 만들기를 선택해 실행하기 ③ 홈 〉 블록패널 〉 작성을 선택해 실행하기 중 사용자가 편리한 방법을 사용하면 된다.

블록명령을 실행하려면 Block을 키인하거나 단축키 B를 입력해도 블록을 작성할 수 있다. 블록 설정 후 여러 객체가 하나의 그룹이 되며, 삽입(Insert) 명령을 이용하여 사용할 수 있다. 블록명령의 서브메뉴들을 블록 정의 대화창은 다음과 같으며 화면 선택점, 객체선택, 블럭단위, 블록분해 등의 명령을 선택하여 실행할 수 있다.

☞ **블록 정의 대화 상자**

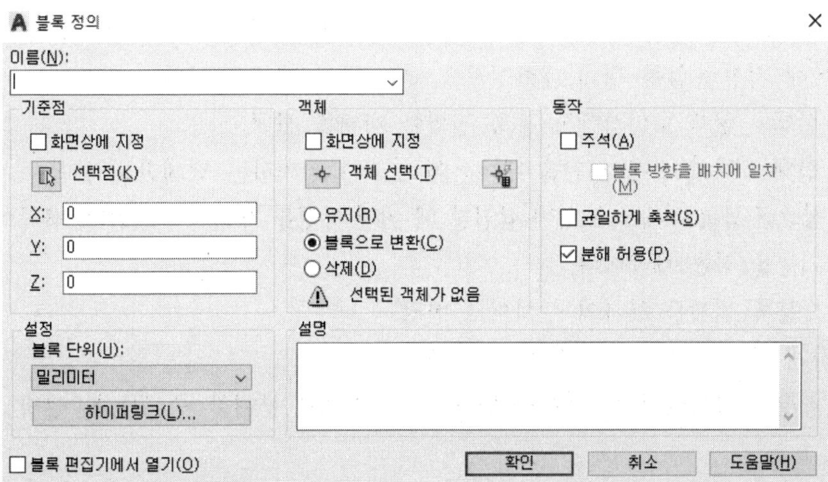

- 이름 : 블록의 이름을 문자, 숫자, 공백 또는 특수문자를 포함하여 입력할 수 있다. 작성할 블록의 이름을 입력한다. 이름은 최대 255자를 포함할 수 있으며, 문자, 숫자, 공백 그리고 운영 체제 또는 이 프로그램에서 다른 목적으로 사용하지 않는 특수 문자를 포함할 수 있다. 블록 이름 및 정의는 현재 도면에 저장된다.

- 기준점 : 블록의 삽입 기준점 좌표를 직접 입력하거나 아래 두 가지 방법으로 도면상에서 선택할 수 있다.

· 화면상에 지정 - 대화상자가 닫히면 기준점을 지정하라는 프롬프트가 표시된다.

· (선택점) - 삽입 기준점을 현재 도면에 지정할 수 있도록 대화상자를 임시로 닫는다.

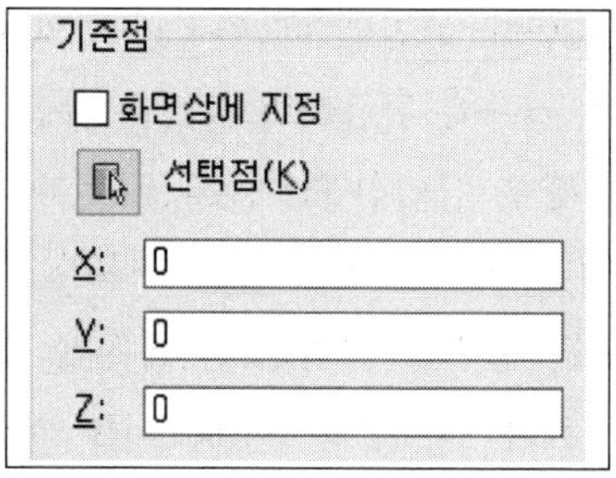

① X : X 좌표값을 지정한다.

② Y : Y 좌표값을 지정한다.

③ Z : Z 좌표값을 지정한다.

1) 기준점은 블록의 삽입점이다. 삽입점은 블록이 삽입될 때 설계자의 참조점이 된다.

2) 기본값 0, 0, 0(원점)이다.

- 객체 : 블록에 포함시킬 객체를 아래 세 가지 방법으로 도면상에서 선택할 수 있으며 또한 원본 객체를 유지할지 아니면 삭제나 블록으로 대치할 것인지를 지정해야 한다.

· 화면상에 지정 : 블록 정의 대화상자를 닫고 나서 객체를 선택

· 객체 선택 : 현재 도면상에서 블록 정의할 객체를 선택

· 신속 선택 : 객체 선택 조건을 부여하여 조건과 일치하는 객체만을 선택

- 동작 : 정의된 블록 객체를 도면에 삽입할 때 어떤 특성을 가질지 지정한다. 블록의 동작을 지정하는 기능을 하는 메뉴이다.

· 주석 : 블록 객체를 하나의 주석으로 변경

· 균일하게 축척 : 블록의 크기를 1:1로 고정

· 분해 허용 : 삽입한 블록 객체를 Explode 명령으로 분해할 수 있도록 설정

☞ 객체 : 블록에 포함될 엔티티들을 선택하기 위한 영역이다. 블록을 만든 이후에 엔티티들을 어떻게 처리해야 하는가에 관한 세 개의 설정이 있다.

· 화면상에 지정 – 대화상자가 닫히면 객체를 지정하라는 프롬프트가 표시된다.

· (객체 선택) - 블록에 사용할 객체를 선택하는 종안 블록 정의 대화상자를 임시적으로 닫는다.

· (신속 선택) - 신속 선택 대화상자를 표시하여 선택 세트를 정의한다.

· 유지 – 블록을 작성한 후 선택된 객체를 도면내의 별개의 객체로 유지한다.

· 블록으로 변환 – 도면에서 블록을 작성한 후 선택된 객체를 블록 복제로 변환한다.

· 삭제- 블록을 작성한 후 선택된 객체를 도면에서 삭제한다.

- 설명 : 블록에 대한 간단한 문자를 설명할 때 이를 입력하는 데 사용한다.

다음의 내부 블록 만들기 따라하기를 실습하여 블록 정의 명령을 이해해 봅시다. 객체 선택 후 마우스 3번 버튼을 클릭하거나 Enter 키를 클릭하면 블록정의 대화창이 나타난다.

가. 명령어 B를 이용하여 다음의 객체를 블록으로 만드는 것 따라하기 – 내부 블록 만들기

① [Limits] 명령어로 도면 한계를 지정하고 지정한 도면 한계를 도면에 적용하기 위해서 [Zoom] 명령어를 입력한다.

- 명령어 [Limits] 키인 후 [Enter]를 클릭한다.
- 모형 공간 한계 재설정 : 왼쪽 아래 구석 지정 또는 [켜기(On)/끄기(Off)] 〈0.0000, 0.0000〉 : 0,0 [Enter]를 클릭한다.
- 작업도면의 '왼쪽-아래쪽'에 0,0을 입력한다.
- 오른 쪽 위 구석 지정 또는 [켜기(On)/끄기(Off)] 〈12.0000, 9.0000〉 : 420, 297 [Enter]를 클릭한다.
- 작업도면의 '오른쪽-위쪽'에 420, 297을 입력한다.
- 명령어 [Zoom]을 키인 후 [Enter]를 클릭한다.
- 윈도우 구석 지정, 축척비율 (nX 또는 nXP) 입력 또는 [전체(A)/중심(C)/동적(D)/범위(E)/이전(P)/축척(S)/윈도우(W)/객체(O)] 〈실시간〉 : A 키인 후 [Enter]를 클릭한다.
- 모형 재생성 중
- [Limits] 명령어에 의해서 지정한 도면 한계를 화면에 적용하기 위하여 [Zoom] 명령어의 [전체]옵션을 입력한다.

② [Polygon] 명령어를 입력하여 거친 다듬질 기호를 작성한다.

- 명령어 [Polygon] 키인 후 [Enter]를 클릭한다.
- 면의 수 입력 〈4〉 : 3 키인 후 [Enter]를 클릭한다.

- 삼각형을 작성하기 위해서 '3'을 입력한다.
- 폴리곤의 중심중 지정 또는 [모서리(E)] : E 키인 후 [Enter]를 클릭한다.
- 모서리의 첫 번째 끝점 지정 : 180, 170 키인 후 [Enter]를 클릭한다.
- 모서리의 두 번째 끝점 지정 : 60, 170 키인 후 [Enter]를 클릭한다.

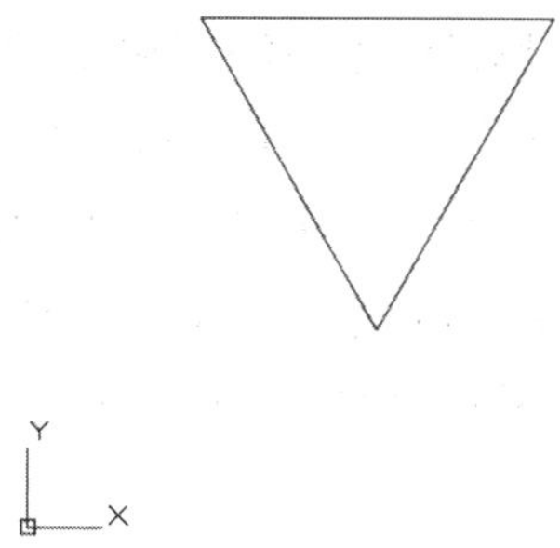

③ [Block] 명령어를 입력하면 [블록 정의] 대화상자가 나타나고 [이름] 창에 'B-1'을 입력한 후, [기준점]의 [선택점]()을 클릭한다.

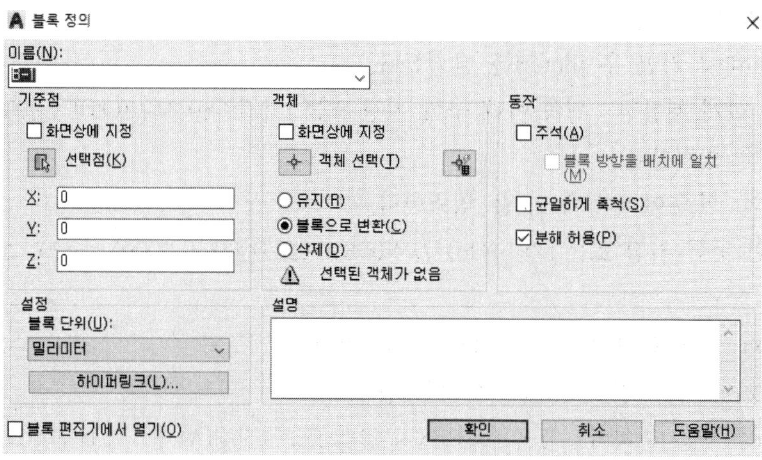

④ 미리 그려 놓은 거친 다듬질 기호의 삽입 기준점에 'P1'을 클릭한다.

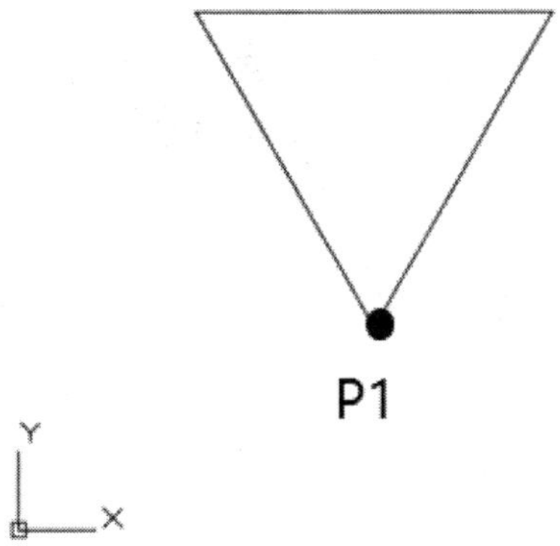

⑤ [블록 정의] 대화상자가 나타나면 객체를 블록으로 지정하기 위해서 [객체]의 [객체 선택] (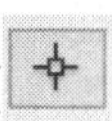)을 클릭한다.

⑥ 객체를 블록으로 지정하기 위해서 삼각형 객체를 클릭한다.
- 객체 선택 : 삼각형 선택 클릭 ← 1개를 찾음
- 객체를 블록으로 지정하기 위하여 삼각형 객체를 선택한다.
- 객체선택 : [Enter]를 클릭한다.

⑦ [블록 정의] 대화상자가 나타나면 [확인]을 클릭한다.
⑧ 거친 다듬질 기호가 'b-1'이라는 이름의 블록으로 임시 저장되었다.
⑨ [Copy] 명령어를 입력하여 복사할 객체를 지정한다.
- 명령어 [Copy] 키인 후 [Enter]를 클릭한다.
- 객체선택 : 삼각형 다듬질 기호인 객체를 클릭 선택한다.
- [Enter]를 클릭한다.

⑩ 객체의 복사 기본점과 객체를 이동시킬 지점을 차례로 지정한다.
- 현재 설정 : 복사 모드 = 다중(M)
- 기본점 지정 또는 [변위(D)/모드(O)] 〈변위〉 : P1 클릭
- 객체의 복사 기본점에 'P1'을 클릭한다.
- 두 번째 지정 또는 [배열(A)] 〈첫 번째 점을 변위로 사용〉 : P2 클릭
- 객체를 이동시킬 지점에 'P2'를 클릭한다.
- 두 번째 지정 또는 [배열(A)/종료(E)/명령 취소(U)] 〈종료〉 : [Enter]를 클릭한다.

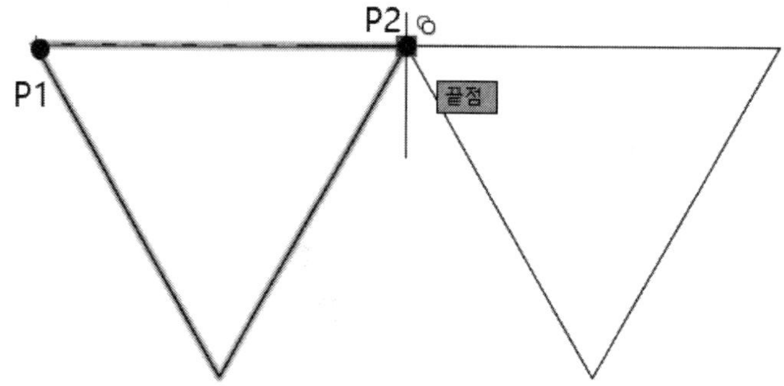

⑪ 중 다듬질 기호가 완성되었다.

⑫ [Block] 명령어를 입력하면 [블록정의] 대화상자가 나타나고 [이름] 창에 'B-2'를 입력하고 [기준점]의 [선택점]을 클릭한다.

- 명령 : Block
- [Block] 명령어를 입력하여 [블록 정의] 대화 상자가 나타나면 [이름] 창에 'b-2'를 입력한 후, [기준점]의 [선택점]을 클릭한다.

⑬ 미리 그려 놓은 다듬질 기호의 삽입기준점에 'P1'을 클릭한다.

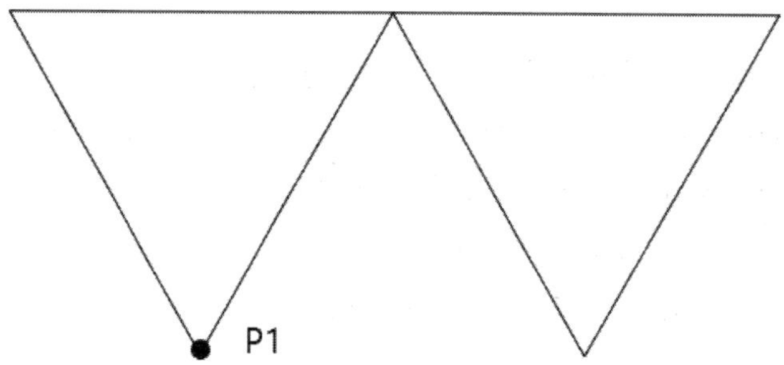

⑭ [블록 정의] 대화상자가 나타나면 객체를 블록으로 지정하기 위해서 [객체]의 [객체선택]을 클릭한다.

⑮ 객체를 블록으로 지정하기 위해서 'P1'과 'P2'를 클릭한다.

- 객체선택 : P1 클릭 ← 1개를 찾음
- 객체를 블록으로 지정하기 위해서 'P1'을 클릭한다.
- 객체선택 : P2 클릭 ← 1개를 찾음
- 객체를 블록으로 지정하기 위해서 'P2'을 클릭한다.
- 객체선택 : [Enter]를 클릭한다.

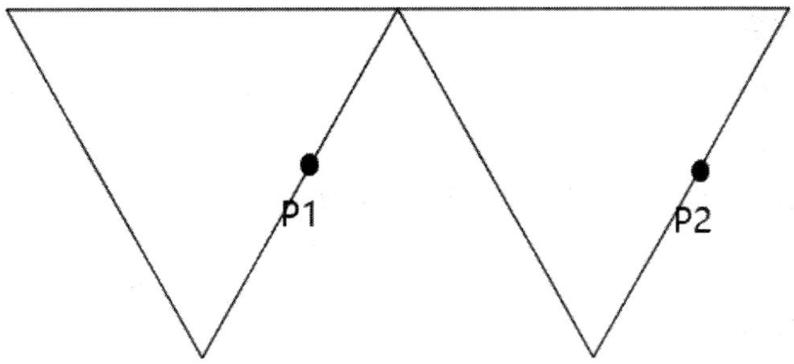

⑯ [블록 정의] 대화상자가 나타나면 [확인]을 클릭한다.
⑰ 중다듬질 기호를 'B-2'라는 이름의 블록으로 임시 저장되었다.
⑱ 작성한 블록을 확인하기 위해서 [Block] 명령어를 입력하여 [블록 정의] 대화상자가 나타나면 [이름] 창의 오른쪽에 있는 화살표( )를 클릭하여 'B-1' 이름의 블록이 임시 저장된 것을 확인할 수 있다.

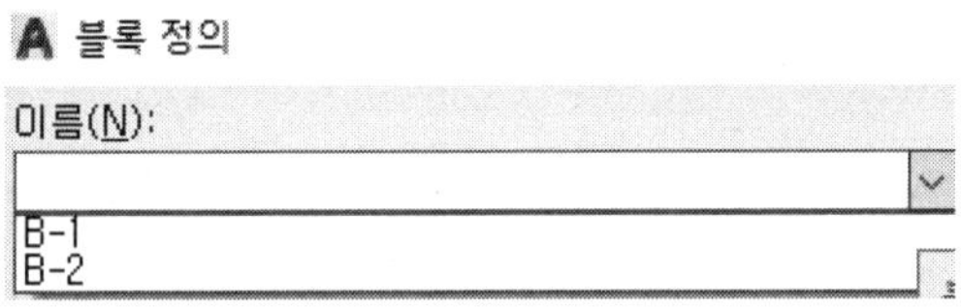

- 블록 명령어를 입력하여 [블록 정의] 대화상자가 나타나면 [이름] 창의 오른쪽에 있는 화살표를 클릭하여 'B-1' 블록이 임시 저장된 것을 확인할 수 있다.

⑲ [이름]창의 오른쪽에 있는 화살표를 클릭하여 'B-2' 이름의 블록이 임시 저장된 것을 확인할 수 있다.

7.3.2 객체를 파일 형태로 영구히 저장하는 [Wblock] 명령어

[Wblock] 명령어는 Block 명령과는 다르게 현재 사용 도면뿐만 아니라 다른 도면 파일 또는 새롭게 작성되고 있는 파일 내에서도 삽입할 수 있도록 블록을 도면 파일로 저장하여 관리가 된다.

[Wblock] 명령어는 객체를 단일 객체인 'DWG' 파일 형태로 저장하는 기능이 있다. 이러한 이유로 현재 도면에서만 임시로 저장하는 [Block] 명령어와는 다르게, 언제 어디서나 파일을 불러와 도면상에 삽입할 수 있다. 따라서 자주 사용하는 블록 같은 경우에는 [Wblock] 명령어에 의해서 블록을 작성한 후, 저장하여 사용하는 것이 편리하다.

가. 명령어 입력방법

- 명령어 : WBlock
- 단축 명령어 : Wb
- 리본 메뉴 : (삽입)탭 → (블록정의) 패널 → 블록 쓰기

나. 명령어 사용방법

- 명령어 : Wblock
- [Wblock] 명령어를 입력하면 [블록쓰기] 대화상자가 나타나고 '저장할 객체의 선택방법', '블록의 삽입 기준점], '블록으로 작성할 객체선택', '블록으로 저장할 객체의 이름과 폴더의 경로 지정', '블록을 삽입할 때 단위' 등을 지정한 후, [확인]을 클릭한다.

다. 옵션 설명

- [Wblock] 명령어를 입력하면 [블록 쓰기] 대화상자가 나타나고 다음과 같은 옵션을 설정할 수 있다.

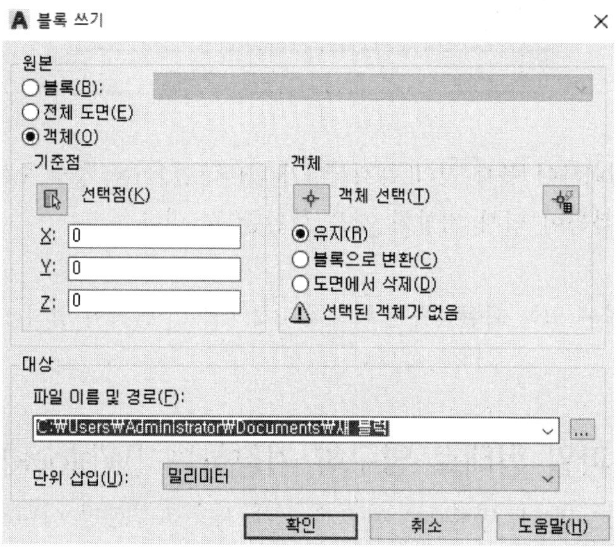

① 원본 : 블록 파일로 지정하는 방법을 결정한다.
- 블록 : [Block] 명령어에 의해서 임시로 저장한 블록을 불러와 'DWG 파일'로 저정한다.
- 전체 도면 : 현재 화면상의 도면 전체를 'DWG 파일'로 저정한다.
- 객체 : 현재 화면상의 객체를 선택하여 'DWG 파일'로 저정한다.

② 기준점 : 블록의 삽입 기준점을 지정한다.
- 선택점 : 화면상에 직접 블록 삽입 기준점을 지정한다.

- X/Y/Z : 'X/Y/Z'의 좌표값 입력창에 직접 좌표값을 입력하여 블록 삽입 기준점을 지정한다.

③ 객체 : 블록으로 지정할 객체를 선택한다.

- 객체 선택 : 화면상에서 직접 블록으로 지정할 객체를 선택한다.
- 신속 선택 : [신속 선택] 대화상자가 나타나면 원하는 선택조건을 지정한 후, 블록으로 지정할 객체를 선택한다.
- 유지 : 화면상의 객체는 그대로 두고 하나의 블록이 저장된다.
- 블록으로 변환 : 객체가 블록으로 저장되고 그려져 있던 객체도 블록으로 변환된다.
- 도면에서 삭제 : 객체가 블록으로 저장되면서 그려져 있던 객체가 삭제된다.

④ 대상 : 블록을 파일로 저장할 때 파일 이름과 저장 경로를 지정하고 블록을 삽입할 때 단위를 지정한다.

- 파일 이름 및 경로 : 블록을 파일로 저장할 때 파일 이름과 저장 경로를 지정한다.
- 단위 삽입 : 블록을 삽입할 때 사용할 단위를 지정한다.

※ 원본의 대상 선택방법은 다음과 같다.

- 블록 : 현재 도면에 Block 명령으로 정의된 블록 이름이 오른쪽 리스트에 표시되며 거기에서 선택한 이름의 블록을 파일로 저장한다.
- 전체도면 : 현재 도면의 모든 객체를 파일로 저장한다. 저장의 '다른 이름으로 저장'과 같다.
- 객체 : 현재 도면에서 Wblock으로 저장할 객체를 선택할 수 있도록 아래의 '기준점'과 '객체' 항목이 활성화된다.

7.3.3 블록 삽입(Insert) 명령

[Insert] 명령어는 [Block] 명령어 또는 [Wblock] 명령어에 의해서 작성한 블록을 도면에 삽입할 수 있다. Design Center 또는 도구 팔레트에서 제공하는 블록을 삽입할 수도 있다. 현재 작업 중인 도면에 블록을 삽입한다. [찾아보기] 버튼을 클릭하여 삽입하고자 하는 블록 파일을 선택한다. 대화상자 하단의 [분해] 옵션에 체크하여 삽입하면 블록 속성이 아닌 일반 객체로 인식되니 착오 없기 바란다. 다음의 3가지 방법 중 택일하여 실행시킬 수 있다.

① [Insert] 명령어를 키인 후 [Enter] 클릭

② 메뉴 〉 삽입 〉 블록 선택

③ 홈 〉 블록 〉 삽입점 선택

가. 옵션 설명

[Insert] 명령어를 입력하여 [삽입] 대화상자가 나타나면 다음과 같은 옵션을 설정할 수 있다. 명령을 실행하기 위하여 Insert를 키인하고 Enter키를 클릭한다. 작성할 블록의 이름을 입력한

다. 이전 따라하기 설명에서 만든 삼각형 다듬질기호를 삽입시킬 수 있으며 미리보기로 다음 그림처럼 삼각형 다듬질 기호 모양이 나타난다.

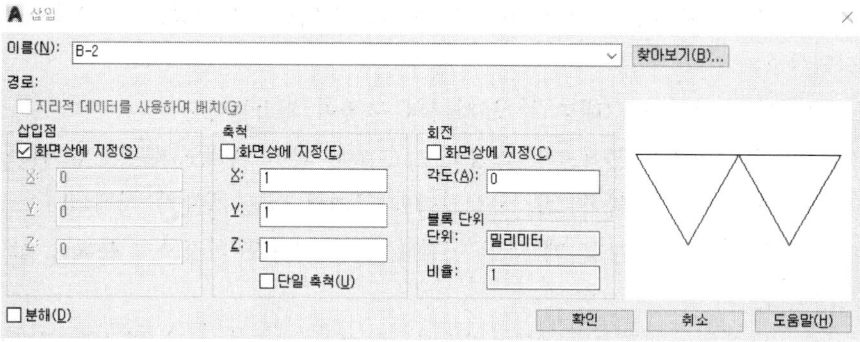

① 이름 : 삽입할 블록의 이름 또는 파일의 이름을 지정한다.

② 경로 : 블록 파일이나 도면 파일의 경로를 지정한다.

③ 삽입점 : 블록의 삽입점을 지정한다.

· 화면상에 지정 : 체크하고 화면상에서 직접 삽입점을 지정한다.

· X/Y/Z: 'X/Y/Z'의 좌표값 입력창에 직접 좌표값을 입력하여 블록 삽입점을 지정한다.

④ 축척 : 삽입할 블록의 축척을 지정한다.

· 화면상에 지정 : 체크하고 화면상에서 직접 삽입점을 지정한다.

· X/Y/Z: 'X/Y/Z'의 좌표값 입력창에 직접 좌표값을 입력하여 블록 삽입점을 지정한다.

· 단일 축척 : 체크하면 'X', 'Y', 'Z'의 좌표값이 동일하게 축척된다.

⑤ 회전 : 삽입할 목록의 회전각도를 지정한다.

· 화면상에 지정 : 체크하고 화면상에서 직접 삽입점을 지정한다.

· 각도 : [삽입] 대화상자에서 회전각도를 지정한다.

⑥ 블록 단위 : 블록 단위와 단위 축척 비율에 대한 정보를 표시한다.

⑦ 분해 : 체크하면 블록의 각 요소가 분해가 되어 삽입되고 단일 축척이 적용된다.

삽입은 현재도면에 정의된 블록을 삽입하거나 dwg, dxf 파일 등을 삽입시키는 명령이다. Insert 이외에도 단축키 I를 이용해 실행시킬 수 있다. 삽입 대화창이 활성화되면 삽입점 지점, 확대, 축소값, 회전, 블록단위, 객체분해 여부 등을 선택할 수 있다. 삽입이 완료되면 현재 도면 용량에 삽입된 도면이 포함된다. 삽입되는 블록단위를 확인하고 도면단위 [Units]에서 수정 가능하다.

나. 블록 삽입명령을 익히기 위한 따라하기 예제

① 다음과 같이 오각형을 작성한다.

- [Line] 키인 후 [Enter]를 클릭한다.

- 첫 번째 점 지정 : 75,75 키인 후 [Enter]를 클릭한다.
- 다음 점 지정 또는 [명령 취소(U)] : @250<0 키인 후 [Enter]를 클릭한다.
- 다음 점 지정 또는 [명령 취소(U)] : @150<90 키인 후 [Enter]를 클릭한다.
- 다음 점 지정 또는 [명령 취소(U)] : @145<210 키인 후 [Enter]를 클릭한다.
- 다음 점 지정 또는 [명령 취소(U)] : @145<150 키인 후 [Enter]를 클릭한다.
- 다음 점 지정 또는 [닫기(C)/명령 취소(U)] : C를 키인 후 [Enter]를 클릭한다.

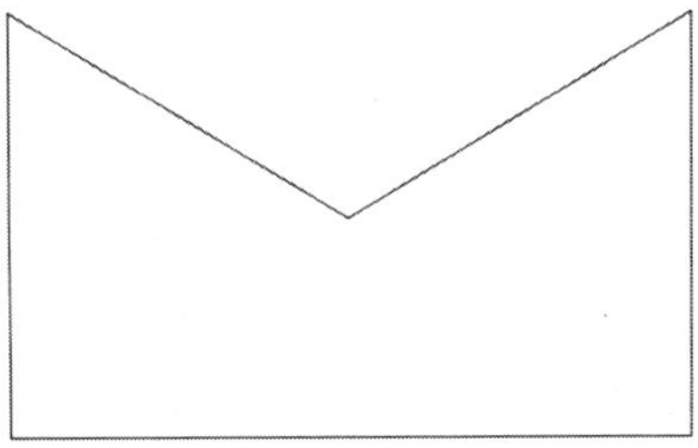

② 이전에 작성한 'B-1' 블록을 삽입하기 위해서 [Insert] 명령어를 입력하면 [삽입] 대화상자가 나타난다. [이름]에 'B-1'을 선택하고 [축척]의 [화면상에 지정] 체크 표시를 제거하여 'X'에 0.2를 입력한 후 [단일 축척]에 체크표시를 한다. 이후, [회전]의 [각도]에 −30을 입력하고 [확인]을 클릭한다.

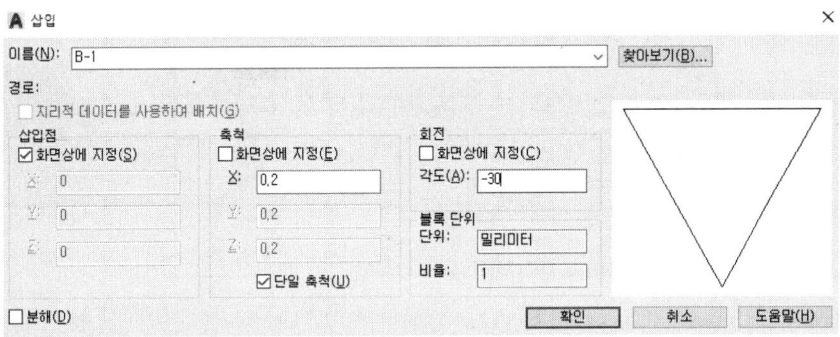

③ 블록 삽입점을 지정하기 위해서 'P1'을 클릭한다.
- 삽입점 지정 또는 [기준점(b)/축척(S)] : P1 클릭
- 블록 삽입점을 지정하기 위해서 'P1'을 클릭한다.

④ 블록 'b-1'이 'P1'에 삽입된다.

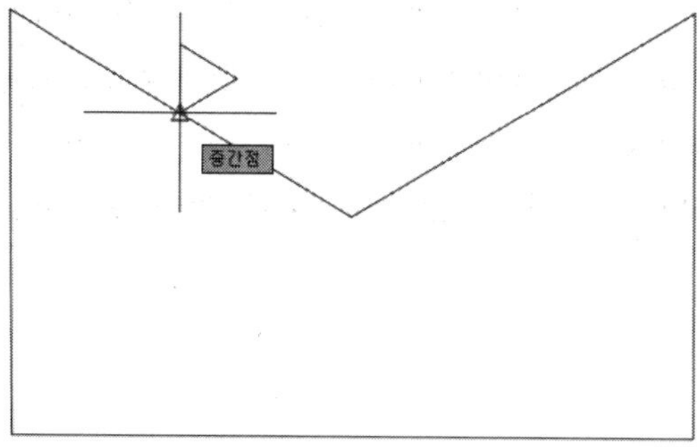

⑤ 이전에 작성한 'B-2' 블록을 삽입하기 위해서 [Insert] 명령어를 입력하면 [삽입] 대화상자가 나타난다. [이름]에 'B-2'를 선택하고 [축척]의 'X'에 0.2를 입력한 후, [회전]의 [각도]에 '30'을 입력하고 [확인]을 클릭한다.

- 명령 : [Insert]를 키인 후 [Enter]를 클릭한다.
- [삽입] 대화상자가 나타나면 [이름]에 'B-2'를 선택하고 [축척]의 'X'에 0.2를 입력한 후, [회전]의 [각도]에 '30'을 입력하고 [확인]을 클릭한다.

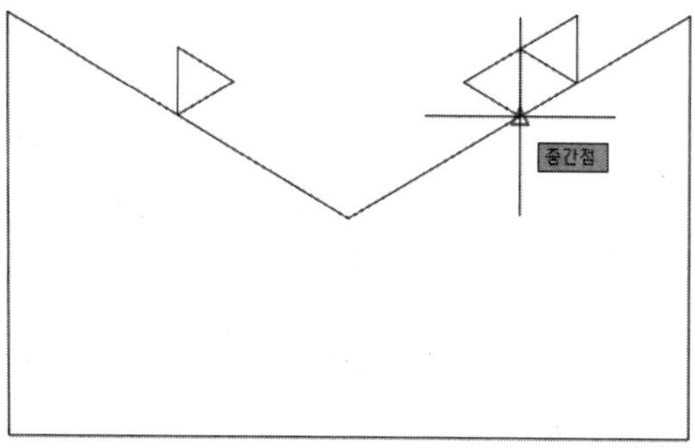

⑥ 블록 'B-2'가 'P1'에 삽입된다.

7.3.4 작성한 블록을 도면에 직사각형 배열로 삽입하는 (Minsert) 명령어

[Minsert] 명령어는 [Block] 명령어 또는 [Wblock] 명령어에 의해서 작성한 블록을 도면에 직사각형 배열로 삽입할 수 있다. 행수, 열수, 행 사이의 단위 셀 또는 거리 및 열 사이의 거리를 지정하여 블록을 직사각형 배열로 삽입할 수 있다.

가. 명령어 입력방법

명령어 [Minsert]를 키인 후 [Enter]를 클릭한다.

나. 명령어 사용방법

- 명령어 [Minsert]를 키인 후 [Enter]를 클릭한다.
- 블록 이름 또는 [?] 입력 〈H-1〉 : H-1 키인 후 [Enter]를 클릭한다.
- 삽입하고자 하는 블록 이름을 입력한다.
- 단위 : 인치 변환 : 1.0000
- 삽입점 지정 또는 [기준점(B)/축척(S)/x/Y/Z/회전(R)]: P1 클릭
- 블록의 삽입점을 지정한다.
- X 축척 비율 입력, 반대구석 지정, 또는 [구석(C)/XYZ(XYZ)] 〈1〉 : 1 키인 후 [Enter]를 클릭한다.
- X 축척 비율을 입력한다.
- Y 축척 비율 입력 〈X 축척 비율 사용〉 : 1 키인 후 [Enter]를 클릭한다.
- Y 축척 비율을 입력한다.
- 회전각도를 입력한다.
- 회전각도 지정 〈0〉 : 0 키인 후 [Enter]를 클릭한다.
- 행수 입력(---) 〈1〉 : 2 키인 후 [Enter]를 클릭한다.
- 삽입할 블록의 행 수를 입력한다.
- 열수 입력 〈1〉 :3 키인 후 [Enter]를 클릭한다.
- 삽입할 블록의 열 수를 입력한다.
- 행 사이의 단위 셀 또는 거리(---) : 120 키인 후 [Enter]를 클릭한다.
- 블록 간 행 사이의 거리를 입력한다.
- 열 사이의 거리를 지정 :120 키인 후 [Enter]를 클릭한다.
- 블록 간 열 사이의 거리를 입력한다.

다. 옵션 설명

- 기준점(B) : 삽입하고자 하는 블록을 이동 시, 임시로 참조 기준점을 지정하는 것으로써 실제 정의한 기준점에는 변화가 없다.
- 축척(S) : X, Y, Z 축의 축척 비율을 동일하게 설정한다.
- X/Y/Z : X, Y, Z 축의 축척 비율을 개별적으로 설정한다.
- 회전(R) : 배열 삽입되는 블록의 전체 삽입 각도를 지정한다.
- 구석(C) : 축척 비율을 마우스로 클릭함으로써 동적으로 지정한다. 블록 삽입점과 반대 구석점을 마우스로 클릭한 두 점 사이의 거리로 축척 비율이 정해진다.

7.3.5 외부 도면 참조 명령(Xref)

[Xref] 명령은 Insert 명령과 역할은 동일하지만, Insert 명령에 비해서 삽입한 도면의 로딩속도를 높일 수 있다는 장점이 있다. 명령어는 Xref이고 단축키는 xr이다. Xref를 키인하면 다음의 대화상자가 활성화된다.

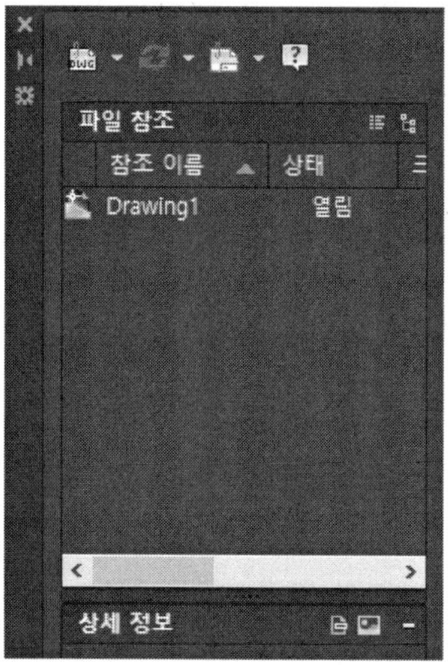

〈외부참조 팔레트〉

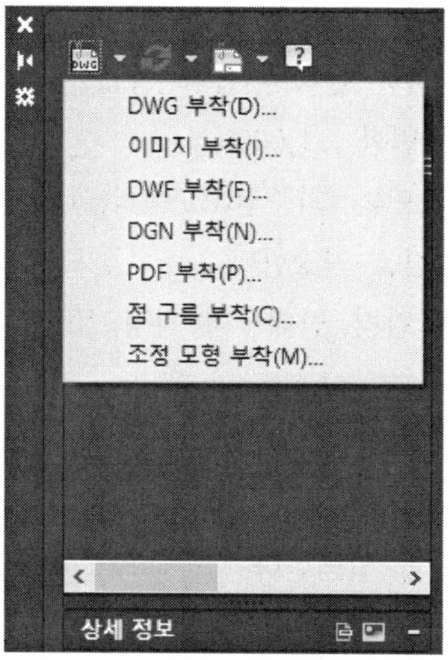

〈외부참조 종류〉

외부도면 참조 명령은 작업도면에 외부도면을 참조시켜 삽입할 수 있으며 현재 도면용량을 많이 차지하지 않는 장점이 있다. 참조도면을 수정하면 작업도면도 수정된 도면으로 업데이트 된다. 여러 사람이 같이 작업하는 프로젝트 수행 시 많이 사용되는 기능이다.

7.3.6 -Block(현재 작업의 블록 저장)

Block 명령은 현재의 도면에서만 사용할 수 있는 블록을 만드는 명령어이다.

- 명령어 : -Block
- 단축키 : -B

☞ **따라해 보아요**

명령어 [-B]를 이용하여 임의의 객체를 블록으로 저장해보자.

- 명령어 [-B] 키인 후 [Enter]를 클릭한다.
- 블록 이름 입력 : 블록의 이름을 입력한다 : block 키인 후 [Enter]를 클릭한다.
- 삽입 기준점 지정 : 물체가 삽입될 때의 기준이 되는 점을 찍는다.
- 객체 선택 : 블록으로 저장할 물체를 선택한 후 [Enter]로 명령을 종료한다.

※ 명령어 [-B]를 이용해 블록을 저장할 경우 저장한 물체는 없어지게 된다. 블록으로 저장한 물체를 그대로 두고 싶을 땐 [OOPS] 명령어를 사용하면 지운 물체가 다시 나타난다.

7.3.7 - Insert(-Block으로 저장된 블록 삽입)

Insert 명령은 -Block으로 저장된 블록을 삽입할 때 사용하는 명령어이다.

- 명령어 : -Insert
- 단축키 : -I

☞ 따라해 보아요.

명령어 [-I]를 이용하여 저장하였던 [Block]을 삽입해보자.

- 명령어 [-I] 키인 후 [Enter]를 클릭한다.
- 블록 이름 입력 : 블록의 이름을 입력한다 : Block 키인 후 [Enter]를 클릭한다.
- 삽입 기준점 지정 [기준점(B)/축척(S)/x/Y/Z/회전(R)]: 작업창의 원하는 위치에 마우스의 왼쪽 버튼을 클릭한다.
- X 축척 비율 입력, 반대 구석 지정 또는 [구석(C)/XYZ(XYZ)] : X 축척 값을 입력한다. [Enter]를 클릭한다.
- Y 축척 비율 입력, 반대 구석 지정 또는 [구석(C)/XYZ(XYZ)] : Y 축척 값을 입력한다. [Enter]를 클릭한다.
- 회전각도 지정 0〉 : 회전 각도를 입력한다. [Enter]를 클릭한다.

※ 명령어 [-I]를 이용해 블록을 삽입할 경우 X 축척 값과 Y 축척 값은 서로 다르게 입력하면 Explode가 되지 않으므로 유의해야 한다.

7.3.8 블록 편집(BEDIT)

한 도면에 같은 이름으로 정의된 블록을 일괄적으로 편집할 때나 블록을 개별로 수정할 때 사용하는 명령어이다. 다음 방법들 중 택일하여 실행한다.

- 명령어 [BEDIT]를 키인 후 [Enter] 클릭
- 단축키 [BE]
- 리본 〉 삽입탭 〉 블록 정의 패널
- 메뉴 〉 도구 〉 블록 편집기

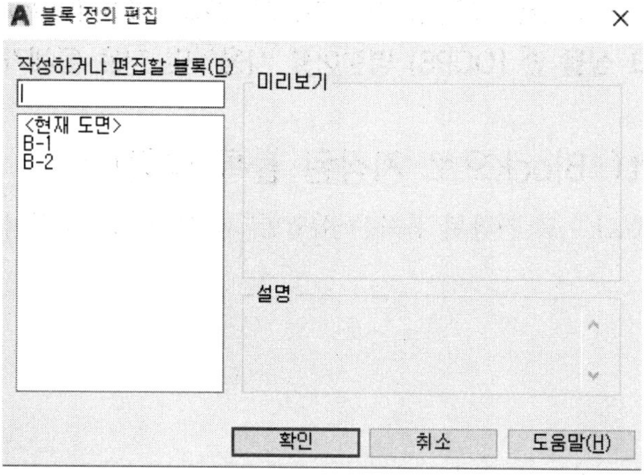
블록 정의 편집
작성하거나 편집할 블록(B)
미리보기
<현재 도면>
B-1
B-2
설명
확인
취소
도움말(H)

7.4 Exercise(도면 그리기)

☞ 새로만들기 → Acad 템플릿을 열어 다음의 도면을 그려보세요.

☞ 도면 7-1

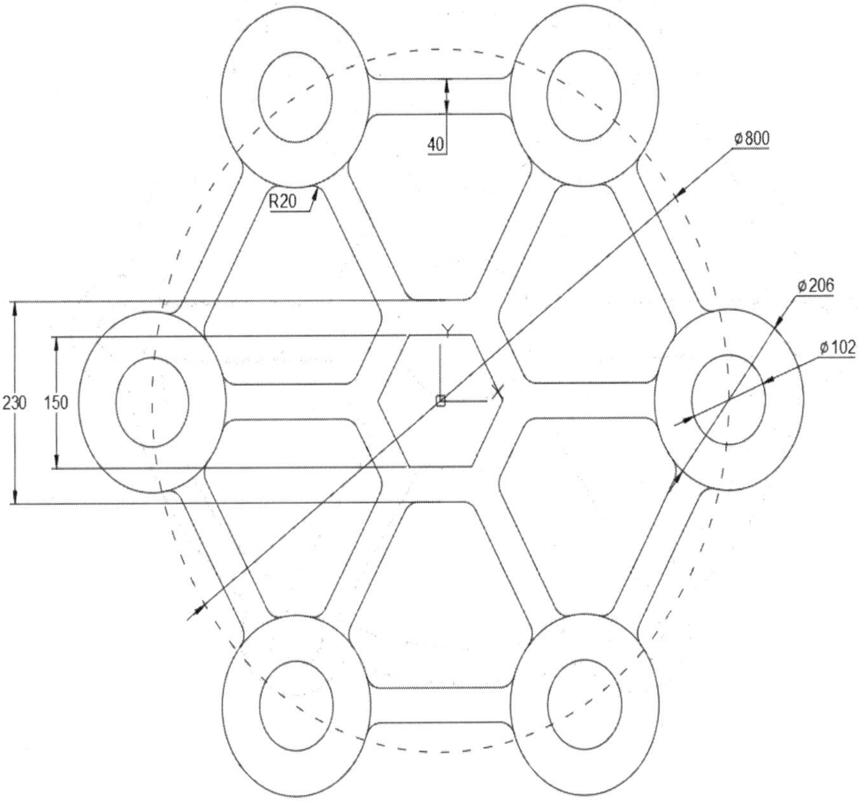

☞ 도면 7-2

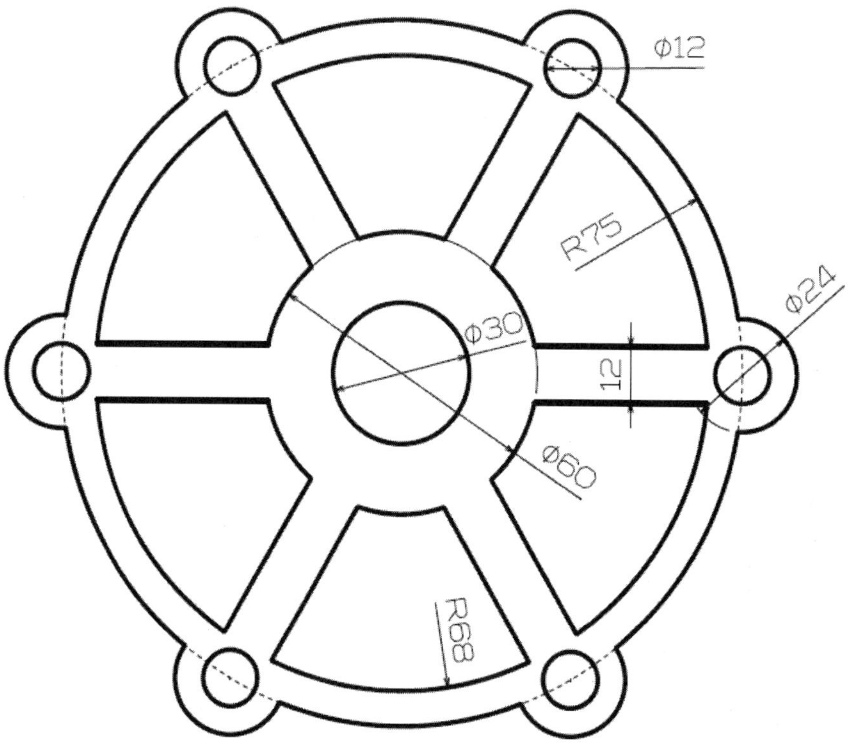

☞ 도면 7-3

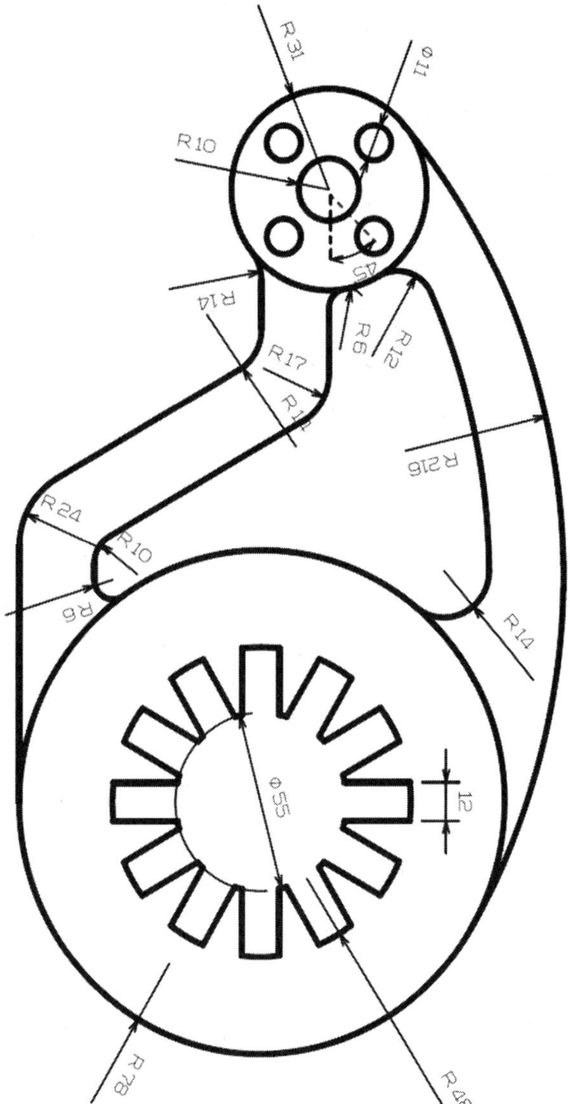
R31
Φ11
R10
45
R14
R6
R12
R17
R11
R216
R24
R10
R6
R14
Φ55
12
R78
R48

☞ **도면 7-4**

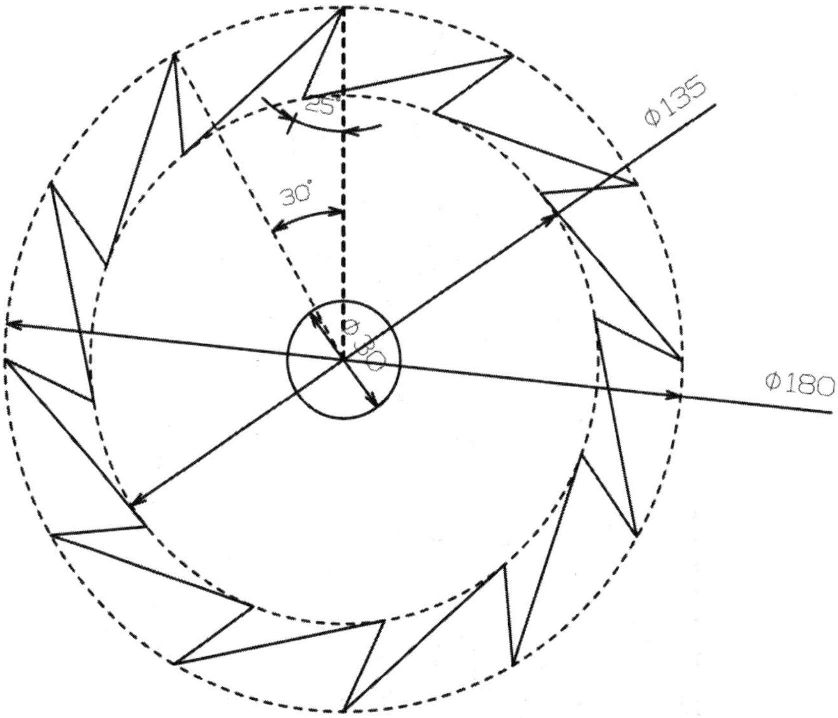

☞ 도면 7-5

먼저 도면 용지를 선택하는데 가로 길이를 594 mm로 세로길이를 420으로 설정 후 도면을 그려본다. 본 도면을 작성하면서 배열을 이용해야 하고 도면층을 이용해 중심선을 다른 색상으로 표현하는 것을 익힐 수 있다.

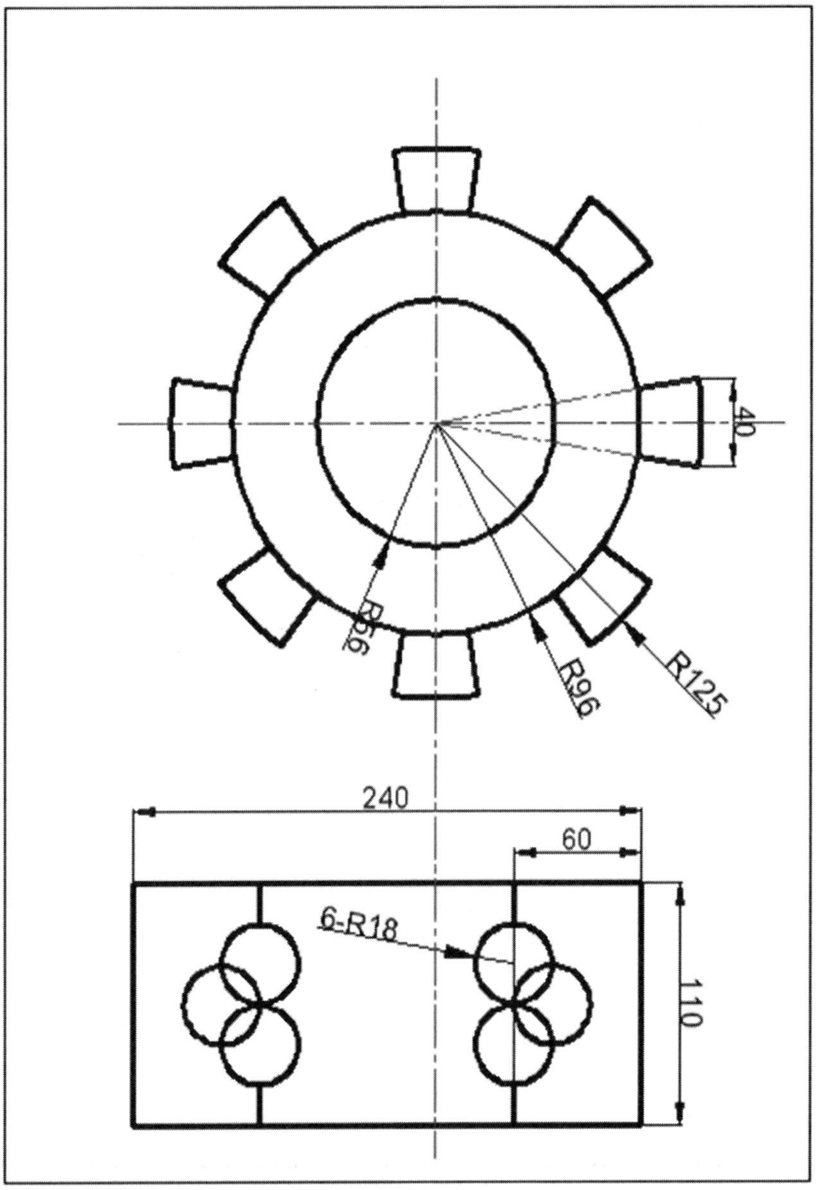

☞ **도면 7-6**

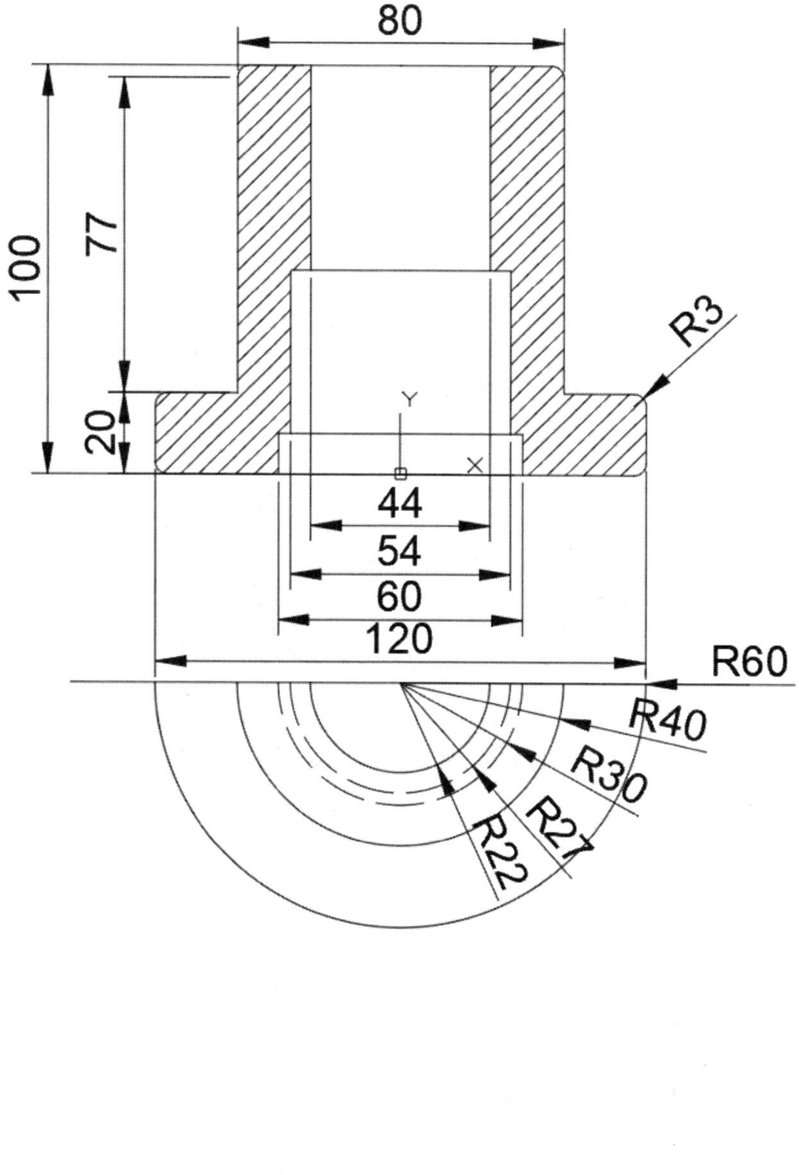

☞ 도면 7-7

먼저 도면 용지를 선택하는데 가로 길이를 594mm, 세로 길이를 420mm으로 설정한 후 도면을 그려본다. 본 도면을 작성하면서 도면층을 이용해 중심선을 다른 색상으로 표현하는 것을 익힐 수 있다.

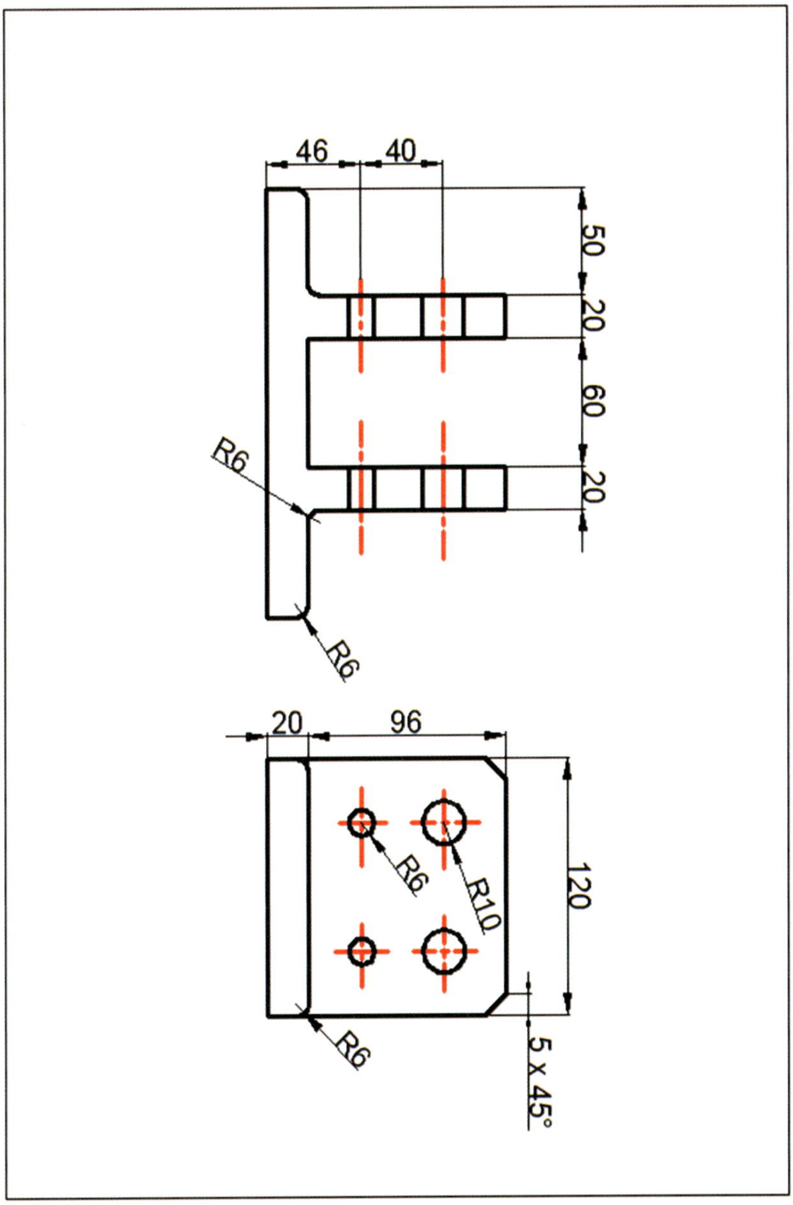

☞ **도면 7-8**

원형 배열을 이용해 본 도면을 작성하면서 배열의 개념을 익힐 수 있다.

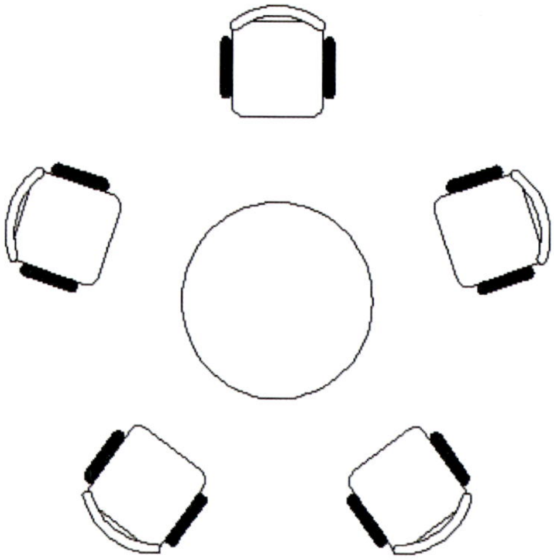

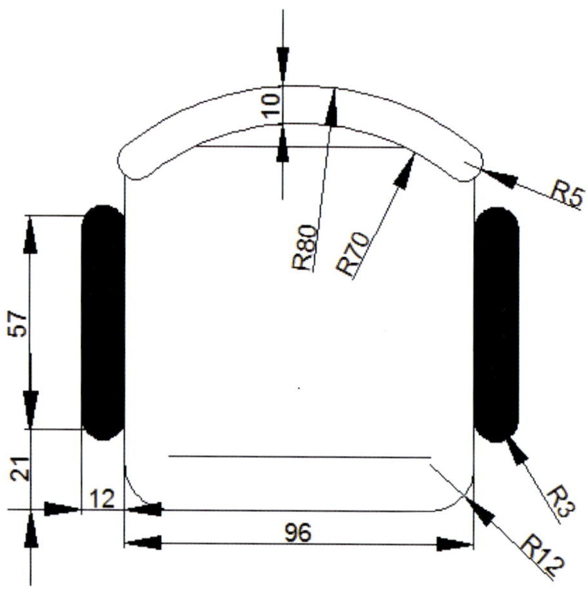

☞ 도면 7-9

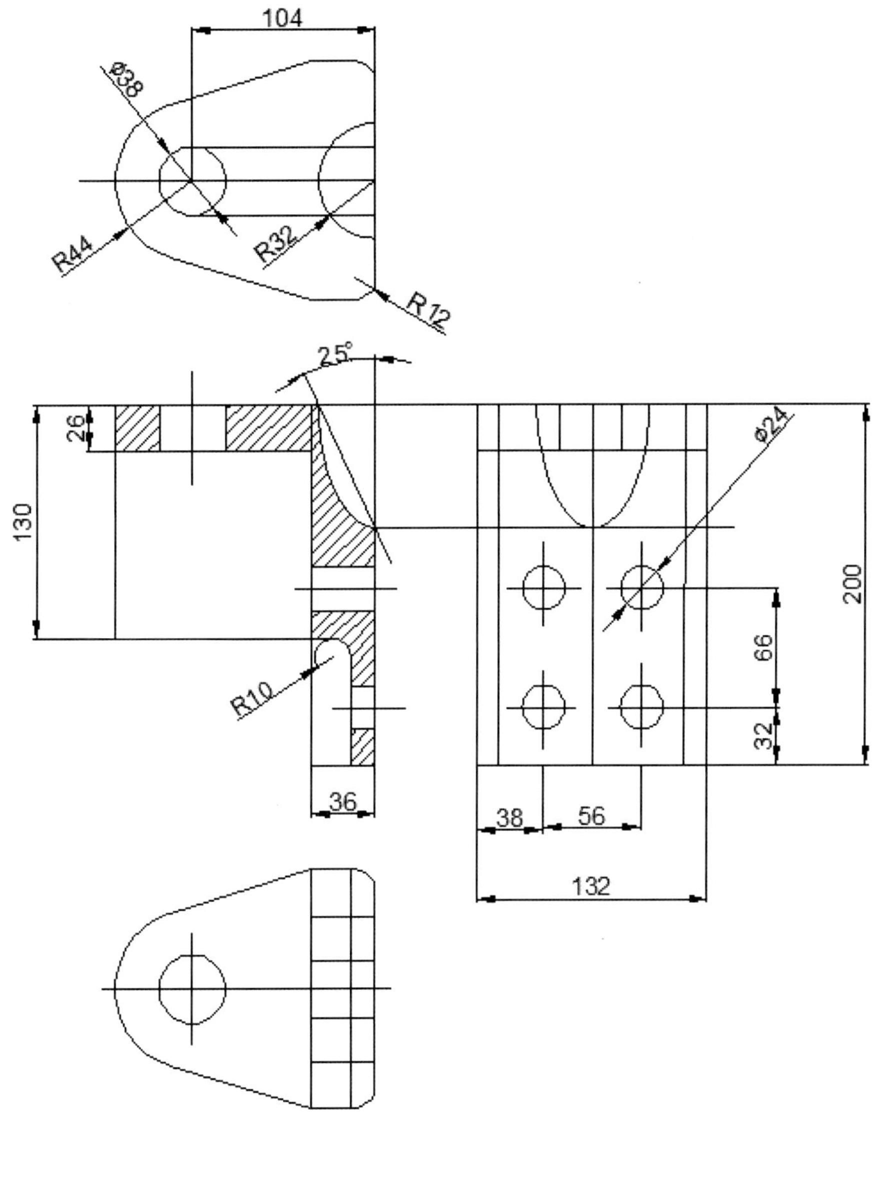

☞ 도면 7-10

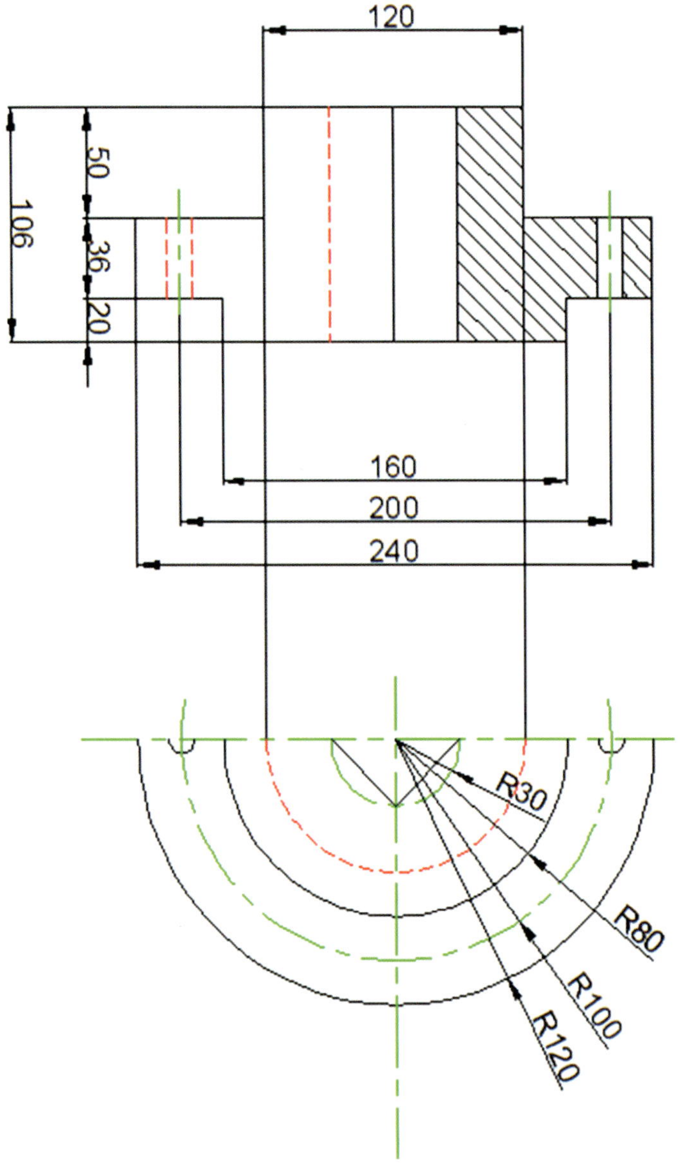

☞ **도면 7-11**

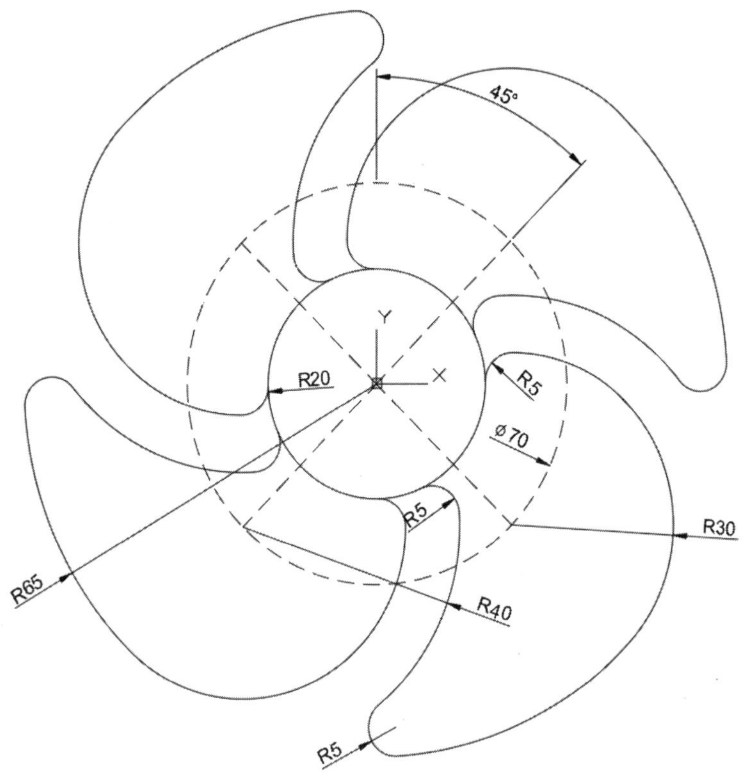

☞ 도면 7-12

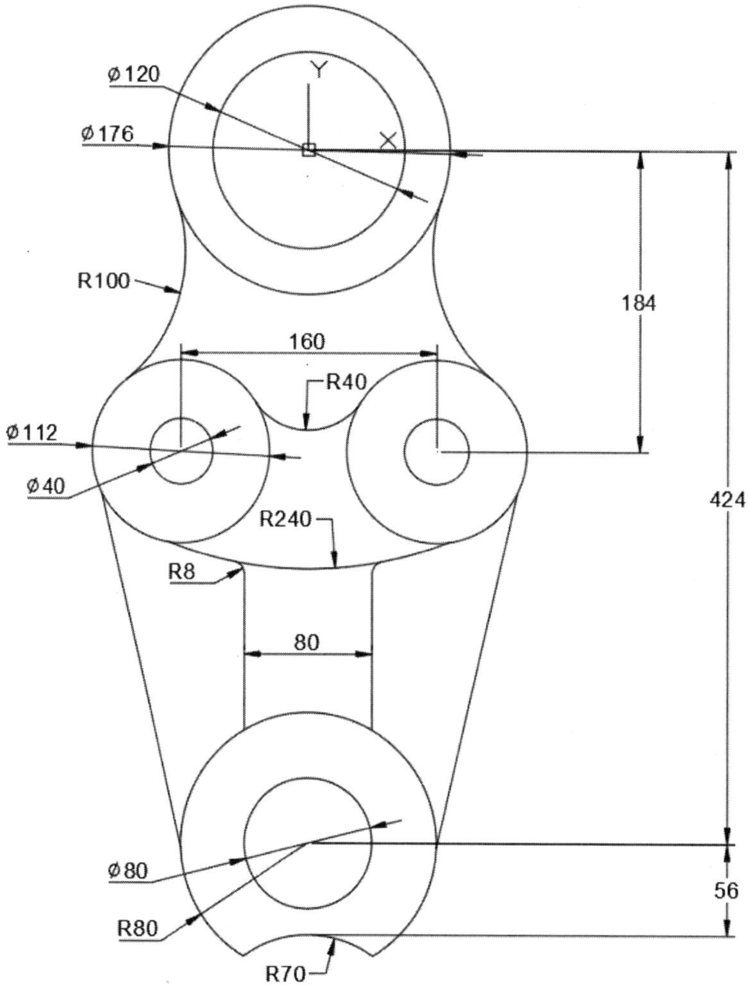

ø120
ø176
Y
X
R100
184
160
R40
ø112
ø40
424
R240
R8
80
ø80
R80
56
R70

☞ **도면 7-13**

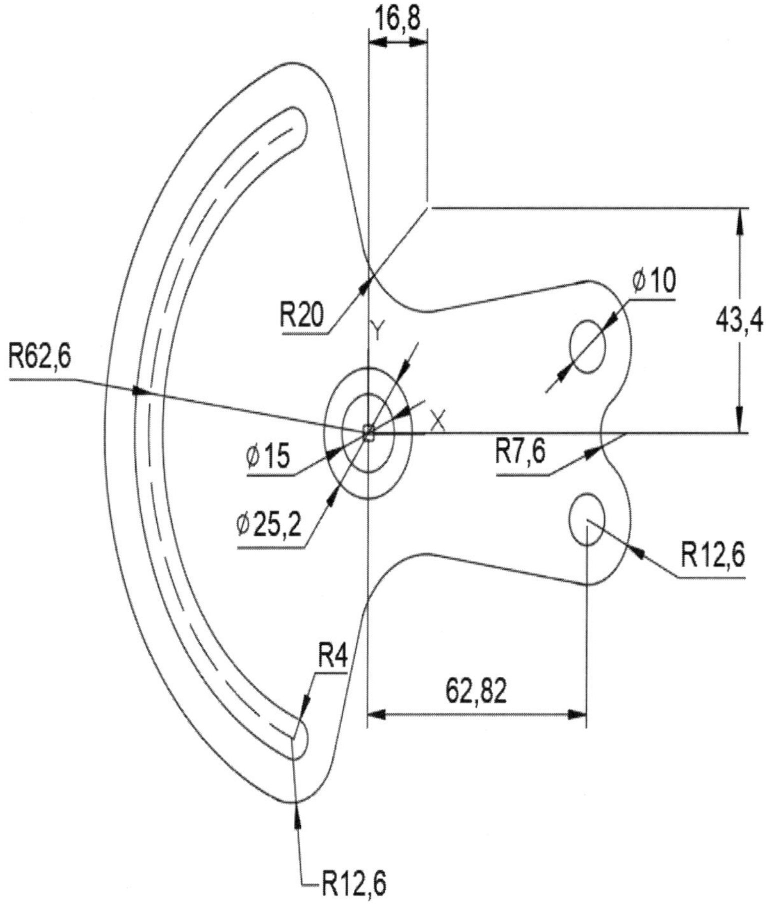

☞ **도면 7-14**

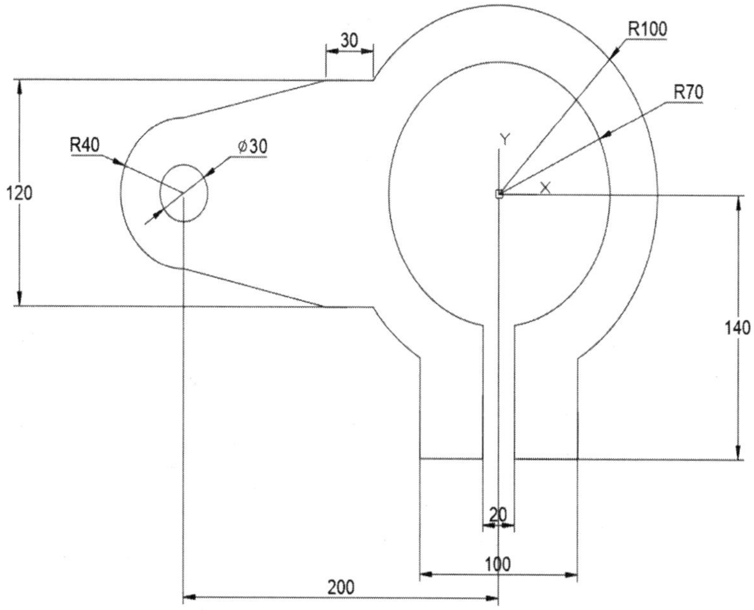

☞ **도면 7-15**

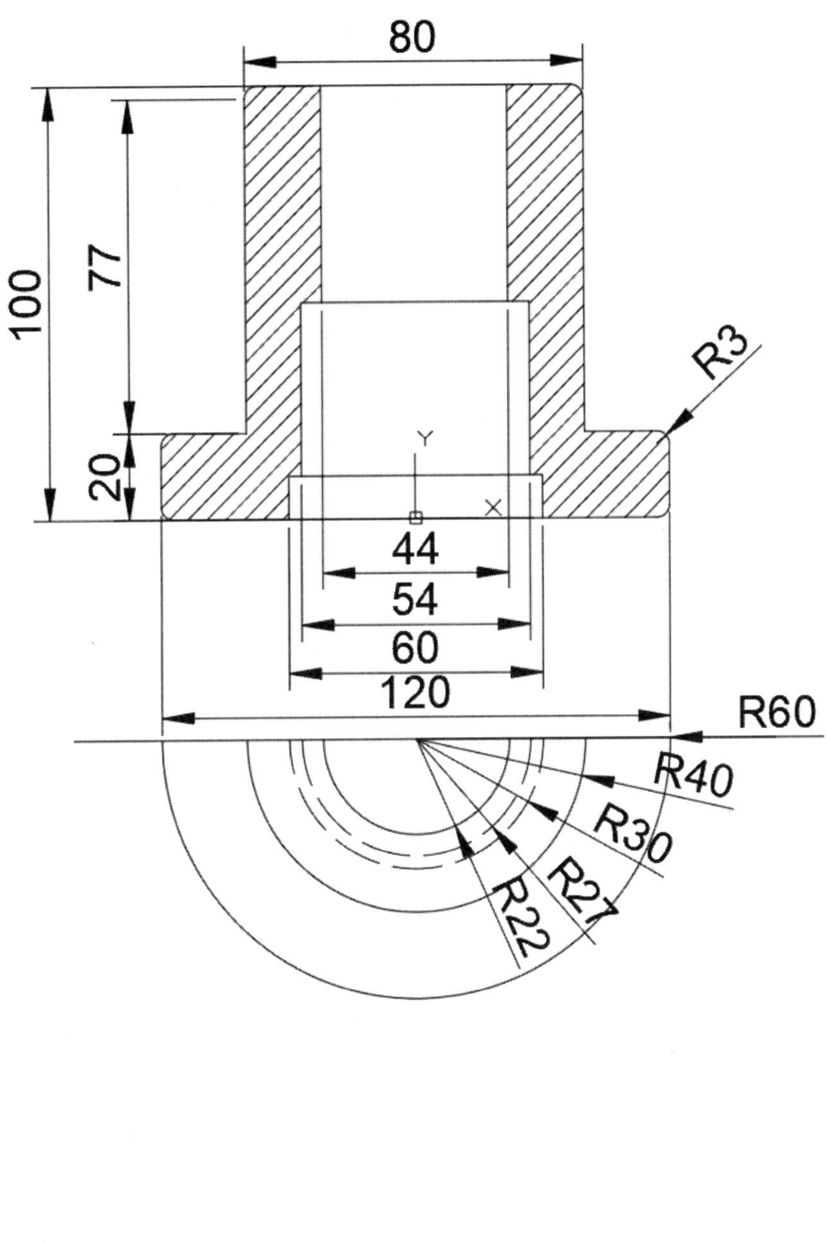

☞ **도면 7-16**

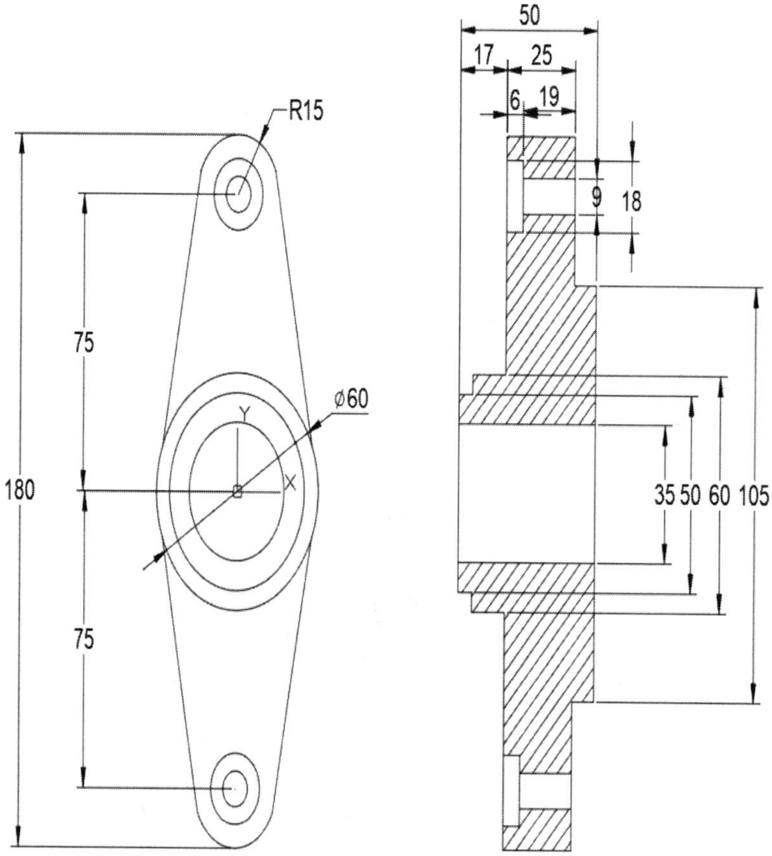

☞ **도면 7-17**

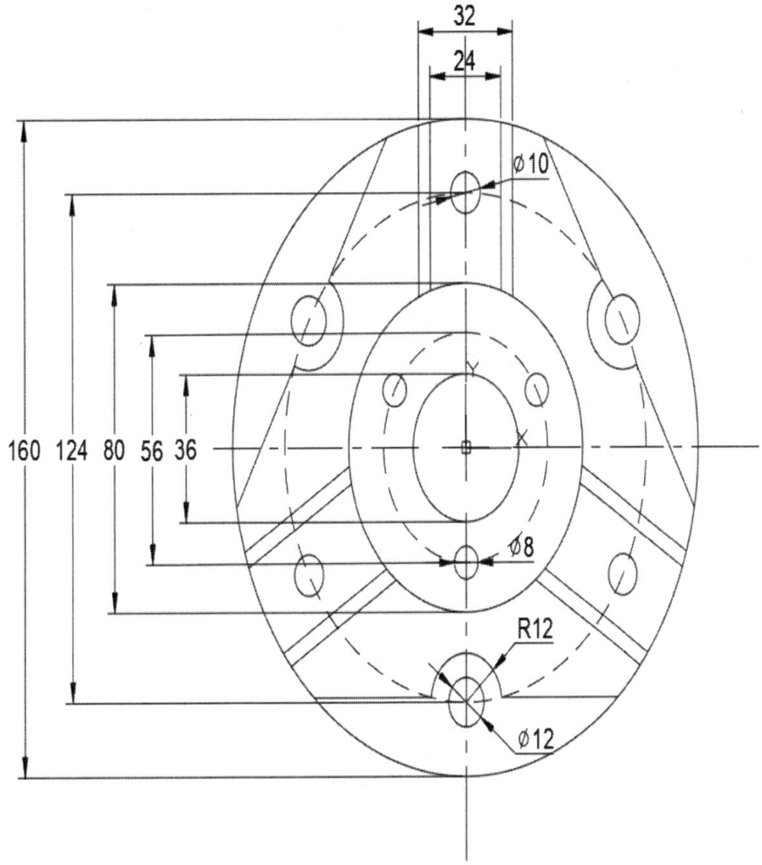

☞ **도면 7-18**

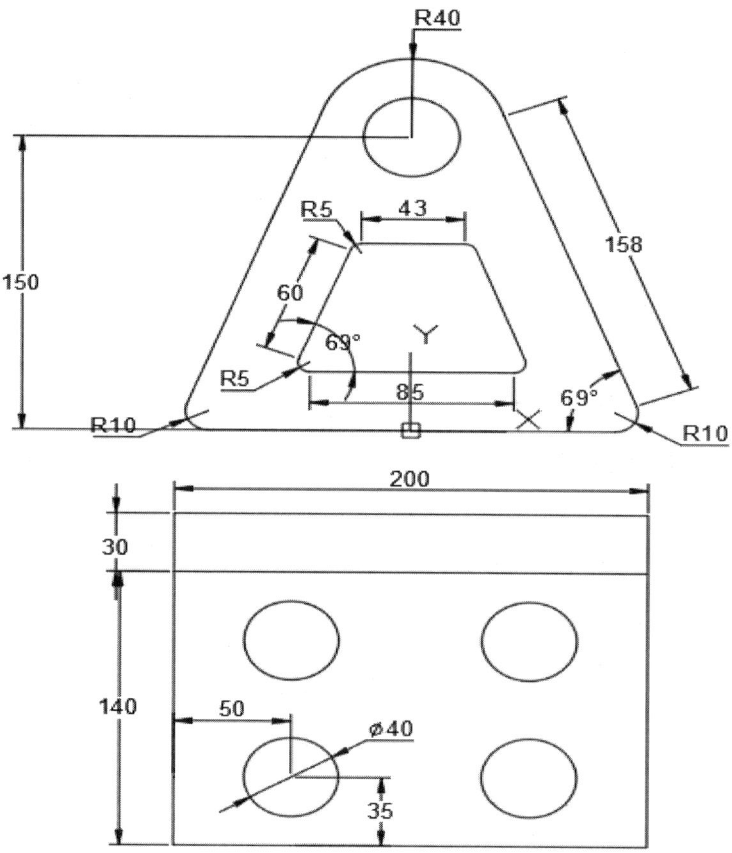

☞ 도면 7-19

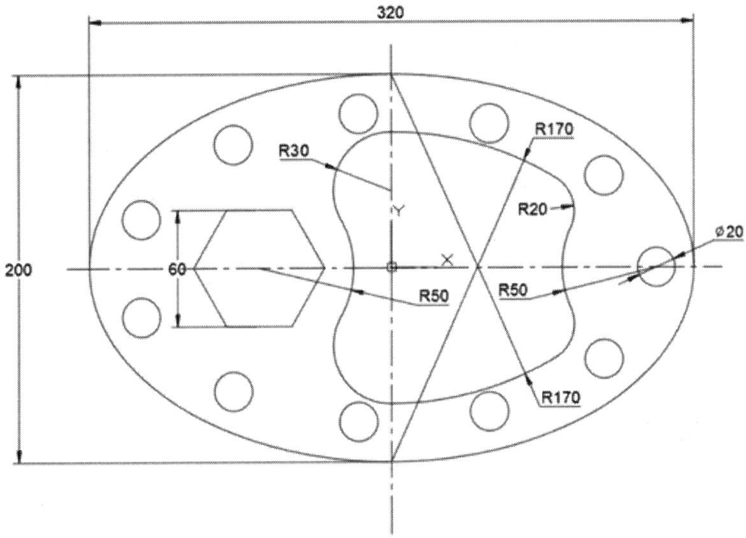

320
200
R30
R170
R20
ø20
60
R50
R50
R170
Y
X

☞ 도면 7-20

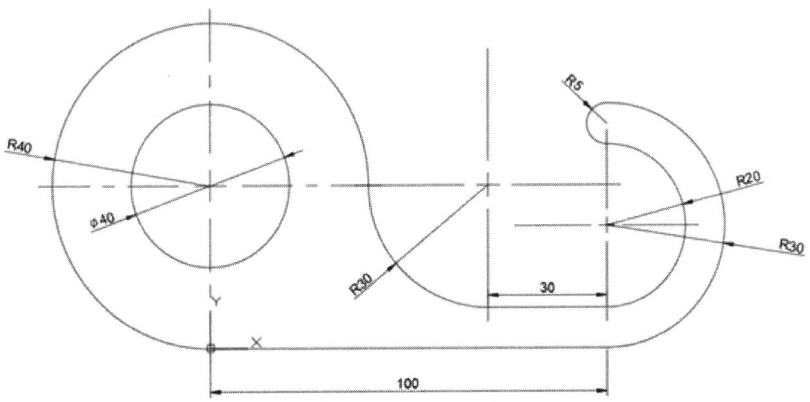

R5
R40
ø40
R20
R30
R30
30
Y
X
100

CHAPTER 8

치수

AutoCAD에서는 도면에 길이 및 기타 값을 표현하기 위해 치수라는 명령을 사용한다. 치수를 작성하기 위해서는 치수 스타일을 사용하여 치수의 형식을 지정할 수 있으며 또한 치수 표준을 유지할 수 있다. 다중 지시선은 AutoCAD 2008부터 추가되었으며 한 개의 주석에 여러 개의 지시선을 추가하거나 제거할 수 있는 특성을 가지고 있다.

8.1 치수 개요

치수는 두 개의 점 또는 두 개의 선 등으로 상호간의 거리를 표시하는 것으로, 치수선과 치수 보조선을 사용하여 치수의 구간을 표시한다.

가. 치수 기입 요소

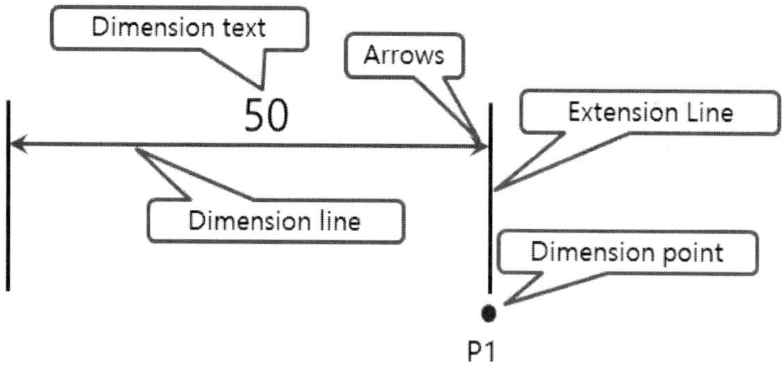

- Definition Point(기준점) : 치수 기입 시 치수 위치의 Base Point를 표시하는 점이다. 도면상에서 최초로 치수 기입 시 Layer 상에 Defpoints라는 레이어 층이 자동으로 생성이 되며 그 레이어 층이 치수의 기본이 되는 Base Point를 관리하는 층이 된다.

☞ **중요**

치수 기입 시 자동으로 생성되는 Defpoints로 레이어를 변경하여 도면을 작도하면 화면상에는 작도한 도면이 보이지만 출력 시 Defpoints 레이어층에 있는 모든 도형들이 출력되지 않는다. 그러므로 절대 Defpoints 레이어층에는 도면을 작도하면 안 된다.

- Dimension Lines(치수선) : 두 개의 점, 두 개의 선, 두 개의 평면 사이 등 상호간의 거리치수나 각도가 표기되는 선으로 실제 길이를 숫자로 치수선에 표시한다. 외형선과 구별하기 위하여 0.25mm 이하의 가는 실선으로 그리며 선의 양 끝 부분은 경계를 표시하기 위해 화살표 등의 기호를 붙여 표시한다. 외형선으로부터 치수선은 약 10mm의 간격을 띄워 그린다. 화살표 등의 기호는 전체 도면과 숫자와의 조화를 고려하여 적절한 모양과 크기로 표시하며 실제 객체 치수로 정확히 표현한다.

- Extension Lines(치수 보조선) : 기준점을 이용하여 치수의 구간을 표시하는 보조적인 선이다. 치수 확장선이라고도 하며 치수선을 그리기 위한 보조 역할을 수행한다. 객체스냅을 사용하여 정확하게 끝점, 원의 중심점 등을 지정하여 끌어내어 표현한다. 치수보조선은 0.25mm 이하의 가는 실선으로 치수선에 직각으로 그리고 필요한 경우는 적당한 각도로 그릴 수도 있다.

- Arrows(화살표) : 치수선 위에 거리나 각도로 표기되는 문자 또는 숫자로서 대상물의 실제 길이를 표시한다. 도면의 목적에 따라 여러 가지 화살표 모양을 선택할 수 있는데 적당한 크기로 설정하여 치수문자나 도면의 크기와 조화를 이루도록 크기를 조절한다.

- 치수문자(Dimension Text) : 치수문자의 크기는 전체 도면의 크기와 조화를 이루도록 기입해야 하며 방향은 수평방향의 치수선에서는 위쪽을 향하게, 수직방향의 치수선은 좌측을 향하게 한다.

- Leader(지시선) : 대상물의 크기가 너무 작거나 협소한 구간에 치수 기입 시 선분을 다른 곳으로 유도하여 기입할 때, 특별한 작업을 지시하고자 할 때 사용한다.

8.1.1 자동 치수 기입(DIM)하기

DIM 명령은 AutoCAD2016 버전부터 추가된 명령으로 치수 기입할 객체 위에 마우스 커서를 위치시키면 적합한 치수 유형을 자동으로 미리보기로 표시해준다. 하나의 명령으로 수직, 수평, 정렬, 각도, 반지금, 지름, 꺾기, 호, 길이, 기준선, 연속치수를 작성할 수 있는 장점이 있다.
- 명령어 [DIM]을 클릭하고 [Enter]를 클릭한다.

가. 선형 객체를 지정 시 표시되는 옵션

- 각도(A) : Dimangular(각도 치수 기입) 명령과 동일하다.
- 기준선(B) : Dimbaseline(병렬 치수 기입) 명령과 동일하다.
- 계속(C) : Dimcontinue(직렬 치수 기입) 명령과 동일하다.
- 세로좌표(O) : Dimordinate(세로 좌표 치수 기입) 명령과 동일하다.
- 정렬(G) : 기준 치수에 대해 선택한 나머지 치수들을 자동으로 직렬로 맞추어준다.
- 분산(D) : Dimspace(치수선 간격 일정) 명령과 동일하다.

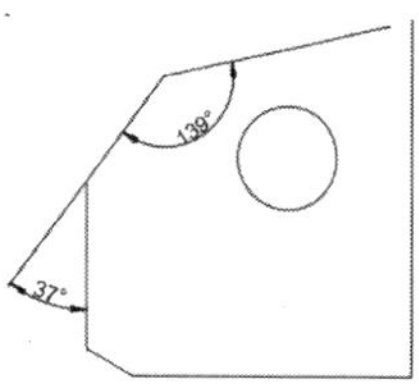

〈각도(A)〉

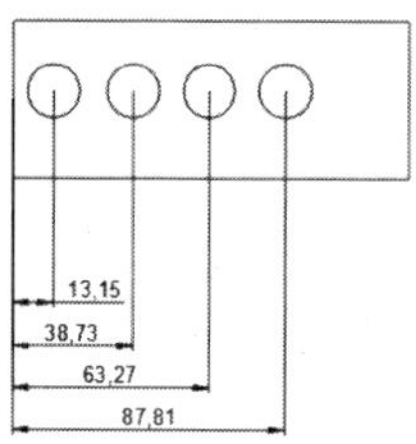

〈기준선(B)〉

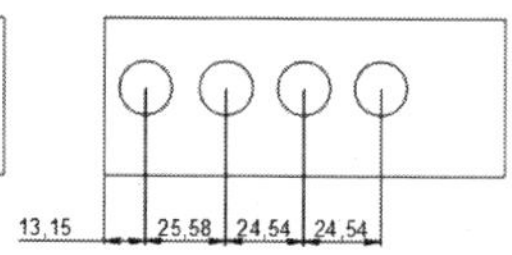

〈계속(C)〉

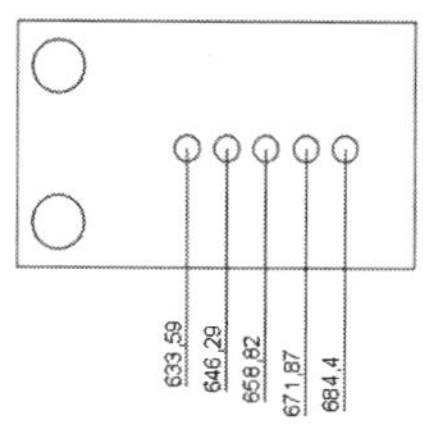

〈세로좌표(O)〉

나. 원 또는 호 객체를 지정 시 표시되는 옵션

- 반지름(R) : 원 객체일 경우에만 표시되며 Dimradius(반지름 치수 기입) 명령과 동일하다.
- 지름(D) : Dimdiameter(지름 치수 기입) 명령과 동일하다.
- 꺾기(J) : Dimjogged(Z자형 치수 기입) 명령과 동일하다.
- 호 길이(L) : Dimarc(호의 길이 치수 기입) 명령과 동일하다.
- 각도(A) : Dimangular(각도 치수 기입) 명령과 동일하다.

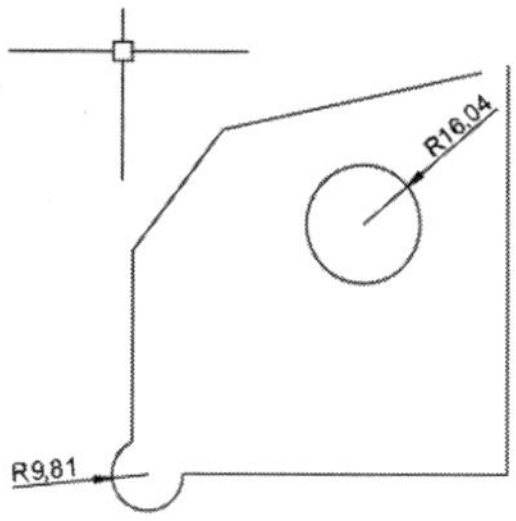

〈반지름(R)〉

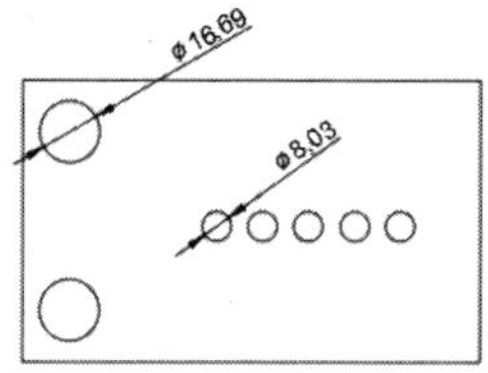

〈지름(D)〉

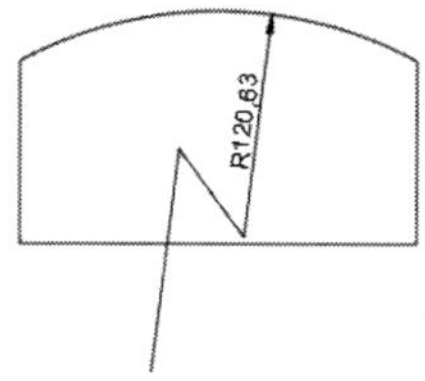

〈꺾기(J)〉

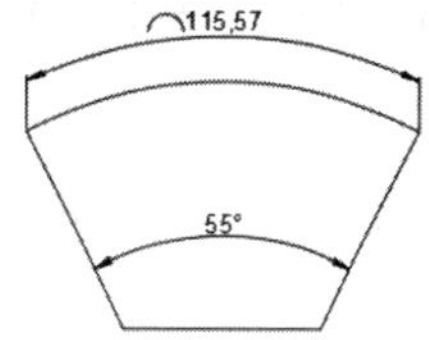

〈호길이(L)+각도(A)〉

다. 치수기입의 종류 및 형태

AutoCAD는 기본적으로 다음과 같은 치수기입 방법을 제공한다.

① 선형(Linear) 치수 기입 명령
- HORizontal 수평선 치수기입
- VERtical 수직선 치수기입
- ROTated 회전 치수기입
- Angular 각도 치수기입

② BASeline 기준선 치수기입
③ CONtinue 연속선 치수기입
④ ALIgned 정렬 치수기입
⑤ DIameter 지름 치수기입
⑥ RADius 반지름 치수기입
⑦ ORDinate 좌표 치수기입
⑧ LEAder 지시선 치수기입
⑨ LIMits 한계 치수기입
⑩ TOLerance 공차 치수기입
⑪ ALTermate 공차 치수기입
⑫ Arc Length(호길이) 치수기입(2006버전부터 추가된 치수기입 방법임)

라. 치수기입의 원칙

세밀한 부분까지 기입하면 오히려 치수에 대한 내용이 많아져서 혼동할 우려가 있다. 꼭 필요하다고 생각되는 치수만 명확하게 기입한다.

치수선은 가급적 치수 보조선을 그려서 기입하는 것이 좋은데, 공간적 여유가 없을 경우에는 치수보조선 없이 직접 기입하기도 한다. 치수선이 기울어지거나 휘어지지 않도록 일직선으로 맞춰서 그려야 하며 다른 선과 교차하지 않도록 일정한 간격으로 그린다.

마. 치수보조기호(특수기호)

다음 표에 나타낸 것이 치수에서 사용하는 보조 특수기호이며 각 설명란에 기호로 표시하여 표에 나타낸 것처럼 단순하고 간단하게 치수 종류를 표기할 수 있다.

기호	설명	기호	설명
Ø	지름 치수	SØ	구의 지름 치수
R	반지름 치수	SR	구의 반지름 치수
t	두께	□	정사각형 변의 치수
C	45도 모따기	⌒	원호의 길이
( )	참고 치수	▭	이론적으로 정확한 치수

8.2 치수 스타일 [DIMSTYLE]

치수 스타일 관리자를 통하여 사용자는 여러 가지 스타일의 치수를 도면에 적용시킬 수 있다. 기본적으로 acadiso.dwt'의 템플릿은 'ISO-25'라는 이름을 가진 치수 스타일이 현재 스타일로 되어 있으며 사용자는 이러한 현재 스타일을 유지한 채로 구성 요소 값들을 수정할 수도 있고, 아예 새로 만들기를 하여 새로운 치수 스타일을 추가할 수도 있다. 치수 스타일이 중요한 이유는 도면에서 그리는 제품은 크기가 다양하기 때문에 또한 모든 도면은 실측(실제의 측정 치수)으로 그려지므로 치수의 숫자 크기도 다양하게 크기를 가감해야 도면의 형상 크기와 대비하여 치수의 크기 조절을 통해 뚜렷이 치수를 읽을 수 있기 때문이다. 치수스타일을 미리 지정해 놓으면 상당히 편리하다.

치수 스타일 관리자를 실행시켜 보자. 다음의 3가지 방법 중 사용자가 편리한 방법을 선택해 실행시키면 된다.

① 명령창에 [DIMSTYLE]을 키인 후 [Enter] 클릭
② 메뉴 〉 형식 〉 치수스타일을 선택해 입장
③ 주석 〉 치수 〉 치수 스타일을 선택해 명령 실행

대화창을 열기 위하여 명령창에 [DIMSTYLE]을 키인하거나 단축키 [DST]를 키인 후 [Enter]를 클릭한다.

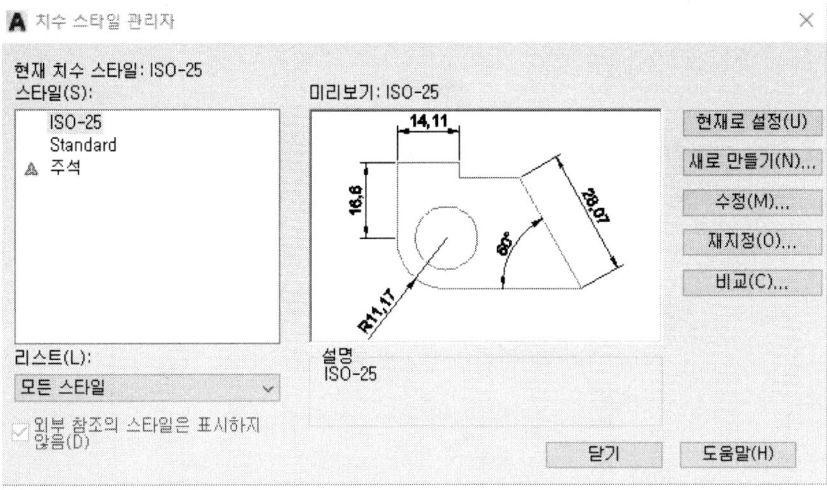

〈치수 스타일 관리자 대화상자〉

치수 스타일 관리자 대화상자에 표시된 메뉴의 주요 옵션과 기능은 다음과 같다.

① 현재 치수 스타일 : 현재 치수 스타일의 이름을 표시, 작성되는 치수에는 현재 스타일이 적용하는 메뉴이다.

② 스타일 : 도면에 등록된 치수 스타일의 목록을 나타낸다.

③ 리스트 : 모든 스타일을 볼 것인지 사용되고 있는 스타일을 볼 것인지를 선택한다.

④ 미리보기 : 선택된 치수 스타일을 미리 보여준다.

⑤ 현재료 설정(U) : 목록에서 선택된 스타일을 현재 스타일로 지정한다.

⑥ 새로 만들기(N) : 새로운 스타일을 만들 때 사용한다.

⑦ 수정(M) : 선택된 스타일의 옵션 및 설정 값들을 수정한다.

⑧ 재지정(O) : 현재 치수 스타일에서 수정과 같은 방식으로 옵션 및 설정 값들을 수정한다. 그러나 바로 적용되지 않고 스타일 아래에 〈스타일 재지정〉 이라는 이름의 임시 목록을 생성한다.

⑨ 비교(C) : 비교 스타일과 대상 스타일의 다른 부분을 리스트로 나타낸다.

치수 스타일 관리자 대화창에서 새로 만들기(M)을 선택하면 다음의 대화창이 나타나며 새로운 치수 스타일을 만들 수 있다.

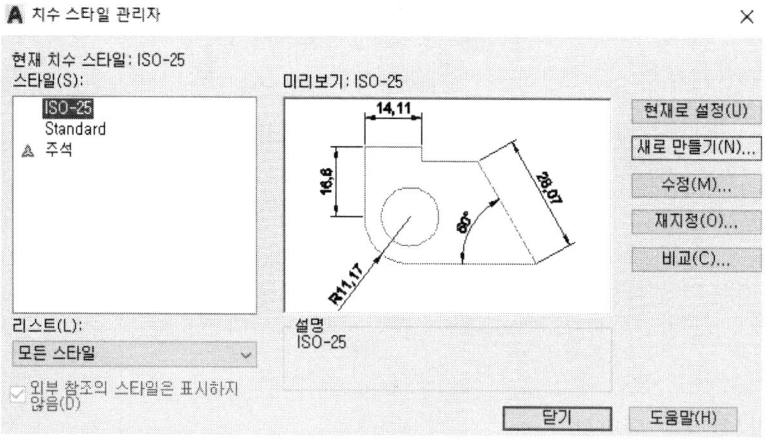

치수 스타일 관리자 대화창에서 수정을 선택하면 기호 및 화살표, 문자, 선, 맞춤, 1차 단위, 대체 단위, 공차 총 7가지 메뉴를 달리하여 지정할 수 있다.

8.2.1 선

단축키 D → 수정(M)

가. 치수선

치수선에 대한 형태를 설정할 수 있다.

① 색상 : 치수선의 색상을 설정한다.
② 선종류 : 치수선의 선종류를 설정한다.
③ 선 가중치 : 치수선의 선 가중치를 설정한다.
④ 눈금 너머로 연장 : 화살촉을 기울기, 건축 눈금, 정수 등을 선택하면 활성화되며, 치수보조선 너머로 연장할 거리 값을 지정한다.
⑤ 기준선 간격 : 기준 치수를 작성할 때 치수들 간의 수직 간격을 조정한다.
⑥ 억제 : 양쪽 치수선의 표시를 제어한다.

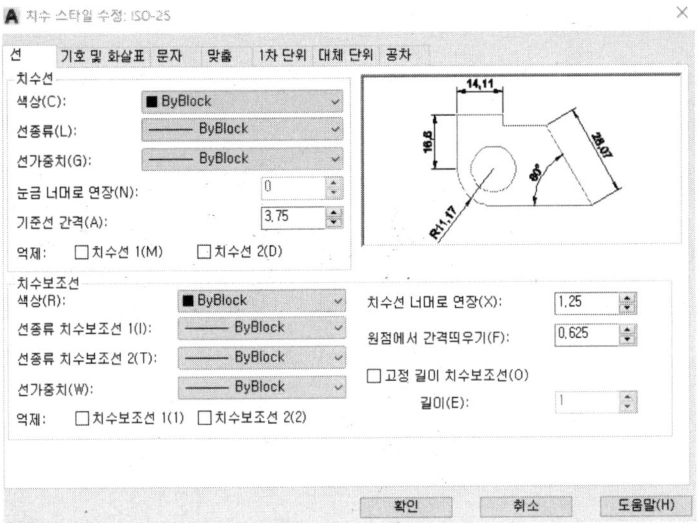

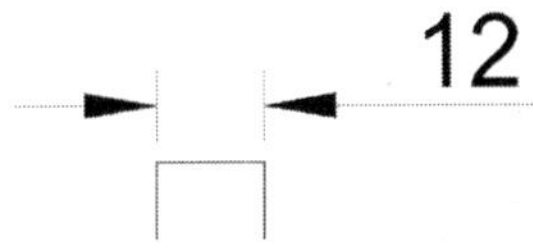

치수선 억제

나. 치수 보조선

시추보조선에 대한 형태를 설정한다.

① 색상 : 치수선의 색상을 설정한다.
② 선종류 : 치수선의 선종류를 설정한다.
③ 선 가중치 : 치수선의 선 가중치를 설정한다.
④ 기준선 간격 : 기준 치수를 작성할 때 치수들 간의 수직 간격을 조절한다.
⑤ 억제 : 양쪽 치수선의 표시를 제어한다.
⑥ 치수선 너머로 연장 : 치수보조선이 치수선 너머로 연장되는 거리를 설정한다.
⑦ 원점에서 간격 띄우기 : 원점으로부터 치수보조선이 시작되는 사이 값을 설정한다.
⑧ 고정 길이 치수보조선 : 치수선에서부터 원점 방향으로 고정 길이를 설정할 수 있다.

8.2.2 기호 및 화살표

기호 및 화살표 탭에서는 화살촉, 중심 표식, 호 길이 기호, 반지름 꺾기 치수의 모양과 형식을 지정한다.

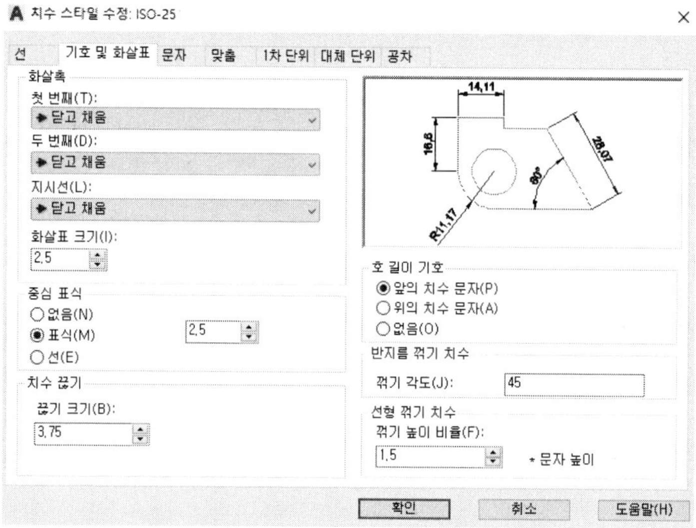

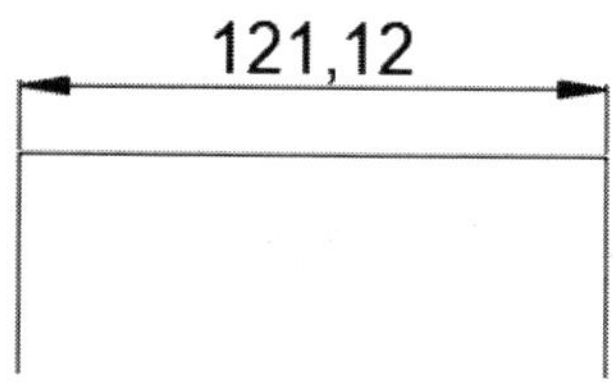

가. 화살촉

화살표의 크기와 모양을 설정한다.

① 첫 번째 : 첫 번째 화살촉의 모양을 선택한다.

② 두 번째 : 두 번째 화살촉의 모양을 선택한다.

③ 지시선 : 지시선의 화살촉 모양을 설정한다.

④ 화살표 크기 : 화살촉의 크기를 설정한다.

나. 중심표식

지름 및 반지름 치수의 중심표지와 중심선의 모양을 조정한다.

① 없음 : 중심표식 또는 중심선을 작성하지 않는다.

② 표식 : 중심표식을 작성한다.

③ 선 : 중심선을 작성한다.

다. 치수 끊기

치수 객체끼리 교차하고 있을 경우 한 객체의 치수선 및 보조선을 끊어 줄 수 있다.

① 끊기 크기 : 치수 끊기 명령 시 폭 값을 설정한다.

라. 호 길이 기호

호 길이 치수의 원호 기호 표시를 조정한다.

① 앞의 치수 문자 : 호 길이 기호를 치수 앞에 표시한다.

② 위의 치수 문자 : 호 길이 기호를 치수 위에 표시한다.

마. 반지름 꺾기 치수

① 꺾기 각도 : 꺾어지는 반지름 치수의 각도를 설정한다. 꺾기 반지름 치수는 원 또는 호의 중심점이 페이지 바깥쪽에 있을 때 작성된다.

- 꺾기 각도 : 꺾어진 치수의 각도를 설정한다.

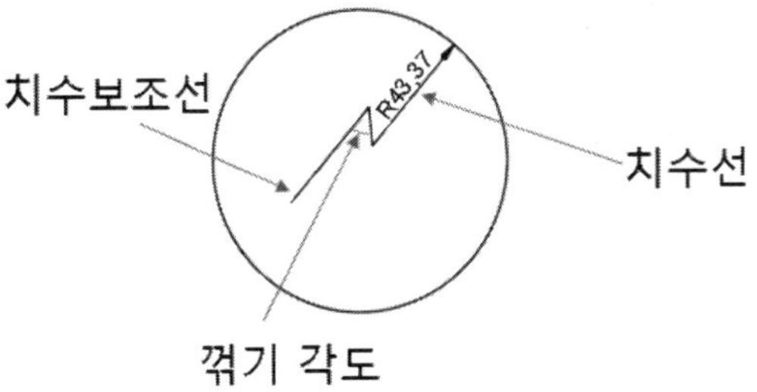

바. 선형 꺾기 치수

선형치수에 대한 꺾기 표시를 조정한다.

① 꺾기 높이 비율 : 꺾기 표시의 높이 비율을 설정한다. 높이 비율에 따라 꺾기 표시의 크기가 결정된다.

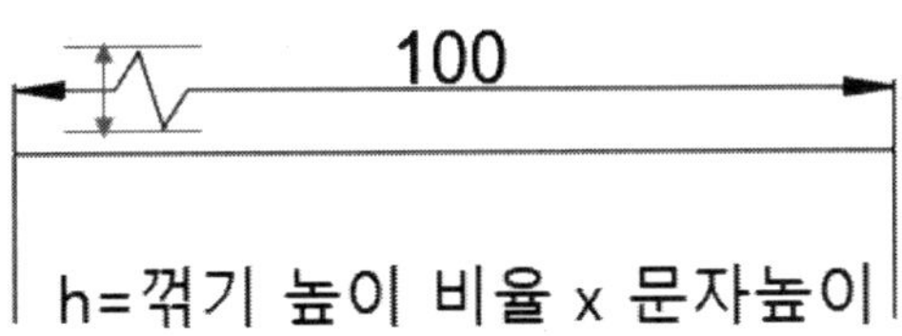

8.2.3 문자

문자 탭에서는 치수문자의 형식, 배치 및 정렬을 설정한다.

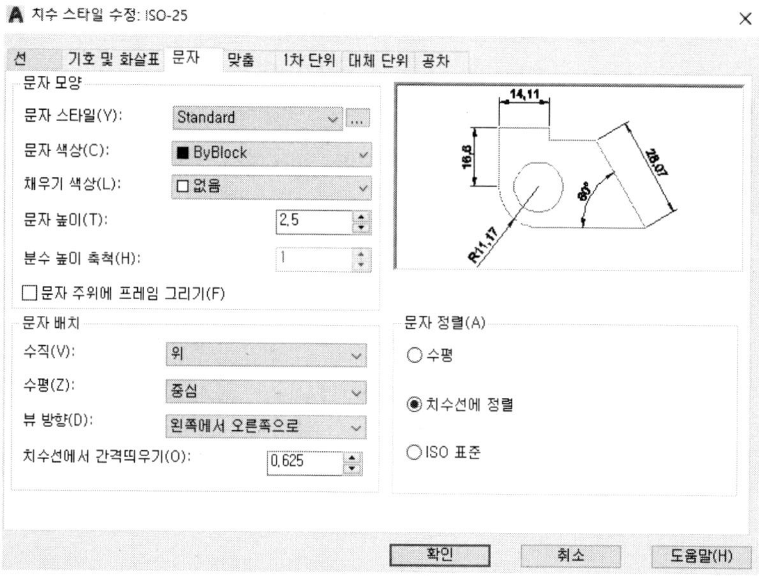

가. 문자 모양

치수 문자의 형식과 크기를 조정한다.

① 문자 스타일 : 치수 문자의 스타일을 설정한다.

② 문자 색상 : 치수 문자의 색상을 설정한다.

③ 채우기 색상 : 치수 문자의 배경 색상을 설정한다.

④ 문자 높이 : 치수 문자의 높이를 설정한다.

⑤ 분수 높이 축척 : 치수 단위를 분수로 설정 시 크기를 조절한다.

⑥ 문자 주위에 프레임 그리기 : 선택 시 치수 문자의 외각에 사각형으로 표시된다.

나. 문자배치

치수 문자의 위치를 좌우 또는 중앙으로 조절한다.

① 수직 : 치수 문자의 세로 위치를 설정한다.

② 수평 : 치수 문자의 가로 위치를 설정한다.

③ 뷰 방향 : 치수 문자의 뷰 방식을 조정한다.

④ 치수선에서 간격띄우기 : 치수 문자와 치수선 사이의 간격을 조절한다.

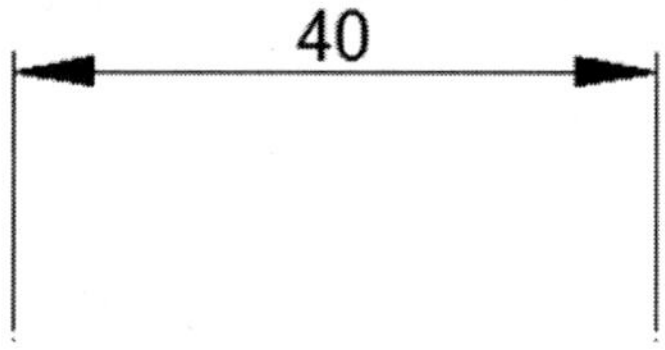

[기본]

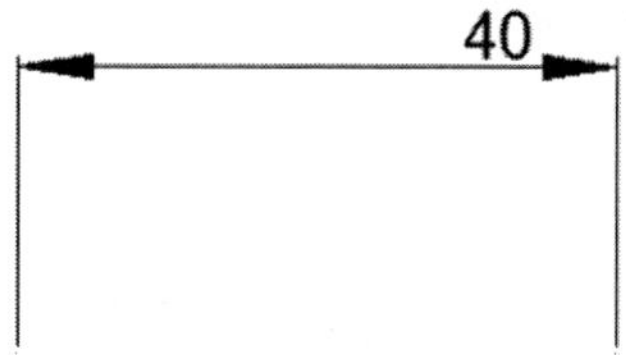

[치수선 옆에 배치]

다. 문자 정렬

치수 문자의 정렬방식을 설정한다.

① 수평 : 치수 문자를 수평으로 정렬한다.

② 치수선에 정렬 : 치수 문자를 치수선에 각도에 따라 정렬한다.

③ ISO 표준 : ISO 표준으로 정렬한다.

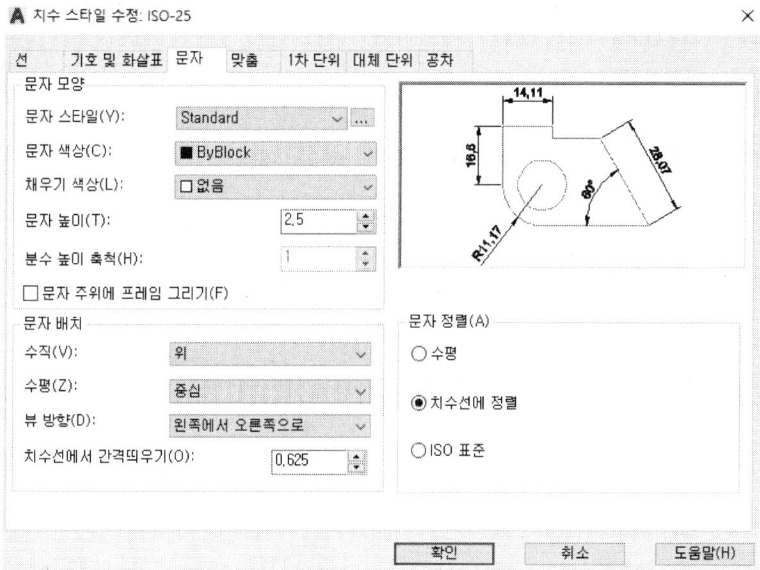

〈치수 스타일 수정 대화상자의 맞춤 탭〉

라. 맞춤 옵션

치수선에 따른 치수문자의 위치를 설정한다. 이 옵션은 치수보조선간의 폭이 좁아 치수문자가 들어갈 공간이 없을 경우, 치수문자와 화살표의 위치를 조절하는 설정이다.

① 문자 또는 화살표 (최대로 맞춤) : 자동으로 위치를 설정한다.

② 화살표 : 치수보조선 바깥쪽으로 먼저 문자를 이동한다.

③ 문자 : 치수보조선 바깥쪽으로 문자를 이동한 다음 화살표를 이동한다.

④ 문자와 화살표 모두 : 치수문자와 화살표 모두 이동한다.

⑤ 항상 치수보조선 사이에 문자 유지 : 치수문자의 위치를 초기 위치에 고정한다.

마. 문자 배치

치수 문자의 위치를 설정한다. 이 옵션은 치수문자가 초기 위치에 있지 않을 경우의 위치 설정이다.

① 치수선 옆에 배치 : 치수선 옆에 위치한다.

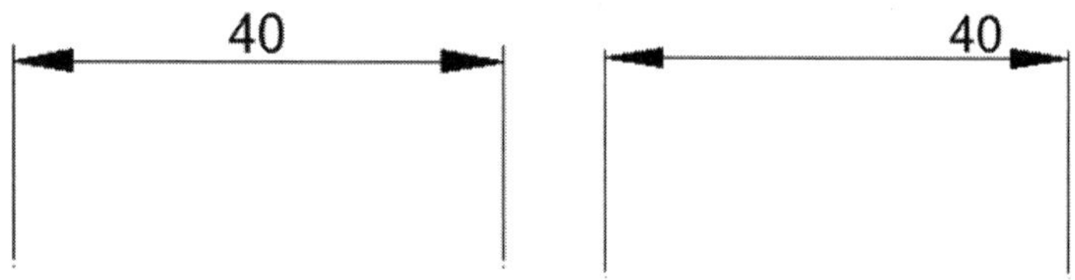

[기본] [치수선 옆에 배치]

② 치수선 위, 지시선 사용 : 지시선을 만들어 치수선 위에 위치한다.
③ 치수선 위, 지시선 없음 : 지시선을 만들지 않고 치수선 위에 위치한다.

- 지시선을 사용해 치수선 위에 배치 : 치수 문자를 이동시키면 치수선은 이동하지 않고 문자만 이동한다. 치수선으로부터 문자가 멀리 떨어져 있는 경우에는 문자와 치수선을 연결하는 지시선도 함께 그려진다.
- 지시선 없이 치수선 위에 배치 : 치수 문자를 이동시키면 치수선은 이동하지 않고 문자만 이동한다. 치수선으로부터 문자가 멀리 떨어져 있는 경우에는 문자와 치수선을 연결하는 지시선이 그려지지 않는다.

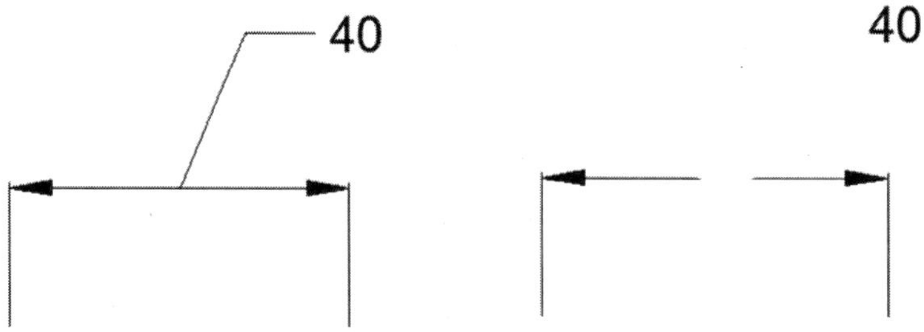

[치수선 위, 지시선 사용] [치수선 위, 지시선 없음]

바. 치수 피쳐 축척

문자 및 화살표 크기, 거리 또는 간격을 지정하는 모든 치수 스타일을 설정한다.

① 주석 : 치수 스타일을 주석 객체로 설정한다.

② 배치할 치수 축척 : 배치 공간에서 치수를 표기할 때 뷰포트 축척 값에 의하여 치수 축척이 정해진다.

③ 전체 축척 사용 : 입력하는 값은 비율이며, 치수의 전체적인 크기에 대한 스케일 값을 설정한다.

사. 최상으로 조정

치수 위치의 수동설정과 치수선의 기타설정이다.

① 수동으로 문자 배치 : 치수의 위치 변경 시 수동 설정이 가능하게 해 준다.

② 치수 보조선 사이에 치수선 그리기 : 치수 기입 시 항상 치수보조선 사이에 치수선이 기입되게 한다.

- 문자 수동 배치 : 수평자리 맞추기의 설정이 무시되고 치수선을 작성하기 위해 클릭하는 위치에 문자를 배치한다.
- 치수보조선 사이에 치수선 그리기 : 화살촉이 측정된 점 바깥쪽에 배치가 되는 경우 측정된 점 사이에 치수선을 그린다.

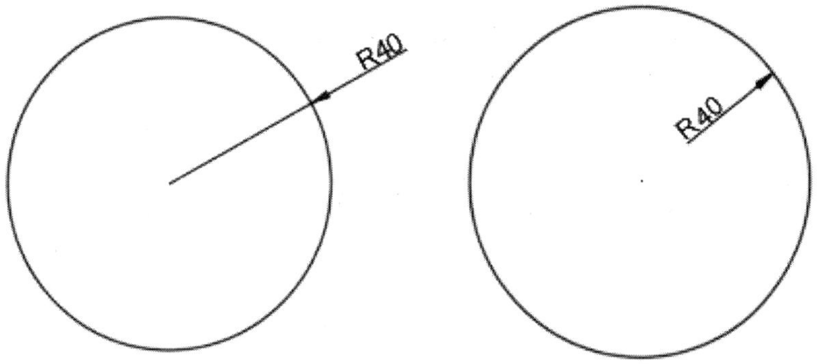

8.2.4 1차 단위

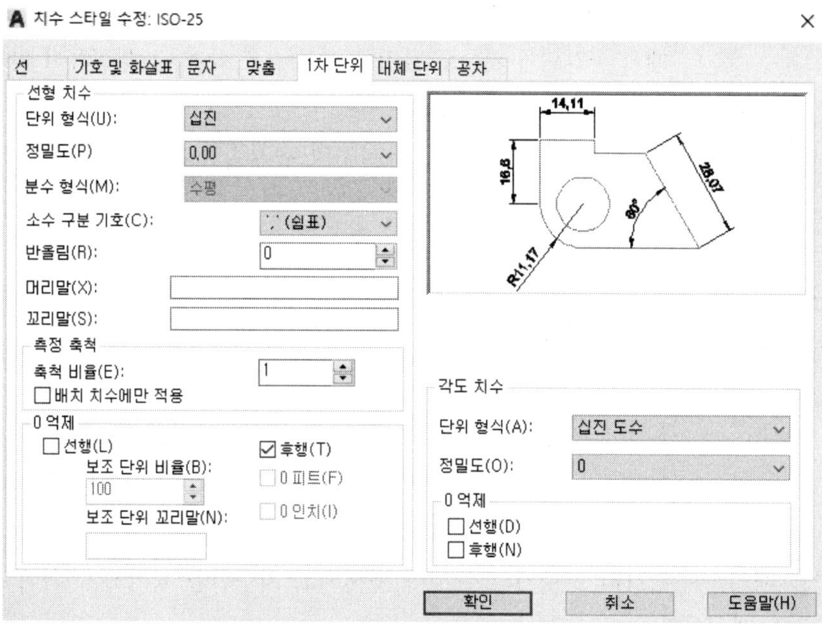

〈치수 스타일 수정 대화상자의 1차 단위 탭〉

가. 선형 치수

직선치수에 대한 단위와 정밀도를 설정한다.

① 단위형식 : 치수 스타일을 주석 객체로 설정한다.

② 정밀도 : 치수 문자의 소수 자릿수를 설정한다.

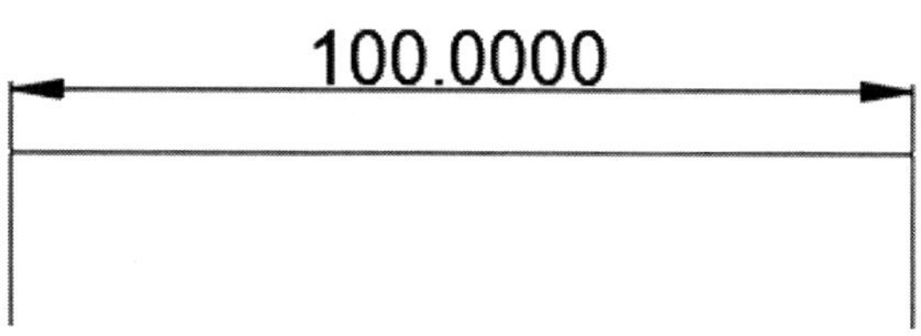

[정밀도 : 0.0000]

③ 분수형식 : 치수의 단위를 분수로 선택했을 때의 형식을 설정한다.

④ 소수 구분 기호 : 소수 형식에 사용할 구분 기호를 설정한다.

⑤ 반올림 : 각도치수를 제외한 모든 치수의 측정값에 대한 반올림 규칙을 설정한다.

⑥ 머리말 : 치수 문자에 머리말을 삽입한다(문자 또는 특수기호 사용 가능).

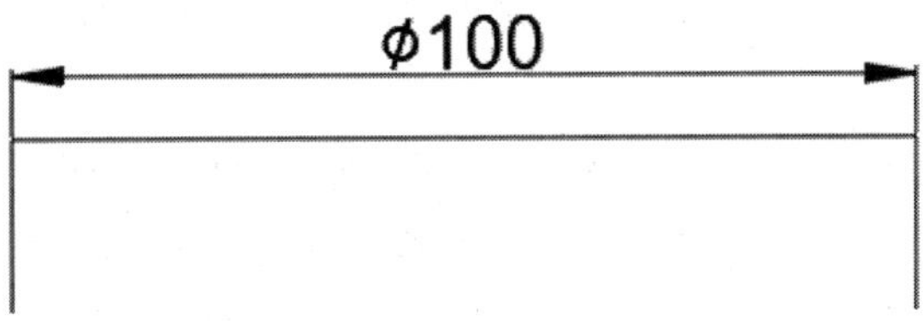

[머리말 : ∅ 입력]

⑦ 꼬리말 : 치수 문자에 꼬리말을 삽입한다(문자 또는 특수기호 사용 가능).

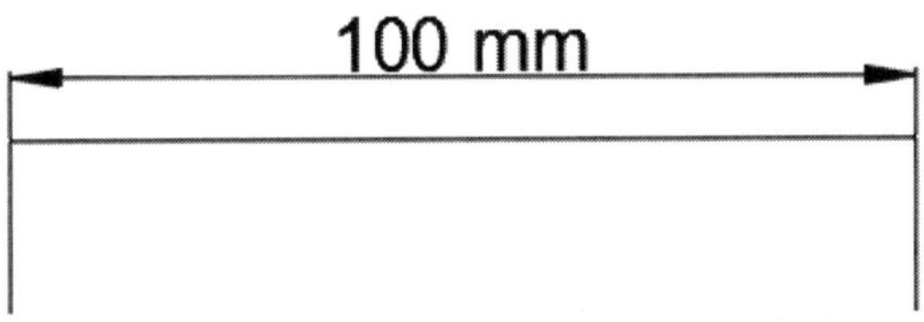

[꼬리말 : mm]

나. 측정 축척

선형 축척 옵션을 정의한다.

다. 각도 치수

각도치수에 대한 단위와 정밀도를 설정한다.

- 단위 형식 : 각도 단위 형식을 설정한다.
- 정밀도 : 각도 치수에 사용할 소수부 자릿수를 설정한다.

① 축척 비율 : 치수 문자에 곱해질 값을 설정한다.

② 배치 치수에만 적용 : 레이아웃된 치수에만 적용한다.

③ 0 억제 : 치수 문자에서 '0'을 생략한다.

- 선 행 : 모든 소수 치수에서 소수점 앞에 오는 0을 생략한다. 예) 0.2→ .2
- 후 행 : 모든 소수 치수에서 소수점 위에 오는 0을 생략한다. 예) 2.0→ 2
- 0인치 : 피트-인치 치수에서 피트 부분이 정수일 때 인치부분을 생략한다.
- 0피트 : 거리가 1피트가 안될 때 피트-인치 치수에서 피트 부분을 생략한다.

④ 단위 형식 : 각도치수의 단위를 설정한다.

⑤ 정밀도 : 각도치수에서 나타낼 소수 자릿수를 설정한다.

⑥ 0 억제 : 소수 치수에서 선행 또는 후행 등의 0을 생략한다. 선행 및 후행 0 (zero) 및 0 값이 있는 피트 및 인치의 억제를 조정한다.

- 선행 : 모든 소수 치수에서 소수점 앞에 오는 0을 억제한다. 예를 들어 0.3000은 .3000이 입력된다.

- 보조 단위 비율 : 보조 단위의 수를 단위로 설정한다. 예를 들어 꼬리말이 cm이고 보조 단위 꼬리말을 mm로 설정했다면 보조 단위 비율값을 10으로 입력한다.

- 보조 단위 꼬리말 : 치수값의 보조 단위에 꼬리말을 추가한다.

- 후행 : 모든 소수 치수에서 소수점 뒤에 오는 0을 억제한다. 예를 들어 28.1000은 28.1이 되고 10.0000은 10이 된다.

- 0피트 : 거리가 1피트 미만일 때 피트-인치 치수에서 피트 부분을 억제한다.

- 0인치 : 피트-인치 치수에서 거리가 피트의 정수 부분만으로 이루어질 때 인치 부분을 억제한다.

8.2.5 대체 단위

이 옵션은 1차 단위에서 측정된 값을 다른 단위로 대체하여 함께 표시할 때 사용한다. 예를 들어 mm 단위와 inch 단위를 동시에 기입할 때 사용한다. 다음의 서브 대화창에 나타나듯이 대체 단위 탭에서는 치수 측정값이 표시될 대체 단위를 지정하고 형식 및 정밀도를 설정한다.

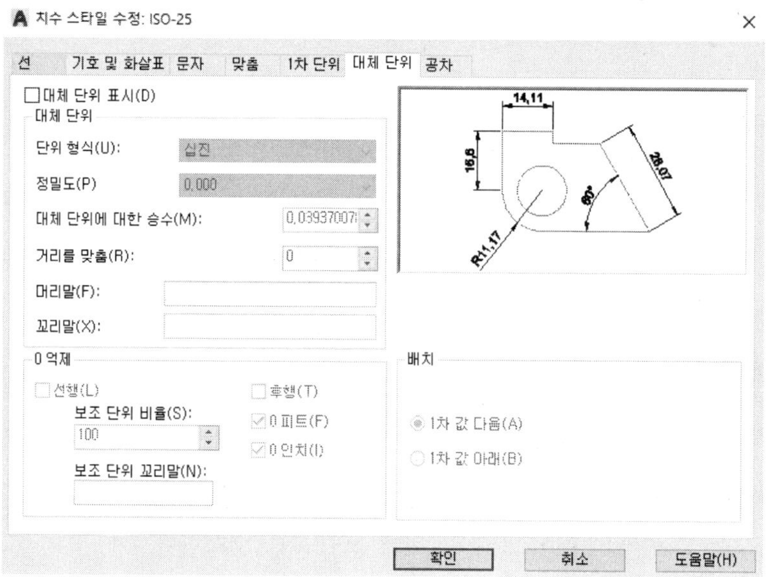

가. 대체 단위 표시(D)

대체 측정 단위를 치수문자에 추가한다.

나. 대체 단위

두 번째 단위 치수문자에 대한 단위와 정밀도를 설정한다. 정밀도를 제외한 모든 치수 유형에 대한 현재 대체 단위 형식을 설정한다.

- 단위 형식 : 대체 단위의 단위 형식을 설정한다.
- 정밀도 : 대체 단위의 소수부 자릿수를 설정한다.
- 대체 단위에 대한 승수 : 1차 단위와 대체 단위 사이의 변환 요인으로 사용할 승수를 입력한다. 예를 들어 인치를 mm로 변환하려면 25.4를 입력한다.
- 반올림 거리 : 각도를 제외한 모든 치수 유형의 대체 단위에 대한 반올림 규칙을 설정한다. 0.35를 입력하면 모든 대체 측정값은 가장 근접한 0.35 단위로 반올림된다.
- 머리말 : 대체 치수 문자에 머리말을 삽입한다.
- 꼬리말 : 대체 치수 문자에 꼬리말을 삽입한다.

다. 0 억제

두 번째 치수문자에 '0'의 생략을 설정한다. 선행 및 후행 0 (zero) 및 0 값이 있는 피트 및 인치의 억제를 조정한다.

- 선행 : 모든 소수 치수에서 소수점 앞에 오는 0을 억제한다. 예를 들어 0.3000은 .3000이 입력된다.
- 보조 단위 비율 : 보조 단위의 수를 단위로 설정한다. 예를 들어 꼬리말이 cm이고 보조 단위 꼬리말을 mm로 설정했다면 보조 단위 비율값을 10으로 입력한다.
- 보조 단위 꼬리말 : 치수값의 보조 단위에 꼬리말을 추가한다.
- 후행 : 모든 소수 치수에서 소수점 뒤에 오는 0을 억제한다. 예를 들어 28.1000은 28.1이 되고 10.0000은 10이 된다.
- 0피트 : 거리가 1피트 미만일 때 피트-인치 치수에서 피트 부분을 억제한다.
- 0인치 : 피트-인치 치수에서 거리가 피트의 정수 부분만으로 이루어질 때 인치 부분을 억제한다.

라. 배치

두 번째 단위 치수문자의 배치를 설정한다.

① 1차 값 다음 : 기본 치수 뒤에 위치한다.

② 1차 값 아래 : 기본 치수 아래에 위치한다.

치수 문자에서 대체 단위의 배치를 조정한다.

- 선행값 뒤 : 치수 문자에서 1차 단위 뒤에 대체 단위를 배치한다.
- 선행값 아래 : 치수 문자에서 1차 단위 아래에 있는 대체 단위를 배치한다.

8.2.6 공차

이 옵션은 공차 표시를 설정한다. 대화창에 나타나듯이 공차 탭에서는 치수 문자 공차의 표시나 형식을 설정한다.

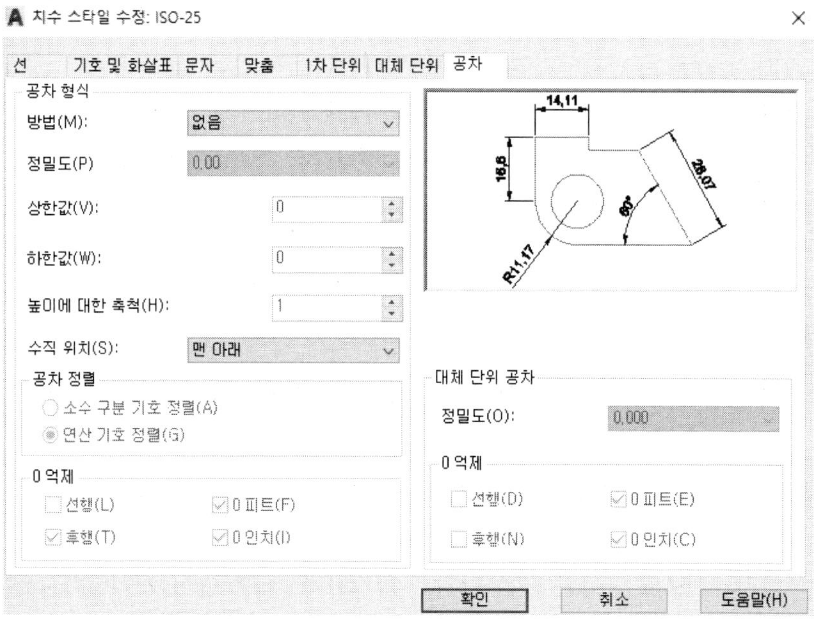

〈공차(Tolerances)〉

가. 공차 형식

공차 표시의 형식과 정밀도를 설정한다.

① 방법 : 공차를 계산하기 위한 방법을 설정한다.

② 정밀도 : 치수 문자의 소수 자릿수를 설정한다.

③ 상한값 : 공차의 상한 값을 설정한다.

④ 하한값 : 공차의 하한 값을 설정한다.

⑤ 높이에 대한 축척 : 공차 문자의 높이를 설정한다.

⑥ 수직 위치 : 대칭 및 편차 공차의 문자 자리 맞추기를 조정한다.

⑦ 공차 정렬 : 스택 시 상위 및 하위 공차 값의 정렬을 제어한다.

상위 및 하위 공차값의 정렬을 설정한다.
- 십진 구분 기호 정렬 : 값은 소수 구분 기호로 표시된다.
- 작동 기호 정렬 : 값은 연산 기호로 표시된다.

⑧ 0 억제 : 선행 또는 후행 등의 0을 생략한다.
선행 및 후행 0(zero) 및 0 값이 있는 피트 및 인치의 억제를 조정한다.
- 선행 : 모든 소수 치수에서 소수점 앞에 오는 0을 억제한다. 예를 들어 0.3000은 .3000이 입력된다.
- 후행 : 모든 소수 치수에서 소수점 뒤에 오는 0을 억제한다. 예를 들어 28.1000은 28.1이 되고 10.0000은 10이 된다.
- 0피트 : 거리가 1피트 미만일 때 피트-인치 치수에서 피트 부분을 억제한다.
- 0인치 : 피트-인치 치수에서 거리가 피트의 정수 부분만으로 이루어질 때 인치 부분을 억제한다.

나. 대체 단위 공차

두 번째 단위치수에 공차 표시의 정밀도를 설정한다. 대체 공차 단위의 형식을 지정한다.
① 정밀도 : 치수 문자의 소수 자릿수를 설정한다.

☞ **따라해보아요.**

명령어 [D]를 이용하여 새로운 치수 스타일을 만들어 보세요.

① 치수 스타일 관리자(단축키 : D)를 실행 시키고 "새로만들기(N)"을 클릭한다.
② 치수 스타일 작성 창에서 새 스타일 이름에 '스타일 1'이라고 입력하고 "계속"을 클릭한다.

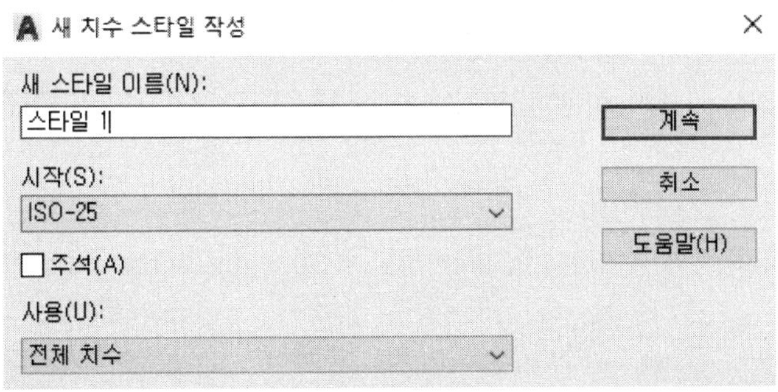

③ 새 치수 스타일인 '스타일 1'의 특성을 설정하는 다음의 대화상자가 나오며 이 때 [선] 탭에서 각 항목의 수치를 아래와 같이 수정한다.

- 기준선 간격 : 10, 치수선 너머로 연장 : 3, 원점에서 간격 띄우기: 3

④ [기호 및 화살표] 탭으로 가서 각 항목의 수치를 아래와 같이 수정한다.
- 화살표 크기 : 5, 중심 표식: 3, 치수 끊기 크기 : 3

⑤ [문자] 탭을 클릭하고 각 항목의 수치를 아래와 같이 수정한다.
- 문자 높이 : 3, 치수선에서 간격띄우기 : 4

⑥ 설정완료 후 확인을 누르면 아래의 그림과 같이 '스타일 1'의 새 치수 스타일이 생성된 것을 확인할 수 있다.

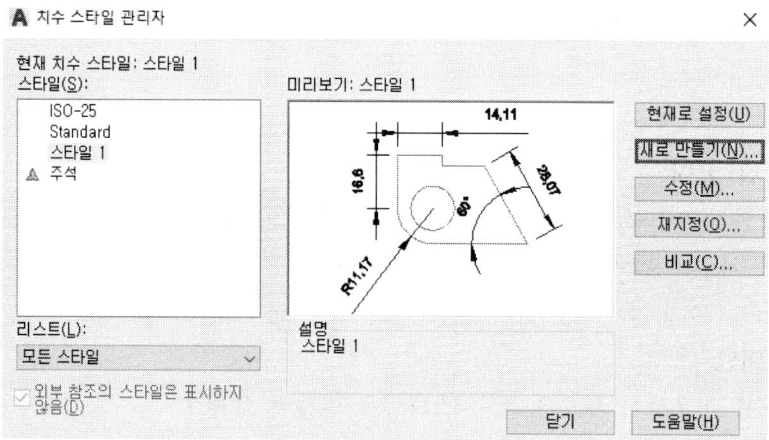

⑦ 스타일 리스트에서 '스타일 1'을 선택하고 [현재로 설정] 버튼을 클릭한 후 [닫기]버튼을 클릭한다.
⑧ 원래 홈 창으로 돌아와서 원하는 도면을 그린다.
⑨ 치수 아이콘을 클릭하거나 홈탭에서 치수로 들어가 도면에 그려진 그림들에 치수선과 치수 보조선을 넣으면 practice1에서 설정한 크기나 설정 내용대로 치수가 그려짐을 확인할 수 있다.

☞ **원하는 치수 스타일로 치수 작성하기**

- 치수 스타일 관리자에서 설정하기 (단축키: D) : 치수 스타일 관리자에서 작성하려는 치수 스타일을 선택하고 [현재로 설정]을 선택하고 [닫기] 버튼을 클릭하여 치수를 작성한다. 현재 설정한 치수 스타일로 바로 치수를 작성할 수 있다.

- 리본 패널에서 설정하기 : 객체 선택이 해제된 상태에서 [주석] 리본 패널에서 치수 스타일을 원하는 치수 스타일로 변경해 놓고 치수를 작성하면 바로 원하는 스타일로 적용된다.

8.2.7 치수 변수

다음과 같이 변수에 맞는 명령어를 통해 치수 입력 형태를 변경시킬 수 있다.

가. DIMTOFL 변수

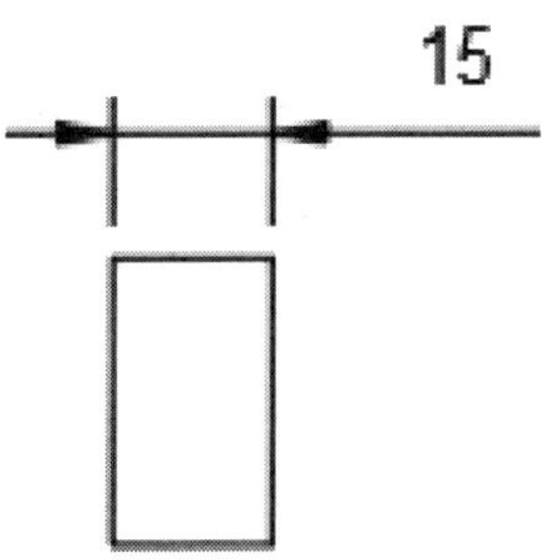

〈DIMTOFL = 1(ON)〉

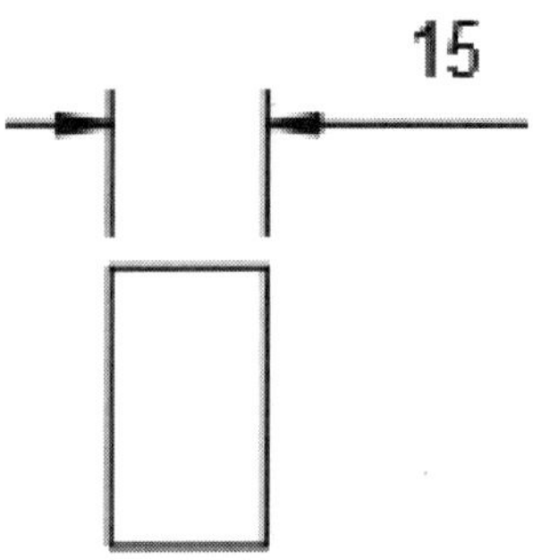

〈DIMTOFL = 0(OFF)〉

나. DIMTOH, DIMTIX 변수

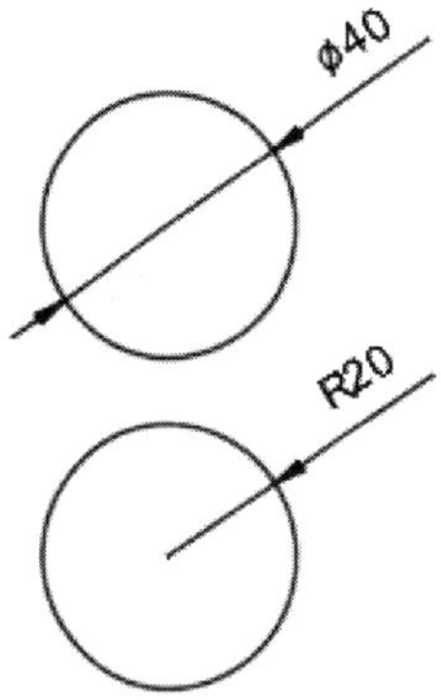

〈DIMTOH = 0 (Off), DIMTIX = 1(On)〉

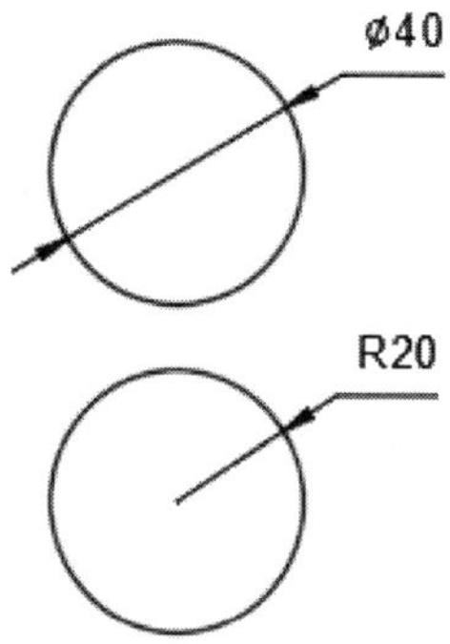

〈DIMTOH = 1 (On), DIMTIX = 0(Off)〉

8.2.8 치수 재지정 명령

명령어 [DIMOVERRIDE]를 키인 하고 [Enter]를 클릭하면 치수 재지정 명령을 수행할 수 있다.

가. DITAD

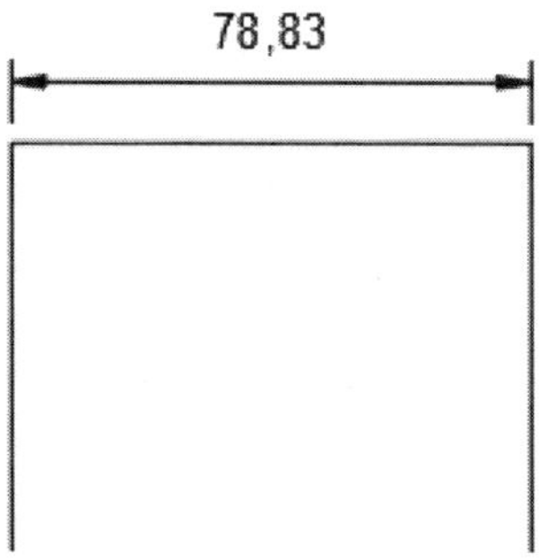

〈DITAD = 1(On)〉

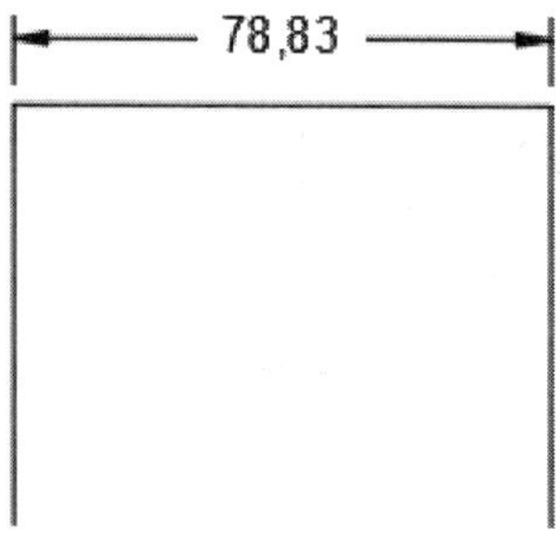

〈DITAD = 0(Off)〉

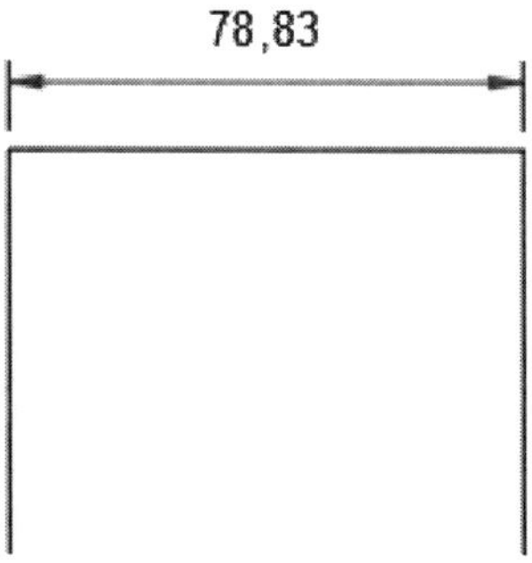

〈DIMCLRD = 1(RED)〉

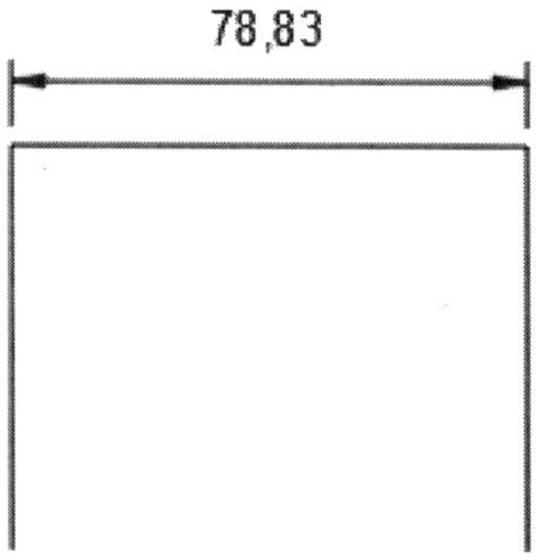

〈DIMCLRD = 5(Blue)〉

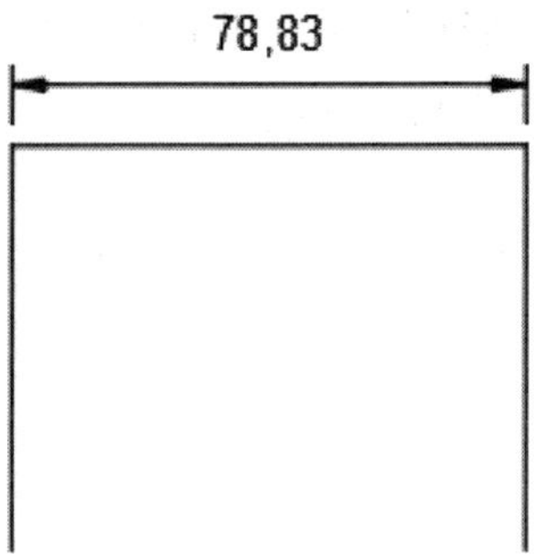

〈DIMTXT = 5〉

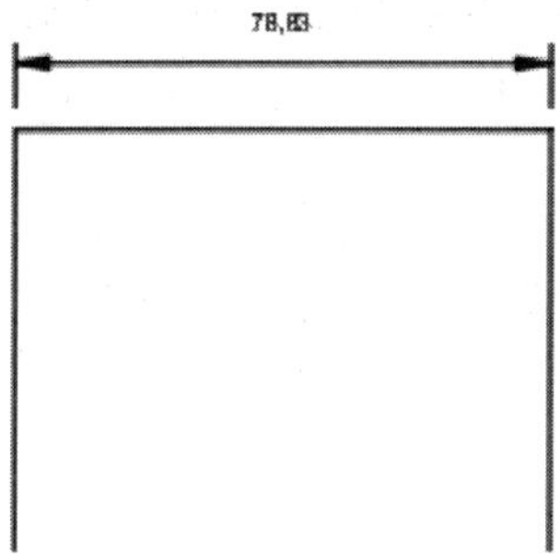

〈DIMTXT = 2.5〉

8.2.9 치수 업데이트

다음의 명령어 [DIMSTYLE]로 치수를 업데이트할 수 있다.

- 명령어 [DIMSTYLE]을 키인 하고 [Enter]를 클릭한다.
- 명령어 키인하면 대화창이 나타나며 대화창 내에 다음과 같이 〈스타일 재지정〉 옵션이 나타난다.

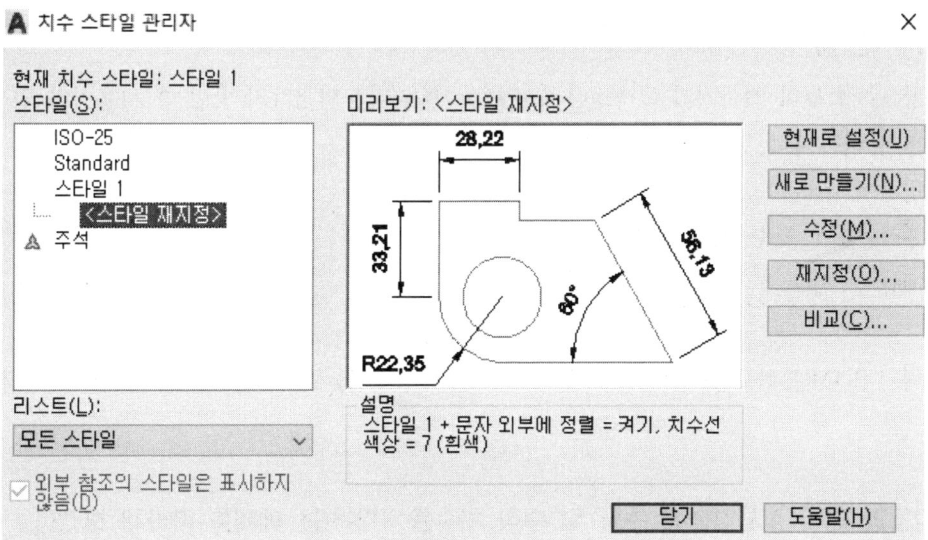

8.3 치수 작성하기

도면에 치수를 입력하는 방법에는 세 가지가 있다. 명령어를 이용하는 방법과 [치수] 도구막대를 이용하는 방법, 마지막으로 [주석] 패널을 이용하는 방법이 있다. AutoCAD 2019에서는 AutoCAD 2016에서 변경된 것과 같이 'DIM' 명령어 하나로 모든 치수를 기입할 수 있다.

'DIM' 명령어를 실행한 뒤, 객체를 선택하여 연속적으로 객체에 맞는 치수가 작성된다.

명령어 [DIM]을 키인하고 [Enter]를 클릭하면 다음과 같이 나타난다.

객체 선택 또는 첫 번째 치수보조선 원점 지정 또는 [각도(A)/기준선(B)/계속(C)/세로좌표(O)/정렬(G)/분산(D)/도면층(L)/명령 취소(U)]:

DIM 객체 선택 또는 첫 번째 치수보조선 원점 지정 또는 [각도(A) 기준선(B) 계속(C) 세로좌표(O) 정렬(G) 분산(D) 도면층(L) 명령 취소(U)]:

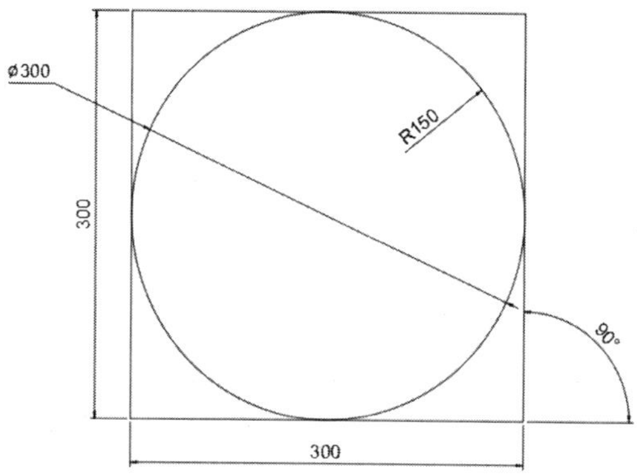

〈DIM 명령 수행 후 치수 작성 완료〉

8.3.1 선형

수평, 수직 등의 직선거리를 측정하는 명령어이다. 다음의 3가지 방법 중 사용자가 익숙한 방법을 선택하여 선형 명령을 수행한다.

① 명령어 [DIMLINEAR]를 키인 후 [Enter] 클릭

② 주석 탭 〉 치수 패널 〉 선형 선택

③ 메뉴 〉 치수 〉 선형 선택

명령어 [DIMLINEAR]를 키인하거나 혹은 단축키 [DLI]를 키인해도 같은 명령을 수행할 수 있다.

☞ **다음과 같이 직사각형에 수평 및 수직 치수를 기입하는 예제를 따라해 보겠다.**

명령어 [DIMLINEAR]를 키인 후 [Enter]를 클릭한다.

- 치수 패널의 "선형" 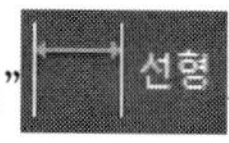

을 클릭한다.
- 첫 번째 치수보조선 원점 지정 또는 〈객체 선택〉 : P1 선택
- 두 번째 치수보조선 원점 지정 : P2 선택

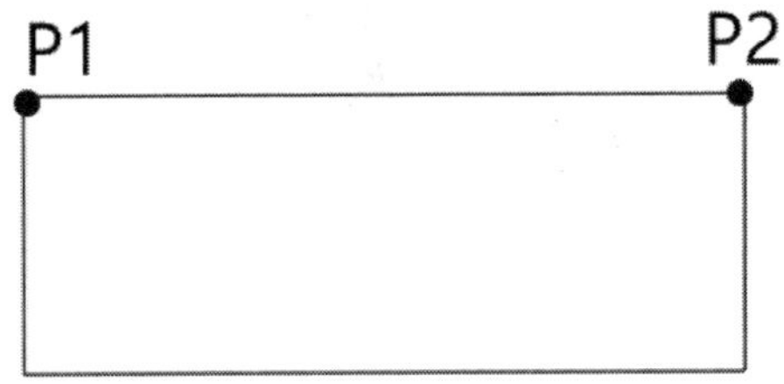

- 두 지점(P1, P2)을 지정 후에 객체와 간격을 떨어진 지점(P3)을 클릭하면 치수기입이 완료된다.
- 수직 치수 기입도 위와 같은 방법으로 P4와 P5 지점을 선택한 후에 P4 지점을 클릭한다.

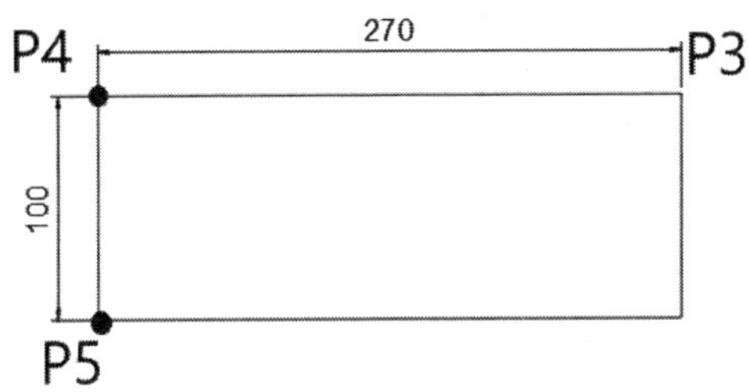

〈수평 및 수직 치수 기입 완료〉

8.3.2 정렬

정렬된 선형 치수를 작성하는 명령어이다. 다음의 3가지 방법 중 사용자가 익숙한 방법을 선택하여 선형 명령을 수행한다.

① 명령어 [DIMALIGNED]를 키인 후 [Enter] 클릭
② 주석 탭 〉 치수 패널 〉 (정렬) 선택
③ 메뉴 〉 치수 〉 정렬 선택

명령어 [DIMALIGNED]를 키인하거나 혹은 단축키 [DA:]를 키인 하여도 같은 명령을 수행할 수 있다.

☞ **다음과 같이 삼각형에 정렬 치수를 기입하는 예제를 따라해보자.**

- 명령어 [DIMALIGNED]를 키인 후 [Enter]를 클릭한다.
- 또는 치수 패널에 정렬(

)을 선택한다.
- P1을 클릭한 후에 P2를 클릭하고 마지막으로 P3를 클릭한다.

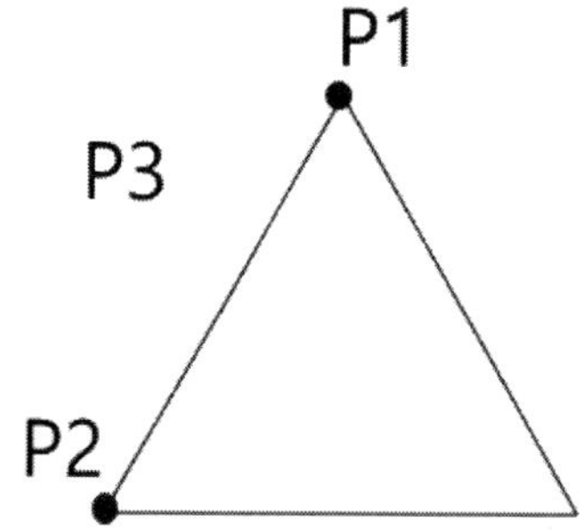

P3까지 클릭이 완료되면 경사의 치수가 입력된다.

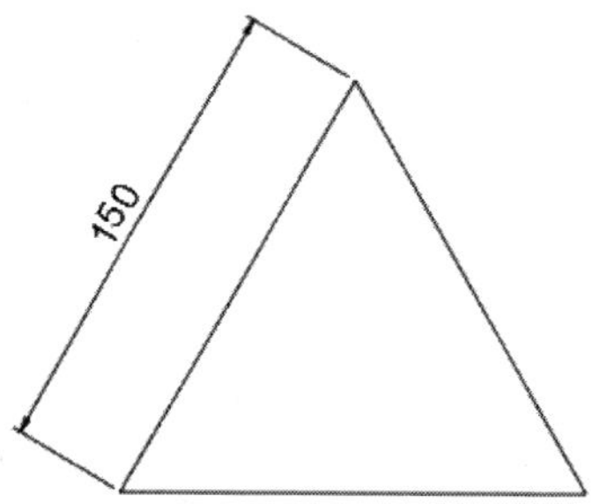

〈정렬 치수 입력 완료〉

8.3.3 꺾어진 선형 치수 명령

치수를 작성할 때 도면상에서 측정된 거리가 아닌 실제 거리를 나타내야 할 때 사용하는 꺾은선을 작성하거나 제거한다. 다음의 3가지 방법 중 사용자가 익숙한 방법을 선택하여 꺾어진 선형 치수 명령을 수행한다.

① 명령어 [DIMJOGLINE]를 키인 후 [Enter] 클릭
② 주석 탭 〉 치수 패널 〉 치수, 치수 꺾기선 선택
③ 메뉴 〉 치수 〉 꺾어진 선형 선택

명령어 [DIMJOGLINE]를 키인해도 같은 명령을 수행할 수 있다.

☞ **다음과 같이 꺾어진 선형치수를 기입하는 예제를 따라해보자.**

- 명령어 [DIMANGULAR]를 키인 후 [Enter]를 클릭한다.

```
꺾기를 추가할 치수 선택 또는 [제거(R)]:
  DIMJOGLINE 꺾기 위치 지정(또는 ENTER 키 누르기):
```

- 치수선 중 꺾기 위치 지점을 다음 그림처럼 선택해 준다.

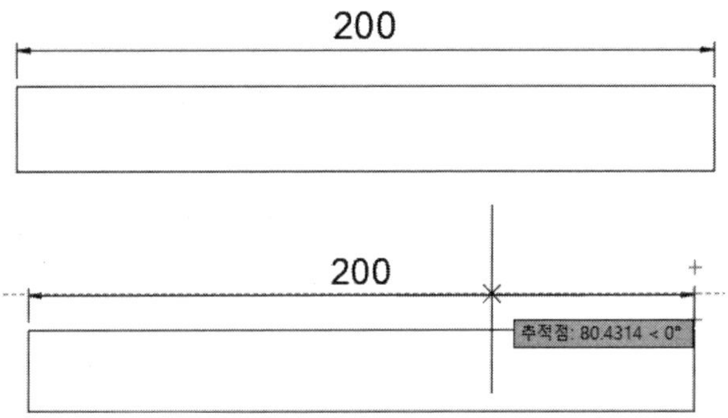

- 다음과 같이 꺾기 지정 위치에 꺾어진 치수가 완성된다.

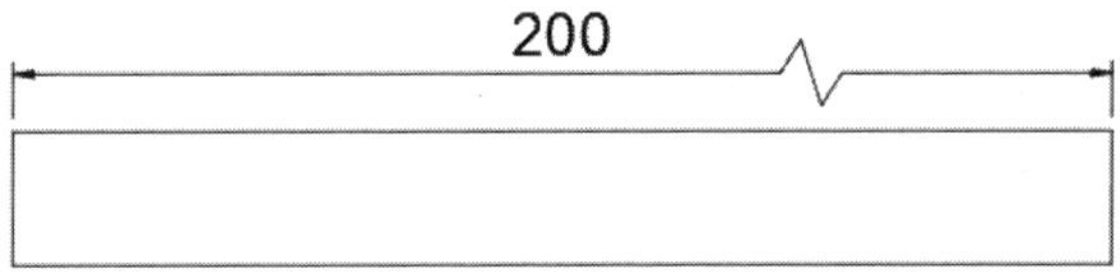

8.3.4 연속 치수 명령

연속 치수는 이전에 작성했던 치수의 치수보조선에서 시작하는 치수를 작성하는 기능이다. 마지막으로 작성한 치수선을 기준으로 치수선을 연속으로 작성할 수 있다. 다음의 3가지 방법 중 사용자가 익숙한 방법을 선택하여 연속 치수 명령을 수행한다.

① 명령어 [DIMCONTINUE]를 키인 후 [Enter] 클릭
② 주석 탭 〉 치수 〉 연속 〉 연속 선택
③ 메뉴 〉 치수 〉 연속 선택

명령어 [DIMCONTINUE]를 키인하거나 단축키 [DCO]를 키인해도 같은 명령을 수행할 수 있다.

☞ **다음과 같이 연속 치수를 기입하는 예제를 따라해보자.**

- 명령어 [DIMCONTINUE]를 키인 후 [Enter]를 클릭한다.
- 다음과 같이 순서대로 선택해 준다.
- 명령어 Dimcontinue를 키인한 후 치수를 작성할 모서리를 차례대로 클릭하여 연속치수를 작성한다.
- 다음과 같이 연속적으로 치수가 작성되며 완성되는 것을 확인할 수 있다.

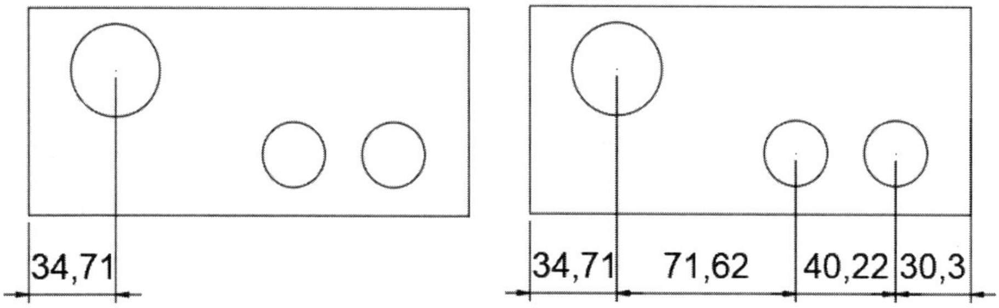

8.3.5 각도

각도를 작성하는 명령어이다. 다음의 3가지 방법 중 사용자가 익숙한 방법을 선택하여 선형 명령을 수행한다.

① 명령어 [DIMANGULAR]를 키인 후 [Enter] 클릭
② 주석 탭 〉 치수 패널 〉 (각도) 선택
③ 메뉴 〉 치수 〉 각도 선택

명령어 [DIMANGULAR]를 키인하거나 혹은 단축키 [DIMAG]를 키인하여도 같은 명령을 수행할 수 있다.

☞ **다음과 같이 두 선의 각도를 기입하는 예제를 따라해보자.**

- 명령어 [DIMANGULAR]를 키인 후 [Enter]를 클릭한다.
- 치수 패널의 '각도(
)'를 선택한다.
- P1을 클릭한 후에 P2를 클릭하고 마지막으로 P3를 클릭하면 두 선의 각도가 다음과 같이 입력된다.

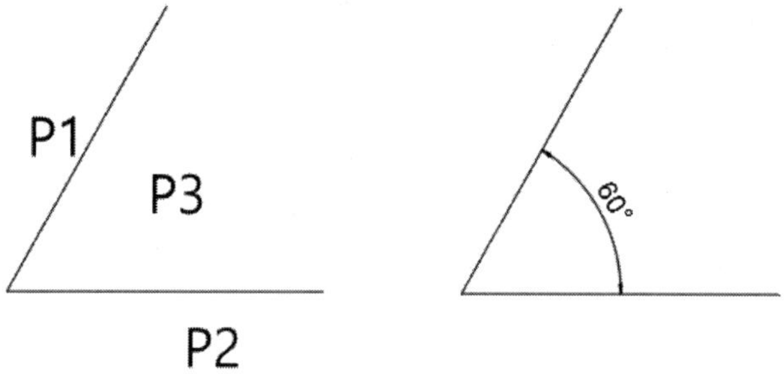

8.3.6 호 길이

호 길이를 기입할 때 사용하는 명령어이다. 다음의 3가지 방법 중 사용자가 익숙한 방법을 선택하여 선형 명령을 수행한다.

① 명령어 [DIMARC]를 키인 후 [Enter] 클릭
② 주석 탭 〉 치수 패널 〉 (호 길이) 선택
③ 메뉴 〉 치수 〉 호 길이 선택

명령어 [DIMARC]를 키인하거나 혹은 단축키 [DAR]를 키인하여도 같은 명령을 수행할 수 있다.

☞ **다음과 같이 호의 길이를 기입하는 예제를 따라해보자.**
- 명령어 [DIMARC]를 키인 후 [Enter]를 클릭한다.
- [치수] 패널의 호길이()를 선택한다.
- P1을 클릭한 후에 마지막으로 P2를 클릭한다.
- 다음과 같이 치수가 입력되는 것을 확인할 수 있다.

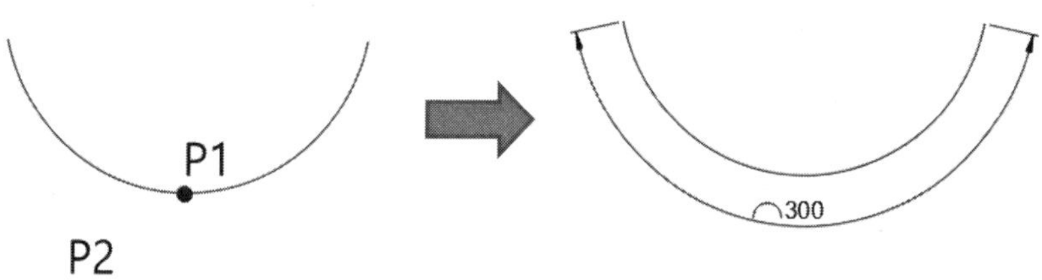

8.3.7 반지름

원의 반지름을 기입할 때 사용하는 명령어이다. 다음의 3가지 방법 중 사용자가 익숙한 방법을 선택하여 선형 명령을 수행한다.

① 명령어 [DIMRADIUS]를 키인 후 [Enter] 클릭
② 주석 탭 〉 치수 패널 〉 (반지름) 선택
③ 메뉴 〉 치수 〉 반지름 선택

- 명령어 [DIMRADIUS]를 키인하거나 혹은 단축키 [DRA]를 키인하여도 같은 명령을 수행할 수 있다.

☞ **다음과 같이 원의 반지름을 기입하는 예제를 따라해보자.**
- 명령어 [DIMRADIUS]를 키인 후 [Enter]를 클릭한다.
- 치수 패널의 반지름(

)을 선택한다.
- 원(P1)을 클릭하면 미리보기를 통해 반지름이 자동으로 나오게 된다.
- 미리보기를 통하여 적당한 곳에 클릭하면 치수가 입력된다.

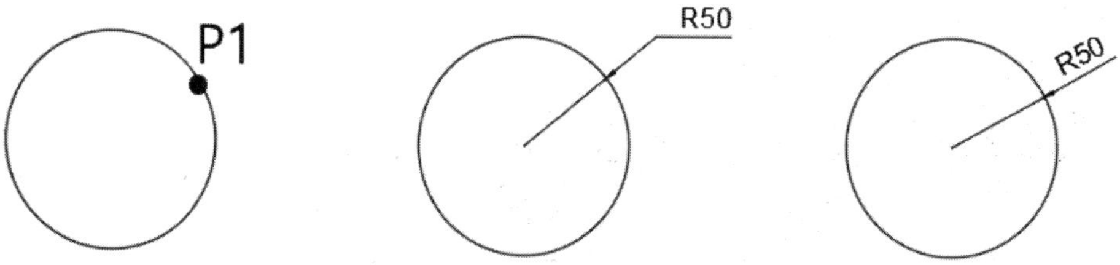

8.3.8 지름

원의 지름을 기입할 때 사용하는 명령어이다. 다음의 3가지 방법 중 사용자가 익숙한 방법을 선택하여 선형 명령을 수행한다.

① 명령어 [DIMDIAMETER]를 키인 후 [Enter] 클릭
② 주석 탭 〉 치수 패널 〉 (지름) 선택
③ 메뉴 〉 치수 〉 지름 선택

명령어 [DIMDIAMETER]를 키인하거나 혹은 단축키 [DDI]를 키인하여도 같은 명령을 수행할 수 있다.

☞ **다음과 같이 원의 지름을 기입하는 예제를 따라해보자.**
- 명령어 [DIMDIAMETER]를 키인 후 [Enter]를 클릭한다.
- [주석] 패널의 지름(

)을 선택한다.

- 원(P1)을 클릭하면 미리보기를 통해 지름이 자동으로 입력된다.
- 미리보기를 통하여 적당한 곳에 클릭하면 치수가 입력된다.

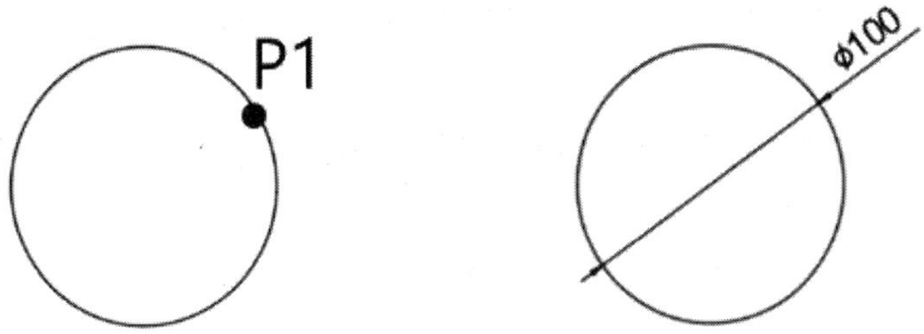

8.3.9 꺾어진 반지름

원이나 호의 꺾어진 반지름 치수를 기입할 때 사용하는 명령어이다. 다음의 3가지 방법 중 사용자가 익숙한 방법을 선택하여 선형 명령을 수행한다.

① 명령어 [DIMJOGGED]를 키인 후 [Enter] 클릭
② 주석 탭 〉 치수 패널 〉 (꺾기) 선택
③ 메뉴 〉 치수 〉 꺾어진(J) 선택

- 명령어 [DIMJOGGED]를 키인하거나 혹은 단축키 [JOG]를 키인하여도 같은 명령을 수행할 수 있다.

☞ **다음과 같이 꺾어진 객체에 꺾어진 반지름 치수를 기입하는 예제를 따라해보자.**
- 명령어 [DIMJOGGED]를 키인 후 [Enter]를 클릭한다.
- [주석] 패널의 꺾기()를 클릭한다.

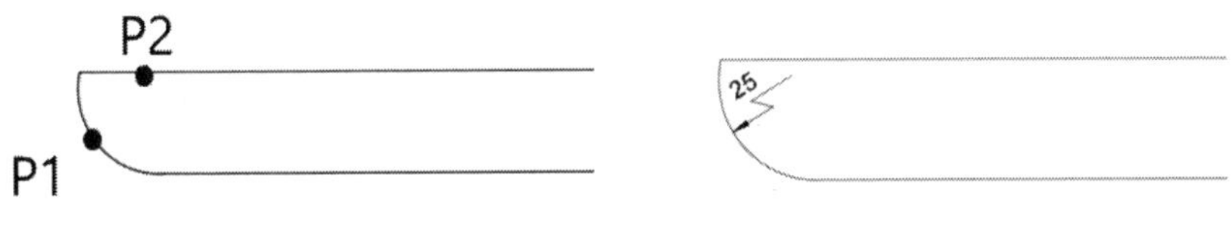

8.3.10 기준선 치수

기준선 치수는 선택한 치수의 기준선으로부터 선형, 각도 치수를 기입하고자 할 때 사용하는 명령어이다. 다음의 2가지 방법 중 사용자가 익숙한 방법을 선택하여 선형 명령을 수행한다.

① 명령어 [DIMBASELINE]를 키인 후 [Enter] 클릭
② 메뉴 〉 치수 〉 기준선 선택

명령어 [DIMBASELINE]를 키인하여도 같은 명령을 수행할 수 있다.

☞ **다음과 같이 기준선으로부터 연속으로 치수를 기입하는 예제를 따라해보자.**
- 명령어 선형을 사용하여 수평치수를 입력한다.
- 치수 메뉴에서 '기준선'을 클릭 또는 명령창에 [DIMBASELINE]를 키인 후 [Enter]를 클릭하면 선형으로 입력된 치수에서 연속으로 기입된다.
- 치수를 원하는 지점을 차례로 클릭한다.
- 지점 선택이 완료되면 [Enter]를 클릭하여 명령을 종료한다.

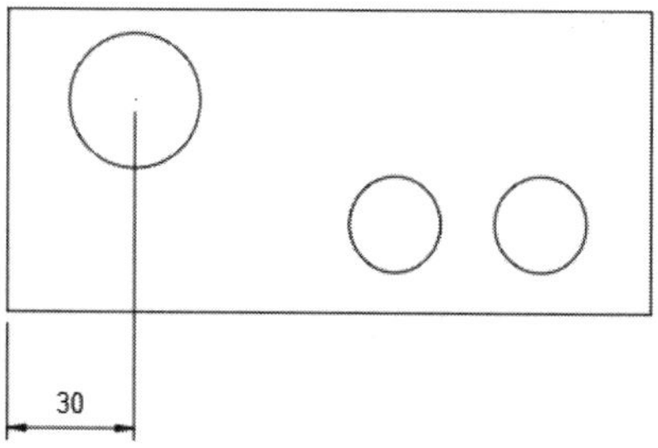

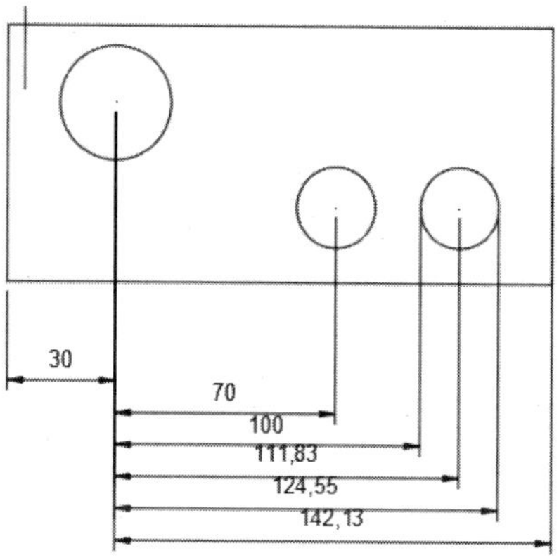

8.3.11 빠른 작업 치수

선택한 객체의 치수를 신속하게 작성한다. 즉, 여러 객체를 선택하여 한 번에 선형치수를 작성할 수 있다. 다음 3가지 방법 중 사용자가 익숙한 방법을 선택하여 선형 명령을 수행한다.

① 명령어 [QDIM]을 키인 후 [Enter] 클릭
② 메뉴 〉 주석 〉 치수 〉 빠른 작업 치수 선택
③ 홈 〉 주석 〉 빠른 작업 치수 선택

빠른 작업 치수 명령은 QDIM을 키인하여 명령을 실행 후 작성할 부분들을 선택한다. 빠른 작업 치수를 작성할 치수선택이 완료되면 Enter를 클릭하여 선택모드를 종료한다.치수가 작성될 위치로 마우스를 이동하고 원하는 위치에서 클릭하여 치수를 작성하며 화면에 표시되는 미리보기를 이용하면 편리하게 사용할 수 있다.

8.3.12 검사 치수

검사치수는 작업 중인 도면에서 선택한 치수의 검사 정보를 추가하거나 제거한다. 검사 치수 기능으로 치수 문자 부분의 형태를 변경할 수 있다. 다음의 명령을 이용하여 실행 가능하다. 다음 방법 중 사용자가 익숙한 방법을 선택하여 선형 명령을 수행한다.

① 명령어 [DIMINSPECT]을 키인 후 [Enter] 클릭
② 주석 〉 치수 〉 검사 선택
③ 홈 〉 주석 〉 검사 선택

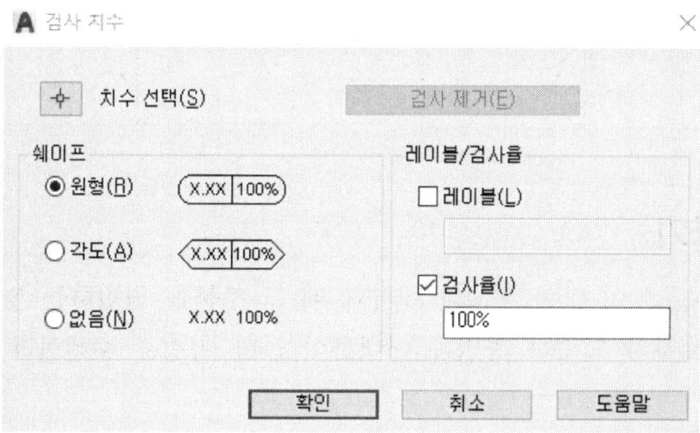

8.4 치수 편집

8.4.1 치수 간격

선형치수 또는 각도 치수 등의 간격을 조정하는 명령어이다. 다음의 2가지 방법 중 사용자가 익숙한 방법을 선택하여 선형 명령을 수행한다.

① 명령어 [DIMSPACE]를 키인 후 [Enter] 클릭
② 메뉴 〉 치수 〉 치수간격 선택

명령어 [DIMSPACE]를 키인하여도 같은 명령을 수행할 수 있다.

☞ **다음과 같이 객체의 치수간격을 늘려보는 예제를 따라해보자.**

- [치수] 메뉴에서 [치수 간력]을 클릭 또는 명령창에 [DIMSPACE]를 키인 후 치수 간격의 기준이 되는 치수를 선택한다.
- 간격을 둘 나머지 치수를 선택한다.

선택방법은 Ctrl을 이용한 개별 선택방식 또는 교차 선택방법을 사용한다.

- 치수 선택이 완료되면 [Enter]를 클릭한 후 띄울 간격으로 15를 입력한다.
- 치수 입력 후 [Enter]를 클릭해 명령을 종료하면 치수 간격이 15로 늘어난 것을 확인할 수 있다.

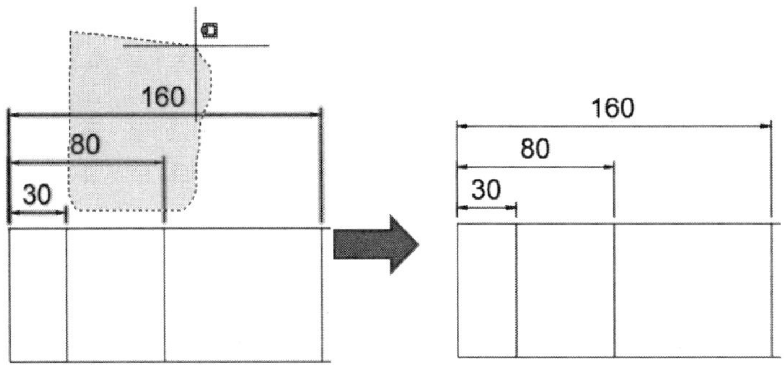

8.4.2 치수 끊기

치수선 및 치수보조선이 다른 객체와 교차할 때 그 부분을 편집하는 명령어이다. 다음의 2가지 방법 중 사용자가 익숙한 방법을 선택하여 선형 명령을 수행한다.

① 명령어 [DIMBREAK]를 키인 후 [Enter] 클릭
② 메뉴 〉 치수 〉 치수끊기 선택

- 명령어 [DIMBREAK]를 키인하여도 같은 명령을 수행할 수 있다.

☞ 다음과 같이 객체의 치수선을 편집하는 예제를 따라해보자.

- [치수] 메뉴에서 [치수 끊기]를 클릭 또는 명령창에 [DIMBREAK] 명령을 실행한 후 치수 끊기를 실행할 지수선(P1)을 선택한다.
- 기준이 되는 치수선을 선택 후 그 치수선과 교차되는 치수선(P2)를 선택한다.
- 치수 선택이 완료되면 [Enter]를 클릭하여 종료하면 첫 치수선(P1)이 분리된 것을 확인할 수 있다.

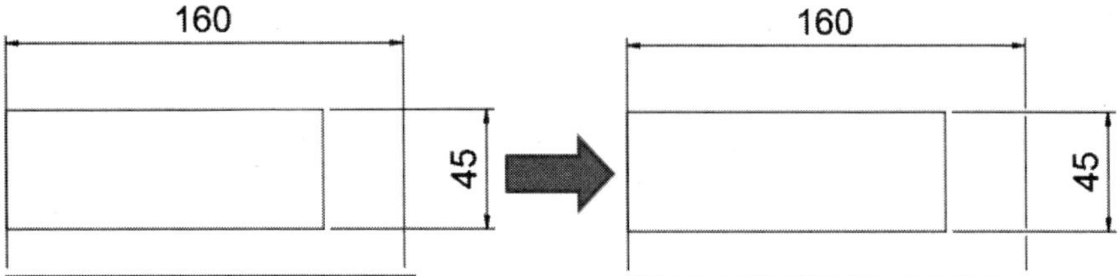

〈치수 끊기 실행 전〉 〈치수 끊기 실행 후〉

8.5 기타 명령들

8.5.1 세로 좌표

원점을 기준으로 수평 또는 수직거리를 측정하는 명령어이다. 다음의 3개 방법 중 사용자가 편리한 방법을 선택해 실행한다.

① 명령어 [DIMORDINATE]를 키인 후 [Enter] 클릭
② 리본 〉 주석 탭 〉 치수 패턴 〉 (세로 좌표) 선택
③ 메뉴 〉 치수 〉 세로 좌표 선택

8.5.2 공차

공차의 기호, 공차값, 데이터 등을 지시선을 이용하여 표시할 수 있다. 다음의 3개 방법 중 사용자가 편리한 방법을 선택해 실행한다.

① 명령어 [TOLERANCE]를 키인 후 [Enter] 클릭
② 리본 〉 주석 탭 〉 치수 패턴 〉 (공차) 선택
③ 메뉴 〉 치수 〉 공차 선택

8.5.3 중심표식

원 및 호의 중심 표식 또는 중심선을 작성할 때 사용하는 명령어이다. 다음의 3개 방법 중 사용자가 편리한 방법을 선택해 실행한다.

① 명령어 [DIMCENTER]를 키인 후 [Enter] 클릭
② 리본 〉 주석 탭 〉 치수 패턴 〉 (중심표식) 선택
③ 메뉴 〉 치수 〉 중심표식 선택

8.5.4 검사

선택한 치수로부터 검사치수를 추가 또는 제거할 수 있다. 다음의 3개 방법 중 사용자가 편리한 방법을 선택해 실행한다.

① 명령어 [DIMINSPECT]를 키인 후 [Enter] 클릭
② 리본 〉 주석 탭 〉 치수 패턴 〉 (검사) 선택
③ 메뉴 〉 치수 〉 검사 선택

8.5.5 꺾어진 선형

선형 또는 정렬 치수에 꺾기 선을 추가하거나 제거할 때 사용하는 명령어이다. 다음의 3개 방법 중 사용자가 편리한 방법을 선택해 실행한다.

① 명령어 [DIMJOGLINE]를 키인 후 [Enter] 클릭
② 리본 〉 주석 탭 〉 치수 패턴 〉 (꺾어진 선형) 선택
③ 메뉴 〉 치수 〉 꺾어진 선형 선택

8.5.6 재지정

선택한 치수에 사용된 시스템 변수의 재지정을 조정할 때 사용한다. 다음의 3개 방법 중 사용자가 편리한 방법을 선택해 실행한다.

① 명령어 [DIMOVERRIDE]를 키인 후 [Enter] 클릭
② 리본 〉 주석 탭 〉 치수 패턴 〉 (재지정) 선택
③ 메뉴 〉 치수 〉 재지정을 선택

8.5.7 업데이트

치수 스타일을 수정하고 객체를 선택하여 변경된 스타일을 업데이트할 수 있다. 다음의 3개 방법 중 사용자가 편리한 방법을 선택해 실행한다.

① 명령어 [-DIMSTYLE]를 키인 후 [Enter] 클릭
② 리본 〉 주석 탭 〉 치수 패턴 〉 (업데이트) 선택
③ 메뉴 〉 치수 〉 업데이트 선택

8.6 중심선(Centermark/Centerline)

AutoCAD 2019에서는 호/원과 연관된 중심 표식 및 선택한 선/폴리선 세그먼트와 연관된 중심선 작성이 가능하다. 이러한 기능이 추가되어 쉽고 빠르게 도면을 작도할 수 있다.

8.6.1 중심표식(CENTERMARK)

선택한 원이나 호의 중심에 십자 모양 연관 표식을 작성한다. 다음의 3개 방법 중 사용자가 편리한 방법을 선택해 실행한다.

① 명령어 [CENTERMARK]를 키인 후 [Enter] 클릭
② 리본 〉 주석 탭 〉 중심선 패널 〉 (중심표식) 선택
③ 메뉴 〉 치수 〉 중심표식 선택

명령어 [CENTERMARK]를 키인하여도 같은 명령을 수행할 수 있다.

☞ **다음과 같이 중심표식을 기입하는 예제를 따라해보자.**
- [중심선] 패널의 중심표식(⊕ 중심 표식(M))을 클릭한다.
- 중심표식을 추가할 원 또는 호(P1)를 선택한다.
- 다음과 같이 선택한 원의 중심에 십자 모양의 표식이 생기는 것을 확인할 수 있다.

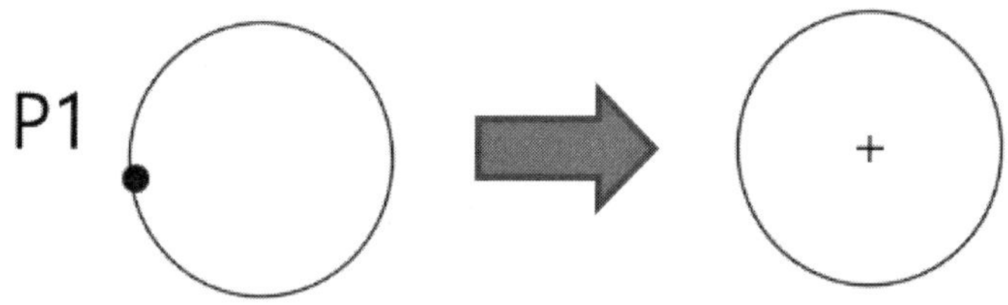

8.6.2 중심선(CENTERLINE)

선택한 선 및 폴리선과 연관된 중심선 형상을 작성한다. 다음의 3개 방법 중 사용자가 편리한 방법을 선택해 실행한다.

① 명령어 [CENTERLINE]를 키인 후 [Enter] 클릭
② 리본 〉 주석 탭 〉 중심선 패널 〉 (중심선) 선택
③ 메뉴 〉 치수 〉 중심선을 선택

명령어 [CENTERLINE]를 키인하여도 같은 명령을 수행할 수 있다.

☞ **다음과 같이 중심선을 추가하는 예제를 따라해보자.**
명령어 [CENTERLINE]를 키인하고 [Enter]를 클릭한다.
- Centerline 첫 번째 선 선택 : P1을 클릭한다.
- Centerline 두 번째 선 선택 : P2를 클릭한다.

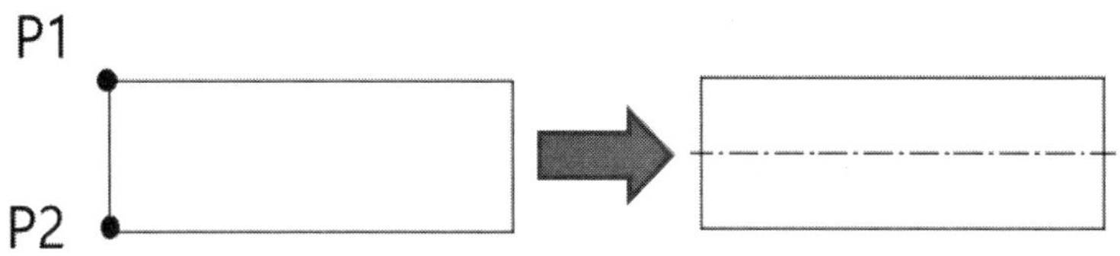

선택한 선에 대한 중심선 형상이 생기는 것을 확인할 수 있다.

8.7 다중 지시선(MLEADER)

다음의 3개 방법 중 사용자가 편리한 방법을 선택해 실행한다.

① 명령어 [MLEADER]를 키인 후 [Enter] 클릭
② 리본 〉 주석 탭 〉 지시선 패널 〉 (다중 지시선) 선택
③ 메뉴 〉 치수 〉 다중 지시선 선택

명령어 [MLEADER]를 키인하여도 같은 명령을 수행할 수 있다.

지시선(Leader)이란 지시선을 이용하여 객체 외부에 치수기입 및 주석을 적는 데 사용하는 명령이다. 명령창에 Leader를 입력하면 명령을 실행시킬 수 있다.

명령이 실행되면 ① 지시선 시작점 지정 입력란이 나타나며 ② 다음 점 지정 ③ 다음정 지정 또는 [주석(A)/형식(F)/명령 취소(U)] 〈주석(A)〉 : 또는 옵션선택 ④ 주석 문자의 첫 번째 행 입력 또는 〈옵션〉 : 문자입력 또는 옵션선택 ⑤ 주석 문자의 다음 행을 입력: ↲ 끝내기 순서로 입력하면 지시선 작성이 완료된다.

가. 다중 지시선 명칭

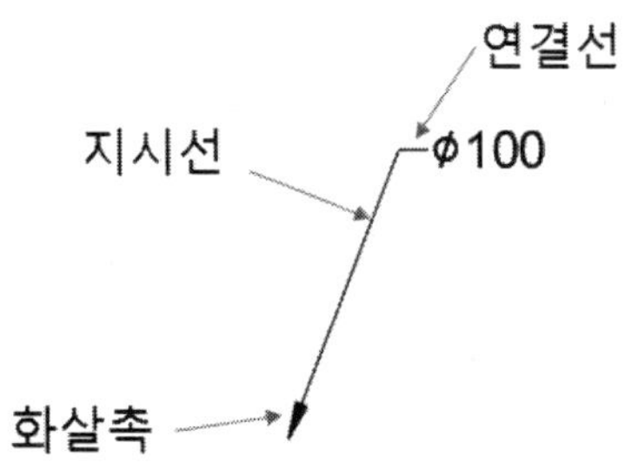

☞ **다음과 같이 중심선을 추가하는 예제를 따라해보자.**

- 명령어 [MLEADER]를 키인하고 [Enter]를 클릭한다.
- 지시선의 시작점 (P1)을 클릭한다.
- 지시선 연결선 위치(P2)를 지정한 후 클릭한다.
- 원하는 문자를 입력한 후 작업영역 화면을 클릭하여 명령을 종료한다.

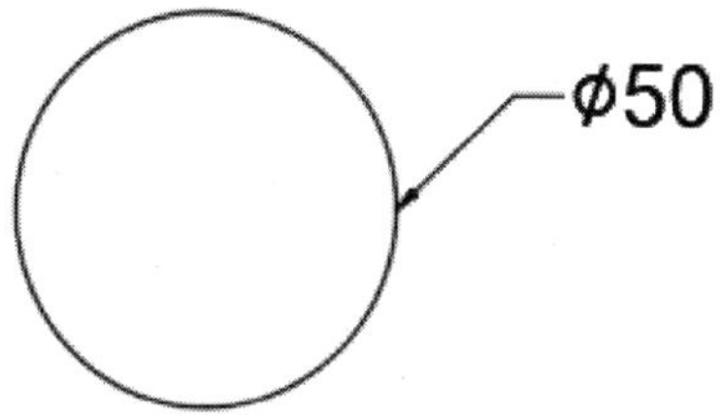

〈다중 지시선 작성 완료〉

8.8 다중 지시선 스타일(MLEADERSTYLE)

다중 지시선은 사용자가 각각의 스타일을 자유롭게 설정할 수 있다. 다중 지시선의 형식과 모양을 일괄적으로 정리하며 설정된 값에 의해 다중 지시선 입력을 쉽게 도와주는 기능을 한다. 지시선을 이용하여 객체 외부에 치수기입 및 주석에 사용하는 데 필요한 명령이다. 다중 지시선 스타일에 의해 설정값을 조정할 수 있다. 다중 지시선 스타일 메뉴를 실행하면 다중 지시선 스타일을 작성, 수정 및 지정할 수 있는 대화창이 나타난다. 현재 다중 지시선 스타일을 지정하여 지시선 형식, 지시선 구조, 지시선 내용 등의 특성을 설정할 수 있다.

다음의 3개 방법 중 사용자가 편리한 방법을 선택해 실행한다.

① 명령어 [MLEADERSTYLE]를 키인 후 [Enter] 클릭
② 리본 〉 홈 〉 주석 〉 다중 지시선 스타일 선택
③ 메뉴 〉 주석 〉 치수 〉 다중 지시선 스타일 선택

명령어 [MLEADERSTYLE]를 키인하여도 같은 명령을 수행할 수 있다. 명령어 [MLEADERSTYLE]를 키인하면 다음의 대화창이 나타난다.

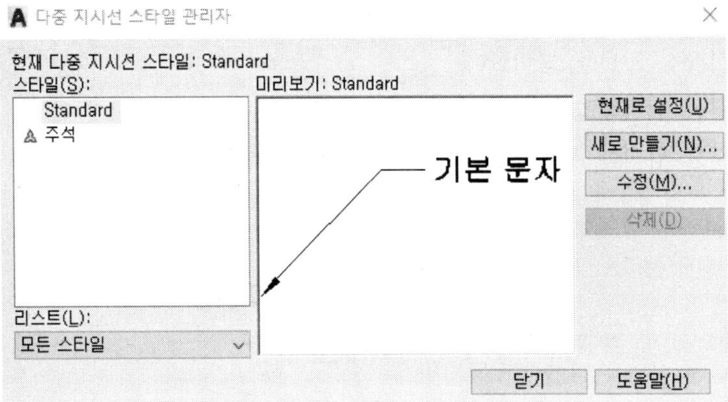

다중 지시선 스타일 대화상자의 각 서브옵션 메뉴는 현재 다중 지시선 스타일, 스타일, 리스트, 미리보기, 현재로 설정, 새로 만들기, 수정 및 삭제 옵션이 있으며 그 기능은 앞서 치수선의 기능과 동일한 기능이므로 앞 장의 설명부분을 참고하기 바란다.

8.8.1 다중 지시선 스타일 수정 옵션

① 지시선 형식

다중 지시선 스타일 대화창에서 [수정] 버튼을 클릭하면 다음의 수정 대화창이 나타나는데, 이로부터 다중 지시선의 지시선 및 화살촉 형식을 조정할 수 있다.

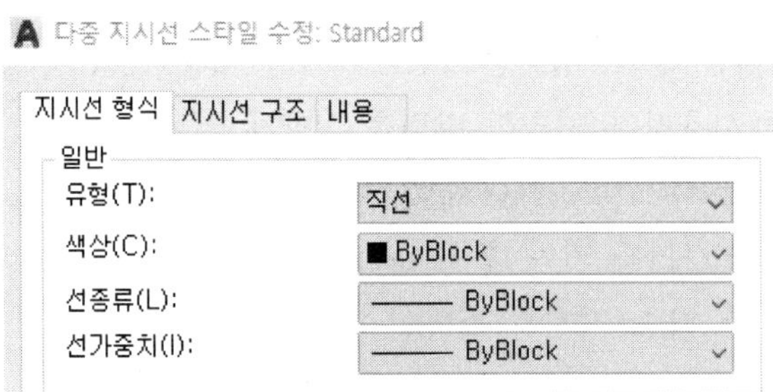

이 수정 대화창에서는 일반(유형, 색상, 선종류, 선가중치), 화살촉(기호, 크기), 지시선 끊기(끊기 크기) 등을 수정할 수 있으며 치수선에서의 설명과 동일한 기능이다. 본 메뉴를 통해 지시선 화살촉 위치 지정, 지시선 연결선 위치 지정 등의 지정이 가능하다.

② 지시선 구조

최대 지시선 점 수, 연결선 고정 거리 등의 값을 설정할 수 있다.

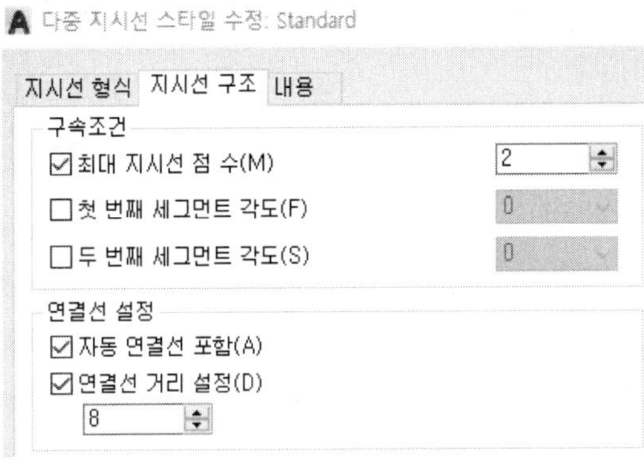

다중 지시선 스타일 대화창에서 [수정] 버튼을 클릭하면 다음의 수정 대화창이 나타나는데, 두 번째 탭인 지시선 구조를 선택하면 다음의 대화창이 나타난다.

지시선 구조 탭은 다중 지시선의 구속조건(최재 지시선 점수, 첫 번 째 세그먼트 각도, 두 번째 세그먼트 각도), 연결선(자동으로 연결선 포함, 연결선 거리 설정) 및 축척(주석, 배치에 대한 다중 지시선 축척, 축척지정)을 설정할 수 있다.

③ 내용

다중 지시선 유형을 선택하여 블록 또는 여러 줄 문자로 선택할 수 있고 연결 설정을 조정할 수 있다.

- 다중 지시선 유형을 여러 줄 문자로 사용하는 옵션

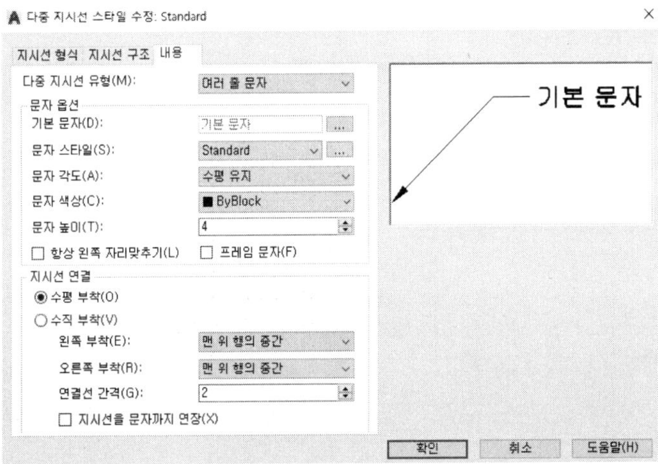

다중 지시선 스타일 대화창에서 [수정] 버튼을 클릭하면 다음의 수정 대화창이 나타나는데 세 번째 탭인 내용을 선택하면 다음의 대화창이 나타난다. 다중 지시선 유형이 여러 줄 문자일 경우 [내용] 탭에서는 다수 지시선에 부착된 콘텐츠 유형이나 문자 옵션(기본 문자, 문자 스타일, 문자 각도, 문자 색상, 항상 왼쪽 자리 맞추기, 프레임 문자), 지시선 연결(수평부착, 수직부착) 등의 옵션을 조정한다.

8.9 테이블

Tablestyle 명령은 테이블 유형의 배경 색상, 여백, 경계, 문자 등을 작성하거나 수정한다. 현재 테이블 스타일을 지정하여 이를 Template으로 이용하면 모든 새 테이블의 모양을 결정할 수 있으며 테이블 스타일에서는 테이블에 사용할 배경, 여백, 문자 및 기타 특성을 설정할 수 있다. 다음의 3개 방법 중 사용자가 편리한 방법을 선택해 실행한다.

① 명령어 [Tablestyle]을 키인 후 [Enter] 클릭
② 리본 〉 홈 〉 주석 〉 테이블 스타일 선택
③ 메뉴 〉 주석 〉 테이블 스타일 선택

명령어 [Tablestyle]를 키인하거나 단축키 [TS]를 키인하여도 같은 명령을 수행할 수 있다.

가. 테이블 스타일 대화상자

명령어 [Tablestyle]를 키인하면 다음의 대화창이 나타난다. 다음의 테이블 스타일에서 새로운 스타일을 만들거나 현재의 스타일을 수정할 수 있다.

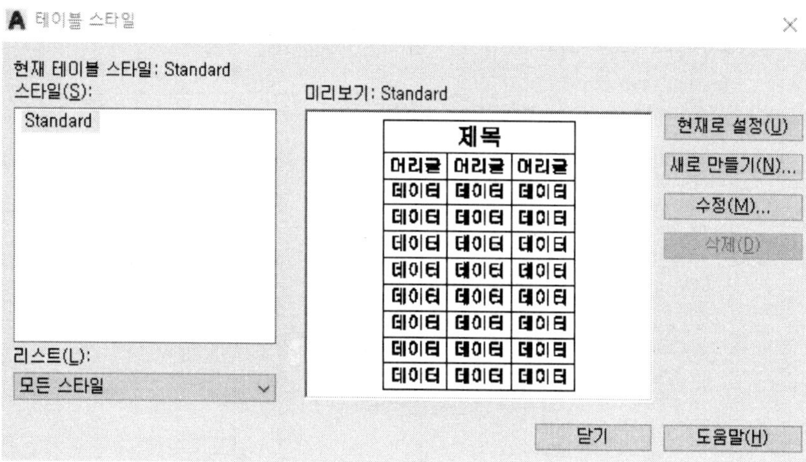

- 현재로 설정 : 작성된 유형들 중 하나를 선택하여 활성화한다.
- 새로 만들기 : 새로운 테이블 유형을 정의하여 생성한다.
- 수정 : 작성된 유형들 중 하나를 선택하여 수정한다.
- 이름 바꾸기 : 현재 선택한 다중선 유형의 이름을 변경한다.
- 삭제 : 작성된 유형들 중 하나를 선택하여 삭제한다.

나. 새로만들기(N) 대화상자

'새 스타일 이름'란에 생성될 테이블 유형의 이름을 입력하고 "계속" 버튼을 선택하면 다음의 대화상자가 표시된다.

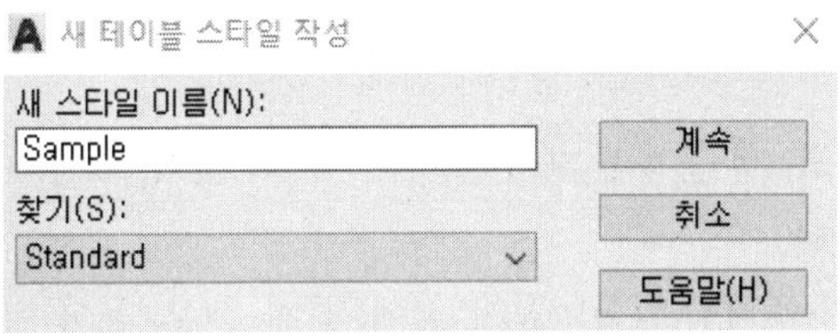

여기서 시작 테이블은 테이블 스타일 수정 작업을 시작할 스타일을 선택하는 기능이며 이를 통해 수정 작업을 할 수 있다. 일반은 테이블의 방향을 나타내는데, 아래로는 아래로 읽는 방향의 테이블을 위로는 위로 읽는 방향 테이블을 나타낸다. 셀 스타일은 데이터 셀, 셀 문자 및 셀 경계 모양을 나타낸다.

- 시작 테이블 : 미리 도면에 작성한 테이블의 구조와 콘텐츠를 약간 변경해서 사용하고자 할 때 사용한다. 불러올 테이블을 지정하거나 잘못 지정된 테이블을 제거한다.
- 테이블 방향 : 제목 행과 머리글 행의 방향을 위(내림차순) 또는 아래(오름차순)로 바꾸어 준다.
- 셀 스타일 : 데이터, 머리글, 제목과 같은 셀 스타일을 새로 작성하거나 기존 셀 스타일을 수정한다.

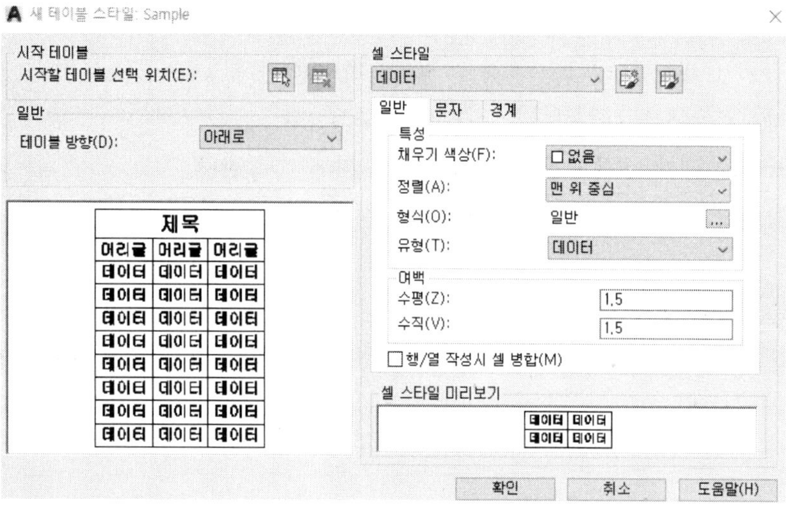

- 일반 탭 : 셀의 배경색, 셀 문자의 자리맞추기, 데이터 형식, 유형, 여백(셀의 경계와 문자 사이의 간격)을 설정한다.

- 문자 탭 : 셀 문자의 스타일(글꼴), 문자 높이, 문자 색상, 문자 각도(방향)를 설정한다.

- 경계 탭 : 셀 테두리 선의 굵기, 선형식, 선 색상, 테두리를 둘러싸는 방향 등을 설정한다.

8.9.1 테이블(Table) 삽입하기

Table 명령으로 빈 테이블을 생성하거나 테이블 스타일에서 정의된 테이블을 불러와 도면에 삽입한다. 또한 Microsoft Excel Spread Sheet의 데이터와 링크하여 사용할 수도 있다.

다음의 3개 방법 중 사용자가 편리한 방법을 선택해 실행한다.

① 명령어 [Table]을 키인 후 [Enter] 클릭

② 리본 〉 홈 〉 주석 〉 테이블 선택

③ 메뉴 〉 주석 〉 테이블 선택

명령어 [Table]를 키인하거나 단축키 [TB]를 키인하여도 같은 명령을 수행할 수 있다.

가. 테이블 스타일 대화상자

- 테이블 스타일 : Tablestyle 명령에서 작성된 테이블 유형을 불러온다.

- 삽입옵션 : 표만 삽입할 것인지 아니면 Microsoft Excel Spread Sheet의 데이터와 링크할 것인지 지정한다.

- 삽입동작 : 테이블의 왼쪽 상단구석 위치(삽입점 지정) 또는 대각선 방향으로 두 점(창 지정)을 지정하여 크기를 결정한다.

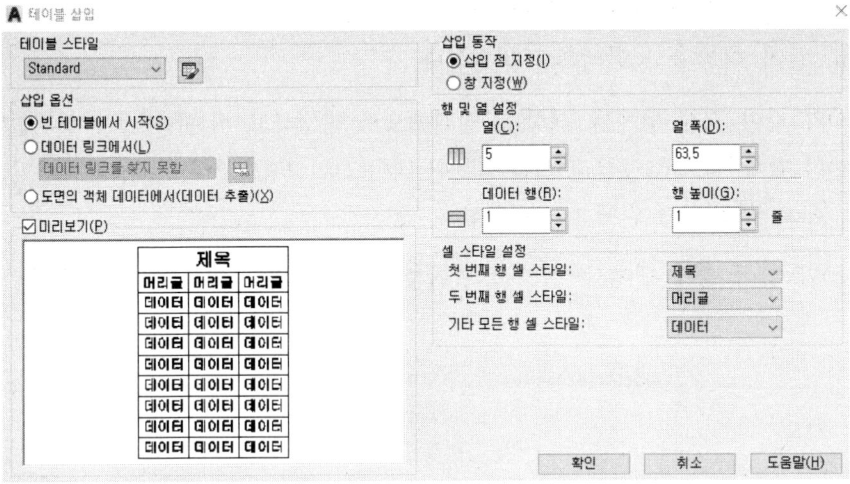

- 행 및 열 설정 : 열과 행의 수와 크기를 입력한다. '행 높이'는 Tablestyle에서 설정되는 문자높이 및 셀 여백을 기반으로 결정된다.
- 셀 스타일 설정 : 기본적으로 3단계(제목, 머리글, 데이터)로 구성된 테이블의 행에 대해서 제외하고자 하는 셀 스타일을 지정하거나 구성 순서를 변경한다.

나. 테이블 유형 만들기 따라하기

- 명령어 [Tablestyle]을 키인하고 [Enter]를 클릭한다.
- 테이블 스타일 대화상자에서 "새로만들기(N)" 버튼을 선택한다.
- 새 테이블 스타일 작성 창의 '새 스타일 이름'란에 Sample로 입력하고 "계속" 버튼을 누른다.
- 새 테이블 스타일 대화상자에서 다음 그림(a)와 같이 테이블 방향을 위로 변경한다.
- 그림 (b)와 같이 '셀 스타일'을 수정할 항목인 제목으로 변경하고 일반 탭에서 행/열 작성시 셀 병합을 체크 해제한다.
- 그림 (c)와 같이 문자 탭에서 '문자 높이'를 5mm, '문자 색상'을 초록색으로 변경한다.
- 그림(d)와 같이 경계 탭에서 '색상'을 빨간색으로 변경하고 버튼( )을 클릭한다.

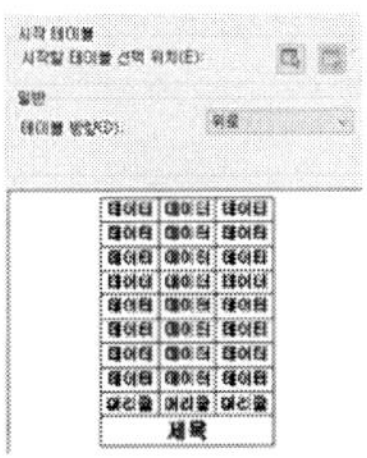
〈그림 (a)〉

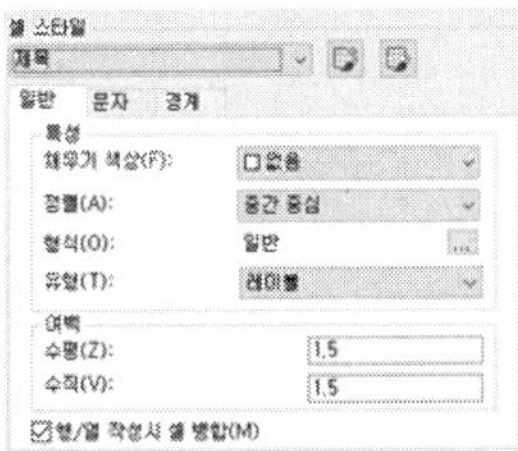
〈그림 (b)〉

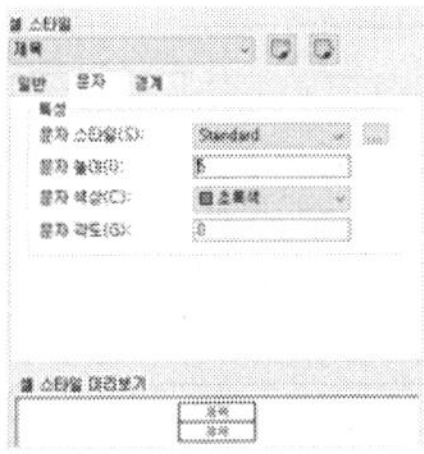
〈그림 (c)〉

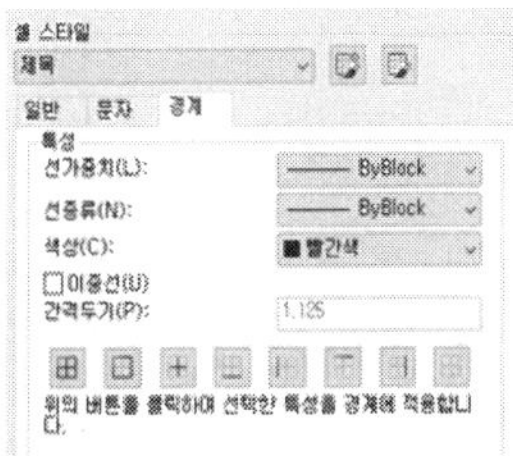
〈그림 (d)〉

- 그림(e)와 같이 '셀 스타일'을 수정할 항목인 머리글로 변경하고 문자 탭에서 '문자 높이'를 3.15 mm, '문자 색상'을 노란색으로 변경한다.

- 그림(f)와 같이 경계 탭에서 '색상'을 빨간색으로 변경하고 버튼(⊞)을 선택한다.
- 그림(g)와 같이 '셀 스타일'을 수정할 항목인 데이터로 변경하고 문자 탭에서 '문자 높이'를 3.15mm, '무자 색상'을 노란색으로 변경한다.

- 그림(h)와 같이 경계 탭에서 '색상'을 빨간색으로 변경하고 버튼(⊞)을 선택한다.

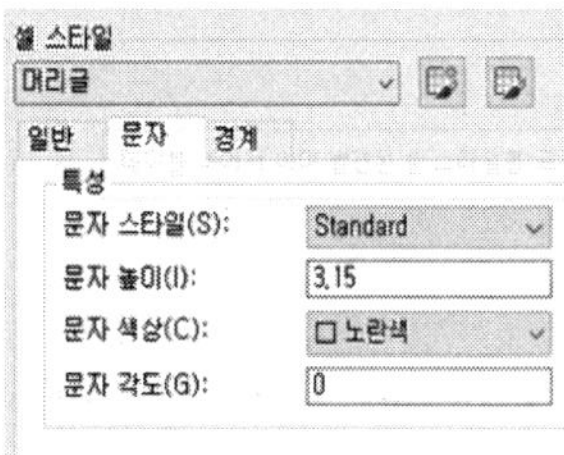

〈그림 (e)〉

〈그림 (f)〉

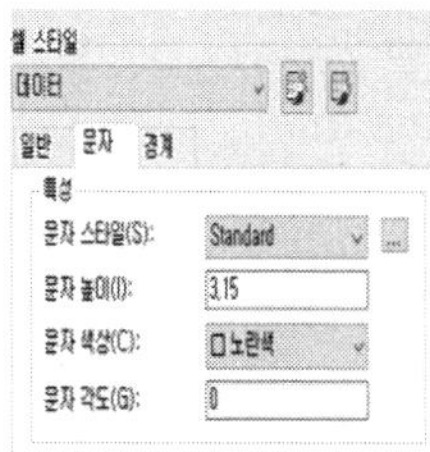

〈그림 (g)〉

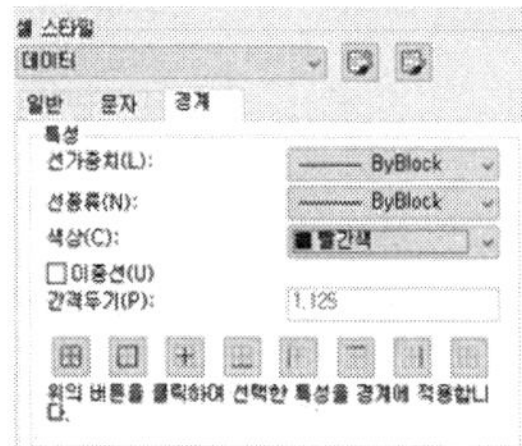

〈그림 (h)〉

- 테이블 스타일 대화상자를 닫는다.
- 명령어 [Table]을 키인하고 [Enter]를 클릭한다.
- 테이블 삽입 대화상자에 그림과 같이 설정한다.

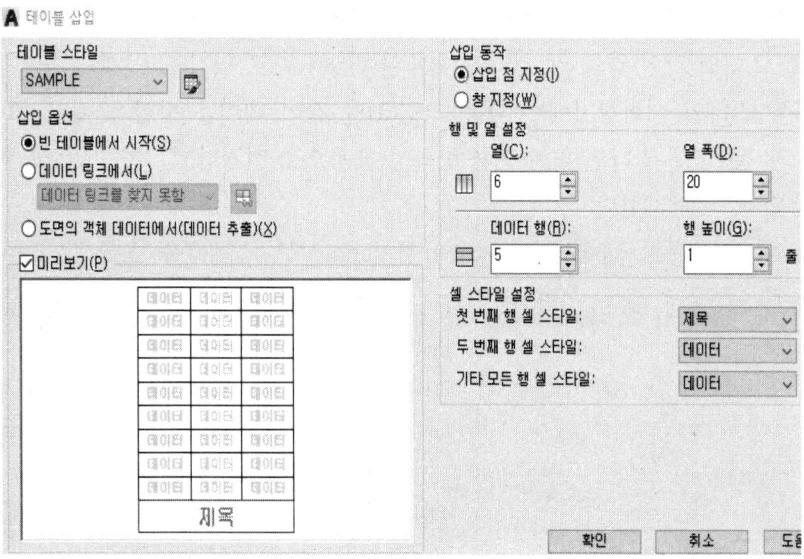

- 테이블 스타일 : SAMPLE
- 열 : 6
- 열 폭 : 20
- 데이터 행 : 5
- 행 높이 : 1
- 두 번째 행 셀 스타일 : 데이터

- 테이블 삽입 대화상자를 닫고 임의의 위치에 한 점을 클릭한다.
- 다음과 그림과 같이 표시가 되며 우선 테두리 형태를 완성하기 위해 문자 형식 편집기를 닫는다. 편집기를 닫는 빠른 방법은 테이블 바깥쪽을 클릭하면 된다.

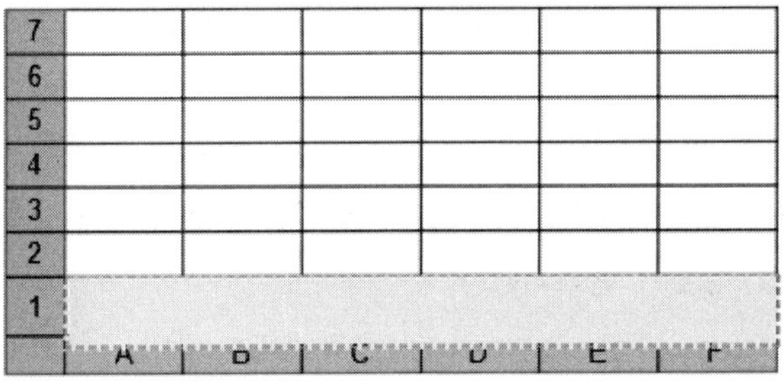

- 그림(h)와 같이 셀을 병합하기 위해 명령 없이 두 점(P1-P2)으로 영역을 지정한다.
- 그림(i)와 같이 마우스 오른쪽 버튼을 클릭하면 표시되는 메뉴창에서 '병합'의 '전체'를 선택한다.
- 그림(j)와 같이 오른쪽에 있는 셀도 그림(h)와 같은 방법으로 병합을 한다.

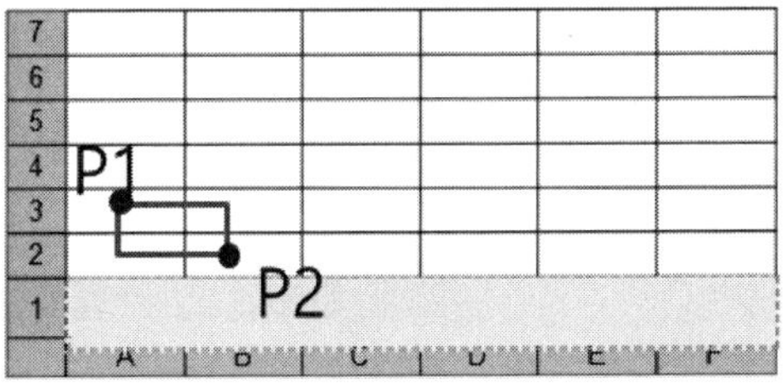

〈그림 (h)〉

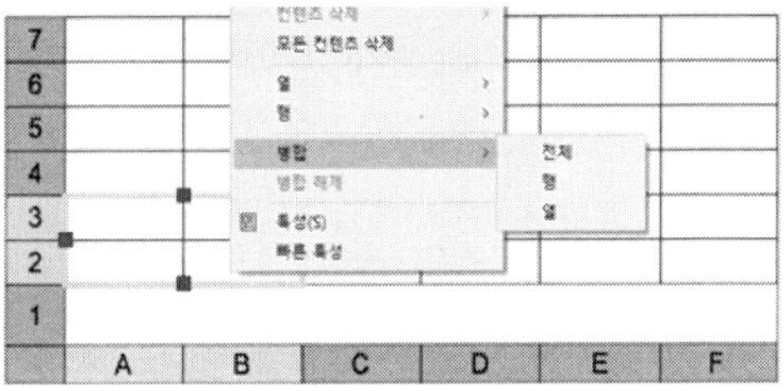

〈그림 (i)〉

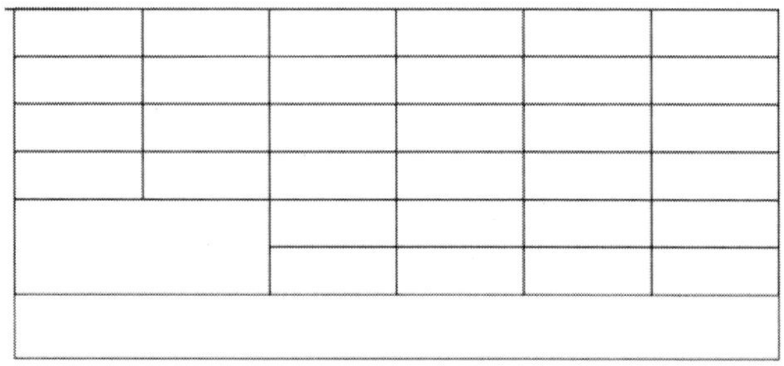

〈그림 (j)〉

☞ **더 알아보기**

AutoCAD 클래식 작업공간을 사용할 경우에는 메뉴창 대신 셀을 선택 시 표시되는 테이블 내부 편집기를 사용하여 병합 등의 편집 작업을 할 수 있다.

- 그림(k)와 같이 셀을 병합하기 위해 명령 없이 두 점 (P1-P2)으로 영역을 지정한다.
- 그림(l)과 같이 마우스 오른쪽 버튼을 클릭하면 표시되는 메뉴창에서 '병합'의 '행'을 선택한다.
- 그림(m)과 같이 셀 병합이 완료되었다.

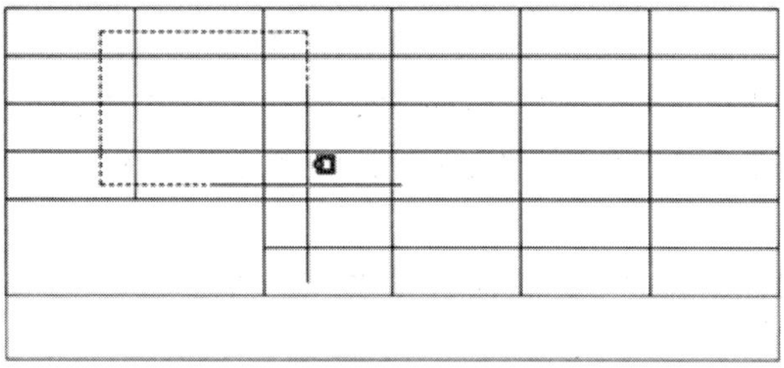

〈그림 (k)〉

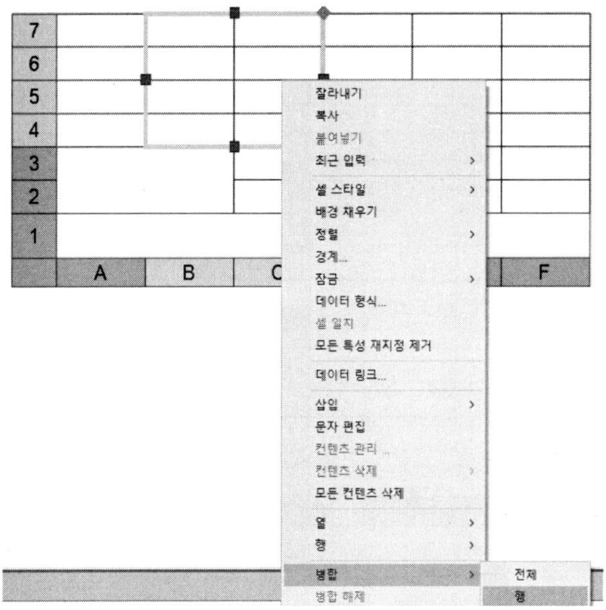

〈그림 (l)〉

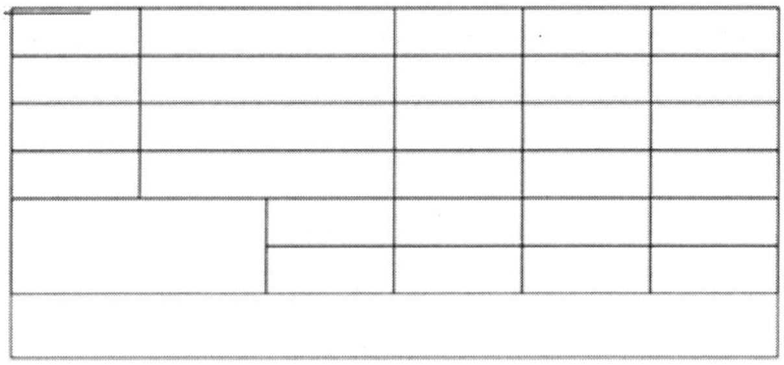

〈그림 (m)〉

- 그림(o)와 같이 셀 간격을 일정하게 맞추기 위해 명령 없이 두 점(P1-P2)으로 영역을 지정한다.
- 그림(p)와 같이 마우스 오른쪽 버튼을 클릭하면 표시되는 메뉴창에서 '행'의 행 크기 균일하게'를 선택한다.
- 그림(q)와 같이 셀 경계를 선택하면 표시되는 그립(파란색 점)을 선택하여 셀 간격을 적당히 조절한다. P1 그립을 선택하여 적당히 P2 위치를 지정한다.
- 셀 안을 더블 클릭하여 문자를 입력하여 완료한다.

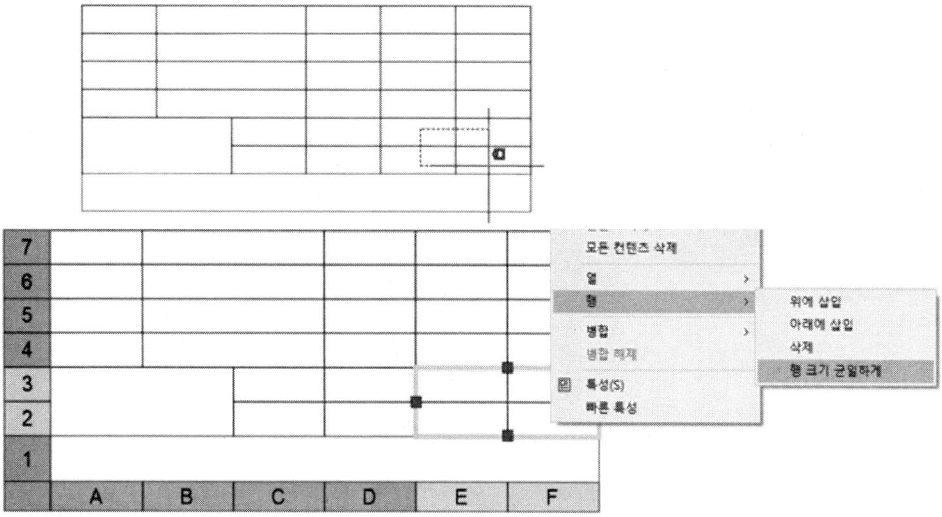

〈그림(o)~그림(P)〉

- 문자 입력 시 문자 위치가 맞지 않을 경우에는 오른쪽 버튼을 눌렀을 때 표시되는 메뉴에서 '정렬-중간 중심'을 선택한다. 맞지 않는 문자 크기와 색상은 리본의 문자 형식 편집기를 사용하여 편집한다.

3	커버	SS100	2	
2	스퍼 기어	SC250	1	
1	하우징	SM45C	1	
품번	품 명	재 질	수 량	비 고
작품명	클러치 장치		척 도	N/A
			각 법	3각법

다. 엑셀파일 연동 테이블 그려보기

① Microsoft Excel 프로그램에서 다음과 같이 테이블을 작성하여 1.xls로 저장한다.

연번	학과	학번	학년	성명	결석시수	점수
1	메카트로닉스공학과	112100XX	3	권윤X	3	90
2	메카트로닉스공학과	112100XX	3	김X호	0	95
3	메카트로닉스공학과	112100XX	4	김현X	2	85

② AutoCAD에서 디이터 링크 명령 Datalink를 키인하여 실행한다. 새 엑셀 데이터 링크 작성을 선택한 후 이름을 설정한다. 여기서는 예제1을 입력하겠다.

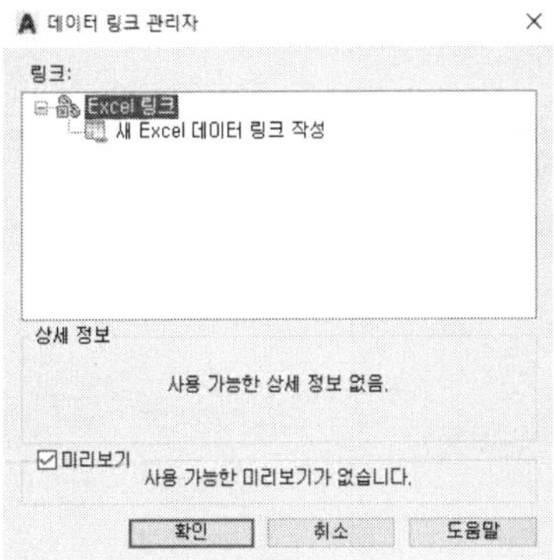

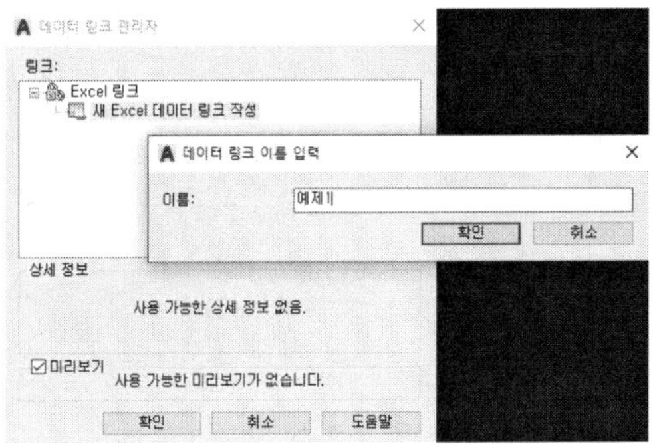

③ 다음창에 표시한 버튼을 클릭한다.

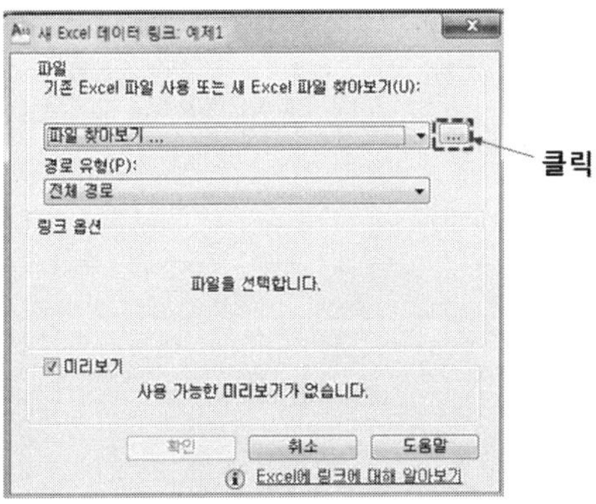

④ 앞서 작성한 엑셀 파일을 선택 후 열기 버튼을 클릭한다.

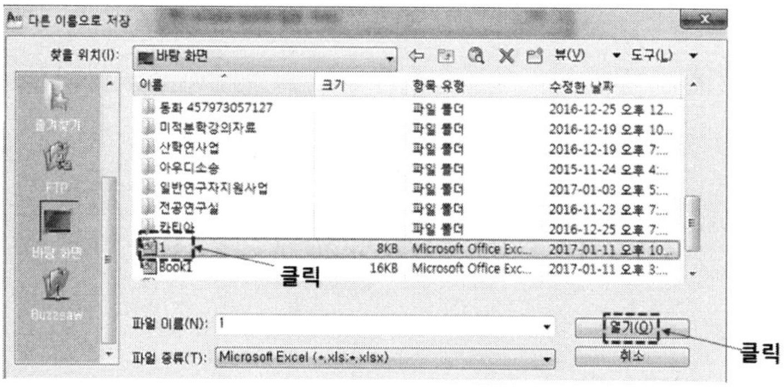

⑤ 경로유형을 전체 경로로 변경 후 엑셀 파일의 범위를 설정하며 미리보기를 통해 범위를 확인할 수 있다. 원하는 범위가 설정되면 확인 버튼을 클릭한다.

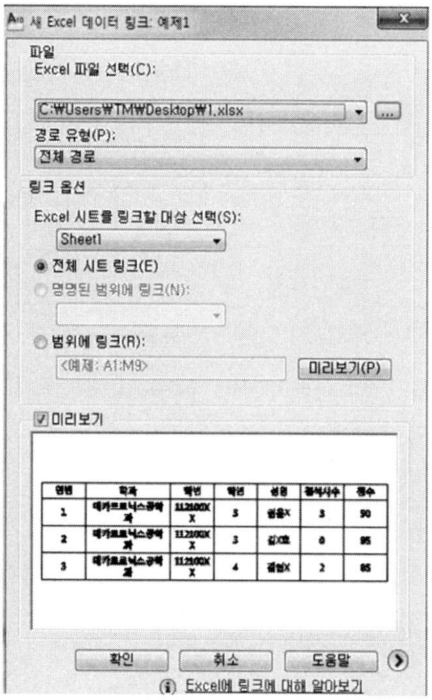

⑥ 데이터 링크 관리자에서 엑셀 파일 링크가 추가되었다. 테이블 명령을 실행하여 삽입옵션에서 삽입시킨다.

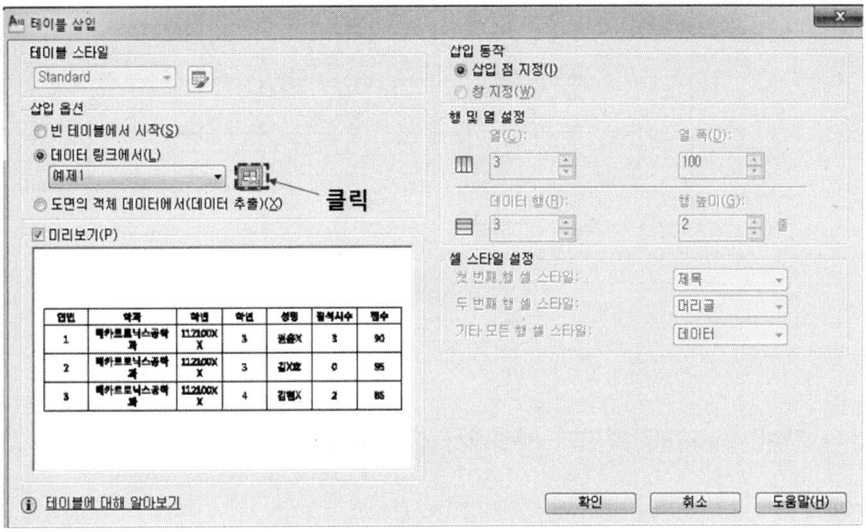

⑦ 데이터 링크 선택에서 엑셀 파일 링크를 선택한다.

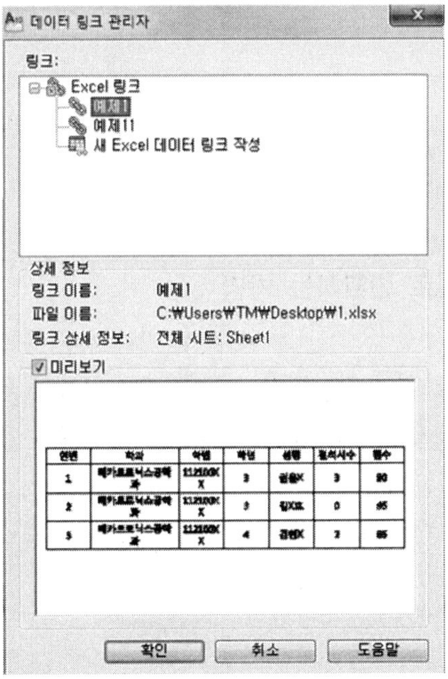

⑧ 화면의 적당한 위치에 클릭하여 테이블을 작성한다.

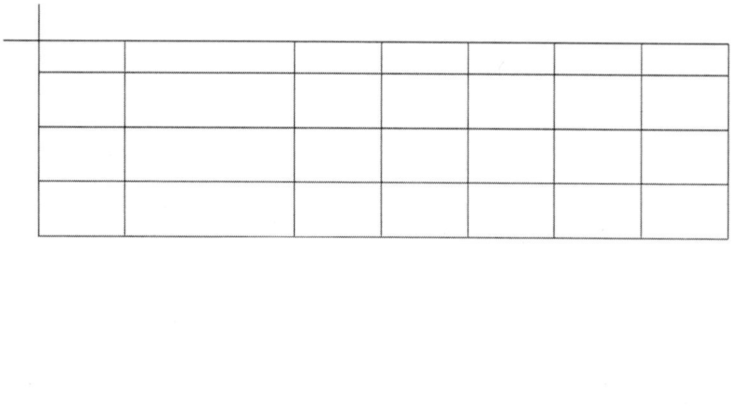

⑨ 다음과 같이 AutoCAD 화면에 엑셀에서 작성한 테이블 삽입을 완성한다.

연번	학과	학번	학년	성명	결석시수	점수
1	메카트로닉스공학과	112100XX	3	권윤X	3	90
2	메카트로닉스공학과	112100XX	3	김X호	0	95
3	메카트로닉스공학과	112100XX	4	김현X	2	85

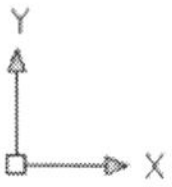

☞ PDF 파일을 DWG 파일로 변환하는 방법

보통 발주를 한 업체에 도면을 요구하면 AutoCAD의 .dwg가 파일이 아닌 .pdf 파일로 오는 경우가 있다. 그냥 출력해서 보기만 한다면 빠르고 편해서 문제가 되지 않지만 도면에 변경사항이 있는 경우나 특정부분에 없는 치수를 확인하고자 할 때는 문제가 발생한다.

AutoCAD는 벡터 방식의 그래픽 프로그램이다. 그러므로 '일러스트레이터' 또는 '코렐드로우'와 같은 벡터 방식의 그래픽 프로그램을 이용하여 .pdf 파일을 .dwg파일로 쉽게 변경할 수 있다.

라. 벡터 방식

AutoCAD에서 작도된 선이나 원, 호 등의 객체는 그림 파일로 출력되는 것이 아니라 숫자나 문자로 이루어진 특수한 텍스트 형식으로 관리가 되므로 AutoCAD 파일은 데이터베이스 프로그램과 같다고 할 수 있다.

벡터 방식의 장점은 그림 파일이 아닌 텍스트 파일이기 때문에 출력할 때 종이 크기에 관계없이 선들이 깨끗하게 인쇄가 된다는 점이다. 벡터 방식과 반대되는 개념에는 그림 파일인 비트맵(.bmp) 방식이 있는데, 비트맵은 화면의 픽셀 단위로 작도된 객체가 지정되기 때문에 큰 종이에 확대해서 출력하고자 할 때에는 많은 문제점이 발생된다.

마. 일러스트레이터에서 PDF 파일을 DWG 파일로 변환하는 방법

- 메뉴바에서 '파일/열기'를 클릭하여 변환하고자 하는 PDF 파일을 불러온다.
- 불러온 PDF File을 DWG 파일로 변환하기 위해 메뉴바에서 '파일/내보내기'를 클릭한다.
- 내보내기 대화상자에서 파일 형식을 DWG로 변경한 후 저장 위치와 파일 이름을 정한다.
- DXF/DWG 내보내기 옵션 대화상자에서 가급적 변환될 AutoCAD 버전을 '2000/LT2000'으로 변경하고 '확인' 버튼을 눌러 변환을 완료한다.

※ 단, 한 가지 알아야 할 사실은 완벽하게 변환하기는 무척 어려우며 가장 손실 없이 근접한 상태로 변환된다는 점이다.

위와 같은 방법은 .dwg에서 .pdf 파일로 변환했을 때에만 가능한 방법이며 출력한 도면을 .pdf 파일로 스캔한 파일은 변환되지 않는다. 참고로 컨버터 프로그램을 이용하여 변환하는 방법도 있다.

8.10 Exercise(도면 그리기)

☞ 새로만들기 → Acad 템플릿을 열어 다음의 도면을 그려보세요.

☞ 도면 8-1

해치 및 그라데이션을 이용해 다음의 어항 도면을 예쁘게 그려보세요.

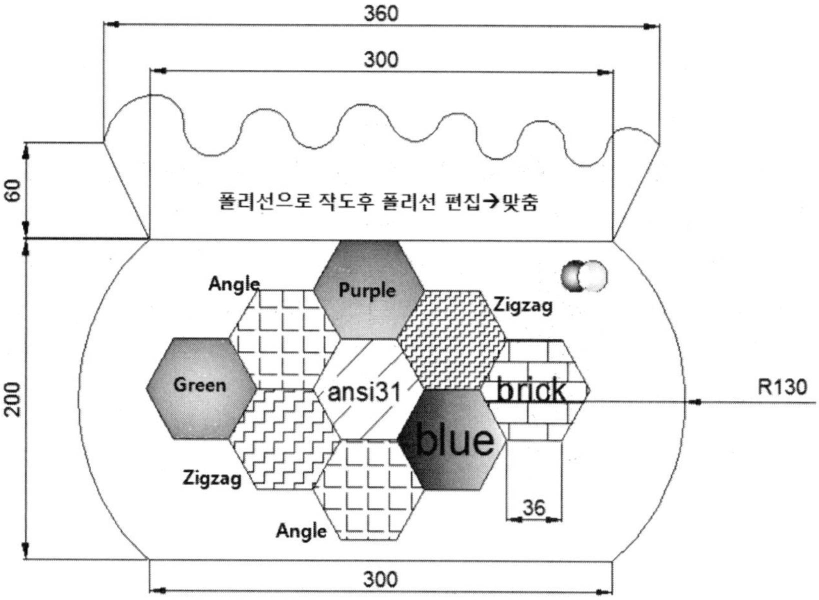

☞ 도면 8-2

해치를 이용해 다음의 드릴지그를 그려보세요.

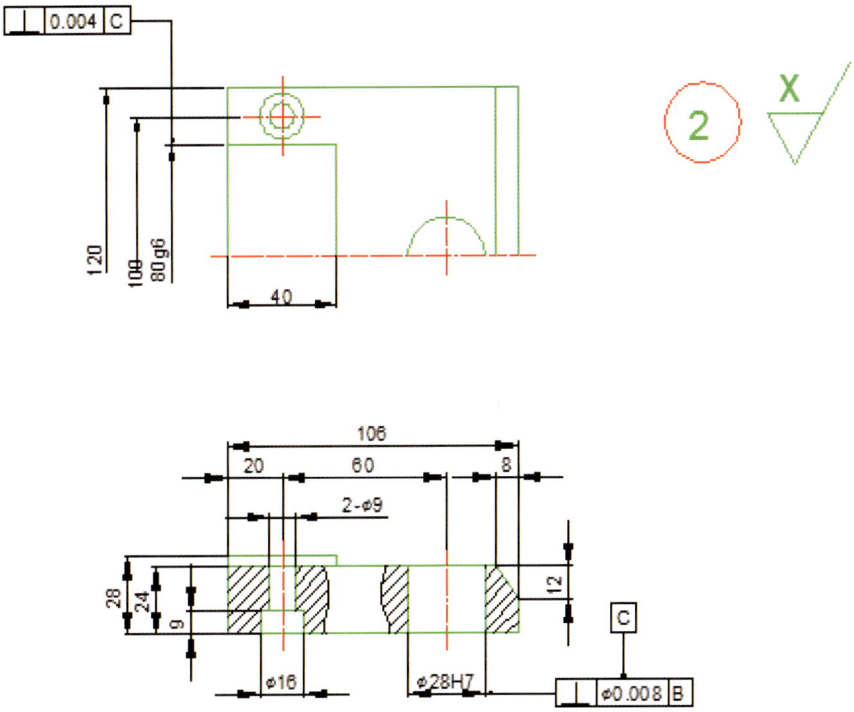

☞ 도면 8-3

해치 및 다듬질 기호 등을 추가해 다음의 편심구동장치를 그려보세요.

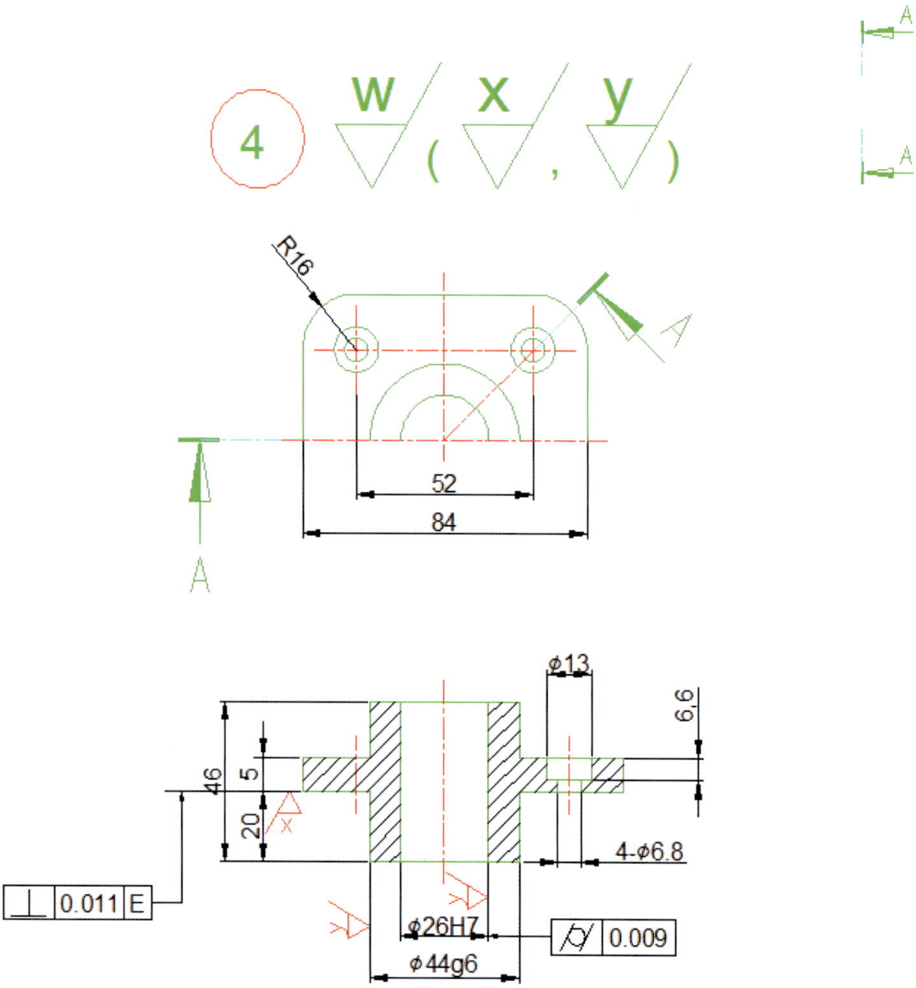

☞ 도면 8-4

해치 및 다듬질 기호 등을 추가해 다음의 도면을 그려보세요.

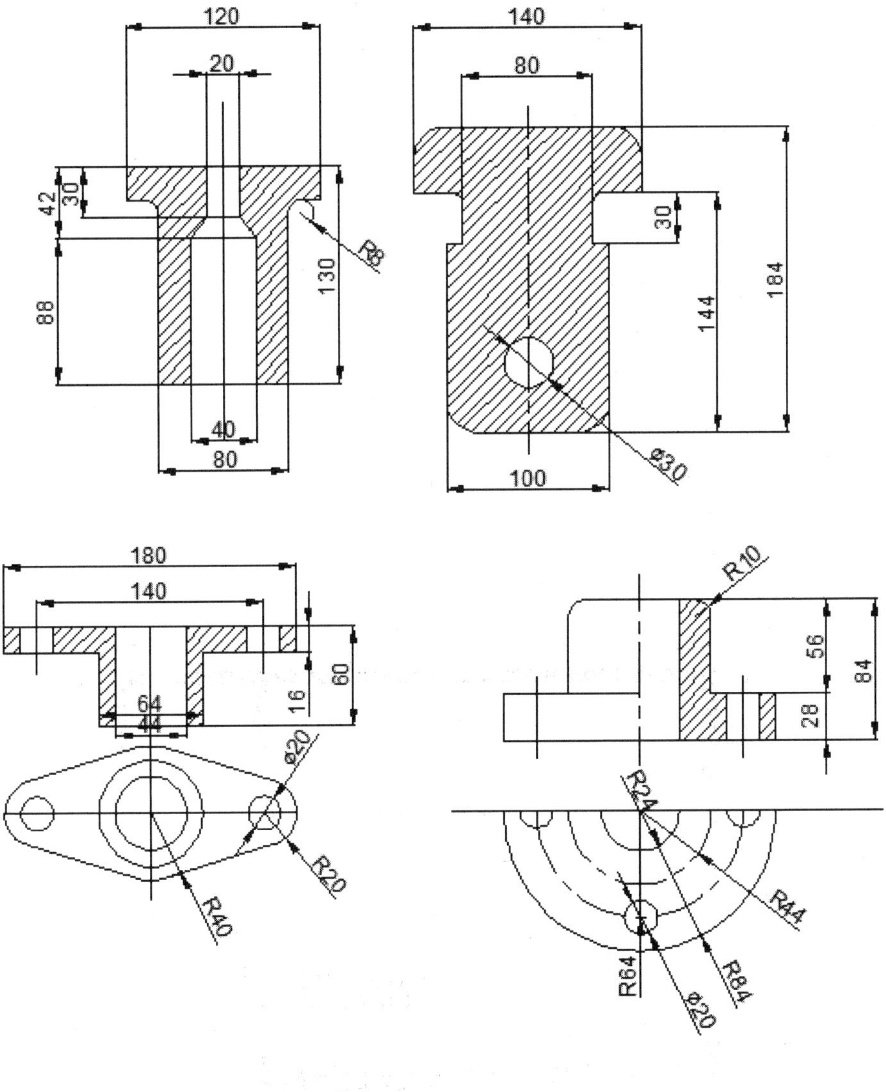

☞ 도면 8-5

블록 명령을 활용하여 앞서 그렸던 도면 4-1의 평면도에 하기 도어를 내부도면으로 작도하여 삽입시켜 봅시다.

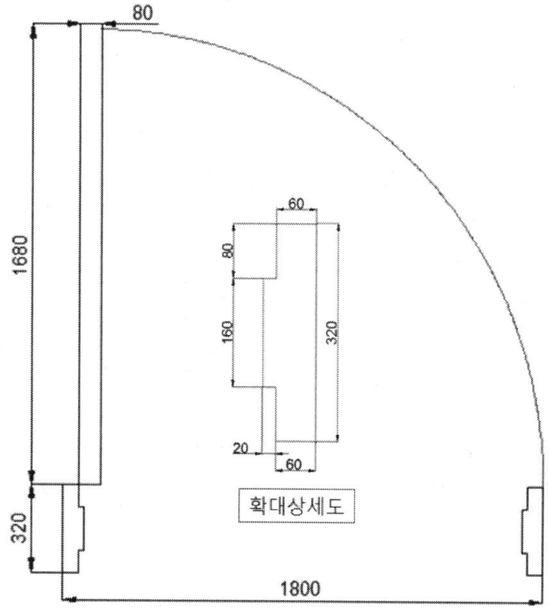

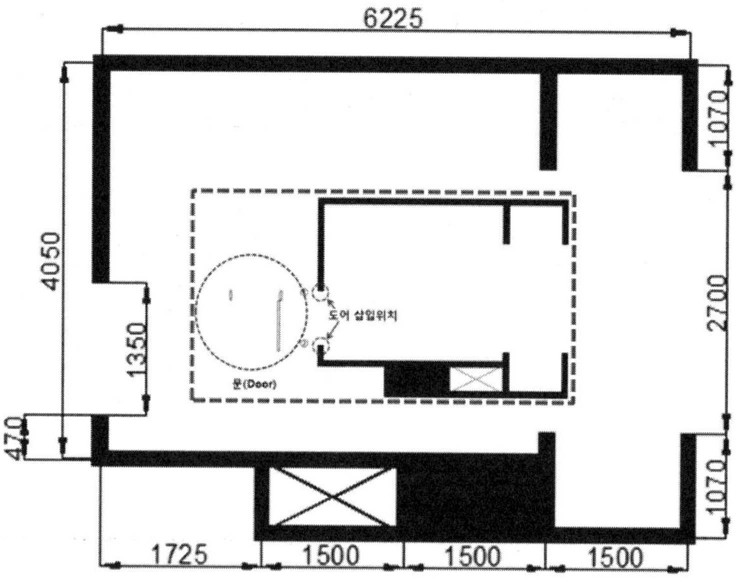

☞ 도면 8-6

다음의 볼트(M3 x 0.5) 및 너트들을 작도하여 블록으로 사용해 보세요.

NAME	M3 x 0.5
PAN HEAD	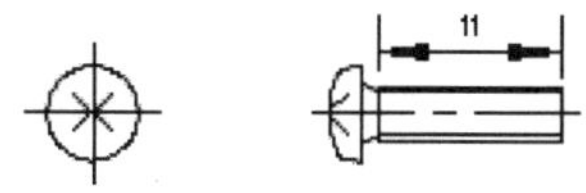
FLAT HEAD	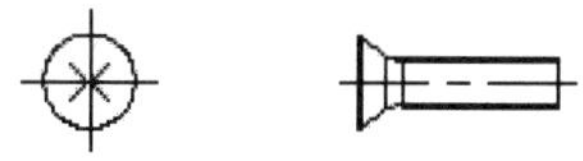
ROUND FLAT HEAD	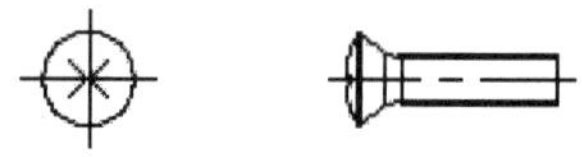
HEXAGON SOCKET	
HEXAGON SOCKET HEAD	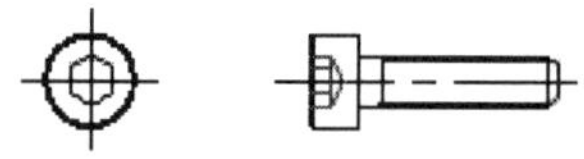
HEXAGON HEAD	
HEXAGON NUT	

☞ 도면 8-7

대략적인 치수만 주어진 다음의 볼트(M3 x 0.5) 및 너트들을 작도하여 블록으로 활용해 보세요.

NAME	M3 x 0.5
PAN HEAD	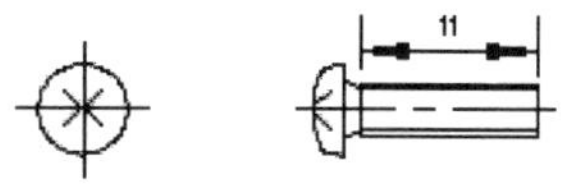
FLAT HEAD	
ROUND FLAT HEAD	
HEXAGON SOCKET	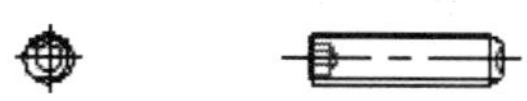
HEXAGON SOCKET HEAD	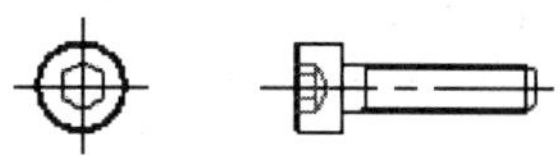
HEXAGON HEAD	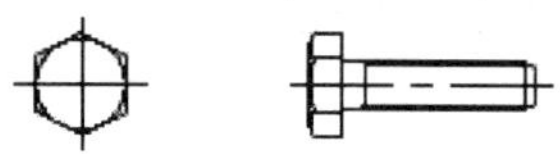
HEXAGON NUT	

☞ 도면 8-8

다음의 볼트(M8 x 1.25) 및 너트들을 작도하여 블록으로 활용해 보세요.

NAME	M8 x 1.25
PAN HEAD	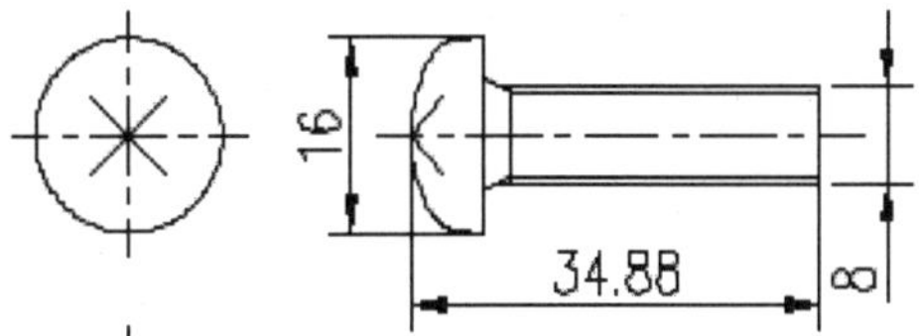
FLAT HEAD	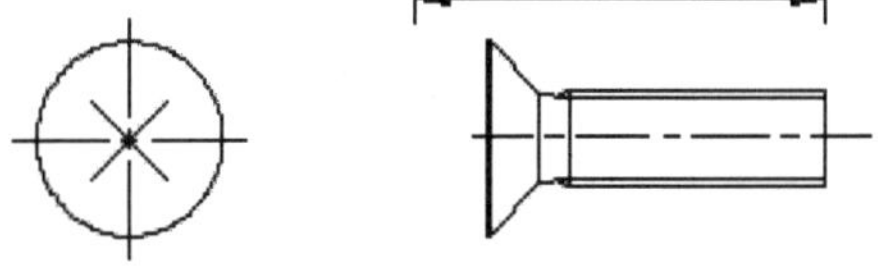
ROUND FLAT HEAD	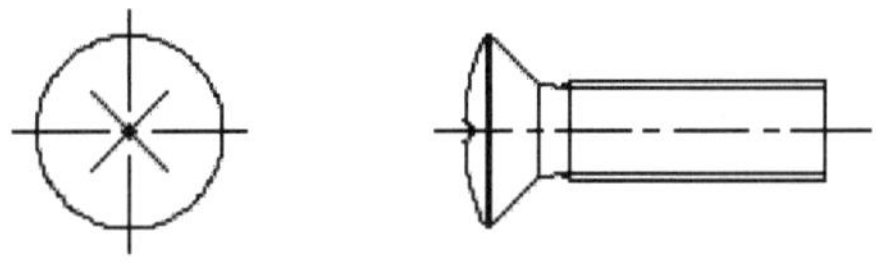
HEXAGON SOCKET HEAD	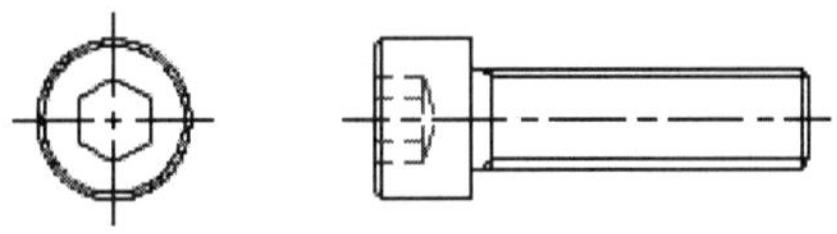
HEXAGON HEAD	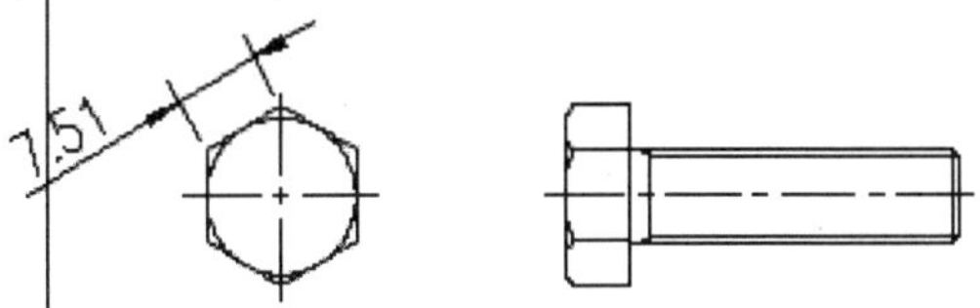
HEXAGON NUT	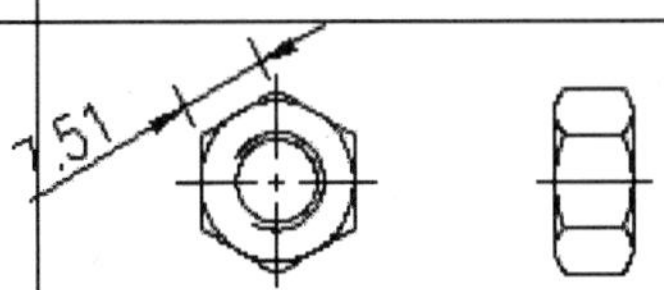

☞ 도면 8-9

다음의 볼트(M10 x 1.5) 및 너트들을 작도하여 블록으로 활용해 보세요.

NAME	M10 x 1.5
HEXAGON SOCKET HEAD	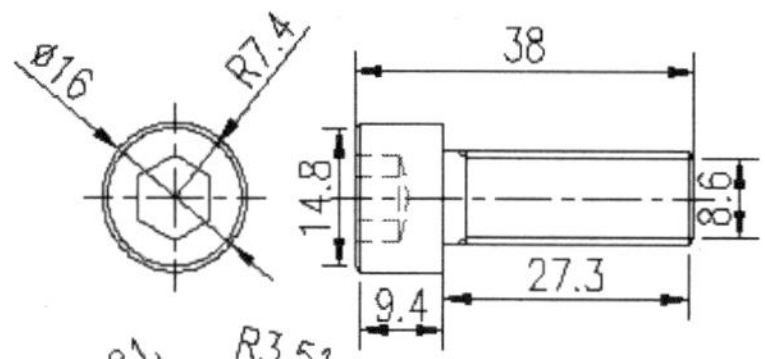
HEXAGON HEAD	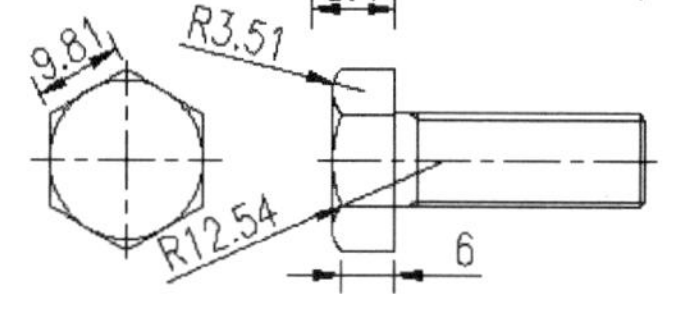
HEXAGON NUT	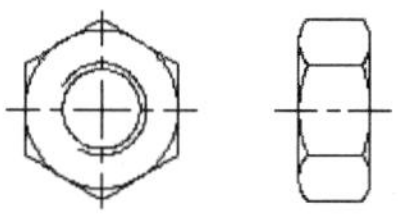

NAME	M16 x 2
HEXAGON HEAD	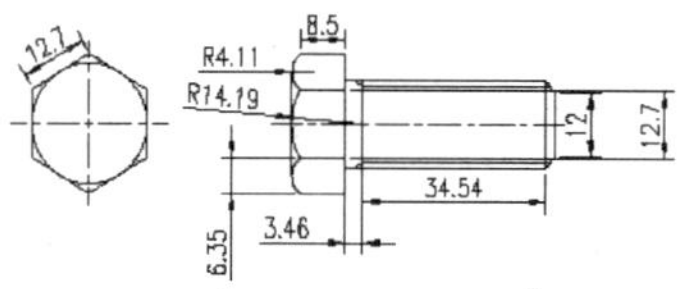
EYE	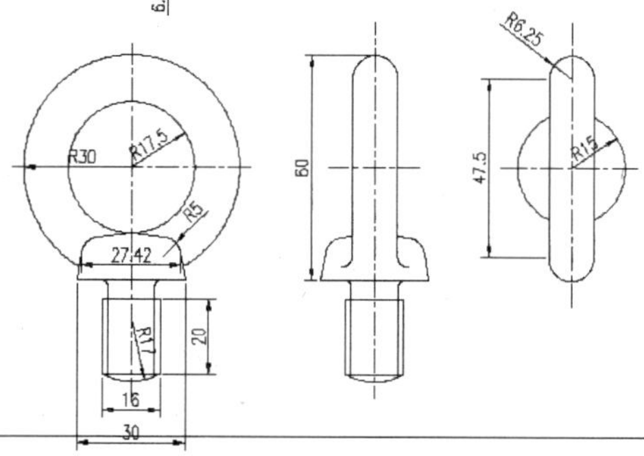
HEXAGON NUT	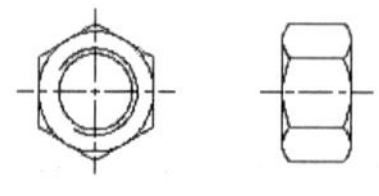

☞ 도면 8-10

다음의 암나사(측면도) 들을 작도하여 블록으로 활용해 보세요.

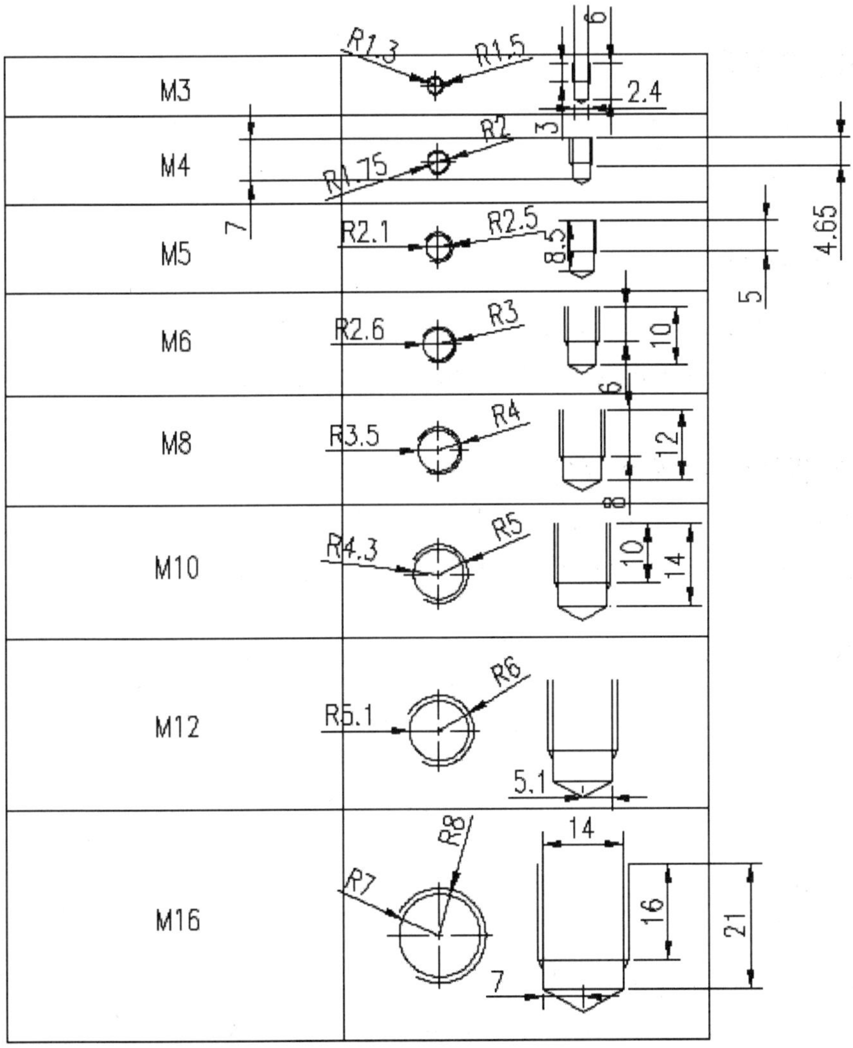

CHAPTER 9

조회 명령 및 유틸리티

9.1 조회하기

여러 가지 방법으로 작도한 도형을 조회하여 검증할 수 있다. 가장 알아보기 쉽게 검증하는 방법은 치수 기입을 하면 되지만 여기서는 다른 방법도 알아보겠다.

9.1.1 ID 명령

지정한 위치(점)의 X, Y, Z 축 값을 UCS 원점 기준으로 조회한다.

- 명령어 [ID]를 키인하고 [Enter]를 클릭하여 명령을 실행한다.

가. WCS 원점을 기준으로 조회

- 명령어 [ID]를 키인하고 [Enter]를 클릭한다.
- 점 지정 : END 키인 후 [Enter]를 클릭한다. → P1을 선택한다.

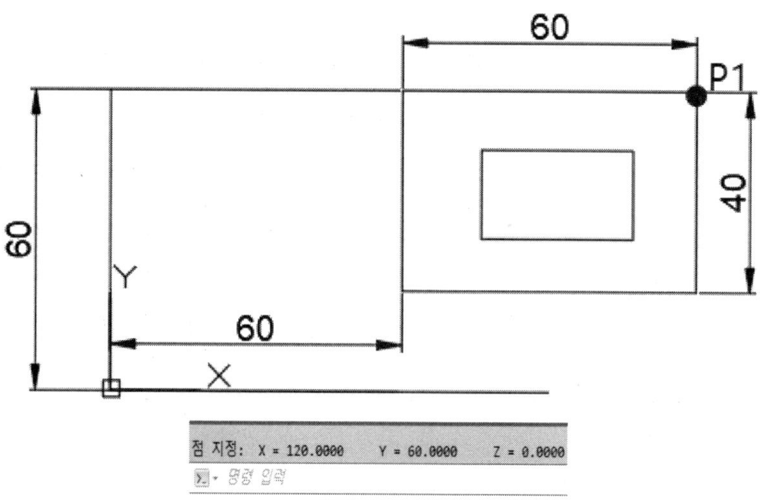

ID 명령이 실행되면 X = 90.0000, Y = 60.0000, Z = 0.0000이 출력되는 것을 확인할 수 있다.

나. UCS 명령으로 원점을 변경한 후 조회

- 명령어 [UCS]를 키인하고 [Enter]를 클릭한다.
- UCS의 원점 지정 또는 [명(F)/.../Z축(ZA)] 〈표준〉 : 0 키인하고 [Enter]를 클릭한다.

- 새 원점 지정 〈0,0,0〉: END 키인하고 [Enter]를 클릭한다. ← P1 선택
- 명령어 [ID]를 키인하고 [Enter]를 클릭한다.
- 점 지정 : END 키인 후 [Enter]를 클릭한다. → P2을 선택한다.

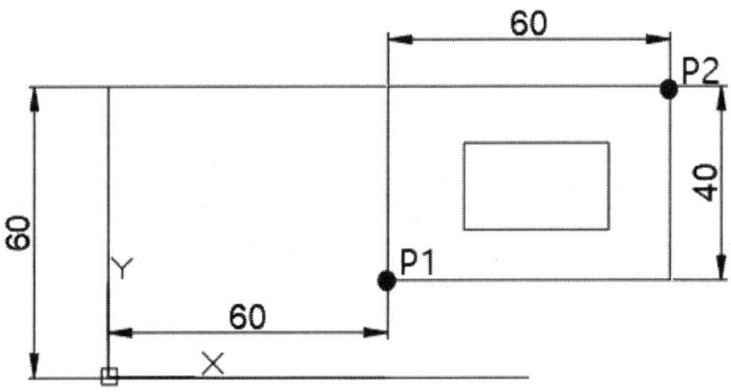

ID 명령이 실행되면 X = 60.0000, Y = 40.0000, Z = 0.0000이 출력되는 것을 확인할 수 있다.

☞ **더 알아보기**

변경된 UCS 원점을 원래 원점인 WCS원점으로 되돌리기 위해서는 UCS 명령 실행 후 바로 [Enter]를 클릭하면 된다.

9.1.2 DIST 명령

두 위치(점) 사이의 거리 및 각도를 조회한다.

- 명령어 [DIST]를 키인하고 [Enter]를 클릭한다.

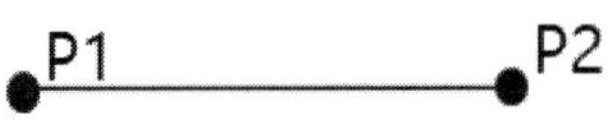

```
X증분 = 0.0000,  Y증분 = 40.0000,  Z증분 = 0.0000
명령 입력
```

☞ **더 알아보기**

옵션 '다중 점(M)'을 사용하면 여러 점을 선택하여 총 거리값을 조회할 수 있다.

※ 두 점 사이를 조회

- 명령어 [DIST]를 키인하고 [Enter]를 클릭한다.
- 첫 번째 점 지정 : END를 키인하고 [Enter]를 클릭한다. ← P1 선택(그림 8.1.1의 P1)
- 첫 번째 점 지정 : END를 키인하고 [Enter]를 클릭한다. ← P2 선택(그림 8.1.1의 P2)
- 거리 = 72.1110, XY 평면에서의 각도 = 34. XY 평면으로부터의 각도 = 0

X증분 = 60.1111, Y증분 = 40.0000, Z증분 = 0.0000

```
두 번째 점 또는 [다중 점(M)] 지정:
거리 = 72.1110,  XY 평면에서의 각도 = 34,  XY 평면으로부터의 각도 = 0
X증분 = 60.0000,  Y증분 = 40.0000,  Z증분 = 0.0000
```

☞ **더 알아보기**

각도 값은 첫 번째 점(P1)을 기준으로 계산되기 때문에 P2를 먼저 선택하고 나중에 P1을 선택하면 각도는 34도가 아니고 214도로 표시되니 주의하기 바란다.

9.1.3 LIST 명령

선택한 객체의 모든 정보(길이, 각도, 색상, 레이어층, 선종류, 선가중치 등)를 표시한다.

- 명령어 [LIST]를 키인하고 [Enter]를 클릭한다.

※ 사각형 한 개를 선택하여 조회한 결과

- 명령어 [LIST]를 키인하고 [Enter]를 클릭한다.
- 객체선택 : P1을 선택한다.
- 객체선택 : [Enter]를 클릭한다.

☞ **더 알아보기**

DBLIST 명령을 사용하면 객체를 선택할 필요 없이 도면상의 모든 객체를 순차적으로 순환하면서 조회가 된다.

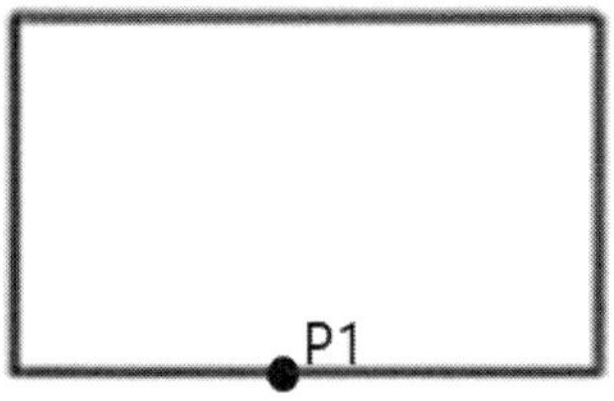

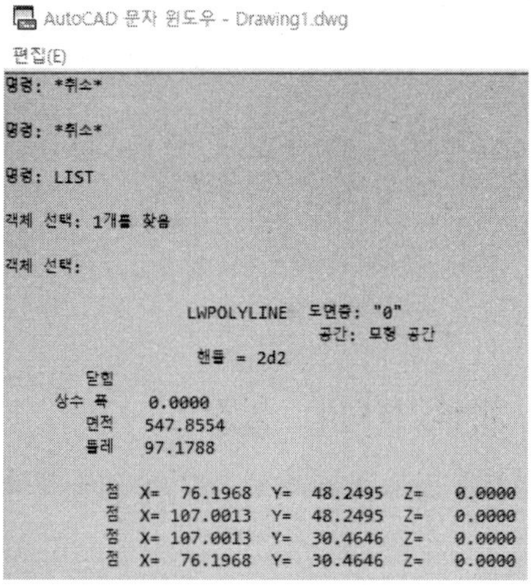

```
AutoCAD 문자 윈도우 - Drawing1.dwg
편집(E)
명령: *취소*
명령: *취소*
명령: LIST
객체 선택: 1개를 찾음
객체 선택:
                  LWPOLYLINE  도면층: "0"
                              공간: 모형 공간
                  핸들 = 2d2
          닫힘
      상수 폭    0.0000
          면적   547.8554
          둘레   97.1788
             점  X=  76.1968  Y=  48.2495  Z=   0.0000
             점  X= 107.0013  Y=  48.2495  Z=   0.0000
             점  X= 107.0013  Y=  30.4646  Z=   0.0000
             점  X=  76.1968  Y=  30.4646  Z=   0.0000
```

9.1.4 Measuregeom 명령

선택된 객체의 총 거리, 반지름, 각도, 면적, 체적을 조회할 수 있으며 조회한 정보가 마우스 커서 옆에 동적으로 표시된다.

명령어 [MEASUREGEOM]을 키인 후 [Enter]를 클릭한다.

```
명령: MEASUREGEOM
MEASUREGEOM 옵션 입력 [거리(D) 반지름(R) 각도(A) 면적(AR) 체적(V)] <거리>:
```

9.1.5 LENGTHEN 명령으로 객체의 전체 길이 조회하기

LENGTHEN 명령 입력 후 곧장 객체(직선, 호, 원 등)를 선택하면 해당 객체의 전체 길이값을 확인할 수 있다.

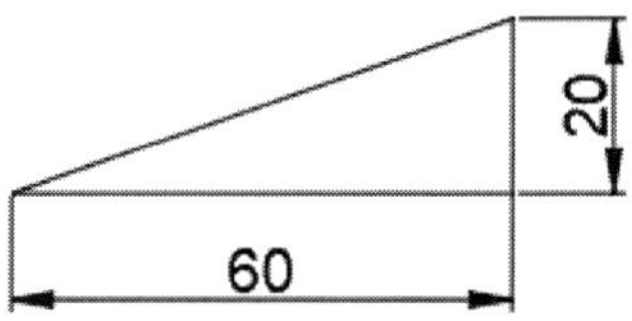

현재길이: 63.2456

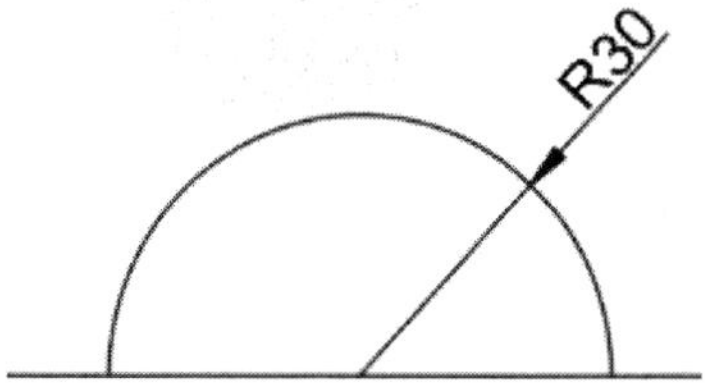

현재길이: 94.2478

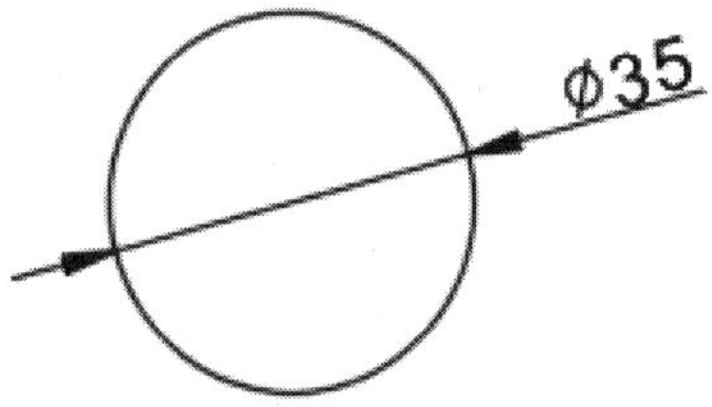

현재길이 : 109.9557

9.1.6 채우기(Fill) 설정

Fill 명령은 작도된 객체 안(굵기가 있는 폴리선, 해칭 등)에 채워진 상태를 On/Off 한다.

- 명령어 [Fill]을 키인 후 [Enter]를 클릭한다.

가. 채우기 On/Off 표시 방법

- 명령어 [Fill]을 키인 후 [Enter]를 클릭한다.
- 모드 입력 [켜기(On)/끄기(Off)]: Off 키인 후 [Enter]를 클릭한다.
- 명령어 [REGEN] 키인 후 [Enter]를 클릭한다.
- 모형 재생성 중

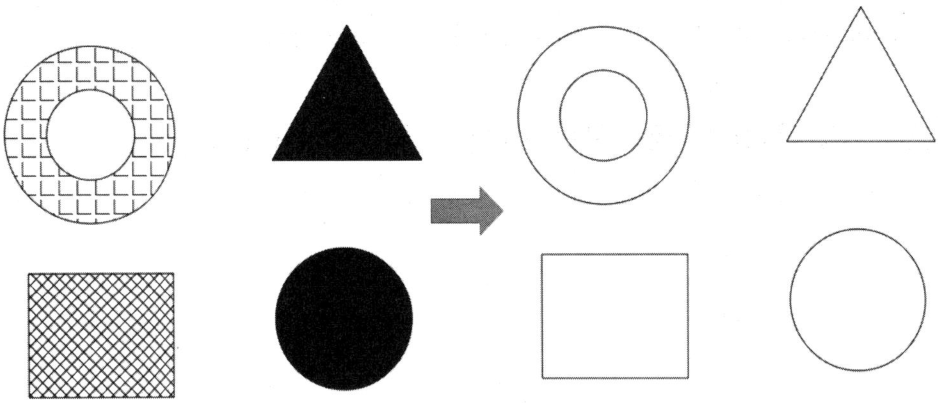

〈모드 입력 [켜기(On)/끄기(Off)]: On〉 〈모드 입력 [켜기(On)/끄기(Off)]: Off〉

- 켜기(On) : 채워진 객체 상태로 표시가 되도록 채우기 모드를 활성화시킨다.
- 끄기(Off) : 채워진 객체의 윤곽선만 표시가 되도록 채우기 모드를 비활성화시킨다.

☞ **더 알아보기**

- 큰 용량의 도면 작업 시 무수히 많이 채워진 객체를 사용하면 메모리 용량이 커져 도형

이동이나 확대/축소 작업이 원활하게 안 된다. 이때 Fill 명령의 Off는 모든 채워진 객체를 단순화하여 컴퓨터 성능(속도)를 향상시켜 작업을 원활하게 하고자 할 때 사용된다.

- Fill 명령을 사용하고 화면을 재생성(REGEN, REGENALL)해야 기존 객체가 업데이트된다.

9.1.7 그라데이션(Gradient)으로 채우기

Gradient 명령으로 해치 명령의 그라데이션 탭을 바로 실행시킬 수 있다. 그라데이션은 색조나 음영 또는 두 색상 간의 부드러운 변화를 표시하므로 원통, 구 등의 면을 모방하여 나타내고자 할 때 사용할 수 있다.

- 명령어 [Gradient]를 키인 후 [Enter]를 클릭한다.
- 그라데이션 리본이 다음창과 같이 나타난다.

- 경계패널 : 그라데이션 영역 선택방법을 지정한다.
- 패턴패널 : 아홉 가지 고정된 그라데이션 채우기 패턴이 나열되어 있으며 여기에서 한 개를 선택하여 객체에 적용한다.
- 특성패널 : 그라데이션 채우기 색상, 투명도, 각도 등의 특성을 설정한다.
- 원점 패널의 중심 : 그라데이션 구성을 대칭으로 지정한다.

9.1.8 경계(Boundary)선 만들기

Boundary 명령은 닫힌 영역을 둘러싸는 별도의 폴리선 또는 영역 선을 생성한다.

- 명령어 [Boundary]를 키인 후 [Enter]를 클릭한다.
- 명령을 실행하면 다음의 대화창이 나타난다.

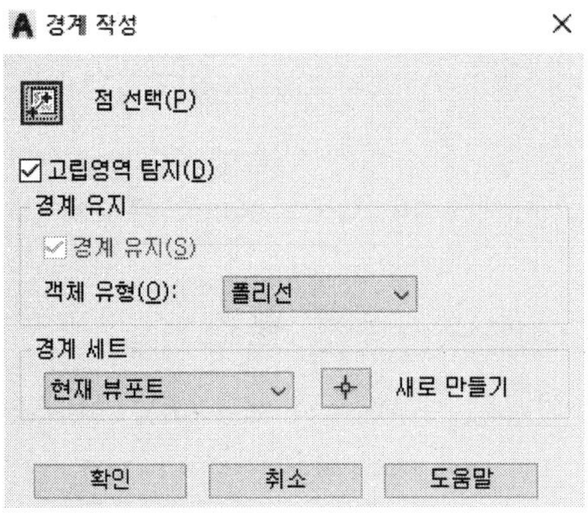

- 점 선택 : 닫힌 영역을 둘러싸는 경계가 생성될 기준 점을 지정한다.
- 고립영역 탐지 : 닫힌 내부 경계(고립영역)까지 탐지할 것인지 결정한다.
- 객체 유형 : 생성되는 경계 객체를 영역 또는 폴리선 중에서 결정한다.

- 경계 세트 : 닫힌 영역을 지정하기 전에 미리 경계 세트를 정의하여 문제가 되는 객체를 배제시킨다.

가. 객체 유형인 영역과 폴리선의 이해

영역은 질량의 중심 등과 같은 물리적 특성이 포함되어 있는 2차원 닫힌 객체를 말한다. 다음과 같은 경우에 영역을 사용한다.

- 해칭이나 음영 처리 경계로 사용한다.
- 면적 또는 전체길이 등과 같은 설계 정보를 추출한다.
- 불린 연산을 하여 단순 객체를 더욱 복잡한 객체로 변환한다.
- 3차원 모델링의 돌출 및 회전 등에 필요한 단면 형상이 된다.

폴리선은 하나로 연결된 단일 객체이며 편집을 할 수 있다. 다음과 같은 폴리선 편집기능을 수행할 수 있다.

- 폴리선을 선 또는 호로 변환시킨다.
- 나누어져 있는 폴리선을 선과 호와 함께 하나로 결합한다.

• 폴리선의 폭을 동일 또는 다른 폭(테이퍼)으로 부여한다.
• 맞춤 및 트루 스플라인으로 변환시키고 곡률을 조정한다.

9.2 유틸리티

9.2.1 객체의 면적을 조회하는 명령어

[Area] 명령어는 객체를 직접 선택하거나 각 지점을 마우스로 선택하여 객체의 면적이나 둘레를 나타낸다. 닫힌 객체는 물론, 열린 객체로 각 지점을 마우스로 선택하여 면적이나 둘레를 나타낸다.

- 명령어 입력방법
명령어는 다음의 3가지 방법으로 실행시킬 수 있다.

① 명령어 [Area]를 키인 후 [Enter] 클릭
② (홈)탭 〉 (유틸리티) 패널 〉 길이 분할 〉 면적 선택
③ 메뉴 〉 도구 〉 조회 〉 면적 선택

가. 명령어 사용 방법

- 첫 번째 구석점 지정 또는 [객체(O)/면적 추가(A)/면적 빼기(S)] 〈객체(O)〉 : P1 클릭
- 다음점 또는 [호(A)/길이(L)/명령 취소(U)] 지정 : P2 클릭
- 다음점 또는 [호(A)/길이(L)/명령 취소(U)] 지정 : P3 클릭
- 다음점 또는 [호(A)/길이(L)/명령 취소(U)/합계(T)] 지정 〈합계〉 : P4를 클릭
- 객체의 각 지점을 지정한다.
- 다음점 또는 [호(A)/길이(L)/명령 취소(U)/합계(T)] 지정 〈합계〉 : [Enter]
- 영역 = 2500.0000, 둘레=200.0000

나. 옵션 설명

- 객체(O) : 객체를 선택하여 객체의 면적과 둘레를 나타낸다.
- 면적 추가(A) : 현재 선택한 객체나 좌표의 면적에, 추가로 새로운 객체나 좌표를 입력한 면적을 더한다.
- 면적 빼기(S) : 현재 선택한 객체나 좌표의 면적에서, 새로운 객체나 좌표를 입력한 면적을 뺀다.

다. 기본문제 실습하기

- 명령어 [Area]를 키인 후 [Enter]를 클릭한다.
- 왼쪽의 닫힌 객체인 사각형의 각 꼭지점을 클릭한다. 사각형의 면적(영역)과 둘레가 표시된다.

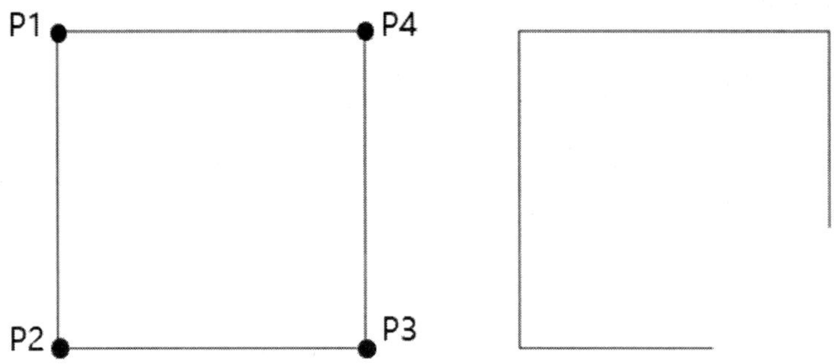

- 첫 번째 구석점 지정 또는 [객체(O)/면적 추가(A)/면적 빼기(S)] 〈객체(O)〉 : P1 클릭
- 다음점 또는 [호(A)/길이(L)/명령 취소(U)] 지정 : P2 클릭
- 다음점 또는 [호(A)/길이(L)/명령 취소(U)] 지정 : P3 클릭
- 다음점 또는 [호(A)/길이(L)/명령 취소(U)/합계(T)] 지정 〈합계〉 : P4를 클릭
- 사각형의 4개 꼭지점에 'P1'부터 'P4'까지 차례로 클릭한다.
- 다음점 또는 [호(A)/길이(L)/명령 취소(U)/합계(T)] 지정 〈합계〉 : [Enter]
- 영역 = 25600.0000, 둘레 = 640.0000

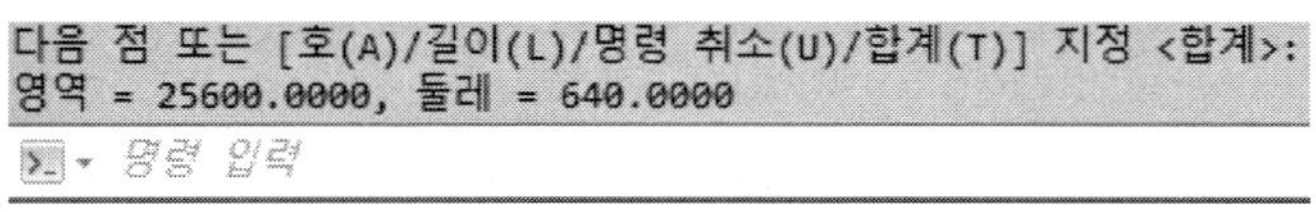

- 다음 그림 오른쪽 열린 객체의 면적과 둘레를 구하기 위해서 [Area] 명령어를 입력하고 객체의 각 꼭지점을 클릭한다. 객체의 면적(영역)과 둘레가 표시된다.
- 첫 번째 구석점 지정 또는 [객체(O)/면적 추가(A)/면적 빼기(S)] 〈객체(O)〉 : P1 클릭
- 다음점 또는 [호(A)/길이(L)/명령 취소(U)] 지정 : P2 클릭
- 다음점 또는 [호(A)/길이(L)/명령 취소(U)] 지정 : P3 클릭
- 다음점 또는 [호(A)/길이(L)/명령 취소(U)] 지정 : P4 클릭
- 다음점 또는 [호(A)/길이(L)/명령 취소(U)/합계(T)] 지정 〈합계〉 : P5를 클릭
- 객체의 5개 꼭지점에 'P1'부터 'P5'까지 차례로 클릭한다.
- 다음점 또는 [호(A)/길이(L)/명령 취소(U)/합계(T)] 지정 〈합계〉 : [Enter]

```
다음 점 또는 [호(A)/길이(L)/명령 취소(U)/합계(T)] 지정 <합계>:
영역 = 23745.7293, 둘레 = 604.3269
>_ - 명령 입력
```

- 영역 = 23745.7293, 둘레 = 604.3269

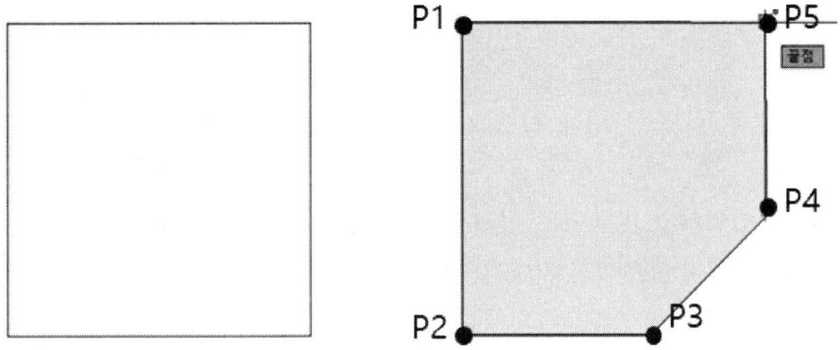

라. 객체 옵션 실습하기

- [Area] 명령을 입력하고 다음의 사각형을 한 번에 선택하기 위해서 [객체]옵션을 입력한 후, 사각형의 한 점을 클릭한다. 사각형의 면적(영역)과 둘레가 표시된다.
- 첫 번째 구석점 지정 또는 [객체(O)/면적 추가(A)/면적 빼기(S)] 〈객체(O)〉 : O를 키인 후 [Enter]를 클릭한다.
- 객체 옵션을 지정하기 위해서 'O'를 입력한다.
- 객체 선택 : P1 클릭
- 사각형의 한 점에 'P1'을 클릭한다.
- 영역 = 22500.0000, 둘레 = 600.0000
- 사각형의 면적(영역)과 둘레가 표시된다.

```
첫 번째 구석점 지정 또는 [객체(O)/면적 추가(A)/면적 빼기(S)] <객체(O)>: o
객체 선택:
영역 = 25600.0000, 둘레 = 640.0000
```

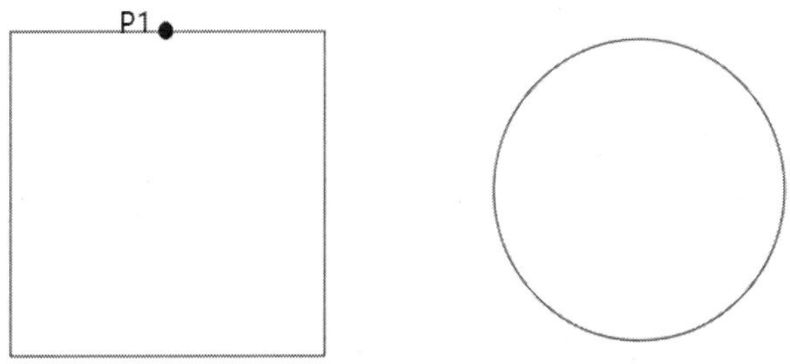

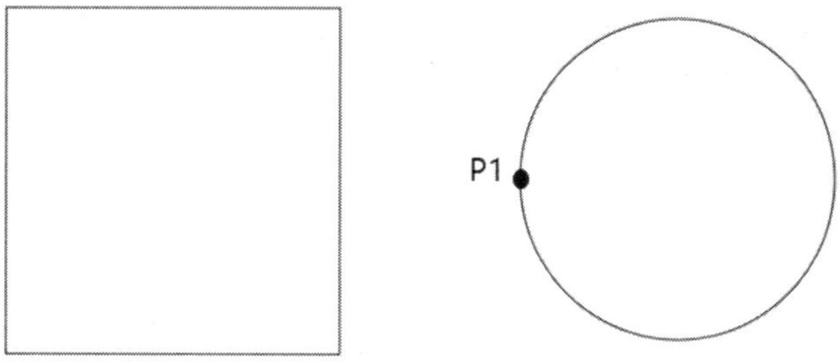

- 위 그림의 오른쪽 원을 한 번에 선택해 면적을 구하기 위해서 [Area] 명령어를 입력하고 [객체]옵션을 입력한 후, 원의 한 점을 클릭한다. 원의 면적(영역)과 둘레가 표시된다.
- [Area] 명령을 입력하고 [Enter]를 클릭한다.
- 첫 번째 구석점 지정 또는 [객체(O)/면적 추가(A)/면적 빼기(S)] 〈객체(O)〉 : O를 키인 후 [Enter]를 클릭한다.
- 객체 옵션을 지정하기 위해서 'O'를 입력한다.
- 객체 선택 : P1 클릭
- 사각형의 한 점에 'P1'을 클릭한다.
- 영역 = 17282.6107, 둘레 = 466.0928
- 원의 면적(영역)과 둘레가 표시된다.

```
첫 번째 구석점 지정 또는 [객체(O)/면적 추가(A)/면적 빼기(S)] <객체(O)>: o
객체 선택:
영역 = 17287.6107, 원주 = 466.0928
```

마. [면적 추가, 면적 빼기] 옵션 실습하기

① [Area] 명령을 입력하고 [Enter]를 클릭한다.
- 이후, 사각형을 한 번에 선택하기 위해서 [객체] 옵션을 입력하고 사각형의 한 점을 클릭한다. 사각형의 면적(영역)과 둘레가 표시된다.
- [Area] 명령을 입력하고 [Enter]를 클릭한다.
- 첫 번째 구석점 지정 또는 [객체(O)/면적 추가(A)/면적 빼기(S)] 〈객체(O)〉 : A를 키인 후 [Enter]를 클릭한다.
- [면적추가] 옵션을 지정하기 위해서 'A'를 입력한다.
- 첫 번째 구석점 지정 또는 [객체(O)/면적 추가(A)/면적 빼기(S)] 〈객체(O)〉 : O를 키인 후 [Enter]를 클릭한다.
- 객체 옵션을 지정하기 위해서 'O'를 입력한다.
- (추가모드) 객체 선택 : P1 클릭

- 사각형의 한 점에 'P1'을 클릭한다.
- 영역 = 25600.0000, 둘레 = 640.0000
- 사각형의 면적(영역)과 둘레가 표시된다.
- (추가모드) 객체선택 : [Enter]클릭
- 영역 = 25600.0000, 둘레 = 640.0000
- 전체 면적 = 25600.0000

② 사각형 면적에서 원의 면적을 빼기 위해서 [면적 빼기] 옵션과 [객체] 옵션을 지정한 후, 원의 한 점을 클릭한다. 원의 면적(영역)과 원주가 표시되고 사각형 면적(영역)에서 원의 면적(영역)을 뺀 면적이 표시된다.

- 첫 번째 구석점 지정 또는 [객체(O)/면적 추가(A)/면적 빼기(S)] 〈객체(O)〉 : S를 키인 후 [Enter]를 클릭한다.
- [면적빼기] 옵션을 지정하기 위해서 'S'를 입력한다.
- 첫 번째 구석점 지정 또는 [객체(O)/면적 추가(A)/면적 빼기(S)] 〈객체(O)〉 : O를 키인 후 [Enter]를 클릭한다.
- 객체 옵션을 지정하기 위해서 'O'를 입력한다.
- (빼기모드) 객체 선택 : P1 클릭
- 원의 한 점에 'P1'을 클릭한다.
- 영역 = 8340.0015, 원주 = 323.738
- 전체 면적 : 17259.9985
- 원의 면적(영역)과 원주가 표시되고 사각형의 면적(영역)에서 원의 면적(영역)을 뺀 면적이 표시된다.
- (빼기모드) 객체선택 : [Enter]클릭

영역 = 8340.0015, 원주 = 323.738

- 전체 면적 = 8919.9971

③ 사각형 면적(영역)에서 원이 면적(영역)을 뺀 면적에 삼각형의 면적(영역)을 더하기 위해서 [면적추가] 옵션과 [객체]옵션을 지정한 후, 삼각형의 한 점을 클릭한다. 삼각형의 면적(영역)과 둘레가 표시되고 최종적으로 사각형 면적(영역)과 둘레가 표시되고 최종적으로 사각형 면적(영역)에서 원의 면적(영역)을 뺀 면적에 삼각형 면적(영역)을 더한 면적(영역)이 표시된다.

- 첫 번째 구석점 지정 또는 [객체(O)/면적 추가(A)/면적 빼기(S)] 〈객체(O)〉 : A를 키인 후 [Enter]를 클릭한다.
- [면적추가] 옵션을 지정하기 위해서 'A'를 입력한다.
- 첫 번째 구석점 지정 또는 [객체(O)/면적 추가(A)/면적 빼기(S)] 〈객체(O)〉 : O를 키인 후 [Enter]를 클릭한다.
- 객체 옵션을 지정하기 위해서 'O'를 입력한다.
- (추가모드) 객체 선택 : P1 클릭
- 삼각형의 한 점에 'P1'을 클릭한다.
- 영역 = 1939.1706, 둘레 = 200.7608
- 전체 면적 : 10859.1677
- 삼각형의 면적(영역)과 둘레가 표시되고 최종적으로 사각형 면적(영역)에서 원의 면적(영역)을 뺀 면적에 삼각형 면적(영역)을 더한 면적(영역)이 표시된다.
- (추가모드) 객체선택 : [Enter] 클릭
- 영역 = 1939.1706, 둘레 = 200.7608
- 전체 면적 : 10859.1677
- 첫 번째 구석점 지정 또는 [객체(O)/면적 빼기(S)] : [Enter]를 클릭한다.
- 전체 면적 : 10859.1677

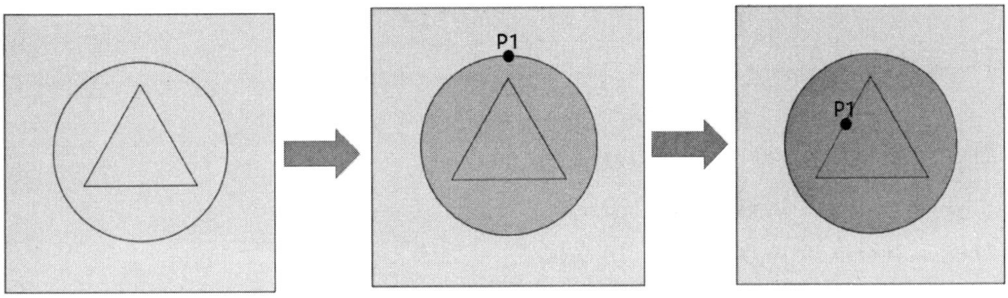

9.2.2 도면의 정보를 표시하는 [Status] 명령어

[Status] 명령어는 현재 도면의 각종 설정 상태와 시스템 상태를 나타낸다. [Status] 명령어는 도면의 설정 및 시스템 상태를 표시한다. 명령어 입력방법은 다음과 같다.

① 명령어 [Status]를 키인 후 [Enter] 클릭
② 도면의 설정 및 시스템 설정 상태를 나타낸다.
③ 메뉴막대 〉 도구 〉 조회 〉 상태를 선택

☞ 기본 실습하기

다음의 그림을 그린 후 [Status] 명령어를 입력한다. 이후 [AutoCAD 문자 윈도우] 대화상자가 나타나며 도면의 설정 및 시스템 설정 상태가 표시된다.

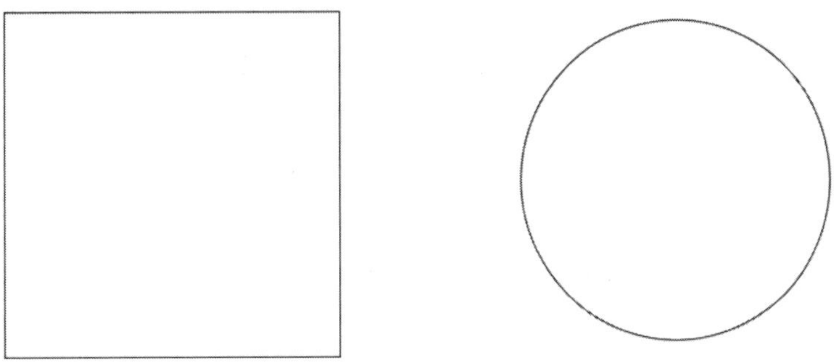

- 명령: STATUS
- 630 객체가 Drawing1.dwg에 있음
- 파일 크기 명령 취소 : 517 KB
- 모형 공간 한계 X : 0.0000, Y : 0.0000(끄기)
  X : 420.0000, Y : 297.0000
- 모형 공간 사용 X : 105.0088, Y : -25.6347 **초과

X : 601.9119, Y : 197.4791 **초과

- 디스플레이 보기 X : -28.3368, Y : -131.4571

  X : 1075.1132, Y : 282.2631
- 삽입 기준 X : 0.0000, Y : 0.0000, Z : 0.0000
- 스냅 해상도 X : 10.0000, Y : 10.0000
- 그리드 간격 X : 10.0000, Y : 10.0000
- 현재 공간 : 모형 공간
- 현재 배치 : Model
- 현재 도면층 : "0"
- 현재 색상 : BYLAYER -- 7(흰색)
- 현재 선종류 : BYLAYER -- "Continuous"
- 현재 재료 : BYLAYER -- "Global"
- 현재 선가중치 : BYLAYER
- 현재 고도 : 0.0000, 두께 : 0.0000
- 채우기 켜기, 그리드 끄기, 직교 끄기, Qtext 끄기, 스냅 끄기, 타블렛 끄기

9.3 기하학적 구속 조건 설정하기

9.3.1 기하학적으로 객체의 형상을 구속하는 [Geomconstraint] 명령어

파라메트릭 도면은 파라미터(매개 변수)에 의해서 구속조건을 부여한 도면을 말한다. 구속조건이란 객체의 상대적인 관계를 제한하는 기하학적 구속조건과 객체의 길이, 반지름, 지름 또는 객체 간의 거리, 각도를 제한하는 치수구속 조건으로 나눌 수 있다.

예를 들어 기하학적 구속조건에 의해서 한 객체를 다른 객체와 평형하게 하거나 치수구속 조건에 의해서 한 객체의 길이나 반지름을 특정한 값으로 변환했을 때도 원래 형상을 그대로 유지하도록 할 수 있다. 객체를 구속하면 구속한 객체 옆에 구속조건 막대가 나타나고 객체에는 파란색의 작은 사각형이 나타난다.

[Geomconstraint] 명령어는 객체의 상대적인 관계를 제한하여 기하학적으로 구속할 수 있는 가운데, 객체를 드래그하거나 객체의 치수를 변경하고자 할 때 변경범위를 제한한다. 예를 들어 2개의 선에 평행 구속조건을 적용하면 2개의 선은 항상 평행하게 된다.

화면하단 우측에 있는 '사용자화' 아이콘()을 클릭한 후, '구속 조건 추정'을 클릭하면 상태 표시 막대에 '구속 조건 추정' 아이콘이 나타난다. 예를 들어 '구속 조건 추정'을 켠 상태에서 폴리선에 의해서 직사각형을 작성한 후, 직사각형의 어느 한 점을 클릭하여 정점이 나타나면 정점을 어느 한쪽으로 신축하여도 자동으로 직사각형 2변이 평행하고 직교 상태를 유지한다.

반면 '구속 조건 추정'을 끈 상태에서 폴리선에 의해서 직사각형을 작성한 후 직사각형의 어느 한 점을 클릭하여 정점이 나타나면, 정점을 어느 한 쪽으로 신축한 경우 원래의 형상을 유지하지 못하고 직사각형 형상이 달라진다.

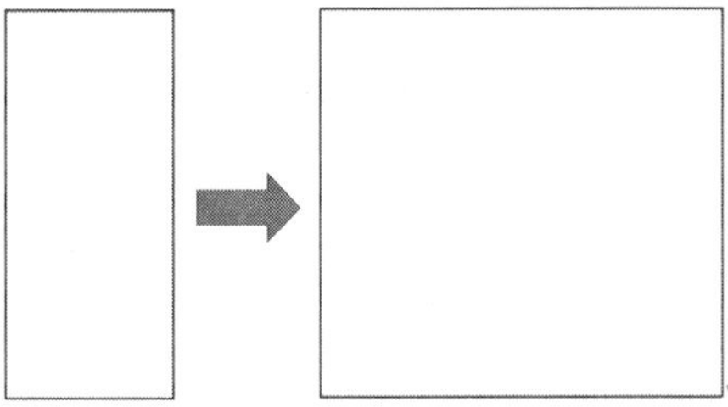

〈구속조건 추론을 켠 경우 - 신축 시〉

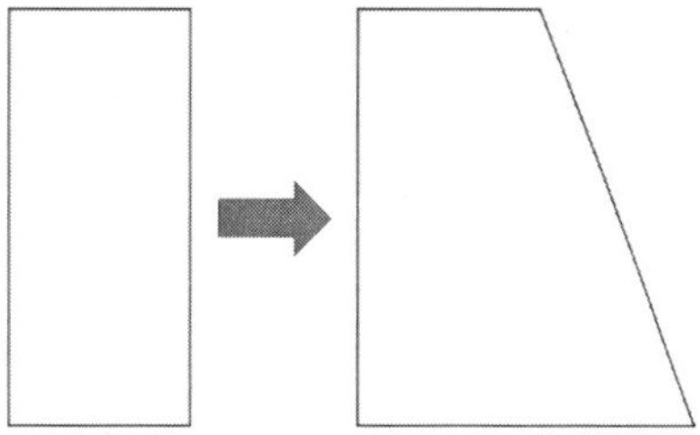

〈구속조건 추론을 끈 경우 - 신축 시〉

[파라매트릭] 탭의 [기하학적] 패널 하단에 있는 [구속조건 설정, 기하학적] 확장 화살표를 클릭하면 [구속조건 설정] 대화상자가 나타난다.

대화상자에는 [기하학적] 탭, [치수] 탭, [자동구속] 탭이 있다. [기하학적] 탭에서는 [기하학적 구속조건 추론]을 켜거나 끌 수 있고 구속조건 막대를 화면에 표시할 것인가에 대한 설정이 가능하고 구속조건 막대의 투명도를 조절할 수 있다. 또한 선택한 객체에 구속조건을 적용 후, 구속조건 막대를 표시할 것인가를 결정하고 객체를 선택하면 구속조건 막대를 표시할 것인가를 결정한다.

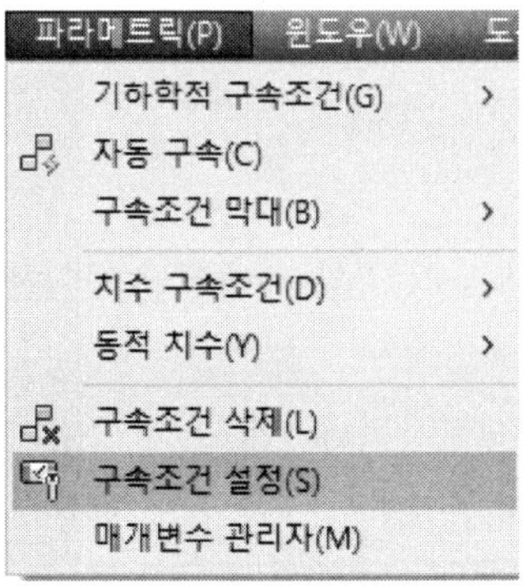

→

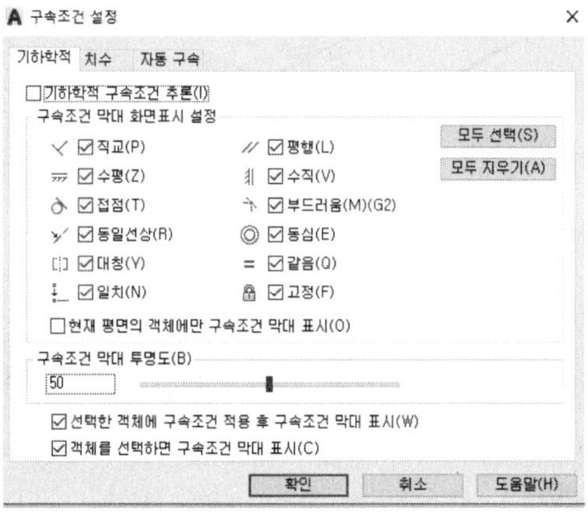

① 기하학적 구속조건 추론 : 객체를 작성하거나 편집할 때 객체의 형상에 기하학적인 구속조건 부여 여부를 결정한다.

② 구속조건 막대 화면표시 설정 : 구속조건 막대의 표시 여부를 결정한다.

③ 구속조건 막대 투명도 : 구속조건 막대의 표시 투명도를 설정한다.

④ 선택한 객체에 구속조건 적용 후, 구속조건 막대 표시 : 객체에 구속조건을 적용한 후, 구속조건 막대의 표시 여부를 결정한다.
⑤ 객체를 선택하면 구속조건 막대 표시 : 구속조건 막대가 표시되지 않은 상태에서 객체를 선택했을 때 구속조건 막대의 표시여부를 결정한다.

[자동구속] 탭에서는 구속조건의 적용 우선순위를 결정하고 공차에서 거리나 각도의 허용값을 설정할 수 있다.
① 우선순위 : 구속조건의 적용 순서를 결정한다. [위로 이동]은 선택한 구속조건의 적용순서를 앞으로 할 수 있고 [아래로 이동]은 선택한 구속조건의 적용순서를 뒤로 미룰 수 있다. [모두 선택]은 모든 구속조건을 자동구속 되도록 할 수 있고 [모두 지우기]는 모든 구속조건을 자동구속이 취소되도록 한다. [재설정]은 자동 구속 설정을 기본 값으로 재설정한다.

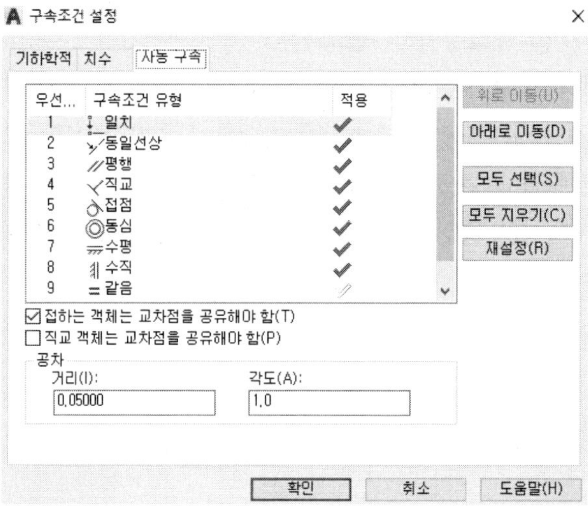

② 접하는 객체는 교차점을 공유해야 함 : 두 개의 곡선이 거리 공차 이내에서 동일한 점을 공유하는 경우에 접점 구속 조건 적용 여부를 결정한다.
③ 직교 객체는 교차점을 공유해야 함 : 2개의 선이 서로 교차하거나 1개 선의 끝점이 거리 공차 이내에 지정된 다른 선 또는 다른 선의 끝점과 일치하는 경우, 구속조건 적용 여부를 결정한다.
④ 공차 : 허용 가능한 공차값을 설정하여 구속조건의 적용 여부를 결정한다. 거리 공차는 일치, 동심, 접선 및 동일 선상 구속조건에 적용되고 각도 공차는 수평, 수직, 평행, 직교, 접선 및 동일선상 구속조건에 적용된다.

가. 명령어 입력방법

다음의 3가지 방법 중 편한 방법을 선택하여 명령어를 실행한다.

① 메뉴막대 〉 파라메트릭 〉 기하학적 구속 조건 〉 일치함, 직교, 평행, 접점, 수평, 수직, 동일선상, 동심, 부드러움, 대칭, 같음, 고정

② 명령어 : [Geomconstraint], 단축 명령어 : [Gcon]

③ 리본 메뉴 〉 (파라메트릭)탭 〉 (기하학적) 패널 〉 일치, 직교, 평행, 접점, 수평, 수직, 동일선상, 동심, 부드러움, 대칭, 같음, 고정(제도 및 주석 작업공간)

나. 명령어 사용방법

명령어 [Geomconstraint]를 키인 후 [Enter]를 클릭한다. 구속조건 유형 입력 [수평(H)/수직(V)/직교(P)/평행(PA)/접점(T)/부드러움(SM)/일치(C)/동심(CON)/동일선상(COL)/대칭(S)/같음(E)/고정(F)] 〈일치〉 : H 키인 후 [Enter]를 클릭한다.

```
명령: GEOMCONSTRAINT
구속조건 유형 입력 [수평(H)/수직(V)/직교(P)/평행(PA)/접점(T)/부드러움(SM)/일치(C)/동심(CON)/동일선상(COL)/대칭(S)/같음(E)/고정(F)] <일치>:*취소*
명령:
GEOMCONSTRAINT _ConstraintSettings
```

객체에 적용하고자 하는 구속조건을 입력한다.

다. 옵션 설명

- 일치(C) : 선, 원, 호, 타원형 호, 스플라인, 폴리선 및 폴리선 호 중 선택한 2개 객체의 각 2점을 같은 위치에 배치한다.
- 수평(H) : 선, 타원, 폴리선 및 여러 줄 문자 중 선택한 객체를 수평으로 배치한다.
- 수직(V) : 선, 타원, 폴리선 및 여러 줄 문자 중 선택한 객체를 수직으로 배치한다.
- 직교(P) : 선, 타원, 폴리선 및 여러 줄 문자 중 선택한 2개의 객체가 서로 직각이 되도록 배치한다.
- 평행(PA) : 선, 타원, 폴리선 및 여러 줄 문자 중 선택한 2개의 객체가 서로 평행하도록 배치한다.
- 접점(T) : 선, 타원, 폴리선 호 중 선택한 2개의 객체가 서로 접하도록 배치한다.
- 부드러움(SM) : 선, 타원, 폴리선 호 중 선택한 2개의 객체가 부드러운 곡선으로 이어지도록 배치한다. 단, 스플라인을 먼저 작성해야 명령어를 수행할 수 있다.
- 동심(CON) : 원, 호, 폴리선 및 타원 중 선택한 2개 객체의 중심점을 동일하게 배치한다.
- 동일선상(COL) : 선, 타원, 타원형 호, 폴리선 및 여러 줄 문자 중 선택한 2개 객체를 동일선상에 배치한다.

- 대칭(S) : 선, 원, 호, 타원, 폴리선 및 폴리선 호 중 대칭축을 중심으로 선택한 2개의 객체를 대칭하도록 배치한다. 단, 대칭축은 선, 타원, 타원형 호의 장축 또는 단축, 폴리선 세그먼트, 문자 및 여러 줄 문자만 가능하다.
- 같음(E) : 선, 원, 호, 타원, 폴리선 및 폴리선 호 중 선택한 2개 객체의 길이나 각도를 같도록 배치한다.
- 고정(F) : 선, 원, 호, 타원, 폴리선 및 폴리선 호 중 선택한 객체를 현재 위치에 고정한다.

라. 명령어와 옵션 간 관계

- 일치(C) : Gcconcident, 부드러움(SM) : Gcsmooth
- 수평(H) : Gchorizontal, 동심(CON) : Gcconcentric
- 수직(V) : Gcvertical, 동일선상(COL) : Gccolinear
- 직교(P) : Gcperpendicular, 대칭(S) : Gcsymmetric
- 평행(PA) : Gcparallel, 같음(E) : Gcequal
- 접점(T) : Gctangent, 고정(F) : Gcfix

9.4 필터(Filter)

필터 명령으로 선택하고자 하는 객체의 특성 리스트를 작성하여 한꺼번에 원하는 객체만을 쉽게 선택할 수 있다. 도면이 복잡한 경우 가장 효과적인 선택방법이기 때문에 반드시 알고 있어야 하는 명령어이다.

- 명령어 : [Filter]를 키인 후 [Enter]를 클릭한다.

가. 객체 선택 필터 대화상자

필터 대화상자는 크게 세 개의 영역으로 되어 있다.

- 필터 특성 리스트 항목 : 위쪽 빈칸 영역으로 선택 조건식을 완성해가는 영역이다.
- 필터 선택 항목 : 선택 조건식을 한 개씩 만들어 필터 특성 리스트에 추가하는 영역이다.
- 대화상자 오른쪽 부분 : 만든 선택 조건식을 리스트에서 삭제하거나 저장하고 불러들이는 영역이다.

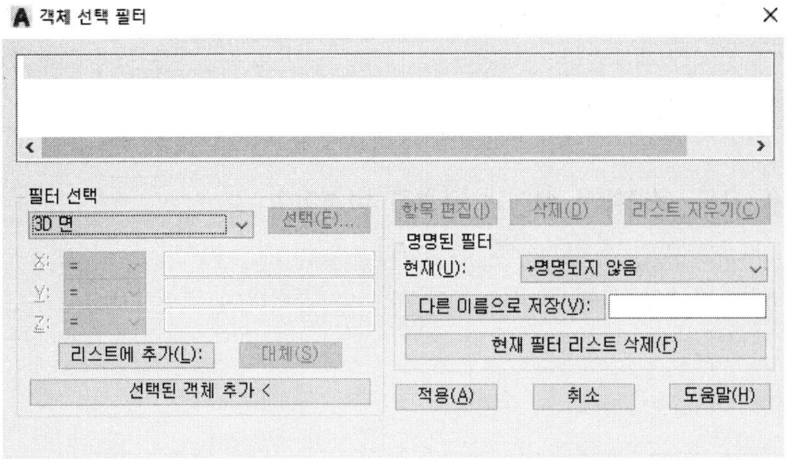

나. 필터 선택 항목

- 선택 : 필터링할 항목을 선택하는 곳으로 오토캐드 모든 객체 유형의 항목이 나열되어 있다.
- X, Y, Z : 객체에 따라 관계 연산자를 사용하여 필터링할 값을 입력한다.
- 리스트에 추가 : 만든 현재 필터 선택 특성을 한 개씩 위쪽에 있는 '필터 특성 리스트'에 등록한다.
- 대체 : 필터 특성 리스트에서 선택한 조건에 대해서만 현재 만들고 있는 필터 특성 조건으로 갱신한다.
- 선택한 객체 추가 : 도면에서 기준이 되는 객체 한 개를 선택하여 그 객체의 모든 특성들을 한꺼번에 '필터 특성 리스트'에 추가한다.

☞ 더 알아보기

선택 객체의 모든 정보가 리스트에 추가되므로 그 선택한 객체를 기준으로 약간의 편집과정을 거쳐 식을 만들 때 유용하게 사용된다.

다. 대화상자 오른쪽 부분

- 항목편집 : '필터 특성 리스트'에서 선택한 조건을 편집할 수 있게 필터 선택 항목이 해당조건으로 활성화된다.
- 삭제 : '필터 특성 리스트'에서 선택한 필요 없는 조건을 한 개씩 선택하여 지운다.
- 리스트 지우기 : 새로운 조건식을 만들기 위해 '필터 특성 리스트'에 나열된 모든 특성을 지운다.
- 명명된 필터 : 완성된 '필터 특성 리스트' 항목의 조건을 파일(filter.nfl)로 저장해서 차후에 불러들여 똑같은 조건으로 쉽게 선택할 수 있도록 한다.

[적용] 대화상자를 종료하고 도면에서 원하는 부분(윈도우)이나 전체를 선택(all)하면 미리 설정된 조건에 일치한 객체들만 선택된다. 그 다음 특성 도구상자를 사용하여 레이어, 색상, 선종류 등을 변경한다.

라. 중심선을 모두 선택해서 색상과 굵기를 변경하기

- 명령어 [Filter]를 키인 후 [Enter]를 클릭한다.
- 표시된 대화상자에서 '선택된 객체 추가' 버튼을 클릭하여 도면상에서 기준으로 사용할 중심선을 선택한다.

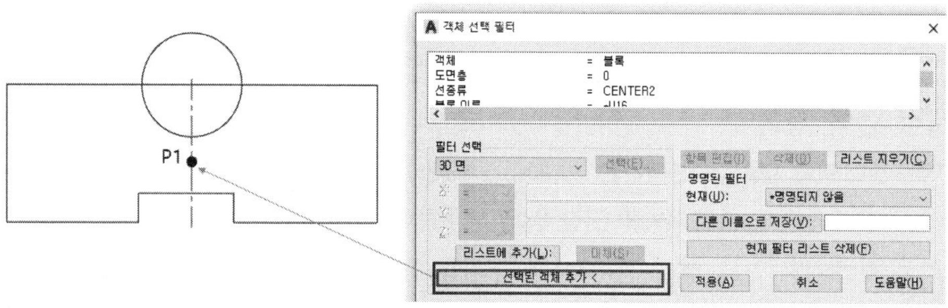

대화상자 위쪽에 있는 '필터 특성 리스트' 항목에서 필요 없는 조건을 선택하여 '삭제' 버튼을 눌러 지우면서 아래 그림과 같이 선택 조건식을 완성한다.

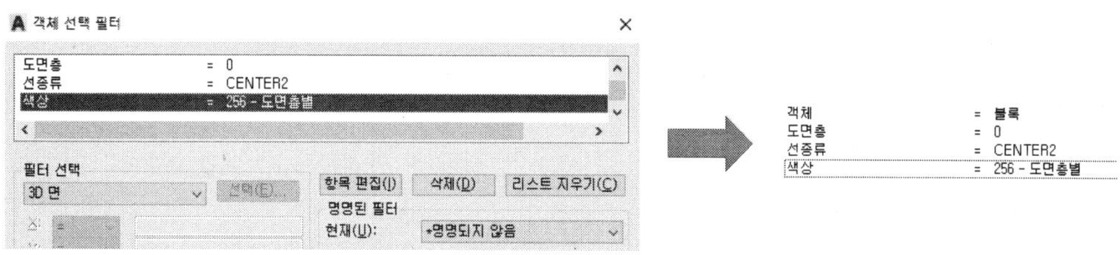

- 적용 버튼을 눌러 대화상자를 닫고 아래 명령 입력줄에 ALL을 입력하고 [Enter]키를 누른다. 그러면 조건식에 해당하는 중심선들만 모두 선택되는 것을 알 수 있다.
- 특성 도구상자에서 색상은 '초록색'으로 굵기는 0.5 mm로 선택하여 한꺼번에 특성을 변경할 수도 있다.

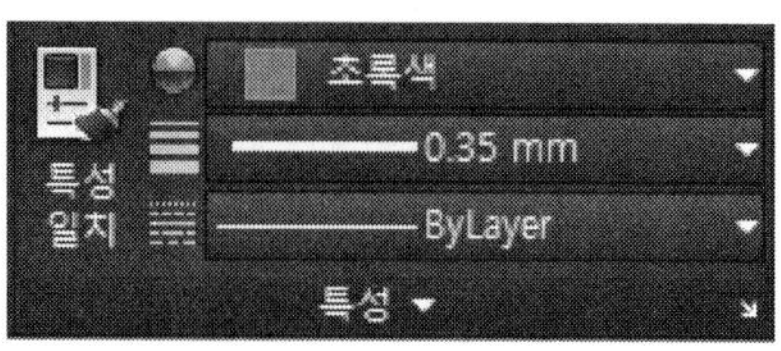

※ 설정된 선 굵기대로 화면에 표시하고자 한다면 LWEIGHT 명령의 대화상자에서 '선 가중치 표시' 항목을 체크해야 한다.

- 명령어 : [LWEIGHT] 키인 후 [Enter]를 클릭한다.

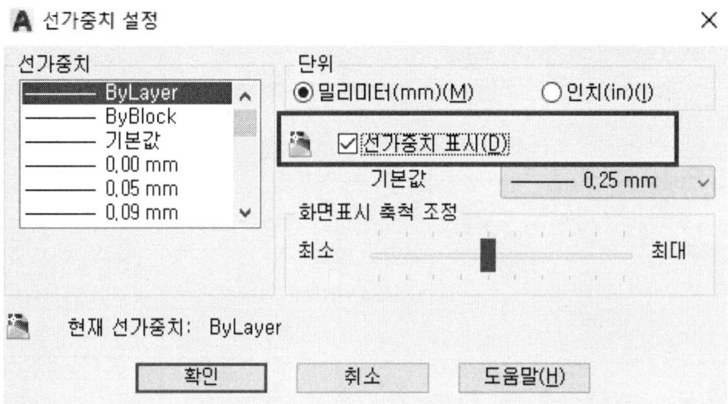

- 단축키로 [LW]를 키인 후 [Enter]를 클릭해도 같은 명령을 실행시킬 수 있다.

☞ 더 알아보기

[Filter] 명령 조건식으로 원하는 객체를 모두 선택한 후 [Esc] 키를 누르면 선택된 객체가 모두 해제되며 이때 해제된 객체를 또다시 편집 명령(Copy, Move) 등에서 사용하고 싶다면 해당 편집 명령 입력 후 '객체선택:' 프롬프트에서 P를 입력하면 된다(여기서 P는 Previous의 약자이다).

9.5 그룹(Group) 지정하기

Group 명령은 개별 객체를 쉽게 단위별로 결합해서 관리하고자 할 때 사용한다.

- 명령어 [Group] 키인 후 [Enter]를 클릭한다.
- 단축키 [G]로도 실행시킬 수 있다.

가. 그룹 지정하는 기본적인 방법

- 객체 선택 또는 [이름(M)/설명(D)]: N 키인 후 [Enter]를 클릭한다.
- 그룹이름 또는 [?] 입력 : TEST-1키인 후 [Enter]를 클릭한다.
- 객체선택 또는 [...] : 윈도우 박스로 그룹시킬 객체를 선택한다. ← 그룹이 작성되었다.
- 그룹으로 정의된 객체를 다시 원래대로 개별 객체로 만들기 위해서는 -Group 명령을 입력하

여 '분해' 옵션을 사용해야 한다.

- 그룹으로 정의된 객체들도 그룹 상태에서 이동, 복사, 회전 등을 할 수 있다.

CHAPTER 10

도면 출력하기

10.1 도면 출력 조건 설정하기

10.1.1 도면을 출력하는 [Plot] 명령어

[Plot] 명령어는 도면을 출력하는 것을 말한다. 여기서 출력이란 도면을 플로터나 프린터를 사용하여 인쇄하거나 PDF, JPG 및 PNG 등의 파일로 저장하는 것이다. [Plot] 명령어의 다양한 옵션을 이해하고 용도에 적합한 옵션을 사용함으로써 정확한 도면을 출력할 수 있다.

가. 명령어 입력 방법

① 메뉴막대 〉 파일 〉 플롯

② 명령어 [Plot]을 키인하고 [Enter] 클릭

③ 리본메뉴 〉 (출력) 탭 〉 (플롯) 패널 〉 플롯(제도 및 주석 작업공간)

나. 옵션 명령

[Plot] 명령어를 입력하면 다음과 같은 메뉴를 설정할 수 있다.

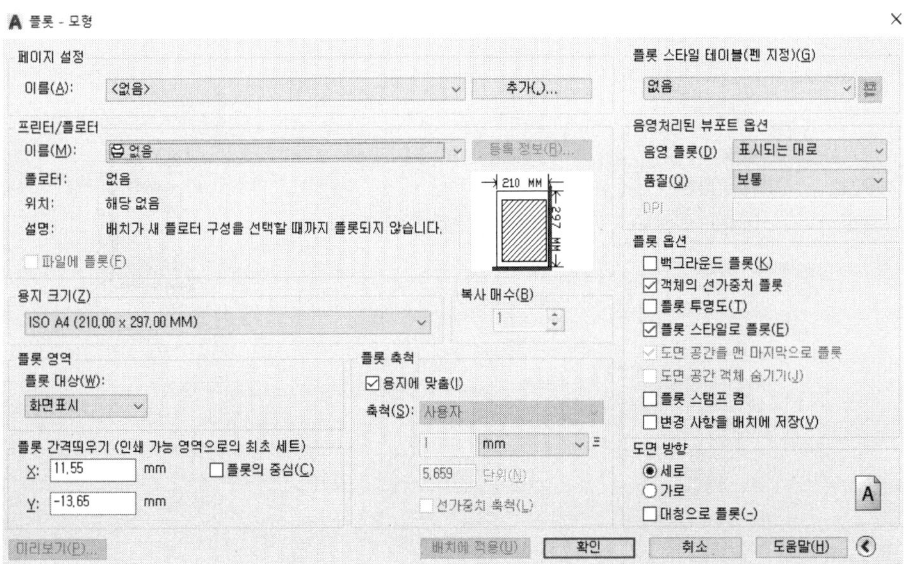

- [페이지 설정] 메뉴

원하는 출력 조건을 설정하여 저장한 후, 출력 시 저장한 출력조건에 의해서 출력할 수 있다.

① 이전 플롯 : 최근 사용한 설정값을 그대로 사용한다.
② 가져오기 : 다른 도면에 저장된 페이지 설정값을 가져온다.
③ 추가 : 출력 조건을 설정하고 [추가]를 클릭하면 [페이지 설정 추가] 대화상자가 나타난다.

이후 [새 플롯 설정 이름]을 입력하면 새로운 플롯 이름이 추가되면서 새롭게 설정한 플롯 조건에 의해서 출력할 수 있다.

- [프린터/플로터] 메뉴

사용할 프린터나 플로터를 설정하는 것은 물론, PDF, JPG 및 PNG 파일 형식으로 저장할 수도 있다. [파일에 플롯]을 클릭하면 프린터나 플로터로 출력되지 않고 'AutoCAD 플롯 파일(*.PLT) 형식으로 저장된다.

① 이름 : 출력할 프린터나 플로터를 선택하거나 저장할 파일 형식을 선택한다.
② 등록정보 : 플로터를 구성하고 있는 파일 이름이나 포트, 장치 및 문서설정을 확인할 수 있다.

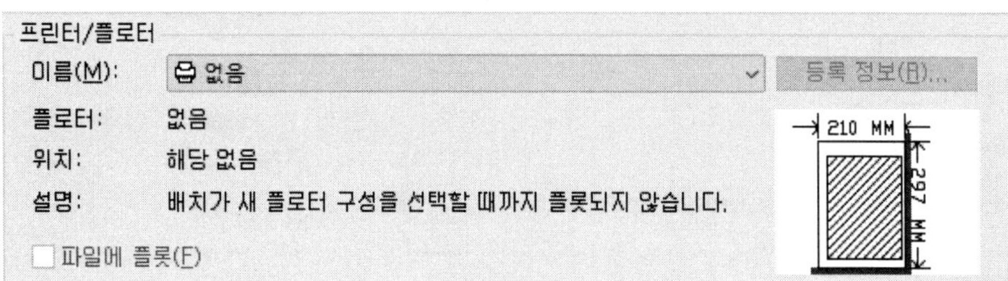

- [용지크기/복사 매수] 메뉴

출력할 용지의 크기와 복사할 매수를 설정한다.

- [플롯 영역] 메뉴

[플롯 대상]을 통하여 도면의 출력 영역을 설정한다.

① 범위 : 도면 한계와 관계없이 객체를 화면상에 꽉 차게 출력한다.
② 윈도우 : 마우스로 선택 영역을 지정하여 출력한다.
③ 한계 : 설정한 Limits 영역으로 출력한다.
④ 화면 표시 : 현재 화면상에 보이는 대로 출력한다.

- [플롯 간격 띄우기] 메뉴

출력할 때, X, Y 원점을 결정하거나 객체를 용지중심에 출력되도록 설정한다.

① X : X 방향의 출력 원점을 지정한다.
② Y : Y 방향의 출력 원점을 지정한다.
③ 플롯의 중심 : 객체를 용지 중심에 출력되도록 지정한다.

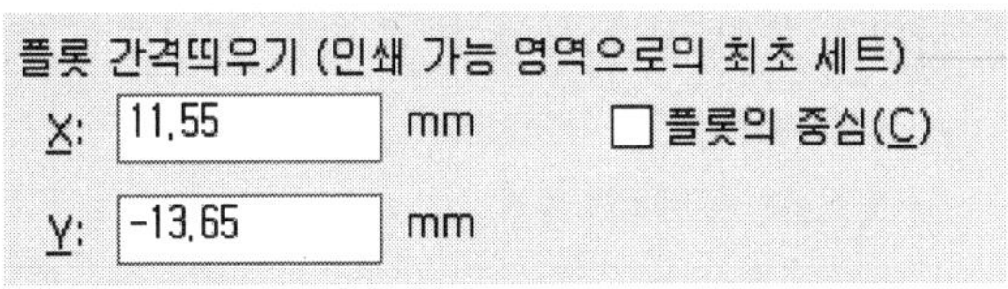

- [플롯 축척] 메뉴

출력을 선택한 용지 크기에 맞게 축척하거나 출력할 축척 비율을 지정한다. 또한 출력 축척에 비례하여 가중치를 축척한다.

① 용지에 맞춤 : 출력을 선택한 용지에 맞게 축척한다.
② 축척 : 출력할 축척 비율을 지정한다.
③ 선 가중치 축척 : 출력 축척에 비례하여 선 가중치를 축척한다.

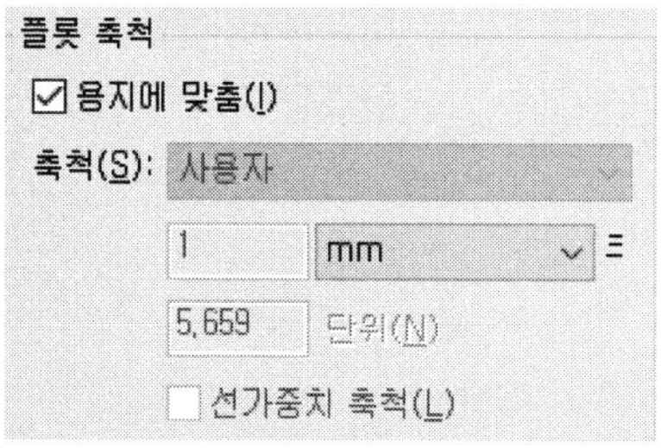

- [플롯 스타일 테이블] 메뉴

플롯 스타일 테이블을 설정, 편집하거나 새로운 플롯 스타일 테이블을 작성한다. '색상 종속 플롯 스타일 테이블(*.CTB) 형식의 파일에 의해서 도면의 색상을 회색, 단색으로 변경할 수 있으며 Screening 기능에 의해서 도면의 해상도를 조절한다.

- [음영 처리된 뷰포트 옵션] 메뉴

음영 처리된 뷰포트와 렌더링된 뷰포트가 출력되는 방법과 해상도를 지정한다. [음영 플롯]ds 뷰포트와 렌더링된 뷰포트의 음영 처리 정도를 조절할 수 있다. [품질] 중 [간단하게 인쇄]는 렌더링 및 음영 처리된 모형 공간 뷰를 와이어 프레임으로 출력되게 설정하고 [사용자]는 사용자가 직접 DPI를 지정할 수 있다. 또한 [미리보기], [보통]. [프리젠테이션]은 렌더링 및 음영 처리된 모형 공간 뷰를 현재 장치 해상도의 각각 '150', '300' 및 '600' DPI로 설정할 수 있다. [최대]는 렌더링 및 음영 처리된 모형 공간 뷰를 현재 장치 해상도의 최대로 설정할 수 있다.

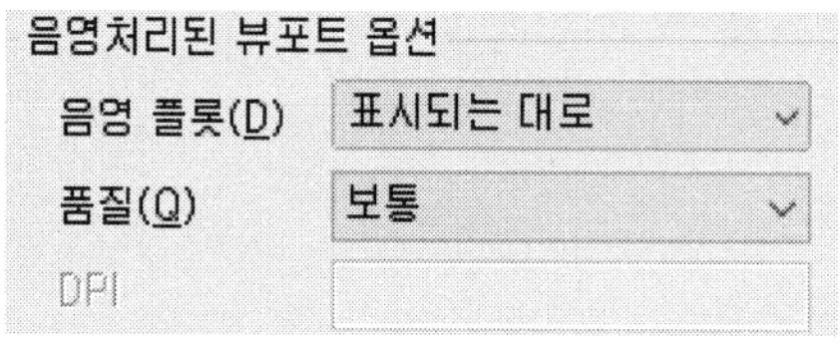

- [플롯 옵션] 메뉴

객체의 선가중치, 플롯 투명도 및 플롯 스탬프 등을 지정한다.

① 백그라운드 플롯 : 백그라운드로 설정된 도면을 출력할 것인가를 지정한다.
② 객체의 선가중치 플롯 : 객체의 선가중치를 출력할 것인가를 지정한다.
③ 플롯 투명도 : 객체의 투명도를 출력할 것인가를 지정한다.

④ 플롯 스타일로 플롯 : 플롯 스타일로 출력할 것인가를 지정한다.

⑤ 도면 공간을 맨 마지막으로 플롯 : 모형 공간을 먼저, 도면 공간을 뒤에 출력한다. 이 옵션은 배치 탭인 경우에서만 사용할 수 있다.

⑥ 도면 공간 객체 숨기기 : 3차원 객체를 출력할 때 숨은선을 제거하고 출력한다. 이 옵션은 배치탭인 경우에서만 사용할 수 있다.

⑦ 플롯 스탬프 켬 : [플롯 트탬프 설정]을 클릭하면 [플롯 스탬프] 대화상자가 나타나고 도면에 [도면 이름], [배치 이름], [날짜 및 시간], [로그인 이름], [장치 이름], [용지 크기] 및 [플롯 축척] 등을 표시할 수 있다.

⑧ 변경사항을 배치에 저장 : 플롯 대화상자에서 변경한 사항을 배치에 저장한다.

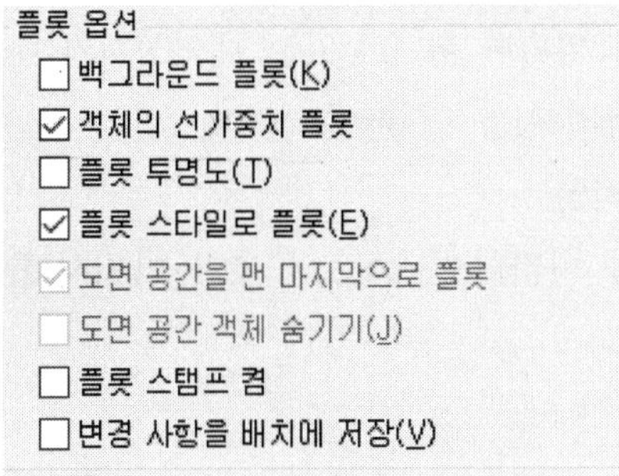

- [도면 방향] 메뉴

도면을 출력할 때, 출력할 용지의 방향을 지정한다.

① 세로 : 출력할 용지의 방향을 세로로 지정한다.

② 가로 : 출력할 용지의 방향을 가로로 지정한다.

③ 대칭으로 플롯 : 출력할 용지의 방향을 위, 아래가 뒤집어지도록 지정한다.

10.1.2 플로터를 설정하는 [Plottermanager] 명령어

[Plottermanager] 명령어는 컴퓨터에 새로운 프린터나 플로터 또는 출력 디바이스를 설정한다. 설정한 프린터나 플로터를 사용하여 출력할 수 있고 출력 디바이스를 통하여 파일 형식으로도 출력된다.

가. 명령어 입력방법

- 메뉴막대 〉 파일 〉 플로터 관리자를 선택한다.
- 명령어 :[Plottermanager]를 키인 후 [Enter]를 클릭한다.
- 리본 메뉴 〉 (출력) 탭 〉 (플롯) 패널 〉 플로터관리자(제도 및 주석 작업공간)

나. 명령어 사용방법

- 명령어 [Plottermanager]를 키인 후 [Enter]를 클릭한다.
- [플로터 추가 마법사] 파일이 나타나면 더블 클릭하여 플로터를 추가한다.

다. 실습하기

① [Plottermanager] 명령어를 입력한 후, [Plotters] 대화상자가 나타나고 [플로터 추가 마법사]가 나타나면 [플로터 추가 바법사]를 더블 클릭한다.

- 명령 : [Plottermanager] 키인
- 이후 [Plotters] 대화상자가 나타나면 [플로터 추가 마법사]를 더블 클릭한다.

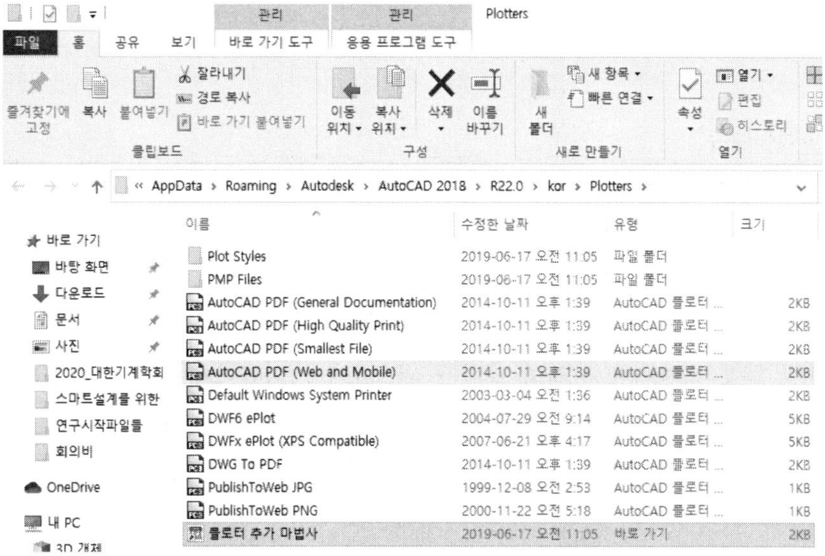

② [플로터 추가-개요 페이지] 대화상자가 나타나면 [다음]을 클릭한다.

③ [플로터 추가-시작] 대화상자가 나타나고 현재 PC와 연결되어 있는 프린터라면 [시스템 프린터]를 선택한 후, [다음]을 클릭한다.

④ [플로터 추가-시스템 프린터] 대화상자가 나타나면 현재 PC와 연결되어 있는 프린터를 선택한 후, [다음]을 클릭한다.

⑤ [플로터 추가-PCP/PC2 가져오기] 대화상자가 나타나고 처음으로 플로터를 설정한다면

[다음]을 클릭한다.

⑥ [플로터 추가-플로터 이름] 대화상자가 나타나면 설정할 플로터 이름을 입력한 후, [다음]을 클릭한다.

⑦ [플로터 추가-마침] 대화상자가 나타나면 [마침]을 클릭한다.

⑧ 플로터가 추가되었는지 확인하기 위해서 [Plottermanager] 명령어를 입력하면 새로운 플로터가 추가된 것을 확인할 수 있다.

- 명령 : [Plottermanager] 키인 후 [Enter]를 클릭한다.
- 이후 [Plotters] 대화상자가 나타나면 새롭게 추가된 플로터를 확인한다.

10.1.3 출력 조건을 미리 설정하는 [Pagesetup] 명령어

[Pagesetup] 명령어는 새로운 페이지 이름으로 프린터나 플로터의 설정, 용지 크기, 플롯 영역, 플롯 간격 띄우기, 플롯 스타일 테이블, 음영 처리된 뷰포트 옵션, 플롯 옵션 및 도면 방향을 설정한다. 이후, [Plot] 명령어를 수행하여 [페이지 설정]에서 미리 설정한 페이지 이름을 확인할 수 있다. 따라서 미리 페이지 이름을 지정하면 다시 출력 조건을 설정할 필요 없이 편리하게 출력할 수 있다.

가. 명령어 입력방법

- 메뉴막대 〉 파일 〉 페이지 설정 관리자
- 명령어 [Pagesetup]을 키인하고 [Enter] 클릭
- 리본 메뉴 〉 (출력) 탭 〉 (플롯)패널 〉 페이지 설정 관리자(제도 및 주석 작업공간)

나. 명령어 사용방법

- 명령어 [Pagesetup]을 키인 후 [Enter]를 클릭한다.
- [페이지 설정 관리자] 대화상자가 나타나면 [새로 만들기]를 클릭하고 [새 페이지 설정] 대화상자가 나타나면 [새 플롯 설정 이름]을 지정한 후, [확인]을 클릭한다. 이후, [페이지 설정-모형] 대화상자가 나타나면 출력조건 지정을 위한 페이지 설정을 한 후, [확인]을 클릭한다.

다. 실습하기

① [Pagesetup] 명령어를 입력하여 [페이지 설정 관리자] 대화상자가 나타나면 [새로 만들기]를 클릭한다.

- 명령 : [Pagesetup] 키인 후 [Enter]를 클릭한다.
- [페이지 설정 관리자] 대화상자가 나타나면 [새로 만들기]를 클릭한다.

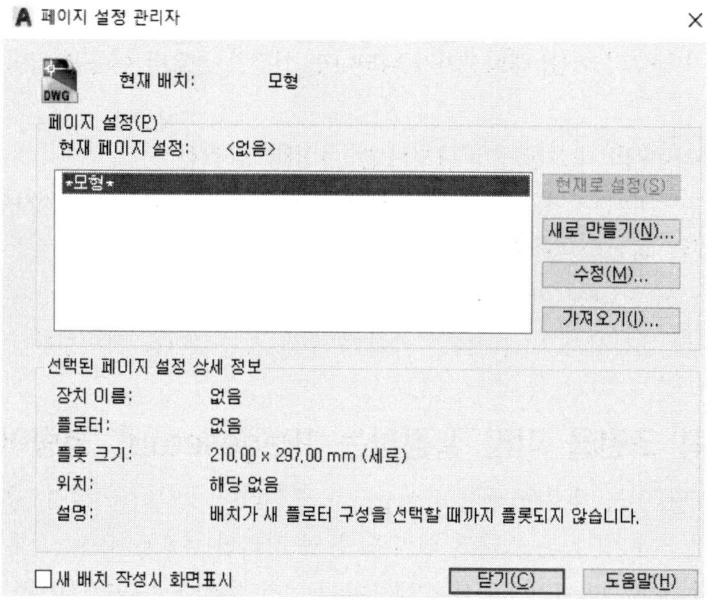

② [새 페이지 설정] 대화상자가 나타나면 [새 플롯 설정 이름]에 ‘설정 1‘을 입력한 후, [확인]을 클릭한다.

③ [페이지 설정-모형] 대화상자가 나타나면 화면과 동일하게 [프린터/플로터]의 [이름], [용지 크기], [플롯 영역]의 [플롯 대상], [플롯 간격띄우기]의 [플롯의 중심], [플롯 축척]의 [용지에 맞춤] 및 [도면 방향]의 [가로]로 설정한 후, [확인]을 클릭한다.

④ [페이지 설정 관리자] 대화상자가 나타나면 ‘설정1’이란 페이지가 표시된 것을 확인한 후, [닫기]를 클릭한다.

⑤ 페이지 설정이 잘 되었는지 확인하기 위해서 [Plot] 명령어를 입력하면 [플롯-모형] 대화상자가 나타나고 [페이지 설정]의 [이름]을 클릭하여 ‘설정1’을 지정하면 이전에 페이지 설정 조건이 나타나는 것을 알 수 있다. 이후 [확인]을 클릭한다.

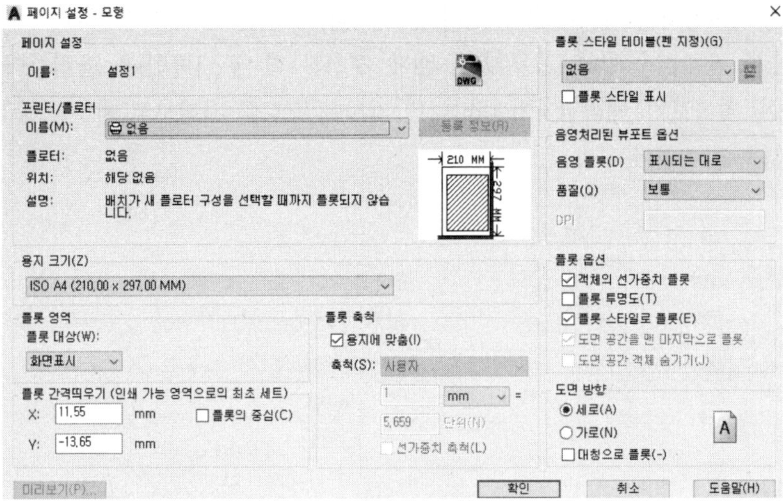

10.1.4 도면을 이미지 파일로 변환하기

[Plot] 명령어를 입력하여 [플롯 모형] 대화상자가 나타나면 [프린터/플로터]의 [이름]에 'DWG To PDF.pc3'을 클릭하여 도면을 PDF 파일로 변환할 수 있다.

가. 명령어 입력 방법

- 메뉴막대 〉 파일 〉 플롯 〉 프린터/플로터 〉 이름
- 명령어 [Plot] 키인 후 [Enter] 클릭
- 리본 메뉴 〉 (출력) 탭 〉 (플롯) 패널 〉 플롯(제도 및 주석 작업공간)

나. 명령어 사용 방법

- 명령어 [Plot] 키인 후 [Enter]를 클릭한다.
- [플롯-모형] 대화상자가 나타나면 [프린터/플로터]의 [이름]을 클릭하여 'DWG To PDF.pc3'로 지정하고 출력조건을 설정한 후, [확인]을 클릭한다.
- 이후 [플롯 파일 찾아보기] 대화상자가 나타나면 경로를 지정한 후, [저장]을 클릭한다.

다. 실습하기

- 기본 실습하기

① 도면을 이미지 파일로 변환할 파일을 [열기] 한다.

② [Plot] 명령어를 입력하여 [플롯-모형] 대화상자가 나타나면 [프린터/플로터]의 [이름]을 클릭하여 'DWG To PDF.pc3'로 지정하고 [플롯 간격띄우기]의 [플롯의 중심]에 체크를 한 후, [확인]을 클릭한다.

- 명령어 : [Plot]을 키인 후 [Enter]를 클릭한다.

- [플롯-모형] 대화상자가 나타나면 [프린터/플로터]의 [이름]을 클릭하여 'DWG To PDF.pc3'을 지정하고 [플롯 간격띄우기]의 [플롯의 중심]에 체크를 한 후, [확인]을 클릭한다.

③ [플롯 파일 찾아보기] 대화상자가 나타나면 저장할 경로를 지정하고 저장할 파일명을 입력한 후, [저장]을 클릭한다.

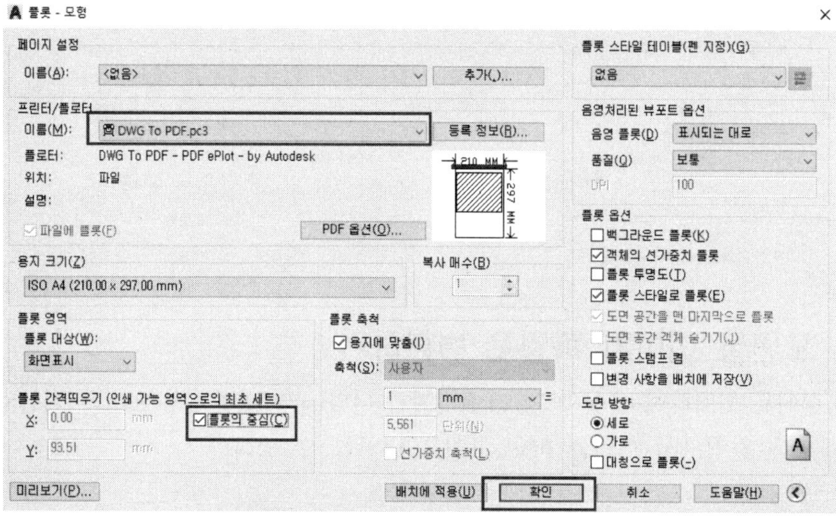

④ 바탕화면에 있는 [Plot (도면을 이미지로 변환하기) - 모형] 아이콘이 생성된 것을 확인할 수 있다. 이후 마우스를 아이콘 위에 위치하고 마우스의 오른쪽 버튼을 클릭하여 [속성]을 클릭하면 [Plot (도면을 이미지로 변환하기) - 모형 속성] 대화상자가 나타나고 파일 형식이 'PDF 파일'로 변환된 것을 확인할 수 있다.

10.1.5 도면의 PDF 변환

AutoCAD 2019에서는 CAD 도면과 PDF 파일의 호환성이 향상되면서 이제는 쉽게 PDF 파일로 변환이 가능해졌다. 모형공간에서의 PDF 파일 변환은 같은 작업을 반복하고 변환할 때마다 매번 변환할 부분을 지정해야 한다.

가. 명령어 입력 방법

- 메뉴막대 〉 파일 〉 플롯 〉 프린터/플로터 〉 이름을 DWG To PDF.pc3로 설정
- 명령어 [EXPORTPDF] 키인 후 [Enter]를 클릭하기
- 리본 메뉴 〉 (출력) 탭 〉 내보내기 〉 PDF

나. 현재 설정

옵션 (O)를 통한 설정이 가능하다.

- 품질 : PDF 파일의 해상도를 설정할 수 있다.
- 데이터 : PDF 출력 시 도면에 표시되는 정보를 설정할 수 있다.

다. 출력 조정

- 완료 시 뷰어에서 열기(E) : PDF 변환 완료 시 PDF 뷰어 프로그램을 통해 저장된 PDF 파일이 열린다.
- 플롯 스탬프 포함(C) : PDF로 변환 시 플롯 스탬프(도면 이름, 장치 이름 등)가 포함된다.
- 내보내기(X) : PDF로 변환 시 플롯될 영역 설정이 가능하다(화면표시, 윈도우 등).
- 페이지 설정(P) : 현재 페이지 설정, 페이지 설정 재지정이 가능하다.

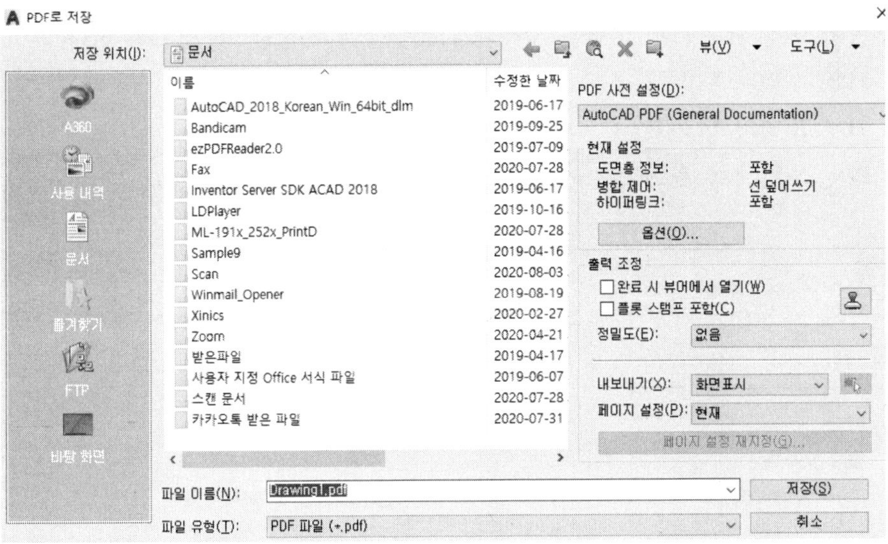

라. 페이지 설정 재지정(G)

- 완료 시 뷰어에서 열기(E) : PDF로 변환 완료 시 PDF 뷰어 프로그램을 통해 저장된 PDF 파일이 열린다.
- 페이지 설정 재지정(G) : 용지 크기(Z), 플롯 스타일 테이블(펫 지정)(G), 도면 방향, 플롯 축척의 설정이 가능하다.

10.1.6 PDF 언더 레이

PDF로 변환되었던 도면을 다시 모형공간으로 불러와 활성화시키는 기능이다.

가. 명령어 입력 방법

- 메뉴막대 〉 삽입 〉 PDF 언더레이(P)
- 명령어 [PDFATTACH] 키인 후 [Enter] 클릭
- 리본 메뉴 〉 삽입 탭 〉 참조 패널 〉 부착 〉 파일유형(T) PDF로 변경

나. 경로 유형(A)

경로의 유형, 언더레이에서는 전체 경로를 사용해야 한다.

다. 삽입점

- 화면상에 지정(S) : PDF 도면을 사용자가 화면상에 지정할 수 있도록 한다.
- X : PDF 도면의 X 좌표
- Y : PDF 도면의 Y 좌표
- Z : PDF 도면의 Z 좌표

라. 축척

- 화면상에 지정(E) : PDF 도면의 크기를 사용자가 임의로 조정하면서 축척을 설정한다.
- 축척 입력창 : PDF 도면이 부착될 때의 축척을 설정할 수 있다.

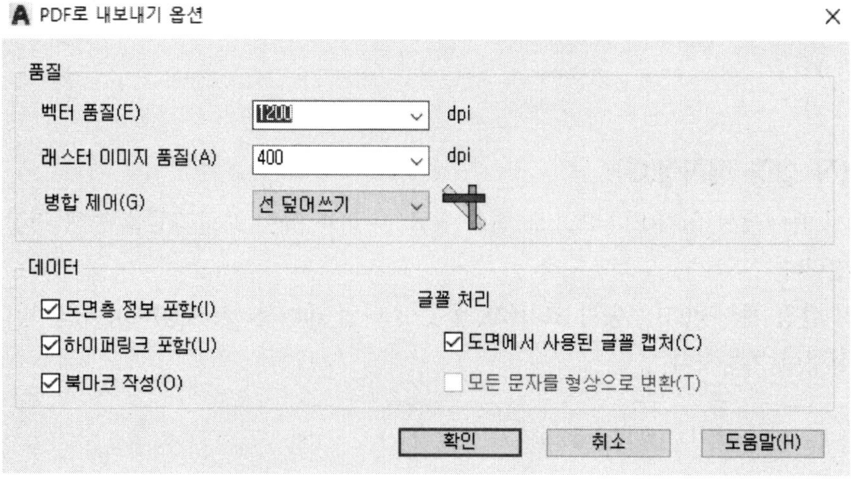

마. 로테이션

- 화면상에 지정(C) : PDF 도면의 크기를 사용자가 임의로 조정하면서 회전할 수 있다.
- 각도(G) : PDF 도면이 부착될 때의 회전 각도를 설정할 수 있다.

10.1.7 PDF 가져오기

AutoCAD 2016에서는 PDF 언더레이(PDFATTACH)로 PDF 파일을 불러오면 참조파일이 현재 도면에 링크된다. 그러나 불러온 PDF 파일을 활성화시켜 사용자가 원하는 대로 수정하거나 변경은 불가능하였다. 그러나 AutoCAD 2017부터 PDF 가져오기(PDFIMPORT)라는 새로운 기능이 추가되어 PDF을 불러와 사용자화 및 수정이 가능해졌다. AutoCAD 2019 또한 이러한 기능을 활용할 수 있으며 일반적인 도면뿐만 아니라 형상, 채우기, 래스터 이미지, 트루타입 문자 등 PDF 파일이 가지고 있는 모든 정보를 불러올 수 있으며 이 또한 수정이 가능해 다양하게 활용이 가능하다.

가. 명령어 입력 방법

- 명령어 [PDFIMPORT] 키인 후 [Enter]를 클릭하기
- 리본 메뉴 〉 삽입 탭 〉 가져오기 패널 〉 PDF 가져오기

10.1.8 페이지 설정

페이지 설정은 여러 가지 출력 세팅 값을 만들어놓고 선택할 수 있다. 플롯을 이용해 출력하기 위해서는 페이지 설정에서 세팅을 해놓고 작업하는 것이 좋다.

가. 명령어 입력 방법

- 명령어 [PAGESETUP] 키인 후 [Enter]를 클릭하기
- 메뉴검색기 〉  〉 인쇄 〉 페이지 설정

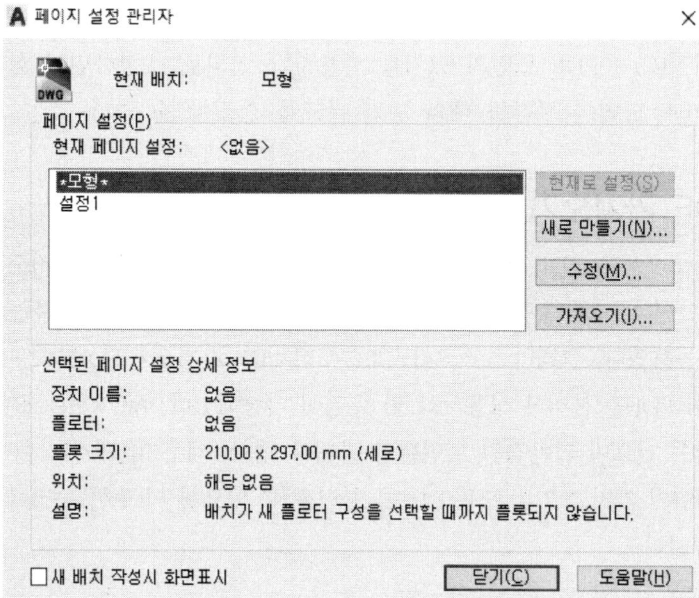

◆ 현재 배치 : 현재 시트세트의 이름을 표시한다.

◆ 페이지 설정 관리자

- 현재로 설정(S) : 선택된 페이지 설정을 현재 페이지로 지정한다.
- 새로 만들기(N) : 페이지 설정을 새로 만들 때 사용한다.
- 수정(M) : 선택된 페이지 설정을 수정할 때 사용한다.
- 가져오기(I) : 사용할 수 있는 페이지 설정과 원본 도면에서의 해당 위치를 나열한다.

10.1.9 플로터 관리

플로터 구성을 추가, 편집할 수 있는 플로터 관리자를 표시한다. AutoCAD는 전용 드라이버를 갖는 플로터이다. 이는 드라이버를 잘 설정해야 출력기의 성능을 효율적으로 이용할 수 있다. 윈도우 제어판에 설정된 프린터를 사용하여 인쇄할 수도 있지만 프린터를 AutoCAD에 등록해두면 독자적으로도 설정할 수 있어 매번 사용할 때마다 불편하게 재설정할 필요가 없다.

가. 명령어 입력 방법

- 명령어 [PLOTTERMANAGER] 키인 후 [Enter]를 클릭하기
- 메뉴검색기 〉 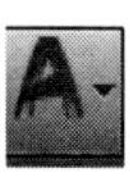 〉 인쇄 〉 플로터 관리

[참고문헌]

[1] AutoCAD 2006 왕도는 없다, 김남국, 웅보출판사, 2008.8.5.
[2] AutoCAD 2009, 그대로 따라하기, 이진천, 혜지원출판, 2008.7.28.
[3] 실전도면과 함께 익히는 AutoCAD 2015, 이진천, 혜지원출판, 2014.8.22.
[4] 회사에서 바로 통하는 AutoCAD 2015, 심미현, 한빛미디어출판, 2015.2.27.
[5] AutoCAD 2016, 박한울, 이정아, 이지스퍼블리싱출판, 2015.8.7.
[6] AutoCAD 2019, 김기주, 임석연, 복두출판사, 2019.2.20.

저자소개

김 기 주	2002	서울대학교 재료공학부(공학박사)
	1993~2009	쌍용자동차 CAE팀 책임연구원
	2009~2016	서정대학교 자동차과 교수
	2016~現	동명대학교 메카트로닉스공학과 교수
김 태 국	2014	고려대학교 모바일솔루션학과(공학박사)
	2006~2010	LG전자 이동통신기술연구소 주임연구원
	2014~2016	삼성전자 무선사업부 책임연구원
	2016~現	동명대학교 정보통신공학과 교수

저자와의
협의에 의해
인지 생략

최신 AutoCAD를 활용한

CAD 실습

1판 1쇄 2021년 2월 15일

저 자 김기주 / 김태국
발행인 송광헌
발행처 복두출판사
주 소 서울특별시 영등포구 경인로82길 3-4
센터플러스 807호
(우) 07371
전 화 02-2164-2580
FAX 02-2164-2584
등 록 1993. 11. 22. 제 10-902 호

정가 : 26,000원

ISBN : 979-11-6675-008-3 93550

한국과학기술출판협회 회원사